Whitaker · Endkampf am Rhein

Denis und Shelagh
Whitaker

ENDKAMPF AM RHEIN

Der Vormarsch der Westalliierten
1944/45

Ullstein

Titel der kanadischen Originalausgabe:
Rhineland. The Battle to End the War.
Published by Stoddart Publishing Co., Toronto 1989

Ins Deutsche übertragen von Ute Spengler

Satz: Dörlemann-Satz, Lemförde
Druck und Verarbeitung: Wiener Verlag, Himberg
Printed in Austria 1991
ISBN 3 550 07 405 0

Die Deutsche Bibliothek – CIP-Einheitsaufnahme

Whitaker, Denis:
Endkampf am Rhein: der Vormarsch der Westalliierten 1944/45 /
Denis und Shelag Whitaker. [Ins Dt. übertr. von Ute Spengler]. –
Berlin; Frankfurt am Main: Ullstein, 1991
Einheitssacht.: Rhineland ‹dt.›
ISBN 3 550-07405-0
NE: Whitaker, Shelag:

Gewidmet den jungen Männern aus vier Nationen, die eine Aufgabe zu erfüllen hatten. Die einen gewannen, die anderen verloren – doch alle gaben ihr Letztes.

Inhalt

Vorwort

Vom ersten Wort bis zur endgültigen Fassung hat uns *Endkampf am Rhein* vier angeregte Jahre lang begleitet. Zweimal führten uns Reisen nach Europa, wo wir - meine Frau Shelagh und ich - das Material für unser Buch zusammentrugen. Hinzu kamen zwei ausgedehnte Besuche in den USA. Wie schon bei den Recherchen für *Tug of War*, unser erstes gemeinsames Werk, wurde unser zuverlässiger VW-Bus erneut zum Büro auf Rädern - komplett ausgerüstet mit Computer, Drucker und Dossiers, während wir auf der Suche nach unseren Interviewpartnern - Teilnehmern am Rheinland-Feldzug - von Ort zu Ort fuhren.

Die britischen Veteranen machten uns die Suche leicht - sie neigen zur Seßhaftigkeit. Wir fanden *Seaforth Highlanders* in Inverness, *Gordons* in Aberdeen, *Black Watch* im schottischen Fife, *Welch Fusiliers* in Wrexham und *Monmouthshires* in Abergavenny. Von den *Wiltshires* und *Somersets* sind viele noch immer in Wessex zu Hause. Und die *Guards* haben ihr Hauptquartier wie eh und je am Birdcage Walk nicht weit vom Buckingham Palace.

In Holland führte uns der Bürgermeister von Groesbeek auf den fürsorglich instand gehaltenen kanadischen Soldatenfriedhof. Im Nachbardorf Bredeweg hat Pater Thuring, ein römisch-katholischer Priester, mit großer Gewissenhaftigkeit unzähligen Soldaten, deren Leichen im grundlosen Schlamm des Reichswalds begraben waren, die Würde ihres Namens zurückgegeben. Im Rheinland selbst haben uns der Bürgermeister von Kleve und andere Bürger der Region gastfreundlich aufgenommen.

Verschiedene kanadische Stiftungen stellten uns in großzügiger Weise die Mittel zur Verfügung, die das Zustandekommen des Buches ermöglichten. Wir danken dem *Social Sciences and Humanities Research Council of Canada*, dem *Canada Council*, der *Ontario Heri-*

tage Foundation und dem *Ontario Arts Council* für wertvolle Unterstützung und den Historikern in Kanada für ihre Empfehlungen.

Unentbehrlich war die Hilfe der großen Zahl von Militärhistorikern, Archivaren und Sekretärinnen der Regimenter und Organisationen, die im Quellenverzeichnis aufgeführt sind. Darunter, um nur einige wenige zu nennen: Dr. Alec Douglas und Brereton Greenhous vom Verteidigungsministerium; Rod Suddaby vom *Imperial War Museum;* Oberstleutnant Martin Andresen vom *U. S. Army Military History Institute* in Carlisle, Pennsylvania; Richard Boylan von den *National Archives* in Washington und Oberst Kindler vom Militärgeschichtlichen Forschungsamt in Freiburg im Breisgau. Darüber hinaus öffneten uns Kollegen in militärischen und zivilen Kreisen der USA, Großbritanniens, Kanadas und der Bundesrepublik Deutschland manche Türen. Zu ihnen zählen: Oberst James »Trapper« Drum in Washington, Gen.Maj. Heinz-Günther Guderian in Bonn, Erwin Jäger in Hamburg und Oakville sowie unsere Freunde in der *British Light Infantry*, Generalmajor Peter Bush, Generalmajor Barry Lane und Oberstleutnant Alastair Brown.

Sie alle lieferten uns Material zum faktischen Verlauf der Kampfhandlungen, sozusagen das tragende Gerüst. Dank schulden wir auch Jack Stoddart, Bill Hanna und Donald G. Bastian vom Stoddart Verlag, unserer Kartographin Linda Risacher Copp und ihrem Mann Terry Copp, der uns freundlicherweise Fotografien und Karten aus seinem Buch *Maple Leaf Route: Victory* zur Verfügung stellte.

Zu Leben erweckt wurde unser Buch jedoch durch die Interviews. Den Veteranen, die sich die Zeit nahmen, alte Aufzeichnungen hervorzusuchen und Erinnerungen an jene rauhen Februar- und Märztage 1945 im Rheinland lebendig werden zu lassen, sind wir zu tiefstem Dank verpflichtet.

Unentbehrlich für unser Vorhaben war schließlich besonders auch unsere Tochter Martie Hooker, die uns nicht nur als Beraterin in militärgeschichtlichen Fragen und gewissenhafte Editorin des werdenden Manuskripts, sondern auch über vier lange Jahre mit uneingeschränkter Ermunterung und Anregung zur Seite gestanden hat.

Prolog

Der Herbst 1944 war der kälteste und nasseste des Jahrhunderts in Mitteleuropa. Kalt und naß wie kein Schlachtfeld zuvor war für 120 000 amerikanische Soldaten der 12. Heeresgruppe von Generalleutnant Omar N. Bradley der dunkle Rücken des Hürtgenwaldes*. Der Herbstregen hatte die 200 Quadratkilometer aus Steilhängen, Schluchten und reißenden Flüssen – im Frieden ein beliebtes Ausflugsziel in der Eifel südlich von Aachen – in eine Schlammwüste verwandelt. Von Mitte September bis in die ersten winterkalten Dezembertage fochten Truppen aus Generalleutnant Courtney H. Hodges' 1. US-Armee vier großangelegte Offensiven im Hürtgenwald. Hodges' Ziel war der Vorstoß zur letzten Verteidigungslinie der Deutschen, zum Rhein. Vorher jedoch mußten seine Truppen die Befestigungen des Westwalls durchbrechen und einen Brückenkopf an der etwa 40 km westlich des Rheins gelegenen Rur gewinnen.

Der schlecht geplante und durchgeführte Vorstoß zur Rur, an den amerikanische Soldaten noch heute mit Bitterkeit als »Schlacht im Hürtgenwald« zurückdenken, war von einer gnadenlosen Härte, die wenig einbrachte und einen hohen Preis forderte. Es war ein militärisches Unternehmen, das nie hätte stattfinden dürfen. Viele der Toten und manchmal auch Verwundete blieben liegen, wo sie gefallen waren, monatelanger Verwesung preisgegeben. In den zwölf Wochen ununterbrochener Gefechtstätigkeit wurde das Erholungsgebiet zum Gräberfeld, zur gespenstischen Ruhestatt für Tausende amerikanischer und deutscher Soldaten.

Bedenkenlos warfen Hodges und sein Chef Bradley Division um Division in den Hürtgenwald, ohne die ungefährlicheren Umge-

* Vgl. Karte 2.

hungsrouten zu berücksichtigen. Ebenfalls unberücksichtigt blieb die Tatsache, daß selbst dann, wenn der Todeswald erobert, das Ufer der Rur erreicht wäre, dem Feind seine Trumpfkarte bliebe, die ein Überqueren des Flusses vereiteln würde: die Talsperren der Rur. Über dem Fluß nämlich erhob sich der Betonklotz des 55 Meter hohen Schwammenauel-Staudamms, einer von sieben Dämmen, die errichtet worden waren, um den Lauf der Rur und ihrer Nebenflüsse zu regulieren. Solange die Talsperren in der Hand deutscher Pioniere waren, bestand die Gefahr, daß die Rur überflutet und so ein Übergang der angreifenden Truppen verhindert werden könnte. Und schlimmer noch - eventuell durchkommende Bataillone hätten abgeschnitten und vernichtet werden können. Es dauerte lange, bis dem Planungsstab in Bradleys 12. Heeresgruppe dieser Sachverhalt klar wurde.

Der mit der Brechstange erzwungene Direktangriff der Alliierten durch das dichte Waldgelände bei Hürtgen verschaffte den entschlossen verteidigenden Deutschen einen so überwältigenden Vorteil, daß selbst sie sich darüber verblüfft zeigten. Ein Wehrmachtsoffizier bemerkte zutreffend, der Kampf in dem bewaldeten Gelände habe den Amerikanern die Vorteile der Unterstützung durch ihre Luft- und Panzerstreitkräfte verwehrt. Demgegenüber griffen die Befestigungen des Westwalls - getarnte Bunker, Stacheldrahtsperren und Stolperdrähte - wirkungsvoll ineinander. Tret- und Panzerabwehrminen bedeckten dicht gesät die schmalen, schlammigen Waldpfade. An jeder Kreuzung, die die amerikanischen Truppen passierten, an jedem Minenfeld, auf das sie stießen, war deutsche Artillerie postiert. Statt des dichten Laubdachs ragten bald nur noch die kahlen Spitzen der von Granaten zersplitterten Äste in den Himmel. Deutsche Mörser- und Artilleriegranaten explodierten hoch in den Baumwipfeln, und Kaskaden millionenfach herabfallender Metallsplitter töteten und verletzten die hilflosen Truppen am Boden. Ernest Hemingway nannte die Kämpfe im Hürtgenwald ein »Passendale mit Baumkrepierern«.*

Die Kälte zwang mehr Soldaten in die Knie als das Gewehrfeuer.

* In: *Über den Fluß und in die Wälder.* Hemingway spielt mit dem Ortsnamen Passendale auf den zermürbenden Stellungskrieg in Flandern im Herbst 1914 an.

Die Mäntel waren so stark durchnäßt, daß viele der von den anhaltenden Kämpfen völlig erschöpften Männer ihr Gewicht nicht länger tragen konnten. Viele waren nicht mehr imstande zu gehen. Von der dauernden Nässe schwollen die Füße an und wurden brandig. Fälle von Kampfunfähigkeit durch Erschöpfung waren keine Seltenheit. Die Zahl der Verluste stieg erschreckend. Insgesamt fielen - noch vor der Eroberung des Waldgebietes - 33 000 Amerikaner aus, ein Viertel der Angriffstruppen. Davon sind mehr als 24 000 gefallen, vermißt, wurden verwundet oder gefangengenommen. Weitere 9000 Mann erlagen den quälenden Existenzbedingungen, der Kälte und Nässe, Erkrankungen der Atemwege, der Erschöpfung und - der Schrecken des Ersten Weltkriegs - Fußkrankheiten. Es war »die reine Schlächterei«, wie einer der Verantwortlichen (General Bradley) es später selbst beschreiben sollte. Die 120 000 Soldaten waren in selbstmörderischer Mission auf hoffnungsloses Terrain geworfen worden.

Generalmajor James Gavin von der 82. US-Luftlande-Division, der in dieser Auseinandersetzung ein Bodenkommando übernommen hatte, drückte sein Entsetzen aus, als er später auf dem Schlachtfeld eintraf und sich der grausigen Szenerie gegenübersah, »einem Chaos zerstörter Kampf- und verlassener Transportfahrzeuge . . . Die Wege waren gesäumt von unzähligen Toten . . . Ihre brandigen, zerbrochenen und zerrissenen Körper waren starr und grotesk.«

Die 9. US-Infanterie-Division leitete Mitte September 1944 die Operation ein und kämpfte sich etwa 3000 Meter in den Schreckenswald vor. Vier Wochen später waren 4500 Mann getötet, verwundet oder vermißt - mehr als einer für jeden Meter Geländegewinn. In den ersten Novembertagen wurden dann alle drei Regimenter der 28. Infanterie-Division des Generalmajors Norman (»Dutch«) Cota mit dem auffallenden roten *Keystone*-Schulterabzeichen der *Pennsylvania National Guard* in die Kämpfe geschickt. Stoßtruppen eroberten umgehend den Ort Schmidt oberhalb der Rur-Talsperren. Doch die Stabsoffiziere der 1. US-Armee planten nach einer Karte und nicht nach Geländeerkundungen aus erster Hand (wie Gavin kritisierte) und versäumten es, in Rechnung zu stellen, daß Panzer und Panzerabwehrwaffen den Voraustruppen nicht folgen konnten.

Die Waldpfade und steilen Schluchten verhinderten jede derartige Unterstützung.

»Als wir Cotas Offensive starteten«, bemerkte Bradley später, »unterschätzten wir sowohl das Gelände als auch die deutsche Verteidigung aufs fahrlässigste. Die Schlacht wurde zur Katastrophe.« Am nächsten Tag erfolgten von einer Höhenstellung aus heftige Gegenangriffe der 116. Panzerdivision des Generals Siegfried von Waldenburg. Durch den Einsatz von Panzern und Granatwerfern wurden die amerikanischen Truppen zurückgedrängt. Viele Soldaten rannten panikerfüllt zurück hinter die eigenen Linien. Zweihundert gerieten schmachvoll in Gefangenschaft. Nach einer weiteren Woche taumelte der Rest der Division *Keystone* aus dem Hürtgenwald. Es war einer der verlustreichsten Angriffe des Krieges: Die Amerikaner verloren über 6000 Mann, darunter die 200 Gefangenen. Das rote, kübelförmige Schulterabzeichen hatte eine düstere Bedeutung bekommen und sollte als »Blutiger Eimer« unvergessen bleiben.

Danach wurde ein größeres Truppenkontingent, bestehend aus sechs Divisionen von Bradleys 1. und 9. Armee, in die todbringenden Wälder gejagt. Bombenangriffe von beispiellosem Ausmaß bereiteten den Angriff vor. Am 16. November warfen 4000 Flugzeuge der *Royal Air Force* (R.A.F.) und der 8. *U. S. Air Force* 10 000 Tonnen Bomben über den Befestigungen der Siegfried-Linie ab. Doch selbst diese Demonstration der Stärke zeigte bei den hartnäkkigen Verteidigern kaum Wirkung. Ihre Widerstandskraft grenzte ans Unfaßbare. Die Amerikaner berichteten von vielen Beispielen verwundeter deutscher Soldaten, die sich weigerten, den Kampf aufzugeben. Ein ganzer Zug wurde tot bis auf den letzten Mann in seiner Stellung gefunden.

In den folgenden Tagen kamen unaufhörliche Regenfälle und die Kälte jenes rauhen Herbstes den verbissenen Anstrengungen der Verteidiger zu Hilfe. General J. Lawton Collins (»Lightning Joe«), Kommandierender General des VII. US-Korps, erlebte den tapferen dreiwöchigen Kampf seiner 1. Infanterie-Division um den Gewinn von nicht einmal fünf Kilometern Boden – und den Verlust von 4000 seiner Leute. 4053 Opfer durch Feindeinwirkung hatte die 4. Infanterie-Division zu verzeichnen, plus weitere 2000, die Krankheit und Erschöpfung kampfunfähig gemacht hatten. Ebenso hoch waren die Ausfälle der 8. Infanterie-Division, des Kampfkommandos der 5. Panzer-Division, sowie des 2. Ranger-Bataillons.

Der Angriff schleppte sich bis in den Monat Dezember. Inzwischen war sich Bradley offenbar über die Bedeutung der Rur-Talsperren klargeworden - nicht so weit, um sie zum Angriffsziel zu erklären, doch immerhin waren sie ihm Anlaß zu »Besorgnis und Diskussionen«, wie er später in seinen Erinnerungen schreibt, wo er sich gegen die Kritik amerikanischer Historiker verteidigt.

Nachdem die R.A.F. zunächst hartnäckig bestritten hatte, daß die Staumauern zu brechen seien, nahm sie sich schließlich der Sache an. Doch auch nach fünf Versuchen, jeder mit einigen hundert »Lancaster«-Bombern, zeigten die Betonkonstruktionen kaum größere Kratzer. Die 1. und 9. Armee brachen am Ende der ersten Dezemberwoche schließlich aus dem Waldgebiet aus und bezogen Stellungen am Ufer der Rur. Für einen Vorstoß über den Fluß lagen zwar detaillierte Pläne vor, aber die alliierten Befehlshaber wagten sich angesichts der drohenden Gefahr, ihre Brückenköpfe könnten abgeriegelt werden, nicht weiter vor. Der Sturm auf den Rhein, der Schlag, der den Krieg mit Deutschland beenden sollte, versickerte im Ufersumpf der Rur. Als die Amerikaner den Übergang endlich erzwingen konnten, war der angeschwollene Fluß inzwischen so feindlich geworden wie die Truppen des Gegners.

Der kleine Uhrmacher

Hinter seinem Rücken nannten respektlose Altersgenossen in der deutschen Wehrmacht den schmalen, zerknitterten Korpskommandeur »unseren kleinen Uhrmacher« – für den General der Infanterie Erich Straube nicht gerade ein Kompliment. Obwohl nach 36jährigem Dienst im preußischen Heer und in der Reichswehr Ritterkreuzträger, hatten ihm mangelnde Entschlußfähigkeit und ein obsessiver Hang, sich in kleinste Einzelheiten zu verbeißen, diesen unglücklichen Spitznamen eingetragen. Es ist zu verstehen, daß in jenen bitteren Januartagen des Jahres 1945, nachdem seit der Invasion eine deutsche Niederlage der andern gefolgt war, nur wenige seiner Stabsoffiziere dem aufreizend umständlichen Kommandeur des 86. Infanterie-Korps mit dem seinem Rang gebührenden Respekt begegneten. Besonders dann, wenn er sich wie eben jetzt auf das Schicksal eines einzigen alliierten Kriegsgefangenen kaprizierte.

Zum zweiten Mal durchblätterte Straube nervös den vor ihm liegenden Stoß von Berichten des Nachrichtendienstes. »Ich brauche weitere Informationen, um die gegnerischen Pläne abschätzen zu können«, fuhr er den Nachrichtenoffizier seines Korps verärgert an. »Ich muß unbedingt mit diesem kanadischen Gefangenen sprechen.«

»Er ist zum Verhör im Hauptquartier der Gestapo in Kleve, Herr General«, erklärte der Offizier gekränkt.

»Bringen Sie ihn sofort hierher in mein Hauptquartier!« fiel ihm Straube ins Wort. »Ich führe das Verhör persönlich.«

Straube brauchte den Kanadier. Er brauchte ihn dringend. Hitlers Krieg ging in sein sechstes Jahr. Amerikanische Truppen waren aus dem Hürtgenwald hervorgestoßen und rückten zur Rur vor,

Vgl. Karten 1 und 2.

hatten jedoch noch keine Kontrolle über die Talsperren. Die Ardennenoffensive, Hitlers verwegener Vorstoß auf die amerikanischen Stellungen im belgischen Ardennenmassiv, war gescheitert. Beide Seiten hatten schwere Verluste erlitten, doch war es den Deutschen gelungen, fast ihr gesamtes Material zu sichern.

Jetzt waren die amerikanischen Truppen an der Rur zusammengezogen; die Briten hielten bei Venlo starke Befestigungen entlang der Maas. Die Kanadier hatten bei Nimwegen, an der holländischen Grenze, eine Verteidigungslinie errichtet. Es konnte nur noch Wochen oder gar Tage dauern, bis die vereinte alliierte Streitmacht an der deutschen Grenze zum nächsten Schlag ausholte. Der Gegner würde ohne Zweifel versuchen, den 30 bis 35 Kilometer breiten Streifen zu erobern, der ihn vom Rhein trennte. Doch von welchem Punkt dieser langen Front würde die große Niederrheinoffensive ausgehen? In den höheren Stäben der Wehrmacht blühte die Spekulation.

Die Deutschen hatten im Rhein seit jeher eine natürliche Barriere von erheblicher Abschreckungskraft gegen jede Feindinvasion gesehen. Am oberen Rhein konnten ihre Befestigungen entlang dem steilen, weinbedeckten Ostufer einem Angriff leichter standhalten. Auch wenn die Amerikaner einen Übergang erzwangen, würde das dortige Gelände kein rasches Vordringen von Zehntausenden Soldaten samt Panzern zulassen. Am Unterlauf dagegen, wo der Niederrhein das Ruhrbecken mit seinen Industrien nach Westen hin begrenzt, war Deutschland militärisch verwundbar. In diesem Punkt zumindest war sich das Oberkommando der Wehrmacht einig: Hier war ein Terrain, auf dem die Alliierten einen Rheinübergang mit Aussicht auf Erfolg erzwingen konnten.

Folgte man den Überlegungen des Generalfeldmarschalls Gerd von Rundstedt, würde der Hauptstoß der Amerikaner im Rurabschnitt stattfinden, dem voraussichtlich innerhalb weniger Tage ein Angriff britischer Truppen über die Maas von Venlo aus, also zwischen den amerikanischen und kanadischen Stellungen, folgen würde. Dieser Theorie schloß sich auch der neuernannte Oberkommandierende der Herresgruppe H, Generaloberst Johannes Blaskowitz, an. Dementsprechend hielt er seine Reserve – darunter Waldenburgs 116. Panzer-Division, die die Amerikaner im Hürtgenwald aufgehalten hatte - für den erwarteten Angriff über Maas oder Rur bereit.

Ein Angriff über die Rur - lächerlich, sinnierte Straube. Hatte Blaskowitz vergessen, daß die Deutschen trotz der bitteren - und seiner, Straubes, Ansicht nach törichten - Herbstgefechte im Hürtgenwald noch immer den Schwammenaueler Damm bei Schmidt kontrollierten und den Fluß in jedem beliebigen Moment überfluten konnten? Straube selbst hatte die Anweisungen gesehen, die der General der Fallschirmtruppen Alfred Schlemm, Kommandeur der 1. Fallschirmjäger-Armee, seinen Pionieren gegeben hatte: die Ablaßventile zu demolieren und das Tal zu überfluten, um einen Angriff zu vereiteln. Nein, Straube hielt es für weit realistischer, daß der Hauptangriff vom britischen Frontabschnitt bei Venlo ausgehen würde. Zwar waren an dieser Stelle die starken deutschen Geschützstellungen des Westwalls über die Maas hinweg auf den Feind gerichtet; doch wenn die Briten erst einmal den Übergang erzwungen hatten, war die offene Rheinebene für einen Blitzvorstoß der Panzer zum Rhein weitaus geeigneter als der nördlicher gelegene Reichswald.

Mißvergnügt ließ Straube sich eine zweite Theorie durch den Kopf gehen. General Schlemm, Straubes Chef, lag mit seinen Vorgesetzten in heftigem Streit darüber, ob der alliierte Angriff nicht Ende Januar von den Briten oder Kanadiern im sogenannten »Seiteneingang zur Ruhr« wiederaufgenommen würde - von den kanadischen Stellungen gegenüber dem Reichswald bei Nimwegen aus, 90 Kilometer nördlich des amerikanischen Frontabschnitts. Schlemms Forderung nach einer Verstärkung in diesem Abschnitt war vom Planungsstab der Wehrmacht abgelehnt worden, wo man die Theorie einer Invasion im Norden offenbar ebenfalls für grotesk hielt. Man teilte ihm mit, daß Spähtrupps trotz intensiver Patrouillen hier keinerlei Anzeichen für eine Truppenkonzentration erkennen konnten. Auch Straube teilte Schlemms Einschätzung nicht, was den Chef der Fallschirmverbände, der Straube privat als »Langweiler« bezeichnete, wenig rührte.

Die Linie der kanadischen Vorwärtsverteidigung lag an einem Straubes Ansicht nach äußerst ungünstigen deutschen Geländestreifen von etwa 30 Kilometer Länge zwischen Maas und Rhein.

Über einen großen Teil dieses Gebietes, etwa 13 × 8 Quadratkilometer, erstreckte sich zusammenhängendes, dichtes Waldgelände - der Reichswald. Außer zwei schmalen Straßen, die den Wald nach Süden durchquerten, waren die einzigen Transportverbindungen unwegsame Pfade oder Reitwege. Straube war der Meinung, daß es für einen großangelegten Panzerangriff ungeeignet war. Das übrige Gelände, flaches Marschland am Rheinufer, konnte durch Zerstörung der Deiche leicht überflutet und unpassierbar gemacht werden.

Wie sollte man hinter die Pläne der Alliierten kommen? Luftaufklärung war nicht länger möglich; in der Ardennenschlacht waren die deutschen Aufklärungsflugzeuge durch die R.A.F. praktisch restlos vernichtet worden. Hinter den feindlichen Linien bewegten sich kaum noch geschulte V-Männer. Ausgedehnte Patrouillen sowie Informationen, die man aus alliierten Gefangenen herausholte, waren das einzige Mittel, sich die notwendigen Erkenntnisse zu beschaffen. Straube hatte Patrouillen über den Fluß bis weit hinter die feindlichen Linien angeordnet. Doch obwohl sie bis zehn Kilometer tief in feindliches Gebiet eindrangen und zwei- oder dreitägige Erkundungen durchführten, brachte keiner dieser Späher Informationen, die ungewöhnliche Aktivitäten anzeigten. Sie kehrten ausnahmslos mit derselben Nachricht zurück: keine Anzeichen dafür, daß neue, frische Bataillone nach vorn verlegt wurden, keine Beweise für eine Zuführung von Panzer- oder Artilleriegeschützen - es waren genau dieselben Truppen der 2. und 3. kanadischen Infanterie-Division, die schon den ganzen Winter in dieser Region ihr Hauptquartier hatten.

Es war, wie Straube vermutet hatte: Jeder Vorstoß aus dem Reichswald wäre nur ein Ablenkungsangriff vom Hauptangriff bei Venlo gewesen. Doch des »Uhrmachers« Liebe zum Detail war erst dann restlos Genüge getan, wenn Straube den Kanadier selbst verhört hatte.

»Holen Sie den Gefangenen«, sagte er. »Sofort! Dann habe ich die Antwort.«

Der Mann, von dem sich Straube Hilfe für sein Dilemma erhoffte, setzte in diesem Augenblick einen verwegenen Fluchtplan ins Werk. In dunkle Schatten geduckt, suchte er mit aller Vorsicht seinen Weg aus der Stadt Kleve, dankbar, daß ein Luftangriff der R.A.F. auf die Stadt zerbombte Häusergerippe zurückgelassen hatte, die ihm Schutz vor der drohenden Suchmannschaft boten.

Für Leutnant S. W. Nichols vom kanadischen *Black Watch*-Regiment waren die vergangenen vier Tage ein wirrer Alptraum, der begonnen hatte, als er eine Patrouille im Reichswald auf deutsches Gebiet führte. Es war seine zweite innerhalb einer Nacht - nachdem die erste in Feindfeuer geraten, ein Mann getötet und der Rest der Gruppe zum Rückzug gezwungen worden war. Als Nichols wenige Stunden später zurückging, um die Leiche zu bergen, kam die Patrouille wieder unter Beschuß, und er wurde gefangengenommen, als er einem seiner verwundeten Männer Hilfe leistete. Noch in derselben Nacht brachten die Deutschen den jungen Kanadier in ihren Kompaniegefechtsstand, einen Erdbunker im Wald; sie gaben sich als Fallschirmjäger zu erkennen, die unter dem Namen »Grüne Teufel« bekannt waren. Dann wurde er, von einem Offizier bewacht, zu einem anderen Kommandoposten im Südwesten des Reichswaldes gefahren und dem ersten von drei ausgesprochen unerfreulichen Verhören unterzogen. Die Deutschen teilten ihm mit, sie hätten Leichen ihrer Soldaten mit Kopfschüssen gefunden. Nichols würde für diese Ungeheuerlichkeit zur Verantwortung gezogen und als gewöhnlicher Krimineller behandelt werden, erklärte man ihm aufgebracht und kündigte an, daß er zunächst Generalmajor Heinz Fiebigs 84. Infanterie-Division und von dort der Gestapo zum Verhör übergeben werde.

Das zweite Verhör fand einige Tage später in Kleve statt. Nachdem ihn ein Hauptmann der Gestapo unter massiver Einschüchterung in die Zange genommen hatte, wurde er unter der Androhung von »Vergeltung« in seine Zelle zurückgeführt.

Es hätte ein Augenblick düsterster Verzweiflung sein können, doch der Kanadier hatte einen Fluchtplan vorbereitet. Seit seiner ersten Mahlzeit hortete er einen Teil jeder Essensration. Er gab vor, an Dysenterie zu leiden, und während häufiger Gänge zur Latrine war es ihm gelungen, sich einen gewissen Überblick über das Gefängnisgelände zu verschaffen. Jetzt würde er handeln.

Am frühen Abend desselben Tages wurde er von zwei Wachen, die mit Gewehren bewaffnet waren, zur Latrine begleitet. Er benutzte einen Augenblick, in dem sie abgelenkt waren, und sprang über eine Mauer. Darauf sah er sich unmittelbar vor einer Hecke mit einem dichten Drahtverhau. Nach vergeblichen Versuchen, sich durchzuzwängen, rannte er in anderer Richtung weiter, quer durch die zerstörte Stadt. Die beiden Wachen gaben ein paar Schüsse ab, die sämtlich daneben gingen, und schlugen dann Alarm. (General Fiebig mußte infolge dieser Fahrlässigkeit seinen Nachrichtenoffizier entlassen und die Wache mit Barackenarrest bestrafen.)

Jetzt war Nichols bereits im Wald und stolperte auf der Flucht vor seinen Verfolgern verzweifelt durch das Gewirr der überwachsenen Pfade. Er hörte das Heulen der Wachhunde, die über die Rheinniederungen jagten, um die Witterung ihrer Beute aufzunehmen. Schnell schlug er sich noch tiefer in die schwarze Dunkelheit des Reichswaldes. Das Geräusch wurde schwächer. Gott sei Dank – man suchte noch immer im Norden.

Drei Tage lang hielt sich der *Black Watch*-Offizier im Dickicht des schwer durchdringlichen Waldgebietes versteckt. Tagsüber verbarg er sich in den Deckungsgräben des Gegners, die an diesem Abschnitt des Westwalls in großer Zahl vorhanden waren. Er zitterte vor Kälte bei Temperaturen nahe dem Nullpunkt. Einmal zog eine Kolonne deutscher Soldaten mit dem üblichen Pferdegespann kaum drei Meter von seinem schmalen Graben entfernt vorbei. Durch die Zweige hindurch konnte er den dampfenden Atem der Pferde sehen. Bei Beginn der Dunkelheit kletterte er steifgefroren auf die vereisten Pfade zurück und nahm seinen 15-Kilometer-Marsch durch die Wälder in Richtung der kanadischen Linien wieder auf. Sorgfältig umging er feindliche Vorposten, deren Lage und Stärke er sich einprägte. Der »kleine Uhrmacher« würde seine Entscheidung ohne die Mitwirkung des umsichtigen Kanadiers treffen müssen, der soeben auf eigenem Territorium angelangt war.

Ein anderer Umstand - wäre er ihm bekannt gewesen - hätte dem verwirrten deutschen General endgültig die Sprache verschlagen. Denn während er so verzweifelt bemüht war, die nächsten Pläne des Gegners herauszufinden, herrschte im Lager der Alliierten weiterhin Unentschlossenheit und Uneinigkeit. Von »nächsten Plänen« konnte keine Rede sein.

In den letzten Monaten des Jahres 1944 hatten sich die drei Heeresgruppen unter dem Kommando von General Dwight D. Eisenhower, etwa zwei Millionen Mann, an der deutschen Grenze gesammelt - entlang einer 900 Kilometer langen Frontlinie, die von der Nordsee bis zur Schweizer Grenze reichte. Der Rhein, die letzte westliche Verteidigungslinie des Feindes, war in den Blickpunkt des Oberbefehlshabers der Alliierten Streitkräfte gerückt. Eisenhower bestand darauf, daß vor Eröffnung jeder größeren Operation östlich des Rheins die gegnerischen Hauptarmeen westlich des Flusses vernichtet werden müßten.

Seine Streitkräfte bereits in den späten Monaten des Jahres 1944 am Rhein zu versammeln hatte sich für den Oberbefehlshaber bisher als unerreichbares Ziel erwiesen. General Jacob L. Devers' 6. US-Heeresgruppe (die General Jean de Lattre de Tassignys 1. französische Armee und General Alexander M. Patchs 7. US-Armee umfaßte) erkämpfte sich vom Süden Frankreichs her in nordöstlicher Richtung, durch das schwierige Gelände der Vogesen, den Weg zum Rhein. Ein großer Brückenkopf der Deutschen am dortigen Westufer bei Colmar hatte sich als hartnäckiges Hindernis erwiesen und die Armeen aufgehalten. Selbst wenn ein Durchbruch gelang, war ein Übergang in einer solchen Entfernung vom industriellen Norden nicht durchführbar.

Auf Devers' linker, nördlicher Flanke standen entlang der deutschen Grenze zu Belgien und Luxemburg die drei Armeen von General Bradleys 12. Heeresgruppe: die 3. Armee des exzentrischen Generalleutnants George S. Patton, Hodges' 1. Armee und Generalleutnant William H. Simpsons 9. Armee. Geographische Gegebenheiten hatten es mit sich gebracht, daß Bradleys Heeresgruppe das Saargebiet gegenüberlag, dessen zerklüftetes Terrain sich für einen entscheidenden letzten Schlag gegen Deutschland nicht anbot. Operationsziel war es, beidseitig der Ardennen vorzurücken und sich am Rhein auf der Linie Köln–Mannheim zu sammeln.

Feldmarschall Sir Bernard L. Montgomerys 21. Heeresgruppe (mit britischen und kanadischen Einheiten) hielt die Stellungen gegenüber dem flachen Terrain an der Ruhr, einem der großen deutschen Industriegebiete. Hier war ein wesentlich geeigneterer Zugang zum »Herzen Deutschlands«.

Es wurde Winter, und jeder der beiden Befehlshaber schlug vor, den Hauptangriff auf seinem Abschnitt zu führen: Bradley sprach sich für den »Frankfurter Korridor« am Oberrhein aus, Montgomery dafür, bei Wesel über den Rhein zu stoßen. Die Debatte »Saar oder Rhein« wurde überlagert durch die eher subjektiven Randprobleme »Bradley oder Montgomery« bzw. »USA oder Großbritannien«. Beide Befehlshaber waren von dem leidenschaftlichen Willen beseelt, jeweils selber die letzte, entscheidende Kampagne zu führen, die den Sieg bringen würde. Nationale Empfindlichkeiten verhärteten sich zu wütenden Attacken und offener Rivalität.

Die Ereignisse der Herbstmonate hatten die Situation verschärft. Nach dem Durchmarsch durch Frankreich und Belgien im August und September 1944 hatte Montgomery Eisenhower überredet, ihn einen »einzigen geballten Schlag« führen zu lassen, mit dem Ziel, bei Arnheim einen Brückenkopf am östlichen Rheinufer zu errichten. Doch obwohl ein hundert Kilometer langer Keil durch die Niederlande bis fast zur deutschen Grenze getrieben werden konnte, blieb das Ziel, der entscheidende, dringend erforderliche Brückenkopf, unerreicht. Der Preis war hoch. Das Unternehmen »Market Garden« forderte in den britischen, amerikanischen und polnischen Armeen insgesamt 11 850 Opfer. Darüber hinaus wurden schwelende Zweifel der Amerikaner an Montgomerys Qualitäten als militärischer Befehlshaber neu belebt. Und Eisenhowers innerste Überzeugung festigte sich, daß es die beste Strategie sei, alle Armeen zusammenzufassen und auf breiter Front auf deutsches Gebiet vorzustoßen.

Die Amerikaner hielten Montgomery für einen »Ordnungsfanatiker«, wie der Chef seines eigenen Nachrichtendienstes, Brigadegeneral Edgar T. (Bill) Williams ihn bezeichnete: einen Mann, der entscheidende Maßnahmen so lange hinauszögerte, bis er jedes Detail parat hatte - kurz: für eine Art britischen »Uhrmacher«. Im Hauptquartier der Alliierten Streitkräfte (SHAEF) hieß es allgemein: »Alles, was schnell gehen muß, nicht an Monty!« General Bradley definierte ihre völlig unterschiedlichen Methoden so: »Wenn Montgomery einen Angriff vorbereitete, kratzte er alles, was er hatte, für einen Totaleinsatz zusammen . . . während wir Amerikaner ständig die Schlüsselstellungen eines Gegners anknabberten . . . ihn ständig in Atem hielten.«

Gerade dieses »Anknabbern« aber brachte die Briten außer sich. »Die Amerikaner lernen es einfach nicht, konzentriert vorzugehen«, beklagte sich der Feldmarschall beim Führer seines Kriegstagebuchs, Oberstleutnant Christopher Dawnay. »Sie sind von der Vorstellung besessen, daß jeder jederzeit im Gefecht stehen müsse, und folglich war Bradley in seiner Heeresgruppe nie imstande, Kräfte für einen geballten Schlag zu konzentrieren. In der 21. Heeresgruppe habe ich immer vermieden, zwei Armeen gleichzeitig kämpfen zu lassen. Die Amerikaner haben das nie gelernt.«

Montgomery war der festen Überzeugung, Bradleys Beharren auf einer Zersplitterung der Kampfkraft der 12. Heeresgruppe nach einem unwirksamen »Gießkannenprinzip« habe zu einem minimalen Fortschritt bei maximalen Verlusten geführt. Durch seine Fixierung auf das falsche Ziel - den Hürtgenwald statt der Rurtalsperren - sei Bradley für das Steckenbleiben seiner Divisionen am Rurufer verantwortlich, während die Deutschen weiterhin den Fluß kontrollierten.

Oberst Charles B. MacDonald, offizieller Kriegshistoriker der Vereinigten Staaten und selbst ehemaliger Kompaniekommandant während der Kämpfe in Nordwesteuropa, erklärt diesen Fehler als »eine Art Lähmung, die die amerikanischen Kommandeure und ihre Stäbe gefangenhielt, als die Verfolgungseuphorie abklang und die harte Wirklichkeit unaufhörlicher bitterer Kämpfe folgte.« Den Autoren gegenüber äußerte er: »Die amerikanischen Kommandeure schien eine Lethargie ergriffen zu haben. Sie schickten einfach eine Division der andern nach, anscheinend in dem Gefühl: ›Die nächste schafft es bestimmt.‹ Die nächste schaffte es aber nicht. Letzten Endes haben sie die Deutschen zwar kleingekriegt, aber inzwischen war der Hürtgenwald auch für uns zur Schlachtbank geworden.«

»Wir saßen in einem scheußlichen Zermürbungskrieg fest«, bemerkt Bradley in seinen Memoiren mit Bitterkeit. »Monty stürzte sich prompt auf unsere Fehler, um sich für eine neue politische Offensive innerhalb des Oberkommandos in Stellung zu bringen und seinen Willen durchzusetzen.« Und Montgomery versäumte es tatsächlich nicht, Bradleys »strategische Rückschläge«, wie er sich wenig taktvoll ausdrückte, ins hellste Licht zu rücken, um seine eigenen Ziele zu erreichen. Die amerikanischen Befehlshaber, so hielt er Eisenhower am 28. November vor, hätten sowohl die Kontrolle über die Kämpfe als auch das Vertrauen ihrer Truppen verloren. Die Alliierten müßten jetzt zu einem mächtigen, gesammelten Schlag über den Rhein ausholen.

Montgomery schlug vor, fast gleichzeitig zwei Schläge gegen das Rheinland zu führen, um das Westufer des Rheins zu besetzen: die *Operation Veritable*, ein Vorstoß im Norden, von Nimwegen aus, mit einem britisch-kanadischen Verband von 470 000 Mann (unter dem Befehl der 1. Kanadischen Armee), sowie die *Operation Grenade*, ein Vorstoß über die Rur, neunzig Kilometer weiter südlich, mit amerikanischen Truppen (Stärke 375 000) aus der 9. und 1. Armee. Beide Verbände sollten einen Panzervorstoß in die Rheinebene unternehmen und sich bei Wesel vereinen, um den deutschen Rückzug abzuriegeln.

Den Deutschen blieben nur zwei Möglichkeiten: am Westufer des Rheins weiterzukämpfen mit dem Risiko, daß ihre letzten geschlossenen Truppenkontingente vernichtet wurden, oder ihre Stellungen in der Niederrheinebene aufzugeben und nach einem Rückzug am Ostufer des Rheins eine neue Verteidigungslinie zu bilden. In jedem Fall hätten die Alliierten damit einen starken Stützpunkt am Rhein für den Angriff aufs Ruhrgebiet gewonnen.

Eisenhower war im Prinzip mit Montgomerys Strategie völlig einverstanden. Sein Stabschef, General Walter Bedell Smith, pflichtete bei, daß die Fabriken und Schornsteine an der Ruhr »das Lebensblut« in Deutschlands Militärorganismus pumpten. War das Ruhrgebiet erst abgeriegelt, erklärte er, »würde das Herz aufhören zu schlagen«. Doch Montgomerys Ansinnen, ihm selbst die Führung dieser massierten Streitmacht aus anglo-amerikanischen Divisionen zu übertragen, untergrub die Einigkeit der Westalliierten.

Bradleys 1. und 9. Armee bildeten nördlich der Ardennen einen Frontabschnitt von etwa achtzig Kilometern. Montgomery benötigte diese Truppen dringend für sein Unternehmen *Grenade*. Er schlug vor, sie seinem Befehl zu unterstellen. Wenn das nicht akzeptabel sei, erklärte er, sei er auch bereit, bei diesem Angriff unter Bradleys Kommando zu kämpfen. Bradley entfachte einen Sturm von Protesten gegen diesen Vorschlag, der ihn, so beklagte er sich, zum Opfer von Montgomerys »Größenwahn« mache, der seiner Meinung nach durch Eisenhowers »Anglophilie« gefährlich unterstützt wurde.

»[Montgomerys] Pläne waren praktisch immer darauf gerichtet, ihm neue Größe zu verschaffen«, spöttelte er und drohte (wie auch Patton) mit seinem Rücktritt für den Fall, daß Montgomerys 21. Heeresgruppe der Ruhm überlassen bliebe, den Deutschen den letzten Stoß zu versetzen.

Bradley hatte vorausgesehen, daß Montgomery versuchen würde, die nördlichste seiner Armeen zur Vergrößerung des Personalbestandes der 21. Heeresgruppe abzukommandieren. Umsichtig hatte er daher seine wenig erprobte 9. Armee zwischen den Armeen von Hodges und Montgomery plaziert, um sich so für seine eigenen Zwecke die weit erfahrenere 1. Armee zu sichern. Doch die 9. Armee sollte für allgemeine Überraschung sorgen. Kommandiert wurde sie von Generalleutnant William H. (»Simp«) Simpson. Der Spitzname »Simp« war anfangs nur die wenig schmeichelhafte Anspielung darauf gewesen, daß der schlaksige 56jährige Texaner während seiner Kadettenzeit in West Point nicht der Hellste gewesen war. Während der Schlachten im Rheinland jedoch wurde er zum Ausdruck des Respekts und der Zuneigung zu dem Amerikaner, der sich als einer der weitblickendsten unter den kommandierenden Generalen des Zweiten Weltkrieg erwies.

Simpson war von allen amerikanischen Befehlshabern am besten geeignet, unter britischem Oberkommando zu dienen. In seiner ruhigen, bescheidenen Art war er einer der wenigen amerikanischen Armeekommandeure, die mit dem barschen britischen Feldmarschall zurechtkamen. Simpson hatte wie Montgomerry das Charisma der geborenen Führerpersönlichkeit, und häufig sah man seine hohe, hagere Gestalt mit dem prägnanten glattrasierten

Schädel vornübergeneigt im Gespräch mit den Mannschaften. Beide Männer waren energisch, verstanden und liebten ihr Handwerk. Doch »Big Simp« war nicht mit dem gelegentlich anmaßenden Dünkel geschlagen, wie er Montgomery häufig zugeschrieben wird - vielleicht war, wo zwei den Befehl führten, nur *ein* solcher Egozentriker möglich. Die 9. Armee, so drückt Bradley selbst es aus, war »im Vergleich mit der lauten und aufgeblasenen Dritten und der launischen Ersten . . . ganz bemerkenswert normal«.

Simpson hatte außerdem, wie Bradley sich erinnert, »einen wunderbar deftigen Humor«. Eine seiner Lieblingsanekdoten bezog sich auf einen Abend, an dem er mit Georgie Patton erfolgreich dem Inhalt einer Schnapsflasche zuleibe rückte, während sie ihre Armeekarriere unter den neuen Chefs durchhechelten: »Patton sagte: ›Da finden wir uns also alle unter Eisenhower und Bradley wieder! Und die zwei sind sechs Jahre jünger als wir. Hodges hat West Point 1908 geschmissen und mußte sich hochdienen, und jetzt kommandiert er die 1. Armee. Ich wurde 1908 zurückgeschickt und brauchte fünf Jahre bis zum Abschluß, aber ich kommandiere die 3. Armee. Und du warst 1909 in der Klasse der zweite von unten und kommandierst die 9. Armee. Ist das nicht eigenartig, daß drei alte Fürze wie wir für diese beiden Hundesöhne den Ball am Rollen halten?«

Gerade dieses starke Band der »alten Zeiten«, das die »Ehemaligen« - Bradley, seine drei Armeechefs und Eisenhower - zusammenhielt, sollte bei der Festlegung des Kriegsverlaufs ein entscheidender Faktor werden. Bedauerlicherweise erwies sich während der erbittert geführten Debatten des Frühwinters, als ein Schlachtplan so dringend benötigt wurde, gerade ihr Siegeswille als Hindernis auf dem Weg zum Frieden. Jeden der drei Kommandeure Bradleys drängte es, den Sieg - den amerikanischen Sieg - über den Nationalsozialismus davonzutragen. Keiner wollte müßig dabeisitzen, während Montgomery dem Feind den Todesstoß versetzte - und dafür die Lorbeeren erntete. Eisenhower war dafür nicht ohne Verständnis. Sein Biograph, Stephen Ambrose, bemerkt dazu: »Halbbewußt, vielleicht auch nur unbewußt, hatte er den Wunsch, Bradley die führende Rolle in diesem Feldzug zu überlassen, wenn sich die Gelegenheit dazu ergab.«

Auf der Konferenz von Maastricht am 7. Dezember gab Eisenhower seine Entscheidung bekannt. Herausgekommen war, in Bradleys Worten, »ein klassischer Kompromiß à la Eisenhower, der mich zutiefst unbefriedigt ließ«:

> Ich sollte den Befehl über Hodges' 1. und Pattons 3. Armee (nördlich und südlich der Ardennen) behalten; . . . Hodges, Patton und Devers sollten weiter Angriffsoperationen gegen die Deutschen durchführen. Monty aber war für die Durchführung des »Hauptunternehmens« bestimmt worden, meine Operationen hätten künftig lediglich »unterstützenden« Charakter. Monty würde meine 9. Armee übernehmen. Zehn amerikanische Divisionen sollten also direkt dem Befehl eines britischen Kommandanten unterstellt werden, der dafür sorgen würde, daß ihnen jede Anerkennung ihrer Verdienste versagt blieb.

Eisenhower schwankte noch immer – später informierte er seinen Stab, er werde das ganze Problem einem Ausschuß vorlegen, der »einen Plan ausarbeiten« sollte. Erschreckt über das Führungsdefizit beschwerte sich Montgomery am 16. Dezember beim Chef des Planungsstabes im Alliierten Hauptquartier, General Sir John Whitely: Wenn der Oberbefehlshaber sich nicht sehr bald darüber klar werde, was er wolle, und definitive Befehle gebe, könne man »dem Feind gegenüber in eine nachteilige Lage geraten«.

Es waren prophetische Worte. Am nämlichen Morgen begann mit 200 000 deutschen Panzern und Infanterie-Einheiten, angeführt von Fallschirmjägern, und unter starker Deckung aus der Luft Hitlers Überraschungsangriff in den Ardennen auf die gefährlich dünne Linie von Bradleys 83 000 Amerikanern. Montgomery gab Feldmarschall Sir Alan Brooke, Chef des britischen Generalstabs (CIGS), gegenüber seiner Bestürzung Ausdruck: »Es sieht so aus, als hätten wir jetzt den Preis zu zahlen für eine Taktik des Treibenlassens und fehlender Operationsplanung, wie sie die vergangenen Monate auszeichnete.« Diese Schlittertaktik oder Lethargie Eisenhowers und seines Stabes unterstrich nur die grundsätzlichen Unterschiede zwischen beiden Seiten.

»[Monty] dachte nur als Soldat«, bemerkte sein Nachrichtenoffizier. »Er glaubte eine Möglichkeit zu sehen, an seiner Front den Sieg zu erreichen. Und für alles andere war er blind. Ike war auch als Militär Politiker. Er sah die strategischen Seiten. Er begriff, daß man nicht ohne den Rückhalt der öffentlichen Meinung siegen kann.«

Ein weiterer Unterschied betraf den Lebensstil in Kriegszeiten. In Paris entsprach das Personal des Hauptquartiers der Alliierten Streitkräfte, eine Bürokratie von rund 100 000 Offizieren und Mannschaften, zahlenmäßig der Einwohnerschaft einer Kleinstadt. Politiker und Militärs aus den USA waren häufige Gäste. Eisenhowers taktisches Hauptquartier in Reims mit sechzehn Schlafzimmern und unzähligen Salons war die frühere Luxusresidenz von Monopole, dem französischen Champagnerkönig. Bradley und Hodges waren in Schlössern in Luxemburg und Belgien einquartiert. In den ersten Wintermonaten 1945 herrschte im Petit Trianon, Eisenhowers Versailler Hauptquartier, ein unaufhörliches Kommen und Gehen von Gästen aus den USA, die häufig amerikanische Delikatessen als Geschenke mitbrachten. (Einmal servierte ein ausgelassener Eisenhower Gästen an seiner Abendtafel Stück für Stück einhundert gestiftete Malpeque-Austern.)

Eisenhowers Kommandeure hatten eine Schwäche für schicke Uniformen und gesellschaftliche Vergnügungen. Es fehlte nie an weiblicher Gesellschafft für abendliche Bridgepartien oder Wochenendtrips ins südliche Frankreich. Eisenhower selbst ging mit bestem Beispiel voran: Er machte seine ehemalige Fahrerin, die Engländerin Kay Summersby, zu seiner ständigen Begleiterin und Assistentin bei Konferenzen von höchster Geheimhaltungsstufe; sie fungierte sogar als Gastgeberin bei Abendgesellschaften mit hochrangigen Gästen. (Einmal verletzte er die Regeln des britischen Protokolls, als er dem Premierminister den Platz zu ihrer Rechten zuwies.) Ob die Beziehung der beiden noch weiter ging, war ohne Bedeutung. Was zählte, war die Tatsache, daß viele der SHAEF-Kommandeure ihrerseits einen ähnlich unmilitärischen, den Dienstpflichten wenig bekömmlichen Lebensstil pflegten.

Im Gegensatz dazu lebte Montgomery an der Front in asketischer Abgeschiedenheit. Sein üblicher Aufzug waren ein verschlissener Pullover und zerbeulte Cordhosen; als vorgeschobenen Gefechtsstand bevorzugte er eine Art Wohnmobil in Frontnähe sowie eine Reihe ähnlicher Fahrzeuge und Zelte, die als Kartenwagen, Messe und Schlafquartier dienten. Er aß mäßig und verzichtete auf Tabak und Alkohol. Tagsüber war er mit unerschöpflicher Energie unterwegs zu seinen verschiedenen Kommandoeinheiten. Er hatte immer Zeit, anzuhalten und Gespräche mit den Mannschaften zu führen. Er liebte seine Truppen, und sie liebten ihn. »Er unterrichtete uns immer über alles, was passierte«, erinnert sich Hauptgefreiter Peter Huntley von der 53. *Welsh Division.* »Er hielt uns auf dem laufenden. Wir wußten genau, daß wir erst dann losgeschickt wurden, wenn er alles bis ins letzte vorbereitet hatte.«

Abends zog er sich nach dem Nachtessen regelmäßig zurück, ohne Rücksicht darauf, wer seine Gäste waren. Seiner Überzeugung nach war eine Zeit ruhigen Nachdenkens über die Tagesereignisse für einen Mann im höheren Kommando unerläßlich. Montgomery hatte ein Nachrichtensystem entwickelt, das ihn schnell und aus erster Hand mit ausführlichen Berichten von allen Fronten versorgte: Sie wurden ihm aus Sicherheitsgründen von seinen Verbindungsoffizieren, die täglich unter Einsatz ihres Lebens Hunderte von Kilometern, oft hinter feindlichen Linien, zurücklegten, mündlich überbracht. Diese Verbindungsoffiziere waren so etwas wie Montgomerys »Familie«, mit der er teilte, was eine kompromißlos auf Krieg ausgerichtete Umgebung an schlichtem Komfort zu bieten hatte.

Einer von ihnen, Oberstleutnant T. S. Bigland, beschreibt das allabendliche Ritual im Kartenwagen:

> Nach den Neunuhrnachrichten gingen wir zum Kartenwagen, um uns anzuhören, was die »Jungs« zu sagen hatten – das waren die Adjutanten und Verbindungsoffiziere, Briten, Amerikaner, Kanadier. Sie waren tagsüber an verschiedenen Fronten unterwegs gewesen und hatten in Wagen oder Jeeps Riesendistanzen zurückgelegt – eine harte Sache im Winter und kräftezehrend bei jedem Wetter. Jetzt tritt einer nach dem anderen an die große Karte an der Wand und berichtet dem Chef, was er weiß: »Das 21. ist durch den Wald; an der Windmühle sieht's nicht besonders gut aus; Angriff des 44. um 04.00« usw. Der Chef stellt ein

paar Fragen . . . gibt ein paar Kommentare ab. So als handelte es sich um eine x-beliebige Schlacht. Das ist jedoch nicht der Fall. Hier arbeiten Männer seiner Wahl mit seinen Methoden, viel bleibt da nicht mehr zu sagen.

»Wenn er die Männer am Abend angehört hatte«, erinnert sich Oberstleutnant Trumbull Warren, Montgomerys persönlicher Adjutant, ein Kanadier, »dann verfaßte er einen ausführlichen handschriftlichen Bericht. Er diktierte nie. Der Bericht wurde dann chiffriert und nach London geschickt. Gegen Mitternacht war also auch das Kriegsministerium im Besitz der aktuellsten Informationen über alles, was bei uns los war.«

So kam es, daß, während Eisenhower, Bradley und Bedell Smith beim Bridge in Versailles von ersten konfusen Nachrichten über den Angriff der Deutschen auf Bradleys Ardennen-Truppen überrascht wurden, Montys Verbindungsoffiziere bereits detaillierte Berichte von den Einheiten des amerikanischen Frontabschnitts lieferten. Es trug kaum zu seiner Beliebtheit bei den amerikanischen Kommandeuren, bei Eisenhower oder auch im SHAEF-Hauptquartier bei, daß er in *ihren* Angelegenheiten oft besser Bescheid wußte als sie selbst.

Es kann nicht verwundern, daß Montgomery das süße Leben seiner Kollegen aus den USA mit distanzierter Geringschätzung betrachtete - ihre Erfolge tat er leichthin ab, während er sie bei jeder Schlappe abkanzelte und demütigte. Ebensowenig verwundert es, daß diese Intoleranz bei Eisenhowers Generalen derart heftige Gefühle weckte, daß »aus anfänglicher Verachtung aktiver Haß geworden war«. Und Montgomerys unglückselige Pressekonferenz vom 7. Januar 1945 bewirkte dann, daß den verbündeten Kampfgenossen der Kragen platzte. Die Einigkeit war dahin, und eine Kettenreaktion wurde ausgelöst, die die anstehenden Operationen *Veritable* und *Grenade* in Gefahr brachte und Eisenhower um ein Haar seine Stellung gekostet hätte.

Zum Verrücktwerden

Die Verstimmung unter den alliierten Generalen war so unübersehbar geworden, daß selbst Hitler begann, sich der Rivalitäten mit sichtlichem Genuß als Geheimwaffe zu bedienen. Im Dezember entsandte er aus der Betongruft seines Bunkers tief unter der Reichskanzlei eine Schmähschrift an seine Generale, in welcher er prophezeite, der Zerfall des alliierten Bündnisses werde ihm zum Sieg verhelfen: »Es gab in der Weltgeschichte niemals Koalitionen, die wie die unserer Gegner aus so heterogenen Elementen mit so völlig auseinanderstrebender Zielsetzung zusammengesetzt sind . . .; auf der einen Seite ein absterbendes Weltreich, Britannien, auf der anderen Seite eine auf Erbschaft ausgehende Kolonie, die USA.«*

Montgomerys berüchtigte Presseverlautbarung vom 7. Januar vor Medienvertretern der Vereinigten Staaten und Großbritanniens befeuerte nicht nur die Rhetorik des ›Führers‹. Bei den Amerikanern machte sie, so sein Verbindungsoffizier, »mehr böses Blut als alles andere im Verlauf dieses Krieges«. Sie war ein klassischer Monty: voll Arroganz und bester Absichten. Die Tatsache, daß Montgomery während der Ardennenkrise zeitweilig den Oberbefehl über die 1. und 9. Armee erhielt, hatte Hodges und Bradley in eine äußerst peinliche Lage gebracht. Der Öffentlichkeit blieb diese Tatsache dank Pressezensur bis in die ersten Januarwochen verborgen. Die unvermeidliche Bekanntgabe - zwei Tage vor der Pressekonferenz - löste heftige Reaktionen in den amerikanischen

* Nach »Hitlers Lagebesprechungen. Die Protokollfragmente seiner militärischen Konferenzen 1942-1945« (Hg. H. Heiser, Stuttgart 1962) stammt das Zitat aus einer Ansprache Hitlers vor Divisionskommandeuren im Gefechtsstand »Adlerhorst« bei Bad Nauheim (A. d. Ü.).

Medien und bei der Bevölkerung aus; der Sieg in den Ardennen, den man den Amerikanern zugeschrieben hatte, war in Wahrheit unter britischem Kommando erkämpft worden. Jetzt machte sich der Feldmarschall mit der Erlaubnis von Eisenhower, Brooke und Churchill daran, die Vorgänge richtigzustellen.

Montgomery glaubte offenbar, die Schlammschlacht zwischen den amerikanischen und britischen Medien beenden zu können, wenn er beschriebe, wie »das ganze alliierte Team sich in die Bresche warf«, um die Feindoffensive in den Ardennen aufzuhalten. Die Art seines Auftretens jedoch, der Anstrich von Dünkel und Herablassung, empörte die amerikanischen Kommandeure und löste selbst unter den britischen weithin Befremden aus. Besondere Erbitterung rief die Tatsache hervor, daß Montgomery die Lorbeeren für einen Sieg einstrich, den, wie er behauptete, die Amerikaner an der Seite der Briten erfochten hätten, während er tatsächlich die britischen Verbände so weit wie möglich in Reserve gehalten hatte, um sie für die bevorstehende Operation *Veritable* zu schonen.

»Der Text selbst wirkte harmlos; seine Präsentation war erschreckend«, berichtete Brigadegeneral Bill Williams, Leiter von Montgomerys Nachrichtenabteilung, Nigel Hamilton* in einem Interview. »Ich war selbst dabei ... Mir schien es einfach *eine Katastrophe.* Aber ich war machtlos. Es sollte ein Tribut an die amerikanischen Soldaten sein usw. Aber es kam so heraus, als hätte er ... die Amerikaner gerettet. – ›Natürlich waren sie tapfere Kämpfer‹, und so weiter und so weiter, aber er benutzte diese gräßliche Wendung von der ›ganz interessanten Schlacht‹ oder drückte sich jedenfalls sinngemäß so aus ... Die Journalisten waren nicht dumm und berichteten über die großspurige Attitüde Montgomerys.«

Für Goebbels' Propagandaabteilung war das Ganze ein gefundenes Fressen. Er ließ eine frisierte Version der Rede vorbereiten und unter Benutzung einer Frequenz des Auslandsdienstes der BBC verbreiten. In dieser entstellten Form erreichte sie Bradley und entfachte die Fehde von neuem.

* Verfasser zweier Montgomery-Biographien: Monty: The Field Marshal, 1944–1976. London, 1986. Monty: The Making of a General. New York, 1981.

Es war Mitte Januar geworden, und die Streitigkeiten hatten alle Hoffnungen Montgomerys auf das Kommando über Bradleys Armeen für einen Hauptangriff auf den Rhein zerstört. Er hatte sich Bradley endgültig zum Gegner gemacht, der seinem Stab gegenüber empört erklärte, Montgomery behandle die Amerikaner wie »die Vettern vom Lande«. Dabei wären die Briten ohne die Amerikaner wohl kaum so ohne weiteres in der Lage gewesen, den Brückenkopf in der Nordmandie zu errichten oder den Vormarsch durch Frankreich durchzuführen! Undenkbar, was Montgomery sich vorstellte: Die Amerikaner sollten ihm den Vortritt lassen und den Weg zum Sieg frei machen - auf dem Buckel amerikanischer Truppen? »Den Ruhm«, tobte Bradley, »würden die Briten ernten. Allen voran Montgomery.«

Damit hatte sich Eisenhowers Dilemma weiter verschärft. Montgomery die für den Rheinland-Feldzug benötigte Truppenverstärkung zu verweigern bedeutete, daß die Operation gefährdet wurde. Stellte er jedoch vierzehn amerikanische Divisionen für den Doppelangriff erneut unter Montgomerys Befehl, würde er sich nicht nur Bradley weiter entfremden - auch die amerikanische Bevölkerung wäre empört. Darüber hinaus erhöhte sich mit jeder neuen Verzögerung das Risiko, daß das im Vorfrühling zu erwartende Tauwetter einsetzte. Der Erfolg der Operation aber hing von einem noch hartgefrorenen Boden ab, der allein einen stoßkräftigen Panzerdurchbruch gewährleisten würde.

Von Anfang an hatte Montgomery darauf bestanden, daß die zwei Zangenangriffe mehr oder weniger gleichzeitig in Gang gesetzt wurden, am 8. und 10. Februar. Er würde nicht das Leben britischer und kanadischer Soldaten in einer aufgeweichten Operation *Veritable* aufs Spiel setzen, wenn *Grenade* hinausgezögert oder abgeblasen wurde. Bevor jedoch *Grenade* anlaufen konnte, waren zwei wichtige Aufgaben zu erfüllen.

Erstens eine massive Truppenverschiebung, um Simpsons 9. Armee zu verstärken und sie für die Dauer der Operation Montgomerys 21. Heeresgruppe zu unterstellen. Eisenhower gab den Befehl, insgesamt zwölf Divisionen vorrücken zu lassen. Den Zeitpunkt ließ er jedoch im unklaren. Bradley war noch mit Säuberungsaktionen in den Ardennen beschäftigt, die, so hoffte er, Hodges oder

Patton einen Durchbruch zum Rhein erlauben würden. Die Sammlung der 9. Armee »würde davon abhängen, ob die Operationen in den Ardennen fortgesetzt werden konnten oder abgeschlossen würden«, teilte Eisenhower mit und gab Bradley seine Zustimmung zu einer Fortführung der Operationen »bis zur ersten Februarwoche«. Die für die Verlegung bestimmten Einheiten blieben also weiterhin im Einsatz. Eine solche Verzögerung bei der Verstärkung der 9. Armee bedeutete den Ausfall von *Grenade.* Sie konnte auch das Schwesterunternehmen im Norden - *Veritable* - in Mitleidenschaft ziehen, da beide zusammenhängend konzipiert waren.

Dem protestierenden Montgomery brachte Eisenhower in Erinnerung, daß zwei Drittel der in Nordwesteuropa eingesetzten Verbände aus den USA stammten (61 US-Divisionen gegenüber 15 anglo-kanadischen). Darum, erklärte Eisenhower, unterstütze er zwar den Plan eines Vorstoßes zur Ruhr, beabsichtige aber dennoch, Bradleys Armeen südlich der Ruhr in Richtung Frankfurt in Marsch zu setzen. Jedes andere Vorgehen sei für die amerikanische Öffentlichkeit untragbar.

Montgomery war abgeblitzt; er stand wieder da, wo er angefangen hatte. Er klagte Brooke gegenüber, Ike sei »nutzlos ... mit solchen Angelegenheiten restlos überfordert ... verglichen mit Rundstedt ein völliger Amateur«. Und auch sein Stab sei nicht viel mehr wert. Im ganzen SHAEF sei niemand, der ihn militärisch vernünftig beraten könne, Eisenhower ziehe einfach jedermann zu Rate und arbeite dann einen Kompromiß aus, um alle zufriedenzustellen. »Die 12. Heeresgruppe ist an *Grenade* nicht interessiert«, lamentierte Montgomery gegenüber Brooke. »[Sie] haben ganz offen erklärt, sie zögen los nach Bonn und Köln ... Man könnte verrückt werden, wenn man sich nicht eine gesunde Portion Humor bewahrt hätte.«

In der letzten Januarwoche traten Veränderungen ein. Beunruhigt über die Unschlüssigkeit des Oberbefehlshabers, verlangten die britischen Stabschefs eine Strategiedebatte auf höchster Ebene. Das folgende Treffen der Vereinigten Stabschefs der Alliierten in Malta (das der Konferenz von Jalta vorausging), gipfelte in »heftigen Meinungsverschiedenheiten und Disputen über die gesamte Kriegsführung überhaupt«, in deren Verlauf sogar die Möglichkeit erwogen wurde, Eisenhowers Rücktritt zu verlangen. Ein Ende brachte erst Bedell Smiths mündliche Versicherung, »Montgomerys Heeresgruppe werde erste Priorität eingeräumt, sie solle den Niederrhein so bald wie möglich überschreiten, ohne die restlose Säuberung des ganzen Rheinlandes abzuwarten«.

Gegen Ende Januar wurde deutlich, daß Bradleys Operation in den Ardennen ins Stocken geraten war; sie wurde abgeblasen, und die Heeresgruppe wurde frei für andere Aufgaben. Am 1. Februar, eine gute Woche vor dem in Aussicht genommenen Beginn der Angriffe, erging dann endlich Eisenhowers lang hinausgezögerte Weisung, mit der die Operationen *Veritable* und *Grenade* genehmigt und Montgomerys Kommando unterstellt wurden. Simpsons 9. Armee war, wie geplant, zu verstärken und unterstand für *Grenade* der operativen Kontrolle Montgomerys. Um das zu erleichtern, erhielt Patton schriftlichen Befehl, in die Defensive zu gehen, damit Nachschub und Verstärkungen zur Unterstützung der Operation nach Norden geführt werden konnten - eine Weisung, die nicht viel mehr als eine Farce war. Der widerstrebende Bradley konterkarierte sie auch sogleich, indem er Patton mündlichen Befehl gab, bei der »Vorwärtsverteidigung« zu bleiben. (»Wir lachten darüber«, gestand Bradley später ein. »In Wahrheit griffen wir weiter an . . . Ich nehme an, sie [die Truppen der 3. Armee] hatten ihren Spaß.«)

»Als Trostpflaster«, so berichtet Patton, »sollten wir bis zum 10. und darüber hinaus weiterhin Angriffsaktionen durchführen dürfen, falls die Verluste und der Munitionsaufwand nicht übermäßig hoch würden . . . Wir waren alle in großer Erregung. Es war unserem Empfinden nach unehrenhaft für die amerikanische Armee, den Krieg in der Defensive zu beenden.«

Als zweite Aufgabe vor dem Beginn von *Grenade* waren die Rur-Talsperren zu nehmen. Schon am 17. Januar hatte Generalmajor K.W.D. Strong, Chef von Eisenhowers Nachrichtenabteilung, Bradley gewarnt, daß der Feind die Dämme fluten könnte. Es waren, so unglaublich es klingt, nicht einmal zu dem Zeitpunkt, als Eisenhower für *Grenade* und *Veritable* grünes Licht gab, Pläne für eine Eroberung dieses längst vorhersehbaren Hindernisses in Arbeit. Bradley erhielt erst dann Befehl, seine Kräfte um die Talsperren zusammenzuziehen, als seine Operationen im Süden endgültig abgeblasen wurden. Und erst am 4. Februar – vier Tage vor Beginn von *Veritable* und sechs Tage vor *Grenade* – gab Bradley den Befehl, die Talsperren zu nehmen, an Hodges weiter.

Am folgenden Abend ging Bradley in Hodges' Hauptquartier in Spa die Angriffspläne durch. Für den 7. und 8. Februar vermerkte Major Chester Hansen im Kriegstagebuch: »Brad bleibt im Büro und arbeitet an Plänen zur Einnahme der Rur-Talsperren . . . wirkt weiterhin entspannt, zu Scherzen aufgelegt.«

Inzwischen war Montgomery in bester Laune zu einer Konferenz in Namur erschienen, wo Bradley auf Wunsch Eisenhowers sein neues Hauptquartier aufgeschlagen hatte (»um in größerer Nähe zu Montgomery zu sein«). Sonderbarerweise schien Montgomery weder Bradleys Feindseligkeit noch den Groll zu bemerken, den man ihm im Stab der 12. Heeresgruppe entgegenbrachte, weil er ihre Offensive gestoppt und sich ihre Divisionen unter den Nagel gerissen hatte. »Sogar Kay Summersby weigerte sich, am Tisch den Platz neben Montgomery einzunehmen«, vermerkte Hansen. »Sie versicherte uns, sie werde sonst zweifellos mit ihm aneinandergeraten.« Auch Hodges' persönlicher Adjutant, Hauptmann William C. Sylvan, merkt dazu beißend an, sein Chef habe gewettet, Montgomery werde seiner Natur treu bleiben und dafür sorgen, daß den Amerikanern die Hauptlast der bevorstehenden Operationen aufgehalst würde. »Der General wettete . . . Monty würde es irgendwie hinkriegen, daß die 9. Armee als erste ins Gefecht ging.«

Das »absterbende Weltreich« und dessen einstige »Kolonie« hatten den absoluten Höhepunkt ihrer Zwistigkeiten erreicht, was sich für den Fortgang des Krieges allmählich als ernsthaftes Hindernis erwies. Das Planungsdebakel der versäumten Besetzung der Talsperren und die wiederholten Verschiebungen und Unschlüssigkeiten hatten den *Veritable-Grenade*-Doppelangriff so lange hinausgezögert, bis Tauwetter und Überschwemmungen ihm einen Großteil seiner Durchschlagskraft raubten. War das Unternehmen im Verlauf von Herbst und Winter in Kontroversen steckengeblieben, drohte es jetzt im Schlamm zu versinken. Eine Viertelmillion Soldaten wurden statt auf hartgefrorenen Boden in einen Sumpf geschickt. Der

Erfolg des Schlachtplans hing jetzt nicht mehr von Waffen und Panzern, sondern allein von der Unerschrockenheit jedes einzelnen dieser Männer ab.

Während die Strategen der Alliierten, die sich endlich auf einen Operationsplan geeinigt hatten, Hitler in eine aussichtslose Lage getrieben zu haben glaubten, sah der »Führer« sich durchaus nicht in einem Dilemma. Zwar besaßen die erfahrensten unter seinen Kommandeuren Einsicht genug, die verzweifelte Lage Deutschlands zu erkennen, doch verweigerte Hitler seinen Befehlshabern die Erlaubnis, auch nur einen Meter vor dem Feind zurückzuweichen. Generalfeldmarschall Gerd von Rundstedt, ein scharfsinniger, professioneller Stratege, den des »Führers« Laune zweimal als Oberbefehlshaber der West-Armeen gefeuert und wiedereingesetzt hatte, appellierte an seinen obersten Kriegsherrn, von seiner Politik, »sich an jeden Fußbreit deutschen Bodens zu klammern«, Abstand zu nehmen, und drängte statt dessen auf Rückzug, um am östlichen Rheinufer die Verteidigung vorzubereiten. General der Panzertruppen Hasso von Manteuffel meldete mit Bitterkeit, daß durch Hitlers Weigerung, sich an den Rhein zurückzuziehen, die letzten Reste einer mutigen und loyalen Streitmacht geopfert würden.

Hitler ignorierte ihre Ratschläge und erließ einen kompromißlosen Befehl: Die Kommandierenden Generale hatten über jeden Entschluß zu einer operativen Bewegung, jeden Angriff sowie jede beabsichtigte Absetz- und Rückzugsbewegung ihm persönlich Meldung zu erstatten. Er behielt sich sogar seinen obersten Befehlshabern gegenüber ein Vetorecht vor und drohte, er werde jeden, der den Gehorsam verweigere, »drakonisch bestrafen«. »Der Druck im Rücken«, klagte Rundstedt, »war immer größer als der von vorn. Meine einzige Kompetenz als OB West bestand darin, die Wache vorm Eingang meines Quartiers auszuwechseln.«

Hitlers hartnäckige Weigerung, die Hinweise seiner Generale ernst zu nehmen, hatte ihren Grund zum Teil in seinem festen Glauben an die Stärke seines »Westwalls«, der Grenzbefestigungen im Westen Deutschlands, die sich von Holland bis zur Schweiz erstreckten. Im März 1936 hatte die Weltöffentlichkeit, blind für die ersten Anzeichen eines drohenden Krieges, tatenlos zugesehen, wie Nazitruppen unter Verletzung des Versailler Vertrages das entmilitarisierte Rheinland besetzten. Zwei Jahre später waren eine halbe Million Arbeiter unter der kompetenten Leitung von Dr. Fritz Todt mit dem Bau der Befestigungen des Westwalls beschäftigt. Mit einem Drittel der jährlichen Zementproduktion des Landes errichtete Todt doppelt oder dreifach gestaffelte Linien von mehr als 3000 Betonbunkern, Unterständen und Beobachtungsposten, zum Teil als Wohnhäuser oder Scheunen getarnt. Reihen von Panzersperren aus klotzigen, mehrreihig im Boden eingelassenen Betonhindernissen bildeten eine weitere Verteidigungslinie.

1939, bei Kriegsausbruch, wurde die Befestigungslinie, wenn auch in abnehmender Stärke, nach Norden bis zum niederrheinischen Kleve verlängert. Dann ruhten die Arbeiten am Westwall, bis im Herbst 1944 der Vormarsch der Alliierten auf Deutschland eine hektische Bautätigkeit zur Verstärkung der Anlagen auslöste. Die Befestigungen waren zwar teilweise veraltet und in heruntergekommenem Zustand, stellten aber noch immer ein eindrucksvolles Verteidigungsbollwerk dar. Und darüber hinaus war der »Westwall« für die Deutschen zum Symbol der Hoffnung geworden. Hitlers Propaganda hatte ein unerschütterliches Vertrauen in die Uneinnehmbarkeit des Walls geschaffen.

Und vor allem - Hitler selbst glaubte an die eigene Propaganda. Er kannte seine Deutschen. Er forderte ihre Treue, ließ sie Angst und Schrecken spüren, erinnerte sie daran, daß die Wehrmacht ihr Letztes gab, an die vielgepriesene Schutzfunktion des »Westwalls« und die deutsche Waffenüberlegenheit. Er schreckte sie mit Beschreibungen von der Zerstörung ihrer Heimat, welche die Alliierten im Fall ihres Sieges anrichten würden. Er warnte die Bevölkerung davor, daß eine Eroberung durch die Alliierten Unterwerfung und Knechtschaft bedeuten würde. Er zitierte den Morgenthau-Plan - einen aus dem Jahre 1944 stammenden Vorschlag des amerikanischen Finanzministers Henry Morgenthau -, der ganz Deutschland in Acker- und Weideland umwandeln würde. Und selbst wenn dieser Plan nicht verwirklicht würde, so verabredeten doch Roosevelt, Churchill und Stalin soeben auf Jalta, Deutschland zu zerstückeln und unter die Sieger zu verteilen.

Mit prahlerischen Beschwörungen seiner neuen »Wunderwaffen« appellierte Hitler an den Nationalstolz der Bevölkerung, hatten doch die Deutschen mit der seit je an ihnen gerühmten technologischen Brillanz bereits ein Düsenflugzeug entworfen, eine ferngelenkte Flügelbombe, ein Raketenflugzeug, das schneller war als ein Düsenjäger, ein Raketengeschoß, das feindliche Flugzeuge über die Hitzewellen ihrer Triebwerke ansteuerte, sowie ein Torpedo, das auf Schall reagierte. Entwicklungen für eine Boden-Luft-Rakete waren abgeschlossen. Obwohl er keine Einzelheiten dieser Erfindungen an die Öffentlichkeit brachte - ein paar hatten noch nicht das Produktionsstadium erreicht -, konnte Hitler »seinem Volk« die zerstörerische Wirkung einiger dieser Waffen selbstgefällig vor Augen führen.

In unterirdischen Fertigungsanlagen im Harz lief die Produktion der V2-Raketen unter Zwangseinsatz von Arbeitskräften weiter auf vollen Touren. Ihre lautlosen Zerstörungsflüge auf London und Antwerpen rissen nicht ab. Die neue Me-262, ein Düsenbomber - der erste seiner Art und mit ca. 850 km/h um 200 km/h schneller als jedes andere Flugzeug -, wurde ab Januar 1945 mit einer Stückzahl von 210 pro Monat produziert.

Hitler mokierte sich über seine Gegner und spielte sie gegeneinander aus. Der amerikanische Soldat habe keinen Kampfgeist, versicherte er seinem Volk. Die deutschen Waffen würden Amerika so schwere Verluste zufügen, daß die Bevölkerung Friedensverhandlungen verlangen werde. Das britische Empire sei seinem Untergang nahe, und seine kolonialen Untertanen, die Kanadier, würden sich aus dem Krieg zurückziehen, sobald ihnen dies klar werde. »Gegen den kalten Intriganten Stalin hat Churchill nicht den Hauch einer Chance«, verhieß er. Seine Propagandamaschinerie spie giftige Karikaturen der alliierten Befehlshaber aus: Roosevelt, der »Schwätzer am Kamin mit seinen armseligen Geographiekenntnissen«; Churchill, der »Trunkenbold«.

Die beiden mächtigsten Propagandawaffen hatte ihm der Gegner selbst zugespielt: die Streitigkeiten zwischen den alliierten Befehlshabern und die Frage der bedingungslosen Kapitulation. Die Forderung einer »bedingungslosen Kapitulation Deutschlands« war ursprünglich erhoben worden, um die Russen zu beschwichtigen. Der Ausdruck stammte von Roosevelt und tauchte zum ersten Mal im

Vorfeld der Casablanca-Konferenz von 1943 bei einem Mittagessen mit Churchill auf, kurz vor der Pressekonferenz, auf der er bekanntgemacht wurde. Roosevelts Sohn Elliott, der bei dem Lunch zugegen war, berichtet darüber: »Churchill kaute bedächtig auf seinem Essen herum, überlegte, runzelte die Stirn und erklärte endlich grinsend: ›Phantastisch; ich höre Goebbels & Co. jetzt schon zetern.‹«

Doch statt zu »zetern«, schlug der versierte Propagandachef Kapital aus dieser Formel von Casablanca und nannte sie »einen weltgeschichtlichen Blödsinn ersten Ranges«. Er wäre »selbst niemals in der Lage gewesen, einen derart zündenden Slogan zu erfinden«, ließ er sich genüßlich vernehmen. »Wenn unsere Feinde im Westen uns sagen: Wir werden nicht mit euch verhandeln, unser einziges Ziel ist, euch zu zerstören ... was bleibt dann jedem Deutschen, ob er will oder nicht, anderes übrig, als mit aller Kraft zu kämpfen?« Und weiter Goebbels: »Es war das Beste, was uns passieren konnte, daß die Engländer ... in aller Öffentlichkeit ihre Absicht proklamierten, Deutschland vollständig zu zerstören, das heißt nicht nur das nationalsozialistische Regime, sondern das ganze deutsche Volk.«

Ein junger amerikanischer Infanterist der 104. Division, John S. Wade jr., war Zeuge der Folgen, die diese Politik an der Front nach sich zog. Er schrieb an seine Familie:

> Diese Leute, die da bei uns zu Hause öffentlich erklären, was nach dem Krieg mit Deutschland geschehen soll, machen mich einfach verrückt. Besonders wenn diese Erklärungen Deutschland keine andere Wahl lassen als die der Sklaverei. Warum können sie, verdammt noch mal, nicht den Mund halten, bis wir die Deutschen geschlagen haben? Ich verstehe das nicht. Vielleicht denken sie, der Krieg sei schon vorbei. Aber die Jerries kämpfen jetzt nur um so länger, und das sage ich Euch – kämpfen können sie noch ... Dieses ganze Nachkriegs-Gerede überzeugt sie nur davon, daß sie besser weiterschießen, weil sie sonst ohnehin so gut wie tot sind.

Die Äußerungen vieler alliierter und deutscher Kommandeure bezeugen, daß diese kompromißlose Haltung lediglich den Kampfeswillen der Deutschen stärkte und den Krieg verlängerte. Selbst die besonnensten und einflußreichsten unter den deutschen Gegnern des Nationalsozialismus konnte Hitler davon überzeugen, daß das Beharren der Alliierten auf bedingungsloser Kapitulation keine andere Möglichkeit zuließ, als verbissen Widerstand zu leisten, und daß an Friedensverhandlungen nicht zu denken war.

Hitler als Oberstem Befehlshaber stand eine Armee zur Verfügung, die gut ausgebildet, äußerster Disziplin und unbedingtem Gehorsam verpflichtet war und ihre Verteidigungskraft bereits unter Beweis gestellt hatte, als sie dem Invasionsdruck der Alliierten fünf Monate lang standhielt. Logistisch war die Niederlage der deutschen Armee spätestens sei Anfang Juli 1944, seit dem überwältigenden Erfolg der Landung der Alliierten in der Normandie, besiegelt. Sie wurde bestätigt, als im Januar 1945 der Gegenangriff in den Ardennen scheiterte. Und doch hörte diese geschlagene Armee, vom Mut der Verzweiflung getrieben, nicht auf, weiterzukämpfen und sogar Siege davonzutragen.

Diese Verlängerung des Krieges forderte einen horrenden Preis. Die amerikanischen Verluste durch die Kämpfe in Nordwesteuropa beliefen sich für die Zeit von Januar 1945 bis zum Kriegsende im Mai auf 222 360 Tote und Verwundete. Ergänzt man diese Verluste um die 17 000 Toten der Briten und Kanadier allein in der Schlacht um das Rheinland, um die Verluste der Franzosen und Polen, die ungeheuren russischen Verluste und einen beträchtlichen Teil der geschätzten vier Millionen deutscher militärischer und ziviler Kriegsopfer, dann wird offenbar, wie teuer der harmlos klingende Ausdruck von der »bedingungslosen Kapitulation« in Wahrheit zu stehen kam.

Generalmajor (damals Oberstleutnant) Heinz-Günther Guderian, Stabschef der 116. Panzer-Division in Schlemms 1. Fallschirmjäger-Armee während der Schlachten um den Hürtgenwald und das Rheinland, beschrieb den Autoren die Ohnmacht vieler Wehrmachtsangehöriger, die keine Möglichkeit sahen, als weiterzukämpfen: »Wir hatten keine Wahl.« Guderians Vater Heinz, gerühmt als Panzerführer und 1945 Chef des Generalstabs, schlug Hitler vor, mit dem Westen in Friedensverhandlungen einzutreten. Sein Sohn erkannte die Vergeblichkeit des Rates: »Für einen ehrenvollen Frieden war keine Möglichkeit mehr. Es blieb nur noch die bedingungslose Kapitulation. Wir wären vollständig vernichtet worden.« Und er fügte hinzu: »Die deutsche Armee hat nicht für die Nazis gekämpft; es war ein Kampf um unser Vaterland.«

Hochwasser

Streng geheim. Persönlich und vertraulich an CIGS von Feldmarschall Montgomery, 6. Febr. 45:*
Habe heute das Gelände von *Veritable* inspiziert. Der Boden ist sehr naß, Straßen und Wege brechen auf; Faktoren, die das Vorrücken nach Beginn der Operation vermutlich etwas hemmen werden.

»Edinburgh Castle« hieß sie bei den Kanadiern, die unscheinbare Kaserne im holländischen Grave, die jetzt vom kanadischen Aufklärungszentrum besetzt war. Das lebhafte Kommen und Gehen von Männern der 51. *Highland* und der 15. *Scottish* - zwei Divisionen aus Generalleutnant Brian Horrocks' XXX. Korps - machte klar genug, warum schottische Laute durch die Gänge hallten und der Name des Hauses eindeutig nichtflämischer Herkunft war.

Als Feldmarschall Montgomery am 1. Februar endlich die Zustimmung zu seinem Mammutunternehmen eines doppelten Vorstoßes zum Rhein - den Operationen *Veritable* und *Grenade* - errungen hatte, mußten die Vorbereitungen für den Beginn der Offensiven am 8. und 10. Februar in fliegender Eile abgeschlossen werden. Die Durchführung von *Veritable* war General H. D. G. (Harry) Crerar, dem Oberkommandierenden der 1. Kanadischen Armee, übertragen worden. Noch nie hatte ein Kanadier so umfangreiche Streitkräfte befehligt: Die Personalstärke überstieg die Zahl von 470 000 Mann. *Veritable*, der Nordarm des Zangenangriffs, sollte von Nimwegen aus direkt durch den Reichswald und

* Chief of the Imperial General Staff - Chef des britischen Generalstabs.

weiter durch Felder und bewaldetes Hügelland vorstoßen und das Gebiet zwischen Maas und Rhein säubern.* Zu Winterbeginn waren die Wege und schmalen Straßen hart gefroren gewesen. Panzerwagen hätten nach einem schnellen Durchstoß durch den Reichswald schlagartig bei Wesel zum Rhein vordringen können, ohne dem Feind die Gelegenheit zum Aufbau einer Verteidigung zu lassen.

Das war die Theorie. Im Februar allerdings kündigten die Meteorologen die Wahrscheinlichkeit eines Tauwettereinbruchs an – damit würden sich die Verbindungswege in einen Morast verwandeln und den Erfolg von *Veritable* in Frage stellen.

Auf der Seite der Amerikaner sollte Generalleutnant Bill Simpson (ebenfalls unter Montgomerys Kommando) etwa hundert Kilometer südlich die Operation *Grenade*, den Südflügel des Zangenangriffs, anführen, seine 300 000 Mann zählende 9. Armee durch zusätzliche 75 000 aus Hodges' 1. Armee verstärkt werden. Simpson plante *Grenade*, den Übergang über die Rur, für den zweiten Tag nach Beginn von *Veritable*, um durch Aufschließen zur 1. Kanadischen Armee am Rhein die Feindtruppen abzuriegeln. Doch während die Rur zu Beginn des Winters ein friedliches Gewässer war, konnte Tauwetter im Februar auch dort zu katastrophalen Verhältnissen führen.

Es war ein guter Plan, der den Alliierten innerhalb von 48 Stunden einen festen Stützpunkt am Westufer des Rheins gesichert hätte, wäre der Zeitplan eingehalten und die Offensive unter winterlichen Verhältnissen durchgeführt worden. Doch die Auseinandersetzungen der alliierten Kommandeure über das taktische Vorgehen sowie die Ardennenschlacht hatten ihren Beginn bis in die zweite Februarwoche verschleppt. Jetzt konnte Montgomery nur darauf setzen, daß der Boden hart blieb und kein Tauwetter einsetzte – für kurze Zeit wenigstens. Doch der Ausgang seines riskanten Spiels hing, wie sich zeigte, weniger vom Wetter als von den Menschen ab: Konnte diese gewaltige Operation trotz ihrer Mängel über die Runden gebracht werden?

Wen wundert's, daß der »Kleine Uhrmacher« die Pläne seiner Feinde nicht hatte vorhersehen können. Mit der ihm eigenen

* Vgl. Karten 3 und 4.

Leidenschaft, jede Facette einer Operation unter die Lupe zu nehmen, hätte Straube niemals die elementare Tatsache übersehen, daß ein Feldzug, der für eine bestimmte Jahreszeit geplant war, nicht unbedingt in eine andere verlegt werden kann. *Er* hätte die meteorologischen Voraussagen nicht auf die leichte Schulter genommen. Und er hätte auch keinen Plan entworfen, dessen Erfolg wesentlich auf der unsicheren Annahme beruhte, daß die Talsperren der Rur in wenigen Tagen zu erobern seien, nachdem die Deutschen sie fünf Monate lang mit Erfolg verteidigt hatten. Er wußte: Solange die Staudämme fest in der Hand deutscher Truppen waren, konnten die Amerikaner durch das Fluten der Dämme nach Belieben aufgehalten werden. Dieser entscheidende Sachverhalt wäre seiner Aufmerksamkeit keinesfalls entgangen.

Crerars Operation sollte in drei Phasen ablaufen, deren jede die vorangegangene weiterführen würde, während die Front sich langsam verbreiterte. Er übertrug Horrocks die Verantwortung für die erste Angriffsphase - Operation *Veritable*. Nach dem Ausbruch aus dem Flaschenhals bei Nimwegen sollte das XXX. Korps den Westwall durchbrechen und den Reichswald sowie die Umgebung säubern - eine Blitzattacke, deren Ziel es war, den Feind durch den Überraschungseffekt und gleichzeitig durch massive Luftangriffe zu lähmen. Drei gepflasterte Straßen, die um den Wald herumführten, und zwei im Waldinnern wären damit geöffnet. Bereits diese wenigen Straßen waren von größter Bedeutung für den Panzervormarsch. Die schmale Angriffsfront würde so zu einem V-förmigen Keil von etwa dreißig bis vierzig Kilometern Breite erweitert, der Kleve im Osten, die Bauerndörfer Hekkens und Asperden südlich des Reichswalds und im Westen die Westwallstellungen um Gennep an der Maas einschloß.

Nach Durchführung der Eröffnungsphase durch Horrocks sollten seinem linken Flügel zusätzliche Truppen - Generalleutnant Guy Simonds' II. Kanadisches Korps - zugeführt werden, um die Front für die zweite Phase, Operation *Blockbuster*, zu verstärken. Damit kämpften innerhalb der 1. Kanadischen Armee sieben Infanterie-Divisionen, drei Panzer-Divisionen, drei selbständige Panzer-Brigaden und eine Kommando-Brigade. Die verstärkten Verbände sollten die zweite feindliche Verteidigungslinie östlich und südöstlich des Reichswalds durchbrechen, anschließend die Orte Weeze, Goch, Uedem und Kalkar einnehmen und weitere Straßen für die Panzer öffnen. Im dritten Stadium der Operation schließlich, das den Zangenangriff *Veritable-Grenade* abschließen sollte, plante Crerar einen massiven Panzervorstoß, um den Hochwald zu säubern, den Anschluß an die 9. US-Armee zu finden und bei Wesel das Rheinufer zu gewinnen.

In den drei Phasen würden 500 Panzer und weitere 500 speziell umgebaute Kettenfahrzeuge zur Unterstützung des Angriffs eingesetzt und über tausend Geschütze Feuerschutz leisten. Auch die Zweite Taktische Luftwaffe mit einer Stärke von tausend Jägern und Jagdbombern, hundert mittleren Bombern und neunzig Nachtjägern sollte an der Operation beteiligt sein. Die Bomber-Leitstelle sollte Ziele im Kampfgebiet des Feindes mit bis zu tausend schweren Bombern angreifen; dazu kämen die mittleren und schweren Bomber der Heeresflieger der 8. US-Armee. Das 84. Geschwader der R.A.F. wurde in Gefechtsbereitschaft versetzt, um der Infanterie mit den Raketen seiner furiosen »Typhoons« Nahunterstützung zu leisten.

»Gesetzt, alles entwickelt sich zu unseren Gunsten - Wetter, Boden, Luftunterstützung, Feindverhalten -, würde es mich nicht überraschen, wenn die Panzer des XXX. Korps die Linie Geldern-Xanten-Wesel in ein paar Tagen erreichten«, äußerte sich Crerar in einer Befehlsbesprechung. »Andernfalls aber«, warnte er, »sehe ich drei konventionelle Angriffsoperationen mit Artillerieunterstützung voraus, eine für jede Phase, und die Schlacht kann drei Wochen dauern. - Ich bin sicher«, fügte er hinzu, »daß die enge taktische Verknüpfung von *Grenade* und *Veritable* für Bill Simpson und mich große gegenseitige Unterstützung bringen wird.« Crerar konnte nicht ahnen, daß er fünfzehn kritische Tage lang, allein auf sich gestellt, ohne diese Unterstützung würde auskommen müssen.

Der 57jährige Harry Crerar war wie kaum ein zweiter dazu befähigt, eine so komplexe - und heikle - Operation anzupacken. »Er ist keine mißtreißende Persönlichkeit ... kein Montgomery«, kommentierte Rundfunkjournalist Matthew Halton. »Aber er hat bewiesen, ... daß er in schwierigen Augenblicken, wenn große Entscheidungen auf der Waagschale liegen, ein klares Urteil und eiserne Nerven besitzt.« Für die Logistik der Operation *Veritable* war er genau der richtige Mann an der Spitze. »Die Offensive in Gang zu halten war eine phantastische Leistung«, äußerte sich Generalmajor (damals Oberstleutnant) Roger Rowley, Kommandeur des *Stormont, Dundas & Glengarry*-Regiments. »Mit diesen Massen von Truppen und Artillerie und dieser langen, unglaublich dünnen Versorgungslinie war es ein Meisterstück der Planung, und seine Durchführung stellte eine gigantische Koordinations- und Kontrollaufgabe dar.«

Doch Crerar war darüber hinaus weiteren Belastungen ausgesetzt - den Ansprüchen des kanadischen Parlaments und seines Premierministers, dem er in erster Linie verantwortlich war. Daneben hatte er es mit einem Vorgesetzten - Montgomery - zu tun, von dem kaum zu erwarten war, daß er es zu schätzen wußte, im Schatten einer »kolonialen« Regierung zu stehen. General Geoffrey Walsh, damals Brigadier und Kommandeur der *Royal Engineers*, der Pioniere der 1. Kanadischen Armee, erinnert sich an eine Szene im Feldhauptquartier, die typisch war für Crerars Zwangslage:

> Monty kam zu uns ins HQ - wir hatten ein paar von den Divisionskommandeur zum Abendessen da. Ohne Rücksicht darauf stand Harry Crerar um neun Uhr vom Tisch auf und entschuldigte sich - er müsse seine täglichen Depeschen an Premierminister Mackenzie King auf den Weg bringen.
> Es war keine leichte Aufgabe, während einer schwierigen Operation eine Armee zu führen und außerdem den Politikern zu Hause in Ottawa zu schreiben und das Händchen zu halten. Ich bezweifle, ob viele Generale dazu so geeignet gewesen wären wie Crerar. Er war ein ausgezeichneter Stabsoffizier und auch ein recht guter Taktiker. Er ließ lediglich deshalb mehr Vorsicht walten, weil er den Politikern direkt verantwortlich war.

Mit Montgomery zurechtzukommen war angesichts dessen kaum verhüllter Abneigung gegen den kanadischen Kommandeur nicht einfach. Montgomery hatte Crerar in erster Linie als das kleinere Übel gegenüber General Andrew McNaughton als Oberbefehlshaber akzeptiert, zu dessen Rücktritt er aktiv beigetragen hatte. »Montys Meinung von General Crerar war, ich würde sagen, von Zurückhaltung geprägt«, urteilt Montgomerys Adjutant, Oberstleutnant Trumbull Warren. »Was wohl darauf zurückzuführen ist, daß Montgomery in der Infanterie vom Zug bis zur Heeresgruppe alles kommandiert hatte. Crerar hatte im Ersten Weltkrieg als Batteriechef bei der Artillerie gedient, ging dann in den Stab und übernahm kein Kommando mehr, bis ihm der Oberbefehl über das I. Kanadische Korps in England übertragen wurde. Als das Korps nach Italien geschickt wurde, schlug Montgomery vor, Crerar sollte (mit niedrigerem Dienstgrad) selbst die 1. Division übernehmen, um Erfahrung zu gewinnen. Crerar lehnte ab, was die gespannte Situation nicht verbesserte.«

Montgomerys dominante Persönlichkeit machte die Lage für den zurückhaltenden Crerar, dem jede Publicity zuwider war, noch schwieriger. »Ich glaube, Montgomery als Chef hat ihm ziemlich zu schaffen gemacht«, meint Horrocks. »Nicht was das Taktische anbelangt; aber daß Montgomery als Persönlichkeit so beherrschend war, machte es seinen Armeebefehlshabern schwer, selbst Persönlichkeit zu zeigen.« Zu schaffen machen sollte Crerar auch die Verantwortung für die Mammutoperation *Veritable*, die bereits in die Brüche zu gehen drohte. Sein ganzes Können und eine gute Portion Glück würden nötig sein, sie über die Bühne zu bringen.

Wenn die Urheber des Schlachtplans jede angemessene Einschätzung von Tauwetter und einer vom Feind bewirkten Überschwemmung vermissen ließen, so glänzten sie jedenfalls durch den Entwurf eines geradezu genialen Täuschungsmanövers, das den Gegner über ihre Absichten täuschen sollte. Das Überraschungselement war für das Gelingen der Operation von entscheidender Bedeutung. Während der ganzen Zeit der fieberhaften Truppenmassierungen brachte der Planungsstab es zuwege, sowohl Stärke wie Richtung des bevorstehenden Angriffs verdeckt zu halten. In aller Heimlichkeit wurden Nachschublager, deren Umfang Horrocks selber »ungeheuerlich« nennt, im Kampfgebiet eingerichtet. Den alliierten Führern gelang es sogar, Kommandeure des XXX. Korps zu einem Augenschein durch die kanadischen Stellungen bis zur Front und wieder zurück zu lotsen, ohne auch nur den leisesten Verdacht zu erregen, daß das XXX. Korps sich überhaupt im kanadischen Abschnitt befand.

Dieses Meisterwerk an Geheimhaltung entging auch Straubes gründlichsten Erkundungen. Der »übliche« kanadische Verkehr, bestehend aus den »üblichen« Truppen der 2. und 3. Kanadischen Infanterie-Division, die Straubes Spähtrupps schon den ganzen Winter beobachtet hatten, ging ungehindert weiter. Hingegen übersahen die deutschen Späher die sorgfältig koordinierten Jeep-Ladungen voll schottischer, walisischer und englischer Offiziere, die sich in Edinburgh Castle meldeten, um das Schlachtfeld auszukundschaften. Hier erhielten die Männer die dunklere Khaki-Uniform der Kanadier (die bei den Briten als die elegantere bewundert wurde) und genau regulierte Passierscheine. Dann wurden sie in kanadischen Fahrzeugen zu kanadischen Beobachtungsposten im Frontabschnitt gebracht. Wachen wurden aufgestellt, die die Passierscheine in Abständen kontrollierten, um sicherzustellen, daß der Weg frei war für die nächste Runde »Kanadier«. Auf diese Weise erhielt jeder Brigade-, Bataillons- und Kompaniekommandeur völlig unauffällig einen gründlichen Überblick über das Kampfgebiet.

Mehr noch. Weder Offiziere noch Fahrzeuge des XXX. Korps durften sich nördlich der Maas sehen lassen, ohne daß zuvor ihre Regimentsabzeichen unkenntlich gemacht waren. Es wurden kleine Leinwandblenden entworfen, die sich herabziehen ließen und die Kennzeichen verbargen. Ein Kompaniechef beim schottischen Regiment *Queen's Own Cameron Highlanders* entdeckte einen Soldaten mit dem Tartan-Schulterstück und hielt ihn für einen seiner Männer. »Ich wollte ihm schon an die Kehle, als ich rein zufällig bemerkte, daß wir uns in den Linien der kanadischen *Cameron Highlanders* befanden. Die Kanadier durften ihre Regimentsabzeichen ja tragen, nur wir von der britischen *Highland*-Division hatten sie zu entfernen!« Außerdem ergingen strikte Verdunkelungsvorschriften. Tagsüber war jede frei einsehbare Ansammlung von Männern, auch das Antreten zum Essenholen, verboten.

Zu jedem Hauptquartier der *Royal Canadian Artillery* gehörte eine Sondergruppe von Tarnspezialisten. Sie entwarfen einen umfassenden Plan zur Geheimhaltung der enormen Konzentration der Nacht für Nacht herangeführten Waffen, Fahrzeuge und Munition. Alles wurde in der Nähe der endgültigen Stellungen unter Netzen, Planen und Reisig, in Bauernhöfen, Scheunen, Hecken und Heuhaufen versteckt. Außerdem wurden falsche Fährten gelegt. Sie sollten den Feind überzeugen, daß kein Vorstoß nach Osten, auf deutschen Boden, vorgesehen war, sondern der erwartete Angriff infolge politischer Pressionen von seiten der Holländer in nördlicher Richtung mit dem Ziel der Befreiung Hollands erfolgen würde.

Aufblasbare Gummiattrappen in der natürlichen Größe von Panzern und Geschützen wurden entlang der Scheinfront in Stellung gebracht, wo sie die Aufmerksamkeit feindlicher Spähtrupps auf sich ziehen konnten. Im Nordwestabschnitt wurden Pseudoerkundungen betrieben und Scheinquartiere eingerichtet. Ein schottischer Offizier mußte fürchten, die Situation geriete außer Kontrolle, als er bei einer Schein-Erkundung an der Maas von den ahnungslosen Kanadiern nachdrücklich aufgefordert wurde, sich von einem nahen Turm herunter einen Rundblick zu verschaffen. Da an diesem verlockenden Ziel mit schöner Regelmäßigkeit feindliche Minen einschlugen, lehnte der Schotte die Aufforderung ab. »Sie müssen mich wohl für ziemlich feig gehalten haben«, so sein ironischer Rückblick, »aber sich bei einer Scharade den Kopf wegschießen zu lassen, das hätte sich doch wirklich nicht gelohnt.«

Auch am amerikanischen Frontabschnitt liefen die Vorbereitungen - hier für Operation *Grenade* am 10. Februar - auf vollen Touren. Insgesamt 303 243 Mann aus zehn Divisionen der 9. Armee, verstärkt durch 75 000 Mann aus vier Divisionen der 1. Armee, hatten sich an der Front gesammelt. Truppen in dieser Stärke so kurzfristig heranzuführen und einzugliedern war eine Meisterleistung gewesen - Montgomery selbst bezeichnete dies bewundernd als Beispiel für die »wirklich außergewöhnliche Beweglichkeit amerikanischer Einheiten bei Umgruppierungen«.

Zehntausende von Soldaten hatten sich mühevoll über aufgeweichte, von Fahrzeugen blockierte Wege vorwärtsgekämpft, um an die Rur-Front zu gelangen. Für einige war es unbekanntes Gelände, für andere wie eine Heimkehr - sie fanden sich in denselben Kellern wieder, aus denen man sie in aller Eile geholt hatte, um die deutsche Winteroffensive in den Ardennen aufzuhalten. Bestürzt blickten die Männer der 35. Infanterie-Division auf eine »Grußbotschaft« der Deutschen an den Laternenpfählen der Städte: »Willkommen, Männer von der 35. Division! Da ihr hier neu seid, wollen wir alles tun, damit ihr euch ganz wie zu Hause fühlt . . . Ihr habt versucht, eure Ankunft hier zu verheimlichen, indem ihr z. B. eure Divisionsabzeichen entfernt habt. Aber ein kleines Vögelchen hat uns alles erzählt.«

Simpsons drei Korps benutzten die Zeit, um die fünf Zusatzdivisionen, die ihnen so widerstrebend aus Bradleys Armee zugeführt worden waren, einzugliedern und zu trainieren. Sturmtruppen wurden nach Norden verlegt, um an der Maas den Flußübergang zu proben. Wer nicht direkt gebraucht wurde, war, vor Feindeinblick geschützt, in rückwärtigen Linien untergebracht.

»Kleinigkeiten verschönern das Leben«, vermerkt die Chronik der 29. Division. »Die Coca-Cola-Rationen hielten Einzug – eine Flasche pro Kopf und Woche. Aber es war ein unglaublicher Luxus, der schlückchenweise genossen wurde und zum Schwärmen verführte.« Es gab warmes Essen und heißes Wasser zum Duschen. Der Feldwebel in der Kleiderkammer hatte Stapel trokkener Socken. Heimwehkranke erwartete Brief- und Paketpost von daheim. Ein Höhepunkt war der Besuch von Katharine Cornell und Brian Aherne, die für die Truppen »The Barretts of Wimpole Street« auf die Bühne brachten.

Je näher der Tag des Angriffs für das Unternehmen *Veritable* rückte, desto enger wurde es am kanadischen Frontabschnitt. 90 000 Mann aus sechs Divisionen wurden samt Kampfausrüstung in völliger Dunkelheit aus dem Sammelraum in den vorderen Bereitstellungsraum bei Nimwegen transportiert. Benötigt wurden dazu 35 000 Fahrzeuge und 5 850 000 Liter Kraftstoff. Über tausend Geschütze und mehr als eine halbe Million Schuß Munition (im Gewicht von 11 000 Tonnen) wurden in Munitionsdepots gebracht, dazu 200 000 Tonnen weitere Vorräte – und das alles mußte über zwei schmale Brücken geschleust werden, die bei Mook und Grave über die Maas führten.

Viele Männer hausten in Erdunterständen; andere schliefen unter striktem Befehl, sich versteckt zu halten, in Schulhäusern,

Fabriken und Versammlungsräumen auf dem Boden. Die Felder in der Umgebung füllten sich langsam mit getarnten Panzern, Feld- und Fla-Geschützen. Die Kanadier gewöhnten sich daran, in ihren Beobachtungsposten auf Dächern oder in Baumwipfeln höhere Offiziere - von Artillerie-, Pionier-, Nachrichten- und anderen Einheiten - zu empfangen. Crerar war ein häufiger Besucher, ebenso wie Horrocks und gelegentlich auch Montgomery. Am ungewöhnlichsten allerdings waren wohl die beiden einzigen Vertreterinnen ihrer Diensteinheit, die einen Beobachtungsposten an der Front besuchten: zwei junge Frauen aus dem *Canadian Women's Army Corps* (CWAC). Zuvorkommend hüllten Späher vom *South Saskatchewan Regiment* die zwei in Mäntel und Stahlhelme und begleiteten sie zu einem Beobachtungsposten - einem Kloster an der Maas. Und sie hatten Glück. Kaum zweihundert Meter entfernt konnte man deutsche Soldaten beobachten, die ihren täglichen Pflichten nachgingen.

Major Bill Gaade von den *Royal Welch Fusiliers* erinnert sich an den Beobachtungsposten seines 4. Bataillons: »Ungefähr 2000 Meter vom Rand des Reichswalds entfernt stand ein sehr hohes Gebäude. Dorthin nahmen wir alle unsere Offiziere und Unterführer zu einem Rundblick mit. Auf diese Weise konnten wir direkt auf bestimmte Punkte zeigen und genau erklären, wo sich ihre Stellungen befinden würden. Zum ersten Mal im Leben hatte ich hier Gelegenheit zu einer vollständigen Geländeerkundung vor einer Schlacht.«

Schon im November hatte Geoffrey Walsh, Kommandeur der *Royal Engineers*, nach den besonderen Aufgaben Ausschau gehalten, die sich für Pioniere ergeben könnten, und seine Vorbereitungen getroffen. Noch bevor die 1. Kanadische Armee England verließ, hatte er die Technik der Flußüberquerung auf den Flüssen Trent und Medway in endlosen Probeläufen geübt. »Hauptaufgabe des Chefs der Pioniere war es, sich schon Monate im voraus bereitzuhalten«, berichtet Walsh. »Wir sahen, daß viel Training, Organisation und Disziplin nötig sein würden, um die Sache richtig hinzukriegen.«

Unter striktester Geheimhaltung ließ Walsh zur Bewältigung der riesigen Mengen Nachschubgüter eine neue Bahnlinie nach Nimwegen legen. Er verlangte, daß ständig zwei Zugladungen mit

Kies und Baumstämmen für Straßenreparaturen bereitstünden. Er brachte es sogar zuwege, unmittelbar vor der Stadt Nimwegen ein großes Flugfeld anzulegen. »Die Arbeiten konnte ich erst mit dem Beginn von *Veritable* in Angriff nehmen«, erinnert er sich. »Noch in derselben Stunde fingen die Bulldozer mit dem Planieren an, so daß die ›Typhoons‹ landen konnten. In fünf Tagen hatten wir es geschafft, daß sie eingesetzt werden konnten, mit Tag- und Nachtarbeit, auch unter Flutlicht.«

Eine Landebahn für die »Typhoons« war unerläßlich. Diese mit Raketen bestückten Jagdbomber der R.A.F. und R.C.A.F. wurden zur Unterstützung der Infanterie eingesetzt. Jede Maschine trug acht mächtige, dreißig Pfund schwere Raketen von vernichtender Schlagkraft (vier unter jedem Flügel), die in der Lage waren, deutsche Panzer wie den »Tiger«, einen 56-Tonnen-Jagdpanzer, zu vernichten. Außerdem trugen sie kleine 20-mm-Kanonen und Maschinengewehre für Störfeuer auf feindliche Truppen, Geschützstellungen oder Fahrzeuge.

In der kurzen Zeit vor dem Tag des Angriffs arbeiteten die Männer auf Hochtouren. Britische und kanadische Sappeure bauten und reparierten etwa 150 Straßenkilometer, eine beeindrukkende Leistung, die 20 000 Tonnen Steine, 20 000 Baumstämme und 30 000 Pfähle erforderlich machte. 446 Güterzüge transportierten ein Gesamtgewicht von 250 000 Tonnen in Angriffsstellung. Schätzungen ergaben, daß allein die Munition - 350 verschiedene Typen - in dicht gereihten, anderthalb Meter hohen Stapeln sich über eine Länge von fast 50 Kilometern erstreckt hätte. Armeepioniere bauten fünf Brücken über die Maas unter Verwendung von 1880 Tonnen Material. Die längste dieser Behelfsbrücken, Quebec Bridge getauft, war 390 Meter lang. Die vorderen Verteidigungsstellungen wurden zum Schutz vor Gegenangriffen befestigt und getarnt.

Tag für Tag gingen Minenräumkommandos ihrer gefährlichen Aufgabe nach. Der Kommandeur der Pioniere von der 2. kanadischen Infanterie-Division, Oberstleutnant L. G. C. Lilley, setzte seine Männer während der letzten Woche der Vorbereitungen fast ausschließlich für diese Aufgabe ein. »In dieser Zeit sind etwa 10 000 Minen gehoben worden«, berichtete er. »Im Gebiet Wyler verhinderte Feindwiderstand die Minenräumarbeit, und diese Minen verursachten während der ersten Phase von *Veritable* in unserer Infanterie eine Reihe von Verlusten.«

Da die 3. kanadische Infanterie-Division für die Instandhaltung einer Hälfte der Front verantwortlich war, arbeiteten ihre Pioniere rund um die Uhr an Straßenreparaturen in dem Abschnitt, in den die 15. *Scottish Division* einrücken sollte. Das Gelände lag im unbehinderten Feuer- und Beobachtungsbereich (und in Hörweite) des Feindes, die Arbeiten mußten also bei Nacht und völlig lautlos ausgeführt werden.

Die Truppenausbildung wurde verstärkt. Keine der Einheiten kannte zwar die genaue Planung des Angriffs, doch konnte man sich einiges zusammenreimen, als plötzlich ausgedehnte Übungen in Wald- und Häuserkampf sowie Nachtmärsche angesetzt wurden. Die »Funnies«, Hilfs- und Begleitfahrzeuge, die während der Operationen an der Schelde-Mündung im Oktober 1944 die Herzen so vieler Soldaten gewonnen und so viele Leben gerettet hatten, kehrten in dieser neuen, schweren Herausforderung wie vertraute Verbündete zurück. Die 79. Panzer-Division hatte unter Führung des ideenreichen Generalmajors Sir Percy Hobart diese genialen kleinen Kettenfahrzeuge entworfen. Jedes von ihnen war zur Überwindung eines ganz bestimmten Hindernisses konstruiert. Der »Flail« (Dreschflegel), ein Panzerfahrzeug besonderer Art, fuhr den Infanteristen voraus und schob eine rotierende Trommel vor sich her, an der Ketten befestigt waren, deren »dreschende« Bewegungen die Minen zur Detonation brachten. Das »Krokodil« war ein Flammenwerfer-Panzer, eine wirkungsvolle – und beängstigende – Waffe. Das AVRE (*Armoured Vehicle Royal Engineers* – Panzerfahrzeug der Königlichen Pioniere), trug außer einem Geschütz auch Brückenbaumaterial zur Überspannung schmalerer Erdrisse wie z. B. der Panzergräben, einer bevorzugten taktischen Abwehrmaßnahme des Feindes. Und endlich gehörten zu dieser absonderlichen Menagerie noch die »Buffalos« oder LVTs (*Landing Vehicle Tracked* – Landefahrzeug auf Ketten). Diese phantastischen Vehikel schwammen im Wasser, schlitterten durch den Matsch und waren so als amphibische Truppentransporter unentbehrlich. Die Bedienung dieser Spezialfahrzeuge erforderte ein intensives Training.

Die letzten Januartage und der frühe Februar brachten ein Wetter, das die Nordamerikaner heimwehkrank machen konnte: kalte, frostklare Tage mit sonnigem Himmel und täglichen Schneeschauern. *The Queen's Own Rifles of Canada* halten in ihrer Regimentsgeschichte nüchtern fest, daß die Männer immer wieder zur Schneeräumung eingesetzt wurden.

Aber es gab auch Abwechslungen von erfreulicherer Art. In Nimwegen war das Kino »Wintergarten« so populär, daß die Soldaten in Scharen kamen. Betty Grable hing in allen Spinden. Beliebt war ein Treff namens IT's, wo der »Hamburger« heimatliche Gefühle weckte. Britische Einheiten, die in der Gegend um Tilburg stationiert waren, stellten Tanz- und Filmveranstaltungen auf die Beine oder, wie in der Chronik der *Royal Scots Fusiliers* zu lesen ist, »saßen, auf jedem Knie ein Kind, friedlich am Küchenherd des Wirtes«. Die größte aller Bataillonsmessen, offiziell »Stirling Castle«, bei allen Dienstgraden jedoch besser bekannt als »Onkel Toms Hütte«, war für das 2. Bataillon der *Argyll & Sutherland Highlanders of Scotland* Zuflucht in der Langeweile.

Der Munitionsschlacht voraus ging die Propagandaschlacht. Als im Vorfeld des Angriffs Hektik und Spannung wuchsen, griff man auf beiden Seiten nach jeder kleinsten Information der Geheimdienste, die vielleicht einmal Leben retten oder ein paar Meter Bodengewinn auf dem Schlachtfeld ermöglichen könnte. Und hier wie dort wurde mit der Absicht, die andere Seite zu demoralisieren, Krieg als pathetisches Schmierentheater inszeniert. Mitte Januar warfen deutsche Flieger Ladungen von Flugblättern ab, in denen Churchill als Kriegshetzer und Trinker diffamiert wurde. Andere griffen Goebbels' Lieblingsthema auf: Die Amerikaner würden sich zu Tausenden abschlachten lassen, während Montys Truppen noch immer »auf Urlaub in Holland« säßen. Die 2. kanadische Infanterie-Division schoß zurück - Granaten, die mit Anti-Nazi-Propagandamaterial gefüllt waren. Aus Lautsprechern dröhnten schmetternde Prophezeiungen von Niederlage und Kapitulation über die Maas. »Arnheim Annie« lockte per Rundfunk die Soldaten, die Waffen *(arms)* zu senken und statt dessen in ihre Arme *(arms)* zu sinken.

Jedes Bataillon, das zum Dienst an der Frontlinie kommandiert war, erhielt Anweisung zu intensivierter Spähtätigkeit. Nacht für Nacht wurden kleine Trupps ins Niemandsland geschickt, in weißen Tarnanzügen, die auf dem verschneiten Terrain leidlichen Schutz vor den feindlichen Scharfschützen boten. Sie hatten den Auftrag, Informationen einzuholen und vor allem Gefangene zu machen, von denen man sich im Verhör weitere Auskünfte erhoffte. »Wir lebten den ganzen Winter hindurch nach der Devise von General Daniel C. Spry [Kommandierender General der 3. kanadischen Infanterie-Division]: ›Seid die Herren des Niemandslandes; der Feind muß 24 Stunden am Tag spüren, daß ihr da seid‹«, erinnert sich Generalmajor Rowley. »Wir unternahmen Blitzaktionen in Kompaniestärke und gingen zug- und gruppenweise auf Patrouille, setzten alles daran, im Niemandsland beherrschend präsent zu sein. Es war eine heikle Sache. Irgendwann kannte man jeden Grashalm in- und auswendig.«

Am Morgen des 4. Februar instruierte Horrocks seine Kommandeure bei einer Einsatzbesprechung. Offiziere aus jeder der angreifenden Divisionen - der 51. *Highlanders*, der 15. *Scottish*, der 53. *Welsh* sowie der 2. und 3. kanadischen Infanterie-Division (die vorübergehend dem XXX. Korps unterstellt war) - und die höheren Chargen aller beigeordneten Waffengattungen wurden ins Tilburger Lichtspielhaus geladen. Ebenfalls anwesend waren Vertreter der beiden bis zum Ende der ersten Phase in Reserve gehaltenen Divisionen - der 43. Division *Wessex* und der *Guards Armoured* (Garde-Panzer). Nur das schrille Gejaule der R.A.F.-Jäger hoch über den Dächern unterbrach die gespannte Aufmerksamkeit, mit der die Offiziere ihre Einsatzbefehle entgegennahmen. Die Nachrichtenabteilung hatte 500 000 neueste Luftaufklärungsfotos und 800 000 Spezialkarten vorbereitet. (Für einige dieser Karten hatte man Papier benutzt, das die Wehrmacht bei ihrem Abzug zurückgelassen hatte. Und wie groß war das Erstaunen, als man auf der Rückseite eines Kartensatzes ein komplettes Schaubild der 1940 beabsichtigten Invasion Englands entdeckte.)

Wie immer fand der beliebte englische Korpskommandeur spontane Resonanz. Horrocks fühlte sich seinen Leuten zutiefst verbunden. Häufig sah man ihn, in einfache braune Cordhosen und Uniformjacke gekleidet, inmitten der Fronttruppen, und die Männer waren sich bei jedem Kampfeinsatz bewußt, daß »Jorrocks« nahe am Ort des Geschehens weilte. Er war als General bekannt, der »von der Front her führte«. Seine Kommandoführung zeichnete sich durch »äußerste Aktivität« aus, stellte sein Biograph fest. »Er war nicht der General, der im Hauptquartier hinter den Linien sitzt und Berichte und Karten studieren konnte ... er mußte vorn sein, vorn bei den Truppenführern. Er war zudem außerordentlich ehrgeizig; doch ging es ihm nicht um seine persönliche Karriere - mit zäher Hartnäckigkeit verfolgte er das Ziel, sein Korps zum schnellsten und besten der ganzen britischen Armee zu machen.«

Viele der »Jocks«, wie die schottischen Soldaten allgemein genannt wurden, hatten unter Horrocks und Montgomery in Nordafrika gedient. Die Männer »mit Sand in den Schuhen«, die gemeinsam die Schrecken des Wüstenkriegs und endlich den Sieg erlebt hatten, verband ein enges Zusammengehörigkeitsgefühl. Wohl selten wurde zwei Engländern von Schotten eine so unbeirrbare Loyalität entgegengebracht. Zwischen »Sassenachs« (so der spröde Name der Schotten für ihre südlichen Nachbarn) und »Jocks« kam es häufig zu Auseinandersetzungen. »Nach Nordafrika hatten wir endlose Schlägereien in Pubs, weil irgendein unglückseliger Engländer eine abschätzige Bemerkung machte und prompt von einem Jock zusammengeschlagen wurde«, weiß ein Offizier vom *Black Watch*-Regiment zu berichten.

Bedauerlicherweise begannen sich bei Horrocks die Belastungen durch die sechsmonatigen zermürbenden Kämpfe auf dem nordwesteuropäischen Schauplatz bemerkbar zu machen. Er hatte sich - obwohl er sich Mühe gab, diese Tatsache besonders gegenüber seinem Vorgesetzten, General Crerar, zu verbergen - nie richtig von den Verwundungen erholt, die er sich knapp zwei Jahre zuvor als Montgomerys Korpskommandeur in Nordafrika zugezogen hatte. Bei einem Beschuß durch ein deutsches Jagdflugzeug waren Lunge, Darm, Rückgrat und ein Bein schwer in Mitleidenschaft gezogen worden. Noch nach vierzehn Monaten Erholungsurlaub hatte sein Arzt ihn dringend davon abgeraten, sich jemals wieder auf ein Frontkommando einzulassen. Auf Montgomerys Drängen jedoch hatte er sich bald darauf einverstanden erklärt, das

XXX. Korps zu übernehmen - »das Korps des Schwarzen Ebers«. Er führte es im September 1944 bei seinem berühmten Panzervormarsch über die Seine und weiter nach Belgien bis in Rheinnähe bei Arnheim, wo es aufgehalten wurde. Während dieser fünfmonatigen Kampfhandlungen war Horrocks nie ganz auf der Höhe gewesen. Er litt unter regelmäßigen Fieber- und Schmerzanfällen, die er durch Medikamente und strenge Diät zu verschleiern suchte.

Noch am 27. Dezember 1944 hatte Montgomery Alan Brooke, dem Chef des britischen Generalstabs, folgende Nachricht übermittelt: »Ich schicke Horrocks morgen auf Heimaturlaub. In den letzten 10 Tagen war er nervös und schwierig im Umgang mit seinem Stab und im Begriff, mit seinem Korps Dummheiten anzustellen. Er braucht eindeutig Erholung, und ich möchte, daß er 3 bis 4 ruhige Wochen im UK verbringt. Er ist ein erstklassiger Offizier, und ich möchte, daß er zurückkommt.«

Horrocks angeschlagener Gesundheitszustand wurde ihm in den folgenden Tagen eine zunehmend schwere Bürde in seinem Bemühen, sich voll und ganz auf die bevorstehende Schlacht einzustellen. Später gesteht er: »Während dieser so lange hinausgezögerten Schlacht fühlte ich mich zeitweise sehr unwohl ... konnte es aber vor jedermann außer meinen Adjutanten und den höheren Offizieren meines Stabes verbergen. Das äußere Anzeichen war eine hochgradige Reizbarkeit und Übellaunigkeit, doch Crerar ertrug mich mit großer Geduld.«

Dennoch strahlte Horrocks während der Befehlsausgabe seine übliche Kompetenz und Zuverlässigkeit aus. Anhand einer Karte in der Größe der Kinoleinwand umriß er präzis die vor ihnen liegenden Aufgaben. »Alle waren wir da bis herunter zu den Kompanieführern. Was für ein denkwürdiges Ereignis - und was für ein phantastisches Ziel dieses Kino gewesen wäre, hätten die Flugzeuge über uns feindliche Absichten gehabt!« erinnert sich Oberst Brian A. (Bill) Fargus, damals Hauptmann und Adjutant im 8. Bataillon der *Royal Scots*. »Wir hatten noch nie unter ihm gekämpft. Und innerhalb von zwei Stunden hatte er uns davon überzeugt, daß er alles bestens geplant hatte und daß wir alle bis nach Berlin kommen würden.«

»Es war sehr dramatisch«, ergänzt Generalmajor Bruce Matthews,

Kommandierender General der 2. kanadischen Infanterie-Division. »Er sprach völlig ohne Notizen. Es war phantastisch: Aus seinen Besprechungen kam man jedesmal energiegeladen heraus.«

Die Offiziere verließen die Befehlsausgabe nicht nur voller Selbstvertrauen, sondern vor allem mit umfassendem Einblick in die besonderen Aspekte der Anfangsphase der Operation. Die sehr schmale Ausgangslinie - neun Kilometer - und der Mangel an Zufahrtsstraßen - nur zwei - beschränkten die Anzahl der Divisionen, die im ersten Angriff zum Einsatz kommen konnten, auf ein einziges Korps - das von Horrocks. Die größte Schlacht des Krieges in Nordwesteuropa würde auf dem kleinsten Schlachtfeld dieses Krieges stattfinden.

Die nächsten drei Tage fiel Regen, ein erbarmungslos herniederpeitschender Dauerregen, der den Schnee in Matsch und Schlamm verwandelte. Zwei Tage vor dem Angriffstermin rückten die 90 000 Mann der für den Auftakt von *Veritable* vorgesehenen Truppen in ihre Frontquartiere in Nimwegen ein. Der Mammutexodus fand im Regen und bei Hochwasser statt. Eine gesonderte Abteilung für Verkehrsüberwachung, 1600 Mann stark, führte ein strenges Regiment auf den Transportwegen. Die ganze Aktion lief in völliger Dunkelheit ab. Im Tagebuch des 6. Bataillons der *Royal Scots Fusiliers* ist festgehalten: »In der stockfinsteren Nacht war es eine qualvolle Anstrengung, unablässig durch die Scheibe die vagen Umrisse des vorausfahrenden Fahrzeugs zu fixieren, um beim nächsten Halt oder Kontrollpunkt eine Kollision zu vermeiden.« Bei einem Tempo von 15 km/h dauerte es von vier Uhr nachmittags bis zum Anbruch des nächsten Tages, ehe die 53 Kilometer zurückgelegt waren.

Am 7. Februar, dem Vortag des Angriffs, kletterten die Männer des 1. Kanadisch-Schottischen Regiments aus ihren Kojen und starrten verblüfft auf die umliegenden Felder. »Hochwasser!« wurde gerufen. Als Präventivmaßnahme hatten die Deutschen Löcher in die Winterdeiche des Rheins gesprengt, so daß die ohnehin regendurchtränkten Auen überflutet wurden. Wo gestern die Straßen zu den vorderen Verteidigungsstellungen des Feindes noch über Land erreichbar waren, stand das Terrain jetzt 30 Zentimeter hoch unter Wasser. Zwei Stunden später reichte der Wasserpegel bis zu den

Schenkeln und stieg pro Stunde um weitere 30 Zentimeter. Eine Wasserbarriere war entstanden, so mächtig und wirksam wie Stahl oder Beton. Über den Poldern am Rheinufer stand Wasser, so weit das Auge reichte, dazwischen hier und da die Tupfer roter Ziegeldächer oder die Wipfel kleiner Baumgruppen.

Crerars frostharter Boden, der das rasche Vorwärtsstoßen von Truppe und Panzern ermöglichen sollte, hatte sich aufgelöst. Langsam, aber stetig versanken die Straßen vor seinen Augen. Die Hälfte seines Schlachtfeldes lag inzwischen anderthalb Meter tief unter Wasser. Den Rest hatte das Tauwetter in eine Schlammwüste verwandelt.

Auf seinem Kommandoposten hörte Horrocks die Katastrophenmeldung schweigend an. In 24 Stunden, dachte er, sollten 90 000 Mann auf einen Kriegsschauplatz geschleust werden, auf dem brackiges Wasser das Kampfgelände und Schlammfurchen die Straßen bildeten. Sie würden Munition und Proviant sowie Transportmittel für ihre Verwundeten brauchen. Wie sollte er in diesem gottverlassenen Sumpf die Versorgung sicherstellen? Die Verantwortung für den gewaltigen ersten Schritt der Operation *Veritable* ruhte auf den Schultern dieses großen, von seiner Krankheit gezeichneten Generals.

Es war soweit; Brian Horrocks betete, es möchte die letzte Schlacht dieses endlosen Krieges sein.

Bombentrichter sind in Kauf zu nehmen

Streng geheim. Persönlich und vertraulich an CIGS von Feldmarschall Montgomery, 8. Febr. 45:
Operation *Veritable* heute morgen plangemäß angelaufen. Die Bewältigung des Transportproblems - Verbände und Einheiten für eine Operation so großen Umfangs in Stellung zu bringen - war angesichts des sehr schlechten Zustands aller Straßen eine bemerkenswerte Leistung . . . Die heutigen Aktionen waren zu 98 % erfolgreich; wir halten jetzt Wyler, Kranenburg, Frasselt, Grafwegen und haben eine feste Basis im Reichswald.

Bis an sein Lebensende verfolgte Brian Horrocks die Bombardierung Kleves in seinen Träumen: Bilder eines schwarzen Himmels, an dem grelle Lichtkaskaden aufzuckten, als die 900 schweren Bomber ihre Ladungen hochexplosiven Sprengstoffs abwarfen. Es war der 7. Februar, die Nacht vor Beginn der Operation *Veritable*, die Nacht, die den Feind mürbe machen sollte. 285 »Lancaster«, angeführt von zehn »Mosquito Pathfinder« (die über das wirkungsvollere Radarsystem verfügten), warfen allein in dieser einen Nacht 1384 Tonnen Sprengbomben über Kleve ab. Die Stadt war das Tor zum Rheinland und der wichtigste Verbindungs- und Eisenbahnknotenpunkt, durch den die Deutschen Verstärkung heranbringen konnten. Aber auch andere nahe gelegene Städte wurden Ziel der Angriffe: Goch, der Dreh- und Angelpunkt der massiven Streitmacht von *Veritable*, wurde völlig zerstört, 30 Einheimische sowie 150 Zwangsarbeiter aus Holland, Italien und Rußland, die zu Schanzarbeiten herangebracht worden waren, wurden getötet. Bekannte Stützpunkte des Feindes für die Verteidigung des Rheinlandes - Weeze, Uedem, Geldern und Kalkar - wurden ebenfalls in Schutt und Asche gelegt.

Doch gerade die Luftangriffe auf Kleve sollten Horrocks später keine Ruhe lassen. Die Ereignisse, die zu seiner Entscheidung führten, die R.A.F. auf Ziele im Rheinland anzusetzen, nahmen an dem Morgen ihren Anfang, als General Harry Crerar, dem das Oberkommando über das Unternehmen oblag, in Horrocks' Hauptquartier erschien. »Crerar sagte: ›Wollen Sie, daß wir Kleve außer Gefecht setzen?‹ « erinnerte sich Horrocks. »Mit ›außer Gefecht setzen‹ meinte er natürlich ›restlos zerstören‹. Es war eines der Probleme, mit denen ein kriegführender General ständig konfrontiert ist und vor denen es kein Ausweichen gibt. Ich wußte, Kleve war ein hübsches altes Städtchen von historischer Bedeutung. Anna von Cleve, die vierte Frau Heinrichs VIII., stammte von dort. Bestimmt waren noch eine Menge Zivilisten, Frauen und Kinder in der Stadt. Ihr Schicksal hing davon ab, wie ich Crerars Frage beantwortete; der Gedanke, Kleve ›außer Gefecht zu setzen‹, war mir unerträglich.«

Horrocks ging davon aus, daß die Bombardierung taktische Vorteile mit sich brächte. Der Erfolg von *Veritable* hing davon ab, daß seine Verbände aus dem Flaschenhals des Reichswaldes, dessen nördlichen Eckpunkt Kleve bildete, ausbrechen und mit ihren Panzern weiter in die deutsche Tiefebene vorstoßen konnten, noch ehe es dem Feind gelang, Reserven heranzubringen. Es war ein Wettrennen gegen die Zeit.

Seine Truppen hatten zunächst das Element der Überraschung sowie der logistischen Überlegenheit auf ihrer Seite. Wenn sie diesen Vorteil an einen sich schnell verschanzenden Feind verloren, war die Operation ernsthaft gefährdet. Horrocks hatte genau das in Antwerpen und Arnheim erlebt; er konnte es nicht ein weiteres Mal zulassen. Ein Bombenangriff würde nicht nur mit General Fiebigs Divisionshauptquartier in Kleve aufräumen, sondern auch die Straßen und Eisenbahngeleise zerstören, die für die deutschen Truppentransporte benötigt wurden. Horrocks ging davon aus, daß der Blitzvorstoß zum Rhein eine Sache von Tagen sein könnte, wenn der Gegner daran gehindert war, seine Linien in kurzer Zeit zu verstärken. Das Leben vieler britischer und kanadischer Soldaten konnte damit gerettet werden.

Horrocks sagte ja. »Es war die schrecklichste Entscheidung, die ich je zu treffen hatte«, sagte er rückblickend. »Ich empfand ein fast physisches Elend, als ... ich die Bomber sah, die dort oben ihren todbringenden Einsatz flogen.«

Ironischerweise hatte die Entscheidung eine gegenteilige Wirkung: Tatsächlich half nämlich die Bombardierung den Deutschen bei ihrer Verteidigung und hielt Horrocks' Angriff auf. Sie war entscheidend dafür, daß aus dem beabsichtigten Blitzschlag ein hartes, verbissenes Ringen wurde, das 31 Tage dauerte und mehr Leben kostete, als Horrocks es sich je hatte träumen lassen. Horrocks machte dafür die R.A.F. verantwortlich. »Ich hatte ausdrücklich verlangt, daß Brandbomben benutzt würden«, verwahrte er sich später, »aber irrtümlicherweise sind dann 1384 Tonnen hochexplosiven Sprengstoffs abgeworfen worden, und die riesigen Bombentrichter in Kleve hielten nicht nur die deutschen Reserven auf, sondern auch unsere eigenen Truppen.«

Doch dem Bomberkommando kann weder für den in jener Nacht begangenen ›Irrtum‹ noch für Horrocks' Alpträume die Verantwortung in die Schuhe geschoben werden. In einer Besprechung, die am 17. Dezember 1944 um 16.30 Uhr in der Generalsmesse des Hauptquartiers der 1. Kanadischen Armee stattfand, war die Rolle der Luftwaffe für Operation *Veritable* festgelegt worden. Unter den anwesenden Offizieren befanden sich General Crerar, sein Stabschef, Brigadier Churchill Mann, sowie sein Generalstabsoffizier, Oberstleutnant Walter Reynolds, und Horrocks selbst. Ihre Beschlüsse sind offiziell festgehalten worden:

- Die Hauptverbindungsstraßen des Feindes zum Kampfgebiet sind durch die vollständige Zerstörung von Kleve, Goch und Emmerich unbenutzbar zu machen.
- Bombentrichter sind in Kauf zu nehmen.

Noch vernichtender ist ein Dokument der höchsten Geheimstufe, das den Stabschefs am 5. Februar zuging und das die zu erwartenden »Ruinen« in Kleve erwähnt.

Am 7. Februar um Mitternacht war nicht mehr viel geblieben, was Anna von Cleve in ihrer Geburtsstadt wiedererkannt, wenig, das Wagner zu einem neuen *Lohengrin* inspiriert hätte. Der Einsatz der »Lancaster« ließ eine Stadt von Kellern zurück, deren alte

Türme eingestürzt, deren Denkmäler zertrümmert waren. Es war »ein Anblick, der einem den Atem raubte«, berichtete Radio BBC. »Kleve brennt in tausend Feuern ..., flammend erleuchtet wie London an seinen hellsten Tagen.«

Es war nicht so sehr das Schicksal von Kleves historischen Bauwerken, das Horrocks quälte und niederschmetterte. Auch die Opfer unter der deutschen Bevölkerung stellten nicht den entscheidenden Faktor dar. Die meisten Einwohner hatte man bereits in ein Zeltlager im nahen Bedburg evakuiert. Was ihm mit Bitterkeit bewußt wurde, war ein Sachverhalt, der auch Generalmajor (damals Major) John Graham, Chef der 4. Kompanie im 2. Bataillon der *Argyll & Sutherland Highlanders*, bestürzte, als er zwei Tage nach den Luftangriffen in Kleve eintraf. Entsetzt über das Chaos und die Verwirrung, die die Stadt beherrschten, bemerkte Graham, daß die Bombardierung faktisch dem Feind zugute kam. Durch die zerstörten Gebäude war ein nahezu undurchdringlicher Trümmerriegel entstanden, der sich für feindliche Verteidigungsstellungen besser eignete als normale Häuser. Die Bombenkrater, die die Straßen aufrissen, verlegten den alliierten Fahrzeugen weit wirksamer den Weg, als jeder Panzergraben der Deutschen es vermocht hätte. Das Ergebnis der schweren Bombardierungen in der Nacht vom 7. zum 8. Februar war eine Stadt, die stärker zerstört war als jede andere deutsche Stadt vergleichbarer Größe zu irgendeinem anderen Zeitpunkt des Krieges. Und eine kampfentschlossene Reserve der deutschen Infanterie hatte sich hinter dieser Mauer aus Schutt eingegraben, war jetzt vor dem britischen Angriff gewarnt und bereit, ihn abzufangen.

Im benachbarten Bedburg befand sich unter den 28 000 evakuierten Zivilisten, die die »Nacht der Schrecken« durchlebten, auch eine deutsche Mutter, Lotte Seiler, mit ihrer Tochter Edith. Sie schrieb an ihren Mann Fritz, der bei der Marine war: »Um 22 Uhr erwachte ich vom Flak-Feuer. Volle zwanzig Minuten lang fielen Bomben überall um uns herum. Die Druckwellen waren so stark, daß ich nicht in Ediths Zimmer konnte.«

Gegen Morgen, als die Feuer von Kleve noch lodernd brannten, donnerte aus 1334 Rohren die Eröffnungssalve der Operation *Veritable*. Es war einer der massivsten Artillerieeinsätze in Nordwesteuropa – mächtiger als alles in der Normandie, furchterregender als das historische Vernichtungsfeuer von El-Alamein. Das Trommelfeuer sollte 24 Stunden lang ununterbrochen anhalten und den Angriff unterstützen. Es hatte verschiedene operative Funktionen: die deutschen Verteidigungsstellungen belegen, bekannte Stützpunkte vernichten, die angreifenden Truppen unmittelbar unterstützen und den Feind so stark demoralisieren, daß sein Kampfgeist gebrochen wurde. An jenem grauen Morgen bekam der Feind die gesammelte Wucht der Feldartilleriegeschütze der britischen und kanadischen Verbände zu spüren: die 25-Pfünder von sieben Divisionen, verstärkt durch die mittleren und schweren Geschütze von fünf AGRAs *(Army Group Royal Artillery)*, die 9,4-cm-Fla-Kanonen der beiden Flugabwehr-Brigaden und die vernichtende Kraft der 1. Kanadischen Raketen-Batterie.

»Wir hatten so verflucht viele Geschütze, daß der Boden nicht reichte, um sie aufzustellen«, erinnert sich Brigadier Stanley Todd, der die Artillerie des II. kanadischen Korps befehligte. »Wir mußten in jeder Stellung zwei Batterien unterbringen. Die Mannschaften an den Geschützen standen so dicht, daß sie sich statt durch das übliche Funksignal durch Handsignal mit dem Gefechtsstandsoffizier verständigen konnten – im Nordwesteuropafeldzug ein einmaliger Fall.«

Soldaten in der Kampflinie, die ihre Ohrstöpsel vergessen hatten, waren stundenlang taub. Die Kanoniere standen mit abgewandtem Kopf, den Mund schief gezogen, um den Schaden fürs Trommelfell klein zu halten. »Die Geschütze fingen fast an rot zu glühen«, erinnert sich Generalmajor Roger Rowley, dessen Bataillon in der überschwemmten Ebene als Teil der 3. kanadischen Infanterie-Division den Angriff an der linken Flanke unterstützte. »Es wurde einfach drauflos gefeuert, was das Zeug hielt. Die Kanoniere mußten hinter den Batterien Geschütze auf Vorrat halten, um notfalls Ersatz zu haben.«

Die 21. Heeresgruppe konnte, unglaublich aber wahr, in ihrem Tagebuch festhalten, daß bei gut einer halben Million Schuß nicht ein einziger zu kurz geratener Schuß zu verzeichnen war. Eine derartige Konzentration von Batterien, so Todd, brachte nämlich fast immer ein unvermeidliches »Gefechtsrisiko« mit sich: War auch nur ein Geschütz verbraucht oder stimmte die Kalibrierung nicht mehr, dann feuerte es zu kurz und bedrohte die Infanteristen, die sie eigentlich schützen sollte. Und wenn das bei einem der vielen hundert an einem Sperrfeuer beteiligten Geschütze passierte, war es unmöglich, das defekte ausfindig zu machen. Dann blieb nur zweierlei zu tun: Das Sperrfeuer mußte abgebrochen werden, was der vorrückenden Truppe die Feuerunterstützung entzog und möglicherweise schwere Verluste erforderte; oder es gelang dem Kommandeur der Infanterie, seine Leute aus dem Bereich der Fehleinschläge herauszuhalten. Mit der Anzahl der Geschütze stieg natürlich das Risiko, daß eines von ihnen Defekte aufwies. Ein Artillerieoffizier hatte diese Tatsache zu akzeptieren: Seine Geschütze konnten Leben retten, konnten jedoch auch Opfer unter den eigenen Leuten fordern.

Die Zusammenziehung, Versorgung und Führung einer so unerhörten Anhäufung von Geschützen war eine einzigartige Koordinationsleistung. »Für die Artilleriebombardements mußten wir an jeder Geschützstellung 1000 Schuß Munition lagern«, sagte Major R. K. MacKenzie, stellvertretender Kommandeur des 14. Feldregiments der *Royal Canadian Artillery.* »Das war der größte Munitionsbestand, der je bei uns vorgekommen war. Bis wir alles an Ort und Stelle hatten, ging es drunter und drüber.« Neu war auch die unorthodoxe Einsatztaktik der Geschütze. In der Zeit zwischen 5.00 und 9.45 Uhr wurden am Morgen des Angriffstages über sechs Tonnen Granaten auf alle erkundeten Stützpunkte, Hauptquartiere und Meldezentren abgefeuert. Die Liste war lang; die 2. und 3. kanadische Infanterie-Division hielten das Gelände seit November besetzt und hatten reichlich Zeit gehabt, die deutschen Verteidigungsstellungen genau zu lokalisieren.

Als das Bombardement zur Hälfte vorüber war, schwiegen die Geschütze für kurze Zeit, und ein Nebelvorhang wurde über die ganze Breite der Front gelegt – eine Taktik, den Feind zur Feuererwiderung zu verleiten und damit zur Aufdeckung seiner Batteriestellungen, zu deren Ortung mittels Schall- und Lichtmessungen (Lokalisierung der Mündungsfeuer) schon entsprechende Trupps bereitstanden.

Der »Pfefferstreuer«, ein Feuerplan, der bei *Veritable* seine Premiere erlebte, verlieh der Bombardierung besonderes Gewicht. Er war dazu bestimmt, dem Feind durch konstantes Feuer auf ganzer Breite der Front jede Bewegung im vorderen Gelände zu verwehren. Für Major H. Z. (»Zooch«) Palmer, Kommandeur der 30. Kanadischen Flugabwehrbatterie, bedeutete der »Pfefferstreuer« das seltsame Erlebnis, seine 40-mm-Bofors-Flak gegen Bodenziele einzusetzen:

> Benutzt wurden fast alle verfügbaren Waffen der verschiedensten Art und Größe: mittelschwere Maschinengewehre, Bofors, mittlere Mörser, 9,4-cm-Flak und alles, was irgend greifbar war. Wir konzentrierten das Feuer für eine festgelegte Zeit auf ein einzelnes Ziel - sagen wir, fünf Minuten lang - und nahmen dann das nächste Ziel unter Beschuß, dann das übernächste usw. Die Geschütze waren in einer Entfernung von 15–20 Metern nebeneinander aufgestellt, für eine Flakbatterie höchst ungewöhnlich. Wir feuerten über offenes Gelände. Es war ein Höllenlärm - etwas Ähnliches hatte ich seit dem Durchbruch bei Caen nicht mehr gehört.

Zu der ohrenbetäubenden Kanonade trug auch die 1. Kanadische Raketenwerferbatterie ihren Teil bei. Diese neue Form des Raketenkrieges war die gemeinsame Erfindung eines einäugigen britischen Gardesoldaten und eines in die Jahre gekommenen kanadischen Artillerieoffiziers und wurde während der Scheldeschlacht im November 1944 zum ersten Mal eingesetzt. Sie bestand aus einem Bündel langer, scheinbar ganz normaler Metallrohre, die auf einen Lkw montiert waren. Aus jedem dieser Zylinder wurde eine mit zehn Pfund Sprengstoff beladene Rakete abgefeuert. Waren zehn solcher Fahrzeuge zusammengefaßt und feuerten simultan aus allen Rohren auf ein kleineres Ziel, entstand ein Feuerteppich (»mattress« - Matratze genannt) von verheerender Wirkung. Über 10 000 7,62-cm-Boden-Boden-Raketen waren für dieses »Matratzenlegen« vorgesehen.

Kurz vor Morgengrauen wurde Alfred Schlemm, Kommandeur der 1. deutschen Fallschirmjäger-Armee, in seinem Xantener Hauptquartier durch unheilverkündenden Geschützdonner aus der Richtung des Reichswaldes geweckt. Von einem der Zwillingstürme des St.-Viktor-Doms beobachtete er wenig später mit ungläubigem Staunen einen Himmel, den ein Feuerwerk rotgoldener Blitze erhellte. »Ich rieche die Großoffensive«, funkte Schlemm an General Blaskowitz, Kommandeur der Heeresgruppe H. Dann gab eine Flut von eingehenden Meldungen Überblick über das Ausmaß der Zerstörung durch das R.A.F.-Bombardement. Mit Bekümmerung nahm Schlemm zur Kenntnis, daß bei den Angriffen dieses Morgens in Terborg bei Emmerich auch sein Artilleriekommandeur General Windig ums Leben gekommen war. Die alliierten Bomber mußten versucht haben, die Haupttelefonzentrale zu treffen, die aber, wie er zu seiner Erleichterung erfuhr, nach wie vor funktionsfähig war.

Schlemm war ein exzellenter Taktiker, einer der fähigsten Köpfe unter den Wehrmachtsgeneralen. Als einziger war er von der richtigen Annahme ausgegangen, daß der Vorstoß der Alliierten durch den Reichswald erfolgen würde, hatte jedoch den Oberkommandierenden, General Blaskowitz, nicht überzeugen können, der weiterhin darauf bestand, seine Reserven weiter südlich bereitzuhalten. Blaskowitz hatte, starrsinnig und unbelehrbar, die Panzerreserve der Heeresgruppe H (die 15. Panzergrenadier-Division und v. Waldenburgs 16. Panzer-Division) im Rurabschnitt gegenüber den amerikanischen und seine Infanteriereserve bei Venlo gegenüber den britischen Linien aufgestellt.

Traf seine eigene Voraussage zu, mußte Schlemm befürchten, daß die Dampfwalze des alliierten Vorstoßes seine Abwehrlinie überrollen könnte, bevor es ihm gelungen war, diese Reservedivisionen weiter in den Norden zu verschieben. Er hatte sich über Blaskowitz' Ansichten hinweggesetzt und Befehl gegeben, daß seine kampferprobte 6. und 7. Fallschirm-Division unverzüglich nach Norden zu verlegen seien, um vor einem Durchbruchsversuch der alliierten Verbände die Löcher in der dünnen Linie der 84. Division zu stopfen. Die Truppen waren soeben eingetroffen. Noch war ihr Einsatz nicht vom deutschen Oberkommando genehmigt worden.

Trotz der Wucht des Eröffnungsbombardements ließ Blaskowitz sich nicht von der Meinung abbringen, es handle sich um eine Ablenkung vom Hauptangriff, den er nach wie vor an der Rur oder bei Venlo erwartete. Die Anwesenheit britischer Truppen in den kanadischen Linien war vom deutschen Nachrichtendienst bislang unbemerkt geblieben.

Die deutsche Verteidigung unterstand gegenwärtig einem Mann, der Schlemm wenig Zutrauen einflößte - »Uhrmacher« Straube. General Straubes einziger Schutz des Reichswaldes war Generalmajor Heinz Fiebigs 84. Infanterie-Division mit Hauptquartier in Kleve. Dic Division war gerade neu formiert und ausgebildet worden, nachdem sie nach den Kämpfen in der Normandie praktisch aufgerieben worden war. Sie umfaßte 8000 bis 10 000 Mann, ergänzt um einige Einheiten der sogenannten »Magen-« und »Ohrenbataillone«, bestehend aus Männern mit Magen- bzw. Gehörleiden. Straube bevorzugte die ersteren - die Ohrenbataillone seien ja nicht einmal in der Lage, ein Sperrfeuer wahrzunehmen.

Nicht weniger trostlos stand es um seine »Volkssturmeinheiten«, allen bisher nicht zum Waffendienst eingezogenen Männern eines Bezirks zwischen 16 und 60, die in der Lage waren, mit der Waffe in der Hand zur lokalen Verteidigung beizutragen. Ihre Einberufung erfolgte nach Hitlers Aufruf zum »Volkssturm« vom 25. September 1944, als von jedem deutschen Mann bei leidlich guter Gesundheit erwartet wurde, daß er zur Verteidigung des Vaterlandes antrat. Diese Einheiten waren ohne Ausbildung, oft ohne Uniform, und ihre einzigen Kampfmittel waren Panzerabwehrwaffen kurzer Reichweite und Infanteriewaffen. Sie bildeten drei dünne Verteidigungslinien quer durch den Reichswald, und selbst Fiebig hatte wenig Hoffnung, daß sie einem konzentrierten Angriff standhalten würden.

Die erste Linie war die schwächste und würde vermutlich unter jedem Schlag, gleich welcher Stärke, ins Wanken geraten. Die zweite hatte ihren Rückhalt im Westwall. (»Eine Farce«, bemerkte Straube bissig. »Das war kein Wall, das war ein Phantasiegebilde.«) Nur zwei Tage vor dem Angriff war diese Linie durch das 2. Fallschirmjäger-Regiment aufgefrischt worden, drei starke Bataillone neu ausgerüsteter und trainierter Männer. Sie bildeten die stärkste Kampfeinheit im Reichswald, und Fiebig hatte sie an einem brisanten Stück der Front in der Südwestecke seines Abschnitts aufgestellt, wo sie, wie sich herausstellen sollte, direkt in der Stoßrichtung der 51. *Highlanders* standen. Die dritte Linie zog sich bei Kleve am Ostrand des Reichswalds entlang. Fiebig hatte als weitere Präventivmaßnahme den mutmaßlichen Ausgangspunkt eines größeren feindlichen Vorstoßes über die Straße Nimwegen-Kleve ebenso wie Teile des Reichswaldes durch Überfluten des nördlichen Abschnitts blockiert und tags zuvor außerdem angeordnet, daß die rückwärtigen Stellungen verstärkt werden sollten. Er hielt sich an Hitlers Anweisung für Kommandeure, ihm jedwede operative Entscheidung vorzulegen, und schickte auf schnellstem Wege einen geheimen Lagebericht nach Berlin, wo auf einer eiligst einberufenen Krisensitzung der Angriff diskutiert werden sollte.

Am frühen Morgen desselben Tages erkletterte dreißig Kilometer nordwestlich von Schlemms Hauptquartier ein übernächtigter General Horrocks seinen Beobachtungsposten, eine hölzerne Plattform im Geäst eines Baumes. Es war ein trister Tag. Horrocks spähte durch die Zweige, um die der Dunst tiefziehender Wolken hing – ein Vorbote weiterer Regenfälle, dachte er trübsinnig. Damit war seine Luftunterstützung ebenso dahin wie der feste Boden, der einen schnellen Durchbruch seiner Panzer ermöglicht hätte. In der Ferne glühten noch immer blutrot die Feuer über Kleve. Gelbe Blitze zuckten wahllos durch Wolken von Rauch, während das Feuerwerk der Geschütze über dem Schlachtfeld explodierte. Nackte Stämme und zersplitterte Äste, die Ruinen von Bauernhöfen und totes Vieh waren Beweis genug für die tödliche Effizienz des Artilleriefeuers.

Die ganze Gegend wimmelte von Fahrzeugen: »Känguruhs« (als Truppentransporter umfunktionierte Panzer ohne Geschützturm), Panzer, »Dreschflegel« und flammenspeiende »Krokodile«. Nicht ein einziger Mann war zu Fuß unterwegs. Fahrzeuglärm erfüllte die Luft. Kettenfahrzeuge, welche die Truppen durch die neun Kilometer breite Ausgangsstellung trugen, wühlten sich durch den Schlamm. Panzer pflügten wie wütende Elefanten unter Krachen und Geheul durch die Wälder.

Horrocks blickte auf seine Uhr: Der Sekundenzeiger rückte auf

10.30 – die Angriffsstunde war gekommen. Der Lärm der Geschütze verstärkte sich, sie boten den Truppen Schutz unter einer Feuerglocke, die mit ihnen vorrückte: 100 Yards (ca. 90 Meter) in vier Minuten. Man hat die Aufstellung von *Veritable* mit einer Stürmerreihe im Fußball verglichen: zwei schottische Divisionen (die 15. *Scottish* und 51. *Highlanders* – eine walisische (die 53.) – zwei kanadische Infanterie-Divisionen (die 2. und 3.). »War *das* ein Team!« rief hingerissen ein sportbesessener Jock. Die 15. *Scottish* trat als Star-Mittelstürmer an. Sie war mit der Erreichung des entscheidenden Operationsziels, der Eroberung Kleves, beauftragt. Zu ihrer Linken rückte die 5. kanadische Infanterie-Brigade (2. kanadische Infanterie-Division) vor, mit der wichtigen Aufgabe, die Städte Wyler und Den Heuvel von den deutschen Stellungen zu säubern, um die Hauptstraße Nimwegen–Kranenburg–Kleve zu öffnen. War erst dieser Hauptnachschubweg offen und der Schutz ihrer hinteren Stellungen gesichert, konnten die Jocks Kleve stürmen und seine Abwehr überrennen.

Die Division der Waliser – in der Halbrechtsposition – wurde von der düsteren Tiefe des Reichswalds verschluckt. Die Truppen arbeiteten sich unter Umgehung des Panzergrabens und der Westwallbefestigungen auf den schmalen Reitwegen bis ins Waldesinnere vor. Von äußerster Wichtigkeit war die Sicherung der zwei durch den Reichswald führenden Straßen, die an seinem Südrand im Dorf Hekkens zusammenliefen. Dreizehn Kilometer nur, überlegte Horrocks, und doch ein gefährlicher, harter Auftrag. Bei dem Tauwetter und den schweren Regenfällen würden die Straßen in diesem dichten Waldgebiet nahezu unpassierbar sein.

Auf dem rechten Flügel schließlich rückten die 51. *Highlanders* am westlichen Rand des Reichswaldes vor. Sie sollten das Gebiet von dort bis zur Maas säubern, den Abschnitt, in dem der Westwall am stärksten befestigt war.

Später, wenn die schottische und walisische Division sich im Reichswald und nach Kleve hin auffächerten, sollte die 3. kanadische Infanterie-Division die anglo-kanadische Attacke auf dem äußersten linken Flügel der Angriffsfront abrunden – mit der wenig beneidenswerten Aufgabe, unter direkter Feindbeobachtung einen amphibischen Angriff durch die inzwischen überfluteten Niederungen des Rheins zu führen. An den Flanken hielten sich die 43. Division *Wessex* und die imponierende Masse der *Guards Armoured*, der Gardepanzer-Division, bereit zum Anschluß an die neue Frontlinie.

Zunächst verlief alles nach Plan. Von ein, zwei hart umkämpften Gebieten abgesehen, stießen die Angriffsspitzen auf relativ geringen Widerstand. »Durch die Bombardierung hatte der Gegner die Nerven verloren«, meinte Hauptmann Peter Dryland, und Horrocks schreibt: »Matsch und Minen waren an diesem Tag unsere schlimmsten Feinde.« Innerhalb einer Stunde hatten sich fast sämtliche Panzer und Panzerfahrzeuge festgefahren. Einige versanken in dem durch Regen und Überflutung entstandenen Morast. Andere fuhren auf Minen auf, der Rest fand den Weg durch Bäume versperrt, die durch feindliche Sprengtätigkeit umgefallen waren, oder wurde durch Sprengtrichter aufgehalten, die Folgen eigener Bomben- und Granateinwirkung.

Zwei Bataillone der 5. kanadischen Infanterie-Brigade - die *Calgary Highlanders* und das *Régiment de Maisonneuve* - überschritten unter dem Schutz des Sperrfeuers von *Veritable* die Startlinie. Auch die Kanadier stellten anfänglich fest, daß auf deutscher Seite unter dem Eindruck der Kanonade Ruhe eingekehrt war. Ein *Maisonneuve*-Offizier, der das Angriffsziel Den Heuvel erreichte, nannte die Zahl von 46 getöteten Feinden auf engstem Raum, »ohne Einbezug der Deckungsgräben«. Die Überlebenden befanden sich in einem Schockzustand.

Nach der Einnahme von Den Heuvel sahen sich die *Calgary Highlanders* (unter dem Kommando von Oberstleutnant Ross Ellis) vor ihrem Hauptangriffsziel - der Ortschaft Wyler. Durch Wyler führte die Hauptstraße nach Kleve. Eile war von entscheidender Bedeutung; die 15. *Scottish* verließ sich darauf, daß die Straße bis 16.00 Uhr von Feindeinwirkung frei war. Der Angriff stand von Anfang an unter einem schlechten Stern: Die Angriffsspitzen gerieten in ein deutsches Schützenminenfeld. Diese von den Deutschen entwickelten Tretminen brachten den Opfern schwere Verletzungen an Beinen und im Genitalbereich bei und konnten, da sie nicht aus Stahl waren, von den konventionellen Minensuchgeräten nicht entdeckt werden. Das Feld war mit diabolischem Kalkül angelegt. Verschiedene Minenreihen lagen gut erkennbar an der Erdoberfläche, doch beim Versuch, sie zu umgehen, brachten die Männer andere zur Detonation, die im Boden versteckt waren. Vierundzwanzig Mann wurden getötet oder verwundet. Eine Gruppe von achtzehn Soldaten, die bei dem Versuch eines Gegenangriffs in Gefangenschaft geraten waren, wurde gezwungen, durch das Minenfeld zurückzugehen und die Verwundeten herauszuholen. Zwei von ihnen wurden in die Luft gejagt.

Aufgrund von Verlusten durch Minen, Scharfschützen und hartnäckigen Widerstand in Wyler ließ die Dynamik des Angriffs nach. Trotzdem hatten die *Calgarians* um 18.30, mit zweieinhalbstündiger Verspätung, die Stadt nach hinten abgeriegelt und 322 Deutsche eingeschlossen, die dann zu den ersten Kriegsgefangenen der Operation *Veritable* gehörten. Der Preis allerdings war hoch: siebenundsechzig Ausfälle unter den *Highlanders*, darunter fünfzehn Gefallene. »Wir hatten zu wenig Leute im Kampfgebiet, um die Sache anständig erledigen zu können, und die Feindstärke der Gegend war bedeutend«, so die Erklärung des Brigadekommandeurs, Brigadegeneral W. J. Megill. Das *Régiment de Maisonneuve* indessen verzeichnete nur zwei Tote und zwanzig Verwundete. Es war ein kurzes, doch überraschend heftiges Gefecht gewesen. Die 2. kanadische Infanterie-Division wurde jetzt aus dem Gefecht genommen.

Generalmajor Dan Spry, Kommandeur der 3. kanadischen Infanterie-Division, trug die Verantwortung dafür, den Hauptvorstoß auf dem exponierten linken Flügel am Rheinufer vor feindlichen Gegenangriffen zu schützen. Der einzige Weg dorthin führte, wie er feststellen mußte, durchs Wasser. Als Spry seinen Offizieren ans Herz legte, immer »mit einem Bein auf der Erde zu bleiben«, hatte er vergessen, daß seine drei Brigaden sich als Meister amphibischer Kriegführung einen Namen gemacht hatten: zuerst an der Küste der Normandie, dann auf den überschwemmten Poldern an der holländischen Scheldemündung und jetzt an den unter Hochwasser stehenden Ufern des Rheins. Diese Erfahrungen hatten ihnen das Etikett »Wasserratten« eingebracht. Einen Fuß auf trockenen Boden zu setzen sollte in den kommenden Tagen für viele der Wasserratten zu einem unerschwinglichen

Luxus werden. »Was man so trocken nannte, war bestenfalls Matsch«, erinnert sich Spry.

Zwei von Sprys Brigaden, die 7. und 8., überschritten bei Einbruch der Dunkelheit die Startlinie, acht Stunden nach Angriffszeit. Da Wasser und Dunkelheit bei diesem Angriff ohne Zweifel zahllose Probleme schaffen würden, kamen drei ausgeklügelte Hilfsmittel moderner Kriegführung zum Einsatz: Amphibische Truppentransporter vom Typ »Buffalo«, mit denen die Truppen ins Aufmarschgebiet geschippert wurden, »künstliches Mondlicht«, das ihnen den Weg wies, und ein aufs Wasser verpflanzter Londoner Nebel, der dem Feind ihre Aktionen verhüllte. Den künstlichen Mondschein erzeugten Suchscheinwerfer. Sie sollten für bessere Sicht sorgen und damit Panzern und Infanterie in der nächtlichen Dunkelheit gezieltere Kampftätigkeit ermöglichen. Die Wirkung war besonders günstig, wenn die Strahlen von tiefhängenden Wolken reflektiert wurden. Sprys Kommentar: »Es war, als träte man mitten im Licht eines Scheinwerferstrahls auf eine stockdunkle Bühne. Einigen der Männer paßte das gar nicht, und wahrscheinlich wurden sie deswegen auch in den ersten paar Minuten häufiger beschossen.«

Einhundertundvierzehn »Buffalos« waren im Einsatz, die schon bei der Befreiung des Mündungsgebietes der Schelde im Herbst eine so bedeutende Rolle gespielt hatten, und wieder stellte die 79. britische Panzer-Division ihre versierten Fahrer. Auch DUKWs (dreiachsige amerikanische Zweieinhalbtonner mit Schiffsschraube zur Verwendung als Amphibienfahrzeuge) wurden zur Beförderung der Mannschaften benutzt. Da die Einheiten unter dauernder Feindbeobachtung standen und von erhöhten Stellungen und Fabrikschornsteinen am jenseitigen Rheinufer unter Beschuß genommen wurden, schuf man die längste Nebelwand des Krieges. Das *Smoke Control HQ* der 1. kanadischen Armee unter Major J. T. (»Tempy«) Hugill, *Royal Canadian Artillery*, hatte 1350 Mann aller Dienstgrade für die Aufgabe herangezogen, darunter vier britische Nebelkompanien und Spezialisten für chemische Kriegführung sowie Meteorologen aus Kanada und Großbritannien. Letzteren kam besondere Bedeutung zu, da die Wirksamkeit des Nebels in hohem Maße von Windstärke und Windrichtung abhing. »Bei jeder Änderung der

Windrichtung würde die geschlossene Nebelwand aufreißen, und die Deutschen konnten durch die Lücken feuern«, erinnert sich Hugill.

Ursprünglich für vier Tage gedacht, erwies sich die Anwendung des Nebels als so erfolgreich, daß sie auf sechs Wochen und auf eine Strecke von fast vierzig Kilometern entlang des Rheins ausgedehnt wurde. Das bedeutete einen Verbrauch von 3500 Tonnen Nebelkonserven inklusive etwa 1,5 Millionen Liter Nebelöl. Der Nebel erlaubte es nicht nur, daß die Truppenbewegungen den wenig mehr als anderthalb Kilometer entfernten gegnerischen Beobachtungsposten verborgen blieben, sondern ermöglichte es außerdem den Pionieren, ungestört von feindlicher Artillerie, Straßeninstandsetzungs- und Minenräumarbeiten durchzuführen.

Trotz dieser Unterstützung sah sich die 8. Brigade bald vor einer unlösbaren Aufgabe, die der Nachtangriff durch überschwemmtes Gelände mit sich brachte: Wesentliche Hilfsmittel, die normalerweise auf Transportfahrzeugen mitgeführt wurden, zum Beispiel Pak und Flammenwerfer, mußten zurückbleiben. »Es waren reine Infanteriekämpfe draußen auf den Poldern, ganz entsetzlich«, erinnert sich Hauptmann Blake Oulton, Kompaniechef beim *North Shore*-Regiment. »Der große Mangel lag darin, daß man keine Fahrzeuge nach vorn brachte. Eine gewisse Unterstützung kam von der Artillerie, aber auch das war ein Problem, denn statt aus dem Rücken mußte von der Seite her über unsere Front hinweggefeuert werden.«

In der Flanke der 7. Brigade stieß das 1. *Canadian Scottish Regiment* auf ernsthafte Schwierigkeiten - in »Klein Tobruk«, einer feindlichen Stellung in der Ortschaft Niel. »Klein Tobruk«, so genannt wegen seiner Betonbefestigungen, sollte im Rahmen der Operation *Veritable* das erste Opfer aus den Reihen der Kommandeure fordern - einer tragisch hohen Anzahl hochrangiger Offiziere, die in den schweren Gefechten des Rheinlandfeldzuges schwer verwundet oder getötet wurden.

»Es gab kleinere, durch das Wasser relativ isolierte Enklaven, die von den Deutschen erfolgreich verteidigt wurden«, erklärte Major William Matthews, ihr stellvertretender Kommandeur. »Wenn man in den ›Buffalos‹ angewalzt kam, war diesen kleinen ›Inseln‹ nie anzumerken, ob sie verteidigt waren oder nicht. Man konnte immer erst direkt vor Ort reagieren, meistens mit wenig mehr als Zugstärke. Und natürlich war die Kommunikation saumäßig. Wir waren immerhin über mehrere Kilometer verteilt, und es war ziemlich schwierig, miteinander Kontakt zu halten. Und genau so hat es auch Des Crofton erwischt. Er bekam keine Verbindung zu seinen Kompanien vorn an der Front.«

Oberstleutnant Crofton, Kommandierender Offizier des *Canadian Scottish,* saß in einer Zwickmühle. General Jock Spragge, der Kommandeur der 7. Brigade, verlangte dringend einen Bericht über die genauen Standorte seiner Kompanien. Crofton konnte keine Funkverbindung herstellen. Sein Verstand sagte ihm, daß sein Platz im Bataillonsgefechtsstand war; und doch fühlte er sich jedesmal gedrängt (was ihm schon früher mehrfach eine Rüge eingebracht hatte), nach vorn zu gehen und nach seinen Leuten zu sehen. Spragges wiederholte Anfragen gaben den Ausschlag; Crofton und sein Stab kletterten auf »Buffalos« und zogen los in Richtung der vorgerückten Stellung seiner zwei vermißten Kompanien, die sich seinem Vermuten nach in der Nähe von Niel befinden mußten. Er konnte nicht wissen, daß es den beiden Kompanien in ihren schlingernden Verhikeln nur mit Mühe gelungen war, auf Kurs zu bleiben, und sie ihre jeweiligen Ziele noch nicht erreicht hatten. Die Karten waren in den nächtlichen, überschwemmten Flußniederungen so gut wie wertlos, und in den gepanzerten Fahrzeugen spielten die Kompaßnadeln verrückt.

Crofton näherte sich zwei Gebäuden, die im Zwielicht der Morgendämmerung hoch und still über die Wasserfläche ragten. Als sein »Buffalo« zwischen ihnen hindurchglitt, knallte es. Er war direkt in eine deutsche Stellung hineingeschlittert, und sein Fahrzeug war von einer Panzerfaust getroffen worden. Vier Männer waren sofort tot, weitere sechs verwundet. Croftons Arm war zerschmettert. Begleitet von seinem Nachrichtenoffizier gelang es ihm, in eine nahe Scheune zu kriechen, wo die beiden verwundeten Männer, ehe sie endlich gefunden wurden, fast zwölf Stunden lang hilflos sich selbst überlassen waren.

Während die Kämpfe sich in schnellem Tempo auf Kleve zubewegten, standen die *»Noble mariners«* der 9. kanadischen Infanterie-Brigade bis zum Bauch im eiskalten Wasser. Sie hatten Befehl, auf dem linken Angriffsflügel über den Westwall vorzustoßen, der jetzt teilweise überflutet war. Drei kanadische Bataillone in ihren wassergängigen »Buffalos«, die *Stormont, Dundas & Glengarry Higlanders* (SD&G), die *North Nova Scotia Highlanders* (NNSH) und die *Highland Light Infantry* (HLI), brachten die deutschen Vorposten einen nach dem andern zum Schweigen und dankten *»Smoke Control«* aus tiefstem Herzen für den Nebel, in dessen Schutz sie praktisch unter der Nase der deutschen Beobachtungsposten agieren konnten.

Die Überflutungen, aus denen der 7. und 8. Brigade so viele Scherereien erwachsen waren, hatten sich noch verschlimmert. Als die Deutschen am 7. Februar die Winterdeiche sprengten, hatten Ingenieure der 16. Feldkompanie der *Royal Canadian Engineers* (Pioniere) mit holländischen Experten darüber beraten, wie die Wasserflut zu regulieren sei. Auf ihren Vorschlag hin schlugen die Kanadier eine Bresche in den Hauptdeich bei Nimwegen, damit die gestauten Wassermassen in den Waal abfließen konnten. »Zuerst wurde eine Bresche von ca. 30 Metern herausgesprengt, die im Lauf von 36 Stunden auf das Neunfache vergrößert wurde«, berichtete Oberstleutnant F. A. McTavish. »Und kurz darauf machten die Deutschen alles dadurch noch schwieriger, daß sie die Schleusen des Spoy-Kanals sprengten und eine Bresche von 50 Metern in den Deich rissen.«

General Spry, Zeuge der Explosion, konnte sich eine kleine Stichelei an die Adresse seines Freundes nicht versagen: »Von meinem Beobachtungsposten auf erhöhtem Gelände sah ich zufällig, wie die Deutschen den Deich sprengten und dieser dicke Brocken in die Luft ging, etwa 270 Meter eines sechs Meter starken Deichs. Ich nahm mit dem Chef der Pioniere der 3. Division, Alec McTavish, telefonische Verbindung auf. ›Hast du das gerade gesehen?‹ fragte ich ihn. ›Na, dann steck da mal deinen Finger rein!‹ «

Die *SD&G* hatten Befehl, auf dem rechten Flügel der 9. Brigade vorzurücken und das endgültige Angriffsziel der 3. Division, das Dorf Rindern, zu gewinnen. Nach Verlust dieser nur ein bis zwei Kilometer nordwestlich von Kleve gelegenen Stellung war dem Feind die sichere Rückzugsmöglichkeit von Kleve zum Rhein durch die überschwemmte Ebene genommen. Erste Hinweise auf Kommendes waren deutsche panzerbrechende Granaten, die aus der Richtung von Rindern kamen und das Dach des Hauses teilweise absprengten, in dem der Kommandeur, Oberstleutnant Rowley, soeben seinen Gefechtsstand und seinen persönlichen Beobachtungsposten eingerichtet hatte, um den Angriff vorzubereiten.

In der Morgendämmerung rückte das Bataillon ohne die zwei Kompanien, deren Vormarsch durch die Überschwemmungen ins Stocken geraten war, und ohne Artillerieunterstützung auf Rindern vor. Es schien ein harmloses deutsches Dörfchen, das seine Einwohner sichtlich überstürzt verlassen hatten - »das Sauerkraut stand noch auf dem Tisch, im Herd glühende Kohlen«. Doch die *Glens* stellten sehr bald fest, daß Rindern mit festungsartigen Anlagen gespickt war. Sie waren in eine Westwall-Stellung geraten, die ausgebaut und verstärkt worden war - Häuser aus Stahlbeton mit Geschützstellungen entlang der Parterrefenster.

»Reingekommen waren wir«, erzählt Rowley, »aber sie warteten schon auf uns - deutsche Fallschirmjäger. Es war meine erste Erfahrung mit dieser Art Nahkampf, und es ging wirklich rund, Granaten wurden durch Fenster gerollt und so weiter. Aber die Jungens hielten sich gut. Wir machten eine Menge Gefangene und brachten sie in einer Art Scheune unter. Dann folgte ein Gegenangriff. Die Fallschirmjäger kamen von Kleve her an einem Kanal entlang. Da hatten wir einen Kompanieführer, Gordy Clarke, der seine Sache phantastisch machte, aber es war eine ziemlich haarige Angelegenheit.«

Am folgenden Tag hatte Rowley in diesem höchst bizarren Dorf ein ebenso bizarres Erlebnis. »In einem Haus fiel mein Blick auf eine Wand und das Foto eines jungen deutschen Offiziers; daneben hing ein Foto unserer kanadischen Vorkriegs-Olympia-Hockeymannschaft mit Major Don Daley, dem stellvertretenden Generalquartiermeister-Assistenten unserer Brigade, einem Hokkey-As, als Towart. Ich ließ Daley kommen, er sah sich das Bild an und sagte: ›Ja, diesen Deutschen kenne ich, war ein guter Spieler.‹ «

Am späteren Vormittag griff General Spry nach seinem Fernglas - einem deutschen Erzeugnis, von dem sich sein Besitzer, ein

Kriegsgefangener, nicht ohne Murren getrennt hatte - und richtete es auf die Polder in der überfluteten Rheinebene. »Unsere Angriffsziele waren erreicht, aber unterwegs hatte der Feind eine ganze Reihe von uns erwischt. Die deutschen Jungens an dieser Front kämpften verbissen - Sieg oder Tod -, klammerten sich an die Waffen, feuerten bis zur letzten Sekunde, warfen erst dann die Waffe weg, Hände hoch - basta. Aber jetzt steckten wir im Wasser fest. Ich sah kanadische Soldaten auf Haus- und Scheunendächern oder mit über den Kopf erhobenen Waffen im Wasser stehen.«

An einigen Stellen war der Wasserspiegel bis auf 1,50 Meter angestiegen; die Straße Nimwegen-Kleve verschwand langsam von der Bildfläche. Es bedurfte einiger Navigationskünste, um Hecken, Zaunpfähle und sonstige Hindernisse zu umfahren, die jetzt unter Wasser lagen. Die entscheidende Schwierigkeit war die Heranführung von Munition und Proviant an die vom Wasser umgebenen Truppen. Jeder Mann war mit Verpflegung für vierundzwanzig Stunden ausgerüstet; dazu kam eine Dose Suppe mit Selbstwärmvorrichtung, die die Männer in den kalten und nassen Gräben am Leben hielt. Durch das Doseninnere lief ein Röhrchen mit brennbarer Substanz, das oben versiegelt war. Wurde die Versiegelung abgerissen, erhitzte der Kraftstoff die Suppe. Auch Kakao wurde gelegentlich in dieser technisch raffinierten Form ausgegeben.

»Nachschub und Verwundetentransport wurden zu schrecklichen Problemen«, erinnert sich Spry weiter. »Die Straßen lösten sich unter den Rädern auf. Es waren nur drittklassige Landstraßen, nicht gebaut für Fünftonner und 40-Tonnen-Panzer. Wir mahlten sie ganz einfach zu Brei. Die Pioniere arbeiteten Tag und Nacht, luden Schotter und Stämme ab, um Löcher zu füllen und die Strecke passierbar zu machen.«

Pioniere der 3. Division bauten vier Fähren als Verkehrsverbindung über das Schwemmgelände. Dann wurde eine drei Kilometer lange Strecke einer einspurigen Landstraße zweispurig ausgebaut - ein Meisterstück der Ingenieurskunst, das dank einem dreitägigen Non-stop-Marathon aller Divisionspioniere unter der Führung der 18. Feldkompanie der *Royal Canadian Engineers* zustande kam. Neun Kipplaster und fünfzig Lkws des Versorgungs-Korps der kanadischen Armee karrten Schotter und Kies herbei. Die »Wasserratten« beendeten ihren operativen Einsatz im Hochwasser und kehrten zu ihrer Infanteristenrolle auf dem »Festland« zurück. Der »Linke Flügel« hatte seine Aufgabe, den Feind zu blockieren, erfüllt; der Weg war offen - der Rest der Mannschaft hatte freie Bahn.

Vier Generale in Harnisch

Streng geheim. Persönlich und vertraulich an CIGS von Feldmarschall Montgomery, 8. Febr. 45:
Das größte Problem waren Minen und Schlamm, weniger der Feind, den das Artilleriefeuer sehr beeindruckt hat. Wir haben heute ca. 1000 Gefangene gemacht. Bei allen beteiligten Divisionen nur leichte Verluste. Heute nacht werden die Operationen »auf leisen Sohlen« fortgesetzt, und wir hoffen, bis morgen Tagesbeginn auf den Materborn-Höhen unmittelbar westlich von Kleve und einem Südwest-Kamm im Waldgebiet Stellung zu beziehen.

Minenfelder, Schlamm und ein zusammenbrechendes Kommunikationssystem bildeten eine dreifache Bedrohung für die »Jocks«, als die Mannschaft der 15. *Scottish Division* am 8. Februar die »Startlinie« zum Sturm auf Kleve überquerte. Die schmale Frontlinie bestimmte die Taktik: zwei Brigaden, die 46. und 227., bildeten die Angriffsspitze bis zum Westwall, wo eine dritte, die 44., zwischen ihnen hindurch vorstoßend, zum eigentlichen Schlag gegen die Befestigungsanlage ausholen würde. Die Infanterie erhielt Unterstützung durch die Panzer des *Grenadier-*, des *Coldstream-* und des *Scots Guards*-Regiments der 6. Gardepanzer-Brigade - sowie Aufmunterung durch einen anständigen Schuß Rum an der Startlinie.

Fast umgehend traf man auf Minenfelder. Das erste war die Hinterlassenschaft des fünf Monate zurückliegenden Debakels von Arnheim* - ein amerikanisches Minenfeld, noch übersät mit

* Vgl. Karte 4.

Fallschirmen und den Skeletten von Segelflugzeugen. Es fand sich jedoch eine Schneise, die mit Band markiert wurde, so daß die Männer es gefahrlos durchqueren konnten. Im Anschluß daran hatte der Feind dichte Sperriegel von Tretminen gelegt. Ein Großteil der »Dreschflegel«, die den Vormarsch hätten frei machen können, saß im aufgewühlten Schlamm fest. Das 10. Bataillon des *Highland Light Infantry*-Regiments erlitt dadurch einige Verluste. Auch das 2. Bataillon der *Argyll & Sutherland Highlanders* mühte sich verzweifelt, einen Weg durch die Minenfelder zu finden, um mit dem Sperrfeuer Schritt halten zu können. »Es sah ganz so aus, als stünde der Erfolg des Unternehmens auf dem Spiel«, vermerkt das Kriegstagebuch der *Scots Guards*. »Es mußte sehr schnell etwas geschehen, oder das Sperrfeuer war endgültig vorbei.«

Der Zeitplan war das A und O dieser Operation. Konnte ein Bataillon nicht mit dem Sperrfeuer Schritt halten, d. h. unter seinem Schutz immer dann vorrücken, wenn es momentan unterbrochen wurde, so war dem Angriff die Stoßkraft genommen. Wenn die Truppen aufgrund der schwierigen Wegverhältnisse oder wegen der Minen zurückfielen, oder wenn sie im Chaos der heulenden Granaten, die um sie herum einschlugen, in Panik gerieten und Deckung suchten, dann bewegte sich nur das Sperrfeuer vorwärts, nicht aber die Männer. Die Attacke konnte somit ins Stocken geraten, und schwere Verluste waren die sichere Folge. Doch wenn sie das Minenfeld betraten, bevor die tödlichen Sprengfallen aus dem Weg geräumt waren, konnten die Verluste noch weit höher ausfallen.

Bei den *Argylls* wurde eine dieser Krisen durch einen Leutnant der *Scots Guards* abgewendet, der ruhig Blut bewahrte und seine Leute durch eine von ihm ausgemachte winzige Schneise führte. Die Panzer fuhren voraus, brachten die Minen zur Explosion, und die Infanterie sowie der Rest der Truppe konnten in den Kettenspuren folgen; lediglich zwei Panzer gingen verloren.

Es wurde zunehmend schwieriger, die Verbindung zu den Kompanien an der Spitze aufrechtzuerhalten. Die Funksprechgeräte, als wichtigste Verständigungsmittel zwischen dem Gefechtsstand der Bataillons und seinen Kompanien vorgesehen, waren für die Infanterie häufig eine Quelle des Ärgers. Auf geringe Distanz, im flachen

Gelände und ohne Hindernisse arbeiteten sie befriedigend. Doch ihre Reichweite war außerordentlich begrenzt, und jedes solide Hindernis natürlicher oder künstlicher Art setzte sie ganz oder teilweise außer Funktion. Außerdem konnte jede Erschütterung zu Frequenzstörungen führen. Deshalb mußte eine abgerissene Funkverbindung nicht selten durch einen Fußmarsch wiederhergestellt werden.

Als die »Jocks« sich dem Westwall näherten, wurden die schrecklichen Folgen des Artilleriefeuers sichtbar. »Die ganze Landschaft war durch das gewaltige Trommelfeuer in Mitleidenschaft gezogen«, berichtete Major K. J. Irvine, Adjutant im 2. Bataillon der *Gordon Highlanders*. Ein junger Leutnant der *Highland Light Infantry*, der eine Patrouille führte, stieß auf ein groteskes Bild: »In der Nacht, als der Angriff geführt wurde, sollte ich mit meinem Zug Verbindung zu den anderen Kompanien herstellen, und wir kamen auf einen Friedhof. Alle Gräber und Särge waren in die Luft gejagt worden.«

Jedenfalls hatte das Feuer die Deutschen für den Augenblick betäubt. Nur wenige Widerstandsnester waren geblieben, und auch hier hatte der Feind keine Gelegenheit gehabt, seine Abwehrvorbereitungen zu Ende zu führen: Zur Sprengung vorbereitete Bäume (für Straßensperren) standen noch, Geschütze waren unbemannt geblieben. »Wir stießen auf eine Menge Geschütze«, notierte Irvine, »deren Mannschaften sich in riesige unterirdische Betonbunker geflüchtet hatten. Sie hatten derartiges Muffensausen, daß sie zum Kämpfen nicht mehr die Nerven hatten.«

Nicht so leicht einzuschüchtern war das deutsche Artilleriefeuer. Irvine verdankte sein Leben einem Stück Seife. Es war unter den Tisch seines Gefechtsstands gerutscht. Als er sich danach bückte, kam ein Volltreffer; elf *Gordons* wurden getötet, neun verletzt.

Einer *Argyll*-Kompanie war es gelungen, sich so dicht am Sperrfeuer zu halten, daß sie bei seinem Aussetzen ihr Angriffsziel bereits erreicht hatte. Innerhalb von zehn Minuten machte die Kompanie achtzig Gefangene, ohne einen einzigen Schuß abzufeuern. Außerdem erbeutete sie eine intakte, unbenutzte 8,8-cm-Kanone in schönster Stellung, die Munition sauber daneben gestapelt, Verschluß und Rohrmündung unter den ledernen Schutzkappen verborgen. Immerhin, sinnierte der frühere Unteroffizier

Alex Kidd als Veteran: »Wenn die Deutschen diese Geschütze tatsächlich bemannt *hätten*, wäre die Sache für uns ganz schön heiß geworden.«

Inzwischen hatten beide Brigaden das erste operative Ziel erreicht. Doch jetzt zeigte sich der eigentliche Feind dieses Tages: die aufgeweichten Straßen - ein Chaos für die angreifenden Truppen. Schlemms Überflutungstaktik und den anhaltenden Regenfällen war eine Nachschub- und Versorgungsachse zum Opfer gefallen, die bereits vor dem Einmarsch in schlechtem Zustand gewesen war. Panzer, Transporter und Lkws, die Truppen und Nachschub nach vorn brachten, hatten den Rest besorgt. Aus Straßengräben, die durch Geschütztreffer beschädigt waren, floß zusätzlich Wasser in tiefer gelegenes Gelände.

Am Nachmittag stand für den Transport zweier Brigaden nur noch eine letzte Straße, die Achse der 46. Brigade, zur Verfügung - eine schmale, verschlammte Fahrspur, flankiert von tiefen Gräben. Zu ihrer weiteren Belastung würde der Transport von fünf Feldartillerie-Regimentern beitragen, die vorrücken mußten, um den Truppen beim Vormarsch Feuerdeckung zu gewähren. Darüber hinaus war die 44. Brigade zu erwarten. »Ein nächtlicher Alptraum stand bevor«, verzeichnet die Geschichte der 15. *Scottish Division*, »in dem jeder Mann und jeder Offizier der 46. Brigade ohne Pause mit Verkehrslenkung und Fahrzeugbergung beschäftigt war, um in dem Chaos wenigstens ein minimales Maß an Ordnung zu schaffen.« Der Divisionskommandeur, Generalmajor C. M. Barber, hatte strikte Order erlassen, wonach jedes Fahrzeug, das die Straße blockierte, augenblicklich in den Straßengraben zu befördern war. Barbers eigener Jeep wurde das erste Opfer des Erlasses.

Am nächsten Morgen, dem 1. Tag nach Beginn der Offensive, brachte die *Scottish Division* ihre dritte Brigade, die 44. *Lowlanders*, zum Einsatz mit dem Befehl, mit ihren drei Bataillonen durch den Westwall zu stoßen. Der temperamentvolle Kommandeur des 6. Bataillons der *King's Own Scottish Borderers* (KOSB), Brigadegeneral (damals Oberstleutnant) Charles Richardson, hält Rückschau auf die unruhige Nacht, in der er sich mit seinen Leuten durch Schlamm und Regen kämpfte, um den Bereitstellungsraum zu erreichen: »Wieder und wieder wurde der Angriffsbeginn wegen der Verkehrsstockungen verschoben. Erst gegen Morgen war mein Bataillon endlich am Start.« Die Hauptverbindungsstraße war inzwischen vollständig aufgeweicht, und den Verbänden, einschließlich des 6. KOSB-Infanterie-Bataillons, blieb nichts als ein schmaler Schlammpfad. Bei Anbruch der Dämmerung hatten die erschöpften Männer den Westwall erreicht.

Zu den Befestigungen der »Siegfried-Linie« in diesem Abschnitt gehörten Minenfelder und ein immenser Panzerabwehrgraben. Eine Reihe von einbetonierten Geschützständen gewährte dem Feind Unterstützungsfeuer. Hier waren die »Funnies« der 79. Panzer-Division die idealen Hilfsmittel: Die »Dreschflegel« räumten die Minenfelder, und die AVREs legten Brücken über den Graben. Eine gepanzerte Kampfgruppe des 4. Bataillons der *Grenadier Guards* sollte, unterstützt vom 6. KOSB-Bataillon und zwei Schwadronen »Funnies«, eine Bresche im Wall öffnen, so daß Infanterie und Panzerkräfte durchfahren konnten.

Durch Zufall stieß Major Pike von den *Grenadier Guards* auf ein Stück Panzergraben, das nicht von der feindlichen Verteidigung besetzt war, und manövrierte die Truppen über einen in größter Eile errichteten Übergang. Innerhalb der nächsten Stunde rollten Richardsons Männer auf ihren »Känguruhs« durch die Lücke im Westwall. »Als das Bataillon die Siegfried-Linie überquerte«, erinnert sich der Kommandeur lächelnd, »machte Oberfeldwebel John Walls, Träger des Military Cross, Gentleman und Frohnatur, der 23 Jahre zuvor ins Regiment eingetreten war, halt und mimte feierlich das Aufhängen von Wäsche auf einer Leine. So mancher von den Jocks summte an diesem Tag vor sich hin: ›*We're going to hang up the washing on the Siegfried Line*‹.«

Erschöpft, doch zufrieden ging das 6. KOSB-Bataillon daran, die Stellung zu befestigen. Dann kamen neue Befehle für Richardson. »Ich war wenig begeistert, als mein Brigadegeneral sich mit dem Bericht meldete, daß die *Royal Scots Fusiliers* steckengeblieben waren, also Phase zwei des Vorstoßes nicht durchführen konnten; das sei nun nicht zu ändern, und ich sollte doch bitte einfach weitermachen und zwei strategisch bedeutsame Punkte oberhalb von Kleve einnehmen.«

Einwände waren sinnlos, also lud Richardson seine Leute wieder in die »Känguruhs«, machte eilig einen Plan und stieß mit einem raffinierten linken Haken auf den ersten der zwei Hügel vor, die einem Vormarsch in die Stadt Kleve im Weg standen. »Der Angriff war unerhört erfolgreich«, berichtet er, »und wir konnten 240 deutsche Soldaten und zwölf Offiziere gefangennehmen, darunter einige ziemlich hochrangige.«

Doch trotz all ihrem kühnen Einsatz hatten die anfängliche siebenstündige Verzögerung sowie die darauffolgenden unabwendbaren Komplikationen dafür gesorgt, daß die Schotten gegenüber dem ursprünglichen Plan um elf Stunden zurücklagen. Es bestand Gefahr, daß die Deutschen einen Gegenangriff durchführen und das endgültige Angriffsziel, die nur ein bis zwei Kilometer von Kleve entfernten Materborn-Höhen, erreichen würden, bevor die Schotten sie einnehmen konnten. Wieder wurde Richardson ans Funkgerät gerufen.

»Wir hatten inzwischen etwa fünfzehn Stunden lang in unseren ›Känguruhs‹ gesteckt«, erklärte Richardson. »Aber der General war schon wieder auf Sendung - wir sollten im Eiltempo weiter und Materborn einnehmen. Also düsten wir los und nahmen es ein - mit ungefähr einer halben Stunde Vorsprung, um den deutschen Gegenangriff abwehren zu können.«

Unter den Kriegsgefangenen waren zum ersten Mal auch solche mit den Abzeichen der 6. und 7. Fallschirmjäger-Division, Schlemms eilig zusammengezogener Verstärkung, die an die Front geworfen worden war, um diesen operativ wichtigen Stützpunkt zu sichern. Nach heftigen Kampfhandlungen am Hang bei beginnender Dunkelheit konnte das 6. KOSB-Bataillon seine Höhenstellung befestigen.

»Wir hatten das Gefühl, für einen Tag eine Menge geleistet zu haben«, kommentierte Richardson. »Kurz darauf erschien unser prachtvoller Quartiermeister, J. W. A. Smith, mit den einzigen Rationen, die wegen der Überschwemmung an diesem Tag zur Verfügung standen.« Dieser brillante, hart erkämpfte Sieg - für den sowohl Richardson als auch Major Pike ausgezeichnet wurden - stellte ungewollt einen der wesentlichen Faktoren dar, die Horrocks zu dem folgenschwersten Fehler seiner beruflichen Laufbahn veranlaßten.

Die eindrucksvollen Leistungen der 15. *Scottish Division* während der ersten 36 Stunden von Operation *Veritable* weckten in Horrocks die Überzeugung, daß das Unternehmen trotz der vielfältigen Probleme - Regen, Überschwemmungen und zunehmender Feindwiderstand - auf dem Wege des Erfolges sei. Ein Hoffnungsschimmer, den die Realität noch nicht getrübt hatte. *Veritable* war dabei, in einem Klima blinder Zuversicht von einem ihrer eigenen Planer sabotiert zu werden.

> *Streng geheim. Persönlich und vertraulich an CIGS von Feldmarschall Montgomery, 9. Febr. 45:*
> Operation *Veritable* hat heute gute Fortschritte gemacht. Wir halten jetzt von Norden nach Süden folgende Linie: Milligen am Rhein - Keeken - Donsbrueggen - Materborn - Hekkens, dann westlich nach Middelaar an der Maas. Sie sehen daraus, daß wir die entscheidende Reichswald-Höhe halten, die Zugangsstraßen kontrollieren und vom Punkt Materborn aus Kleve überblicken. Heute nacht rückt die 43. Division aus der Reserve auf Kranenburg und Kleve und weiter von Norden her bis Goch vor, das ich hoffe, bis morgen gesichert zu haben. Die Anzahl der Gefangenen beläuft sich jetzt auf 3000, unsere eigenen Verluste bisher auf etwa 500.

Auf den Kommandoposten zurückgekehrt, verbrachten General Horrocks und sein Stab einen Tag und eine Nacht mit angespannter Beobachtung. Bei einem Einsatz von 39 Infanterie-Bataillonen und weiteren Panzer-, Artillerie- und Pioniereinheiten hatte der kampferprobte Veteran sein ganzes taktisches Können und seine gesammelte Erfahrung aufzubieten, um aus den unzähligen Frontberichten die maßgeblichen Zeichen des Fortgangs der Operation herauszulesen und zu bewerten. Mehr als alles andere fürchtete Horrocks, die Schlacht könnte an Schwung und Dynamik einbüßen. »Ich hatte schon zu oft die Beobachtung gemacht, daß eine Kampfpause, während der eine Division befehlsgemäß durch eine andere hindurchmarschierte, dem Feind Zeit gab, sich zu erholen. Unser Angriff mußte, das schien mir unbedingt nötig, ohne Unterbrechung fortgesetzt werden.«

Unter dem ermutigenden Eindruck, daß die Schlacht sich erfolgreich entwickelte, hatte Horrocks die 43. Infanterie-Division *Wessex* kurzfristig angewiesen, sich, sobald Kleve eingenommen war, in den Angriff einzuschalten. Jetzt, am Abend des 1. Tages nach Beginn der Offensive, schien sein Optimismus gerechtfertigt. Jede der ursprünglich eingesetzten Divisionen hatte ihr Angriffsziel erreicht. Sechzigtausend alliierte Soldaten hatten sich auf deutschem Gebiet festgesetzt und 3000 Deutsche zu Gefangenen gemacht. Der Kampfgeist des Feindes schien erloschen.

Die 53. *Welsh* und 51. *Highland Division* waren durch die klamme Düsternis des Staatsforstes gestoßen; die 15. *Scottish* hatte die gefürchtete Westwall-Verteidigung durchbrochen und die wichtige Höhenstellung oberhalb Kleves gewonnen; die Kanadier hatten die exponierte linke Angriffsflanke gesichert und die Hauptstraße Nimwegen–Kleve geöffnet (deren östliches Teilstück jetzt allerdings einen guten halben Meter unter Wasser lag). Die Artillerie hatte beispiellose Probleme bewältigt und ihre Aufgabe großartig erfüllt. Das Stellungsgelände war so naß, daß eine Abteilung des 14. Feldregiments der *Royal Canadian Artillery* mitten auf der Hauptstraße Kampfstellung beziehen mußte und den gesamten Verkehr bei jedem Feuereinsatz zum Stillstand brachte.

Andererseits jedoch waren alle größeren Straßen inzwischen dem Zustand der Auflösung nah und so gut wie unpassierbar geworden. Fahrzeuge und Panzer hatten sich im Schlamm festgefahren, und die Situation verschlimmerte sich zusehends durch Hochwasser und unaufhörlich peitschenden Regen und Hagel. Auch hier war die Versorgung der bis auf die Knochen durchgefrorenen Männer mit warmer Nahrung, waren die Heranführung von Munition und der Verwundetentransport die größten Probleme.

Die Luftunterstützung war bei dem rauhen Wetter praktisch zum Erliegen gekommen. Die Deutschen sprengten die Rheindämme. Dazu hatte Horrocks soeben von der Sabotage der Rur-Talsperren erfahren, was die US-amerikanische Operation *Grenade* in Frage stellte.

Die Spannung wuchs mit der Nachricht, daß eine deutsche Elitetruppe, die 7. Fallschirmjäger-Division, sich mit Fiebigs 84. Division gerade noch rechtzeitig zusammengeschlossen hatte, um an einigen

Abschnitten eine Abwehrfront aufzubauen. Die siebenstündige Verspätung der Schotten hatte das Einsickern deutscher Verstärkungen in die Frontlinie ermöglicht. Um so zwingender erschien Horrocks nun das Wettrennen um Kleve. Dann kam, in den letzten Stunden des 9. Februar, die großartige Nachricht, daß es dem 8. Bataillon der *Royal Scots* und dem 2. Bataillon der *Gordons* gelungen war, dem 6. KOSB-Bataillon zu folgen und angrenzende Zielobjekte einzunehmen. Die 44. Brigade, hieß es, habe die Materborn-Höhen gewonnen und rücke soeben in Kleve ein.

Horrocks reagierte augenblicklich auf die Neuigkeit von der bevorstehenden Einnahme Kleves. »Das war die Meldung, auf die ich mit Spannung gewartet hatte«, sagt er rückblickend. »Denn Kleves Einnahme drängte - die Deutschen durften keine Zeit gewinnen, um dort Reserven zusammenzuziehen. Also schickte ich meine erste Reserve, die 43. Division *Wessex,* in den Angriff, die durch die 15. *Scottish Division* hindurch in die südlich gelegene Ebene und weiter nach Goch vorstoßen sollte.« Horrocks instruierte daraufhin die Schotten, die Eroberung Kleves zu forcieren; der 43. Division gab er Befehl, sich am Stadtrand durchzuschleusen und weitere dreizehn Kilometer auf Goch vorzurücken.

Diese Befehle zeitigten drei unmittelbare Ergebnisse. Die zwei Divisionen verfilzten sich zu einem unentwirrbaren Knäuel von Menschen und Fahrzeugen. Horrocks hatte ein Verkehrschaos »von verwirrendem Ausmaß geschaffen«, wie einer von seinen Brigade-Kommandeuren es beschrieb, und nicht weniger als drei Generalmajore - je einen schottischen, englischen und deutschen - in einen Zustand schockierter Entrüstung versetzt.

Erstens Generalmajor C. M. Barber, Kommandeur der 15. *Scottish Division.* »Tiny« Barber, »der Zwerg«, 1,98 Meter groß, war außer sich vor Ärger und Verblüffung, da offenbar die Division *Wessex* auf *seiner* Straße *sein* Angriffsziel ansteuerte. Denn Horrocks' Information war falsch gewesen: Barbers »Jocks« standen noch immer anderthalb Kilometer vor Kleve, und die zweite Attacke sollte erst in einigen Stunden erfolgen. Die Stadt und ihre engere Umgebung wurde von den Deutschen, die ihre Stellungen in schnellem Tempo ausbauten, entschlossen verteidigt.

Der zweite, Generalmajor G. I. Thomas, Kommandeur der

43. Division *Wessex,* weniger kolossal, doch ebenso wütend wie Barber, saß in einem nicht sehr regendichten Aufklärungsfahrzeug und richtete finstere Blicke ohnmächtigen Zorns auf die herniederprasselnden Schauer - er saß im Schlamm fest. Was Horrocks mit seinem Marschbefehl für die 43. angerichtet hatte, nahm dank einem von Thomas getroffenen fatalen Entschluß chaotische Ausmaße an: Er hatte versucht, sein Aufklärungsregiment aus dem rückwärtigen Gebiet nach vorn in die Hauptkampflinie zu bringen. Seine vier Kilometer lange Fahrzeugkolonne und die Angehörigen dreier Brigaden waren im Matsch der einspurigen Straße zum Stillstand gekommen. Von dem Bataillon seiner 129. Brigade, das an der Spitze vorgestoßen war, um eine Straße zu erkunden, hatte er seit Stunden nichts gehört. Und nun kam dieser Lulatsch von Schotte mit dem Ansinnen zu ihm, er solle von der Straße verschwinden. Und wohin, bitte?

Thomas erklärte sich schließlich einverstanden, die ihm verbliebenen Truppen und Fahrzeuge für zwei Stunden zur Seite zu fahren, um Barbers 227. Brigade den Durchzug und Weitermarsch nach Kleve zur Durchführung ihres Kampfauftrags zu ermöglichen. Zur festgesetzten Stunde mußte die Division *Wessex* allerdings feststellen, daß für ein Ausweichen ganz einfach der Platz fehlte. Nebenstraßen waren unpassierbar. Und die Hauptachse mit ihrer Fahrbahn aus Kratern und Morast war allzu schmal, um den Panzern und Transportfahrzeugen einer zweiten Division den Durchzug zu gestatten.

Unterdessen hielt Oberstleutnant John Corbyn, Kommandeur des verirrten Bataillons vom 4. *Wiltshire*-Regiment, in einer Hausruine am Wegrand eine improvisierte Lagebesprechung ab. Er informierte seine erstaunten Offiziere darüber, daß Kleve nach wie vor vom Feind gehalten werde, wenn auch vermutlich mit schwacher Verteidigungskraft. Als er diese Erkenntnis an die »höheren Instanzen« weiterleitete, habe er Befehl erhalten, durch Kleve hindurch nach Goch, dem eigentlichen Angriffsziel, »weiterzupreschen«. Corbyn selbst führte die Kolonne über eine Seitenstraße, die in südöstlicher Richtung in die Stadt abzweigte.

Es wurde für die Männer des 4. Bataillons der *Wiltshires* eine Fahrt wie im Alptraum. Sie fuhren, da die Straße auf Rädern nicht mehr zu passieren war, als »Trittbrettfahrer« - zu je dreizehn an den Außenwänden der Panzer und Kettenfahrzeuge hängend - durch das eisige Geprassel von Regen und Hagel. Viele von ihnen waren noch jung und zum erstenmal an der Front - unter Bedingungen, die auch den abgehärtetsten Veteranen das Letzte abverlangt hätten. Sie wußten, daß sie feindliche Linien durchquerten, wo keinerlei Aufklärung stattgefunden hatte und die deutschen Stellungen unbekannt waren. In dieser Wehrlosigkeit »fühlten wir uns schrecklich nackt und verletzlich auf diesen Panzern, die mit uns über die schmale Straße ratterten«.

Hauptmann Derek Ford (vom 7. Leichten Infanterieregiment *Somerset*), der sich an der Spitze der Kolonne an einen sich schwerfällig durch den Schlamm wühlenden Panzer klammerte, beschreibt das aufreibende Erlebnis: »Wir merkten bald, wie wenig Halt diese Panzer boten, besonders wenn man die Hände voll hatte und mit der gesamten Ausrüstung beladen war. Wir waren so viele, daß man sich nur mit Mühe halten konnte. Und dann mußte man natürlich auch noch auf den Auspuff achten, der vor Hitze glühte. Wenn man da mit der Hand rankam, war das Fett im Feuer.«

Während der zähen, immer wieder stockenden Fahrt wagten die Männer nicht, abzuspringen und die verkrampften Glieder zu strecken, aus Angst, der Panzer könnte sich erneut in Bewegung setzen, bevor sie Zeit hatten, ihre Plätze wieder einzunehmen. Um die Sache noch schlimmer zu machen, setzten sporadische Bombardierungen der deutschen Luftwaffe ein. Durch das Gewirr verschlungener nächtlicher Landstraßen irrend, kam das Bataillon endlich nach Kleve und durchquerte die Stadt Richtung Südosten, ohne auf deutschen Widerstand zu treffen.

»Bei Tagesanbruch [am 10. Februar]«, hält das Tagebuch des 4. Bataillons der *Wiltshires* fest, »war das ganze Bataillon entlang einer Straße verteilt, ohne daß die Seitenstraßen rechts und links gesäubert waren. Wir machten 75 Gefangene, . . . in der Regel Männer, die in den Kellern im Schlaf überrascht worden waren, Meldegänger und Essenholer . . . die unsere Anwesenheit nicht bemerkt hatten.« Die Situation konnte für das Bataillon kaum gefährlicher sein. Zwar hatten die Männer von *Wessex* keinen Auftrag, Kleve anzugreifen, doch würden sie die Stadt ohne intensives Säubern der Straßen kaum verlassen können. Sie waren ringsum von Feindkräften umgeben, die sich soeben zu rühren begannen. Es blieb ihnen keine Wahl - sie mußten die Reihen schließen und kämpfen.

In Kleve standen die Männer der 129. Brigade aus Englands Westen vor den Folgen von Horrocks Votum, daß »Bombentrichter in Kauf zu nehmen« seien. »Wohin man sah - Krater, die so eng beieinander lagen, daß der Schuttberg des einen sich am Rand des nächsten auftürmte - klägliche Haufen von Mauertrümmern, eingestürzten Dächern und Schornsteinen. Weit und breit war kein Haus unzerstört geblieben.«

»Im Glauben, sie wäre gesäubert, schwärmten wir in die Stadt und genau in die Mitte eines deutschen Stützpunkts hinein«, erinnert sich Major Victor Beckhurst, Kompanieführer im 4. Bataillon der *Somerset Light Infantry* (SLI), das dem 4. und 5. *Wiltshire*-Bataillon nach Kleve hinein gefolgt war. »Wir hatten gerade eine Kreuzung etwa in Stadtmitte erreicht, als das Feuer von allen Seiten losging. Wir mußten irgendeinen Plan machen; es war nahezu unmöglich. Schließlich säuberten wir, so gut es ging, die kleinen Widerstandsnester, mehr konnten wir nicht tun.«

Hatte es General Thomas überrascht, die Stadt noch vom Feind besetzt zu finden, so war der dritte durch Horrocks' Entscheidung betroffene General nicht weniger sprachlos - Heinz Fiebig nämlich, der imponierende und für gewöhnlich gelassene Kommandeur der deutschen 84. Infanterie-Division. Fiebig hatte den ganzen Tag über auf Meldung gewartet, daß der Hauptangriff der Alliierten entsprechend Blaskowitz' störrischer Behauptung weiter südlich eröffnet worden sei. Er hielt dies für nicht mehr als ein Ablenkungsmanöver, an dem nur die Kanadier beteiligt seien, und hatte sich auf die Materborn-Anhöhe jenseits von Kleve konzentriert, wohin er die anrückende Verstärkung in Marsch gesetzt hatte. Und jetzt tauchten vor seiner Nase, aus dem Rücken seiner Linien heraus, verdutzt, doch deshalb nicht weniger kampfentschlossen, diese Tommies auf, annähernd 1800 an der Zahl, und entfesselten eine Art Wildwestschießerei direkt vor seinem Hauptquartier. Ungläubig erkannte er die britischen Formationen und machte sich, wenn auch mit ziemlicher Verspätung, klar, daß neben den Kanadiern auch sie an den Operationen beteiligt waren. Das war der Hauptangriff. Und er, Fiebig, saß mitten in seinem Zentrum.

Der 10. Februar wurde lang und nervenaufreibend, für die Deutschen ebenso wie für die Division *Wessex* - ein Tag kleiner, verzweifelter Nahkämpfe, bizarrer Scharmützel statt größerer Gefechte. Ein Feldwebel des 4. Bataillons des *Wiltshire*-Regiments sah, wie eine Gruppe Deutscher auf ihn zukam. Er hielt sie für Kriegsgefangene, zeigte mit einer Daumenbewegung nach hinten und sagte: »Weiter, verpißt euch!« Ein deutscher Offizier zog die Pistole und gab in bestem Englisch zurück: »Verpiß dich selber!«

Bei der Nachrichtenübermittlung herrschte Chaos. Drei Kompanieführer und der Transportoffizier des 5. Bataillons der *Wiltshires* befanden sich auf dem Rückweg von einer Lagebesprechung, als in ihrer Mitte eine Granate einschlug, die zwei Kompanieführer tötete und die anderen zwei schwer verletzte. Da es keine Zeugen gab, blieb Major Hyde, der stellvertretende Bataillonskommandeur, stundenlang unbenachrichtigt, daß er alle seine Kommandierenden Offiziere verloren hatte und seine Befehle nicht übermittelt worden waren.

Inzwischen hatte der Feind Zeit gehabt, aus den Verwirrungen und Verspätungen Nutzen zu ziehen. Fiebig notierte, daß die »Flaute im Angriffssturm« ihm Gelegenheit gab, »die Lücken aufzufüllen« und die 7. Fallschirmjäger-Division in die Schlacht zu werfen. Aus diesen frischen Kräften, die soeben in Kleve eingetroffen waren, bildete der erfahrene Kommandeur Kampfverbände für den Gegenangriff.

Der Gefechtsstand der *Wessex*-Brigade wurde angegriffen und ein hoher Stabsoffizier getötet. Regiments-Oberfeldwebel J. G. Smith ließ alles antreten, was an Personal in der Nähe des Hauptquartiers zur Hand war - Funker, Köche, Fahrer - und schlug den Angriff so wirkungsvoll ab, daß im Gemüsegarten 29 getötete deutsche Soldaten gezählt wurden. Ein weiterer deutscher Angriff am frühen Morgen des folgenden Tages wurde ebenfalls abgewiesen und brachte dem Feind den Verlust von 180 Fallschirmjägern, die in Gefangenschaft gerieten.

Das schmale Frontstück war *zu* schmal geworden. Alliierte kollidierten mit Alliierten. Immer noch im Gefecht mit Widerstandsnestern in den Hügeln um Kleve, berichtet das 8. Bataillon der *Royal Scots* bissig, daß keinerlei Verluste zu verzeichnen seien - »außer durch die Artillerie der 43. Division«. Major Tony Parsons vom 4. Bataillon der *Wiltshires* berichtete, daß »eine kanadische Einheit von Norden einen Wald abflammte, als ihn eine unserer Kompanien von Süden her angreifen sollte«.

Während die Division *Wessex* am 10. Februar völlig abgeschnitten war und sich allein durchschlagen mußte, waren die nach Kleve führenden Straßen fast unbefahrbar, Truppenbewegungen unmöglich geworden. Der Morast hatte zugenommen, die Bombentrichter hatten sich mit Schlick gefüllt, sämtliche Wege fielen für den normalen administrativen Verkehr aus. Am Sonntag, dem 11. Februar, rückte das 8. Bataillon der *Royal Scots* in Kleve ein und löste die erschöpften *Wessex*-Truppen ab. Es bot sich ihnen ein kaum vorstellbares Bild, wie Bill Fargus sich erinnert: »*Canadians* und *Borderers* rannten herum ... zwei Brigadiers standen streitend mitten auf der Straße, und vom anderen Ende feuerte ein Scharfschütze auf uns. Das absolute Chaos!«

Nach Meinung der Division *Wessex* wären die Verluste höher ausgefallen, wenn die 129. Brigade mit ihrer »verwegenen Attacke« den *Scots* in der Erreichung ihres operativen Ziels, der Einnahme von Kleve, nicht so überstürzt zuvorgekommen wäre. Und zweifellos wären sie noch größer gewesen, hätten die Deutschen den Angriff der Schotten am nächsten Tag abwarten können und so die Zeit gehabt, sich hinter dieser »Trümmerbarriere« zu verschanzen.

»Mit Sicherheit ist anzunehmen, daß ein sorgfältig geplanter, lehrbuchmäßiger Angriff mit Artillerieunterstützung langsamer und verlustreicher verlaufen wäre«, stellt die Regimentsgeschichte des 4. *Wiltshire*-Bataillons fest. Ungerührt kontern die Schotten, daß die unerwartete Anwesenheit der Division *Wessex* der 15. *Scottish Division* ganz erheblich »die Tour vermasselt« habe.

Ob die 43. Division nun per Zufall nach Kleve geraten oder mit Angriffsabsicht eingerückt war - ihr Angriff auf eigene Faust hielt die Deutschen jedenfalls davon ab, sich in den Trümmern von Kleve zu verschanzen und auf längeren Widerstand einzurichten. Obwohl *Veritable* dank einer bizarren Verkettung von Umständen um zwei Tage in Rückstand geraten war, hatte der Irrtum der Division *Wessex* das Unternehmen ungewollt gerettet - und damit auch den Ruf von Horrocks.

Viel mehr läßt sich zur Rechtfertigung von Horrocks' euphorisch gesteigertem Optimismus kaum vorbringen - ein leichtfertiger Optimismus, der zwei Divisionen auf einer Straße in die Schlacht schickte, die kaum das Gewicht einer einzigen zu tragen vermochte. Es war, in den Worten eines Brigadekommandeurs von *Wessex,* »ein Fehlurteil«, doch ein verzeihliches, wie er meinte. »Der Geist, aus dem heraus diese dramatische Entscheidung getroffen wurde, steht jenseits von Fehl und Tadel«, schrieb Brigadegeneral Hubert Essame, Kommandeur der 214. Infanterie-Brigade, Division *Wessex.* »In die offene Ebene südlich von Kleve auszubrechen . . . war unumgänglich, das augenfällige Risiko also gerechtfertigt. Doch wurde durch seinen Beschluß innerhalb der folgenden achtundvierzig Stunden eine Situation geschaffen, die in ihrer Unübersichtlichkeit im Verlauf der gesamten Schlacht einmalig war.«

Essame übersieht, daß tatsächlich *zwei* Irrtümer vorlagen. Der erste, der darin bestand, die Division *Wessex* verfrüht in Marsch zu setzen, ließe sich mit Impulsivität erklären, was für einen so scharfsinnigen und erfahrenen Korpskommandeur allerdings ein wenig überzeugendes Attribut darstellt. Der zweite, die Bombardierung von Kleve mit ihren Folgen, die die Stadt und ihre Zufahrtsstraßen für die Angreifer zum Alptraum, für die Verteidiger aber zu einem Refugium machte, ist nur schwer verständlich. Von Anfang Dezember an, einer Zeit besonnenen Planens, bis hin zum 5. Februar wurde der Entschluß, Kleve durch Bomben zu zerstören, von Horrocks mitgetragen.

Doch Essame, dessen eigene Division von diesem Fehlurteil am härtesten betroffen war, erhebt bittere Anklage gegen die R.A.F., die er für die »tölpelhafte Stupidität« der Bombergeschwader verantwortlich macht - obwohl deren Vorgehen letztlich auf eine Entscheidung seines eigenen Korpskommandeurs zurückging.

Eine Erklärung, die diesen beiden Kardinalfehlern - ganzen zwei im Verlauf einer ansonsten brillanten Kriegskarriere - Rechnung tragen könnte, wäre allenfalls in Brian Horrocks' physischer Verfassung zu suchen. Er stand unter einer immensen Belastung, wie sie nur die Führung von annähernd 200 000 Menschen in gefahrvoller Zeit auferlegen kann. Außerdem befand er sich, wie er selbst einräumte, nicht in bester Verfassung - ein Sachverhalt, der seinem Vorgesetzten, Montgomery, bekannt war. Doch der Feldmarschall hatte ihn an die Front zurückgeholt, obwohl er hätte vermuten können, daß Horrocks den Strapazen eines Korpskommandos nicht mehr gewachsen war. Die Irrtümer führten tragischerweise genau die Situation herbei, die schon vorher Horrocks' Schreckensvision gewesen war: ein 48stündiges Chaos und ein Stillstand der Rheinlandoffensive.

»Ich setzte die 43. Division zu schnell in Marsch«, räumte Horrocks später ein. »Ich hätte die 15. Division allein im Gefecht lassen und mit ihr Kleve erobern sollen, bevor ich die 43. durchmarschieren ließ. [Aber] es hätte ein zweites Passendale werden können, und davor graute mir. Es sollte sich als einer der schlimmsten Fehler erweisen, die mir im Laufe des Krieges passiert sind«, bekannte Horrocks einsichtsvoll und bedauernd. »Ich hätte um ein Haar ein fürchterliches Chaos angerichtet.« Tatsache bleibt, daß kämpfende Soldaten aus drei Nationen für dieses Versehen zu büßen hatten.

Neunzig Kilometer südlich hatten die Eröffnungssalven der Operation *Veritable* am 8. Februar bei Generalleutnant William Simpson Unbehagen und Bestürzung ausgelöst. Er wußte nur zu gut, daß damit der Countdown begonnen hatte. In zwei Tagen sollte Unternehmen *Grenade* anlaufen, der Zangenarm der 9. US-Armee im Doppelangriff auf das Rheinland, der Übergang über die Rur. Aber noch war die Rur fest in der Hand der Deutschen, die die Staudämme besetzt hielten. Wenn Hodges' 1. Armee nicht schnell vorankam und innerhalb der nächsten zwei Tage die Dämme eroberte, fiel *Grenade* ins Wasser.

Am 5. Februar hatte Hodges' 78. Infanterie-Division einen erneuten Vorstoß unternommen, um die letzten drei Kilometer vom Ostrand der Ortschaft Schmidt bis zum Staudamm Schwammenauel zu säubern. Der Angriff geriet ins Stocken. Der Feind hielt sich in verbissenen Häuserkämpfen, und die Amerikaner rückten nur meterweise vor. Erbost über die ausbleibenden Geländegewinne (die er »schlechter Organisation« zuschrieb), gab Hodges der kampferfahrenen 9. Infanterie-Division den Befehl, die Führung eines erneuten Angriffs beider Divisionen zu übernehmen, dem 40 Artillerie-Bataillone mit 780 Geschützen Nachdruck verliehen.

Doch auch am frühen Morgen des 9. Februar war der zähe gegnerische Widerstand ungebrochen. Auf dem Kommandoposten der 9. Armee wurden die letzten Vorbereitungen für die bevorstehende Operation *Grenade,* den Angriff auf die Rur, getroffen, als um 16.57 Uhr Meldung kam, daß die Offensive, wie Simpson seinen Regimentskommandeuren mitteilte, »um mindestens 24 Stunden« verschoben sei.

Genau eine Stunde später, als sich die winterliche Dunkelheit auf die kämpfenden Truppen bei Schmidt zu senken begann, durchbrach ein einzelnes Bataillon der 78. Division die feindlichen Linien. Unterstützt von besonders ausgebildeten Pionieren, stieß die Truppe zum Schwammenauel-Damm vor. Gegen Mitternacht rannten die Pioniere, geduckt vor schwerem feindlichem Feuer, über die Dammkrone und stürmten den Eingang des Inspektionstunnels, der im Innern des Damms zu den Maschineneinrichtungen führte. Sie machten abrupt halt - die Deutschen hatten den Eingang zerstört. Hastig arbeiteten sich die Männer die steilen sechzig Meter zur Dammsohle und zum unteren Tunneleingang hinunter, rannten durch den Tunnel zum Kraftwerk der Talsperre, voll gewärtig, in jedem Moment die Detonation weiterer Sprengladungen zu hören, die sie unter Wassermassen und Betonbrocken begraben würde.

Sie kamen zu spät. General Schlemms Sabotageauftrag war bereits ausgeführt. Doch statt eine Flutwelle auszulösen, hatte Schlemm Umsicht bewiesen und seine Pioniere veranlaßt, die Ablaßventile so zu beschädigen, daß ein steter, kontinuierlicher Abfluß des Wassers erreicht wurde. So würde das Hochwasser viel länger anhalten als bei einer einzigen großen Flutwelle. Am 9. Februar notiert Hodges' Adjutant im Kriegstagebuch: »Seit heute nacht haben wir den Damm - oder jedenfalls die eine Hälfte. Die Zerstörungen waren keine Überraschung - zerstört oder intakt, das Ziel ist erreicht.«

Hatte Horrocks' Fehlurteil drei Generalen Grund zu Empörung und Sorge gegeben – daß Hodges die Eroberung der Rur-Talsperren »versiebt« hatte, verlängerte die Reihe verstimmter Kommandeure um einen vierten – William Simpson. Die anhaltende Vernachlässigung der Rur-Talsperren durch die 1. Armee wurde nur noch durch das beiläufige Eingeständnis überboten, daß Hodges ohnehin nie wirklich mit einem Erfolg gerechnet hatte. Er war nicht im geringsten überrascht, die Dämme zerstört zu finden. Der SHAEF-Nachrichtendienst hatte am 17. Januar eine erbeutete deutsche Karte präsentiert, auf der die zur Überflutung vorgesehenen Gebiete eingezeichnet waren, und SHAEF hatte wiederholt auf die Wahrscheinlichkeit einer solchen Maßnahme hingewiesen. (Sogar Kay Summersby, Eisenhowers persönliche Assistentin, bemerkte: »E. glaubte immer, daß das passieren würde.«) Hodges mußte sich ohne Zweifel darüber im klaren sein, daß in einem solchen Fall Simpsons Unternehmen *Grenade* entscheidend gelähmt und *Veritable* aufs Spiel gesetzt wurde, und doch zögerte er die endgültige Erstürmung bis fünf Tage vor der beabsichtigten Großoffensive hinaus.

Am 10. Februar standen 375 000 Amerikaner an einer 25 Kilometer langen Front entlang der Rur zum Angriff bereit. Hilflos mußte Simpson zusehen, wie die Rur über ihre Ufer trat. Das Hochwasser trieb sie nicht weniger wirksam zurück als jedes feindliche Artilleriefeuer. Simpson stand vor einer kritischen Entscheidung: Wenn er Unternehmen *Grenade* jetzt in Gang setzte, bevor seine Pioniere das Ausmaß der Überschwemmung bestimmen konnten, riskierte er, daß seine Vorausdivisionen durch ein weiteres Ansteigen des Wassers isoliert, von der Versorgung abgeschnitten und von Deutschen aus dem Hinterhalt niedergemacht wurden. Blies er das Unternehmen ab, konnten die gegenüber der amerikanischen Front massierten Feindkräfte gefahrlos umgelenkt werden, um den Angriff der 1. Kanadischen Armee auf Kleve und den Reichswald aufzuhalten. Und das würde die gesamte Operation bedrohen.

Die verbissene Gegenwehr der Deutschen auf den Dämmen und ihre geschickte Zerstörungstaktik hatten die Amerikaner immobilisiert und darüber hinaus ein unerwartet kraftvolles feindliches Widerstandspotential für die Briten und Kanadier geschaffen, die in diesem Augenblick selbst von den Problemen überfluteter und durch Bombentrichter zerstörter Straßen bedrängt wurden. Montgomerys zangenförmiger Panzerdurchbruch war jetzt an beiden Fronten paralysiert. Der Feldmarschall hatte sowohl den Gegner wie auch den Einfluß des Wetters unterschätzt. Jetzt war es an den Kommandeuren und ihren Männern vor Ort, die Operation »auf dem Papier« in die Schlachtfeld-Wirklichkeit umzusetzen. *Veritable* war auf einen einzigen, sich mühsam dahinschleppenden Infanterievorstoß reduziert, dem eine starke deutsche Streitmacht gegenüberstand, die um ihr Vaterland kämpfte.

Der 56jährige Texaner kehrte der unerbittlichen Flut den Rükken und gab seinen Befehl. *Grenade* lag auf Eis, bis das Hochwasser zurückging.

Der Trick mit den Armeen

Streng geheim. Persönlich und vertraulich an CIGS von Feldmarschall Montgomery, 9. Febr. 45:
Was *Grenade* angeht - die Rur führt Hochwasser, und nicht einmal Spähtrupps in Booten kommen hinüber; ich habe deshalb den Beginn der Operation um 24 Stunden verschoben. Morgen nachmittag besuche ich die 9. Armee und entscheide dann, ob ich *Grenade* am 11. Febr. in Gang bringe.
10. Febr. 45:
Ich mußte *Grenade* um weitere 3 Tage verschieben, da die Deutschen die Dämme gesprengt haben und ein Übergang über die Rur unmöglich ist.

Das Bismarck-Denkmal beherrschte den Marktplatz von Düren. Ursprünglich hatte es nach Westen, in Richtung des amerikanischen Feindes geblickt, der einen knappen Granatwurf entfernt am andern Ufer der Rur stand, und Bismarcks grimmig drohende Miene schien der 104. US-Division zu gelten. Das Denkmal war alles, was auf dem Marktplatz noch aufrecht stand. Die moderne, blühende Stadt mit einer Einwohnerzahl von 40 000 war von alliierten Bomben und Granaten in einen einzigen riesigen Trümmerhaufen verwandelt worden. Die von den Geschossen verursachte Erschütterung hatte dem Monument ironischerweise einen Drall nach Osten gegeben, und der Ausdruck des Zorns schien jetzt auf Hitler und Berlin gemünzt.

Als die Alliierten im November das Unternehmen *Grenade* planten, war die Rur ein friedlicher, vierzig Meter breiter Fluß

Vgl. Karten 4 und 5.

gewesen - kein bedeutendes Hindernis für einen massierten Angriff. Im Februar hatten Tauwetter und Dammsabotage sie zu einer unberechenbaren und, wie es schien, unüberwindlichen Barriere gemacht. Wieder war das, was auf dem Papier stand, zu Makulatur geworden. Wieder mußte es von Kommandeuren in der Kampflinie »fronttauglich« gemacht werden.

Im Bereich der 25 Kilometer breiten Frontlinie zeigte die Rur jetzt ein wechselhaftes Temperament. Bei Düren, im Süden der Angriffsfront, war der schmale Wasserlauf zu einem schäumenden Wildstrom geworden. Hier ergoß sich das Wasser über die steinigen Eifelhänge, bevor es sich zwischen zwanzig Meter hohen Steilufern in sein Flußbett stürzte. Acht Kilometer flußabwärts, bei Jülich, in der Mitte des für die Rurüberschreitung vorgesehenen Abschnitts, wurde das Gelände flacher, und der Fluß nahm einen gemächlicheren Verlauf nach Norden. Drei Monate lang hatte die 29. US-Infanterie-Division über das Rur-Ufer nach Jülich hinübergestarrt, zunehmend erbittert darüber, daß es sich seiner völligen Zerstörung so beharrlich widersetzte. Angriffe der US-Luftwaffe und anhaltender Artilleriebeschuß reduzierten die Stadt jetzt langsam, aber sicher auf Skelette von Mauerresten und zerfetzten Dächern. Doch immer noch standen unerschütterlich der Hexenturm aus dem 13. und die Zitadelle aus dem 16. Jahrhundert mit ihren massiven, über dreieinhalb Meter dicken Mauern.

Noch weiter stromabwärts, bei Linnich, konnte man die Rur bei normalem Wasserstand an verschiedenen Stellen durchwaten. Hier war das Wasser auf über drei Meter angestiegen, und auf den sumpfigen Uferniederungen hatten sich Seen in Kilometerbreite gebildet. Im Kartenzimmer auf Schloß Siersdorf zeigte eine große Wandtabelle die stündlichen Veränderungen des Wasserpegels. Pioniere trieben Stangen ins Flußufer, um den Wasseranstieg zu messen. In der Nacht vom 9. auf den 10. Februar stieg das Wasser um 60 Zentimeter. Die Strömung war gefährlich schnell, über 15 Kilometer pro Stunde.

18 000 deutsche Soldaten hatten am 8. Februar gegenüber den Amerikanern am Rurufer Stellung bezogen, darunter zwei Panzer-Divisionen und eine Panzergrenadier-Division. Der Beginn von *Veritable* an diesem Tag änderte die Lage. Der Nachrichtendienst

der 1. Kanadischen Armee machte das erhoffte Dilemma des Gegners deutlich: »Hauptproblem des Feindes ist die Frage, ob er Reserven, die dazu bestimmt waren, ihn gegen einen Angriff über die Rur zu schützen, abziehen und auf die sich ausfächernde Bedrohung umlenken kann. Wenn er es tut, öffnet er eine Tür zum Ruhrgebiet. Tut er es *nicht,* öffnet er ebenfalls eine Tür zum Ruhrgebiet.«

Mit ihrer Überflutungstaktik aber hatten die Deutschen dieses Dilemma gelöst. In Eile wurden Reserven nach Norden an die Front der 1. Kanadischen Armee bei Kleve und im Reichswald abgezweigt, da die Kommandeure der sicheren Gewißheit waren, daß eine geringe Scheinstreitmacht genügte, um Simpsons festsitzende Truppen in Schach zu halten. Die 9. US-Armee war nicht in der Lage anzugreifen.

Täglich in Verbindung mit dem Hauptquartier der 21. Heeresgruppe, verfolgte Simpson die sich hinquälenden Kampfhandlungen des XXX. Korps. Bradleys Versäumnis, die Rurtalsperren einzunehmen, gab den Deutschen offensichtlich Gelegenheit, ihr geradezu unheimliches Verschanzungstalent auszuspielen. Gegen verstärkte feindliche Abwehrlinien verbrauchte sich die Stoßkraft von *Veritable* in zähen Kämpfen um minimale Bodengewinne.

Die Zurückstellung von Operation *Grenade* bis zum 10. Februar schaffte zwar ernsthafte Belastungen für die kanadische Front, gab aber Simpson zumindest die dringend benötigte Zeit, die Angriffsvorbereitungen zu verbessern. Seine Pioniere hatten eine Verzögerung von wenigstens sechs Tagen errechnet. Er stürzte sich in konzentriertes Planen. Insgesamt waren 303 243 Männer aus zehn amerikanischen Divisionen versammelt, die über die trügerischen Wasser der Rur geschleust werden mußten - auf einer Front von wenig mehr als 25 Kilometern Breite. Zusätzlich sollten 75 000 Soldaten der 1. US-Armee den Fluß im Südabschnitt bei Düren überschreiten, um die rechte Flanke von *Grenade* zu schützen. Ein nächtlicher Angriff über einen Fluß in dieser Größenordnung war etwas noch nie Dagewesenes und ein großes Risiko. Konfusion war unvermeidlich. Panik konnte das Unternehmen zu Fall bringen.

Simpson setzte für einen Erfolg der Operation auf reine Waffengewalt, auf den geballten Einsatz sämtlicher Kampfmittel. Zwei kampfunterstützende Truppenteile - Pioniere und Artillerie - waren für diesen Erfolg von größter Bedeutung. Die Artillerie sollte massiv zum Einsatz kommen. Ein Sperrfeuer aus über 2000 Rohren würde sogar die Eröffnungssalven von *Veritable* am 8. Februar übertreffen. Auf je zehn Meter Frontlinie kam ein Geschütz. Der Munitionstransport wurde im Pendelverkehr organisiert, so daß er stets auf der Höhe der vorrückenden Truppen blieb. Zur Feuerverstärkung wurden Panzer und selbstfahrende Geschütze nach vorn gebracht.

Zur Verstärkung des Überraschungselements hatten die Artilleriekommandeure zwei Feuerpläne entworfen: einen Täuschungs- sowie einen Unterstützungsplan. In den drei dem Tag des Angriffs vorausgehenden Nächten sollte das Artilleriefeuer beginnen - die beiden ersten Male waren Täuschungsmanöver, die den Feind zu der Annahme veranlassen sollten, daß der Angriff begonnen hatte; das dritte Mal war dann wirklich Angriffsbeginn.

Große Verantwortung trugen die Pioniere, die unmittelbar als Infanterieunterstützung operierten. Ihre Aufgabe war es, Pioniergeleit zu den vorgesehenen Übergangsstellen zu geben und dann die Sturmboote zu steuern. Auf der anderen Flußseite hatten sie das vom Feind beherrschte Ufer und die angrenzenden Straßen von Minen und anderen Sperrhindernissen zu räumen, weißes Markierungsband auszulegen, um die Truppen zu leiten, und die Evakuierung der Verwundeten zu besorgen. Ihnen oblag auch die entscheidende Aufgabe des Brückenbaus: Stege für die Infanterie, Ponton- und Baileybrücken für die Fahrzeuge und schweren Waffen.

Unmittelbare Unterstützung leistete der 9. Armee das 29. Taktische Luftwaffenkommando mit fünf Jagdbomber-Geschwadern (375 Maschinen) und einem taktischen Aufklärungsgeschwader. Weitere Unterstützung würden nach der Überquerung die Panzerkräfte leisten. Insgesamt 1394 Panzer, in erster Linie »Shermans«, sollten den erhofften Durchbruch erreichen. Die logistische Organisation von Verbänden in derartiger Stärke mit ihren Fahrzeugen, Panzern und Geschützen erforderte Planung rund um die Uhr und restlosen Einsatz.

Simpson benutzte die Verzögerung überdies dazu, tonnenweise

Nachschub heranzuführen und für die Kämpfe bereitzustellen. In einem Zeitraum von nur fünf Tagen ließ die Versorgungstruppe in 6000 Eisenbahnwaggons über 40 000 Tonnen Vorräte an die Front schaffen. Keller und Hinterhöfe von Häusern und Scheunen waren mit Material vollgestopft. Zwölf Millionen Liter Treibstoff und 46 000 Tonnen Munition wurden in Reserve gehalten. Für den Fall, daß etwas schiefging und die Voraustruppen jenseits des Flusses abgeschnitten wurden, warteten schon 500 C-47 (Militärversion der Douglas DC-3), beladen mit abwurfbereiten Notvorräten.

Das Korps verlegte kilometerweise Telefonleitungen, um eine Querverbindung am Westufer einzurichten, die im Augenblick des Flußübergangs der Sturmtruppen in Betrieb gehen sollte. Sanitäter errichteten gut bestückte Lazarettposten. Ein detailliertes Programm für die Verkehrsüberwachung wurde erstellt - ein einziger abgewürgter Motor auf einer Brücke konnte den Angriffsschwung brechen. Und all diese Aktivitäten würden im Schutz einer Wand aus künstlichem Nebel ablaufen. Allein die 30. Division verfügte über fünfzig Nebeltöpfe, mit denen sich für 32 Stunden ein 1800 Meter tiefer, vier bis sechs Kilometer breiter und 650 Meter hoher Rauchvorhang produzieren ließ.

Der Flußabschnitt zwischen Linnich und Düren war ursprünglich deshalb gewählt worden, weil er die schmalste Übergangsstelle bot. Infolge des Februarhochwassers hatten sich die Verhältnisse jedoch inzwischen von Grund auf verändert. So wurde der Plan von *Grenade* stark revidiert, um den widrigen Umständen Rechnung zu tragen. Drei amerikanische Korps - das XIII. und XIX. der 9. Armee und das VII. der 1. Armee - sollten die Angriffsspitze bilden, jedes mit zwei Infanterie-Divisionen in der Vorhut. Ein viertes, das XVI. Korps, sollte einige Tage später den Fluß im Norden überschreiten.

Dem XIII. Korps von General Alvan C. Gillem (mit der 84. und 102. Infanterie-Division) war der nördlichste Angriffsbereich durch das ebene Gelände bei Linnich zugewiesen worden. Der einzig mögliche Übergang im Abschnitt der 84. Division war so eng, daß man mit einer Front von nur 500 Metern, das heißt der Breite eines einzigen Bataillons, planen mußte. Die 102. Infanterie-Division sah sich einem Terrain gegenüber, auf dem sich das Rurhochwasser auf den sumpfigen Uferniederungen zu einem ausgedehnten See gesammelt hatte.

Nur acht Kilometer flußaufwärts, im Abschnitt des XIX. Korps, diktierte das Terrain zwei gänzlich andere Vorgehensweisen. Die 29. und 30. Division besetzten bei Jülich gemeinsam eine Frontlinie von fünf Kilometern. Bezüglich der Stadt selbst, wo sich der Fluß zwischen steilen Uferböschungen hindurchzwängte, entwikkelte Generalmajor Charles Gerhardt, der die 29. Division kommandierte, einen etwas überraschenden Plan für die Erzwingung des Übergangs. Scine Späher hatten unter Wasser ausgelegte Stacheldrahtrollen entdeckt, ein wirksames Hindernis für einen normalen amphibischen Angriff. Gerhardt entschloß sich daher zu einer unorthodoxen und höchst gefährlichen Taktik. Er gab seinen Kampfpionieren Befehl, direkt unter den Augen der Verteidiger eine Brücke zu errichten, in der verwegenen Hoffnung, daß die steilen Ufer auf der Feindseite sie vor gegnerischem Feuer schützen würden.

Der 30. Infanterie-Division zu ihrer Rechten war eine Übergangsstelle zugewiesen worden, deren Wahl - abgesehen von ihrem einzigen Vorteil, dem Überraschungsmoment - ganz und gar unlogisch erschien. Der Fluß war hier bei starker Strömung auf eine Breite von fast 120 Metern angeschwollen. Als das Wasser zurückging, stellten die Pioniere mit Bestürzung fest, daß der Uferboden zu weich und schwammig war, um schwere Fahrzeuge zu tragen. Der Übergang einer ersten Truppenwelle würde also, bevor man Brücken errichten konnte, in Sturmbooten erfolgen müssen.

Der Schutz der äußersten rechten Flanke des XIX. Korps schließlich sollte von zwei Divisionen der 1. Armee übernommen werden: der 104. Division (den *Timberwolves*) und der 8. Infanterie-Division, die bei Düren einen Übergang erzwingen sollten, wo das Wasser Strömungsgeschwindigkeiten von mehr als 15 Kilometer in der Stunde erreichte.

Sechs Divisionen - sechs Übergänge - die sechsfache Möglichkeit eines Fiaskos. Simpson hatte hervorragende Arbeit geleistet, als er diese 375 000 Mann starke Armee aus dem Boden stampfte und zu einer loyalen, schlagkräftigen Truppe zusammenschmiedete; als er Artillerie- und Panzerunterstützung in diesem einzigartigen Umfang zusammenzog und für die nötigen Mengen an Betriebsstoff und Munition sowie die übrigen logistischen Hilfsmittel sorgte, um sie in Gang zu setzen und in Gang zu halten. Waren sie erst einmal über den Fluß und die jenseitige Uferhöhe, würde es, so Simpsons Hoffnung, in einem einzigen schwungvollen Panzerdurchbruch bis an den Rhein gehen - lächerliche vierzig Kilometer ostwärts.

Kleve fiel am 12. Februar, zwei Tage nachdem die Amerikaner von den Deutschen am Rurufer zum Stehen gebracht worden waren. Jetzt war man auch in Berlin endlich davon überzeugt, daß der Angriff auf dem kanadischen Abschnitt kein Ablenkungsmanöver war, sondern die erwartete alliierte Hauptoffensive. Mit der unmittelbaren Bedrohung des Schiffstransports von Kohle und sonstigen wichtigen Gütern aus den Ruhrgebietshäfen zur Nordsee sah sich das deutsche Oberkommando vor einer schweren Krise. Der Feind war jetzt gerade noch dreißig Kilometer von wichtigen strategischen Zielen am Rhein entfernt. Am 13. Februar erging eine flammende Botschaft General von Rundstedts an die Fronttruppen: die Warnung, daß bei einem Verlust des Ruhrgebiets die »Wehrmacht ohne Waffen, die Heimat ohne Kohle« sein werde, verbunden mit der Aufforderung: »Schützt die Heimat, die standhaft für euch arbeitet; schützt unsere Frauen und Kinder vor fremder Gewaltherrschaft.«

Nach Öffnung der Schleusen des Schwammenaueldammes war General Schlemm der sicheren Überzeugung, daß die Amerikaner nicht in der Lage sein würden, einen Brückenkopf jenseits der Rur zu errichten. Er konnte Generalleutnant Heinrich v. Lüttwitz' XLVII. Panzer-Korps unbesorgt von dieser Front abziehen und sein immenses Kampfpotential im Norden gegen Horrocks' Divisionen bei Kleve einsetzen. Schlemm hatte auch General Eugen Meindls II. Fallschirmjäger-Korps und General Walther Wadehns 8. Fallschirmjäger-Division von ihren Stellungen gegenüber der amerikanischen Front nach Norden verschoben und sie ohne Bedenken durch eine schwache und schlecht ausgerüstete Einheit mit niedrigem Kampfwert ersetzt. Meindl übernahm jetzt den Schlüsselabschnitt bei Goch, dreizehn Kilometer südlich von Kleve.

Noch vor der *Veritable*-Offensive hatte Schlemm im Vertrauen auf seine intuitive Voraussicht der zu erwartenden Angriffsrichtung die 7. Fallschirmjäger-Division angefordert, die die Verteidigungslinie von General Heinz Fiebigs 84. Division auffüllen sollte. Erst nach Ablauf des ersten Kampftages aber sah er seinen Verdacht durch Meldungen bestätigt, daß in der Schlachtordnung vier britische Divisionen identifiziert worden waren. Und erst dann erhielt er offiziell die Erlaubnis, die 7. Fallschirmjäger-Division in die Schlacht zu werfen. »Wir haben uns geirrt«, mußte die Heeresgruppenleitung Schlemm gegenüber zugeben.

Jetzt wurden in Eile zwei weitere Divisionen - Generalmajor Hermann Plochers schlagkräftige 6. Fallschirmjäger- und General Bernhard Klosterkempers 180. Infanterie-Division - herangeführt. Eine nach der anderen, so wie sie anrückten, warf Schlemm die Einheiten an die Front. Es waren die Truppen, die Oberstleutnant Richardsons 6. Bataillon von der Materbornhöhe verjagt hatte und mit denen die 43. Division *Wessex* in Kleve aneinandergeraten war. Schlemm versuchte verzweifelt, eine neue Front aufzubauen, die sich vom Rhein bei Kleve Richtung Südwesten durch den Reichswald hindurch bis Gennep an der Maas erstrekken sollte. Trotz langer Marschwege war die Kampfmoral in den Einheiten hoch.

Nach dem Fall von Kleve kam aus Berlin unverzüglich der Befehl zur Errichtung einer neuen Kampflinie. Und vor allem: Kleve war zurückzugewinnen. Obwohl er dem Unternehmen nur geringe Chancen einräumte, gab Schlemm v. Lüttwitz den Befehl, mit der 116. Panzer-Division einen Gegenangriff zur Rückgewinnung der strategisch wichtigen Stadt einzuleiten. Schlemm legte hiermit in taktischer Hinsicht das Konzept seiner Verteidigung des Rheinlandes fest. Der Angriff würde zwar allem Vermuten nach ein Fehlschlag werden, aber kostbare Zeit einbringen, in der er seine Kräfte organisieren und eine stärkere Verteidigung für die nächste Konfrontation aufbauen konnte, die vielleicht nur ein bis zwei Kilometer dahinter stattfinden würde.

Die 116. Panzer-Division, deren Truppen weiterhin überwiegend in München-Gladbach* standen, war mit wenig mehr als fünfzigprozentiger Kampfkraft angetreten. Generalmajor Heinz-Günther Guderian, damals Oberstleutnant und Chef des Divisionsstabes, schilderte den Autoren das logistische Dilemma: »Als unsere Spitze den Reichswald erreichte, waren die letzten noch in der Eifel. Wir kamen ratenweise. Wegen Treibstoffmangels waren wir gezwungen, unser Aufklärungsbataillon und unsere Pioniere zurückzulassen, die dageblieben waren, um die Panzer zu reparieren. Wir waren nicht einmal alle motorisiert, da auch Fahrzeuge fehlten.«

Die 15. *Scottish Division,* der die Aufgabe der endgültigen Säuberung Kleves zufiel, war vor dem geplanten Angriff gewarnt. Mittels »Ultra« (ein Dechiffriersystem, das es den Briten ermöglichte, Pläne und Befehle höchster Kommandostufen aufzufangen) war der deutsche Funksprechverkehr abgehört worden. Die deutsche Panzer-Division war erst an diesem Tag ins Gefecht getreten; sie hatte Fiebigs Abschnitt übernommen und aufgrund der kritischen Personallage dessen restliche Truppen absorbiert. Den Gegenangriff, der in Eile geplant und mit nur vierzehn hastig zusammengezogenen Panzern durchgeführt wurde, wehrten *Wessex* und *Scottish Division* mühelos ab.

Von Lüttwitz war ein Kommandeur, der nicht unterschätzt werden durfte. Seine militärische Laufbahn reichte bis in den Ersten Weltkrieg zurück. »Der Mann steckt hinter seinem Äußeren wie hinter einer Tarnung«, faßt ein britisches Verhörprotokoll zusammen. »Mit dem geröteten Gesicht, dem schweren Körper, der Hakennase und Hornbrille sieht er aus wie ein Hochschulprofessor oder ein erfolgreicher Geschäftsmann, nicht wie ein General der deutschen Wehrmacht. Doch nach den ersten Sätzen zeigt sich die wahre Persönlichkeit. Jedes Wort wird zum Befehl, jede Geste verrät den Mann, der daran gewöhnt ist, seinen Willen durchzusetzen. Er ist von rastloser Energie erfüllt.«

Der Verlust eines Sohnes auf den Schlachtfeldern des Zweiten Weltkriegs änderte nichts an der unbedingten Bereitschaft zur Erfüllung seiner Soldatenpflicht. Am 2. September 1939, dem Vor-

* bis 1950 Name von Mönchengladbach

tag der offiziellen Kriegserklärung, wurde von Lüttwitz beim deutschen Einmarsch in Polen schwer verwundet. Nach seiner Genesung kämpfte er an der russischen Front. Am Tag der Invasion befehligte er die 2. Panzer-Division in der Normandie. Trotz erneuter schwerer Verwundungen gelang es ihm, seine Division aus dem Kessel von Falaise zu retten. Er war es, der als Kommandeur des XLVII. Panzer-Korps während der Ardennen-Schlacht der amerikanischen Verteidigung in Bastogne ein Ultimatum schickte, das der Brigadegeneral Anthony C. McAuliffe mit der seitdem populär gewordenen Replik *»Nuts!«* (»Quatsch!«) quittierte.

Aus Kleve verjagt, legte es von Lüttwitz jetzt darauf an, die Briten bei ihrem Vormarsch ins südlich gelegene Goch aufzuhalten. Er griff entlang der westlichen Ausläufer des Reichswalds bei Hau und Bedburg an und setzte links die 15. Panzergrenadier-Division ein, um Druck auf die walisischen Truppen im Staatsforst auszuüben. Rechts sollte Generalmajor Siegfried von Waldenburgs 116. Panzer-Division sich der Division *Wessex* in den Weg stellen. Es war nicht das erste Mal, daß die schneidigen »Windhunde« eingeschaltet wurden, um einer alliierten Bedrohung Einhalt zu gebieten. Der Name war gut gewählt. »Im Winterfeldzug 42/43«, erklärte Guderian, »brachte der Kommandeur [Schlemm] einen Windhund mit an die Front, der zum Divisionssymbol wurde.« Nach der Landung in der Normandie hatte die Division sechs Monate harter Kämpfe durchzustehen – in Frankreich, bei Aachen und Arnheim und im Hürtgenwald. Sie erwarb sich einen Ruf, der den Eigenschaften ihres Wappentieres entsprach: scharf in der Witterung, schnell im Zupacken und standfest bei der Abwehr des Feindes.

Im September 1944 allerdings erlitt die Moral der Division einen schweren Schlag. Wie nur wenige Wochen zuvor schon bei der 51. *Highland* und 3. *Canadian Division* wurde der Kommandeur ausgewechselt. Jedoch hatten nicht Verwundung oder Inkompetenz zur Entlassung von Generalleutnant Gerhard Graf von Schwerin geführt, sondern die weit gravierendere Beschuldigung des Verrats und der Verschwörung. Die Umstände waren außergewöhnlicher Art. Stab und Mannschaften der 116. Panzer-Division waren v. Schwerin, der zur alten Garde der Wehrmacht gehörte, seit langem in tiefer Loyalität verbunden. Seine Männer stammten zum größten Teil aus dem Rheinland. Der Feind, der hier die Grenze überschritt, drang in die Dörfer und Städte vor, die ihr ureigenster Lebensraum waren.

Als v. Schwerin den Befehl zur Verteidigung Aachens an der deutsch-belgischen Grenze erhielt, war er der festen Überzeugung, daß der Krieg seinem Ende zuging und die Stadt innerhalb weniger Stunden von Hodges' vorrückender 1. Armee eingenommen würde. Zweiunddreißig Kaiser des Heiligen Römischen Reiches deutscher Nation waren in den Mauern dieser bedeutenden mittelalterlichen Stadt gekrönt worden. Um die Stadt und ihre Einwohner vor der Vernichtung zu bewahren, bat v. Schwerin den US-Befehlshaber in einem Schreiben, Aachen und seine Zivilbevölkerung nicht weiterer Zerstörung auszusetzen. Hodges hat den Brief nie erhalten. Im Glauben, daß Aachen stark verteidigt werde, umging er die Stadt. Graf v. Schwerins verhängnisvolle Botschaft fiel jedoch den Nationalsozialisten in die Hände.

Von Schwerin machte sich nicht zum ersten Mal der Insubordination gegenüber Hitler und seinem Regime schuldig. Als mutmaßlicher Teilnehmer an der Verschwörung vom 20. Juli 1944 wird er von einem amerikanischen Historiker als »nicht nazi-freundlich, wenn nicht gar Gegner des Regimes« beschrieben. Eine Intervention v. Rundstedts rettete ihm das Leben. »Er wurde von seinem Posten abgelöst und vor Gericht gestellt«, berichtete Guderian, »erhielt jedoch nur einen Verweis. Danach übernahm er in Italien zunächst ein Divisions- und später ein Korpskommando.«

Am 14. September übernahm von Waldenburg die angeschlagene Division, deren Stärke sich seit den Kämpfen in der Normandie drastisch verringert hatte. »Unser Offiziers- und Unteroffizierskorps waren dezimiert«, hält Guderian fest. Der siebenundvierzigjährige v. Waldenburg war als junger, tatkräftiger Offizier für die Nachfolge v. Schwerins bestimmt worden, weil er »im Umgang mit Untergebenen Takt und Geschick bewies«. Er würde beides in vollem Umfang benötigen, um die Division wieder in Form zu bringen.

Erfolge taten das Ihre, um die Moral der Truppe zu heben. Am 17. September war sie an den Abwehrkämpfen gegen das Unternehmen *Market Garden* beteiligt, einen Angriff auf die letzte

Rheinbrücke bei Arnheim. Im November hielt sie den amerikanischen Vormarsch in der Hölle des Hürtgenwaldes auf. Im Dezember/Januar leistete sie in der Ardennenoffensive lang anhaltenden heftigen Widerstand. Und jetzt sollte ihr in Schlemms Abwehr von *Veritable* und *Grenade* die Schlüsselrolle zufallen.

Am frühen Morgen des 14. Februar rückte das 4. Bataillon der *Wiltshires,* weit offen an beiden Flanken, auf der Straße Kleve-Goch nach Süden vor - einem Artilleriefeuer ausgesetzt, »das so stark war wie die schlimmsten in der Normandie«. Auf den Bataillonsgefechtstand regneten innerhalb von 15 Minuten 200 Granaten herab. Der Bombardierung folgte ein großangelegter Gegenangriff durch v. Waldenburgs 116. Panzer-Division. Eine Attacke nach der anderen wurde zurückgeschlagen, beide Seiten erlitten schwere Verluste. Hauptgefreiter Mobel Rexing aus Kleve, ein junger deutscher Soldat der 1. Fallschirmjäger-Armee, erinnert sich an die verbissenen Gefechte jenes Tages: »Der Kommandeur setzte mich als Fahrer ein, da ich das Gelände kannte. Ich erhielt Befehl, Munition zu fahren. An einer bestimmten Stelle sollte ich einen Offizier fragen, wo gekämpft wurde. Überall fielen Schüsse. Ich mußte den Laster entladen. Der Soldat, der bei mir war, wurde getroffen. Der Lkw war voller Einschüsse und der Motor beschädigt.«

Die zwei *Wiltshire*-Bataillone büßten 300 Mann ein, 200 davon das 5., das auch seinen befehlshabenden Offizier sowie alle höheren Ränge verlor. Feldwebel Leslie Knight erledigte mit einem »Volltreffer« aus seinem Sechspfünder einen »Panther«. Ein Zug ließ den Feind bis auf zwanzig Meter herankommen, bevor er das Feuer eröffnete. »Kaltes Blut und disziplinierter Gebrauch der Feuerwaffen retteten den Tag«, hält die Bataillonsgeschichte fest.

1946 schilderte Major Tony Parsons in einem Brief an den Historiker Chester Wilmot die Belastungen des 4. *Wiltshire*-Bataillons durch ihre ungeschützte Stellung: »Die Kämpfe südlich von Kleve waren deshalb so kritisch, weil wir mit unseren zwei offenen Flanken Kopf und Kragen riskierten. Die Durchführung eines ausgedehnten Gegenangriffs der 116. Panzer-Division so bald nach ihrer Ankunft bedeutete gute Planungsarbeit auf seiten der Deutschen ... Ihre Panzer und ihre Infanterie ... machten sich sämtlicher strategischer und taktischer Fehler schuldig, die wir so gern für Merkmale der britischen Truppen halten. Wären sie damit zufrieden gewesen, uns aufzuhalten und unsere rechte Flanke zu attackieren, hätten wir es nie geschafft.«

Bei seiner Kritik an der Kampftechnik des Feindes war dem Major natürlich nicht bewußt, mit welchen Jongleurkünsten Schlemm seine Ad-hoc-Verteidigung aus dem Boden gestampft hatte. Die zu Beginn der Schlacht so hochgradig verwundbare Wehrmacht hatte durch die Lähmung von Horrocks' Eröffnungsangriff eine Gnadenfrist erhalten. »Wir gewannen Zeit, die Truppen neu zu gliedern und die herangeführten Reserven zu sammeln«, vermerkte Fiebig mit Erleichterung. In wenigen Tagen war eine neue Armee entstanden. Schon einmal hatten die Deutschen eine Armee aus dem Nichts geschaffen, als sie über die Seine zurückgetrieben und aus Antwerpen verjagt worden waren; jetzt war die zweite wundersame Neuformierung im Gang.

»Die Deutschen konnten am Boden zerstört sein – und ehe man sich's versah, hatten sie sich, mit diesem sagenhaften Talent zur Neugruppierung, zur nächsten schlagkräftigen Einheit formiert«, weiß Major Fred Tilston zu berichten. »Sie schienen in der Lage, aus einem Mischmasch von Leuten, die sich nie im Leben gesehen hatten, geschlossene Einheiten zu bilden – und beträchtlichen Schaden anzurichten«, pflichtet Oberstleutnant G. P. Wood bei. »Seit Jahren, schon vor dem Krieg, hatten sie ein erstaunliches Ausbildungssystem ... Ein Gefreiter konnte einen Feldwebel ersetzen, der Feldwebel einen Hauptmann. Es funktionierte, und das Ergebnis war eine äußerst leistungsfähige Armee.«

»Sie haben sich hervorragend geschlagen«, meint auch Major James Gammie. »Ich glaube, sie sind von Kindesbeinen an in dem Glauben aufgewachsen, ein deutscher Soldat zu werden sei das Größte, was sich im Leben erreichen ließe. Sie wurden systematisch zu einer militärischen und kriegerischen Einstellung erzogen. Unsere Leute waren gute Soldaten, wenn es drauf ankam, aber sie sind nicht im Geist einer solchen Einstellung zum Krieg erzogen und ausgebildet worden.«

Die Kaugummigasse

Streng geheim. Persönlich und vertraulich an CIGS von Feldmarschall Montgomery, 11. Febr. 45:
Ich habe heute das Terrain von *Veritable* besichtigt, um die Lage zu prüfen und die Verhältnisse selbst in Augenschein zu nehmen. Das einzige Problem ist die Öffnung von Straßenknotenpunkten und die Herstellung eines Verbindungsnetzes. Um für weitere Operationen nach Südosten gerüstet zu sein, müssen wir über die Straße Nimwegen–Kleve–Goch–Afferden sowie alle Straßen diesseits dieser Linie vollständig und ungehindert verfügen können.
Insgesamt haben wir ca. 4000 Gefangene gemacht, unsere eigenen Verluste betragen etwa 1000.

Nur zwei Flugstunden trennten das Städtchen Ramsbury in der Grafschaft Wiltshire vom Reichswald. Und dennoch schien es Millionen Lichtjahre von der granatenzerfetzten Wüste in Hitlers Staatsforst entfernt. Jahrhundertelang war Ramsbury ein verschlafenes Nest gewesen. Jetzt hatten sechs Jahre Krieg ihre Spuren hinterlassen; eine neue Unruhe lag in der Luft. Die jungen Männer waren längst fort, doch viele Dorfbewohner gingen ihrer Arbeit auf den Feldern oder in den auf Kriegsproduktion umgestellten Fabriken nach. Frauen mit Einkaufskörben, Kinder im Schlepptau, eilten über die Hauptstraße und reihten sich mit gezücktem Bezugsschein in die Schlangen vor den Geschäften ein. Auf dem Dorfanger vor dem ehrwürdigen Pub, dem »Bell Inn«, ragte eine steinalte Eiche auf, unter deren Zweigen sich in Erwartung der Öffnungsstunde das

Vgl. Karte 4.

übliche Häufchen älterer Männer zusammengefunden hatte. Über einem Vor-Mittags-Bier würde man den Krieg noch einmal kämpfen (die Luftangriffe auf das nur zwanzig Kilometer entfernte Newbury waren für viele noch das beherrschende Thema) und ihn gewinnen.

Elsie Huntley stand im Eingang des elterlichen Hauses an der High Street, eines alten, adrett gehaltenen Cottages, den Kopf lauschend zum Himmel gereckt, wo Flugzeuggeräusche zu hören waren, die Augen spähend auf die kahle Baumlinie des Hügelkamms gerichtet. Dahinter, in der Ebene, lag das kleine Flugfeld, wo die Lazarettflugzeuge mit den Verwundeten von den Schlachtfeldern Nordwesteuropas landeten. In den Armen hielt sie Jean, ihre kleine Tochter, die mit dem ganzen Übermut ihrer achtzehn Monate herumzappelte, unberührt von der Sorge ihrer Mutter um den Vater, den sie kaum je gesehen hatte.

Unter Elsie Huntleys ängstlichen Blicken landeten die ersten Verwundetentransporte - Opfer des Unternehmens *Veritable.* Sie hatte den ganzen Krieg hindurch vom Eingang ihres Elternhauses aus mit angesehen, wie Ambulanzen die Verwundeten den Hügel hinunter und dann mit beschleunigter Geschwindigkeit ins Militärkrankenhaus im zwanzig Kilometer entfernten Swinden fuhren. Diese »Witwenwacht« verriet ihr genauer und schneller als die Nachrichten im Rundfunk, wann eine Schlacht begonnen hatte und in welchem Umfang.

»Heute bringen sie schrecklich viele Verwundete«, sagte sie unglücklich zu ihrem Vater. »Ich glaube, da ist wieder mal ein großer Angriff im Gang, drüben, wo Peter ist.«

Drüben, wo Peter war, trotzte an einem unwirtlichen Februarmorgen eine Gruppe von Männern unaufhörlichem Artilleriebeschuß, während sie sich auf der Suche nach Verwundeten im hart umkämpften Reichswald durch eisigen, nebelbedeckten Sumpf tasteten. Die meisten Verletzten würde man in Sicherheit bringen, zum zwei Kilometer entfernten Regimentslazarett, wo sie medizinische Versorgung erwartete. Die Schwerverwundeten würden so schnell wie möglich zur Start- und Landepiste von Ramsbury geflogen, die Elsie Huntley so untrüglich über den Kriegsverlauf ins Bild setzte.

Ihr Mann, Peter Victory Huntley, wurde in eine Zeit des Friedens hineingeboren. Sein zweiter Vorname, »Victory«, sollte auf Wunsch seines Vaters daran erinnern, daß seine Geburt mit dem Ende des Ersten Weltkriegs zusammenfiel. Als Zwanzigjähriger hatte er sich drei Wochen nach Kriegsbeginn freiwillig als Träger zum Sanitätsdienst gemeldet. Da würden ihm Drill und Disziplin des Infanteristen erspart bleiben, hatte er mit jugendlichem Optimismus gedacht, dort wäre er relativ sicher.

Fünfjähriger andauernder Diensteinsatz und acht Monate pausenloser Kämpfe hatten Huntley die Ironie dieses Entschlusses vor Augen geführt. Irgendwann wurde ihm das Überleben der Verwundeten wichtiger als der Drang nach persönlicher Sicherheit. Unzählige Male hatte er sich, um Verletzte zu bergen, schwerem Feindfeuer ausgesetzt. Während der Ardennenschlacht war er freiwillig bei Verwundeten hinter den feindlichen Linien geblieben, zwei Tage lang, während rund um ihn deutsche Angriffe tobten. (Für seinen Mut erhielt er unmittelbar danach von Feldmarschall Montgomery einen Orden.)

Im Verlauf der Operation *Veritable* wurde der Obergefreite Huntley an der Spitze seiner Träger abermals ins Kampfgeschehen gerissen, diesmal in der Düsternis des Reichswaldes. Er und die übrigen Männer der 53. Division hatten während des gesamten Feldzugs in Nordwesteuropa nichts erlebt, was den Schrecken und Bedrohungen des Reichswaldes auch nur annähernd vergleichbar gewesen wäre. Es war ein Ort des Verderbens. Acht Tage und Nächte saßen die Männer im feuchten Dunkel des Waldes gefangen und trugen Kämpfe aus, in denen alle Grundsätze moderner Kriegsführung aufgehoben waren und alle Theorien über Taktik und Gefechtsplanung sich angesichts der harten Wirklichkeit als belanglos erwiesen. Der Reichswald wurde Baum für Baum und Schritt für Schritt erobert wie in den Schlachten vergangener Jahrhunderte.

Die Angreifer mußten über schmale Pfade vorrücken oder sich durch kniehohes Dickicht schlagen. Massige »Churchill«-Panzer folgten, die sich aufheulend und schlitternd durch den Matsch schoben. Nur wenige Meter entfernt konnte der Verteidiger lautlos im Hinterhalt liegen, mit Panzerfaust oder Maschinengewehr hinter einem Baumstamm lauernd. Jeder Kreuzweg bot ihm ideale Aufstellmöglichkeiten für Maschinengewehr und 8,8-cm-Flak. Kleine

Lichtungen waren der todbringende Jagdgrund von Scharfschützen. Der ganze Wald wurde zu einem einzigen naturwüchsigen Hinterhalt.

Während der ersten 48 Stunden der Operation, vom 8. bis zum 10. Februar, mußten sich etwa 5500 walisische Soldaten über einen kaum meterbreiten Schlammpfad kämpfen, der stetig tiefer im Morast versank. Sie nannten ihn die »Kaugummigasse«. Für Radfahrzeuge war er völlig unbefahrbar und für Kettenfahrzeuge nur unter größten Schwierigkeiten zu bewältigen – mit Ausnahme des zuverlässigen, schwerfälligen »Churchill«-Panzers. Jeeps, Transporter und Pak, sogar die »Krokodile« und »Dreschflegel« der 79. Division fuhren sich fest und wurden in dem allgemeinen Tohuwabohu zurückgelassen. Zahlreiche Panzer steckten bis zum Turm im Schlamm.

Die walisischen Truppen (und mit ihnen die Engländer und Schotten, die in der 53. Division dienten) waren vom Rest der Welt abgeschnitten. Später wurden sie bekannt als die Männer von der »53. Waldland-Division«. Feindliche Granaten und Beschuß aus Handfeuerwaffen forderten bald Hunderte von Opfern, darunter viele Schwerverletzte. Oft hallte ein qualvoller, schmerz- und angsterfüllter Schrei durch die Dunkelheit: »Träger! Hierher! Helft mir, um Gottes willen, helft mir!«

Lasten aus diesem Sumpf herauszuschleppen war eine mörderische Aufgabe, doch hier ging es um Menschenleben. Normalerweise wurden Jeeps eingesetzt, um die Kranken zu den Lazarettposten zu bringen. Im Reichswald aber war nichts mehr normal; es gab nur eine Möglichkeit des Verwundetentransports: Die ersten vier Tage und Nächte hindurch spannten die Träger wieder und wieder die schmerzenden Arme, den lahmen Rücken an, hoben Bahre um Bahre auf und trugen die Verwundeten einen nach dem andern zu Fuß durch die Hölle der »Kaugummigasse« in Sicherheit.

»Anfangs standen die Bäume so dicht, daß es buchstäblich dunkel war«, berichtete Huntley. »Später, nach dem anhaltenden Beschuß, war der Wald ein Skelett. Die Schrapnells hatten die Äste von den Bäumen gerissen. Nur die Stämme standen noch, und es wurde heller. Aber jetzt gab es keinen Schutz mehr vor den explodierenden Granaten, nicht einmal in den Gräben. Von überall, die ganze Front entlang, kam dieser Schrei, der Schrei nach Hilfe. Man wußte nicht mehr, wohin man zuerst gehen sollte. Man mußte im Dunkeln herumtasten, um die Wunde zu finden und einen Verband oder eine Aderpresse anzulegen. Mehr konnte man unmöglich tun, nicht einmal Morphin spritzen. Wir mußten ihn schnell rausbringen und dann zurück, um den nächsten zu holen, der auf uns wartete.«

Vier Tage und vier Nächte trug der zierliche Sanitäter, der kaum 62 Kilo auf die Waage brachte, seine trostlosen Lasten aus dem Wald und machte sich auf den mühseligen Weg zurück in die Finsternis. »Man konnte sich einfach nicht leisten, darüber nachzudenken, daß man jemanden trug, dem eine Explosion gerade beide Beine abgerissen oder dem ein Granatsplitter gräßliche Verletzungen beigebracht hatte. Wenn man darüber nachdachte, schaffte man es nicht.«

Die Toten, meinte Huntley, hatten zu warten. »Es war einfach keine Zeit, sie herauszuholen, in dem Moment jedenfalls nicht. Wir konzentrierten uns auf die Lebenden, die Verwundeten – unsere und die des Feindes. – Aber«, und der Mann aus Wiltshire grinste, »bei Gelegenheit stellten wir die deutschen Gefangenen als Träger an. Ein paar von der Panzer-Division wurden ziemlich aufsässig, der einfache deutsche Fußsoldat dagegen machte das ohne weiteres.«

Mit dem ersten Stoß drang die 53. *Welsh Division* vom Westen her in den Staatswald ein, um einen schmalen Streifen erhöhten Geländes zu gewinnen. Einheiten in der Nähe des Waldrandes auf der linken Angriffsflanke konnten Bataillone der 15. *Scottish Division* erkennen, die wenige hundert Meter entfernt kämpften, ebenfalls auf dem Vormarsch nach Osten, auf Kleve zu. Erst an der äußersten östlichen Peripherie des Waldes – nach einer Strecke von zwölf Kilometern – sollten sie nach Süden eindrehen und die Säuberung des sechzig Quadratmeter großen Staatsforstes vollenden. Auf der rechten Flanke, ebenfalls in Sicht- und Hörweite der Waliser, kämpften die »Jocks« von der 51. *Highland Division* um das tiefer gelegene Waldgelände im Süden und Westen.

Wie die Schotten, so trafen auch die Angriffsspitzen der Waliser auf einen Feind, den das Trommelfeuer gelähmt hatte, sowie auf die bekannten Kalamitäten - Schlamm und Minen. Zwei Brigaden der Division erreichten in schnellem Tempo ihr erstes Operationsziel. Die 71. Brigade - bestehend aus dem 1. Bataillon der *Highland Light Infantry,* dem 1. Bataillon der *Oxfordshire & Buckinghamshire Light Infantry,* mit dem 4. Bataillon der *Royal Welch Fusiliers* in Führung - drang am ersten Angriffstag in den Wald ein und gewann die Anhöhe im Nordosten. Am folgenden Tag ging die 160. Brigade - das 6. Bataillon der *Royal Welch Fusiliers,* das 2. des Regiments *Monmouthshire* und das 4. des *Welch Regiment,* unter dem Kommando des 1. Bataillons der *East Lancashires* - »im Bocksprung« nach vorn, um den Westwall zu durchbrechen und weiter nach Osten auf Kleve vorzustoßen. Huntleys Bataillon schließlich, das 7. der *Royal Welch Fusiliers,* führte zusammen mit dem 1./5. Bataillon des *Welch Regiment* den Angriff der 158. Brigade fort.

Inzwischen regnete es ununterbrochen. Der düstere Himmel war außerdem Anzeichen dafür, daß nicht mit Luftunterstützung zu rechnen sei. Jede Kommunikation, nach vorn oder zurück, wurde unmöglich. In einem so dicht besetzten Umfeld versagten die Funkgeräte den Dienst. Da sie ihre vorgeschobenen Kompanien über Funk nicht erreichen konnten, mußten die Bataillonskommandeure ihre Gefechtsstände zusammen mit den Vorauseinheiten nach vorn verlegen. Die Brigadekommandeure wiederum versuchten dann, den Bataillonen ihre Mitteilungen durch Melder zuzustellen, die ihrerseits im zähen Morast steckenblieben.

Pioniere der *Royal Engineers* waren rund um die Uhr an der Arbeit, oft unter Beschuß, räumten Minen und legten Balken über verschlammte Fahrspuren. Fernmelder rackerten sich ab, um Leitungen zu legen. Wahre Wunder vollbrachte die Truppe des Quartiermeisters, die Munition, Nahrung und sogar Rum, den guten Geist der Truppenmoral, zu den vorderen Linien schleppte. In der Hauptkampflinie kauerten die Männer, durch Dunkelheit und Morast voneinander isoliert, in ihren Schützenlöchern. Augen und Ohren war nicht mehr zu trauen. Was sich in den Büschen bewegte, konnte Kamerad sein oder Feind oder Kommandeur. Bei jeder Entscheidung war man allein auf sich gestellt. Mut und Entschlußkraft reiften; Heldenmut war Alltag auf jeder Kommandostufe; das Dienstreglement war außer Kraft.

»Granatwerfer und Artillerie forderten die meisten Verluste«, berichtete Joe Illingworth, Kriegskorrespondent der *Yorkshire Post*. »Unter ihnen befanden sich natürlich eine Reihe von Offizieren und Zugführern, und mitten im schlimmsten Gefecht sahen sich dann jüngere Offiziere und Unteroffiziere plötzlich erhöhter Verantwortung, neuen, drängenden Pflichten gegenüber. Viele Züge wurden von Unteroffizieren geführt. Umgekehrt gab es Bataillonskommandeure, die nach vorn gingen, um den Platz eines verwundeten Kompanieführers einzunehmen.«

Ohne jede Unterstützung durch Artillerie oder Panzer, zu denen die Verbindung abgeschnitten war, kämpften sich in den Tiefen des Reichswaldes die Truppenführer weiter vorwärts. Ohne Luftunterstützung, ohne die Führung durch höhere Offiziere am Boden wurde jeder Angriff von ihnen improvisiert. Auf diese Weise kam am Westwall auch das 6. Bataillon der *Royal Welch Fusiliers* zu seiner hochkarätigen Kampfauszeichnung.

Im Begriff, den Angriff einzuleiten, stellte der Bataillonskommandeur, Oberstleutnant K. G. Exham, fest, daß die Brigade über keine der verfügbaren Funkfrequenzen erreichbar war. Das bedeutete, daß das Bataillon ohne die geplante Artillerieunterstützung vorrücken mußte. Schlimmer noch - Exham hatte keine Verbindung mit dem rechts von ihm stehenden Bataillon, das gleichzeitig losschlagen sollte. Trotzdem gab er Befehl zum Angriff. Unterstützt durch eine Abteilung »Churchills« vom 9. Bataillon des *Royal Tank Regiment* der 34. Panzer-Brigade, wurde das Operationsziel mühelos erreicht.

Das 1./5. Bataillon des *Welch Regiment* unter dem Kommando von Oberstleutnant J. S. Morrison-Jones setzte sich am 9. Februar um 02.00 Uhr im Schein von »künstlichem Mondlicht« - Scheinwerferstrahlen, von tiefhängenden Wolken reflektiert - in Marsch, wurde aber gleich nach Eindringen in den Wald durch festsitzende Fahrzeuge aufgehalten. Schließlich verzichtete man auf Panzerunterstützung und Transportfahrzeuge und setzte den Marsch allein fort. Trotz Beschuß aus leichten »Spandau«-Maschinengewehren und Mörsern konnte das Bataillon sein Ziel erobern.

Für Major Bill Gaade, Kompanieführer im 4. Bataillon der *Royal Welch Fusiliers,* war die Bedrohung durch feindliche Gegenangriffe Gegenstand andauernder Sorge. »Wir wußten, daß wir in Nahkämpfen auf engem Raum ohne jede Unterstützung auskommen mußten. Die Panzer steckten im Schlamm. Wir hatten keine Pak; der Boden war so verschlammt, daß sie nicht einmal mit Brachialgewalt vorwärts bewegt werden konnten. Wegen der Bäume hätte Artillerie wenig genützt.« Und dennoch hatte die 53. *Welsh Division* dank Improvisation und zäher Beharrlichkeit am 9. Februar um 16.00 Uhr alle Operationsziele der ersten Phase erreicht.

Doch jetzt trat eine Kampfpause ein. Der Angriffsschwung drohte zu erlahmen. Während der ersten Stunden von *Veritable* war der Hauptfeind das Wetter gewesen. Die »Kaugummigasse« war so weit in Auflösung geraten, daß sie für 24 Stunden gesperrt und in fieberhafter Eile instandgesetzt werden mußte. Die 71. Brigade fuhr in ihrer undankbaren Funktion der Verkehrsüberwachung fort. Die unerläßlichen Bewegungen in den vorderen Abschnitten mußten auf der Achse der 15. *Scottish Division* erfolgen, einer ebenfalls völlig aufgeweichten Schlammpiste. Die Kommandeure dachten zurück an Passendale, Flandern 1917, als die Truppen im Schlamm steckenblieben und in einer Zermürbungsschlacht untergingen.

Zwei Tage nach Angriffsbeginn, 10. Februar: Angesichts der unberechenbaren Gefahren der gegnerischen Abwehr waren die Schrecken der Witterung verblaßt. Waren die Deutschen anfangs auch durch den unerwarteten Angriff und sein vernichtendes Bombardement momentan paralysiert, so hatten sie doch ihre Kräfte bald wieder gesammelt. Auch hier war das verzögerte Losschlagen der Alliierten ihnen zugute gekommen - sie konnten Verstärkung heranbringen. Es waren neu aufgestellte Einheiten, die zum ersten Mal kämpften, um Vaterland, Heim und Familie zu verteidigen. Hier im Rheinland standen sie im letzten Gefecht. Noch nie hatte die Walisische Division so erbitterte Gegenattacken , ein so verheerendes Mörser- und Granatfeuer erlebt.

Für kurze Zeit hing das Schicksal des Unternehmens in der Schwebe. Der Traum von einem »Blitzkrieg« war ausgeträumt; es drohte eine Pattsituation. Die 43. Division *Wessex* steckte nur wenige Kilometer östlich im Wirrwarr eines Verkehrschaos; die 51. *Highland* war im Süden und Westen auf erbitterten Widerstand gestoßen. Die Operation der Amerikaner war für diesen Tag abgeblasen worden. »Heute haben wir entschiedene Fortschritte gemacht . . . und den Reichswald erobert«, schwindelte Montgomery seinem Chef Alan Brooke am 11. Februar vor - offensichtlich ein Versuch, die düsteren Aussichten für seinen Feldzug zu kaschieren.

»Es war knapp«, hält die Geschichte der 53. Division mit größerer Genauigkeit fest. »Die Verhältnisse wurden von Tag zu Tag schlimmer. Hätte man das voraussehen können, wäre die Operation vermutlich aufgeschoben worden ... Das größte Verdienst gebührt den Nachschubeinheiten, die Tag und Nacht schufteten, um der kämpfenden Truppe die Mittel für ein weiteres Vorrücken und für den Kampf mit einem äußerst entschlossenen Gegner an die Hand zu geben.«

Am Morgen des 11. Februar kam die Offensive der Waliser bei tobendem Schneesturm wieder in Gang. Das 2. Bataillon der *Monmouthshires* (160. Infanteriebrigade) stieß weiter vor, am Ostrand des Reichswaldes entlang. Der weisen Voraussicht des Kompaniechefs Major John Chaston im 2. Bataillon der *Mons* war es zu danken, daß die Infanterie mit dem 9. Bataillon des *Royal Tank Regiment,* den Panzern also, eine äußerst erfolgreiche Verbindung eingegangen war. Während der Übungsphase im Vorfeld von *Veritable* in der Nähe des holländischen Helmond hatte man eine neue Methode des Waldkampfes mit Panzerunterstützung entwickelt. »Wir kamen zu folgendem Schluß: Wenn die Bäume dick genug waren, um einen Panzer aufzuhalten, standen sie weit genug auseinander, um eine Durchfahrt zu ermöglichen; standen sie so dicht, daß ein Panzer nicht durchkam, mußten sie noch so schlank sein, daß ein Panzer sie über den Haufen fahren konnte«, erinnert sich Chaston. »Und das erwies sich tatsächlich als richtig. Die Panzer kamen durch. Außerdem hatten wir die selbstfahrenden 17-Pfünder-Pak der 56. *Anti-Tank Battery* der *Royal Canadian Artillery.* Wir benutzten die Reitwege. Vorne eine Kompanie mit je einem Zug zu beiden Seiten des Pfades. Sie rückten in Einerreihe vor. Panzer und Pak ein Stück dahinter. Wenn die Schützen auf Widerstand trafen und aufgehalten wurden, gingen sie hinter einem Panzer oder einer Pak in Deckung, die dann in Stellung gingen und ein paar Schuß ließen. Das schaffte uns meist freie Bahn, und wir kamen auf diese Weise ganz gut voran.«

Die Annalen des *Royal Tank Regiment* - 9. Bataillon - halten fest: »Der deutsche Abschnittskommandant, ein Oberst, wurde im Handgemenge bei Morgengrauen gefangengenommen. Er war der festen Überzeugung gewesen, der Wald sei vollkommen ›panzerfest‹, und protestierte jetzt - ein derartiger Einsatz von Panzern sei ›nicht fair‹.«

Die 160. Brigade, zu ihrer Rechten die 158., erreichte den östlichen Waldrand und drehte nach Süden ein. Zur selben Zeit vollführte die 43. Division *Wessex* den entsprechenden Schwenk - von Kleve aus südlich an der Waldgrenze entlang.

Eines der entscheidenden Operationsziele war die Öffnung der Hauptstraßen und die Behebung der Nachschub- und Verbindungsschwierigkeiten. Hauptziel des Gegners war es, diesen Vormarsch zu verzögern. Er bediente sich dabei einer cleveren Taktik, die den Angreifer in Atem hielt und mürbe machte.

Major Jack Catley vom 1./5. Bataillon des *Welch Regiment* in der 158. Brigade war ein sogenannter »Canloan«-Offizier, (zusammengesetzt aus *Can*ada und *loan* = ausleihen) einer der 673 Kanadier, die 1944 freiwillig angetreten waren, um das Defizit in der unteren britischen Offiziersebene auszugleichen, und dabei oft eine Stellung unterhalb ihres Dienstgrades in Kauf nahmen. Unter diesen Offizieren, die Patrouillen führten oder einen Zug befehligten, waren die Verluste begreiflicherweise hoch. 57 Prozent der kanadischen Freiwilligen wurden verwundet und 20 Prozent getötet; 49 Männer erhielten Auszeichnungen. Catley erinnert an die unablässigen Tag- und Nachtpatrouillen im Reichswald, die zu dieser Bilanz führten.

»Die Deutschen gingen so vor, daß sie sich sehr schnell aus einer Stellung in eine andere zurückzogen, von wo sie uns am Vormarsch hindern konnten. Sie brachten ihre selbstfahrenden Kanonen in Stellung und benutzten die Wege als Schußlinie; dann brauchten sie nur noch hinten stehenzubleiben und zu schießen. Und danach machten sie sich einfach nach rückwärts davon und verschanzten sich in einer gesicherten oder verdeckten Stellung.

Mit dieser Taktik verscheuchten sie uns tatsächlich von den Wegen. Bis wir sie erreicht hatten, waren sie schon fort.«

Auf einem dieser Waldpfade hatte der 19jährige David Edwards, Gefreiter im Panzerabwehrzug des 2. Bataillons der *Monmouthshires,* eine bizarre Begegnung mit dem Tod. Beim ersten Vorrükken in den Wald blickte Edwards zufällig in den Eingang eines Schuppens am Straßenrand. Mit Entsetzen bemerkte er, daß bereits Vorbereitungen für diejenigen aus seiner Einheit im Gange waren, die in den bevorstehenden Kampfhandlungen ums Leben kommen würden. »Dort wurden Kreuze gemacht, kleine weiße Holzkreuze, dic aufgereiht nebeneinanderstanden. Mir war sofort klar: Die sind für uns bestimmt.«

Am 12. Februar, vier Tage nach Beginn der Offensive, wurden 36 »Wiesel« (kleine Transportfahrzeuge amerikanischer Bauart auf Raupenketten) in die vorderen Linien geschickt, um die Verwundeten zu den Lazarettposten zu bringen. Damit wurde dem Obergefreiten Peter Huntley und seiner Gruppe die Bergung von Verwundeten sehr erleichtert. Sonst aber bot die Kampagne wenig Aufheiterung. Hauptmann Peter Dryland, Adjutant des 7. Bataillons der *Royal Welch Fusiliers,* notierte trübselig in seinem Feldtagebuch: »Montag, 12. Februar: Wieder ein Tag vorbei, und immer weiter durch Nässe und Kälte in diesem elenden Wald. Nachschubprobleme beim Essen etc. Nicht viel mehr als tausend Meter bis zum Waldrand.«

Am selben Abend war Drylands Schwesterbataillon, das 6., einer heftigen Gegenattacke ausgesetzt. Neu herangeführte Truppen aus v. Lüttwitz' 47. Panzerkorps waren, von selbstfahrenden Feldgeschützen unterstützt, in der Nähe des Bataillonsgefechtstandes zwischen die vordersten Kompanien gesickert. Sie wurden schließlich durch einen Flankenangriff mit heftigen Aktionen von Infanterie und Panzern der *Royal Tanks* (9. Bataillon) zurückgeschlagen.

Es war die letzte Operation des Panzerbataillons im Reichswald; seine Stärke hatte so weit abgenommen, daß ein weiterer Einsatz sinnlos war. Von den ursprünglich 52 Panzern waren sechs Tage später nur noch 14 kampffähig. Viele waren im Schlamm festgefahren und mußten für Wochen zurückgelassen werden. Durch den Zusammenprall von Geschützrohren mit Bäumen waren zahlreiche Schwenkvorrichtungen beschädigt worden. In andere Panzer waren 8,8-cm-Geschosse eingeschlagen, die die Panzerung durchdrangen und die Mannschaft töteten.

Am 14. Februar war der Reichswald endlich gesäubert - wenn auch noch nicht restlos »aufgemoppt« - und damit das Ende dieser Schlachtphase erreicht. Die gute Nachricht des Tages: Endlich wurde das Wetter besser. »Es war der erste gute Flugtag seit langem«, vermerken die Divisionsannalen. »Das Geschwader 84 der R.A.F. flog 804 Einsätze am Frontabschnitt des XXX. Korps.«

Die »Typhoons« - »Typhies«, wie sie von den Infanteristen liebevoll genannt wurden - operierten in einer Entfernung von nur 200–250 Metern vor den Spitzenbataillonen der Infanterie und waren besonders effektiv bei der Vernichtung von Feindbedrohungen wie etwa 8,8-cm-Pak-Stellungen. Beim Angriff flog eine Schwadron von zwölf »Typhoons« in dichter Formation im Kreis über dem Ziel (das gewöhnlich von der Feldartillerie durch das Abfeuern von rosa Rauchsignalen identifiziert wurde), dann scherten die »Typhoons« der Reihe nach aus und setzten zu ihrem todbringenden Tiefflug an.

Das gute Wetter brachte den Männern, die sich durch die Schlammsümpfe des Reichswalds geschleppt hatten, weitere Erleichterungen. »Zum ersten Mal seit Beginn der Operation die Stiefel ausgezogen. Gestern zum ersten Mal gewaschen und rasiert«, notierte Hauptmann Peter Dryland vom 7. Bataillon der *Royal Welch Fusiliers* am 14. Februar mit tiefer Befriedigung. Doch stand den Vorausbataillonen der 53. *Welsh Division* noch die Erkenntnis bevor, daß es zwar schwer gewesen sein mochte, sich in den Reichswald hineinzukämpfen, sich hinauszukämpfen aber noch größere Probleme mit sich bringen sollte, da sie es mit einem frischen und entschlossenen Gegner zu tun hatten.

Der Schottentanz

Thomas Rennie hatte eine Mission: Rache an den Deutschen für die Gefangennahme der 51. (schottischen) *Highland Division* in St. Valéry. Am 12. Juni 1940 war Rennie, damals Major, hilflos in den Bombenruinen des französischen Fischerdörfchens St. Valéry-en-Caux herumgeirrt. Der deutsche »Blitzkrieg« hatte Belgien, Holland und Frankreich überrollt und war drauf und dran, die 51. Division ins Meer zurückzutreiben. Der Rest der britischen Streitkräfte war bereits aus Dünkirchen evakuiert worden. Acht lange Tage hatte sich die 51. Division in dem vergeblichen Versuch aufgerieben, die Wellen deutscher Panzer und Infanterie aufzuhalten. Jetzt war jede Hoffnung geschwunden, sie waren abgeschnitten und sich selbst überlassen. Über ihren Köpfen heulten die Maschinen der deutschen Luftwaffe, die in Tiefflügen die belagerten, kampfmüden *Highlanders* bombardierten. Die schottischen Geschütze schwiegen, die Munition war aufgebraucht. Der Divisionskommandeur erteilte den bitteren Befehl zur Kapitulation.

Als gedemütigte, bedrückte Gefangene eines übermütigen Feindes schworen die stolzen Schotten, die Deutschen hinter ihre eigenen Grenzen zurück und in eine endgültige Niederlage zu treiben. Rennie gelang ein kühner Fluchtversuch; er fand Anschluß an die neu aufgestellte 51. Division als Befehlshaber des 5. Bataillons des *Black Watch*-Regiments und später, im Nordafrikafeldzug bei El-Alamein und bei der Landung in Sizilien, als Brigadekommandeur. 1944 erhielt er den Befehl über die 3. Britische Infanterie-Division, die als erste in der Normandie landete. Doch seine *Highlanders,* die wieder an der gleichen Küste kämpf-

Siehe Karte 4 im Anhang.

ten, waren in Nöten. Die langen Jahre des Kämpfens hatten ihren Tribut gefordert - nicht nur in der hohen Zahl der Verluste, die ihre Reihen gelichtet hatten, auch der einst so leidenschaftliche Kampfgeist der *Highlanders* war erlahmt, ihr Kommandeur flößte ihnen wenig Zutrauen ein.

Am 16. Juli 1944 ließ Feldmarschall Montgomery Alan Brooke eine chiffrierte Depesche zukommen:

> *Streng geheim. Persönlich und vertraulich an CIGS von Feldmarschall Montgomery:*
> Bedaure berichten zu müssen, daß die 51. Div. nach Crockers, Simpsons und meiner einhelligen Überzeugung augenblicklich nicht, wiederhole *nicht* kampffähig ist. Es mangelt ihr an Entschlossenheit, und sie hat in jeder Operation, mit der sie betraut war, versagt. Sie ist unfähig, mit Erfolg gegen die Deutschen anzutreten. Ich halte den Div.Kdr. für verantwortlich und entziehe ihm das Kdo. Der beste Mann für die 51. im gegenwärtigen Zustand scheint mir Rennie zu sein. Ich bin sicher, es wird ihm gelingen, sie wieder in Form zu bringen.

Gegen Ende Juli erschien Thomas Rennie - jetzt hochdekorierter Generalmajor -, den Arm wegen einer Verletzung aus den Normandiegefechten noch in der Schlinge, um den hastig abgesetzten Divisionskommandeur abzulösen. Ein Offizier des 7. Bataillons der *Black Watch* schildert den elektrisierenden Effekt des neuen Kommandos: »Wir wußten, daß er heute - um 11.00 Uhr - eintraf, und man spürte ganz einfach, wie es mit der Stimmung aufwärts ging. Wir waren wieder obenauf. Rennie verstand die Schotten; ein alter Freund war wieder da.«

Von diesem Moment an hatte die 51. ihren Biß zurückgewonnen. »Er war zugänglich und so völlig ohne Allüren wie kaum ein anderer General; ob Offiziere oder einfacher Soldat - jeder durfte in ihm den Freund sehen«, berichtet der Chronist der *Black Watch.* »Er besaß einen verschmitzten Humor und einen Frohsinn, der gegen jede Krise immun war . . . Er hatte einen Riecher dafür, wie er die Dinge anpacken mußte, und ein sicheres Urteil, auf das er sich, ebenso wie seine Umgebung, uneingeschränkt verließ. Er war unerhört mutig, ohne je exaltiert zu wirken. ... Kein Jock in der Division, der die Gestalt im Dufflecoat nicht kannte.«

Rennie sah darauf, daß Nicht-Schotten - englische und irische Verstärkungstruppen sowie die kanadischen »Canloan«-Offiziere, die die Linien der *Highland Division* auffüllten - im Schnellverfahren zu »Jocks« wurden. Diese Ehren-Schotten nahmen schon bald das Gepräge ihrer Wahl- und Waffenbrüder an: den trockenen Humor, den Elan, den Cliquengeist und vor allem die draufgängerische, Tod und Teufel trotzende schottische Courage.

Heute, am 8. Februar, rückte für diese hitzigen Hochländer mit Operation *Veritable* auch der Tag der Rache heran. Schon das Gefühl, den Stiefel fest auf Feindesland zu pflanzen, ließ die Stimmung in die Höhe schnellen. Mit ungeschickter Hast, ein Funkeln der Befriedigung im Blick, knöpften die »Jocks« an der deutschen Grenze die Hosen auf und »weihten« den Boden des Feindeslandes. Bald würden sie ihren Gegner bis an den Rhein, bis nach Berlin zurücktreiben, so wie er sie vier Jahre zuvor ins Meer zurückgetrieben hatte.

> *Streng geheim. Persönlich und vertraulich an CIGS von Feldmarschall Montgomery, 10. Febr. 45:*
> Heute versucht, die sehr schwierige Situation hinsichtlich Straßen und Frontkommunikation im Gelände von *Veritable* in den Griff zu bekommen. Wir haben genug Truppen, doch das Problem ist, sie mit ihren Unterstützungswaffen nach vorn zu bringen. Die hierdurch entstandenen Verzögerungen haben es dem Gegner ermöglicht, ein paar Einheiten zusammenzubringen, die uns Widerstand leisten, so daß es heute in Kleve und Hekkens zu schweren Gefechten kam.

Während die 15. *Scottish* und die 53. *Welsh Division* in den ersten Tagen von *Veritable* Wetter und Verkehrschaos als ihren schlimmsten Feind erlebten, marschierte die 51. Division geradewegs in eine gut organisierte feindliche Abwehrstellung hinein. Eines ihrer ersten operativen Ziele war Hekkens, das letzte der neun Kilometer weiter südlich gelegene Ort Goch, die am stärksten verteidigte deutsche Stadtbefestigung.

Wegen der geringen Frontbreite beschloß General Rennie, als Angriffsspitze nur eine Brigade einzusetzen – Brigadegeneral James Olivers 154. Division, bestehend aus dem 7. und 1. *Black Watch*-Bataillon und dem 7. Bataillon der *Argyll & Sutherland Highlanders,* zusätzlich verstärkt durch das 5./7. Bataillon der *Gordon Highlanders.* Die 152. Brigade sollte an ihnen vorbeimarschieren und die wichtige Straße Kranenburg–Hekkens abriegeln, die in Nord-Süd-Richtung durch den Wald führte. Beide Brigaden würden etwa sieben Kilometer weiter bei Hekkens, dem wichtigen Verkehrsknotenpunkt, aus dem Reichswald stoßen.

Die dritte, die 153. Brigade, hatte die Aufgabe, die bewaldete Anhöhe in der Südwestecke des Waldes einzunehmen, einen feindlichen Beobachtungsposten. Von dort sollte sie sich nach Westen, zurück zur Vorwärtsverteidigungslinie der 1. Kanadischen Armee an der Maas, ausfächern. Diese Maßnahme war dazu bestimmt, das flache Gelände zwischen Fluß und Reichswald auf der äußersten rechten Flanke des *Veritable*-Vorstoßes vom Feind zu säubern. Sie würde überdies die wichtigen Straßenverbindungen Mook–Gennep und Hekkens–Gennep öffnen. In ihrer ersten Phase sollte die 51. Division die stärkste Befestigung des Westwalls durchbrechen; allerdings war, nachrichtendienstlichen Meldungen zufolge, kaum ernsthafter Widerstand zu erwarten.

»Eins habe ich im Reichswald gelernt«, erinnert sich Major Donald Callander, Kommandeur der 2. Kompanie, 5. Bataillon der *Queens Own Cameron Highlanders.* »Glaub nie den Instruktionen. Es heißt, man trifft auf ein ›Magen‹-Bataillon, keiner unter vierzig. Und was passiert über Nacht? Die Deutschen tauschen die Einheiten aus und setzen unglaublich starke Kampftruppen ein. Meinen Leuten habe ich also immer gesagt: ›Da drüben stehen die besten deutschen Truppen, aber wir von der 51. Division sind die besten britischen. Sie sind garantiert zäh; aber wir müssen einfach noch zäher sein.‹ Und diese Männer im Reichswald waren wahrlich zäh.«

Angriffsspitzen der 51. Division waren das 1. und das 7. *Black Watch*-Bataillon. Letzteres erkannte in Minutenschnelle, wie zäh der Reichswald verteidigt wurde. Als es sich dem Wald näherte, eröffneten Scharfschützen das Feuer. Der Kompaniechef Major

Allan Lowe und zwei seiner Zugführer fielen als erste. Major Thomas Landale Rollo, verantwortlich für die Ausgangsstellung des 7. Bataillons, blickt zurück auf die beklemmenden Begleitumstände von Lowes Tod: »Allan Lowes Kompanie stellte sich auf zum Gefecht. Ich sagte zu ihm - er war ein alter Freund -: ›Bis nachher!‹ Und er: ›Wir sehn uns nicht wieder. Ich weiß, daß ich falle.‹ Natürlich sagte ich: ›Unsinn!‹ Aber so was ist trotzdem ein Schock - zwei Abende vorher war er plötzlich verschwunden, nach Brüssel, ohne daß irgend jemand eine Ahnung hatte. Als ich ihn kurz darauf traf, sagte er: ›Es war die letzte Gelegenheit.‹ Er wirkte nicht einmal deprimiert, völlig Herr seiner selbst. Und doch hatte er das Gefühl, es ist aus. Allan ging über die Ausgangslinie. Er hatte seinen Funker mit Funkgerät neben sich, was einfach verrückt war - der *Boche** sah doch sofort, wer das Kommando hatte. Nach nicht mal 200 Metern wurde er frontal getroffen.«

In der 153. Brigade erlitt das 5./7. Bataillon der *Gordons* mit der Verwundung von Major James Gammie einen ersten Verlust durch »freundliches Feuer«. Gammie erlebte am eigenen Leib das Kampfrisiko, das Brigadegeneral Stanley Todd von der 1. Kanadischen Armee so sehr zu schaffen machte. »Ein Geschütz feuerte zu kurz, und wir kamen von hinten unter Beschuß«, erzählt Gammie. »Unsere eigenen Artilleristen versuchten es zu stoppen, aber sie konnten nichts dagegen tun.« Trotz intensivem Bemühen der Kanoniere kam es im Verlauf der Kampagne zu weiteren Vorfällen dieser Art. Ein paar Fehlgeschosse schlugen in Bäume ein und explodierten. Solche Baumkrepierer - aus eigenen oder feindlichen Geschützen - waren tödlich. Granatsplitter und Astttrümmer fielen auf die hilflosen Männer am Boden. Dekkungsgräben boten nur begrenzten Schutz.

Doch die meisten Männer, die sich im Feuerschutz vorwärts bewegten, waren bereit, gelegentlich eine verirrte Granate zu verzeihen. Generalmajor John Graham (damals Major beim 7. Bataillon der *Argylls*) wurde selbst Opfer eines Fehlgeschosses, als eine

* Boche (sprich: bosch): abschätzige Bezeichnung für die Deutschen, bes. für die deutschen Soldaten während des 1. und 2. Weltkriegs, abgeleitet von franz. *Alboche* (aus *Allemand* + *caboche* [svw. »Birne«, »Deez«, »Schädel«]).

seiner Kanonen 300 Meter zu kurz feuerte. »Wir waren trotzdem glücklich, daß sie da waren. Lieber zu nah als zu weit entfernt.«

Die Brigade erreichte trotz heftigem Widerstand rechtzeitig ihre Ziele. Am nächsten Morgen war es an der 152. Brigade, ihre Stellung nach vorn zu verlagern. Der »Canloan«-Offizier Leutnant Ross LeMesurier, Zugführer bei der 2. Kompanie, 5. Bataillon der *Queens Own Cameron Highlanders,* verbrachte nur 24 Stunden im Reichswald und rückte nur 1500 Meter vor. Doch während dieser Stunden war er in dramatische Kämpfe verwickelt, die in einem der bizarrsten Angriffe des ganzen Feldzugs gipfelten, aus denen er blutig, doch ungebeugt hervorging. Bei ihm hatte Rennies Schnellverfahren sichtlich gewirkt.

Das Bataillon war gerade wenige hundert Meter in den Wald eingedrungen, als es losging. Die Spitzenkompanie kam unter heftigen Beschuß aus Panzerfäusten. Die 2. Kompanie, befehligt von Major Callander, erhielt Befehl, den Feind rechts zu umgehen. »Maschinengewehre ballerten durch die Gegend, und in meinem Ohr gab es einen furchtbaren Knall«, erzählte Callandar. »Ich ging zu Boden. Jemand schrie: ›Der Kompaniechef ist getroffen!‹ Ich stand auf und brüllte: ›Das bin ich, verdammt noch mal, nicht!‹ und rannte weiter. Später entdeckte ich, daß eine Kugel mein Eßgeschirr durchschlagen hatte. Drei Jocks waren übel zugerichtet, Feuer aus einer Spandau [leichtes MG] ist so schnell, daß es einen fast in zwei Teile zertrennt - und die Männer lagen da wie festgenagelt, zu ängstlich, sich in dem Feuerhagel aufzurichten.«

Callander sammelte zwei Züge für einen Bajonettangriff und führte sie selbst über eine fünfzig Meter breite Lichtung auf die feindliche Stellung zu. »Ich sprang über einen Graben und sah mich um. Ein Deutscher tauchte aus einem Schützengraben auf und feuerte auf meine Männer. Er drehte mir den Rücken zu. Ich erschoß ihn mit meiner Schmeisser. Ich hatte keine Wahl. Dann setzte ich mich mit dem Bataillonsgefechtsstand in Verbindung: Sie sollten jemand auf die linke Seite schicken. Ein sehr beherzter Mann - Jim Melville - kam mit seiner Kompanie nach vorn und räumte dort auf.«

LeMesurier, Führer des Spitzenzuges, war im Lauf des Morgens dreimal verwundet worden. Die Kugel eines Scharfschützen hatte seinen Stahlhelm durchschlagen und ihm einen sauberen Scheitel gezogen. Ungefähr eine Stunde später landete ein Granatsplitter in seinem Rücken, und kurz darauf schlug der nächste in seinen Arm. »Nur ein paar Kratzer«, gab er auf die besorgte Frage seines Kommandeurs zurück. Es waren Tage rauschhafter Hochstimmung für einen Einundzwanzigjährigen, den es, frisch aus dem College kommend, in erste Abenteuer verschlug. LeMesurier war an diesem einen Tag Zeuge so vieler Beweise von Furchtlosigkeit geworden, wie sie sonst im Verlauf eines ganzen Menschenlebens kaum zu erfahren sind. Er fieberte vor Erregung, war jenseits von Müdigkeit und Angst und unempfindlich selbst für die schmerzenden Wunden.

Es wurde Abend, stockfinster und bitterkalt. Die 2. Kompanie marschierte durch anhaltenden Platzregen. Jeder der Männer hielt die Bajonettscheide des Vordermannes gepackt, um nicht vom Weg abzukommen. Vor ihnen lag das Angriffsziel der Kompanie, ein Fahrweg, der den schlammigen Reitweg kreuzte, auf dem sie in den Wald vorrückten. Auf dem Fahrweg war ein deutsches Kommando damit beschäftigt, Minen zu legen. »Sie eröffneten das Feuer mit Panzerfäusten, und mein Funker wurde getroffen«, berichtet Callander. »Er war schwer verwundet, und sein Stöhnen verriet den Deutschen unsere Stellung und lenkte das Feuer auf uns. Ich sagte zu LeMesurier: ›Herrgott nochmal, du mußt irgendwas tun, Ross!‹« Dieser riß aus seiner Patronentasche eine Phosphorgranate, die normalerweise zur Erzeugung einer dichten Nebelwand benutzt wird. »Ich zog den Sicherungsstift heraus«, sagt LeMesurier, »und war im Begriff, sie wegzuschleudern, als sie von einer Kugel getroffen wurde und explodierte. Brennender Phosphor flog mir ins Gesicht. Ich hatte die Brille auf, und ein großer Klacks Phosphor landete auf dem rechten Glas. Ich konnte zwar nichts mehr sehen – aber die Gläser retteten mir die Augen. Mit ein paar Handvoll Schneematsch rieb ich mir das brennende Gesicht ab.«

Inzwischen kamen die Deutschen auf sie zu. LeMesurier sammelte seinen Zug zum Angriff. Er kniete nieder, um sein MG abzufeuern. Zu seinem Entsetzen hatte die nie ganz zuverlässige Waffe Ladehemmung. »Ross warf die Waffe weg, schnappte sich einen Spaten und rannte brüllend auf die Deutschen zu«, fuhr Callander fort. »Ross war ein Baum von einem Mann, und als er schäumend wie ein Verrückter auf sie zuschoß und seine Schippe schwang, machten die Deutschen sich davon!«

»Ich weiß noch, daß ich einen von ihnen mit dem Spaten im Nacken traf«, erinnert sich LeMesurier. »Er brach zusammen und ich dachte, er wäre tot. Ich schlug nach einem anderen, streifte ihn an der Schulter, aber er kämpfte im Dunkeln weiter. Ich war jetzt allein zu weit vorn und dachte, ich gehe besser zu meinem Zug zurück.« - »Kurz darauf sah ich Ross«, fährt Callander fort. »Er hatte Schlamm und Phosphor im Gesicht. Winzige Phosphorteilchen glühten in der Dunkelheit. Ich sagte ihm, er müsse zurück, aber er weigerte sich. ›Ich helf dir durch, Donald‹, sagte er. Meine zwei anderen Zugführer waren gefallen, Ross und ich hielten den Laden in Gang. Er ging erst zurück, als es hell wurde und die *Seaforth Highlanders* durchmarschierten. Ich schlug ihn fürs MC* vor - eigentlich hatte er das VC** verdient.«

Das 2. Bataillon der *Seaforth Highlanders* hatte sich parallel zu den *Camerons* vorwärts gekämpft und war auf den gleichen hartnäckigen Widerstand gestoßen. An offene Schlachtfelder gewöhnt, hatte das Bataillon kaum Erfahrung im Waldkampf. Schon bald entdeckten sie dessen Tücken.

»Der Reichswald war ein widerwärtiger Kampfplatz«, erinnert sich Hauptmann Maurice Carter, »Canloan«-Offizier und Kompanieführer beim 2. Bataillon der *Seaforths.* »Wir waren in der ersten Nacht noch nicht sehr weit gekommen, als wir in heftiges Heckenschützenfeuer gerieten. Viele Männer wurden getötet oder verwundet. Außerdem merkten wir, daß die Granaten unserer Artillerie, die in den Bäumen krepierten, unter unseren Leuten fast ebensoviel Schaden anrichteten wie beim Gegner. Dann kamen wir unter Beschuß von deutschen Spandau-MGs: Zwei waren es nur, aber beide in guter Stellung beidseits unseres Pfades. Sie hielten das ganze Bataillon auf. Wir versuchten, sie zu umgehen, probierten sämtliche Taktiken, aber irgendwie ging es einfach nicht, ganz gleich, in welcher Stärke wir es

* Military Cross: britische Tapferkeitsauszeichnung.
** Victoria Cross: höchste britische Tapferkeitsauszeichnung.

probierten. Als wir am andern Morgen wieder angriffen, waren sie verschwunden.«

Auch für die Truppen des Gegners war der Wald widerwärtig und bedrohlich. Am 9. Februar führte der 22jährige Leutnant Hans Hüneborn, Zugführer beim 2. deutschen Fallschirmjäger-Regiment, einen zehn Mann starken Spähtrupp in den Reichswald. »Ich war drei Tage im Wald«, berichtet Hüneborn. »Anschließend sollte ich meinem Kompaniechef, einem Major, in einem Keller, in dem er seinen Gefechtsstand eingerichtet hatte, Meldung machen. Ich war kaum noch fünfzig Meter von dem Haus entfernt, da sah ich die britischen Soldaten - und viele Panzer. Drei Panzer beschoß ich mit meiner Panzerfaust, beschädigte sie wohl auch. Dann schlug eine Granate in unseren Graben ein, und ich wurde verwundet. Es bestand Gefahr, daß wir eingeschlossen und gefangengenommen wurden. Ich rief meinen Männern zu: ›Duckt euch und rennt! Geht im Keller in Deckung!‹, und wir schafften es. In der Nacht verließ ich den Wald und ging nach Hause zu meinem Eltern in Haversum.«

Am 2. Tag nach Angriffsbeginn verlor das 2. Bataillon der *Seaforth Highlanders* über hundert Mann, als es in einem erbitterten Gefecht die mitten durch den Wald führende Straße Kranenburg-Hekkens säuberte. Zwei Spitzenkompanien gerieten unter intensiven Mörser- und Granatbeschuß aus deutschen Stellungen jenseits der Straße. Eine Panzerabwehrkanone eröffnete das Feuer auf die Panzer, die dem Bataillon vorausfuhren, und brachte den Vormarsch vorübergehend zum Erliegen. Weiterhin unter Beschuß, erkämpften sich die zwei *Highland*-Kompanien den Übergang über die Hauptstraße und gruben sich ein. Der stellvertretende Kommandeur des 2. Bataillons der *Seaforths,* Major Ian Murray, rettete die Lage durch eine riskante Aktion. »Ich nutzte die Konzentration des Feindes auf unsere zwei Spitzenkompanien und ließ meine zwei Reservekompanien durchstoßen, denen es gelang, zu beiden Seiten der vordersten Kompanien auf der Straße in Stellung zu gehen. Bei einem Gegenangriff hätten wir eine dünne Kampflinie gebildet. Es war ziemlich riskant. Zum Glück kamen uns die *Camerons* mit ihren flammenspeienden ›Krokodilen‹ zu Hilfe.«

Unterdessen standen die »Jocks« einem anderen Feind gegenüber - Regen, Schlamm und aufgeweichten Straßen –, der schon die 53. *Welsh* und 15. *Scottish Division* drangsaliert hatte. Nur ein einziger schmaler Weg führte in den Wald hinein, und der war in schlechtem Zustand. Zu allem Übel mußten sie ihn mit den Walisern teilen. Es war, in den Worten eines der »Jocks«, chaotisch: »Über diesen einen Marschweg quälten sich schwitzend und fluchend Massen von Fahrzeugen, Geschützen und Soldaten, und jede Gruppe beanspruchte aus Gründen der Dringlichkeit das Vortrittsrecht. Die *Argylls* wollten ihr Angriffsziel erreichen, die Geschützführer ihre Stellungen für den Feuerplan des kommenden Morgens einnehmen, die *Black Watch*-Bataillone mußten dringend Essen und Mäntel nach vorn bringen; was die Walliser wollten, wußte allerdings kein Mensch.«

»Die Achse begann sich sehr schnell aufzulösen«, berichtet Oberstleutnant G. P. (»Timber«) Wood, der den Pionier-Zug des 7. Bataillons der *Argyll & Sutherland Highlanders* befehligte. »Ich brachte Transportfahrzeuge und Granatwerfer nach vorn. Es war naß und stockdunkel, und der Weg ein einziges Dreckloch. Plötzlich steht alles still, und ich, ein kleiner Leutnant, sause nach vorn und frage: ›Was wollen Sie hier, verdammt noch mal?‹ Der Typ donnerte mich an, er wäre Brigadegeneral, Kommandeur der *Royal Artillery,* 53. Division, und hier, um zu erkunden, wie er seine Geschütze auf eben diesem Weg nach vorn bringen könnte! In dieser Phase war das ganze Unternehmen kein Blutbad mehr, sondern eine Nachschubfrage: Wie kommen die Geschütze nach vorn, die Truppen an warmes Essen und die Verwundeten aus dem Kampfgebiet - das alles wurde zunehmend zum Problem.«

Als letzte beim Angriff der 51. Division hatte die 153. Brigade die Aufgabe, einen Bogen nach Süden und Westen zu schlagen und das ganze Gebiet zwischen Reichswald und den kanadischen Linien entlang dem Ostufer der Maas zu säubern. Das 1. Bataillon *Gordon Highlanders* geriet auf Fahrschneisen, die einen halben Meter tief verschlammt waren, und mußte ebenfalls den größten Teil seiner Transportmittel zurücklassen. Mitgeführt wurde allerdings ein »Wiesel« mit 500 Büchsen der erwärmbaren Suppe, »ein bemerkenswertes Beispiel für gutes Haushalten im Feld«, wie die Bataillonsgeschichte vermerkt.

Am Nachmittag des zweiten Tages der Offensive näherte sich

der diensthabende Kommandeur des ersten Bataillons der *Gordons,* Major Martin Lindsay, der Straße von Mook nach Gennep etwa zwei bis drei Kilometer östlich der kanadischen Vorwärtsverteidigungslinie. Lindsay hatte die Operation in eine Serie von zehn sorgfältig geplanten Einzelzielen zerlegt, mit koordiniertem Einsatz von Artillerie, Granatwerfern und einer Panzer-Schwadron des 107. Panzer-Regiments (34. Panzer-Brigade), die den Männern den Weg zu ihrem jeweiligen Ziel frei schießen sollte. Bei ihrer Bewegung nach Westen befand sich die unterstützende Feldartillerie nördlich bzw. nordwestlich von ihnen, so daß die *Gordons* das etwas unbehagliche Erlebnis hatten, sich auf das Feuer, das sie schützen sollte, in direkter Linie zuzubewegen. Eine heftige Feindbegegnung wurde mit typischer Hochlandverve entschieden. Die 3. Kompanie hatte ein tief gelegenes Tal voller Erdunterstände und tiefer Gräben durchquert und marschierte jetzt auf das Dörfchen De Hel zu, und zwar in Unkenntnis der Tatsache, daß sich dort ein deutscher Bataillonsgefechtsstand befand. »Um uns herum wimmelte es von Deutschen«, schildert Oberfeldwebel George Morrice die damalige Lage. »Ich konnte McLaughlin, den ›Pfeifer‹ unserer Kompanie, in einen Graben bugsieren, wo er den Dudelsack blies. Die Deutschen waren enorm beeindruckt. Wir pflanzten die Bajonette auf, griffen an, und es gelang uns, sie zu überwältigen. Eine Unmenge Gefangener machten wir in ihrem Gefechtsstand. Ich kriegte den Kommandeur zu fassen und entwaffnete ihn eigenhändig.«

Der Tag ging mit einem weiteren Bajonettangriff zu Ende – und mit weiteren schrillen Tönen des Dudelsacks, der für die Jocks ein zweites Mal zum Retter in der Not wurde. Lindsay hatte dringenden Befehl erhalten, einen deutschen Stützpunkt an der Straße Mook–Gennep zu vernichten, der den Vormarsch der Brigade bedrohte. Lindsay selbst übernahm das Kommando und bereitete einen Kompanieangriff noch für denselben Abend vor. Beim Aufbruch geriet der erste Zug in einen Hinterhalt, und der Zugführer erlitt eine Beinverletzung durch eine Stielhandgranate (hochexplosive Granate mit hölzernem Griff). Sie kämpften sich durch und kamen zu einer Gruppe landwirtschaftlicher Gebäude, in denen sich der Gegner verschanzt hatte. Lindsay befahl 2 Minuten lang

Schnellfeuer aus jeder verfügbaren Waffe und stürmte dann die Gebäude - von rückwärts. Die List hatte Erfolg. Sechs Deutsche wurden beim ersten Sturm getötet, eine große Zahl gefangengenommen. »Man hörte Hurra-Geschrei und ein Knattern aus Sten-MPs«, erinnert sich Lindsay, »dann brach der Angriffssturm los, und binnen kurzem ertönte der Ruf ›Kamerad‹, und eine Kolonne Teutonen, einundsiebzig an der Zahl, kam mit erhobenen Händen herausgerannt ... Im Mondschein rückten wir weiter vor, kletterten über eingefallene Mauern und Trümmerhaufen, zwischen denen ein Netz von Deckungsgräben sichtbar wurde. Ich fürchtete, ein Enthusiast an der [kanadischen] Front könnte auf uns schießen, also ließ ich den zwei Dudelsackpfeifern im Kompanie-Gefechtsstand ausrichten, sie sollten den Regimentsmarsch spielen, und bald darauf hörten wir aus der Ferne die bekannten Klänge ... [Danach] hörten wir die Pfeifer der kanadischen *Camerons* und wußten, daß wir nicht mehr weit zu gehen hatten.«

Doch Lindsay mußte, bevor er in Sicherheit war, eine letzte Hürde nehmen. Als drei Männer aus dem ersten Zug den Weg zu den kanadischen Linien suchten, gab es eine Explosion, und knapp zehn Meter vor Lindsay fiel der Zugführer stöhnend zu Boden. »Es war«, so Lindsay, »ganz offensichtlich eine Schützenmine.« Er brüllte, jeder solle sofort stehenbleiben, wo er gerade war. »So laut wir konnten, brüllten wir zu den Kanadiern hinüber, sie sollten Pioniere mit Minensuchgeräten und Träger schicken. Ich sah mich um und bemerkte jetzt, daß wir uns in einem schmalen, nur etwa 40 bis 50 Meter breiten Streifen Niemandsland zwischen den deutschen und kanadischen Linien befanden.« Wartend stand Lindsay wie angewurzelt auf einem Bein und wagte nicht, das zweite auf den Boden zu setzen. Endlich wurden die Verwundeten abtransportiert - auch einer der kanadischen »Retter« war unterdessen auf eine Mine getreten. Jeder Fußbreit des Weges wurde zunächst sorgfältig auf Minen abgesucht. Lindsay folgte ihnen auf sicheres Gelände, die Füße exakt in den Spuren des vorausgehenden Kanadiers.

Am dritten Tag griff das 5. *Black Watch*-Bataillon im Morgengrauen an, überquerte die Niers und drang in die Ortschaft Gennep ein. Die Deutschen reagierten mit einem äußerst heftigen Gegenstoß, und die Kampfhandlungen, meist Nahkampfgefechte, tobten zwei Tage lang. Major Alec Brodie, dessen Späße bei jeder *Black Watch*-Operation zuverlässig für eine Belebung der Kampfmoral sorgten, »ging mit geöffnetem Regenschirm die von Kugeln gepeitschte Straße entlang. Gefragt, warum, gab er zurück, daß es regne. Und das stimmte auch«, liest man im Bataillonstagebuch, »nur hatte es niemand sonst bemerkt.«

Die Eroberung von Gennep setzte die alliierten Pioniere endlich in die Lage, eine 1200 Meter lange Baileybrücke über die Maas zu erstellen, die vom 20. Februar an die Verkehrsachse der 52. *Lowland Division* und von Einheiten des *Royal Marine*-Kommandos Nr. 46 wurde, welche zwei Wochen später in die Kämpfe eingriffen.

Die Hauptbefestigungslinie des Westwalls führte durch das Marktstädtchen Hekkens. Sie war mit Blockhäusern aus Beton und einem ausgetüftelten Verteidigungssystem stark ausgebaut. Feindliche Soldaten hatten an einem Panzergraben Wartestellung bezogen, und ihre automatischen Waffen waren auf die aus dem Wald herausführende Straße gerichtet. Am 11. Februar, drei Tage nach Angriffsbeginn, um 01.00 Uhr leitete das 5. Bataillon der *Seaforth Highlanders* einen Angriff ein, wurde aber einen Tag und eine Nacht lang durch schweren Beschuß niedergehalten. Es konnte weder vor noch zurück, und die einzige Deckung, ein kurzes Stück Straßengraben, war nicht einmal tief genug, um darin aufrecht stehen zu können. Einmal mußten die Männer zu dritt übereinander liegen, um sich vor den feindlichen Kugeln zu schützen. Maschinengewehre feuerten Leuchtspurgeschosse auf Bauchhöhe. In den Bäumen explodierten Granaten, und große Metall- und Holzsplitter prasselten auf die Männer herunter, die ausgestreckt im Graben lagen. Einige der Spitzenkompanien waren so dicht am Feind, daß sie hören konnten, wie die deutschen Unteroffiziere Feuerbefehl gaben. Bataillonskommandeur Oberstleutnant John Sym wurde von einer Gewehrgranate am Hals getroffen, weigerte sich aber, sich zurückzuziehen. Er forderte Panzerunterstützung an und erfuhr, daß Panzer erst am folgenden Morgen herangeführt werden konnten. Eine verzweifelte Nacht lang erwartete man die Panzer; die Verluste stiegen. Die

Träger setzten sich höchster Gefahr aus, um die Verwundeten zu bergen. Der Munitionsvorrat ging allmählich zur Neige, und die Männer riskierten ihr Leben, um Nachschub an den Graben zu bringen. Als endlich die Panzer anrückten, trat eine deutsche 8,8-cm-Pak in Aktion und trieb sie zurück. Kurz vor Mittag brach der Kommandeur zusammen, der unablässig beschäftigt gewesen war, an der Kampflinie Disziplin herzustellen und aufrechtzuerhalten. Endlich erließ die Brigade Rückzugsbefehl. Major Hector (»Hac«) Mackenzie, Zugführer beim 5. *Seaforth*-Bataillon, sah, wie sein bester Freund beim Versuch, die Meldung nach vorn zu bringen, getötet wurde.

»Der Adjutant, Donald Monro, kam herüber - er war ein Nachbarskind, das älteste von mehreren Geschwistern - und sagte: ›Ich muß nach vorn zur Vorhut, den Rückzugsbefehl überbringen.‹ Ich sagte: ›Donald, das schaffst du nicht. Es ist ganz unmöglich.‹ Aber er ließ sich nicht abbringen - der Kommandeur hätte es angeordnet. Zehn Minuten später wurde er auf einer Bahre zurückgebracht. Beim Versuch, von einem Kompaniegefechtsstand zum nächsten zu gelangen, war er in der Straßenmitte erschossen worden.« Die Panzer kehrten zurück und gaben dem lädierten Bataillon Deckung beim Rückzug. Die 48 Stunden dauernden Gefechte hatten 94 Opfer gefordert.

Nachdem sie den *Seaforth*-Angriff so blindwütig zurückgeschlagen hatten, machten sich die Deutschen bereit, sich in ihrer nächsten Verteidigungsposition zu verschanzen, ihre bevorzugte - und gewöhnlich erfolgreiche - Taktik, Vorstöße der Alliierten aus dem Gleichgewicht zu bringen. Diesmal jedoch wurden sie durch die Blitzaktion von zwei *Black Watch*-Bataillonen überrascht. Unter schwerem Geschützfeuer aus allen Rohren der gesamten Korpsartillerie stürmten die Infanteristen die Stadt. »Sie hielten sich so dicht am Sperrfeuer, daß sie mitten unter den Jerries* waren, noch ehe die wußten, wie ihnen geschah«, verzeichnet die Divisionsgeschichte. »Wenn jemals eine Aktion durch perfektes Zusammenspiel von Artillerie und Fußvolk gewonnen wurde, dann diese.« Mit minimalen Verlusten wurden

* Jerry: britische Verballhornung von *German* = Deutscher.

über 300 Deutsche gefangengenommen. Major Landale Rollo verhörte kurz danach einen deutschen Offizier. »Er sagte mir, zehn Minuten später hätten wir sie nicht mehr erwischt. Aber wir waren so dicht hinter dem Bombardement, daß sie noch in den Kellern saßen. Kaum daß es aufgehört hatte, waren wir auch schon in der Stadt. Nur noch wenige Minuten, und sie wären weg gewesen.«

Der Tagebuchführer des 5. Bataillons der *Seaforths* zollt der harten deutschen Abwehr in den Reichswaldkämpfen widerwillige Bewunderung: »Die Deutschen, die sich so unerhört gut schlugen ... und uns soviel Scherereien machten, bis die Schlacht endlich entschieden war, nannte Generalmajor Rennie immer ›diese verdammten kleinen Fallschirm-Boys‹ – es waren die meist noch sehr jungen, handverlesenen Fallschirmtruppen, das Beste, was die deutsche Armee zu bieten hatte. Hartnäckig und zäh kämpften sie wie die Berserker. Als unsere Flammenwerfer an diesem Tag das ›Feuer‹ einstellten, riefen sie zwischen den Bäumen hervor den *Camerons* immer noch zu: ›Kommt doch rüber und holt uns, ihr englischen Scheißkerle!‹ Gern hatten wir sie nicht, die kleinen Fallschirmjäger, aber wir hatten Respekt vor ihnen. Kämpfen konnten sie.«

Am 12. Februar ging folgendes Funkschreiben von Montgomery an Feldmarschall Brooke:

> Der Feindwiderstand gegen *Veritable* nimmt zu; die Operation bindet die meisten unmittelbar verfügbaren deutschen Reserven im Norden ... Wir rücken stetig vor. Wir halten jetzt sicher den Straßenknotenpunkt Kleve und den ganzen Reichswald und haben den Feind ein gutes Stück hinter Gennep zurückgedrängt, wo bis Donnerstag morgen eine Brücke für uns bereit ist. Die Anzahl unserer Gefangenen liegt jetzt bei 5000, die unserer Verluste bei 1100.

Der Fortschritt mag »stetig« gewesen sein – aber er war langsam, qualvoll langsam. Das Überfluten der Rurtalsperren sowie der nachfolgende Aufschub von *Grenade* hatten sich auf den Angriff im Norden äußerst ungünstig ausgewirkt. Solange die Amerikaner nicht ihre Hälfte des Zangenangriffs lanciert hatten, würden Verstärkungen in Form der »kleinen Fallschirm-Boys« den Männern an der *Veritable*-Front die Hölle heiß machen.

Trübe Aussichten

Streng geheim. Persönlich und vertraulich an CIGS von Feldmarschall Montgomery, 14. Febr. 45:
Der Feindwiderstand im Gelände von *Veritable* verstärkt sich, und heute haben sehr schwere Kämpfe stattgefunden, hauptsächlich in einem Waldstück östlich des Reichswaldes und weiter südwestlich um Kessel und Hommersum. Ein paar heftige Gegenattacken konnten ohne Bodenverluste für uns und unter stetigem Weiterrücken und Geländegewinnen zurückgeschlagen werden. Im Norden hat die 3. Kanad. Div. jetzt ein Bataillon am Rhein gegenüber Emmerich.

Am 7. Tag der Offensive müssen die Aussichten für General Harry Crerar, Oberbefehlshaber der 1. Kanadischen Armee, tatsächlich trübe gewesen sein. Wenn Horrocks' XXX. Korps nicht aus dem überfluteten Flaschenhals zwischen Maas und Rhein ausbrach, würde sich die Operation *Veritable* auch weiterhin im Angriff eines einzigen Korps erschöpfen. Waren sie einmal südlich des Flaschenhalses, bot die sich hier ausbreitende Rheinebene die Möglichkeit, mehr Divisionen an die Front zu führen. Bis dahin aber konnte Crerar seine lang geplante Offensive der Phase zwei nicht lancieren – Generalleutnant Guy Simonds' Operation *Blockbuster,* durch welche die Offensive zu einer Front mit zwei Korps erweitert würde. Geplante Stoßrichtung dieses wichtigen Angriffs waren die letzten gegnerischen Abwehrstellungen auf nördlich-linksrheinischem Gebiet: die Anhöhe bei Kalkar, Uedem und der Hochwald.

Vgl. Karten 4 und 5.

Erst wenn diese Stützpunkte gesäubert waren, konnte der Zugang zum Rhein gewonnen werden.

Crerars Armee war nicht nur um sechs Tage hinter dem Zeitplan zurückgeblieben, seine Linie hatte sich auch nicht zu dem starken V-förmigen Rammbock geformt, mit dem er durch Goch und Kalkar stoßen wollte. Eine Reihe von operativen Hauptzielen war nicht erreicht. Noch stand die Einnahme von Goch bevor, und die wichtige Anhöhe zwischen Kleve und Kalkar, der Moylandwald, war noch nicht gesäubert. Immer noch standen nur wenige Straßen für den Transport von Truppen und Nachschub zur Verfügung. Der Traum vom Panzerdurchbruch war nach wie vor nicht mehr als eben das - ein Traum, der im Schlamm erstickte. Die Kampfmoral der Deutschen war an allen Fronten ungebrochen.

Ein paar Ziele an der Peripherie der Kampflinie waren zwar erreicht worden. Auf der linken (östlichen) Flanke hatte Sprys 3. Kanadische Infanterie-Division das überschwemmte Westufer des Rheins bis nach Emmerich hinauf gesäubert. Auf der rechten hatten Rennies *Highlanders* Gennep an der Maas erobert. In dem entscheidenden 8 bis 9 Kilometer breiten Streifen im Angriffszentrum jedoch hatte Schlemm - mit Hilfe seines Motors v. Lüttwitz - das XXX. Korps daran gehindert, seine Ziele zu erreichen. Das 5. Bataillon der *Wiltshires* (43. Division *Wessex*) war südlich von Kleve abrupt zum Stehen gekommen - unter Verlusten von 200 Mann einschließlich des Kommandeurs und aller Offiziere bis auf einen. Die 51. *Highland Division* stand immer noch an der Niers. Die 53. Division hatte sich durch den Reichswald gekämpft, war aber beim Versuch, aus dem Wald auszubrechen, auf erbitterten Widerstand gestoßen.

Crerar hatte nicht nur mit dem unerhörten Druck fertig zu werden, dem seine Truppen von seiten der Deutschen ausgesetzt waren; er war überdies auch einem enormen Druck aus den eigenen Reihen ausgesetzt. Er saß in der üblichen Klemme. Seine Beziehung zu dem einen Vorgesetzten, Montgomery, war alles andere als entspannt, und auch der andere Boss, das kanadische Parlament, wollte zufriedengestellt sein. Recht lästig war außerdem die Penetranz, mit der die Medien beider Länder die Erfolge der »Kanadier« der 1. Kanadischen Armee in den Kämpfen hochlobten und dabei den hohen Anteil der beteiligten britischen Truppen völlig ignorierten.

Am 14. Februar nahm Crerar zusammen mit seinem Korpskommandeur, Generalleutnant Guy Simonds, das Mittagessen ein und wies ihn an, am folgenden Tag um 12 Uhr mittags den linken Flügel des XXX. Korps zu übernehmen. Mit seinen 42 Jahren war Simonds der jüngste General, der jemals ein kanadisches Korps in die Schlacht geführt hatte. Sein in der Normandie bewiesenes Improvisationstalent hatte ihm allgemeine Bewunderung eingetragen, besonders die seines Oberbefehlshabers, Montgomery. Er hatte die Nacht zum Tage und sporadische Scharmützel zu einer 24stündigen Non-stop-Aktion gemacht. Durch die Übernahme von Montgomerys Taktik des künstlichen Mondlichts - Scheinwerferstrahlen, die von tiefhängenden Wolken reflektiert wurden - ermöglichte er es den Truppen, auch während der Nacht zu kämpfen. Um bei einem Nachtangriff die Richtung des Vormarsches von Infanterie und Panzern festzulegen und zu sichern, ließ Simonds die Strecke durch phosphoreszierende Leuchtspurmunition markieren, die in regelmäßigen Abständen aus leichten Bofors-Fla-Kanonen über die Köpfe der Angriffstruppen hinweg abgefeuert wurde. Seine größte Leistung aber war vermutlich die Erfindung der Methode, Infanterie schnell und relativ sicher zum Einsatzort zu befördern: Von gepanzerten Selbstfahrlafetten wurden Türme und Geschütze entfernt - und es entstanden die unvergleichlichen »Känguruhs«, von denen ein jedes, im Verbund mit den Panzerwaffen, in seinem »Beutel« ein Dutzend Infanteristen zum Einsatz transportieren konnte. Simonds hatte sich im Verlauf des Nordwesteuropa-Feldzugs als fähiger - und ehrgeiziger - Korpskommandeur erwiesen. Seit Beginn von *Veritable* aber stand er am Rand und wartete auf den Ausbruch der Eröffnungstruppen aus dem Flaschenhals. Seine Divisionen standen unter Horrocks' Kommando. Zum Greifen nahe war die große Chance, die Operation *Blockbuster* ihm bieten würde: das Kommando über die 60 000 Soldaten dreier Infanterie-Divisionen, einer Panzer-Division und einer selbständigen Panzer-Brigade. Ehe er diese starke Streitmacht zum Sturm auf den Rhein schicken konnte, waren die Ziele der ersten Phase zu erreichen, womit sich die

Alliierten nach wie vor schwertaten. Für Verschleppungen aber hatte Simonds wenig übrig.

Streng geheim. Persönlich und vertraulich an CIGS von Feldmarschall Montgomery, 12. Febr. 45:
Heute habe ich alle Div. der 9. Armee an der Rur-Front inspiziert und die Probleme dieses Terrains geprüft. Die Zustände in der Flußebene sind erschreckend, und Grenade ist zur Zeit undenkbar. Bis Beginn der Operation kann es gut und gerne acht Tage, wenn nicht länger dauern. *Veritable* muß sich unterdessen allein über Wasser halten und deshalb das Tempo drosseln.

Am 13. Februar, vier Tage nach der Sprengung des Schwammenauel-Dammes durch die Deutschen, war der Wasserstand der Rur auf knapp dreieinhalb Meter gestiegen (bei Durchschnittswerten von einem halben bis anderthalb Meter). Im Kartenzimmer von Schloß Siersdorf blickten die Pioniere der 9. Armee besorgt und gespannt auf die Tabellen, die alle Stunden auf den letzten Stand gebracht wurden, und warteten auf das Sinken des Wasserpegels.

Während Infanterie und Pioniere sich für den Großangriff wappneten, arbeitete die Nachrichtendienst- und Aufklärungsabteilung der 9. Armee intensiv an einem genauen Überblick über die zu erwartende Stärke und Kampfkraft des Gegners. Aus enger Zusammenarbeit mit britischen und kanadischen Geheimdiensteinheiten wußte man, daß die Deutschen ihre stärksten Einheiten nach Norden verlegt hatten, doch fehlten die dringend benötigten Angaben darüber, welche Truppen an ihrer Stelle in die Kampflinie eingeschoben worden waren. Der einzige Weg zu Informationen über den Aufbau der deutschen Verteidigung waren die Verhöre von Kriegsgefangenen.

Auch die Heerespioniere waren auf der Suche nach Informationen und Hinweisen, die ihnen für den Brückenbau und die Entdeckung von Minenfeldern dienlich sein konnten. Nacht für Nacht wurden Spähtrupps ausgesandt, die sich äußerster Gefahr aussetzten – und oft genug nicht zurückkehrten –, um Gefangene einzubringen und Informationen zu gewinnen, die für den Erfolg von *Grenade* unerläßlich waren. Flußläufe und Strömungen wurden untersucht, das Ufergelände auf der Seite des Feindes, die Nachgiebigkeit des Bodens, die Lage von neu angelegten Minenfeldern und Stacheldrahtsperren sowie die Stellungen feindlicher Vorposten. An vorderster Front wurden in den Kellern von Bauernhöfen Patrouillen-Hauptquartiere eingerichtet. Der Aufwand, der in vielen dieser Unterkünfte für das leibliche Wohl der Männer getrieben wurde, stand in bizarrem Widerspruch zu den Verhältnissen, welche die Männer auf ihren Patrouillengängen in den bitterkalten, feuchten Februarnächten erwarteten. In einem dieser Räume räkelten sich ein paar GIs in dicken Polstersesseln und blätterten in Zeitschriften von daheim. Pin-up-Girls zierten die Wände. Auf dem Tisch fanden sich neben ein paar Stücken Dresdner Porzellan und Gläsern jede Menge Brot, Konfitüre und Pickles. »Kompanie Fox hatte so viele Gläser, daß sie für jedes Getränk ein besonderes Glas benutzten«, sagte Leutnant Stanley Golub. »Wenn die Jungens es nicht einem Erholungszentrum weit hinter der Front vorziehen, dann nur wegen der Patrouillen auf das andere Rurufer.« Nur wenige hundert Meter trennten solche behaglichen kleinen Nischen von durchnäßten Mannlöchern direkt unter der Nase des Feindes.

Drei Pioniere an der Front der 30. US-Division wurden von der Strömung flußabwärts gerissen und ertranken, als ihr Schlauchboot kenterte. Andere fielen Minen zum Opfer. Leutnant John Coester vom 171. Heeres-Pionier-Bataillon wurde schwer verletzt, als er auf eine Schützenmine trat. Die Explosion alarmierte den Feind, der das Minenfeld unter Beschuß nahm. »Es war Mitternacht«, berichteten die Männer später. »Die Patrouille mußte sich flachlegen, konnte Leutnant Coester aber Erste-Hilfe-Päckchen zuwerfen. Der Patrouillenführer, Leutnant David Gibson vom 309. Heeres-Pionier-Bataillon, fand einen sicheren Weg durch das Minenfeld und kam bis an Leutnant Coester heran. Aus Schals, Gürteln und sogar Uniformjacken machte er Schlingen, so daß die Patrouille den verwundeten Offizier auf sicheres Gelände ziehen konnte – sich aufzurichten war unmöglich.« Auf diese Weise wurde Coester aus der Schußlinie herausgezogen.

Ein anderer von diesen Spähtrupps, zehn Männer mit geschwärzten Gesichtern, drängte sich in dem deutschen Ort Himmerich schweigsam und düster in einen feuchten Keller. Die Nacht war eisig kalt. Ihre Mission: anderthalb Kilometer feindliches Gelände zu durchqueren, an den Stützpunkt Hilfarth heranzukommen und seine Verteidigungsstellungen zu sondieren. »Und bringt Gefangene mit«, hatte Hauptmann Wallace Chappel, Kompaniechef beim 134. Infanterie-Regiment, dem Führer des kleinen Spähtrupps, Stabsunteroffizier James Moore, bedeutet. Die Männer vertieften sich in das Sandkastenmodell, das den gut kilometerbreiten Todesstreifen zwischen den amerikanischen und den feindlichen Linien repräsentierte. Sie sahen den Kanal, das Minenfeld, die Stacheldrahtfallen, den mit Wasser gefüllten Panzergraben und schließlich die am Westufer der Rur gelegene Stadt. Chappell blickte besorgt auf die Uhr. Es ging auf Mitternacht. Eine Patrouille, die um 22.00 Uhr zurück sein sollte, hatte sich verspätet. »Warten Sie, bis die anderen zurück sind«, wies er Moore an. Endlich konnte sich Moores Trupp auf den Weg machen. Rutschend und kriechend arbeiteten sie sich Meter für Meter durch das lebensgefährliche Gelände und erreichten die zwei Häuserreihen am Panzergraben. Sie sahen, daß Hilfarth stark befestigt war. Sommerhäuser entpuppten sich als Bunker mit Mauern aus Stahlbeton, zum Teil sogar mit aufgemalten Fenstern. Die Deutschen hatten auch selbstfahrende Geschütze zum Schutz der Rurbrücke herangeschafft. Plötzlich - ein gutturaler Aufschrei. Eine deutsche Wache hatte sie entdeckt und stürzte sich auf den zunächst stehenden Amerikaner. In dem ausbrechenden Handgemenge wurde der Gefreite Joseph Kelsoe niedergeschlagen. Moore tastete verzweifelt nach seinem Messer und tötete den Deutschen, doch zu spät. Es war Alarm geschlagen worden. Die Patrouille zog sich in aller Schnelle in Richtung der eigenen Linien zurück. Im Laufe der frühen Morgenstunden stellten sich neun der Männer einer nach dem anderen im sicheren Quartier ein.

Der junge Schütze Kelsoe jedoch wurde gefangengenommen und von einem SS-Offizier brutal verhört, der ihn ohrfeigte, als er jede Information außer Namen, Dienstgrad und Nummer verweigerte. Später konnte er seine Wache überwältigen und kroch unter anhaltendem schwerem Beschuß zurück zu den eigenen Linien. Die von der kleinen Gruppe gelieferten Detailangaben über die deutsche Verteidigung ergänzten das geheimdienstliche Puzzle um mehrere wichtige Stücke.

Eine dieser Patrouilleneinheiten, Leutnant Roy (»Buck«) Rogers' tollkühne *Night Raiders,* die »Nachtpiraten« des 407. Infanterie-Regiments (102. Infanterie-Division), sollte weltweite Berühmtheit erlangen. Zu dieser Einheit gehörte auch Stabsunteroffizier Rufus (»Bud«) Wilkes, dessen Auszeichnungen von seiner Kampftüchtigkeit zeugen: Ihm wurden der Silver Star, der Bronze Star am Band, das Purple Heart sowie im europäischen Feldzug das Croix de Guerre verliehen. »Auf meiner ersten Patrouille – das war noch bevor ›Rogers' Raiders‹ sich formierten – kamen wir nicht über den Fluß. Das Boot sank in Strommitte, und wir mußten uns durch das eisige Wasser zurück kämpfen. Kurz vor Beginn von Operation *Grenade* wurden Freiwillige für diese neue Patrouilleneinheit gesucht. Wir waren ungefähr vierzig, unter dem Befehl von Leutnant Rogers aus Minneapolis, mit dem Spitznamen ›Buck‹. Ein paar Wochen lang erhielten wir eine Spezial-Kampfausbildung. Unsere Hauptaufgabe waren Überfälle auf deutsches Gebiet und die Infiltrierung in feindliches Territorium, bis zu etwa einem Kilometer hinter die Linien. Wir stahlen uns in der Dunkelheit so lautlos wie möglich hinüber. In den Booten war Platz für drei oder vier, also schickten wir eine Bootsladung als Erkundungspatrouille vor und vielleicht drei für einen Kampfeinsatz. Zu viele Boote auf einmal rüberzuschicken war ja nicht zu empfehlen«, sagte Wilkes erklärend. »Manchmal sollten wir Gefangene machen. Einmal, wir waren gerade auf Erkundung, liefen wir direkt einer Gruppe von Deutschen in die Arme. Wir kamen eine kleine Straße entlang und sahen sie plötzlich in ihrem Graben. Wir lagen mucksmäuschenstill, und da kamen sie doch tatsächlich heraus und direkt auf uns zu. Wir warteten, bis sie nahe genug waren, und dann nichts wie drauf. Ein paar von ihnen, die wir nicht getötet hatten, nahmen wir mit zurück. Ein andermal wurden wir losgeschickt, um Lage und Stärke von feindlichen Stützpunkten herauszufinden. Wir mußten das Feuer bewußt auf uns lenken, um Genaues feststellen zu können. Das war ganz schön riskant. Da hockt so ein Deutscher in seinem MG-Nest – du versuchst irgendwie vorbeizukommen, und jeder Schritt kann dein letzter sein. Aber bei diesen vielen Patrouillengängen ist nie jemand schwer verwundet worden. Wir waren ganz einfach gut trainiert und aufeinander eingespielt.«

Die der 102. Division zugeteilten Kriegskorrespondenten berichteten begeistert von ihrer Kühnheit. Schlüsselelement ihres Erfolges dürfte Rogers' peinlich genaue Vorbereitung jedes Überfalls gewesen sein. »Die Jungens operieren genau nach Plan«, erklärte er ruhig. »Wir gehen keine Risiken ein.« Die Ergebnisse dieser häufigen Patrouillengänge an allen Fronten wurden durch Luftfotos von 75 Aufklärungs-Flugeinsätzen gestützt. Luftaufklärung mit »Cub«-Flugzeugen bot Infanterie- und Feuerleitoffizieren die Gelegenheit, in das Gelände Einblick zu nehmen, auf dem der Angriff stattfinden sollte.

Heimlich Flußüberquerungen fanden keineswegs nur in einer Richtung statt. Nachdem sie während des unfreiwilligen Aufenthalts der Amerikaner am Rurufer den Großteil ihrer Verteidigungskräfte nach Norden verschoben hatten, waren die Deutschen jetzt verzweifelt bemüht, in Erfahrung zu bringen, wann Simpson eine neuerliche Attacke in Gang setzen würde. Fast täglich wurde feindliche Spähtätigkeit gemeldet. Die wiederbelebte Luftwaffe flog eine Reihe von Aufklärungs- und Kampfeinsätzen. Um zu verhindern, daß der Gegner die Zusammenziehung seiner Truppen beobachtete, ordnete Simpson umfangreiche Vorsichtsmaßnahmen an. Für Wegweiser und Telefonvermittlungen wurden neue Codebezeichnungen eingeführt. Tarnung wurde großgeschrieben. Truppenbewegungen wurden nur nachts durchgeführt. An Uniformen und Fahrzeugen mußten die Erkennungszeichen der Einheiten entfernt werden.

Auch der Papierkrieg ging weiter. Im Gebiet der 29. Division wurden deutsche Flugblätter gefunden. Eines zeigte drei Bilder: zerstörte Panzer, tote amerikanische Soldaten und allgemeines Elend an der Front. Auf der Rückseite: Manhattan bei Nacht und eine Can-Can-Tänzerin mit der Überschrift: »Was für ein Leben . . . 5000 Kilometer von hier!« Die Amerikaner revanchierten sich mit Flugblättern, die in Bomben abgeworfen (4500 pro Bombe) oder von Geschützen abgefeuert wurden. Über 1 400 000 Blatt Propagandamaterial wurden auf diese Weise an deutsche

Soldaten und Zivilisten verteilt. »Axis Sal« (Achsen-Sally), die Propagandaschwester von »Arnheim Annie«, girrte in ihren täglichen Sendungen aus Aachen, die Deutschen seien bereit und erwarteten den amerikanischen Angriff. Doch wußten beide Seiten: Solange die Wasser der Rur weiter anstiegen, würde es keinen Angriff geben.

Am Valentinstag, dem sechsten Tag nach Beginn von Operation *Veritable,* lancierten die drei Bataillone der 46. Brigade (15. *Scottish Division*) - das 2. Bataillon der *Glasgow Highlanders,* das 9. der *Cameronians* und das 7. der *Seaforth Highlanders,* verstärkt durch das 10. Bataillon der *Highland Light Infantry* - eine Attacke auf v. Lüttwitz' Panzertruppen im Moylandwald. Auf den Zugangswegen hatte das Wasser Heckenhöhe erreicht und kleine exponierte Inseln geschaffen, über welche die Truppen vorrücken mußten. Der Moylandwald war nicht der übersichtliche Staatsforst, wie ihn die Jocks und Waliser im Reichswald kennengelernt hatten. Nicht viel mehr als eine Reihe von mit Kiefern bedeckten Hügelkuppen, erstreckte er sich in einer Länge von gut 3 Kilometern und einer Breite von 500 Metern südöstlich von Bedburg bis Kalkar. Von den Hügelkämmen herab blockierten die Deutschen jeden alliierten Versuch, nach Süden vorzustoßen. Von Lüttwitz hatte die schmale Hügelkette gewählt, um auf ihr die Hauptabwehr des XLVII. Panzer-Korps zu konzentrieren. Von hier aus konnten seine drei Divisionen - die 6. Fallschirmjäger-, die 15. Panzergrenadier- und v. Waldenburgs 116. Panzer-Division - in verschiedene Richtungen ausschwärmen, um den Alliierten den Weg nach Süden abzuschneiden. Auf dem Rücken des erhöhten Geländes im Schutz dicker Bäume und dichten Blattwerks sicher eingegraben, schienen die Eliteeinheiten unangreifbar. Ihre Geschütze trommelten nach Belieben auf die ungeschützten Truppen in der offenen Ebene herunter. Von jenseits des Rheins, nur 9 Kilometer hinter der Kampflinie, leistete ihre schwere Artillerie tödliche Feuerunterstützung. Deutsche Gründlichkeit hatte kein Detail unbeachtet gelassen. Sprengfallen wurden gelegt und sogar die Erkennungsmarken der eigenen Toten verdrahtet. Stolperdrähte liefen im Zickzack zwischen den Bäumen hindurch, einige waren an Blechdosen befestigt, die in den Büschen versteckt lagen. Ein Maschinengewehrschütze hielt sich, die eine Hand am Abzug, die andere am Draht, für jeden bereit, der es versuchen sollte, in die dunklen Wälder einzudringen.

Nach anfänglichen kleineren Erfolgen wurden die ersten zwei Bataillone - die *Cameronians* und die *Glasgow Highlanders* - in heftige Nahkampfgefechte verwickelt und von deutschen Einheiten auf dem Hügelkamm mit schwerem Beschuß niedergehalten. Am folgenden Tag griffen die *Cameronians* erneut an und begegneten der gleichen Feuerlawine. In seiner Verzweiflung ließ ihr Kommandeur, der 26jährige Oberstleutnant Edward Remington-Hobbs, drei »Churchill«-Panzer aus seiner Panzerunterstützung (4. Bataillon der *Coldstream Guards*) nach vorn kommen, um das Bataillon vorwärts zu bringen. Ein ungewöhnliches Vorgehen - im Waldkampf, auf weichem, beweglichem Boden, wurden kaum je Panzer eingesetzt, weil die Gefahr bestand, daß sie steckenblieben und ausfielen. Und bei den ersten zwei Panzern trat genau dieser Fall ein. Der dritte allerdings schaffte es bis halbwegs den Hügel hinauf, und mit Hilfe seines Deckungsfeuers erreichten die Männer einer Kompanie die Anhöhe. Isoliert, ohne Verpflegung und Uniformmäntel, hielt die Voraustruppe ihre Stellung. »Ich gab Befehl, die ganze Nacht zu kämpfen, wenn es sein mußte«, erklärt der Kommandeur grimmig. Und die Männer folgten. In den folgenden verworrenen Gefechten waren Freund und Feind so ununterscheidbar ineinander verkeilt, daß es selbst kampferfahrenen Männern den Atem verschlug. »Wir kämpften so hart wie noch nie«, berichtete Zugführer Leutnant A. W. (»Sandy«) Waddell. »Ich sah Männer, die auf dem Boden saßen und weinten - nicht allein vor Angst, sondern aus purer Frustration.«

Inzwischen kämpfte das 10. Bataillon der *Highland Light Infantry,* um ihr operatives Ziel an der Ostflanke des Angriffs zu erreichen. Sie wurden durch starkes Feuer und erbitterte Gegenwehr zurückgeschlagen. Nur eine Kompanie hielt durch. »Drei Tage lang waren wir alleine vorn«, erinnert sich Leutnant Robert Jackson, ein »Canloan«-Offizier. »Die Jerries machten uns von zwei Seiten mit Gegenangriffen und Bomben mürbe. Die Funkverbindung war abgerissen. Ein Kurier, den wir nach hinten schickten, wurde getötet. Als die Jerries dann schließlich geschlossen anrückten, hatten die *Canadian Black Watch* aufgeschlossen und trieben sie zurück.«

Am 15. Februar wurde die Brigade dem Befehl der 3. Kanadischen Infanterie-Division unterstellt, und am nächsten Tag nahm die 7. Kanadische Infanterie-Brigade den Kampf im Moylandwald auf. Die erschöpften Jocks wurden abgezogen. »Als die *Cameronians* das Kampfgebiet verließen«, berichtete ein Kriegskorrespondent, »entbot Oberstleutnant Remington-Hobbs seinen Männern den militärischen Gruß.«

An den östlichen Ausläufern des Reichswaldes wurde v. Lüttwitz' 15. Panzergrenadier-Division langsam zurückgedrängt, ohne jedoch von ihrem eisernen Willen, die zum Waldrand vorstoßenden Waliser abzuwehren, das geringste einzubüßen. In der Nacht des 16. Februar griff das 7. Bataillon der *Royal Welch Fusiliers* (RWF) an, um die letzten knapp 800 Meter Waldland zu säubern und an der Brücke von Asperden offenes Gelände zu gewinnen. Der Brückenkopf war fest in der Hand der Deutschen, die sich nicht vertreiben ließen. Kurz darauf hörten die RWF eine Explosion - die Deutschen hatten die Brücke gesprengt. Nach einer sorgenvollen Nacht, in der er mit dem Bataillonskommandeur die Gefechtsordnung besprochen hatte, wurde Hauptmann Peter Dryland am nächsten Morgen vor seinem Gefechtsstand durch Granatwerferfeuer verwundet. Er wurde das 70. Opfer des Bataillons in den augenblicklichen Kampfhandlungen. Später berichtete er seinen Eltern in einem Brief von den schrecklichen Schuldgefühlen, die ihn befielen, als er die von Verlusten so hart betroffene Einheit verlassen mußte: »Samstag, 17. Februar: Verabschiedete mich, auf der Tragbahre liegend, vom Oberst [Oberstleutnant G. F. T. B. Dickson]. In seiner Tarnjacke, die Augen hinter der Hornbrille voller Sorge, stand er vor mir. Ich konnte ihn kaum ansehen vor Scham, daß ich ihn so im Stich ließ. Er kniete neben mir nieder und strich mir sanft über die linke Hand. ›Schon gut, Peter‹, sagte er mit seiner ruhigen Stimme, ›mach dir nur keine Sorgen.‹ Aber ich wußte, daß in dieser Woche bereits sieben Offiziere getötet oder verwundet worden waren.«

Am 16. Februar, dem neunten Tag der Operation *Veritable,*

schickte das 4. Bataillon der RWF eine motorisierte Kampfpatrouille aus, die ein etwa 300 Meter waldeinwärts gelegenes Haus auskundschaften sollte. Dort angekommen, erhielten sie Befehl, abzusitzen und ein Gebäude zu durchsuchen. »Die Deutschen sahen die Männer aus dem Wald kommen, dachten, es sei ein größerer Durchbruchsversuch, und eröffneten das Feuer aus allen verfügbaren Rohren«, erzählt Major Bill Gaade. Eine rote Leuchtkugel zeigte den Rückzugsversuch der Patrouille an. Zur Deckung ließ das Bataillon einen ausgedehnten Nebelvorhang niedergehen. Doch hielt massiver Beschuß aus selbstfahrenden Geschützen, Granatwerfern und Handfeuerwaffen die Patrouille bewegungsunfähig. Drei weitere Nebelvorhänge boten keinen Schutz gegen das dichter werdende Trommelfeuer. Erst bei Einbruch der Dunkelheit konnte das glücklose Häufchen sich allmählich zu den eigenen Linien durchschlagen. Die Hälfte der Männer hatte den Angriff mit dem Leben bezahlt. »Die Leute waren völlig ohne Deckung«, sagt Gaade. »Und sie hatten eine Menge Verluste. Es war eine Tragödie - sie hätten auf keinen Fall Befehl zum Absitzen erhalten dürfen. Immerhin aber konnte links von uns die 43. Division ungehindert weiter vordringen, weil wir das gesamte gegnerische Feuer auf uns zogen.«

Mit vereinten Kräften vertrieben die vier britischen Divisionen die Deutschen aus dem Reichswald und dem angrenzenden Gelände. Sieben Achtel des Waldes waren jetzt von der 53. Division und dem 44. *Royal Tank Regiment* erobert worden. (Den Rest hatte die 51. *Highland Division* gesäubert. Die 43. und 15. Division hatten, auf Hörweite entfernt, den nördlichen Zipfel durchquert und sich den Weg am Ostrand entlang freigekämpft.) Infanterie und Panzer waren zehn Tage lang ohne Unterbrechung im Einsatz gewesen - und ebenso zehn durch die geisterhafte Beleuchtung des künstlichen Mondlichts zum Tag gemachte Nächte hindurch. Die Verlustzahlen erreichten schwindelnde Höhen. Nahezu eintausend Waliser wurden - tot oder verwundet - zu Opfern des Reichswalds. »Ohne Übertreibung läßt sich sagen, daß der erfolgreiche Angriff auf den Reichswald bei den damals herrschenden Wetterbedingungen eine in der Militärgeschichte einmalige Operation darstellte«, hält die Geschichte der 53. Division mit berechtigtem

Stolz fest. Doch es war eine jämmerliche und unheilvolle Art, Geschichte zu machen.

Am 11. Februar hatten sich auch die *Highlanders* aus dem Wald heraus in die offene, panzergängige Ebene durchgeschlagen, die Crerar für seinen Panzerdurchbruch vorgesehen hatte. Aber Tauwetter wie Feindmaßnahmen hatten hier gleicherweise seine Pläne vereitelt. Die beiden Nebenflüsse der Maas, Niers und Kendel, waren auf das Doppelte ihrer normalen Breite von 10 Metern angeschwollen und stellten damit wirkungsvolle natürliche Panzerhindernisse dar, die den Alliierten einen ungehinderten Vormarsch auf Goch und weiter zum Rhein verwehrten. Goch, eine Stadt mit etwa 10 000 Einwohnern, war von strategischer Bedeutung als Mittelpunkt der Westwallbefestigungen. Je näher die 1. Kanadische Armee an Goch heranrückte, desto entschlossener schien der Widerstand zu werden. Das erhöhte Gelände oberhalb der Flußtäler von Niers und Kendel erlaubte dem Feind den Überblick über die gesamte Marschachse des XXX. Korps. Und obwohl die Briten die Straße beherrschten, konnten sie sie dennoch nicht benutzen. An sich unbedeutende Ortschaften wie Gennep, Hekkens, Kessel, Viller, Asperden, Hervorst, Grafenthal und Hassum, die an diesen Flüssen lagen, wurden zu Hauptstützpunkten des Gegners und blieben dem Gedächtnis eines jeden *Highlander* unauslöschlich eingeprägt. Jeder Meter Bodengewinn wurde mit heftigen Gegenattacken und wildem Artillerie- und Mörserfeuer vergolten. Es sollte fünf weitere Tage intensiver Gefechte kosten, ehe sich die *Highlanders,* Chaos und Trümmer hinter sich lassend, durch die befestigten Dörfer geschlagen, die Straße geöffnet und den Stadtrand von Goch erreicht hatten.

Einmal aus dem Wald heraus, war die Infanterie nicht länger auf sich allein gestellt. Jedem Vordringen der Jocks ging massives Bombardement auf deutsche Befestigungen voraus. Das Flächenfeuer der kanadischen »Raketenteppiche« - Hunderte gleichzeitig abgefeuerter Raketen - legte die Städte in Schutt und Asche. Männer kämpften Nächte hindurch im hellen Schein des künstlichen Mondlichts und lodernder Brände. »Typhoons«, die heulend an einem wolkenlosen Himmel dahinrasten, entluden ihre Raketen oft nur wenige hundert Meter im Vorfeld der schottischen Angriffsspitzen auf die feindlichen Stützpunkte. Die Bodenverhältnisse erlaubten noch keine Beteiligung der Panzerkräfte, aber die Infanterie der Gardepanzer-Division - die 32. *Guards Brigade* - kämpfte an der Seite der *Highlanders.* Das 5. Bataillon der *Seaforths* nahm, ohne auf nennenswerten Widerstand zu stoßen, das drei Kilometer nordwestlich von Goch gelegene Asperden ein und war dann zwei Tage lang wütendem feindlichem Artilleriefeuer ausgesetzt. »Schön war es nicht«, erinnern sie sich. »Aber es war doch tröstlich zu wissen, daß die Deutschen statt holländischer jetzt wenigstens deutsche Häuser zerbombten. Und es tat gut, wenn man sah, wie eine Mauer mit der Aufschrift: ›Ein Reich, ein Volk, ein Führer‹ langsam in Trümmer fiel.«

In Hervorst, einem weiteren Dorf nördlich von Goch, stieß eine Kompanie der *Cameronians* auf massive, durch Grasbewuchs getarnte Betonbunker mit fast ein Meter dicken Mauern, einem einzigen, betonverstärkten Eingang und Schießscharten. Jeder dieser Bunker war mit einem 150-mm-Geschütz zur gegenseitigen Unterstützung bestückt. Eine durch den Schornstein geworfene Granate wurde abgelenkt und provozierte Vergeltungsfeuer aus Spandau-Maschinengewehren, Mörsern und Raketen aus dem berüchtigten »Nebelwerfer«*. (Dieser mit mehreren Rohren ausgestattete deutsche Werfer hieß bei der Truppe »Moaning Minnie« - »Stöhnende Minna« - oder »Screaming Meamie« - »Kreischende Mimi« -, des grauenvollen, demoralisierenden Geheuls wegen, das die Raketen bei der Zielannäherung von sich gaben.)

Dem Zugführer Major Donald Callandar war eine kleine Panzerabteilung unterstellt: je eine Kompanie »Churchill«-Panzer, flammenwerfende »Krokodile«, AVREs, die durchschlagskräftige, vernichtende Sprengladungen (Petarden) abfeuerten, und kanadische 17-Pfünder (Pak). Doch jeder Versuch, die Befestigung einzunehmen, blieb erfolglos. Der Offizier der AVRE-Kompanie schlug vor, eine Salve Petarden auf die kleine stählerne Schießscharte in der Seitenwand des Bunkers abzufeuern. »Eine

* nach dem Raketenpionier Rudolf Nebel (1894–1978) benannter Raketenwerfer der dt. Wehrmacht. A.d.Ü.

ungeheure Explosion erfolgte, unter der die Erde bebte«, berichtet Callander. »Die Deutschen kamen heraus, mit leichter Gehirnerschütterung, wie es aussah, und schwarz vom Staub und Dreck der Explosion; einigen blutete die Nase; drei, die an der Mauer gelehnt hatten, auf die wir gefeuert hatten, waren tot.«

Eins der letzten operativen Ziele vor dem Angriff auf Goch selbst war ein Steilhang, der sich über die Stadt erhob. General Essames 214. Brigade (43. Division *Wessex*), die sich von Kleve her nach Süden kämpfte, wurde mit der Durchführung der Operation beauftragt. Nach einem bemerkenswerten Marathon von gut 24 Stunden übernahmen das 4. und 7. Bataillon der *Somerset Light Infantry* (SLI), das 1. der *Worcestershires* und das 5. der *Duke of Cornwall's Light Infantry* die Spitze des 7-km-Vorstoßes der 43. Division, der von den Stellungen im Süden Kleves direkt auf die strategisch wichtige Anhöhe von Goch zuführte. Die ersten drei Kilometer wurden bis zum Abend des 16. Februar zurückgelegt. »Der Angriff verlief in Form von Straßenkämpfen und Haussäuberungen in kleinen Dörfern«, schrieb Oberstleutnant Ivor Reeves, Kommandeur der SLI, seiner Frau. »Jedes Haus, jeder Hof in Stadt oder Dorf . . . hat bunkerartig verstärkte Keller, von denen viele so angelegt sind, daß die Decke gerade oberhalb des Erdbodens liegt, so daß aus Scharten heraus gefeuert werden kann. Praktisch jedes Haus auf der Vormarschroute muß gesäubert werden, eine langwierige und anstrengende Angelegenheit, aber wir kommen vorwärts.« Zwei Faktoren schrieb Reeves seinen Erfolg zu: »Die Zusammenarbeit zwischen unseren Panzern (4./7. *Dragoon Guards*) und der Infanterie klappte hervorragend, und das taktische Geschick auf Kompanie-Ebene wies ein bemerkenswertes Niveau auf.« Ein dritter Faktor mochte der Vierbeiner sein, der die Truppe begleitete und für gute Laune sorgte: ein Schäferhund, der »gerade noch rechtzeitig aus den Flammen eines brennenden Bauernhauses gerettet worden war«, wie der Kommandeur seiner Frau berichtete.

Dann gab Essame dem 4. Bataillon/SLI Befehl zur Fortsetzung der Jagd. Eine halbe Stunde nach Mitternacht, nachdem der Bataillonskommandeur, Oberstleutnant Christopher Godfrey (»Lippy«) Lipscombe, den Aufmarschraum eigenhändig mit weißen Bändern markiert hatte, setzte sich das Bataillon in Marsch. »Ein Nachtangriff durch ein Gelände, das man bei Tag noch nie gesehen hatte und das frisch erobert worden war, bedeutete einen Schritt ins Unbekannte, in eine Zone voll unberechenbarer Gefahren«, notierte Essame über den ungewöhnlichen Angriff. »Die Überraschung für den Gegner war komplett.« Major Victor Beckhurst, der die 1. Kompanie des 4. Bataillons/SLI befehligte, eroberte mit einer brillanten Bajonettattacke eins seiner Angriffsziele - einen Bauernhof, der mit Pfählen und einem Zaun aus drei Reihen Stacheldraht verbarrikadiert war. Der Feind war alarmiert und eröffnete das Feuer. »Ich ließ einen ›Wasp‹-Flammenwerfer nach vorn kommen«, erzählt Beckhurst. »Der Mann drückt auf den Knopf, um die Flamme auszulösen, und unglücklicherweise funktionierte das Ding nicht - nur das Flammöl lief brennend durch das Rohr, tropfte direkt davor auf den Boden, und die ganze Umgebung war hell erleuchtet. Die Silhouetten meiner Soldaten bildeten prächtige Zielscheiben. Zum Glück gab es nur zwei Ausfälle, weil ich sofort Befehl geben mußte: ›Zurück! Zurück!‹« Im Schutz des Artilleriefeuers, das der Kommandeur anforderte, krochen die Männer nach vorn und durchschnitten den Stacheldraht an mehreren Stellen. »Uns fehlten nur noch knapp 150 Meter, und die Artillerie ballerte noch immer drauflos. Sobald sie aufhörte, rief ich ›Angriff!‹, und mit aufgepflanztem Bajonett stürmten wir hinein und nahmen drei Offiziere und weitere 37 Deutsche gefangen. Der deutsche Offizier, der die feindliche Truppe befehligte, sagte, er hätte uns für eine Patrouille gehalten, da die Briten seiner Erfahrung nach nie bei Nacht angriffen.«

Am 17. bei Tagesanbruch erreichte das 4. Bataillon/SLI auf einer Front von etwa 900 Metern die Anhöhe, die nach Süden, zu der nur 1200 Meter entfernten Stadt hin, 20 Meter tief steil abfiel. Jetzt erhielt das 7. Bataillon/SLI den Befehl, das Gebiet zu sichern. Wieder wurde es ein Kleinkrieg von Haus zu Haus, während die Panzer feuerten, bis ihnen die Munition ausging. Im Kampf um das Dörfchen Imigshof ergab der Feind sich erst, als jedes einzelne Haus in Flammen stand. Auch das 1. Bataillon der *Worcestershires* und das 5. der *Duke of Cornwall's Light Infantry* hatten ihre Angriffsziele nur gegen starken Widerstand erreicht. »Am Abend blickten sie von einer dreieinhalb Kilometer breiten Frontlinie auf die Schornsteine von Goch hinunter«, berichtet Essame. Die rührigen Männer aus Englands Südwesten hatten keinen geringen Triumph errungen.

Zehn Tage lang hatten Engländer, Schotten und Waliser sich nach Süden durchgekämpft, hatten eine Attacke nach der andern gegen einen Feind durchgeführt, der einmal mit Blitzesschnelle zurückschlug, sich ein andermal spukhaft in den Schatten auflöste. Die zurückgelegte Entfernung betrug kaum zwanzig Kilometer. Zwanzig Kilometer in zehn Tagen von einer schlagkräftigen, erfahrenen Truppe: Das sagt alles über dcn Widerstand, den der Feind ihnen entgegensetzte. »Es gab keine dramatischen Kämpfe in diesem Gelände«, erinnert sich ein Zugführer. »Eher konnte man an die statischen, schwerfälligen Schlachten des Ersten Weltkriegs denken. Keine großen Bataillonsattacken, keine blutigen Gemetzel, nur ein ewiges, nasses, miserables Weiterbosseln . . . Und plötzlich war alles anders. Plötzlich kam Goch.«

Plötzlich kam Goch

Streng geheim. Persönlich und vertraulich an CIGS von Feldmarschall Montgomery, 15. Febr. 45:
Im Gelände von *Veritable* rücken wir jetzt an Goch und Kalkar heran; ich glaube, daß wir beide Orte bis morgen abend in Besitz haben. Südwestlich von Goch haben wir jetzt Afferden und die Wälder westlich davon im Norden der Straße eingenommen. Die Zahl der Gefangenen nimmt zu, neue gegnerische Formationen tauchen auf, und es sieht aus, als ob *Veritable* die gesamten feindlichen Reservekräfte aufsaugt. Um so besser. Als Stichtag für *Grenade* ist jetzt der 23. Febr. festgesetzt. Bis dahin muß also die Kanad. Armee allein weiterkämpfen, aber mit dem beabsichtigten Resultat, daß die Aufgabe für *Grenade* erleichtert und schneller zu lösen sein wird. Heute verbreitet Nebel und Dunst, so daß Lufteinsätze kaum möglich.

Als sich am Morgen des 11. Tages auf der von Kämpfen verwüsteten Anhöhe über Goch der Frühnebel lichtete, sammelten sich die Truppen zweier schottischer Divisionen zum entscheidenden Schlag. Sie standen vor einer Eroberung von außerordentlicher Bedeutung. Die Einnahme Gochs sollte den Wendepunkt der Schlacht um das Rheinland bringen. Sie sollte das Scharnier für Montgomerys Flügelangriff sichern und, so hofften die Alliierten, trockenes, hartes Terrain für einen schnellen Panzervorstoß zum Rhein öffnen.

In Goch und Umgebung sollten die 15. *Scottish* und die 51. *Highland Division* im Rahmen von *Veritable* ihre letzten Kämpfe ausfechten. Danach schieden die zwei Divisionen – bzw. das, was nach dem Gemetzel im Reichswald und den Kämpfen um Goch von ihnen geblieben war - aus dem Kampfgeschehen aus. In den Rheinlandoperationen war ihre Rolle ausgespielt. Sie sollten aber bereitstehen, um die Armeen aus drei Nationen beim Übergang über den Rhein zu unterstützen - das war die Aufgabe, für die sie in den folgenden vier Wochen ausgebildet wurden.

Goch war ein betriebsamer Straßen- und Eisenbahnknotenpunkt, ein reizvolles altes Städtchen mit etwa 10 000 Einwohnern. In einer gemächlichen U-förmigen Windung floß die Niers durch das Zentrum. Dahinter lagen die alten Wohnviertel und der große Marktplatz mit seinem Kopfsteinpflaster, wo in glücklicheren Tagen die Bauern vom Land ihre Waren feilhielten und Kinder mit verlangendem Blick vor den Torten und Süßigkeiten in den Auslagen der Bäckereien standen.

Alles das war verschwunden. Verschwunden die Bevölkerung der Stadt, die evakuiert worden war. Verschwunden - von Bomben und Granaten der Alliierten in Schutt und Asche gelegt - die Geschäfte. Lautlos wartete Goch auf die nächsten und letzten Aktionen seiner Angreifer.

General Schlemm war sich ebenso wie General Crerar über die strategische Bedeutung der Stadt im klaren, die von einer Eisenbahnlinie und drei wichtigen Straßen erschlossen, von der Niers in zwei Hälften geteilt und vom Westwall gesichert wurde. Goch war das Herz des Niederrheins. Auch Schlemm hatte auf Goch gerechnet - als Angelpunkt der *eigenen* Verteidigungsmaßnahmen. In aller Eile war die Befestigung der Stadt vorangetrieben worden, obwohl die nächtlichen Luftangriffe der R.A.F. vom 7. Februar die Fertigstellung nachhaltig unterbrochen hatten. Hundertfünfzig ausländische Zwangsarbeiter wurden getötet, als Bomben auf die zwei Schulhäuser fielen, in denen sie untergebracht waren.

Die Deutschen hatten zwei Panzergräben ausgehoben: Der äußere fiel ca. sechs Meter tief ab und umschloß die Stadt von drei Seiten - einzig der Süden blieb zugänglich. Der zweite, innere Graben zog sich knapp einen Kilometer dahinter um die gesamte Stadt. Betonstellungen, Stacheldraht und strategisch angelegte Minengürtel hatten Goch in eine Festung verwandelt. Die Schießscharten vieler Bunker bestanden aus zehn Zentimeter dickem Stahl, der in 60 Zentimeter Beton gebettet war. Die Zugänge waren mit Stolperdraht und Minen gesichert. Sogar die Keller der Häuser waren befestigt worden. Durch betonierte Schlitze hindurch konnten die Straßen mit Maschinengewehrfeuer bestrichen werden.

Es war der R.A.F. nicht gelungen, diese Befestigungen zu zerstören. Sie hatte lediglich Geschäfte, Häuser, Kirchtürme und Fabrikschornsteine in Trümmer gelegt - und dem Verteidiger zusätzlichen Schutz verschafft. Auch hier hatte der alliierte Beschluß, »Bombentrichter in Kauf zu nehmen«, die fürchterlichsten Folgen für die eigene dort im Gefecht stehende Infanterie.

Ein Fehler allerdings war den deutschen Architekten unterlaufen, der sich für die Verteidigung als abträglich erweisen sollte. In der Überzeugung vielleicht, daß die Panzergräben ein Eindringen der feindlichen Panzer in die Stadt verhindern würden, versäumten sie es, an jedem Bunker Pak in Stellung zu bringen. Das erfolgreiche Rezept der *Highlanders,* wie solche Bunker zu bezwingen waren - einnebeln, mit AVREs beschießen und mit »Krokodilen« ausräuchern - hatte dem Westwall folglich etwas von seiner Bedrohlichkeit genommen.

Am 18. Februar trafen sich Schlemm und der Befehlshaber der Heeresgruppe H, General Blaskowitz, im Kartenraum des Hauptquartiers der Ersten Fallschirmjäger-Armee in Xanten. So düster wie der Tag waren auch die Mienen der hier versammelten Stabsoffiziere.

Schlemm hatte sein Spiel verloren. Er hatte gehofft, v. Lüttwitz' Verzögerungsaktionen würden die Truppen der Alliierten so lange auf der Höhe Kleves bzw. des Reichswalds zurückhalten, bis er weitere Einheiten in seine neue Verteidigungslinie südlich des Waldes eingegliedert hatte. Doch trotz höchsten Einsatzes über sechs Tage hin hatten weder das XLVII. Panzer-Korps noch General Straubes LXXXVI. Infanterie-Korps die 1. Kanadische Armee davon abhalten können, den Stadtrand von Goch zu erreichen.

Schlemm übertrug die Verteidigung der Stadt dem II. Fallschirmjäger-Korps unter dem Befehl des humorlosen, scharfblikkenden Generals Eugen Meindl, dem auch Generalleutnant Wolfgang Erdmanns 7. und Generalmajor Walther Wadehns 8. Fallschirm-Division sowie die Reste von Generalmajor Fiebigs

84. Infanterie-Division unterstellt wurden. Meindl hatte Anweisung, die Linie von Goch bis zu dem zwischen Goch und dem Rhein gelegenen Uedem zu halten. Von Lüttwitz sollte die Linie von Uedem bis zum Rhein verteidigen.

Der nächtliche Vorstoß der 43. Division *Wessex* war Meindls Plänen zuvorgekommen. Als der General am nächsten Morgen sein neues Hauptquartier erreichte, stellte er fest, daß der Angriff auf Goch bereits in vollem Gange war.

Der Plan zur Einnahme Gochs sah einen Doppelangriff der zwei schottischen Divisionen mit je zwei Brigaden vor. Am Nachmittag des 18. Februar sollte die 44. Brigade den Angriff der 15. Schottischen Division im Abschnitt nördlich der Niers einleiten. Wenn die 15. Division Fuß gefaßt hatte, sollte die 153. Brigade der 51. *Highland Division* unmittelbar vor Mitternacht im Süden des Flusses angreifen.

Ursprünglich war ein Standard-Angriff der 15. Division mit sämtlichen Unterstützungswaffen vorgesehen. Angesichts der Leichtigkeit jedoch, mit der die Patrouillen die äußere Verteidigungslinie überwunden hatten, fragte man sich jetzt beim Nachrichtenstab der Brigade, ob die Garnisonsstärke nicht vielleicht so minimal war, daß die Stadt gestürmt werden konnte. Patrouillen vom 7. Bataillon der *Somerset Light Infantry* waren bis jenseits des äußeren Panzergrabens vorgedrungen und hatten wenig Feindaktivität gemeldet. Der Kommandeur der 44. Brigade, Brigadegeneral Hon. H.C.H.T. Cumming-Bruce, und Oberstleutnant Lord Charles Tryon, Befehlshaber der sie unterstützenden *Grenadier Guards,* waren persönlich zur Erkundung nach vorn gegangen. Auch sie kamen, nachdem sie ungehindert durch feindliches Gebiet bis fast zum inneren Graben gelangt waren, zu dem Schluß, daß mit nur leichtem Widerstand zu rechnen sei.

Umgehend erging eine Befehlsänderung: Eine Kompanie der Angriffsspitze, des 8. Bataillons der *Royal Scots,* sollte sofort zum Angriff auf den Graben vorgehen und, wenn möglich, weiter bis in die Stadt hinein vorstoßen. Der innere Graben war steile drei Meter tief und etwa 7,5 Meter breit. Das Gelingen des Handstreichs hing also davon ab, ob die AVREs den Graben überbrükken konnten, damit die Truppen in gepanzerten Transportfahrzeugen samt ihrer Panzerunterstützung schnell die feindlichen Linien durchbrechen konnten. Die Vorauskompanie geriet augenblicklich in Schwierigkeiten. Statt nach Goch hineinzustürmen, blieb die Infanterie-Kompanie unter schwerem Beschuß aus Maschinengewehren und selbstfahrenden Geschützen liegen. Der Kompaniechef, Major David McQueen, beschreibt die Vorgänge: »Die Brücke mit einer Länge von 8 bis 10 Metern, die das AVRE mitführte, um den Panzergraben zu überspannen, blieb bei der Anfahrt in den Bäumen hängen. Wir konnten sie frei machen, aber durch den Anprall gegen die Bäume hatte sie sich irgendwie verzogen. Sie ging zwar herunter, aber dann klemmte der Abstoßmechanismus, und sie löste sich nicht vom Panzer. Die gepanzerten Truppentransporter kamen nicht über den Graben, und inzwischen meldete sich die gegnerische Seite und begann uns zu binden. Der erste Zug überquerte den Graben zu Fuß, kam aber nicht weiter und wurde niedergehalten. Der Rest igelte sich um den festsitzenden Panzer herum ein.«

Während McQueen sich auf der eigenen Seite verschanzte, war sein Zugführer äußerst unbehaglich im Niemandsland isoliert. Zwei feindliche Geschütze auf Selbstfahrlafette eröffneten das Feuer. »Ich saß mit dem ganzen Zug für den Rest des Tages an diesem Panzergraben fest, während sich die anderen über die Straße zu uns kämpften«, erinnert sich Unteroffizier James Cornwall. »Erst wurden wir von den Deutschen aus Häusern in unserm Rücken beschossen, und dann fiel auch noch unsere eigene Artillerie über uns her.«

Der Brigadekommandeur war unterdessen zu seinem ursprünglichen Plan zurückgekehrt und ließ am Nachmittag erneut angreifen. Das 6. Bataillon der *King's Own Scottish Borderers* (KOSB) folgte den *Royal Scots* und hatte ebenfalls seine Probleme am Panzergraben. Erst gegen Mitternacht gelangten die zwei Bataillone in die Stadt und errichteten kleinere Brückenköpfe.

Als Cornwalls Zug sich über den zweiten Graben und zu den Eisenbahngeleisen hinüberkämpfte, die in die Stadt führten, wurden sie durch einen kurzen, scharfen Kommandoruf angehalten: »Who goes there?« rief ihnen eine Stimme auf englisch zu. »Wir dachten: ›Ach so, nur ein anderer Zug.‹ Und dann legten sie los mit allem, was sie hatten. Es war ein deutscher Posten. Drei oder vier meiner Männer wurden getötet, auch mein junger Maschinengewehrschütze.«

Links von ihnen war das 6. Bataillon/KOSB in ein Wurfduell mit Handgranaten verwickelt und einem heftigen Gegenangriff ausgesetzt. Die Verluste mehrten sich, und zwei Züge wurden isoliert und von deutschen Fallschirmjägern eingeschlossen. »Wir griffen an und nahmen drei Häuser in Besitz«, berichtet Alex Kidd vom 6. Bataillon/KOSB zurückblickend. »Eins davon bezog der Kompaniegefechtsstand, aber im nächsten Haus, kaum 30 Meter entfernt, waren die Deutschen. Sie beschossen uns die ganze Nacht mit Panzerfäusten. Das brachte uns eine Menge Verluste.«

Am nächsten Morgen griff das 6. Bataillon der *Royal Scots Fusiliers* in die Kämpfe ein; mit Hilfe des 4. Bataillons der *Tank Grenadier Guards* und einer Abteilung flammenspeiender »Wasps« (Wespen) säuberten die drei Bataillone bis zum Abend die Häuser bis an den Fluß. Die 44. Brigade stürzte sich unerschrocken mitten ins Zentrum der deutschen Abwehr und zwang die Deutschen so in die Knie.

Oberst Paul Matussek, der deutsche Garnisonskommandant, hatte seine Reserven heranbeordert, um die Attacke aufzuhalten. Sechshundert Deutsche wurden gefangengenommen, darunter fast komplett das 190. Füsilier-Regiment, Verstärkungstruppen, die sozusagen spielend eingesammelt wurden, als sie per Fahrrad zum Einsatz geeilt kamen. »Unser General war ›Tiny‹ Barber, der längste General in der britischen Armee«, gibt Kidd grinsend zum besten. »Er kam am nächsten Vormittag in unsere Stellungen in Goch und sprach mit einigen von den Männern. Ein kleiner Kerl, vor dem Krieg Zeitungsverkäufer, mit einem dicken Staffordshire-Akzent, erzählte dem General, er hätte eine ganze Menge Gefangene gemacht. ›Und – war es schwierig?‹ fragt der General. ›Gar nicht, Sir!‹ gibt er zurück. ›Einer hatte sogar die Hosen runter!‹ Der General lachte sich eins.«

Dann stürzte sich die 51. *Highland Division* ins Gefecht. General Rennie erteilte der 152. Brigade den Auftrag, in der Nacht zum 18. Februar jenseits des Panzergrabens Brückenköpfe zu errichten.

Major Ian Murray, stellvertretender Kommandeur des 2. Bataillons der *Seaforths,* hatte das Vergnügen, dem Feind eins auszuwischen. »In die Stadt führten drei größere Straßen. Die Deutschen erwarteten natürlich, daß wir eine davon benutzen würden. Das 5. *Seaforth* saß schon auf einer fest und wurde mit intensivem Artilleriefeuer belegt. Wir beschlossen, über eine schmale Landstraße vorzurükken, und hatten kaum Beschuß. Das Bataillon führte drei einzelne Kompanieattacken durch - eine Technik, die wir schon vorher mit Erfolg angewandt hatten - und hatte vier Stunden nach Verlassen der Ausgangsstellungen mit einem Brückenschlag über den Graben seinen Auftrag erfüllt.«

In den frühen Morgenstunden des 19. übernahm die 153. Brigade die eigentliche Säuberung aller Stadtteile südlich der Niers: Ziel der Angriffsspitze, des 5. *Black Watch*-Bataillons, war der Abschnitt bis zum Marktplatz; das folgende 5./7. Bataillon der *Gordon Highlanders* sollte den Angriff bis an die Bahngeleise führen, das 1. Bataillon der *Gordon Highlanders* schließlich die Säuberung nach Süden bis zu den vor der Stadt gelegenen Bauernhöfen vollenden.

Zunächst trafen die *Black Watch* auf tiefe Stille. Die Verteidiger schienen aus dieser Richtung keine Angriffe zu erwarten. Das nachfolgende 1. Bataillon der *Gordons* stellte jedoch sehr schnell fest, daß die »Hornissen« - wie Kompanie-Oberfeldwebel George Morrice die deutschen Landser getauft hatte - »sich regten«: »Die Granaten machten Kleinholz aus uns. Der Chef unserer 1. Kompanie, Major Arthur Thompson - er war erst einen Tag vorher angekommen -, steckte den Kopf aus seiner Tür und wurde von einem Scharfschützen getroffen, ein paar seiner Leute mit ihm. Unsere Ziele waren sehr stark verteidigt.«

»Der Rest des Tages war absolut saumäßig«, stellt Martin Lindsay, stellv. Kommandeur des 1. Bataillons der *Gordons* fest. »Es wurde uns schmerzlich klar, daß der erste Eindruck getäuscht hatte und der Gegner nur allzu entschlossen war, die Stadt zu halten. Der Widerstand versteifte sich. Die Straße war voller Trümmerhaufen, so daß wir weder Panzer noch ›Krokodile‹ einsetzen konnten, und auf jeden Versuch mit Bulldozern reagierten Scharfschützen mit Handfeuerwaffen.« Lindsay schickte zwei Kompanien vor, um den Feind an der linken Flanke anzugreifen, unterstützt von Panzern und »Krokodilen«, durch einen Nebelvorhang gedeckt. Die Attacke war ein runder Erfolg. »Diesmal hatten wir die Deutschen geschlagen«, so Morrices genüßliche Darstellung. »Sie fingen an, unsere Stellung zu bombardieren, aber wir waren schon unterwegs zum Flankenangriff, und sie erreichten uns nicht mehr. Wir marschierten direkt auf den Marktplatz und besetzten mehrere Gebäude. Das Artillerie- und Werferfeuer war so schwer, wie wir es noch nie erlebt hatten – nur den großartigen deutschen Kellern war es zu danken, daß wir keine großen Verluste hatten. Goch war, glaube ich, eine der härtesten Schlachten des Krieges – eine wirklich fürchterliche Woche.«

Am frühen Morgen des 19. Februar nahm die 153. Brigade Matussek und seinen Stab gefangen, während die Deutschen beim Frühstück saßen. (»Und nicht, als sie noch im Bett lagen, wie der *Daily Mirror* berichtet hat«, betont die Geschichte der 6. *Guards Tank Brigade.* Bei Matussek wurde eine Bleistiftnotiz von General Erdmann, 7. Fallschirmjäger-Division, gefunden: »Sprengt die Brücken und haltet die Front um jeden Preis.« Matussek hielt den Befehl für unsinnig. Wie konnte er mit einem Haufen zusammengewürfelter Einheiten und einem Volkssturmbataillon aus fünf Kompanien die Front halten, zumal letztere dazu neigten, sich heimlich zu verkrümeln!

Inzwischen allerdings trafen auch Meindls kampferfahrene Verbände ein, die Gochs Abwehr verstärken sollten; und die Hälfte der Stadt war noch nicht gesäubert. Von schwerer Artillerie und Werferfeuer unterstützt, hielten sich die Deutschen zäh in ihren Stellungen. Erbitterte Häuserkämpfe folgten. Für die Jocks war die Säuberung der Häuser ein langwieriges, gefährliches und zermürbendes Geschäft. Straße um Straße, Haus um Haus, Tür um Tür ging es meterweise vorwärts, im Schleichschritt über Hinterhöfe, durch Schlupflöcher in Mauern um gegnerische Feuerstellungen herum. Die eine Straßenseite hinauf, die gegenüberliegende herunter – so bezwangen sie nach und nach jedes einzelne Widerstandsnest. Und weil es die Jocks waren, ging es nicht ganz ohne Humor. »Am nächsten Morgen hatte sich die Lage etwas beruhigt, es flog nur noch hie und da eine Granate«, erzählt Oberst Thomas

Landale Rollo. »Da kommt ein Jock die Straße herauf, angetan wie zur Hochzeit - im Frack. Die ›Braut‹, ein zweiter Jock, im Damenkleid - und das Ganze an vorderster Front. So was hebt die Stimmung!«

In den folgenden 48 Stunden tobten verworrene Kämpfe. Lindsay erhielt in dieser Zeit Befehl, mit einer Kompanie den Thomashof, ein großes Landgut am Stadtrand, anzugreifen. Kenntnisse über den Thomashof fehlten. Ein Luftbild zeigte sieben umfangreiche Nebengebäude. Lindsay war besorgt. Seine zwei erfahrenen Kompanien kämpften noch um die Randgebiete der Stadt. Die einzig zur Verfügung stehende Kompanie war zur Durchführung der Aufgabe kaum geeignet. Ihr Kommandeur, Arthur Thompson, war am selben Morgen im Gespräch mit seinem Stellvertreter, Major Bill Kyle, tödlich getroffen worden, der selbst noch wenig Gefechtserfahrung besaß und den Vorfall sehr schlecht verdaut hatte. Leutnant Charles Howitt, der dritte Offizier, war Neuling an der Front. Einer der drei Züge wurde von einem Hauptgefreiten, ein anderer von einem Unteroffizier befehligt. Wie schon zehn Tage zuvor auf der Straße Mook-Gennep beschloß Lindsay deshalb, das Kommando selber zu übernehmen. Kurz vor Tagesanbruch durchquerte die Kompanie in aller Stille das offene Feld und zerstreute sich ohne Zwischenfall in verschiedene Scheunen. Beim ersten Licht des Tages aber erwachte der Gegner zum Leben. Da das Funkgerät sich als unbrauchbar erwies, ging Lindsay zurück, um für Ersatz und Panzerunterstützung zu sorgen. Bei der Rückkehr - mit Verspätung, da alle Fahrer der »Krokodile« bis auf einen sich geweigert hatten, über das offene Gelände zu fahren - stand er vor einem Desaster. Die Kompanie - und mit ihr Kyle, der Kompaniechef - war verschwunden. Ein Krankenträger, der zunächst in Gefangenschaft geraten und dann geflohen war, berichtete, daß die Deutschen aus einem Versteck heraus nach Tagesanbruch mehrere heftige Angriffe durchgeführt hatten. Howitt war gefallen, der Rest seines Zuges wurde versprengt und daraufhin die Kompanie überrannt.

Die Leichen von neun oder zehn Gefallenen lagen in der Nähe der Scheunen. Diese Männer hatten sich offenbar mutig zur Wehr gesetzt. Aber die Gefangennahme von 43 Soldaten samt ihrem Kommandierenden Offizier sprach eine andere Sprache. Sie war das tragische Zeugnis dafür, wie demoralisierend es auf eine Truppe wirkt, wenn sie von einem unerfahrenen Offizier in den Kampf geführt wird. Steuerlos fällt sie auseinander.

Das schlichte Bauerngehöft, der Thomashof, sollte noch mehr Opfer fordern. Bis zum Abend wurden beim Kampf um dieses Objekt zehn Soldaten einer weiteren Kompanie der *Gordon Highlanders* getötet. Innerhalb der folgenden Tage erlitten beide Bataillone der *Black Watch* große Verluste, bis das 5. Bataillon den Hof schließlich in einem mitternächtlichen Angriff eroberte und 80 Deutsche als Gefangene nahm. »Man fand unter dem Boden einer Scheune ein nettes kleines Geheimversteck randvoll mit Deutschen«, hält die Bataillonsgeschichte fest. »Damit schien das Erlebnis eines *Gordon*-Zuges vom Vortag aufgeklärt, das nach der Einnahme eines ähnlichen Gebäudes spurlos verschwunden war. Die Taktik des Gegners bestand wohl darin, sich still zu verhalten und die Angreifer im Glauben zu lassen, die Sache sei gelaufen, um dann plötzlich aufzutauchen und unversehens über sie herzufallen.«

Seit das Unternehmen *Veritable* vor 11 Tagen angelaufen war, hatte der Nachrichtendienst die Stärke des Gegners fortwährend unterschätzt. Am 19. Februar, im Thomashof, hatte er sich selbst übertroffen.

Streng geheim. Persönlich und vertraulich an CIGS von Feldmarschall Montgomery, 19. Febr. 45:

Heute haben wir Goch eingenommen; die 15. und 51. Div. sind mit der Sicherung der Stadt beschäftigt, wo wir bis jetzt 400 Gefangene gemacht haben. Wir verfügen jetzt auch über die Straße Goch–Kalkar mit Ausnahme des Endstücks bei Kalkar. Nach der Einnahme von Goch muß jetzt um dieses Stück gekämpft werden, das uns in Stand setzt, die Straße zu benutzen. Ich habe heute den ganzen Tag in der Gegend des Reichswalds verbracht und die meisten britischen Div. besucht; die Truppen sind in bester Form und äußerst zufrieden mit sich. Die Gesamtzahl der Gefangenen im Laufe der Operation *Veritable* beträgt jetzt nahezu 10 000, und wir schätzen, daß etwa 20 000 Deutsche außer Gefecht gesetzt sind. Unsere Truppen haben eine sehr große

> Zahl der deutschen Gefallenen begraben. Die seit kurzem herrschende trockene Witterung hat zur Lösung der Verkehrsprobleme beigetragen, und das Hochwasser geht zurück. Unsere Verluste durch *Veritable* betragen jetzt 3800, mit der Ausnahme von 400 Kanadiern sämtlich Briten.

Auch nach der Eroberung von Goch waren die Deutschen noch in der Lage, die schottische Front mit intensivem Artilleriefeuer zu belegen. Die Verlustzahlen stiegen. Am 21. wurden durch feindlichen Beschuß sechs Leutnants des 1. Bataillons der *Gordon Highlanders* getötet, einer von ihnen durch einen Volltreffer auf einen Kommandoposten. Das Feuer erreichte eine solche Stärke, daß erst ein Nebelvorhang es britischen Ambulanzen ermöglichte, die Verwundeten zu bergen. Von den 203 Ausfällen, die das 1. Bataillon der *Gordons* im Verlauf der Operation *Veritable* erlitten hatte, entfielen 139 auf die Kämpfe um Goch. Vierundzwanzig Soldaten waren im Gefecht getötet, 66 verwundet worden; 49, darunter alle Männer der in den Hinterhalt geratenen 1. Kompanie, waren als vermißt (oder mutmaßlich gefangen) gemeldet. Zehn Offiziere und 230 Angehörige anderer Dienstgrade wurden zur Auffrischung des gebeutelten Bataillons herangeführt.

Am selben Tag, an dem das deutsche Mörserfeuer einen Höhepunkt erreichte, wurden die Männer auch noch von einer anderen, weniger vorhersehbaren Seite angegriffen. Schottische Einheiten bemerkten, daß das vertraute Dröhnen der R.A.F.-Bomber lauter schien als üblich. »Wir hörten die R.A.F. näher und näher kommen, und ehe wir es uns versahen, kippten sie so etwa zehn Bomben direkt auf unsere Linien«, erzählt Oberst (damals Hauptmann) Bill Fargus vom 8. Bataillon der *Royal Scots.* »Bei uns gab es keine Verluste, aber die *Argylls* hat es schwer erwischt.« Diesem Navigationspatzer fielen insgesamt 23 Mann von den *Argylls* zum Opfer, vier wurden getötet, neunzehn verwundet. Die meisten von ihnen, einschließlich zweier Offiziere, gehörten zur 2. Kompanie. »Nur etwa drei von uns kamen davon; der größte Teil meines Kompaniegefechtsstandes war zerstört«, so das grimmige Fazit von Major Harry Morton, der die 2. Kompanie/7. Bataillon der *Argylls* befehligte.

Das tragische Vorkommnis war bei weitem kein Einzelfall. Während der Kämpfe in der Normandie hatten Bomber der britischen und amerikanischen Luftwaffe zweimal ihr Ziel verfehlt und irrtümlicherweise Stellungen der 1. Kanadischen Armee bombardiert, wobei über 700 Soldaten getötet oder verwundet wurden. Im Januar 1945 warfen 12 amerikanische Maschinen vom Typ B-17 im Anflug auf Köln versehentlich 365 Bomben direkt über dem Hauptquartier von Generalmajor Terry Allens 104. Division an der Rur ab - vierundzwanzig Tote und achtundzwanzig Verwundete. Von Generalmajor Rennie wird der Ausspruch überliefert, er weigere sich, an Operationen im Abstand von weniger als 50 Kilometern vom Zielgebiet der R.A.F. teilzunehmen.

Auch in der Schlacht um Goch bestätigte Major Alec Brodie seinen Ruf als »perforiertester« Offizier - und komischer Vogel - im 5. Bataillon der *Black Watch:* Mit einer Wunde am Kopf, aus der das Blut strömte, versicherte er seinem Kommandierenden Offizier, er sei selbstredend in der Lage weiterzukämpfen, und verlor darauf sogleich die Besinnung. Unterwegs mit ihm zum Lazarettposten gerieten die Träger in schweres Artilleriefeuer und mußten die Trage in einem Graben abstellen, während sie selbst in Dekkung gingen. Kurz darauf kam Brodie zu sich, sah, daß er allein war, erhob sich und spazierte, die Trage unter dem Arm, auf eigenen Füßen zum Lazarettposten.

Mit großer Betroffenheit erfuhren die *Highlanders,* daß der Kommandeur der *Royal Engineers* (Pioniertruppen), Oberstleutnant Ralph Carr, schwer verwundet worden war. Für die Pioniere aller Divisionen - und aller Dienstgrade - war der Krieg ebenso gefährlich wie für die kämpfende Truppe. Minen und schlechte Straßenverhältnisse machten den Soldaten der Alliierten unausgesetzt zu schaffen. Im Laufe eines Monats hatten die Sappeure 70 Kilometer Straße und Straßenränder auf Minen kontrolliert und geräumt, hatten mit eigener Hand etwa 3200 Tonnen Schotter geladen und verteilt und knapp 200 Meter Knüppeldämme gelegt. Fünf Bulldozer waren 780 Stunden im harten Einsatz gewesen.

Im *Daily Herald* ließ Kriegskorrespondent Victor Thomas einen sechzehnjährigen Pionier, Leutnant A. Cowan von der 53. *Welsh Division,* zu Wort kommen: »Auf einer Strecke von 3 Kilometern hatte der Jerry die Straße an sieben Stellen gesprengt. Es gab riesige Krater und noch weitere Sprengladungen, die nicht detoniert waren und die wir vorsichtig entfernen mußten. Diese Sprengsätze bestanden aus einem Zentner TNT 2 Meter unter der Erde, bedeckt mit einer Schicht Granaten, über der dann nochmals eine Schicht Minen lag.« Die Straßeninstandsetzung stellte höchste Ansprüche an Findigkeit und Leistungsfähigkeit der Pioniere. »Wir erfanden eine besonders schnelle Methode des Straßenbaus«, berichtet Brigadegeneral Geoffrey Walsh, Befehlshaber der Pioniere in der 1. Kanadischen Armee. »Wir bauten ca. eineinhalb Kilometer pro Tag. Nach dem Planieren legten wir, so dicht es ging, Stämme und schütteten darüber als Bindemittel Kies und Schotter. Hätten wir nicht in weiser Voraussicht Schotter und Stämme in Eisenbahnwaggons aus Belgien herantransportieren lassen, wäre das Ganze unmöglich gewesen. Die Bäume konnten wir nicht benutzen, weil sie voller Granatsplitter steckten. Immer wenn sich die Sägen an so einem Metallstück festfraßen, war nicht nur die Säge im Eimer, meist bekamen auch die Männer etwas ab.«

Häufig waren die praktischen kleinen »Tipper« (Kipplastwagen) der Nachschubabteilung noch vor der Infanterie und den Panzern zusammen mit den Heerespionieren vorn. Besonders problematisch waren die Bombentrichter, Wunden, die die Angriffstruppen sich beim Vormarsch selbst beibrachten. Ihnen war auf doppelte Weise beizukommen: Sie konnten mit Hilfe gepanzerter Bulldozer mit Schutt aufgefüllt oder aber überbrückt werden. Beide Methoden aber verlangten enorme Mengen an Material oder, da dies Material bzw. die Straßen zu seiner Beförderung fehlten, Einfallsreichtum und Einsatz rund um die Uhr, wie Oberstleutnant George Lilley, Pionierkommandeur der 2. Kanadischen Division, berichtet: »Die durch Bomben oder Granaten zerstörten Städte lieferten das dringend benötigte Material für den Straßenbau, doch unsere Lkws schafften es nicht immer, gegen den fließenden Verkehr nach rückwärts durchzukommen. Dann wurde der nächste Bahnhof oder das nächste Haus am Straßenrand demoliert und als Baumaterial abtransportiert. Laufend im Einsatz waren gepanzerte Bulldozer dicht hinter den Angriffsspitzen, aber zumindest einmal kam es vor, daß ein Bulldozer im Feuer von feindlichen Pak auf der Strecke blieb.«

Die Verkehrskrise bedeutete ganz konkret, daß die Truppe die drei Säulen der Kampfmoral - heißes Essen, trockene Socken und Briefe von daheim - nur selten zu Gesicht bekam. Der Feldpostdienst vollbrachte wahre Wunder und setzte sich großen Risiken aus, um die Sendungen nach vorn zu bringen. Zuweilen mußten die Quartiermeister auf Pferd und Wagen zurückgreifen, um Verpflegung und Nachschub ins Kompaniegelände zu befördern. »Ein Großteil wanderte überhaupt von Hand zu Hand nach vorn«, erzählte uns Hauptmann Ben Wilkie, Quartiermeister im *Royal Regiment of Canada.* »Wir beluden die Leute damit, und die trugen es weiter.«

»In Goch lief, wie noch nie zuvor, eine Welle der Bitterkeit durch die kämpfende Truppe«, bemerkt Hauptmann Robert Woollcombe, Zugführer beim 6. Bataillon/KOSB. »Hier war man endlich in Deutschland: Dieser Gedanke verfolgte uns. Deutschland: Es spielte keine Rolle, welche Zerstörungen wir anrichteten.« Gefühle der Rache beseelten alle britischen Soldaten, deren Kameraden bei Dünkirchen die Schmach von Niederlage und Gefangenschaft hatten hinnehmen müssen. »Hier, im Land des Feindes, war grimmige Genugtuung das vorherrschende Gefühl«, schrieb ein Soldat. »Und der gängige Kommentar: ›Geschieht den Schweinehunden recht!‹«

Die »großartigen deutschen Keller« in Goch hatten noch mehr zu bieten als nur den sicheren Schutz vor gegnerischem Feuer. Während die sporadischen Gefechte noch einige Tage anhielten, hatten die Besetzertruppen Zeit und selbstverständlich auch Lust, die gesamte Habe der abwesenden Gastgeber zu untersuchen. Beim Überschreiten der deutschen Grenze fiel den Soldaten der Unterschied zwischen den holländischen und deutschen Bauernhöfen auf. »Es war der Unterschied zwischen Mangel und Überfluß«, erinnert sich Major John Chaston vom 2. Bataillon der *Monmouthshires.* »Das Vieh der holländischen Bauern war - sofern vorhanden - mager und schlecht genährt, und die Leute hungerten. Die deutschen Höfe hatten einen guten Viehbestand. Und in den Häusern fand sich Schinken, Gemüse und Eingemachtes.«

Plündern war offiziell verboten - und allgemein verbreitet. »Hier in Deutschland«, schrieb ein walisischer Soldat, »hatten wir keine Hemmungen zu plündern, zu klauen oder zu requirieren, worauf wir Lust hatten, und empfanden es als eine Art brutaler Gerechtigkeit, zurückzunehmen, was die Nazis seit 1940 aus anderen Ländern herausgeholt hatten. Überrascht waren wir, in praktisch jedem Haus haufenweise Kleidung und sonstigen Kram zu finden, meist in Kellern und Vorratsräumen versteckt.« Einen Teil dieser Luxusgüter hatten deutsche Soldaten zusammengestohlen, die in Gegenden von Deutschland stationiert waren, aus denen die Zivilbevölkerung evakuiert worden war - Übergriffe, die von der Wehrmacht aufs schärfste mißbilligt wurden. »Das Eigentum von Deutschen, die gezwungen waren, ihr Heim zu verlassen, ist unantastbar«, forderte eine erbeutete Anweisung in aller Strenge. »Wer sich schuldig macht, wird unverzüglich vor ein Kriegsgericht gestellt.« Auch die alliierten Militärbehörden versuchten, den Diebstählen Einhalt zu gebieten. General Eisenhower erließ Befehle, die das Plündern untersagten - die Ausnahme waren Waffen oder Nazi-Souvenirs wie Fahnen oder Armbinden mit der Swastika. Oberst Charles McDonald vermerkt, daß der Befehl »die Übergriffe drastisch einschränkte, außer bei Verbrauchsgütern wie Wein und Schnaps, die man ja auch - mit nicht unwillkommenen Folgen - zum Verschwinden bringen konnte, ehe ein gewissenhafter Inspektionsoffizier Gelegenheit hatte, die Herkunft festzustellen.«

Die Monotonie der Verpflegung oder auch reine Genußsucht kassierten die Skrupel, die manchen sonst gehindert haben würden, sich mit Wein und Nahrung zu versorgen. »Sich von den Früchten des Landes nähren« hieß die stillschweigend gebilligte Devise, und oft genug war es für die Männer in den vorderen Linien auch die einzige Möglichkeit. »Ganze Regale waren mit eingemachtem Obst gefüllt, mit Pflaumen, Birnen, Stachelbeeren, und wir machten uns mit Heißhunger darüber her«, schildert ein Infanterist. »In einem der Häuser stand ein Klavier, das beim Anschlagen der Tasten keinen Ton von sich gab. Bei näherer Untersuchung zeigte sich, daß es mit Zuckersäcken vollgestopft war! Wie alle Soldaten doch zu Vandalen werden, wenn sie von Tod und Zerstörung umgeben sind, vom Siegestaumel erregt und der Fesseln des zivilen Daseins ledig.«

Der als Folge dieser Völlerei mit Obstkonserven auftretende Durchfall wird in einer ganzen Reihe von Kriegstagebüchern erwähnt – als Ursache einer stark herabgesetzten Kampffähigkeit der Truppe. Ein Dudelsackpfeifer der *Gordon Highlanders,* der zum Graben einer Latrine in einem Hinterhof abgestellt war, stieß auf Geheimvorräte mit ähnlich schwächenden Folgen: sechs Kartons mit Spirituosen und Likören, die er großzügig mit den Kameraden teilte. Ein Oberfeldwebel war aufmerksam genug, seinem Bataillonsgefechtsstand eine Kiste mit Eiern zukommen zu lassen – ohne allerdings zu erwähnen, daß es nur eine von zwanzig war, die er »erobert« hatte – und daß er sich nach dem Genuß von 18 frisch gekochten Eiern nicht zum besten fühlte.

Die Diebstähle waren im allgemeinen harmlos: zwei Jocks, die sich für ihre Hochzeitsparodie die Staatsklamotten aus einem deutschen Kleiderschrank holten ... ein junger Gefreiter, der in einer Textilfabrik einquartiert war und der Versuchung nicht widerstehen konnte, seiner Mutter ein Leinentischtuch zu schicken. Ein Oberfeldwebel, der sich beim Einmarsch in Kleve großartig geschlagen hatte, war der Meinung, daß er bei dieser Gelegenheit wohl ein kleines »Souvenir« verdient hätte. Als ihm in der Stiftskirche ein großer Gobelin ins Auge fiel, der die Bombardierung wunderbarerweise unbeschädigt überstanden hatte, zog er sein Messer, schnitt den Teppich aus seinem Rahmen und rollte ihn ins Gepäck. Doch gab es auch vereinzelte Fälle von organisierten Plünderungen, die den Kommandierenden Offizier des 1. Bataillons der *Gordon Highlanders,* Oberstleutnant Grant Peterkin, zu Protesten veranlaßten: »Nach dem, was ich selbst gesehen habe ..., ist die Disziplin in der britischen Armee in Kürze beim Teufel, wenn nicht gegen die systematischen Plünderungen eingeschritten wird. Die Szenen in Goch waren unglaublich.« Derselbe energische Ton wurde in der 9. US-Armee angeschlagen: »Devotionalien, die in zerstörten oder verlassenen Kirchen auf besetztem Gebiet vorgefunden werden, ist der größtmögliche Schutz vor Beschädigung, Entweihung oder Mißbrauch durch Angehörige dieses Befehlsbereichs zu gewähren«, bestimmte eine Weisung vom 18. Februar.

Als Leutnant Ross LeMesurier, Zugführer bei den *Cameron*

Highlanders, als dienstuntauglich in ein belgisches Lazarett geschickt wurde, sah er mit Entsetzen, daß belgische Kinder in Mänteln herumliefen, die aus Decken und Uniformmänteln der Armee geschneidert waren. Er beobachtete blühende Schwarzmarktgeschäfte: Alliierte Soldaten, Deserteure meist, verkauften britische Armeebestände zu grotesk überhöhten Preisen an die belgische Zivilbevölkerung: »Verdammt unerhört, wenn man bedenkt, in welchem Zustand die Mäntel von einigen unserer Jungens sind«, schrieb LeMesurier ärgerlich in einem Brief an seinen Vater.

Männer aus einem kanadischen Panzer-Regiment sollen in einem Safe in Kleve auf eine Kassette mit Diamanten im ungefähren Wert von 20 000 kanadischen Dollar »gestoßen« sein. Eine verirrte Granate bereitete dem Traum vom großen Geld ein Ende, bevor die Männer noch eine Methode ersonnen hatten, wie aus ihrem Fund Kapital zu schlagen sei. Ähnlich ein Infanterie-Offizier, der den ganzen langen Europa-Feldzug mitgemacht und dabei eine Jeepladung voller »Souvenirs« angesammelt hatte, deren Qualität laufend verbessert worden war. In der letzten Kriegswoche mußte er zusehen, wie die ganze Kollektion von einer einzigen Mine atomisiert wurde. Die Angehörigen der Commando-Einheiten*, denen Jeeps oder Panzer zum Transport ihrer Kriegstrophäen nicht zur Verfügung standen, benutzten Kinderwagen. »Den Antiquitätenhändlern in Brighton kann es nach Kriegsende nur glänzend gegangen sein«, meinte der Leutnant eines Heereskommandos. Gegen Ende des Krieges hatten sich dann auch die Beförderungsmittel der Kommandos erheblich verbessert. »Zum Schluß waren wir alle motorisiert«, sagte er. »Ich besaß einen wunderbaren Mercedes; und einige von meinen Leuten ritten prachtvolle Rennpferde.«

Vielversprechend waren Beutezüge bei den Kriegsgefangenen. »Ein bißchen Deutsch kann ich«, witzelte ein jüngerer Offizier:

* Commando: spezielle, in Nahkampf- und Guerilla-Taktik ausgebildete Einheiten zur Durchführung von überfallartigen Aktionen in kleinen Gruppen. Als *commando* wird eine Einheit in Bataillonsstärke sowie auch der einzelne Angehörige einer solchen Truppe bezeichnet. Begriff und Taktik stammen von den Buren in Südafrika (Burenkriege 1881 bzw. 1899). A.d.Ü.

›Wo ist deine Uhr und hast du ein anständiges Fernglas?‹« Ein Zugführer beim 6. Bataillon KOSB konnte beobachten, wie einer seiner Unteroffiziere mit zwei soeben ergriffenen deutschen Stabsoffizieren umging. »Die beiden wurden ohne alle Förmlichkeit behandelt und mußten sich längere Zeit mit erhobenen Händen aufstellen. [Einem von ihnen] war anzusehen, daß er unter den Umständen größter Demütigung seinen Stolz zu wahren suchte. Er hatte für sein Land gekämpft . . . der Schmerz sprach deutlich aus seiner Miene . . . aber einer von unsern Feldwebeln war in sichtlich bösartiger Stimmung, durchsuchte sie ziemlich rüde und nahm ihnen Waffen und Papiere ab. Dann riß er dem Offizier das Eiserne Kreuz von der Uniformjacke. Hier griff ich ein, nahm die Medaille an mich . . . und gab sie ihm zurück. Er sagte nur ›Thank you‹.«

Aus praktischen Gründen waren Waffen eine begehrte Beute. Frontoffiziere und -mannschaften hatten bald eine Vorliebe für bestimmte deutsche Waffen entwickelt, die sie für kampftauglicher hielten als die aus eigenen Beständen. Die Männer hatten keinerlei Skrupel, solche Waffen »zu befreien«, waren aber sehr darauf bedacht, nicht den Deutschen damit in die Hände zu fallen. Ein Hit war die deutsche Schmeisser-Maschinenpistole. Diese automatische Handfeuerwaffe erfreute sich bei den alliierten Soldaten großer Beliebtheit und wurde, wo immer möglich, in Besitz genommen. Im Nahkampf auf kurze Distanz war sie leichter und feuerte schneller als die amerikanische »Tommy-gun«*. Sie war außerdem verläßlicher als die Sten**, die leichte Maschinenpistole mit ihrer Neigung zu Ladehemmungen, die aber andererseits gern losging, wenn man sie fallen ließ, was oft Verletzungen, manchmal sogar tödliche, zur Folge hatte.

Ein Unteroffizier berichtet, wie er in Goch eine Schmeisser und ein Paar lederne Schaftstiefel beiseite gebracht hatte. Am nächsten Tag mußte er sich von beidem trennen – aus einleuchtenden Gründen. »Es hieß, die Deutschen seien in unsere Stellung eingesickert.

* Thompson-Maschinenpistole.

** Sten: gebildet aus den Buchstaben s und t, nach den Erfindern R. V. Shepherd und H. J. Turpin, sowie -en nach dem Produktionsort Enfield bei London.

Und ich wollte nicht in deutschen Stiefeln und mit einer deutschen Pistole erwischt werden.« Die rauhe und feuchte Witterung dieser Tage hatte ihrerseits Auswirkungen auf die Plünderungen. Die Männer wärmten sich an riesigen Holzfeuern - auf denen sie auch Hühner und Enten für ihre Mahlzeiten grillten. Wenn ihnen das Feuerholz ausging, mußten Tische und Stühle herhalten. Viele Häuser büßten Möbel und Antiquitäten ein; ob ein massiver, handgefertigter Tannenholztisch oder ein kostbares Stück aus Rosenholz in den Flammen landete, war einerlei - beides brannte. »Ich erinnere mich genau, wie ich in Kleve ein Klavier aus dem dritten Stock eines Gebäudes auf die Straße warf, nur um zu sehen, wie es unten aufs Pflaster knallte und in Stücke ging«, berichtet ein Pionier im Rückblick. »Ein sehr schönes Klavier, direkt aus dem gottverdammten dritten Stock.«

Opfer der Plünderungen im Rheinland war nicht zuletzt auch das aus dem 16. Jahrhundert stammende Schloß Moyland, einst Sommerresidenz Friedrichs des Großen. Während der Operation *Veritable* benutzte es die Wehrmacht als vorgeschobenen Gefechtsstand, da seine Türme ausgezeichnete Beobachtungsposten, die Kellergewölbe wirksame Verteidigung gegen feindliche Pak und die massiven Mauern hinreichend Schutz vor Granaten boten. Am 21. Februar drang das *Régiment de Maisonneuve* der 5. Kanadischen Infanterie-Brigade, ohne auf Widerstand zu treffen, in das Schloß ein. Erstaunt vernahm man Klänge aus Rossinis *Barbier von Sevilla.* Baronin Marie von Hahn empfing die *Maisonneuves* in ihrem Salon. Mit ihren Angehörigen und Familien aus benachbarten Höfen und Dörfern hatte sie während der wochenlangen Bombardierungen in den Kellerräumen des Schlosses Schutz gesucht. Schrecklicher jedoch waren vielleicht die Szenen, deren sie jetzt Zeuge wurde, denn: »Im Prachtschlafzimmer, dessen gewölbte Wände mit Gemälden von üppigen Nackten in theatralischen Posen geschmückt waren, prasselten die Kocher einer franko-kanadischen Kompanie unter Pfannen mit brutzelndem Fett«, berichtet die Regimentsgeschichte. »In den prachtvoll ausgestatteten Badezimmern der Prunksuite wuschen und rasierten sich Gruppen von Soldaten zum ersten Mal seit einer Woche.« Ein Offizier erzählt: »Ein paar von meinen Männern hatten ihren

Spaß daran, in Zylinderhüten durch die Gegend zu spazieren, die ihnen in den Garderobeschränken in die Hände gefallen waren. Andere warfen Möbel und Bilder aus dem Fenster, um im Schloßhof ein Feuer zu machen. Das war kein Mutwille - sie froren und brauchten das Feuer, um sich Essen zu machen.« (Baron Adrian von Steengracht, der jetzige Besitzer von Schloß Moyland, schrieb kürzlich in einem Brief an die Verfasser: »Im Augenblick sind wir bemüht, das Schloß zu restaurieren und in ein Museum für moderne Kunst umzuwandeln.«)

Ironie des Schicksals kann man es nennen, daß die britischen Plünderungen zumindest einen britischen Offizier das Leben kosteten. Die der kämpfenden Truppe folgende Alliierte Besatzungsarmee war für die Bergung wertvoller Dokumente und Kunstschätze und ihre sichere Unterbringung verantwortlich. In Goch hatte Major Ronald Balfour drei Lastwagen mit wertvollem Archivmaterial, darunter unersetzliche Dokumente des Grundbuchamtes, sichergestellt. Er entdeckte außerdem auf dem Marktplatz einen verlassenen Lieferwagen mit Archivmaterial der Klever Stiftskirche. Auf Moyland fand er unschätzbare Dokumente, die stoßweise auf den Schloßwiesen herumlagen. Er brachte alles im Kapuzinerkloster in Kleve unter. »Die Plünderungen haben schreckliche Ausmaße angenommen«, schrieb er einem Freund in Cambridge. »Nicht nur jedes Haus wird gewaltsam geöffnet und durchsucht, sondern auch jeder Safe und jeder Schrank . . . Ich kann nur versuchen, soviel wie möglich zu retten, und Verbotsschilder aufstellen.« Balfour wurde von einer verirrten Granate getroffen, als er den Abtransport von Urkunden und Kunstschätzen beaufsichtigte - unter denen wenigstens ein kostbarer Gobelin aus der Stiftskirche zu Kleve fehlt, der heute friedlich über einem Kamin in Sussex hängt.

Dan Spry und die »Wasserratten«

Streng geheim. Persönlich und vertraulich an CIGS von Feldmarschall Montgomery, 18. Febr. 45:
Heute war es sehr naß, regnerisch und trübe, so daß keine Operationen möglich waren . . . Der Feindwiderstand nimmt zu, und ich glaube nicht, daß wir nennenswerte Gewinne machen, ehe die Umgruppierung nicht durchgeführt und die Divisionen in ihre Kampfstellungen eingerückt sind.

Generalmajor Dan Sprys erste Aufgabe für *Veritable* hatte darin bestanden, die überfluteten Rheinauen vom Feind zu säubern. Im »Buffalo« ins Gefecht zu schwimmen war den Wasserratten nichts Neues mehr. Sinister dagegen schien das nächste Objekt - der Wald von Moyland.

»Wälder säubern!« lautete der Dan Spry am 16. Februar erteilte Befehl von Generalleutnant Guy Simonds, Kommandeur des II. Kanadischen Korps. Einen ersten, kühnen Versuch hatten die Jocks gemacht. Der Angriff der 15. *Scottish Division* am Valentinstag war am erbitterten Widerstand von v. Waldenburgs Division »Windhund« auf halbem Weg gescheitert. Jetzt waren die Schotten ausgelaugt. Und die Aufgabe ging an Sprys 3. Kanadische Infanterie-Division.

Solange der Feind nicht aus dem Wald von Moyland vertrieben war, konnte Operation *Veritable* nicht fortgeführt und der Unterstützungsschlag - die Operation *Blockbuster* des II. Kanadischen Korps - nicht gestartet werden. Es war schlimm genug, daß die Deutschen sich hier eingegraben hatten. Aber jetzt ließ auch Si-

Vgl. Karte 6.

monds nicht locker. Moyland *würde* gesäubert - und zwar jetzt! Dan Spry hatte eine Aufgabe übernommen, die das Äußerste verlangte - wie schon einmal, im August 1944 auf den düsteren Schlachtfeldern der Normandie.

Nur wenig über eine Woche nachdem Generalmajor Thomas Rennie in der Normandie die schlechtgeführte 51. *Highland Infantry Division* übernommen hatte, stand Daniel Spry, noch in Buschhemd und Shorts von der italienischen Front und frisch zum Generalmajor und Kommandeur der 3. Kanadischen Infanterie-Division befördert, am Londoner Trafalgar Square. Die Division hatte am »D-Day« mit der 2. Britischen Armee den Landekopf erreicht. Nach glänzenden Anfangserfolgen ging es mit der 3. Division - ebenso wie mit den *Highlanders* - abwärts, weil es, wie Korpskommandeur General Sir John T. Crocker es ausdrückte, an »Aufsicht und Führung von oben« fehlte. In den folgenden Wochen waren Köpfe gerollt, und die Moral der Truppe hatte den Nullpunkt erreicht.

Der letzte Schlag traf die flügellahme Einheit aus heiterem Himmel. Am 8. August rückten unter den sengenden Strahlen der Mittagssonne etwa 25 000 Mann der 3. Kanadischen Division und der Polnischen Panzer-Division mit Artillerie und Panzern bei Falaise zum Angriff vor. Es waren noch zwei Stunden bis zur festgesetzten Angriffszeit und die Männer noch ein gutes Stück hinter ihren Linien; entspannt hockten sie auf Fahrzeugen, die sich im Aufmarschgelände drängten. Um 12.56 Uhr ertönten Hurra-Rufe, als 492 Bomber der den Angriff der Kanadier unterstützenden 8. *U.S. Air Force* beim Anflug auf die deutschen Linien den Luftraum füllten. 1500 Tonnen Bomben fielen auf feindliche Ziele unmittelbar vor der kanadischen Front. Doch aus den Jubelrufen wurden Schmerz- und Entsetzensschreie, als eine durch Feind-Flak beschädigte »Fortress«* ihre Bombenladung auf die zuschauenden Truppen abwarf. Der Rest des aus 12 Maschinen bestehenden Geschwaders folgte dem Beispiel. Doch ein Unglück kommt selten allein: Der erste Bombenschütze des zweiten Geschwaders

* »Flying Fortress« (Fliegende Festung): Spitzname des amerikanischen B-17-Bombers von Boeing.

irrte sich im Ziel und führte einen Angriff auf die kanadischen Truppen. Aus den zwei Divisionen und den sie unterstützenden Einheiten der *Canadian* und der *British Royal Artillery* wurden 65 Soldaten getötet und 250 verwundet. Der Kommandeur der 3. Division, Generalmajor Rod Keller, ebenfalls schwer verwundet, als sein Gefechtsstand einen Treffer erhielt, wurde schnellstens durch Spry ersetzt. Doch anders als der erfahrene Veteran Rennie flößte der jugendliche Spry (er war bei den alliierten Streitkräften mit 32 Jahren der jüngste Offizier im Generalsrang) wesentlich älteren Offizieren nicht durchweg Vertrauen ein. Und wo Thomas Rennie als altvertrauter Freund zu seiner Division zurückkam, stand Spry den Männern als Unbekannter gegenüber.

Es war ein seltsamer Zufall, daß die drei Divisionen, die in den kommenden Gefechten so erbittert aufeinanderstoßen sollten – die schottischen *Highlanders,* die kanadischen *Water Rats* und die Division »Windhund« –, im Abstand von wenigen Wochen nacheinander den traumatischen Verlust ihres jeweiligen Kommandeurs erlebten. Die Moral einer Division kann durch ein solches Ereignis einen empfindlichen Stoß erleiden. Spry schildert rückblickend die »brenzlige Zeit«: »Der Divisionsgefechtsstand bombardiert und der Kommandeur auf einer Bahre abtransportiert, ein Teil der Feldartillerie vernichtet und das Munitionsdepot hochgegangen . . . die ganze Division hatte das Muffensausen. Die höheren Stabsoffiziere erkannten an, daß ich in Italien über ein Jahr im Kampf gestanden hatte und wußte, was Sache war. Sie arbeiteten von Anfang an großartig mit mir zusammen. Ihre Zweifel hatten ein paar von den rangniedrigeren Kommandeuren. Ich glaube, sie hielten mich für eine Art Lückenbüßer. ›Wer ist denn dieser Spry aus Italien überhaupt? Der hat doch keine Ahnung. Der war im letzten Monat doch nicht dabei.‹ Während der ersten Wochen hatte Guy Simonds eine Reihe von Infanterie-Kommandeuren gefeuert. Und eine Menge von den neuen waren auf der Hut, wollten keine Fehler machen und nicht auch abgesägt werden. Zum Glück verliefen die drei ersten Aktionen unter meinem Kommando sämtlich sehr erfolgreich – jedesmal übrigens mußten die Truppen ins Wasser, von mir stammt das Etikett ›Wasserratten‹. Die Division stand wieder auf den Beinen; die Männer hatten gemerkt, daß sie verdammt gut waren. Wir waren soweit – trainiert und vorbereitet, in den Startlöchern für alles, was *Veritable* von uns verlangen würde.«

Von seinem Verbindungsoffizier wurde Spry über den früheren Versuch der 15. Schottischen Division unterrichtet, den eisernen Riegel der Deutschen um den Moylandwald zu sprengen. Es war gelungen, den Feind aus einem großen Abschnitt des Waldes zu vertreiben, nicht aber aus der beherrschenden Höhenstellung auf dem Kamm. »Die Deutschen sind Experten im Waldkampf«, faßte Spry auf einer Einsatzbesprechung der Division die Lage zusammen. »Es wird eine Knochenarbeit für die Männer werden; Offiziere und Unterführer müssen dafür sorgen, daß sie auf Trab bleiben.« Für Spry war das Angriffsziel Moylandwald ein Alptraum. Straßen, die nicht bis auf Zaunhöhe unter Wasser standen, waren vermint und lagen im Zielbereich von feindlichem Pak- und Maschinengewehrfeuer. Auf diesen Schlammpfaden Fahrzeuge mit den nötigen Ladungen an Waffen, Munition und heißer Verpflegung nach vorn zu bringen, würde ein zähes, ein gewaltiges Stück Arbeit sein. Ebenso schwierig würde sich die Bergung der Verwundeten gestalten. Die Umgebung – offenes, morastiges, panzeruntaugliches Gelände – bot so wenig Raum, daß gegen einen straff zusammengezogenen Feind immer nur kleinere Einheiten ins Gefecht geschickt werden konnten. Wie schon die Schotten entdeckt hatten, schien der Wald von Moyland nur auf einem Wege zu erobern: durch einen Frontalangriff über weit offenes Gelände hügelauf – genau in die Rohre der feindlichen Geschütze.

Am 19. Februar brütete Simonds mit wachsender Ungeduld über den Ergebnissen der ersten drei Kampftage. Moyland lief nicht nach Plan. Simonds wartete verzweifelt darauf, daß dieses entscheidende Operationsziel erreicht wurde. Als Soldat war er sich der hervorragenden strategischen Bedeutung bewußt. Sein ganz persönliches, ureigenstes Interesse indessen galt »seinem« Unternehmen *Blockbuster,* auf dessen Durchführung er brannte. Daß Montgomery nicht ihm, sondern Crerar das Kommando von *Veritable* übertragen hatte, war für den tatendurstigen Korpskommandeur eine herbe Enttäuschung gewesen – die ihm, wie ein

Offizierskollege später einmal bemerkte, »fast das Herz gebrochen« hätte. Jetzt sollte er wieder ein Kommando übernehmen, sollte sein Korps Spitze und Zentrum der kommenden Operation *Blockbuster* sein. Daß der Beginn durch die Fehlschläge im Moylandwald verschleppt wurde, durfte einfach nicht passieren! Auch das Wetter spielte nicht mit. Regen und dichtes Gewölk hatten die so wichtige Luftunterstützung durch die »Typhoons« verhindert, Regen und dicker Morast die Panzer beinahe zum Stillstand gezwungen.

Es folgten drei weitere Tage verbissener Kämpfe der drei Bataillone - *Royal Winnipeg Rifles, Regina Rifle Regiment* und 1. Kanadisch-Schottisches Regiment - der 7. Kanadischen Infanterie-Brigade. Doch intensives Mörserfeuer und stürmische Gegenangriffe des Feindes hinderten sie daran, über ihre Anfangsziele hinaus vorzudringen. Zwar konnte durch Eroberung des offenen Geländes am Fuß des Waldes eine Startrampe gewonnen werden, alle nachfolgenden Bemühungen jedoch, gegnerische Stellungen im Wald selbst zu überrennen, wurden abgewehrt.

In der ersten Angriffswelle erzielten die *Winnipeg Rifles* einen Blitzerfolg, als sie, mit »Känguruhs« vorstoßend, den Ort Louisendorf im Südwesten des Waldes eroberten - die Ausgangsstellung für die geplante Attacke der 4. Brigade zur Gewinnung der knapp 1000 Meter südlich gelegenen Straße Goch–Kalkar, die ihrerseits Ausgangsstellung für *Blockbuster* bilden sollte. Weniger Glück hatten die *Regina Rifles*. Sie gerieten in heftiges Sperrfeuer aus Stellungen im Wald, wo die Deutschen in Gebiet eingesickert waren, das die 15. *Scottish Division* bereits gesäubert hatte. Frische gegnerische Verstärkungen aus Generalmajor Hermann Plochers 6. Fallschirmjäger-Armee füllten die Stellung auf. Eine Kompanie der *Regina Rifles* wurde beim Versuch, in den Wald einzudringen, wütend angegriffen und überrannt. Trotz Verlusten von über hundert Mann gelang es dem Bataillon, sich auf den anfangs gewonnenen Zielen zu behaupten. Hier aber wurden sie durch starkes Werfer- und Artilleriefeuer von jenseits des Rheins sowie aus dem Wald selbst festgehalten. Eine der Kompanien war von ihrer normalen Stärke von ca. 100 Mann auf einen Offizier und 20 Soldaten geschrumpft. »Hochexplosive Geschosse detonierten an den Bäumen«, heißt es im Gefechtsbericht. »Diese Detonation über dem Boden wirkte besonders vernichtend.«

»Wegen der verminderten Kompaniestärke sind weitere Aktionen unmöglich«, berichtet das Tagebuch der *Regina Rifles.* »Die Kompanieführer sind sich einig, daß Kämpfe und Artilleriebeschuß allem Vergleichbaren in der Normandie in nichts nachstanden.«

Das *Canadian Scottish Regiment* war unterdessen erfolgreich bis zum Heseler Feld vorgedrungen. Diese etwa 20 Hektar große landwirtschaftliche Nutzfläche zog sich kaum 800 Meter südlich des von den Deutschen besetzten Waldkamms über einen flachen Hügel und lag unter direkter Feindeinsicht. Spärliche Baumgruppen und verstreute Bauernhöfe boten wenig Schutz. Eilig gruben die Männer ihre Deckungslöcher in die aufgeweichte Erde der regendurchtränkten Äcker. Eine unbehagliche Bleibe – »unter den Blicken des Feindes auf dem höhergelegenen Gelände«, niedergehalten durch unbarmherziges Artilleriefeuer, durch Scharfschützen und wiederholte Gegenattacken.

Im Regimentsgefechtsstand auf dem Heseler Feld, dem Keller eines Bauernhofes, drängten sich Offiziere von Brigade, Bataillon und Hilfsartillerie mit ihren Funkern. Die Bemühungen, mit den Voraustruppen Verbindung aufrechtzuerhalten, waren »der reinste Alptraum«: »Durch den Beschuß und die dauernden Panzerbewegungen wurden die vom Gefechtsstand zu den Kompanien gezogenen Kabel eins nach dem andern durchschnitten«, heißt es im Bericht der Fernmeldetruppe. »Aber der drahtlose Empfang war nicht immer gut, also arbeiteten die Kabelleger Tag und Nacht, reparierten die Kabel in der vergeblichen Hoffnung, daß einige vielleicht nicht durchschnitten würden. Doch jedes einzelne Kabel war nach spätestens 30 Minuten bereits wieder unterbrochen. Während der Operation wurden mehr als 12 Kilometer Kabel verlegt.«

Am Morgen des 19. Februar waren von den drei Kompanien nicht einmal mehr 150 Mann aller Dienstgrade auf dem Heseler Feld zurückgeblieben – die Hälfte der normalen Stärke. Das Regiment taufte das Feld »Schlachthaus-Hügel« – ein düsterer Name für das Stück Erde, das so manchem der Kameraden zur Grabstätte geworden war.

Der leichte Panzerspähwagen, in dem Simonds nach einer gepfefferten Standpauke an die Adresse seiner Kommandeure über die Straße Bedburg–Louisendorf brauste, wurde durch einen Nahkrepierer aus einer deutschen Pak aufgehalten. Ein Verkehrsstau auf dem Rückweg, der sich noch länger hinzog als üblich, trug nicht zur Verbesserung seiner Laune bei. Am späten Vormittag leitete Simonds eine spannungsgeladene Besprechung mit seinen Generalen. Erneut verlangte er die »Säuberung des Waldes«. »Simonds nahm mich in die Zange und ich die Kommandeure der Brigaden und Bataillone«, erinnert sich Spry. »Er war eisern. Das Glitzern in seinen Augen und die Art, wie er das Kinn vorreckte, ließen keinerlei Zweifel an seinen Wünschen. Wenn er wütend war, wurde er frostig.« Simonds' »Kaltfront« drang in kürzester Zeit bis zur kämpfenden Truppe vor. Die *Regina Rifles* hielten mit Bitterkeit fest: »Im Brigade-Hauptquartier wurde jetzt nur noch hysterisch geschrien, daß der Wald ›schon längst gesäubert sein müßte, und was wir zu tun gedächten?‹ Die endlose Verlustliste war eine stumme Antwort.« Spry ist noch heute der Ansicht, daß viele dieser Verluste vermeidbar gewesen wären. »Die Leute in den oberen Etagen, Montgomery usw., hatten anscheinend das Gefühl, daß die Kampfhandlungen in einem bestimmten Tempo beliebig lange fortgesetzt werden könnten, ohne Rücksicht auf Wetterverhältnisse, auf die als Folge des Wetters eingeschränkte Luftunterstützung, auf Hochwasser und unpassierbare Straßen, Wege und Geleise und die resultierenden Nachschubprobleme. Wenn die Truppe unter Kälte und Nässe leidet, wenn die Männer sich mies fühlen und stur, verschreckt und müde sind, dann braucht alles seine Zeit - Bewegung, Aufstellung, Umgruppierungen, Aufmarsch, alles wird zäher. Und je länger die Kämpfe sich hinziehen, desto schlimmer wird es. Die Männer werden immer schlapper, Nässe und Kälte setzen ihnen immer mehr zu. Diese persönlichen, logistischen, geographischen und wetterbedingten Probleme wurden vom Oberkommando teilweise nicht beachtet. »Die Situation an der Front war denen im Grunde fremd. Sie waren verbohrt und uneinsichtig, weil sie die Realität nicht kannten. Hätten wir uns etwas mehr Zeit gelassen, vielleicht nur zwei, drei Stunden zur Vorbereitung, zur Aufklärung, für Planungskonzepte und -kalküle auf verschiedenen Ebenen (u. U. sogar meiner eigenen), dann wären wir besser gefahren, ohne diese verheerenden, unnötigen Verluste. Die ganze Sache war überstürzt.« Eine der Begleiterscheinungen dieser Hast war die schlecht funktionierende Feindaufklärung, wodurch die kanadischen Aktionen beeinträchtigt wurden. »Die Stärke der deutschen Verteidigung im Moylandwald scheint gravierend unterschätzt worden zu sein«, bemerkt der kanadische Militärhistoriker Oberst Charles Stacey knapp.

Das *Canadian Scottish Regiment* stand der ersten Garnitur deutscher Einheiten gegenüber. Es war, während die *Regina Rifles* gegen Plochers frisch verstärkte 6. Fallschirm-Division antraten, geradewegs in v. Lüttwitz' kampferprobte Regimenter der inzwischen aufgefrischten 116. Panzer-Division hineinmarschiert. Die Division hatte, seit sie eine Woche zuvor in die Front eingerückt war, ununterbrochen im Einsatz gestanden und gegen vier verschiedene Divisionen gekämpft, wie General Guderian vor kurzem in Erinnerung brachte: gegen die 43. *Wessex* und die 51. *Welsh Division* in Hau und Kleve; gegen die 15. *Scottish Division;* auf den Straßen um Bedburg wiederum gegen die 43. und schließlich gegen die 3. Kanadische Infanterie-Division im Heseler Feld und in Louisendorf.

In der Nacht vom 18. auf den 19. Februar wurde die Division »Windhund« um ein bis zwei Kilometer nach Westen verlegt, um gegen den bevorstehenden Vorstoß gegen die Straße Goch–Kalkar Abwehrstellung zu beziehen. Währenddessen verbreiterte Plocher seine Front und gliederte die neu eingetroffenen Fallschirm-Regimenter (Nr. 18, 19 und 21) in die Kampflinie ein. Auf diese schlachtgewohnten Einheiten, die sich im Moylandwald verschanzt hatten, stieß das Kanadisch-Schottische Regiment bei seinem Frontalangriff am Morgen des 19. Februar. Die Einheit hatte Befehl, vom Heseler Feld aus über eine ungeschützte Wegstrecke direkt in den Wald vorzustoßen. Wie den Schwesterbataillonen hatten auch dem *Canadian Scottish* zwei Tage unablässiger Gegenattacken und feindlichen Artillerie- und Granatwerferfeuers bereits schlimm zugesetzt. Der von Brigadegeneral Jock Spragge erteilte Befehl ist daher nicht leicht verständlich. Spragge, ein verdienter Offizier, hatte die Kampagne in Nordwesteuropa von Anfang an in vorderster Linie mitgemacht. Erst kürzlich war ihm allerdings empfohlen worden, eine Ruhepause einzulegen; Simonds hatte sogar darauf bestanden, daß er ersetzt würde. Sein Kommando ging mit dem 19. Februar zu Ende. Der Druck »von oben« zusammen mit der Last einer bleiernen Erschöpfung scheint zu einer beispiellosen »Überstürzung« geführt zu haben. »Der Befehl des Brigadiers erging«, so Oberst Staceys Bericht, »an das Kanadisch-Schottische Regiment, das gleichzeitig angewiesen wurde, durch Geländegewinne auf den Kalkar überblickenden Anhöhen seine Stellungen im Osten und Süden zu verbessern. Unter diesen Umständen stand für den Angriff auf den Wald eine einzige, geschwächte Kompanie zur Verfügung.« Eine ausgeblutete Kompanie im Einsatz gegen diese bewährten Truppen, die bereits zwei volle Brigaden aufgehalten hatten? Und dazu in einer Attacke über offenes Terrain gegen eine starke feindliche Stellung? Es ist kaum zu begreifen, wie ein solcher Angriffsbefehl erteilt werden konnte. Die Regimentsgeschichte hält fest, daß sogar der Kommandeur protestierte. Um einem solchen Angriff den Erfolg zu sichern, hätten zumindest ein paar der Grundvoraussetzungen einer Offensive nicht fehlen dürfen: Infanterie in der fünffachen Stärke des Verteidigers, stark zusammengefaßtes Unterstützungsfeuer der Artillerie aus Mörsern und Geschützen zur Niederhaltung des Gegners sowie Entlastung durch Panzer. Den Angreifern jedoch stand keine dieser Erleichterungen zu Gebot. Die Folgen waren verheerend. Unter düster bewölktem Himmel leitete die 3. Kompanie mit einer Kampfkraft von nur 69 Mann um 7.30 den Angriff ein. Innerhalb einer Stunde war die Einheit auf ein Minimum geschrumpft: Nur 5 Männer entkamen unversehrt; 16 wurden getötet und 48 gefangengenommen. »Die Idee war sowieso verrückt«, sagt Major Harvey Bailey, stellvertretender Chef der 4. Kompanie, kopfschüttelnd. »Die 3. Kompanie sollte am hellichten Tag hügelauf vorrücken, und ca. 100 Meter weiter wartete schon ein Haufen feindlicher Fallschirmjäger. Die Deutschen ließen sie rankommen und schnitten ihnen den Rückzug ab.« Der Kompanie-»Spieß«, Oberfeldwebel C. (»Chum«) Morgan, der bei der Operation selbst leicht verwundet wurde, schildert das Desaster der folgenden Minuten: »Die vorderen Züge mußten in Deckung gehen und von den Mörsern Nebel anfordern, um vor dem Feind, der auf der Lauer lag, die weiteren Bewegungen zu verbergen. Unter dem Schutz des Nebels überquerten sie die Straße und rückten vor bis in das sichere Schußfeld der feindlichen Verteidigungsstellungen im Wald. Direkt hinter der Kreuzung wurde Major R. H. Tye [der Kompaniechef] von einer Maschinengewehrgarbe getroffen. Er konnte nur noch kriechend in einem Bombentrichter Schutz suchen und von dort aus, so gut es ging, den Fortgang der Kampfhandlungen leiten.«

Nur 15 Minuten waren vergangen. Die ersten Züge waren hinter dem Hügelkamm verschwunden. Morgan hatte trotz seiner leichten Verwundung die Führung der Kompanie übernommen. Jeder Versuch, den Voraustruppen zu Hilfe zu kommen, blieb in heftigem Feindfeuer stecken. Als Tye und Morgan beschlossen, zur Abschirmung weiteren Nebel anzufordern, entdeckten sie, daß ihr Funkgerät durch MG-Feuer zerstört worden war. Nach weiteren 20 Minuten sahen beide mit Entsetzen etwa 50 Deutsche am Hügelkamm auftauchen, hinter dem die Kanadier verschwunden waren. Tye wurde klar, daß seine Kompanie als Kampftruppe vernichtet war. Die Stellung war überrannt worden - seine Leute entweder getötet oder gefangen. Er drängte Morgan, sich zum Gefechtsstand durchzuschlagen: »Melden Sie dem Kommandeur, was passiert ist!« Der Oberfeldwebel rief dem Rest des Häufleins verzweifelt zu, ihm zu folgen. Zu vier rannten sie geduckt über die Straße und wichen den feindlichen MG-Garben aus, bis sie hinter den eigenen Linien in Sicherheit waren. Trotz der sicheren Aussicht auf Gefangennahme weigerte sich der Gefreite Elder, Krankenträger der Kompanie, zu fliehen - sein Platz sei bei den Verletzten. Verwundet und hilflos sah Major Tye seiner unabwendbaren Gefangennahme durch die heranrückenden feindlichen Soldaten entgegen. Die Überlebenden wurden zu Gefangenen gemacht und zum Verhör gebracht. Ein einziger, der Gefreite Watkins, entging dadurch der Gefangennahme, daß er 24 Stunden lang bewegungslos in einem Granattrichter hockte. Mit Ausnahme dieser Handvoll Männer war die gesamte Kompanie innerhalb von nicht einmal 60 Minuten aufgerieben worden. Der Regimentsgeistliche barg später 16 Tote, die in dem Waldgelände lagen, auf dem sie gekämpft hatten.

Auch die verbliebenen Kompanien der Kanadisch-Schottischen Division hatten am »Schlachthaus-Hügel« mit höchsten Schwierigkeiten zu kämpfen. Während 48 Stunden erduldeten sie, wie einer von ihnen später berichtete, unerschrocken jede Teufelei, die die Deutschen sich einfallen ließen: »Die Kugeln pfiffen uns nur so um die Ohren. Da der Boden weich war, gruben wir uns verdammt schnell ein. Die Verluste stiegen ... Wir kamen nicht einen Zentimeter vorwärts. Der Beschuß aus den deutschen MGs und Granatwerfern war mörderisch. Ich rannte ungefähr 200 Meter bis zum Zug, und ein Scharfschütze hörte keine Sekunde auf, mich zu beschießen ... Die Explosionen dröhnten uns in den Ohren. Die Granaten fielen so dicht, daß wir uns kaum verständigen konnten, auch wenn wir im selben Graben saßen.«

Das Regiment verlor im Heseler Feld 11 Sanitäter: Zwei wurden getötet und mehrere andere verwundet, während sie den Verwundeten auf dem Kampfplatz erste Hilfe leisteten; einer von ihnen, der Gefreite Elder, geriet in Gefangenschaft. Oberfeldwebel J. Nimmo sah, wie sein Kompanieträger nach vorn ging, um einem Verwundeten zu helfen. »Er trug auf Brust und Rücken ein großes rotes Kreuz. Die ›Heinis‹ feuerten auf ihn los, dabei war es noch hell, und sie konnten ihn deutlich erkennen. Schließlich wurde er getroffen.« Allein in diesen zwei Tagen hatte das Regiment 140 Ausfälle, 53 davon Gefangene.

Drei Aktionen trugen dann zur Entschärfung der Situation der 7. Brigade im Moylandwald bei: Am 19. Februar wurde endlich der Vorstoß auf die Straße Goch-Kalkar ausgelöst, was den Kämpfern im Waldgebiet Schutz auf der rechten Flanke gewährte. Den nächsten Lichtblick brachte der 21. – der dichtverhangene Himmel klärte sich auf. Zum ersten Mal seit fünf Tagen konnten »Typhoons« ihre Kampfflüge aufnehmen; 84 Geschwader der R.A.F. flogen an diesem Tag etwa 100 Einsätze gegen feindliche MG-Nester und Werferstellungen.

Feldwebel John Campbell von den *Regina Rifles* erinnert sich an den Augenblick, als sein Zug in ¾-Tonnern nach vorn gebracht wurde. »Mein Kompanieführer sagte: ›Feldwebel, lassen Sie die Männer in Deckung gehen. In dem Gebüsch da drüben sind die Deutschen, und die Typhoons sind im Anflug.‹ Er hatte kaum ausgesprochen, da waren sie über uns und machten Kleinholz aus dem Wald. Die Deutschen wünschten sie zum Teufel. Wenn wir Gefangene machten, hörten wir nur: ›Typhoons, Typhoons!‹ «

Das dritte Ereignis fand an demselben Tag statt, an dem die *Royal Winnipeg Rifles* (RWR) den zähen Widerstand der Deutschen im Moylandwald brachen. Die 3. Artillerie-Division gliederte den Wald in Abschnitte von 300 Metern und beschoß methodisch einen Abschnitt nach dem andern, während die *Winnipeggers* den Gegner rauswarfen. Ein »Pfefferstreuer« en miniature, bestehend aus den mittelschweren Maschinengewehren der *Cameron Highlanders of Ottawa*, den Geschützen des *Toronto Scottish Regiment*, den Panzerabwehrkanonen des Bataillons sowie sämtlichen verfügbaren 7,6-cm-Mörsern der Brigade, verbrauchte 100 000 Schuß Munition und 2000 Bomben zur Unterstützung dieses Gefechts. Zum ersten Mal setzten die RWR im Waldkampf Flammenwerfer ein. Mit sechs »Wespen« bei den vordersten Kompanien und sechs weiteren, die hinten laufend frisch aufgefüllt wurden, konnten die *Rifles* den unbarmherzigen Druck auf den Gegner ohne jede Unterbrechung aufrechterhalten. (General Schlemm beschrieb die Flammenwerfer zutreffend als »die schrecklichste Waffe des Krieges«.) Panzer vom *Sherbrooke Fusiliers Regiment* operierten in engster Verbindung mit den Infanteristen, denen sie in schnellem Tempo den Weg zu begrenzten Operationszielen frei schossen. Die Deutschen hatten an den östlichen Waldausgängen Sperren aus Panzer- und Schützenminen gelegt, die hohe Verluste verursachten. Die Panzer mußten sich vorübergehend zurückziehen. Der Kommandeur, Oberstleutnant L. R. (»Locky«) Fulton, schildert, welche ernsthaften Schwierigkeiten ein solcher Rückzug für einen Zug in der Kampflinie mit sich brachte: »Sobald die Panzer sich zurückzogen, trugen etwa 25 feindliche Soldaten einen heftigen Gegenangriff vor. Mit Handgranaten bewaffnet, gingen sie, aus der Hüfte heraus ihre Schmeisser abfeuernd, auf unsere Stellungen los und brüllten: ›Get your hands up!‹ In diesem kritischen Augenblick hatte die ›Bren‹* im vordersten

* Luftgekühlte Gasdruck-Maschinenpistole für Kaliber .303-(7,7 mm-)Munition, zuerst in Brno (Tschechoslowakei), dann in Enfield (England) hergestellt. Aus den Anfangsbuchstaben von Brno und Enfield setzt sich der Name »Bren« zusammen. A.d.Ü.

Abschnitt Ladehemmung. Die Stellung des Abschnitts wurde überrannt.« Zwei weitere Gegenangriffe mußten zurückgeschlagen werden; erst dann hatte das Bataillon die fanatischen Fallschirmjäger bezwungen und aus dem Wald vertrieben. Jetzt wurden die Panzer nach vorn gebracht, um beim Ausbau der Stellung zu helfen.

Für die Gewinne der Kampftage vom 16. bis 21. Februar hatte das Regiment RWR einen erschreckend hohen Preis zu zahlen: 183 Mann Verluste in diesen sechs qualvollen Tagen - allein 105, darunter 26 Tote, am letzten Tag.

Die Schlacht im Wald von Moyland war geschlagen. Um die Eroberung des drei Kilometer langen Hügelkammes hatten zunächst die drei Brigaden der 15. Schottischen Division und danach die Kanadier insgesamt acht Tage lang gekämpft. Wieder einmal war der kämpfenden Truppe und ihrer Führung ein hastig zusammengestoppelter Plan serviert worden. Und wieder war seine Ausführung allein steifnackiger Entschlossenheit und Courage der Männer zu verdanken - Dan Spry und seine »Wasserratten« hatten es geschafft.

458 Verluste - Tote, Verwundete und Gefangene - bei den Kanadiern; mit anderen Worten ein volles Drittel der Kampfstärke der 7. Brigade - das war die ungeheuerliche Bilanz des Gemetzels. Fast ähnlich hoch waren die Ausfälle bei der 15. *Scottish Division* nach den erbitterten Gefechten im Moylandwald. Die zerschlagenen Kompanien des 1. Kanadisch-Schottischen Regiments wurden am Abend des 21. Februar vom *Royal Regiment of Canada* abgelöst. Hinter dem Heseler Feld kamen ihnen Dudelsackpfeier entgegen, die die ausgepumpten, niedergedrückten Männer zurück nach Bedburg begleiteten. »Der schrille, triumphierende Ton der Pfeifen hatte eine Wirkung, wie nichts sonst sie haben konnte«, hält die Regimentsgeschichte voller Stolz fest. »Fast automatisch fielen alle in Gleichschritt.« Hauptmann Bailey hat diesen elektrisierenden Moment vor Augen: »Es zeigte sich, daß die Stärke der vier Schützenkompanien nur noch 165 Mann plus zwei Offiziere betrug. Ich selbst war mit 60 Mann nicht ganz schlecht dran; die 3. Kompanie hatte noch fünf - sie war fast restlos aufgerieben. Wir marschierten also zurück, und der Pfeifer rief: ›Was wollt ihr hören,

Kameraden?‹ Und sie sagten: ›Cock of the North!‹ Alle Sackpfeifer des Bataillons kamen und geleiteten uns zurück in die Stadt. Wir marschierten durch die Linien der 15. Schottischen Division, und ich weiß noch, wie ein paar Schotten die Hälse reckten und fragten: ›Wer kommt da?‹ Einer der Jungs schrie: ›Los, los, zurück, laßt die Soldaten rein. Das ist das *Canadian Scottish*, oder was davon noch übrig ist!‹ Es war eine ganz phantastische, unsentimentale Art von Kameradschaftlichkeit.«

Major William Matthews, stellvertretender Bataillonskommandeur, stand neben dem Pfeifer-Major der 15. *Scottish Division*, als die Reste des Bataillons müde vorbeizogen. Beide Männer, der altgediente Veteran und der jugendliche Freiwillige, waren erschüttert über die Tragik des im Krieg sinnlos verschwendeten jungen Lebens. »Ich werde ihn nie vergessen – er war ein riesiger, zäher Typ, früherer schottischer Gardesoldat. Im hellen Mondlicht stand er da und sah zu, wie unsere Kompanien hereinkamen, ein paar von ihnen nicht mehr als 10 oder 20 Mann stark. Tränen rannen ihm über die Wangen, und er sagte zu mir: ›Macht einen doch verdammt nachdenklich, nicht wahr, junger Mann?‹ «

Die Straße Goch-Kalkar
Schilderung einer Schlacht

W. D. Whitaker:
»Es war eine ganz gewöhnliche schmale geteerte Landstraße, schnurgerade und eben breit genug, daß zwei Traktoren aneinander vorbeifahren konnten; sie verband die zwei Marktstädte Goch und Kalkar. Im Kampf um ein 2 Kilometer langes Stück dieser gewöhnlichen Straße verlor die 4. Kanadische Infanterie-Brigade 400 Mann.

Das sind meine Erinnerungen an die acht Gefechtstage.«

ZWEI TAGE VOR ANGRIFFSBEGINN

Kriegstagebuch der Royal Hamilton Light Infantry, 17. Febr.:

06.30 Uhr: Einsatzbesprechung beim Kdr.: Die 4. Brig. soll das Höhengelände südwestl. von Kalkar an der Hauptstraße Goch-Kalkar angreifen und halten, links die RHLI *[Royal Hamilton Light Infantry]*, rechts das *Essex Scot. [Essex Scottish Regiment] und das R.Regt.C. [Royal Regiment of Canada]* als Reserve.

09.00 Uhr: Der Kdr. erkundete mit Komp.Führ.Bereitst.Raum und Ausgangsstellgn. Da die Wälder (Moyland) links von uns nicht wie vorgesehen gesäubert waren, kam die Aufkl.Gruppe unter starken Art.- und Werferbeschuß mit dem Ergebnis, daß unsere Operation um 48 Stunden verschoben wurde.

14.00 Uhr: Der 2. Adj. organisierte für 18.00 Uhr Filmvorführung im rückwärtigen Btl.Stab.

EIN TAG VOR ANGRIFFSBEGINN

Kriegstagebuch RHLI, 18. Febr.:

11.30 Uhr: Bataillonsbesprechung. Die vorgesehenen Op. noch immer verschoben wegen Feindwiderstand im Wald auf linker Flanke.

12.30 Uhr: Im Gefechtsstand war festzustellen, daß anstelle der üblichen Feldration frisches Steak und Gemüse auf der Tafel erschienen.
20.30 Uhr: Der Kdr., Obstlt. W. D. Whitaker, und Nachr.Offz., Lt. N. W. Bennett, nahmen an Einsatzbesprechung im HQu. der Brigade teil, wo ein wesentlich erweiterter Feuerplan vorgelegt wurde. Das Objekt der bevorstehenden Op. wurde 900 m nach rechts verlegt.

Oberstleutnant Whitaker, Kommandeur, RHLI:
»Der Kommandeur der 4. Kanadischen Infanterie-Brigade, General Fred Cabeldu, setzte seine drei Abteilungskommandeure: Oberstleutnant John Pangman *(Essex Scottish Regiment),* Oberstleutnant Dick Lendrum *(Royal Rgt. of Canada)* und mich über die Operationsziele in Kenntnis. Anwesend waren auch Oberstleutnant Mac Young, Kommandeur 4. Feld-Rgt. der *Royal Canadian Artillery,* (m. E. einer der besten Artillerie-Regimentskommandeure der 1. Kanadischen Armee), und Offiziere der *Fort Garry Horse* (2. Panzer-Brig.) sowie des *Toronto Scottish Regiment* (MGs und Mörser). Wir erhielten Befehl, die Straße Goch-Kalkar einzunehmen und zu halten, als Ausgangsbasis für Operation *Blockbuster.* Die zwei Spitzenbataillone des Angriffs sollten jede von einer Schwadron (16 Panzer) der *Fort Garry Horse* unterstützt werden. »Känguruhs« des 1. *Canadian Armoured Personnel Carrier Regiment* würden die zwei vordersten Kompanien des Bataillons mit gepanzerten Truppentransportern befördern. Die restlichen zwei würden zu Fuß, doch mit ähnlicher Unterstützung durch »Sherman«-Panzer, folgen.

Von Louisendorf aus nach Südwesten hatte ich einen guten Blick über das braune Stoppelfeld, das sich leicht ansteigend bis zu der knapp 2000 Meter entfernten Straße hinüberzog. Vereinzelte Höfe und Scheunen waren sichtbar. Um unser Ziel zu erreichen, mußten meine Leute diesen Streifen offenen Geländes überqueren. Aber ›ansteigend‹ . . . ich weiß, daß ich beunruhigt dachte: Wir sind am Vorderhang, und was liegt jenseits des Kammes? Ich überlegte mir, daß unsere Aufgabe nicht allzu schwierig werden konnte, wenn es mir gelang, den Feind für die Dauer unseres ersten Sturmangriffs niederzuhalten. Ich hatte fast unbegrenztes Vertrauen in unsere Artillerie, besonders zu Major Jack Drewry vom 4. Feldregiment - er würde das schon deichseln. Zwei VB würden bei den Vorauskompanien Posten beziehen und bei Bedarf Feuer auf erkannte Stellungen und Sichtziele anfordern.

Wir hatten einen extensiven Feuerplan, der die Artillerie der 15., 43. und 53. Division sowie die der 2. und 3. Kanadischen Division einbezog. Insgesamt würden 15 Feldregimenter und 7 mittlere Regimenter - oder 470 Geschütze aller Größen - den Angriff unterstützen, sicherlich Feuer genug, um den Gegner während des Vorstoßes niederzuhalten.«

Kriegstagebuch RHLI, 18. Febr.:
23.00 Uhr: Btl.-Einsatzbesprechung, bei der die Kompaniechefs über die neuesten Einzelheiten des Angriffs in Kenntnis gesetzt wurden.

Oberstleutnant Whitaker:
»Ich gab der 1. Kompanie unter Major J. M. (›Jimmy‹) Bostwick und der 2. Kompanie unter Major Dunc Kennedy den Auftrag, den Angriff anzuführen - die 1. rechts, die 2. links. Sie würden auf ›Känguruhs‹ vorrücken, im Panzertempo - 100 Meter in zwei Minuten - und im Schutz einer gleich schnell rollenden Feuerglocke. Ich wies sie darauf hin, daß der Erfolg der Operation davon abhing, daß sie das offene Terrain durchquerten und das Ziel erreichten, bevor der Feind sich von unserem Trommelfeuer erholte. Wenn sie mit dem Sperrfeuer Schritt hielten, würden die ›Känguruhs‹ sie an das jeweilige operative Ziel ihrer Kompanie bringen.

Ich hatte jedoch nicht mit dem Regen gerechnet. Er hielt die ganze Nacht an, und der Boden wurde morastig und tückisch. Meine zwei Reservekompanien - Major Joe Pigotts 3. in der linken und Major Louis Froggetts 4. Kompanie in der rechten Position - folgten den Spitzentruppen zu Fuß und in langsamerem Tempo. Ihre Hauptaufgabe war es, Widerstandsnester zu säubern, die von der ersten Welle unberührt geblieben waren.

Sorgen machte mir vor allem, daß unsere linke Flanke dem Feind ausgesetzt war, der bei Kalkar und im Waldgebiet bei Moyland immer noch starke Stellungen unterhielt. Wir hörten das

Stakkato automatischer Waffen – einen guten Kilometer entfernt tobten dort die Kämpfe mit aller Heftigkeit weiter. Der Gedanke behagte mir gar nicht, meine zwei Kompanien zur Linken, Kennedys und Pigotts, ohne Zusatzunterstützung in diese kritische Zone zu schicken. Also beauftragte ich Leutnant Gordie Holders Transportzug und seine Flammenwerfer-›Wespen‹ mit dem Schutz der linken Flanke. Dazu kamen mittlere Maschinengewehre vom *Toronto Scottish Regiment.* Aus demselben Grund unterstellte ich auch Leutnant Bob Wights Sprengkommando dem Befehl von Pigotts verwundbarer 3. Kompanie.

Den beiden Spitzenkompanien wurde je eine Abteilung Pak zugewiesen, die dritte der 3. Kompanie auf dem linken Flügel. Der Mörser-Zug hatte Befehl, auf Anforderung alle Sichtziele sowie einige der erkannten gegnerischen Stellungen auszuschalten. Das Feuer würde durch Mörser-Feuerbeobachter geleitet, die jeder Spitzenkompanie zugewiesen waren. Ich hoffte, meine linke Flanke durch diese Vorsichtsmaßnahmen ausreichend gedeckt zu haben. Für die rechte, nahm ich an, würde durch das rechte Vorausbataillon der Brigade, das *Essex Scottish Regiment,* gesorgt, das seinerseits rechten Flankenschutz durch die 43. Division erhielt.

Während ich mir in Louisendorf einen Überblick über das Schlachtfeld verschaffte, hatte ich natürlich keine Ahnung von den fieberhaften Aktivitäten auf der gegenüberliegenden Seite der Straße Goch-Kalkar. Wir waren zwar gewarnt, daß wir gegen deutsche Fallschirmjäger aus General Plochers 6. Fallschirmjäger-Division antraten. Allerdings hatte unsere Nachrichtenabteilung nicht bemerkt, daß Generalmajor v. Waldenburgs 116. Panzer-Division in die Hauptkampflinie eingerückt und zu unserem unsäglichen Pech nach 7tägigem pausenlosem Einsatz – allerjüngst gegen das 1. Kanadisch-Schottische Regiment auf dem Heseler Feld – an genau diesem Tag frisch aufgefüllt worden war.

Eine zweite Pechsträhne war das Eintreffen der Panzer-Lehr-Division. Sie war vom amerikanischen Abschnitt herübergeführt und für die kritische Zeit vorübergehend dem Kommando der 1. Fallschirmjäger-Armee unterstellt worden – als Schlemms letzte starke Reserve und nur in Gegenangriffen, nicht zur Verteidigung einzusetzen. Unter dem Befehl von Oberst Baron v. Hauser, Kommandeur des 901. Panzergrenadier-Regiments, wurde eine Sonderkampfgruppe für Gegenangriffe, die Kampfgruppe Hauser, gebildet.«

Oberstleutnant Heinz-Günther Guderian, Stabschef, 116. Panzer-Division:
»Am Tag des kanadischen Angriffs, am 19., kamen unser Aufklärungsbataillon und unsere Pioniere, die zurückgeblieben waren, um Panzer instand zu setzen, aus der Eifel zurück. Wir hatten sie schon lange entbehrt. Dann traf noch die Panzer-Lehr mit einem Panzergrenadier-Regiment, Teilen des Panzerjäger-Bataillons und Teilen des Panzer-Regiments ein. Rechts von uns stand die 6. Fallschirmjäger-Division.«

Major Helmut Hudel, Kommandeur des Panzer-Lehr-Regiments, 130. Panzer-Lehr-Division:
»Am 18. Februar rückte die Panzer-Lehr in den Einsatzraum ein. Das diesige, regnerische Wetter war günstig für die Bewegung der Einheiten, doch wegen der vermuteten starken Lufttätigkeit des Gegners wurden sie breit verteilt.

Die Materiallage bei der 130. Panzer-Lehr-Division war noch gut. Wir hatten ausreichende Waffenvorräte, aber auch bei uns machte sich der allgemeine Mangel an Fahrzeugen bemerkbar. Im Laufe des 18. Februar traf das 1. Bataillon des Panzer-Lehr-Regiments ohne feindliche Luftangriffe ein und wurde in Marienbaum ausgeladen. Das Bataillon hatte 2 Kompanien mit 14 ›Panthern‹ und eine Kompanie mit 14 ›Jagdpanthern‹.

Auf Befehl vom XLVII. Panzer-Korps bezog der Divisions-Befehlsstand zusammen mit dem der 116. Panzer-Division ein Forsthaus bei Nachtigall.«

Die Deutschen wurden von einem weiteren Glücksfall begünstigt. Hauptmann Horst Hanemann, der das 1. Bataillon des Regiments befehligte, berichtet von den Schwierigkeiten, Nachtigall überhaupt zu erreichen. Der Befehl zur Eingliederung in den Frontabschnitt Goch-Kalkar erreichte die Einheit im südlich von Wesel gelegenen Krefeld: »Wir entdeckten, daß Treibstoff fehlte, um die

Ausrüstung im Straßentransport mitzuführen. Wir wurden nach Marienbaum beordert, und mußten die 45 Kilometer mit der Bahn zurücklegen. Bei der Ankunft am 17. Februar erhielten wir zum Glück Betriebsstoff für unsere 14 ›Panther‹. Wir übernahmen auch das Kommando von zwei Grenadier-Bataillonen, die im Gegenangriff gegen die Kanadier zum Einsatz kamen, die ca. 2000 Meter vorgestoßen waren, um die Straße Goch-Kalkar einzunehmen.«

BEGINN DER OFFENSIVE

RHLI Kriegstagebuch, 19. Februar:

Das Wetter am heutigen Morgen für Angriff nicht vielversprechend ... Sehr kalt mit schweren Wolken ... Straßenverhältnisse schlecht, drosselt Tempo der Fahrzeuge.

09.45 Uhr: Unsere Artillerie eröffnete das Feuer auf erkannte Stellungen des Gegners, um sie für den Angriff der Brigade auf operativ wichtiges Gelände südlich der Straße Goch-Kalkar zu schwächen.

Major Hudel:

»Am 19. Februar wurde das 1. Bataillon durch eine Kompanie (Panzer IV) und vier Flugabwehr-Panzer verstärkt. ... Insgesamt waren an diesem Tag 22 Panzer einsatzbereit. Seit dem frühen Morgen war von der Front her schweres Artilleriefeuer zu hören. Der Munitionsaufwand war außergewöhnlich; niemand hatte vorher ähnliches erlebt. Im Lauf des Morgens wurde das Gelände erkundet und am Nachmittag die Kampfgruppe Hauser in Gefechtsbereitschaft versetzt.«

Brigadegeneral Fred Cabeldu, Kommandeur der 4. Kanadischen Infanterie-Brigade:

»Die Stunde des Angriffs wurde auf 12.00 Uhr festgesetzt. Als die Bataillone die Ausgangslinie überschritten, zeigte sich bald, daß der Gegner entlang der Straße Goch-Kalkar eine starke Panzerabwehr aufgebaut hatte, darunter viele 8,8-cm-Geschütze. Links, im Abschnitt der RHLI, hatten wir drei ›Känguruh‹- und sechs Panzerausfälle. Insgesamt gab es elf Panzerausfälle. Einige der Panzer, besonders auf dem linken Flügel, wurden durch Minen zerstört.

Den ›Känguruhs‹ gelang es zwar in den meisten Fällen, die Truppen in die Nähe der Angriffsziele zu bringen, wegen des schweren Pak-Beschusses jedoch nicht direkt ans Ziel.«

Oberstleutnant Whitaker:
»Als die zwei Kompanien der Angriffsspitze in den ›Känguruhs‹ nach vorn gebracht wurden, folgte ich in einem der *Fort Garry*-Panzer. Ich beabsichtigte, eine Molkerei, die ich an der Straße Goch-Kalkar entdeckt hatte, als Gefechtsstand zu benutzen. Ich glaube, für mich war das der schrecklichste Teil des Gefechts. Ich bin noch nie gern in einem Panzer gefahren - wie jeder Infanterist. Mit meiner gesamten Ausrüstung war ich in den schmalen Beifahrersitz im Panzer des Abteilungskommandeurs (Major Harvey Theobald) gezwängt und spähte durch die Schlitze, die das Gesichtsfeld eng begrenzten. Es war unheimlich anzusehen, wie die feindlichen Granaten nur wenige Meter entfernt lautlos aufschlugen und explodierten. Man hörte nichts außer dem Lärm des Panzermotors und dem Donner unseres eigenen Geschützfeuers. Ich fühlte mich wie in einer Blechbüchse, die jeden Augenblick getroffen und in Brand gesetzt werden konnte. Mit meinem ganzen Zeug behangen, wäre ich wahrscheinlich nicht mal rausgekommen, falls der Panzer einen Treffer abgekriegt hätte. Vor uns fuhr der Spitzentrupp der Schwadron, vier Panzer. Sie verließen den Schutz des Molkereigebäudes, überquerten die Straße Goch-Kalkar und kamen in offenes Gelände. Plötzlich schossen Flammen aus zweien der Panzer. Dann wurden von derselben deutschen 8,8-cm-Pak, die von der linken Flanke her feuerte, auch die zwei anderen zerstört.«

Major Harvey Theobald, Fort Garry Horse:
»Als wir über die kleine Anhöhe kamen, blickte ich nach links und sah die RHLI-Transporter in Flammen stehen. Dann sah ich die deutschen Pak. Unser Funknetz war blockiert - es schien, als gingen 75 Leute gleichzeitig in den Äther! Ich brüllte, versuchte alles, um durchzukommen und die andern zu warnen.«

Oberstleutnant Whitaker:

»Als der Führer der Schwadron sah, daß die vorderen Panzer brannten, brüllte er dem Fahrer zu: ›Fahrer, rückwärts! Fahrer, rückwärts!‹ Zwei Schüsse verfehlten uns um Haaresbreite. Der Fahrer setzte schnell hinter die Molkerei zurück, außer Sicht der Pak. Das war für mich die traumatische Einleitung der Schlacht an der Straße Goch-Kalkar. Es wäre beinah schiefgegangen.

Meine Männer brauchten gerade zwei Stunden, um ihre Zielobjekte zu erreichen, jedoch weitere sieben Tage, um die heftigen Gegenangriffe des Feindes abzuwehren und sich endgültig zu etablieren.

In den ersten Stunden mußten wir auch feststellen, daß wir von keiner Seite her gedeckt waren. Daß unsere linke Flanke ungeschützt war, wußten wir bereits. Dann entdeckten wir, daß die britische 43. Division die rechte nicht gesichert hatte und das *Essex Scottish* drauf und dran war, überrannt zu werden - und uns dasselbe Schicksal drohte.

Mit dem Vertreter und engen Freund meines Kommandeurs, Jack Drewry, verbrachte ich eine Woche dort in der Molkerei. Stunde um Stunde saßen wir an dem zerschrammten Holztisch in einem Zimmer des Gebäudes wie angenagelt vor unseren Funkgeräten und hörten die verzweifelten Stimmen meiner Männer, die meinen Codenamen riefen, ›Sunray‹: ›Sunray, hier Dog 4 . . . Deutsche Fallschirmjäger greifen uns im Planquadrat DF8 an. Ziel MIKE! Sofort!‹ ›Sunray, hier Dog 2. Mein Sunray [Funker] ist verwundet.‹ ›Sunray, vier Feindpanzer unterwegs nach DF6. Brauche schnell Big Brothers [mittlere Artillerie]!‹

Wir riefen ein Ziel nach dem andern ab und versuchten die feindlichen Panzer und Fallschirmjäger zu vernichten; wir schickten unsere Männer in den Angriff auf die Gegenangreifer, bis ich keine Männer mehr hatte, die angreifen konnten. Meine Offiziere wurden einer nach dem anderen verwundet oder getötet. Nach 36 Stunden konnte ich mich nicht länger wachhalten. Ich legte mich auf den rauhen Betonfußboden zwischen Kisten und klobige Milchkannen und schlief ein paar Stunden.«

Für Joe Pigott sollte der Krieg, an dem er seit vollen vier Jahren teilnahm, nur noch wenige Minuten dauern. Er hatte in Nordafrika, in der Normandie und an der holländischen Scheldemündung gekämpft. Nach der Operation in Holland waren die Verluste durch ungeschulte Ersatzkräfte ausgeglichen worden. (Eine ungeheuerliche Farce, die seinerzeit abgestritten wurde und von vielen Historikern bis heute abgestritten wird. Tatsächlich aber hat der Stabschef im Kanadischen Militär-Hauptquartier in London, Generalleutnant Ken Stuart, die Verlustzahlen gefälscht und Parlament und Öffentlichkeit in Kanada den drastischen Mangel an ausgebildeten Infanteristen verschwiegen. Die Krisensituation verschärfte sich bei ihrem Bekanntwerden durch die politischen Manöver von Premierminister Mackenzie King, der das kontroverse Thema der Einberufung zum Kriegsdienst zu umgehen suchte.)

Seit November hatte Pigotts Kompanie in der Nähe von Nimwegen eine ortsfeste Verteidigungsfunktion inne, unmittelbar vis à vis der vordersten Verteidigungslinie des Gegners - was Pigotts Bemühen, seinen Soldaten Übungen in aktivem Kampftraining zu verschaffen, nicht eben förderlich war.

Pigotts letzte Minuten im Gefecht hinterließen bleibende - bittere - Erinnerungen.

Major Joseph Pigott, Kommandeur der 3. Kompanie, RHLI:
»Mindestens 60 bis 70 Prozent der Männer in meiner Kompanie waren ohne jede Kampferfahrung. Und nicht nur das - die Mehrheit von ihnen hatte sich nicht einmal zur Infanterie gemeldet, sie waren von Transport- oder Nachschubeinheiten der Artillerie zu uns versetzt worden. Einem Haufen ängstlicher Politiker war angesichts der äußerst erregten öffentlichen Meinung in Kanada diese Maßnahme als bequeme Lösung eines sehr brisanten Problems erschienen - so jedenfalls sahen wir es draußen an der Front. Die Folge war, daß Hunderte, wenn nicht Tausende junger Kanadier, die als Verstärkung der Infanterie an die Front verlegt wurden, ihr Leben ließen. In der kanadischen Geschichte war dies sicherlich kein Ruhmesblatt. Weiß Gott, selbst mir als langgedientem Fußsoldaten mit Fronterfahrung saß vor dem Gefecht die Angst im Nacken. Und immer wieder ging mir durch den Kopf,

wie es im Innern dieser armen Teufel aussehen mußte, die keine Ahnung hatten, was sie erwartete oder wie sie mit alledem fertig werden sollten. Noch nie im Leben hat mir irgend jemand so leid getan. Für die meisten muß es grauenhaft gewesen sein. Wir hatten verzweifelt versucht, ihnen vor der Schlacht noch elementare taktische Kenntnisse beizubringen, aber im Grunde wurden sie wie Lämmer zur Schlachtbank geführt. Es war erfreulich zu sehen, wie sie sich hielten. Nur von den wenigsten könnte man sagen, daß sie sich nicht bewährten. Sie gingen nach vorn und gaben ihr Bestes, und die meisten kamen nicht mehr zurück. Aber trotz ihrer fehlenden Ausbildung kämpften sie phantastisch. Sie hatten es mit den pickelharten Fallschirmjägern zu tun, von denen einige wirklich exzellent ausgebildet und überdies kriegserfahren waren und die nicht nur ihr Handwerk verstanden – sie verteidigten ihr Land.

Es war der Stimmung nicht eben förderlich, daß nicht alle Gefallenen der *Winnipeg Rifles*, die sich vor ein paar Tagen dort durchgeschlagen hatten, geborgen worden waren. Die Truppe mußte auf dem Weg in ihre Ausgangsstellungen über Leichen gehen! Die Deutschen eröffneten nur 100 Meter hinter dem unsern ein Gegen-Sperrfeuer, das uns enorme Verluste zufügte. Wir hatten zur Unterstützung drei »Sherman«-Panzer. Auf halbem Weg sah ich mich nach ihnen um – da ging der erste gerade in Flammen auf. Sekunden später der zweite, und als mein Blick auf den dritten fiel, wurde auch er getroffen – alle aus einer einzigen Pak und alle innerhalb von 40, 45 Sekunden. Der Turm flog auf, und die Mannschaft stieg bereits aus.

Ich hatte – ihrer Unerfahrenheit wegen – meine Leute instruiert, mich zu beobachten und das nachzumachen, was ich tat. Ungefähr 150 Meter vor dem Angriffsziel kamen wir unter schweren Beschuß aus Maschinengewehren, und zu meinem Entsetzen sah ich, daß ein paar Männer sich fallen ließen und der Vorstoß ins Stocken kam. Ich hatte ihnen eingetrichtert, das sei der garantierte Weg zu einem schnellen Ende. Im selben Moment sah ich mit ungeheurer Erleichterung Pete Bolus mit drei Transportern, die Flammenwerfer trugen. Er fuhr zwischen uns hindurch und griff das Ziel mit der vollen Wucht dieser Flammenwerfer an. Das Ganze war eine echte

Mutprobe, diese Transporter gewähren den Insassen etwa soviel Schutz wie ein Sieb! Aber schon der Anblick der Flammenwerfer versetzte die Deutschen in Angst und Schrecken - sie waren regelrecht demoralisiert. Und unsere Truppe brachten sie wieder auf die Beine in Richtung auf unser Objekt.

In diesem Augenblick wurde Oberfeldwebel Stewart (»Pinky«) Moffatt, der schon seit einigen Monaten als »Spieß« bei mir war, von einem Scharfschützen im Unterkiefer getroffen. Der Kiefer war zerschmettert, die Zähne ausgeschlagen. Er litt fürchterliche Schmerzen. Ich tat dann etwas für einen Infanteristen ausgesprochen Törichtes. Ich hob ihn auf mit der Absicht, ihn in den Flur eines Bauernhofs zu tragen, das ich zu meinem Kommandoposten bestimmt hatte, dann wäre er aus der Gefahrenzone, bis er ins Lazarett gebracht werden konnte. Als ich die Tür öffnete, sah ich mich einem jungen deutschen Soldaten gegenüber, ungefähr 1,90 m groß, die Handgranate wurfbereit. Wir starrten uns sekundenlang an, dann warf er sie. Sie landete auf dem armen Moffatt, den ich augenblicklich fallen ließ, dann explodierte sie auf meiner Brust. Ich trug einen im Experimentierstadium befindlichen Körperschutz für Infanteristen, der mir das Leben rettete. Die Granate hinterließ eine tiefe Delle, und meine Brust war noch etwa sechs Wochen schwarz und blau, aber ohne den Schutz wäre ich mit Sicherheit nicht mehr am Leben. So wurde ich lediglich durch einen Granatsplitter, der meine Luftröhre durchbohrte, schwer verwundet, und der Explosionsdruck schleuderte mich auf den Hof zurück. Damit war für mich der Krieg zu Ende.«

Feldwebel Pete Bolus, Kommandant der Flammenwerfer-Abteilung, RHLI:

»Es waren die brutalsten Kämpfe, die ich erlebt habe. Ganz zu Anfang fiel Gordie Holder, der Führer unseres Transporter-Zuges. Als wir mit den Flammenwerfern über das Feld kamen und zwischen der 3. Kompanie hindurchstießen, sahen wir eine Hecke, eine Scheune und ein Haus. Pigott schrie: ›In dem Haus sind Deutsche! Räuchert die Schweine aus!‹

Der Brennstoff war ein schwarzes Gelee, das eine kompakte Masse bildete, wie Zahnpasta in der Tube. Wenn es auf die Erde abgefeuert wurde, dieses Dreckszeug, dann kroch es in Löcher und wieder raus . . . Es fiel nicht auseinander, es blieb ein zäher Brei, bis es sich aufgelöst hatte – es klebte und brannte und brannte weiter. Wenn man es an den Kleidern hatte, war es aus. Es war verheerend. Man rannte nur noch.

Beim ersten Flammenstoß kam die 3. Kompanie wieder in Gang. Wir hatten das Haus und die Scheune verbrannt, und die Hecke stand in Flammen, als die Männer den Hof eroberten. Pigott brüllte: ›Geht zurück und holt euch noch Brennstoff für eure Sardinenbüchsen!‹ Als ich zurückkam, waren er und Pinky Moffatt verwundet.«

Der Verlust ihres Kommandeurs, der bei allen höchsten Respekt genossen hatte, setzte den Männern der 3. Kompanie zu. Die vereinten Kräfte des Spreng-Zuges und der extrem dezimierten 3. Kompanie hatten jetzt nur noch einen Offizier: Leutnant Bob Wight, den stämmigen, jugendlichen Kommandeur des Spreng-Zuges. Wight beeilte sich, den Rest der Truppe zu sammeln, und setzte den Vorstoß zur Straße Goch-Kalkar fort – mit (wie er rückblickend berichtet) »so hervorragenden Pionieren wie Hank Johnson und Unterführern wie Art Kelly und Joe Hounan, die bis zum Schluß mit mir durchhielten.«

Leutnant R. W. (Bob) Wight, Führer des Spreng-Zuges RHLI:
»Unser Angriffsziel war die Kreuzung, aber vorher war noch ein Bauernhof einzunehmen. Neben einem der Hofgebäude stand eine bemannte Pak. Plötzlich tauchte ein einzelner kanadischer Panzer auf. Ich hatte weder Funkgerät noch eine andere Möglichkeit der Nachrichtenübermittlung, aber irgendwie gelang es mir, vor und neben dem Panzer herrennend, Kanonen- und Maschinengewehrfeuer direkt auf den Hof und die 8,8-cm-Pak zu dirigieren und gleichzeitig zu verstehen zu geben, daß wir den Hof stürmen wollten.

Die Panzerbesatzung schien verstanden zu haben. Ich hatte jetzt die schwierige Aufgabe, die Männer zu einem Sturmangriff auf den Bauernhof und die Pak zu sammeln. Mit aufgepflanztem Bajonett, fiel mir ein, würden sie vielleicht am ehesten die für einen derartigen Frontalangriff nötige Courage aufbringen. Eine große Hilfe war die Anwesenheit einiger Leute aus meinem eigenen Zug, die ich seit Monaten kannte und schätzte. Ich stimmte das Erkennungslied des Spreng-Zuges an: ›L'Amour, L'Amour, L'Amour.‹ Die Männer fielen ein. Wir stürmten bis dicht an das Gebäude vor und warfen unsere Granaten. Dann eroberten wir den Hof und machten etwa 20 Gefangene.

Wir erreichten das Angriffsziel, einen Bauernhof an der Straße, und alle begannen sich in größter Hast einzugraben. Der Befehl dazu war überflüssig, da ein Geschoßhagel auf uns niederging.«

Direkt vor Wight war die linke Vorauskompanie der RHLI, Major Kennedys 2. Kompanie, unter ebenso verbissener Anstrengung unterwegs zu ihrem Ziel: dem Gut Schwanenhof, etwa 400 Meter jenseits der Straße Goch-Kalkar.

Leutnant John Williamson, Führer des 10. Zuges, 2. Kompanie, RHLI:

»Für meinen Zug fing diese Operation nicht besonders gut an. Im Bereitstellungsraum übten wir während des Wartens an den ›Känguruhs‹ den Ein- und Ausstieg. Die Männer hatten Panzerminen Nr. 75 am Gürtel, die aussahen wie ›Johnson's‹-Wachsdosen mit einer Zündkapsel auf dem Deckel. Eine fiel auf den Boden des Fahrzeugs; jemand trat darauf, sie ging in die Luft, und der arme Kerl erlitt schwere Beinverletzungen. Für den Zug ein ganz schöner Schock vor dem Ausrücken.

Die ›Känguruhs‹ hielten ungefähr 200 Meter vor unserm Angriffsziel. Ringsherum war offenes Gelände, und der Feind hatte uns von der Flanke her unter Beschuß. Mein Kompaniechef, Major Kennedy, sagte mir, mein Zug sollte für Deckungsfeuer und Nebel aus einem 5-cm-Mörser sorgen, während er mit den beiden anderen Zügen vorwärts wollte. Wie sich zeigte, hatten wir nur 13 Nebelgranaten, und als die Kompanie das Ziel erreichte, war der Vorrat erschöpft. Dann führte ich meinen Zug nach vorn. Wir wurden von einem Maschinengewehr unter Beschuß genommen. Ich erhielt einen Treffer ins Bein und fiel oder sprang in einen Granattrichter. Ein Träger puderte die Wunde mit Sulfonamid und verband sie; ich kam wieder hoch. Inzwischen war der Zug natürlich weiter vorgerückt und hatte das Ziel schon erreicht, als ich ankam.

Auf dem Hofgelände, wo wir uns dann sammelten, waren die zwei anderen Züge eingegraben, und der Feind versuchte wieder einzusickern. Ein paar von meinen Leuten waren in einem Stall und feuerten mit Gewehren auf Deutsche, die in einem Graben bis auf 150 Meter herankamen. Als ich auftauchte, hatten sie bereits zwei oder drei erledigt. Die Deutschen erwiderten das Feuer. In diesem Augenblick wurde Major Kennedy verwundet. Wir standen zusammen an einer Dreschmaschine, als ein Schuß deren Griff traf, abprallte und Major Kennedy direkt unterhalb des Gürtels verletzte. Er wurde in den Keller des Hauses getragen, wo er seinen Gefechtsstand einrichtete und trotz seiner Verwundung von hier aus weiter das Gefecht leitete.

Die Deutschen führten mehrere Gegenangriffe durch. Plötzlich waren sie da, manchmal mit uns im selben Gebäude! Sie kamen reingerannt, schleuderten ein paar Handgranaten und rannten wieder hinaus. Als die Gegenangriffe später heftiger wurden, forderte ich beim Bataillonskommando Artillerieunterstützung an. In dieser Terminologie war ich nicht so ganz zu Hause, und ich verlangte von Oberstleutnant Whitaker ›Big Brothers‹, und das hieß natürlich, wie ich jetzt weiß, 100-Pfünder (mittlere Artillerie). Dabei wollte ich nur unsere Mörser. Wir erhielten die Feuerunterstützung, und sie erfüllte ihren Zweck, aber ich war nicht schlecht überrascht!

Am späteren Abend sprengten die Deutschen mit einer Panzerfaust in die hintere Wand eines an das Haus angrenzenden Schweinestalls ein Loch, durch das sie hereinkamen. Ich hatte - von amerikanischen Luftlandetruppen in Nimwegen - eine Thompson-MPi und feuerte sämtliche 30 Schuß aus dem Küchenfenster, tötete dabei den ersten deutschen Offizier, der durch das Loch kletterte. Die anderen, glaube ich, zerstreuten sich und wurden vom Rest des Zuges unter Beschuß genommen.

Etwas ganz Abstruses ist mir davon noch in Erinnerung: Ich hatte einen Mann als Posten zuerst in dem Schweinestall und dann im Wohnzimmer nebenan. Ob er an einem Flügel lehnte oder oben drauf lag, weiß ich nicht, aber jedesmal wenn er einen Schuß abgab, hörte ich das verdammte Klavier klingen.«

Oberstleutnant Whitaker:
»Um 14.00 Uhr, zwei Stunden nach Gefechtsbeginn, hatten meine zwei Vorauskompanien an ihren Zielen etwa 400 Meter jenseits der Straße Goch-Kalkar Stellung bezogen. Hinter ihnen hatten sich auch Froggetts und Wights Kompanien eingegraben. Der Bataillonsgefechtsstand befand sich in der Molkerei auf der nördlichen Straßenseite genau zwischen ihnen, weniger als 100 Meter entfernt.«

Brigadegeneral Cabeldu:
»Die RHLI hatte sich schnell aufgestellt und nach vorn in Bewegung gesetzt und konnte nach schweren Gefechten Gelände fast in ihrem Zielbereich gewinnen; auf der rechten Flanke wurde die Lage der *Essex Scottish* schon bei Kampfbeginn unklar, da es Ausfälle bei den Funkern gab.

Um 14.16 Uhr am 19. Februar wurde der erste feindliche Gegenangriff auf Stellungen der *Essex Scottish* vorgetragen. Der Angriff kam von vorn und rechts mit starken Infanteriekräften, die von Panzern unterstützt wurden - der erste Hinweis auf das Eintreffen der 116. Panzer-Division und der Panzer-Lehr-Division in diesem Abschnitt.«

Major Charles Barrett, Brigade-Major, 4. Brigade, 2. Kanadische Infanterie-Division:
»Das *Essex* wurde überrannt, weil seine rechte Flanke wegen fehlender Deckung ungeschützt war. Am 19. Februar hatten wir einen britischen Verbindungsoffizier im Hauptquartier der 4. Brigade und fragten nach der Stellung seiner Einheit. Sie sollten ihren Angriff mit dem unseren koordinieren. Nach Auslösung unserer Attacke kam von vorn die Nachricht, daß die Briten sich nicht gerührt, gar nicht angegriffen hätten. Ich weiß noch, daß mich diese Nachricht damals wirklich bestürzte. Wir erkundigten uns nach dem Grund, und ihr General oder Brigadegeneral, oder wer auch immer diese Einheit kommandierte, erwiderte, er hätte den Ein-

druck, daß wir mit der Situation selbst fertig würden; sagte aber nichts davon, daß er gar nicht die Absicht hatte vorzurücken. In meiner Naivität erschien mir das als unerhörter Verstoß gegen Anstand und Disziplin.

Dann kam die Nachricht, daß Oberstleutnant Pangman, der Kommandeur der *Essex Scottish*, verschwunden und sein Gefechtsstand von deutschen Panzern überrollt worden sei. 400 Männer des Bataillons, hieß es, würden vermißt.«

Oberstleutnant Whitaker:
»Bei Einbruch der Dunkelheit zogen sich die *Fort Garry*-Panzer zurück, um Treibstoff- und Munitionsvorräte zu ergänzen. Unsere alliierten Panzer waren nicht gern der Dunkelheit ausgesetzt, in der sie für Angriffe von feindlichen Spähtrupps besonders verwundbar waren. Dummerweise teilten die deutschen Panzer-Bataillone diese Scheu nicht, so daß wir häufig – zum Beispiel an diesem Abend auf der Straße Goch-Kalkar – mit Feindpanzern konfrontiert waren, die unsere panzerlose Infanterie angriffen.«

Ein weiterer unglücklicher Zufall wollte es, daß sich jenseits des Hügels in einem Forsthaus deutsche Offiziere zu einem Familientag trafen. Nichts anderem als einer Laune des Schicksals war es zu danken, daß zwei der erfahrensten Kommandeure deutscher Panzer-Korps und -Divisionen ihre Informationen über die Qualität eines Bataillons kanadischer Freiwilliger – der RHLI – austauschen konnten. Ihr operatives Ziel war Gut Schwanenhof, wo Dunc Kennedy, auf den Kellerboden gelagert, die Zähne zusammenbiß und ungeachtet seiner schweren Verwundung verzweifelt versuchte, die 2. Kompanie zusammenzuhalten.

Oberstleutnant Guderian:
»Um 16.30 Uhr besuchte der Kommandierende General des 47. Panzer-Korps v. Lüttwitz rein zufällig den Kommandoposten der 116. Panzer-Division. Deren Kommandeur, Generalmajor v. Waldenburg, war sein Cousin. Von Lüttwitz blieb zum Nachtessen. Während der Mahlzeit sprachen wir über den für diese Nacht geplanten Gegenangriff der 6. deutschen Fallschirmjäger-Division und der

Panzer-Lehr-Division. Die Kampfgruppe Hauser war in Gefechtsbereitschaft versetzt. Das Lager des Gegners kannten wir. Wir hatten die Namen aller Bataillonskommandeure, doch die waren nicht wichtig. Wichtig war der Kampfwert der Truppen in den einzelnen Bataillonen. Und den kannten wir auch.«

Die Geschichte der Panzer-Lehr-Division faßt den Verlauf der Gefechte dieser Nacht wie folgt zusammen: »Um 20.00 Uhr löst die Kpfgr. Hauser mit Unterstützung in beiden Flanken ihre Frontalattacke aus: rechts stehen Teile der Fallschirmjäger-Division, links die 116. Panzer-Division. Sobald die Panzer über die vordere Linie der kanadischen Stellungen rollten, wurden sie von der Artillerie mit Sperrfeuer belegt, das die Bewegung erschwerte und die deutsche Infanterie von ihren Panzern trennte. Dennoch hatte der Schwanenhof bis Mitternacht mehrmals den Besitzer gewechselt. Der Angriff aber kam an der Straße Goch-Kalkar zum Stehen; der Zugang zum dahinter liegenden Gelände wurde durch zusammengefaßtes Feuer verhindert.«

Die schneidige Division »Windhund« wurde rechts von Major Louis Froggetts 4. Kompanie zurückgeschlagen, aber ihr Luftlande-Aufklärungsregiment (»sehr ausdauernd, sehr mutig«, kommentierte Guderian) konnte die Straße überqueren und in den Abschnitt eindringen, den das *Essex* hätte besetzen sollen.

Oberstleutnant Whitaker:
»In der Molkerei wurden wir von den VB-Offizieren und meinen Kompaniekommandeuren mit Meldungen über die äußerst gefährliche Gegenattacke überschwemmt. Die Panzer-Lehr-Division griff Kennedys 2. Kompanie im Schwanenhof von Süden und die bereits dezimierte 3. von Osten her an.

Jack Drewry und seine beiden Artilleristen - letztere bedienten auf einem Halbkettenfahrzeug hinter meinem Gefechtsstand das Funkgerät - stürzten sich in ein Non-stop-Programm, das die ganze Nacht hindurch andauern sollte. Jack, ein gutaussehendes Rauhbein, starker Trinker, war nicht aus der Ruhe zu bringen. Ein seltsames Paar waren seine beiden Artilleristen, jeder ein Original für sich: Steve Pinchuck, der Fahrer, behauptete von sich, er sei der beste Halbkettenfahrzeuglenker der Welt – was zutraf. ›Coop‹ Cooper war ein ausgezeichneter Funker und begabter Jazzer, der im 4. Feldregiment seine eigene Regimentsband hatte. Sein Lieblingsstück war ›Pistol Packin' Mama‹ (›Lay that pistol down, babe‹). Die Tätigkeit der drei Männer rettete im Verlauf zahlreicher Gefechte vielen Männern der RHLI das Leben. Und der Feind ließ manche Pistole fallen. Drewry hatte direkten Zugriff auf 24 Geschütze des 4. Feld-Regiments (Ziel MIKE) sowie auch mittelbar Zugriff auf alle Geschütze der drei Feld-Regimenter der 2. Kanadischen Division, wenn sie verfügbar waren (Ziel UNCLE). Er forderte in jener Nacht eine große Zahl von MIKEs und UNCLEs an. Konzentriertes Artilleriefeuer Ziel MIKE, Feuerstärke 5 (fünf Schuß pro Rohr in schneller Folge) vertrieb schließlich auch den Gegner vom Gefechtsstand der 3. Kompanie.«

Beeindruckt hält die Geschichte einer Artillerie-Einheit denn auch fest: »In einer hektischen Zeitspanne von 12 Stunden deckten Geschütze des 4. Feldregiments bei der Abwehr heftiger deutscher Gegenangriffe ein kleines Geländestück mit 5400 Granaten ein.«

Oberstleutnant Whitaker:
»Die RHLI mußte in dieser Nacht acht Gegenangriffe einstecken und zurückschlagen. Meine Kompanien waren stärkstem Druck ausgesetzt und hatten erschreckend hohe Verluste. Gegen Mitternacht gab ich meiner taktischen Reserve Befehl, die Stellung zu verstärken. Leutnant Ken Dugall brachte sie unter Schwierigkeiten nach vorn.«

ZWEITER TAG

RHLI Kriegstagebuch, 20. Febr.:
Wetter am heutigen Morgen feuchtkalt mit Sichtweite von ca. 400 m. Infolge der gestrigen Regenfälle haben sich die Straßenverhältnisse zunehmend verschlechtert.
08.00 Uhr: Bei Tagesanbruch Gegenangriff des Feindes mit Panzern und Infanterie.

Das spurlose Verschwinden der *Essex Scottish* am Vortag gab Anlaß zu beträchtlicher Unruhe. Zunächst wurde angenommen, das Bataillon sei vollständig aufgerieben worden.

Später stellte sich heraus, daß die *Essex*-Truppen überrannt, 50 Mann gefangen und 150 getötet oder verwundet worden waren. Die Verbindung zu ihrem Kommandeur, Oberstleutnant John Pangman, war abgerissen. Cabeldu schickte das Reservebataillon, das *Royal Regiment of Canada*, auf den Abschnitt des *Essex*. Erst am Tag nach Angriffsbeginn um 14.00 Uhr wurde Pangman aus dem leeren Keller eines Bauernhofs herausgeholt, in dem er sich verschanzt hatte. Im Verlauf des Tages kehrten nach und nach noch andere Soldaten einzeln und grüppchenweise in die Ausgangsstellung zurück. Doch von einer ganzen Kompanie fehlte nach wie vor jede Spur. Mehrere Männer, die in Gefangenschaft geraten waren, konnten fliehen und stellten sich wieder in den Linien ein. Einer davon war Major Bruce (»Moose«) MacDonald, Kommandeur der 1. Schwadron der *Fort Garry Horse*. Wie er seinen sorglosen Bewachern entkam und über 15 Kilometer vom Feind besetztes Gebiet seine gefährliche Rückkehr antrat, ist in seinem Regiment Legende geworden.

Weil die *Essex Scottish* ihre Angriffsziele nicht erreicht hatten, war die 4. Kompanie in der rechten Flanke der »Rileys« (wie die RHLI genannt wurde) ohne jeden Schutz. Und die Deutschen hatten, falls die Kompanie überrannt wurde, sogar die Möglichkeit zu einem ungehinderten Schlag gegen den Bataillonsgefechtsstand. In einer beeindruckenden Verbindung von virtuosem Geschützeinsatz und infanteristischer Taktik arbeitete Froggett mit einem Panzerabwehr-Offizier, Leutnant David Heaps von der 18. Kanadischen Panzerabwehr-Batterie, zusammen, um vier feindliche Panzer zu zerstören, die Kurs auf den Gefechtsstand der RHLI nahmen.

Major Louis Froggett, Chef der 4. Kompanie, RHLI:
»Wir hörten, wie die Deutschen etwa 800 Meter vor uns im Wald ihre Panzer warm laufen ließen. Mein Kompaniegefechtsstand war in einem Bauernhaus vor der Straße Goch-Kalkar, weniger als hundert Meter rechts von dem des Bataillons. Die Deutschen hatten

uns unter starken Beschuß genommen, und meiner Einschätzung nach würden sie über das Feld hinweg unsere Stellungen angreifen. Ich hatte eine ganz genaue Vorstellung, wo die Pak zur Abwehr des Angriffs plaziert sein müßte. Ich ging also zu dem Panzerabwehr-Offizier und sagte: ›Ich brauche Sie drüben bei der 4. Kompanie.‹ Er war einverstanden, und sein 17-Pfünder ging direkt hinter einem kleinen Gebäude in Stellung. Wir waren fest überzeugt, die Deutschen mit unserm 17-Pfünder vernichten zu können, ganz sicher dann, wenn wir sie enfilierten, d. h. der Länge nach beschossen. Jedem in der Kompanie wurde erklärt, daß unbedingt abzuwarten sei, bis die Panzer heran waren. Egal wie nah – niemand gab einen Schuß ab, bevor unsere Pak gefeuert hatte. Und genauso lief es auch ab. Die Pak eröffnete das Feuer und erledigte die Panzer: eins, zwei, drei, vier ... Die Panzer gerieten in Brand, und die Deutschen sprangen heraus – das heiße Metall war wie eine Bratpfanne. Auch ihre ganze Infanterie konnte ausgeschaltet werden. Wenn diese Panzer an der 4. Kompanie vorbeigekommen wären, hätten sie einen Schlag gegen den Bataillonsgefechtsstand geführt und das Bataillon aufgerollt. Sie wurden in nicht einmal 100 Meter Entfernung aufgehalten, direkt vor der Molkerei.«

»Semper paratus«, die Geschichte der RHLI:
Whitaker kam in seinem Jeep (von einer Brigade-Einsatzbesprechung) angebraust ... und trat wütend auf die Bremse, als er, kaum 40 Meter von der Kreuzung entfernt, vier »Panther« in Kampfformation erblickte. »Ich war ziemlich fassungslos, bis ich den Rauch sah und mir klar wurde, daß sie zerstört waren«, erinnerte sich Whitaker. »Ein Stück weiter traf ich den Artilleristen. Er mußte es gewesen sein, sein Lächeln verriet es.«

RHLI Kriegstagebuch, 20. Febr.:
10.00 Uhr: Während des ganzen Tages andauernder Mörserbeschuß aller Kompaniestellungen. Mehrere Gegenangriffe wurden mit hohen Verlusten für den Gegner abgewehrt. Die Hauptlast scheint auf der 2. Kompanie (Maj. Kennedy) zu liegen, die sich bei vollem Einsatz jedes einzelnen aber bemerkenswert gut hält.

Um 19.00 Uhr kam auf Kennedys belagerte 2. Kompanie im Schwanenhof eine weitere Gegenattacke zu. Erbeutete Feinddokumente geben Auskunft darüber, daß v. Lüttwitz Befehl hatte, diese Stellung zurückzugewinnen. Es regnete Artillerie- und Werfergranaten, während vier »Panther« und eine Kompanie der Panzer-Lehr auf die angeschlagenen »Rileys« zurollten.

Korporal Eldrid Severin, 12. Zug, 2. Kompanie, RHLI:
»Major Kennedy war ziemlich schwer getroffen worden. Die deutschen Panzer nahmen gegenüber dem Haus Aufstellung, und dann kreiste ihre Infanterie uns von beiden Seiten ein. Als wir sie kommen sahen, kroch Leutnant D. W. Ashbury mit einer PIAT* über das Feld und zerstörte einen der Panzer. Sie wurden zwar langsamer, kamen aber trotzdem näher. Sie überrannten unseren Kompanie-Gefechtsstand.«

Oberstleutnant Whitaker:
»Ich erhielt über Bataillonsfunk die Nachricht, daß die Infanterie der Panzer-Lehr in großer Zahl in die Stellung von Kennedys 2. Kompanie eingebrochen war und den Kompanie-Gefechtsstand erobert hatte. Leutnant Williamson meldete, die Situation sei verzweifelt, und sie wüßten nicht, wie lange sie ohne Hilfe durchhalten könnten. Ich sagte ihm, daß alle Truppen im Einsatz seien, würde aber mein möglichstes tun. Ich ließ Leutnant Johnny Lawless kommen – er führte den Kundschafter-Zug, der auch den Bataillonsgefechtsstand schützte. Jetzt sollte er unseren Gegenangriff vortragen. Lawless hatte etwa 20 bis 25 Mann. Ich wies ihn an, mit ihnen hinüberzugehen und die Stellung zurückzuerobern. Die Scouts schlichen lautlos über das Feld bis zur Stellung der 2. Kompanie und kreisten das Gebäude ein, in dem sich der Kompanie-Gefechtsstand befand. Dann gab Lawless das Signal, und seine Leute begannen loszubrüllen und einen Höllenlärm zu veranstalten, während sie eine Menge Granaten durch die Fenster schleu-

* *P*rojector *I*nfantry *A*nti-*T*ank, brit.-kanad. Panzerabwehrwaffe, Gewicht: 15 kg, deren 2,5 kg schwere Projektile beim Aufschlag zündeten und 10 cm dicke Stahlplatten durchschlagen konnten. A.d.Ü.

derten, um anschließend hineinzustürmen. Die Operation war ein voller Erfolg. Fünfundzwanzig Deutsche wurden getötet oder verwundet, weitere 50 gefangengenommen; bei uns wurde einzig Lawless leicht verwundet - durch einen Splitter seiner eigenen Granate. Die Stellung der 2. Kompanie war endlich gesichert.«

DRITTER TAG

48 Stunden lang hatten Major Ken McIntyre vom *Essex Scottish Regiment* und der zerschlagene Rest seiner Kompanie, ständig von Feindkräften umgeben, in völliger Isolation zugebracht, bevor McIntyre schließlich beschloß, die Stellung zu räumen.

Essex Scottish Regt., Kriegstagebuch, 21. Febr.:
Um 03.00 Uhr kehrte die vermißt geglaubte 1. Komp. unter Maj. K. W. McIntyre . . . zurück. Allerseits großer Jubel. Als die Geschichten erzählt werden, stellt sich heraus, daß dank dem Widerstand der 1. Komp. (»weil sie nie Befehl zum Rückzug erhalten hatten«) die Front des Bataillons mit 35 Männern und mehreren Verwundeten gehalten worden war.

Major Ken McIntyre, Chef der 1. Kompanie, Essex Scottish Regt.:
»In ›Känguruhs‹ gelangten wir erfolgreich zu unserem Angriffsziel. Sofort bei Erreichen des Ziels änderte sich die Lage drastisch. Wir wurden augenblicklich unter Feuer genommen, was wir eigentlich nicht erwartet hatten; unseren Informationen zufolge war der Feind nicht so nah. Wir hatten ein paar Panzer, aber einer brannte aus, und bei den anderen beiden gab es einige Ausfälle. Es war nicht ihre Schuld, daß sie uns nicht besonders viel nützten. Es wurde im Grunde eine reine Infanterie-Operation. Ich hatte Befehl gegeben, daß wir uns sofort nach Erreichen des Ziels eingraben müßten. Trotz einiger Verluste (einer meiner Zugführer wurde gleich zu Anfang getötet) konnten wir die Stellung eine ganze Zeitlang halten. Also hielten wir weiter durch. Der Feind zeigte sich nicht. Unsere Verluste waren beim Erreichen des Ziels eingetreten. Danach gab es nur noch gelegentliches Gewehr- und Feldgeschützfeuer.

Ich stand, da wir zu Pangman keine Verbindung hatten, vor der Entscheidung, ob wir in der Stellung bleiben und weiterhin tun sollten, was wir konnten - wir waren sicher, daß wir durchhalten würden -, oder zurückgehen und noch einen Tag länger kämpfen. Wir hatten inzwischen eine Reihe Verwundeter. Ich besprach mich mit meinen zwei Zugführern, und wir kamen überein, den Rückzug zu versuchen. Ein Hauptgefreiter - Sanitäter, ein großartiger kleiner Kerl namens Ed - bot sich an, bei den Verwundeten zu bleiben, bis wir zurück wären. Wir hielten einen Bauernhof besetzt, in dessen solidem Keller wir uns installiert hatten. Dann steckte plötzlich ein Panzer sein 8,8-cm-Rohr durch die Tür des Hauses und jagte es in die Luft. Es war eine Heidenarbeit, aus dem Keller herauszukommen, und wir mußten das Ganze noch abstützen, um die Verwundeten nicht zu gefährden. Es war ziemlich schwierig. Mit ungefähr 75 Prozent der Kompanie erreichten wir schließlich die eigenen Linien.«

RHLI-Kriegstagebuch, 21. Febr.:
09.00 Uhr: Die Brigade gab im heutigen Lagebericht an, daß unser Bataillon neun »Panther«, drei 8,8-cm-Geschütze auf Selbstfahrlafetten und zwei Halbkettenfahrzeuge zerstört hat.
13.30 Uhr: Der IIa, Hauptmann W. O. Avery, besuchte die Brigade betr. Ersatz von Verlusten und reichte eine Schätzung von 150 Mannschaften und Unteroffizieren und 6 Offizieren ein.

Oberstleutnant Whitaker:
»Beim Besuch meiner Vorauskompanien fand ich die Männer ermüdet, aber noch immer entschlossen, die Stellungen zu halten. Sie waren trotz des hohen Preises stolz auf ihre Leistungen. Das Wetter klärte sich zum ersten Mal seit Angriffsbeginn auf und erlaubte wieder Einsätze von ›Typhoons‹ gegen feindliche Stellungen.

In dieser Nacht traf, ein seltener Fall, während des Gefechtsverlaufs eine Nachricht von General Crerar ein: ›Möchte Obstlt. WHITAKER, Kdr. RHLI, meine Glückwünsche und Bewunderung aussprechen aus Anlaß der von allen Dienstgraden seines Regiments im Laufe der letzten 48 Stunden tapfer und erfolgreich durchgeführten Gefechte.‹ Eine Bleistiftnotiz von Divisionskommandeur Generalmajor Bruce Matthews schloß sich an: ›Die

2. Kanadische Division ist stolz auf die jüngsten Leistungen der RHLI. Mein Glückwunsch an alle Dienstgrade. Ihr macht Geschichte - weiter so!‹ «

FÜNFTER TAG

Oberstleutnant Whitaker:

»Die Kämpfe waren noch lange nicht beendet. Die sporadischen feindlichen Gegenattacken gingen weiter. Die einzige Möglichkeit, den Besitz der Straße Goch-Kleve endgültig zu sichern, war meiner Ansicht nach die Beseitigung deutscher Stellungen in einem ca. 500 Meter südlich gelegenen Waldstück. Ich gab Froggetts 4. Kompanie den Auftrag, einen lautlosen Nachtangriff ohne Unterstützung auf das Gebiet durchzuführen.«

Major Froggett:

»Die erste Nacht des lautlosen Angriffs verbrachten wir in einem Bauernhof. Ein leichter Gegenangriff mit . . . na, sagen wir, etwa einem halben Zug wurde abgewiesen, die Männer konnten wir gefangennehmen. Eine Stunde später kamen die Deutschen noch einmal in größerer Zahl, aber auch sie konnten wir zurückschlagen.«

Leutnant Ken Dugall, Zugführer, 4. Kompanie, RHLI:

»Nicht weit vom Haus war eine dicke Dornenhecke. Wir schossen, als sie versuchten, durch die Hecke zu springen. Ein paar lagen mit verrenkten Armen da, andere waren ins Knie getroffen und brüllten mörderisch . . . Mein Gott, es war schrecklich. Am andern Morgen steckten die Deutschen eine weiße Flagge auf. Ein junger deutscher Offizier kam mit einem deutschen Träger, der recht gut Englisch sprach, zu uns und bat Feldwebel Herb Prince, ob sie die Männer holen könnten, die direkt vor der Hecke lagen, ungefähr vier bis fünf Meter davor. Es hatte ca. 35 Verwundete gegeben, die meisten von ihnen Deutsche.«

Froggett ging unbewaffnet, nur von seinem Burschen begleitet und in einem einfachen Soldatenmantel ohne Rangabzeichen zu den Deutschen hinaus.

Major Froggett:
»Ich sagte mir, daß ich eigentlich ruhig mal mit ihrem Kommandeur sprechen könnte; vielleicht hatte er ja Lust, diesen ganzen Krieg aufzustecken. Es waren zwei, Leutnants von den Fallschirmjägern, beide fast zwei Meter groß. Ich bestand - nach anfänglichen Schwierigkeiten - mit Erfolg auf den meinem Rang zustehenden Formen. Ich bot jedem eine Zigarette an (sie wollten das ganze Päckchen nehmen), wir unterhielten uns, und schließlich stellte sich heraus, daß sie zu dem Schluß gekommen waren, ich wolle mich ergeben. Ich sagte also - durch den Sanitäter - zu einem von ihnen: ›Sagen sie doch den Offizieren, daß der Krieg entschieden ist und daß sie beide nur noch sterben können.‹ Es kam die Antwort: ›Dann sterben wir für Hitler.‹ «

Leutnant Dugall:
»Major Froggett sagte: ›In Ordnung, holen Sie Ihre Verwundeten.‹ Und plötzlich flitzten da ungefähr 20 Deutsche durch die Gegend, alle mit Rot-Kreuz-Armbinden. Anscheinend wollten sie sich mal ganz genau unsere Stellung ansehen. Da sagten wir uns: ›Gut, gehen wir rüber und sehen uns mal genau bei ihnen um.‹ Dann kam so ein Koloß im Helm der Fallschirmjäger rüber und sagte: ›Heute nacht kommen wir - und morgen früh seid ihr erledigt.‹ Aber in dieser Nacht erwarteten wir sie, ein Feldwebel und ich, und als sie sich heranschlichen, deckten wir sie mit Granaten ein. Am nächsten Morgen lag auch der Koloß unter den Verwundeten.«

ACHTER TAG

Trotz ungezählter Gegenattacken bei Tag und bei Nacht hielt Froggett 72 Stunden lang an seinem gefährdeten Vorposten aus. Er bekam Meldung, daß das II. Kanadische Korps eine größere Operation, Operation *Blockbuster,* durch seine Stellung hindurch einleiten wolle. »Aushalten um jeden Preis!« lautete der Befehl. Aber seine Lage wurde verzweifelt.

Major Froggett:
»Wir wurden fast vollständig überrannt. Wir waren von Panzern umzingelt, und meine Leute lagen mit den Fallschirmjägern in einem erbitterten Nahkampf. Es war der grauenhafteste Tag des ganzen Krieges für mich. Männer brüllten, boxten, schleuderten Handgranaten, feuerten Pistolen ab und schwangen alles durch die Luft, was eben greifbar war. Leutnant D. D. Edwards, mein VB, war mit mir zusammen in dem kleinen Fachwerkhaus, als plötzlich ein Panzer von außen langsam die Mauer eindrückte. In dem Keller waren außer uns noch etwa 40 deutsche Zivilisten, alles schrie. Edwards bat um Feuer aus sämtlichen Rohren direkt auf den eigenen Standpunkt. Die deutschen Angreifer über uns erwischte es. Aber wir waren ja sicher verschanzt.«

Diese drastische Maßnahme erstickte den gegnerischen Widerstand endgültig. Feldwebel Prince, der am späteren Morgen von der Kugel eines Scharfschützen getroffen wurde, berichtete von einem merkwürdigen und wunderlich menschlichen Abschluß dieser erbitterten und unmenschlichen Kämpfe der vergangenen acht Tage: »Auf der Tragbahre mir gegenüber (lesen wir in der Geschichte der RHLI) lag der junge deutsche Offizier, mit dem ich erst zwei Tage zuvor unter der weißen Flagge zusammengetroffen war. Er lächelte mir zu; ich war zu benommen, um zurückzulächeln. Aber - man stelle sich vor! - er streckte den Arm zu mir aus und drückte mir die Hand. Und das nach einem Kampf, der bestimmt so grausam war wie der von Dieppe*!«

In den Kämpfen um die Straße Goch-Kalkar erlitten die *Essex Scottish* 200 Verluste, davon 51 Tote, 99 Verwundete und 54 Gefangene. Die *Royals* verloren 64 Mann. Bei der RHLI betrugen die Verluste 152 (keine Gefangenen). Doch hatten sie wie immer ihr Angriffsziel gehalten und den deutschen Gegnern ihrerseits schwere Verluste zugefügt. Etwa 200 Deutsche waren allein im Gebiet der

* Im August 1942 führten Kommandoeinheiten der 2. Kanadischen Division einen Überfall auf Dieppe an der französischen Küste durch, der hohe Verluste brachte: Von knapp 5000 Mann gerieten fast 2000 in Gefangenschaft (innerhalb von neun Stunden - mehr als in den elf Monaten des Feldzugs in Nordwesteuropa 44/45); es fielen 851 Mann und 56 Offiziere.

4. Kompanie tot geborgen worden. Die Brigade machte 275 Gefangene. Die 46 aus Baron Hausers Elite-Kampfgruppe - Einheiten der Panzer-Lehr-Divison - betrachteten die *Rileys* als besonders kostbaren Fang.

Brigadegeneral Cabeldu:
»Alle Einheiten haben sich großartig geschlagen, und die Operation ›Festung‹ der RHLI mag als hervorragendes Beispiel für eine gut geplante und durchgeführte Operation und für die Fähigkeit unserer Truppen dienen, unter guter Führung mit Mut und Entschlossenheit schwieriges Gelände auch gegen die besten Kräfte des Gegners einzunehmen und zu halten.«

Grenade! US-Soldaten bezwingen die Rur

Am 23. Februar, Schlag 02.45 Uhr: In die kalten dunklen Stunden vor Tagesanbruch hinein donnerten zweitausend anglo-amerikanische Geschütze in einem 45-minütigen Bombardement ihren zornigen Salut. Um 03.30 Uhr gingen Infanteristen aus sechs amerikanischen Divisionen an die 180 kg schweren Sturmboote und kämpften sich mit ihnen durch quellenden Schlamm in die immer noch Hochwasser führende Rur. Operation *Grenade* lief an.

Diese enorme Streitmacht in Kampfeinsatz zu bringen war ein riskantes Spiel, das dem Mut der Verzweiflung entsprang. Am 15. Februar war in Schloß Siersdorf eine Welle unterdrückter Erregung durch General Simpsons Hauptquartier der 9. Armee gegangen: Zum ersten Mal zeigten die Tabellen im Kartenzimmer einen leichten Rückgang des Wasserspiegels der überfluteten Rur.

In den folgenden fünf Tagen richtete sich die Aufmerksamkeit aller auf die Flutbarometer. General James E. Moore, der brillante Generalstabschef der 9. Armee, erinnert sich dieser erregten Tage, die zu dem Entschluß führten, das Spiel zu wagen. »Mit Spannung beobachteten wir den Wasserlauf. Ich weiß noch genau, daß General Nicholas [Brigadegeneral Richard U. Nicholas, Pionier-Kommandeur der 9. Armee], dessen Büro ich dreimal täglich aufsuchte, überall entlang der Rur seine Beobachter hatte.« Endlich fiel am 21. Februar die Entscheidung: Obwohl der Fluß noch immer Hochwasser führte, konnte nach Ablauf von zwei Tagen ein Übergang mit Sturmbooten und Befehlsbrücken gewagt werden.

Bei der Festlegung des neuen Termins für den Beginn der Operation war man sich völlig darüber im klaren, daß die Flut zwar zurückgegangen, der Fluß aber noch keineswegs wieder in sein altes Bett zurückgekehrt war. Die Pioniere der 9. Armee ließen sich bewußt auf ein enormes und womöglich folgenreiches Abenteuer ein – den Transport von Menschen und den Bau von Brücken über wildes, tückisches Gewässer, um den angreifenden Truppen einen Überraschungseffekt zu sichern.

Hätte Simpson abgewartet, bis der Wasserstand auf sicheres Niveau abgesunken war, dann wäre der Gegner in der Lage gewesen, den Angriffsbeginn bis fast auf die Stunde genau abzuschätzen. Deutsche Geschütze hätten bereitgestanden und die Verluste bei den GIs zweifellos katastrophale Ausmaße erreicht. Laut Berichten der Feindaufklärung hatten keine größeren Verlegungen der Panzer- und Fallschirmjägerdivisionen der Wehrmacht nach Süden stattgefunden. Der Großteil der deutschen Streitkräfte im Westen war noch immer gegen den nördlichen Arm des Zangenangriffs, *Veritable*, zusammengezogen. »[General Simpson] entschloß sich mit voller Absicht dazu, beim Übergang einige Verluste zu riskieren, um sich der Vorteile des Überraschungsmoments zu versichern«, erinnert sich Moore. »Ich glaube, daß wir dadurch eine große Zahl von Menschenleben retten konnten.«

Simpson hielt für den Gegner noch eine zweite Überraschung bereit. Er hatte in aller Genauigkeit die ausführlichen Geheimdienstberichte, Karten und Masken* der Westwall-Verteidigungslinien zwischen Rhein und Rur studiert. Diese Befestigungen zu durchbrechen würde eine harte Aufgabe sein. Er gab seinem Stab eine detaillierte Darstellung dieser Schwierigkeiten: »Jenseits der Rur ziehen sich gut ausgebaute Verteidigungslinien tiefgestaffelt bis zum Rhein hinüber. Als erste läuft eine doppelte Linie von Gräben nach Süden durch Erkelenz bis Linnich und östlich zum Erft-Kanal. Dieser letztere Teil kontrolliert das strategisch wichtige Plateau Linnich-Harff. Nach 7 bis 8 Kilometern sichert eine zweite Verteidigungslinie die Zugänge nach München-Gladbach; sie enthält Schützengräben, Minengürtel und Drahtverhaue sowie stark befestigte Dörfer. Beide Linien sind ebenso wie weitere befestigte Einzelzonen im allgemeinen nach Westen und Süden orientiert, von Osten her jedoch verwundbarer.«

Simpson erkannte, daß sich mit einem Vorstoß von Süden die meisten dieser Befestigungen umgehen ließen. Er wollte auf einer

* Transparentfolien mit zusätzlichen Details zur Auflage auf Landkarten. A.d.Ü.

Frontlinie von 27 Kilometern sechs Divisionen über die Rur bringen; dann sollten vier von ihnen nach Norden einschwenken. Rechts waren die 29. und 30. Division auf der Außenseite des Rades. Sie würden Tempo drauflegen müssen, um die Linie zur 84. und 102. Division von Gillems XIII. Korps zu schließen. Dann würden die vier Divisionen im Norden und Nordwesten hinter der gegnerischen Verteidigungslinie Erkelenz-Linnich zum Angriff übergehen.

War die deutsche Verteidigung aufgerollt, hatten General John B. Andersons 35. und 79. Infanterie-Division (XVI. Korps) nördlich von Linnich nur noch mit geringem Widerstand zu rechnen. Dann konnten die Panzer die restliche Verteidigung durchbrechen. Die Amerikaner würden sich mit der 1. Kanadischen Armee vereinigen, und eine dreiviertel Million Soldaten würde in voller Stärke nach Osten marschieren - auf den Rhein zu. »Unbeirrt vorwärts zum Ziel« - das war der Schlüssel zum Erfolg, hatte Simpson seinen Kommandeuren eingeprägt.

Der Texaner mit der ruhigen Stimme hatte einen phantastischen Plan entwickelt. Eine gesamte Armee - 300 000 Mann mitsamt Fahrzeugen und Waffen - eindrehen zu lassen war ein umständliches und zeitraubendes Unternehmen. Sie zweimal eindrehen zu lassen (so, daß »sie aussah wie der Buchstabe E«, beschrieb es der Reporter Wes Gallagher), und das ohne Unterbrechung, war ein extremes Wagnis und äußerst riskant. Während die 9. Armee nach Norden eindrehte, war ihre Südflanke vollständig ungeschützt. Simpson kam mit Hodges überein, daß zwei Infanterie-Divisionen der 1. US-Armee - Allens 104., die »Timberwolves«, und Generalmajor Bill Weavers 8. Division - synchron mit dem Angriff der 9. Armee bei Düren den Übergang über die Rur erzwingen und diese offene Flanke sichern sollten.

Um das von Simpson geforderte Tempo beizubehalten, mußten Fahrzeuge, Hilfswaffen und Panzer so schnell wie eben möglich auf den Brückenkopf am Ostufer transportiert werden, und das bedeutete Brücken und - noch vor den Brücken - Sturmbootübergänge von Infanteristen und Kampfpionieren über nächtlich dunkles Gewässer, um die unmittelbare Uferzone zu sichern. Schon von Beginn an stand fest, daß Probleme nicht ausbleiben würden.

Da waren die Boote: Ihre Zahl reichte nicht aus, und was da war, brauchten die Pioniere als Pontons für die Brücken. Erst mal an die Infanterie ausleihen, wurde den Pionieren gesagt. Anschließend als Pontons benutzen.

Ein Problem war auch die starke Strömung. Wieder wurde eine Lösung aus dem Ärmel gezaubert: Unterwasserkabel legen zum Verankern der Übergangsstege! Weitere Kabel über der Wasserfläche spannen, an denen die Männer sich hinüberhangeln können! Und dann waren da noch die Deutschen am anderen Ufer - unleugbar ein Problem. Die Lösung: mit Artilleriefeuer niederhalten! Maschinengewehr-Nester mit Patrouillen ausschalten! Operationen mit Nebel tarnen!

Die 84. Division erkannte sehr bald, daß all diese Hindernisse äußerst gefahrvoll waren - und daß keine der vorgeschlagenen Lösungen restlos griff. Improvisation war die Parole des Tages.

Die 84. und die 102. Division (aus General Gillems XIII. Korps) hielten zusammen den nördlichsten Abschnitt der Angriffszone besetzt. Hier stand das Wasser der Rur über flachen, sumpfigen Ufersenken. General Alexander R. Bolling, der die 84. Division kommandierte, hatte Befehl zu einem Feuerzauber von gewaltigen Ausmaßen erteilt, dem größten Artillerie-Einzeleinsatz in der Geschichte der Division. »Wir feuerten ab, was wir hatten«, sagt uns Oberleutnant Robert Truitt. »Außer der normalen schweren Artillerie die vielen Maschinengewehre vom Kaliber .50 und .30 (12,7 bzw. 7,6 mm), die Panzer und selbstfahrenden Geschütze; alle eröffneten gleichzeitig das Feuer.«

Panzer des 771. Panzer-Bataillons waren Nabe an Nabe am Ufer aufgereiht, um dem Feuerplan Nachdruck zu verleihen. Es wurde soviel Munition abgefeuert, daß den Panzerbesatzungen vom Pulverdampf schlecht wurde und sie an die frische Luft mußten, um die Übelkeit loszuwerden. Einmal feuerte ein Panzer im Zeitraum von 15 Minuten 75 Schuß und ein zweiter 60, was der durchschnittlichen Munitionsladung für einen Gefechtstag entspricht.

Die erste Welle des 334. Infanterie-Regiments - der schmale Übergangsstreifen der 84. Division ließ nur ein Regiment als Angriffsspitze zu - absolvierte den Übergang perfekt wie nach Lehrbuch. Jede Abteilung ging zum Ufer hinunter, wo sie die zuvor dort aufgestapelten schweren Waffen aufnahm und von einem Pionier zu den Sturmbooten geführt wurde. In einer guten halben Stunde hatten sie, je 15 Mann in einem Sturmboot, die überfluteten Uferniederungen sicher überquert. »Ich weiß wirklich nicht, ob wir beschossen wurden oder nicht«, berichtet Oberleutnant Richard Hawkins. »Unsere eigenen Geschütze, die rundherum losgingen, um den Übergang zu decken, übertönten alle anderen Geräusche.«

Leutnant Kenneth MacInnis, der mit dem 3. Bataillon (334. Rgt.) darauf wartete, den Fluß überqueren zu können, war noch dabei, sich mit seinem Zug einzugraben, als das Sperrfeuer begann: »Der Himmel schien zu bersten, als Panzergeschütze und schwere Artillerie losdonnerten, . . . und Tausende von Leuchtspurgeschossen über den Fluß jagten.«

Als die Reihe an MacInnis kam, war es Tag geworden, und an die Stelle der unerwarteten Leichtigkeit der ersten Flußübergänge war das reinste Chaos getreten. »Rauch und Nebel hingen so dicht über dem Wasser, daß das jenseitige Ufer nicht zu erkennen war«, berichtet er. Er führte seinen Zug zum Bereitstellungsraum und mußte zu seinem Ärger entdecken, daß von den Booten, die inzwischen nach dem Übergang der ersten Welle zu weiterer Benutzung bereitstehen sollten, nichts zu sehen war. Die Pioniere hatten die Strömungsstärke gröblich unterschätzt. Und das schaffte Probleme, unter denen alle nachfolgenden Einheiten zu leiden hatten. Mehrere Boote der ersten Welle waren 70 bis 100 Meter flußabwärts gelandet; sie während der Dunkelheit zu bergen war so gut wie aussichtslos. Andere Boote waren leck geschossen.

Unterdessen hatten sich die Deutschen vom Schock des Trommelfeuers erholt: »Granaten kamen angeflogen und außerdem noch etwas wie Granaten in Sondergröße oder Raketen. Ein paar Männer wurden verwundet, während sie nach den Booten suchten oder auf die Flußüberquerung ihrer Einheit warteten«, berichtete der Zugführer. Von ursprünglich 70 Booten hatte das Bataillon zu Beginn noch 20 zur Verfügung, von denen am Schluß ganze 10 übrigblieben. Eine große Zahl wurde von der Strömung mitgerissen. Ein Drahtseil, das zur Erleichterung des Übergangs quer über den Fluß gespannt worden war, erwies sich als verheerende Falle: Boote, die gegen das Seil trieben, kenterten. »Die Männer kämpften gegen die Strömung«, erinnert sich MacInnis. »Den meisten gelang es aber, sich an den Ausgangsort zurückzuschlagen. Eine ganze Gruppe kenterte und fand sich erst am späten Nachmittag wieder beim Zug ein.« Als man schließlich einige Boote ausfindig gemacht hatte, wurden die Männer im Pendelverkehr übergesetzt. Und es dauerte mehr als drei Stunden, bis das glücklose 3. Bataillon den Fluß überquert hatte. Dann verging weitere Zeit, ehe die versprengten Gruppen neu gesammelt waren.

An der Übergangsstelle arbeiteten die Pioniere fieberhaft an der Errichtung von Stegen für die Reservetruppen, die am Westufer darauf warteten, zu Fuß auf die andere Seite zu kommen. Ein neues Problem tauchte am Himmel auf: »Wir sahen die ersten feindlichen Düsenflugzeuge des Tages«, berichtet Truitt. »Sie hatten es auf die Brücken abgesehen.« Die deutsche Luftwaffe, die in Goch, 70 Kilometer weiter im Norden, die Streitkräfte von *Veritable* attackiert hatte, wandte sich nun in voller Stärke gegen die Front von *Grenade.* Mit der Absicht, die amerikanischen Brückenköpfe zu vernichten, flog die Luftwaffe an diesem Tag nicht weniger als 97 Einsätze - einige davon mit den sensationellen neuen Düsenjägern. Die deutschen Me 262 tauchten zum ersten Mal an der Front auf. Wäre ihre Produktion nicht gestoppt worden, weil Hitler beschlossen hatte, sie als Jagdbomber statt wie vorgesehen als Jäger zum Einsatz zu bringen, hätte dieses Produkt des immer noch fruchtbaren deutschen Erfindergeistes den alliierten Vormarsch ernsthaft gefährden können. Im Februar 1945 war es ein Fall von »zu wenig - zu spät«; dennoch stellte der Anblick dieser Superflugzeuge ein überraschendes Erlebnis für die alliierten Truppen dar.

Hauptmann Philip Polozotto beobachtete verblüfft vier Jagdflugzeuge mit amerikanischen Kennzeichen, die seine Stellung angriffen. »Zuerst waren wir überrascht, daß unsere eigenen Leute hinter uns her waren, bis uns klar wurde, daß die Deutschen eroberte Flugzeuge gegen uns einsetzten.«

Nachdem gegnerisches Werferfeuer drei Versuche zum Bau eines Steges vereitelt hatten, war der erste endlich kurz vor Mittag fertiggestellt. Die Treadway-Brücke für den Fahrzeugverkehr allerdings stand nicht vor 20.00 Uhr. »15 Minuten später«, berichtet

Major Jones von den Divisions-Pionieren, »gerade als die ersten Fahrzeuge starten wollten, kamen noch mehr deutsche Flugzeuge, nahmen die Brücke unter Beschuß und zerstörten die Pontons. Damit verzögerte sich die Benutzung der Brücke bis 11.00 Uhr am 24. Februar.« Beim Angriff auf den Brückenkopf wurden drei Mann getötet.

Die drei Bataillone des 334. Infanterie-Regiments waren inzwischen so entschlossen vorgestoßen, daß sie ihre Hilfswaffen weit hinter sich gelassen hatten – Fahrzeuge und Panzer standen in Erwartung der zu errichtenden Brücke noch isoliert am westlichen Ufer. Am Abend befand sich das 224. in einer gefährlich verwundbaren Position. Dem gesamten Korps mehr als vier Kilometer voraus, griffen sie den Ort Baal an – laut Plan ihr Ziel für den folgenden Tag. Die Nachrichtenverbindungen waren abgerissen, beide Flanken ungeschützt, und »rechts und links nichts als Jerries«, schildert MacInnis die Lage. Es war »ein ganz heikler Moment«, bemerkt Leutnant Clifton L. MacLachlan, 2. Offizier im Operationsstab des Regiments (S-3) dazu. »Wir hatten noch immer keine Brücken, die mehr als einen Jeep getragen hätten, hatten keine Pak bei uns, keine Artillerie, keine Panzer oder Panzerjäger.«

»Unbeirrt vorwärts zum Ziel«, hatte Simpson gesagt, und seine Soldaten waren gewillt, dieses Ziel für ihn zu erreichen. Die dringende Notwendigkeit, den Ausbruch zu schaffen, diktierte das Spiel, obwohl sie Gefahr liefen, ihre Hilfswaffen hinter sich zurückzulassen. Für den Augenblick war die Situation gerettet, als P-47-Jäger aus den Wolken herabschossen und den Feind in den Wäldern mit Bomben und Raketen unter Beschuß nahmen.

Am späteren Abend trugen die Deutschen zwei Gegenangriffe mit Panzerunterstützung vor, die von den abgekämpften Schützen am folgenden frühen Nachmittag zurückgeschlagen werden konnten. »Feindliche Kugeln trommelten gegen die Rückseite [unseres] Gebäudes«, erinnert sich Zugführer Leutnant William Nelson. »Die Gegend schien von Deutschen zu wimmeln, aber in der Dunkelheit waren sie nicht auszumachen. Die Angreifer konnten mit Maschinengewehr- und BAR*-Feuer auf Distanz gehalten wer-

* Browning Automatic Rifle (Schnellfeuergewehr).

den, aber allmählich ging uns die Munition aus.« Nelson hatte keine Funkverbindung. Er schickte Melder zum Kompaniegefechtsstand, um Artillerie für seine Stellung anzufordern, aber die Melder wurden niedergeschossen. Endlich wurde Feuer ausgelöst und die Attacke zurückgeschlagen.

In ähnlich verzweifelte örtliche Einzelgefechte verwickelt, kämpfte die 84. Infanterie-Division ohne Panzer und schwere Waffen noch weitere 36 Stunden.

Drei Kilometer stromaufwärts bereitete die Angriffsspitze der 102. Infanterie-Division, das 405. und 407. Infanterie-Regiment, ihren Angriff auf Linnich vor. Als Ablenkungsmanöver war etwa 1000 Meter flußaufwärts Nebel ausgelöst worden, um Artillerie- und Werferfeuer des Feindes vom tatsächlichen Angriffsgebiet abzulenken. Insgesamt 980 Nebeltöpfe, im Abstand von je 15 Metern in Trauben aufgestellt, hüllten das Gebiet mehr als zwei Stunden lang in rauchigen Dunst.

Dreißig Minuten vor der Angriffsstunde führte der bemerkenswerte junge Patrouillenführer Leutnant Roy Rogers mit seiner 16köpfigen Abteilung und zwei Pionieren des 407. Regiments einen verwegenen Überfall durch, der die erste Befestigung des Gegners auf der anderen Flußseite überrannte. »Rogers' Raiders« hatten sich schon bei früheren Patrouillen einen Namen gemacht. Doch erst die nächsten Minuten sollten ihre eigentliche Daseinsberechtigung erweisen. Rogers erhielt den Auftrag, feindliche Maschinengewehrstellungen zu vernichten, die entlang einem niedrigen Damm am jenseitigen Ufer eingegraben waren und den Erfolg der Operation bedrohten. Noch bevor sie loszogen, erlitten drei der Männer Schrapnellverletzungen durch die Explosion einer deutschen Mörserbombe. Rogers selbst wurde am Auge getroffen (eine Verletzung, die später zu seiner vorübergehenden Erblindung führte).

Die »Raiders« paddelten wild durch die reißende Strömung. Ein deutsches Maschinengewehr eröffnete kaum 50 Meter entfernt das Feuer und verfehlte sie knapp. Am Ufer krochen die Männer hastig die schlüpfrige Böschung hinauf, schwärmten dann mit der an Rogers' Operationen gerühmten Präzision entschlossen in Richtung ihrer Objekte aus und schleuderten in jedes MG-Nest eine Granate, um sich dann auf die Überlebenden zu stürzen, die sie in wilden Nachkampfgefechten niedermachten. Auf diese Weise zerstörten sie vier MG-Stellungen. Als sich wenige Minuten später – die Sturmbataillone des 407. Regiments überquerten bereits den Fluß – ein fünftes Nest, das Rogers und seine Mannschaft übersehen hatten, aus einem getarnten Rot-Kreuz-Lazarettposten heraus meldete, wurde es mit jäher Gewalt zum Schweigen gebracht.

In diesen 30 turbulenten Minuten säuberten »Rogers' Raiders« einen knapp 200 Meter breiten Frontstreifen, zerstörten außer den MGs sechs mit Schnellfeuergewehren ausgerüstete Stellungen und schalteten 23 Gegner aus, die getötet oder gefangengenommen wurden. (Rogers erhielt noch im Verlauf derselben Nacht im Feldhauptquartier aus der Hand von General Frank A. Keating, Kommandeur der 102. Division, den Silver Star verliehen.) Da der gegnerische Widerstand jetzt teilweise gebrochen war, konnte das 1. Bataillon des 407. Regiments ohne größere Verluste übersetzen. Bei der Landung nahmen sie 25 unter Feuerschock stehende Deutsche gefangen, von denen sie sich sicher durch die Minenfelder führen ließen. Das Sperrfeuer hatte offenkundig viele der Verteidiger getötet oder schwer verletzt und diejenigen, die den Feuersturm überlebt hatten, restlos demoralisiert. Der Divisionsgeistliche beobachtete in den ersten Stunden der beginnenden Kämpfe einen desolaten Zug deutscher Gefangener. Er berichtet, daß alle wie betäubt wirkten und von den Jüngeren viele weinten und zitterten.

Nach Ende des Trommelfeuers jedoch standen die den Sturmtruppen nachfolgenden Wellen zeitweise vor einem Chaos. Der Kommandeur des 2. Bataillons (405. Rgt.), Oberstleutnant Buford Bryant, führte seine Männer in den Bereitstellungsraum und fand nur zwei Boote am Ufer vertäut und keine Pioniere. Erst nach beträchtlichem Hin und Her wurden weitere Boote aufgespürt. »Jeder mußte sehen, wo er blieb«, so Bryants ärgerlicher Bericht. »Wir schnappten uns einfach jedes Boot, das vorbeikam.« Fünfzig von Bryants Männern wurden abgetrieben (und fanden später zu den eigenen Linien zurück.) Ähnliches Pech hatte auch das 2. Bataillon des 407. Regiments. Seinem Kommandeur, Oberstleutnant John Wohner, zufolge war der Übergang »schlecht organisiert«, und auch er geht ins Gericht mit den Pionieren, die die Infanteristen übel im Stich gelassen hätten. In demselben Sinn äußert sich auch der Obergefreite John Emerich, der selbst zu dieser zweiten Welle gehörte.

»Unser Pionier verkroch sich hinter einem Damm und ließ sich nicht mehr sehen, also paddelten wir das Boot ohne ihn rüber. Es war so vollgepfercht, daß zwischen Dollbord und Wasseroberfläche nicht mehr als 5 Zentimeter lagen. Viele Boote wurden überspült und gingen unter. In der Mitte gerieten wir in einen Wirbel, und das Boot drehte sich und trieb zweimal ans Ufer zurück. Beim dritten Versuch landeten wir endlich drüben. Aber wir haben mehr Leute durch Ertrinken verloren als durch feindliche Gewehre.« Ein Versuch, drei LVTs (*Landing Vehicles Tracked* - amphibische Kettenfahrzeuge - wie »Buffalo« und »Alligator«) für die Flußüberquerung einzusetzen, scheiterte - die Strömung war zu stark und das jenseitige Ufer zu morastig.

Stießen die Pioniere als Verantwortliche für den Fährdienst auf harsche Kritik, so wurde ihnen für ihre Leistungen auf sämtlichen anderen operativen Gebieten überschwengliches Lob zuteil. Heerespioniere des 102. Regiments setzten mit den ersten Wellen über und machten sich daran, Minenfelder zu räumen, Straßen instand zu setzen und Bombenkrater aufzufüllen. Als Bulldozer herübergebracht werden konnten, waren sie als Fahrzeugführer unermüdlich im Einsatz, um die Übergangsstellen und Straßen in einen gebrauchsfähigen Zustand zu versetzen. Andere Pioniermannschaften mühten sich um den Bau von Brücken für die Infanterie-Unterstützung. Zwanzig Stunden nach Angriffsbeginn waren zwei fertiggestellt. Ein für Momente außer Kontrolle geratenes LVT demolierte die erste, noch bevor sie in Betrieb genommen werden konnte, und das gesamte Baumaterial ging den Bach hinunter. Unverzüglich begannen die Arbeiten zu ihrer Wiedererrichtung. Dieser Vorgang wurde den Divisionspionieren während der ersten 24 Stunden des Angriffs zum wiederkehrenden Erlebnis: Kaum war eine Brücke fertiggestellt, legten feindliche Mörser oder Flugzeuge sie in Trümmer, oder sie fiel dem anderen großen Feind des Tages, der Strömung und den auf dem Wasser treibenden Bruchstücken, zum Opfer. Bei einigen der ersten schmalen Übergangsstege brachen die Trossen, und sie wurden unter dem Gewicht der Truppen flußabwärts getragen. Pontonbrücken auf luftgefüllten Schläuchen wurden durch feindliche Geschoßgarben zersiebt.

Vor der Errichtung von Brücken konnten die Panzer, Panzerjäger und schweren Geschütze den Fluß nicht überwinden, um den verwundbaren Voraustruppen Beistand zu leisten. Und auch wo Brücken für das rollende Material aufgebaut waren, mußte die so ungeduldig auf den Übergang wartende lange Schlange der Panzerjäger hinter den Lkws mit den Schottertransporten zurückstehen, die so dringend für die Reparatur der von Granattrichtern und tiefen Fahrrinnen verwüsteten Straßen gebraucht wurden. Damit die Fahrzeuge nicht bis über die Achsen einsanken, wurden Rollen aus Stahlgeflecht ausgelegt.

Der noch ungesicherte Brückenkopf war ernsthaft gefährdet, als bedrohlich klingende Meldungen von feindlichen Gegenattacken eingingen.

Am späten Nachmittag des ersten Kampftages war das 405. Infanterie-Regiment dabei, seine Stellung in dem Ort Boslar zu befestigen. Der Tag war sonnig und warm geworden und zeigte erste Anzeichen des kommenden Frühlings. Leutnant Joe Lane spielte mit seinen Männern Fußball (ein Kohlkopf diente als Leder), als der Gegenangriff anrollte. Zwanzig selbstfahrende Geschütze der 341. Sturmgeschütz-Brigade und zwei Infanterie-Kompanien versuchten das Dorf zu umzingeln. Der Angriff wurde abgewehrt, doch gelang zwei oder drei dieser gefährlichen Geschütze der Einbruch in den Ort.

Um 22.00 Uhr fand ein zweiter Angriff statt. Im Verlauf der Nacht nahmen die Gegenattacken bei unablässigem feindlichem Trommelfeuer an Heftigkeit zu. Siebenmal nahmen die an der Ortsperipherie eingegrabenen deutschen Panzer und Infanterie die belagerten amerikanischen Kräfte unter Beschuß. »Beim vierten Versuch gelang es Panzern und Infanteriekräften des Feindes, in die Stadt einzudringen«, berichtet Oberstleutnant Eric Bischoff, Kommandeur des Bataillons. »Die Nacht war sehr dunkel, und die Amerikaner in den Häusern hatten Schwierigkeiten, die durch die Straßen schwärmenden, in die Häuser schießenden Deutschen zu erkennen.«

Unteroffizier Roddy Parker zerstörte mit einer »Bazooka« drei feindliche Panzer. Ein Schuß wurde von der Tür des Gebäudes aus abgegeben, das als Bataillonsgefechtsstand diente (Parker wurde noch in derselben Nacht durch einen Gewehrschuß aus einem der von ihm zerstörten Panzer getroffen. Er starb am Tag darauf.)

Verzweifelt forderte Bischoff Feuer auf seine eigene Stellung an. Die Amerikaner kauerten in den Häusern, während um sie herum die Granaten fielen. Es war »die schlimmste Nacht meines Lebens«, sagt Bischoff zurückblickend. Er war überzeugt, sein Bataillon wurde überrannt und zerschlagen - so fest überzeugt, daß er seine Regimentsabzeichen abnahm und mit allen Dokumenten zur Zerstörung bereitlegte. In nächster Nähe des Gefechtsstandes wurde ein feindlicher Panzer abgeschossen und blieb mit weiterlaufendem Motor stundenlang liegen - auch ein Element der Situation, die der Kommandeur als unbeschreibliches Chaos in Erinnerung hat. Nach einer Nacht des Schreckens ließen die Gegenangriffe dann schließlich nach.

Vierundsiebzig Amerikaner des 102. Regiments fielen bei dem Versuch, einen Brückenkopf über die Rur zu gewinnen. Weitere 493 wurden verwundet und 31 als vermißt gemeldet. 130 Deutsche gerieten in Kriegsgefangenschaft.

Die zwei Divisionen aus Generalmajor Raymond McLains XIX. Korps - dem südlichsten Korps in Simpsons Schwenk-Streitmacht - sahen sich einem Flußabschnitt gegenüber, der noch mehr Wasser führte und eine noch schnellere Strömung hatte als der Unterlauf weiter im Norden. Der 29. Division gegenüber lag zudem die Zitadelle von Jülich - eine seit Monaten gefürchtete Konfrontation. Die Steinmauern der vierhundertjährigen Festung waren dreieinhalb Meter dick und fünfundvierzig Meter hoch, ihre Bollwerke von einem ausgeklügelten System untereinander verbundener Gänge durchzogen. Am 20. Februar wurden bei einem amerikanischen Bomberangriff 1000-Pfund-Bomben über der Festung abgeworfen und an einer Ecke acht direkte Treffer erzielt. Aber die Zitadelle hielt stand.

Die Deutschen waren entschlossen, die Festung intakt zu halten. Die Zugänge waren dicht mit Minen belegt und mit Drahtverhauen gesperrt. Jeder normale amphibische Angriff der Infanterie mußte mit Sicherheit fehlschlagen.

Generalmajor Charles Gerhardt, der temperamentvolle Kommandeur der 29. Division, war das Pendant der Amerikaner zum deutschen »Uhrmacher« Straube: Kein Detail war zu geringfügig, um seiner Aufmerksamkeit zu entgehen. Die Verbindung von Verve und Genauigkeit hatte sich für den erfolgreichen Divisionskommandeur bisher gedeihlich ausgewirkt.

Da sich der Fluß in Jülich durch ein enges Bett mit steilen Uferwänden zwängte, ging Gerhardts Hoffnung dahin, daß seine Pioniere vor dem massierten Infanterieangriff eine Fußgängerbrücke errichten könnten. Das würde aber bedeuten, daß der Bau praktisch ohne Schutz vor gegnerischem Feuer vom jenseitigen Ufer her auszuführen war, eine kleine Vorhut von Spähtruppen ausgenommen. Er setzte darauf, daß die Pioniere durch die hohen Ufermauern vor feindlichem Feuer gedeckt wären. War die Brücke einmal gebaut, konnte die Infanterie in schnellem Tempo hinüberjagen, die Gegenwehr zum Schweigen bringen und einen solideren Brückenkopf errichten, so daß die Möglichkeit bestand, auch Fahrzeugbrücken zu errichten. Der Plan gelang - wenn auch unter schwersten Verlusten.

Dreißig Minuten vor Angriffsbeginn stießen sich zwei Patrouillen zu je 27 Mann aus dem 175. Infanterie-Regiment in Sturmbooten vom Ufer ab. Sie hatten Befehl, am anderen Ufer Stellung zu beziehen und die Brückenbauer zu schützen. Die Spähtrupps gerieten augenblicklich unter schweren Beschuß. Der erste erreichte die für den Brückenbau vorgesehene Stelle am anderen Ufer nicht. Die beiden Boote unter der Führung von Leutnant Ralph Howland wurden flußabwärts getrieben, eins der Boote kenterte. Die verbleibenden Männer landeten am Ufer und versuchten zurückzugelangen, gerieten dabei aber in Stacheldrahtsperren und Schützenminen. Einige von ihnen, darunter Howland, wurden später von anderen Einheiten gefunden und evakuiert. Die übrigen waren ertrunken oder verwundet.

Auch die zweite Patrouille geriet unter Beschuß aus schnellfeuernden Waffen. Die Männer feuerten Leuchtspurgeschosse in Richtung der Deutschen ab, um die feindlichen Stellungen zu kennzeichnen. Darauf eröffnete die Panzerunterstützung das Feuer mit Maschinengewehren und 7,6-cm-Geschützen, um den Feind zum Schweigen zu bringen. Am jenseitigen Ufer verteilte Leutnant Warren Snyder seine Leute zur Verteidigung der Übergangsstelle.

Pünktlich zur festgesetzten Angriffszeit wateten Truppen des 121. Pionier-Bataillons in hohen Gummistiefeln im Schutz eines Nebelvorhangs in den Fluß und begannen mit dem Bau der Brükken. Nach knapp 60 Minuten fieberhafter Arbeit war die erste fertiggestellt, doch ein Boot stieß gegen die Konstruktion und zerstörte sie. In aller Eile wurde sie neu errichtet. Um 06.00 Uhr spurteten die ersten Infanteristen des 175. Regiments unter lautem Rumpeln der schweren Stiefel über die Holzbretter.

Die Männer umzingelten die Zitadelle und belegten sie mit MG- und Gewehrfeuer. Unglücklicherweise war der Sprengstoff, den man zur Sprengung des einzigen Tores mitgeführt hatte, beim Kentern der Sturmboote verlorengegangen. Panzer und Flammenwerfer, die zum letzten entscheidenden Vernichtungsschlag gegen die Verteidiger der Zitadelle bestimmt waren, saßen noch immer auf der anderen Flußseite fest. Als sie einen Tag nach Angriffsbeginn endlich eintrafen, hatten sich die Deutschen zurückgezogen.

An anderen Übergangsstellen der 29. Division forderten dicht gelegte Minenfelder unter den Männern sowohl des 175. wie auch des 115. Infanterie-Regiments eine hohe Zahl von Toten und Verletzten. Die praktisch nicht zu entdeckenden Topfminen aus Plastik, die 12 Pfund Sprengstoff enthielten, verursachten schwere Verluste.

Ein Problem von höchster Dringlichkeit wurde die Bergung der Verwundeten. Die Geschichte des 115. Regiments berichtet, daß »Verwundete ohne Versorgung ihrer Wunden über Stunden in exponierter Lage ausharren mußten, weil die Sanitäter sie nicht erreichen konnten«. Schon allein die schweren Transportbehälter der Tragbahren über den Fluß zu schaffen war eine aufreibende Arbeit. Oft zwangen Kanäle oder kleinere Flußarme die Träger, die Verwundeten auf Boote zu laden, sie wiederholt aus- und umzuladen, bevor endlich das westliche Ufer erreicht war. Unter Feindbeschuß wurde die Prozedur undurchführbar. Bataillonsärzte waren, wo möglich, unermüdlich von einer Frontkompanie zur nächsten unterwegs, um Verwundete zu behandeln, die nicht evakuiert werden konnten.

Es war für alle eine qualvolle Zeit. Durchweicht vom eiskalten Wasser, die Ausrüstung ebenfalls schwer vor Nässe, kauerten die Männer vor Kälte zitternd in den mit Schlamm und Wasser gefüllten Schützengräben.

Auch die 30. Infanterie-Division am südlichen Ende des »Karussells« mußte feststellen, daß die schnelle Strömung einen größeren Übergang mit Sturmbooten unmöglich machte. Wie in der 29. Division wurden kleine Unterstützungseinheiten hinübergeschickt – mit LTVs allerdings anstelle der weniger verläßlichen Sturmboote. Auch sie hatten die Aufgabe, die Pioniere während der Errichtung von Fußgängerbrücken zu schützen.

Die 30. Division hatte während der Kämpfe in Nordwesteuropa bereits eine Reihe von Flußübergängen im Gefechtsbereich durchexerziert und inzwischen eine außerordentliche technische Gewandtheit entwickelt. Generalmajor Carol Dunn, Kommandeur des 105. Pionier-Bataillons, das dem 119. Infanterie-Regiment Unterstützung leistete, bezeichnet das Projekt als »herausragende Erfolgsleistung unter äußerst extremen Bedingungen«. Unter dem Schutz von Nebel- und Artillerieschirmen hatten Dunns Pioniere den ersten Steg errichtet, noch ehe die letzten Granaten des Sperrfeuers gefallen waren. »Zuvor hatten wir ein Unterwasserkabel quer durch den Fluß gezogen, um die Brücke verankern zu können«, erklärte Dunn.

Doch war noch ein zweites Hindernis zu überwinden: ein etwa 7,5 Meter breiter Entwässerungsgraben jenseits des Flusses, der eine flache Landzunge vom Festland trennte. Achtundvierzig Stunden zuvor war eine Pionier-Patrouille in der Dunkelheit zur Erkundung hinübergeschlichen. Der Graben war drei Meter tief, wurde Dunn gemeldet – zu tief also, um ihn zu durchwaten. Die Sturmtruppen würden auf der flachen Landzunge unter direkten Beschuß des Gegners geraten. Dunn präsentierte eine Lösung. »Wir fabrizierten ein paar Brücken aus hölzernen Laufplanken. Die Männer schleppten sie abschnittweise hinter den Sturmbooten her und legten sie so von Ufer zu Ufer des Grabens«, erläutert Dunn. Das Vorhaben gelang.

Das 120. Regiment, Schwesterregiment des 119., mußte den Versuch unternehmen, per Seilfähre über den Fluß zu setzen. Eine Kompanie von ca. 100 Infanteristen kletterte in Gummiboote und versuchte, sich Hand über Hand am Tau entlang ans andere Ufer zu ziehen. Doch kamen sie nicht gegen die Strömung an; nur 30 erreichten das östliche Ufer. Schließlich gelangten zwei Kompanien in LVTs hinüber.

An verschiedenen Stellen des Ufers verließen die Männer ihre Fahrzeuge und schlugen sich durch den Wald zu ihrem ca. 200 Meter landeinwärts gelegenen Sammlungsraum. Unterwegs gerieten sie in eine »reine Hölle« von Sprengfallen und Schützenminen. Handgranaten und mit Sprengstoff und Stahlstückchen gefüllte Zementblöcke waren an Stolperdrähte angeschlossen. Fünfundsiebzig Männer erlitten Verletzungen.

Vier der von Pionieren im Lauf der nächsten Stunden errichteten Laufbrücken wurden von den vereinten Kräften von feindlichem Feuer und der starken Strömung zerstört. Als die fünfte stand, war es Abend geworden. Die Pioniere arbeiteten die Nacht hindurch und hatten in 20 ½ Stunden (statt der geschätzten 36) eine Fahrzeugbrücke erstellt. Doch auch die Schützen der 30. Division waren wie die der aggressiv vorprellenden 84. gezwungen, den ganzen ersten Gefechtstag ohne Panzerunterstützung isoliert auf der Feindseite des Flusses auszuharren. Einmal jenseits des Flusses, drängte die 30. Division nach vorn in Richtung ihrer Angriffsziele - getrieben von dem Bewußtsein, daß sie am äußersten Ende des Rades stand, wenn die 9. Armee zu ihrer massiven Drehung nach Norden ansetzte.

»Es gelang uns tatsächlich, die Deutschen zu überraschen«, erinnert sich Oberstleutnant Harold Hassenfelt vom Operationsstab der Division. »Als wir nach dem Flußübergang die Schwenkbewegung ausführten, kamen wir hinter die feindlichen Linien, während die Deutschen noch in die entgegengesetzte Richtung blickten. Ihre Verteidigung war gut in Schuß - nur in die falsche Richtung orientiert.«

Der Kommandeur, Generalmajor Leland Hobbs, beschloß, die

Nacht hindurch weiterzumarschieren. Nachtkämpfe waren »eine unserer schwächsten Seiten«, stellte Charles B. MacDonald, US-Militärhistoriker, kürzlich fest. Mit Ausnahme der 104. Division war der amerikanische Soldat für nächtliche Operationen nicht ausgebildet.

Das Reserve-Bataillon des 119. Regiments erhielt Befehl, unter Einsatz von künstlichem Mondlicht durch den Hambacher Wald vorzustoßen und die deutsche Garnison in Hambach, ca. 1000 Meter östlich gelegen, einzunehmen. Die Gegend war stark verteidigt: In balkengestützten Unterständen waren ortsfeste Geschützstellungen eingerichtet, jedes Geschütz mit schwenkbarem Stahlturm gekrönt und mit einem 7,62-mm-Maschinengewehr versehen. Bei Tageslicht wäre der Sturmangriff unter den Läufen dieser Waffen Selbstmord gewesen. Bei Nacht war er lediglich furchterregend. Oberstleutnant Donald Ward bemerkte, daß Nachtgefechte die Männer nervös machten. Es war schwieriger, die Truppen unter Kontrolle zu behalten, und die Soldaten wiederum konnten nur mit Mühe ihre Einheiten identifizieren. (Die 102. Division hatte zu diesem Zweck weiße Armbinden eingeführt.)

Hauptmann Victor Salem, Chef einer Schützenkompanie des 119. Infanterie-Regiments, rückte gegen einen Wald vor, als ihm die Nervosität seiner Männer eindrücklich vor Augen geführt wurde: »Wir trugen zum ersten Mal einen Nachtangriff vor. Unser Oberst hatte gesagt: ›Ein Kinderspiel!‹ Aber für die Männer war alles sehr beängstigend. Plötzlich blieb die ganze Kompanie wie angewurzelt stehen. Sie waren nicht dazu zu bewegen, durch den Wald zu gehen – um keinen Preis. Es war nicht viel los – ein paar Handfeuerwaffen meldeten sich, nichts Besonderes. Aber sie hatten das Gefühl, hinter jedem Baum stecke ein Deutscher. Ich sagte: ›Also, Leute – ich nehme die Melder, meinen Funker und Fernmelder und gehe voran, damit ihr seht, daß es sicher ist. Und dann setzt ihr euch alle in Bewegung.‹ Ich ging ungefähr 200 Meter weit in den Wald hinein. Und plötzlich spürte ich, ohne mich umzusehen, daß die Kompanie hinter mir war. Wir kamen sicher durch den Wald und bis in die Stadt.«

Trotz der vielen Hindernisse erreichten beide Divisionen mit

Generalleutnant Bill Simpson, Kdr. 9. US-Armee, und Generalmajor Charles Gerhardt, Kdr. 29. Inf.-Div., planen den Angriff auf die Rur

eneralleutnant Eugen Meindl, Kdr. . Fallschirmjäger-Korps

audamm Schwammenauel an der Rur

Generalmajor Siegfried v. Waldenburg, Kommandierender General der 116. Panzerdivision

Oberstleutnant Heinz Günther Guderian, Stabsoffizier, 116. Panzer-Division: »Wir haben nicht für die Nazis gekämpft, sondern für das Vaterland.«

Generalmajor Dan Spry, Kdr. Gen. 3. Kanad. Inf.-Div. (li.) in Beratung mit Generalmajor Chris Vokes, Kdr. Gen. 4. Kanad. Pz.-Div., im Hochwald

Infanteriefahrzeuge in den überfluteten Straßen von Kranenburg

Im Gespräch über Operation *Veritable:* Generalleutnant Brian Horrocks, Kdr. XXX. Brit. Korps, Feldmarschall Bernard Montgomery und Generalmajor »Tiny« Barber, Kdr. Gen. 15. Schottische Div.

Verkehrsstau in den Trümmern von Kalkar, März 1945

1. Reihe von links: Feldmarschall Montgomery, Generale Eisenhower und Bradley;
2. Reihe von links: Generale Crerar, Simpson und Dempsey

Gestrandeter Churchill-Panzer im Überschwemmungsgebiet bei Kranenburg

eneral Alfred Schlemm, Kommandeur der 1. deutschen Fallschirmjägerarmee

Generalmajor Thomas Rennie, Kdr. Gen. 51. *Highland Division*

as 5./7. Btl. der *Gordon Highlanders* schlägt sich durch den Reichswald

Deutscher Jagdpanzer mit 8,8-cm-Geschütz

Simpson und Montgomery in den Trümmern von Jülich

Gepanzerter Bulldozer vor einer zerstörten Kirche in Uedem

Das schwer zerstörte und überschwemmte Middelaar, 14. Februar 945

Generalmajor Heinz Fiebig, Kommandeur der 4. Infanterie-Division

Die »Funnies« kommen zur Hilfe: AVRE-Churchill-Brükkenbaupanzer

Infanterie bei der Überwindung eines Panzergrabens in Uedem

Kleve: »Bombentrichter sind in Kauf zu nehmen.«

Major Louis Froggett von der RHLI besichtigt den von seiner Kompanie auf der Straße Goch-Kalkar abgeschossenen deutschen »Panther«

Deutsche »Eighty-eight« auf der Straße Goch-Kalkar, 19. Februar 1945

)eutsche Kriegsgefangene bei Kalkar, 26. Februar 1945

Luftbild der Hochwald-Schneise. Man beachte den Verlauf der Bahnlinie im Durchstich. Punkt 73 am Eingang war ein Angriffsziel der *Algonquins.*

Pioniere der RCE beim Abbruch der Bahngleise für den Bau der Straße von Goch nach Xanten

»Sherman«-Panzerjäger in einem Wald bei Xanten, 9. März 1945

»... sooo groß!« Britische *Guards* treffen auf US-Verbündete.

Unteroffizier Alexander Drabik (9. Pz.-Div./1. US-Armee) überquerte als erster die Eisenbahnbrücke in Remagen

Die Eisenbahnbrücke in Remagen

Träger des kanadischen Sanitätskorps (RCAMC) beim Verwundetentransport in Sonsbeck

»Shermans« der *Governor General's Foot Guards* in Sonsbeck, März 1945

Gefreiter Eddie Gagné vom *Régiment de Maisonneuve* beim Tee vor Schloß Moyland

›Dinner time« für die *Argyll & Sutherland Highlanders of Canada* in Veen

›eutete Hakenkreuz-Fahne – ein Spaß für kanadische Soldaten in Xanten,
ärz 1945

Major Fred Tilston, Träger des VC: ein hartnäckiger Kanadier

Komfort in Trümmern für behagliche Lektüre: Post von daheim

Wo Fred Tilston sich das Victoria-Kreuz verdiente: Blick auf eine eroberte Pak-Stellung im Hochwald

Brooke, Churchill und Monty beobachten die Luftlandung bei Wesel

Das zerstörte Wesel: Man beachte die zahlreichen Bombentrichter

ie größte Luftlandeinvasion der Geschichte: Soldaten der 1. Alliierten Luftlandermee verlassen ihre Gleitflugzeuge und bereiten sich bei Wesel auf gegnerischen 'iderstand vor

Ihre Königliche Hoheit Prinzessin Elisabeth mit Brigadier James Hill, Kdr. 3. Fallschirm-Brigade, beim Training der Fallschirmjäger

US-Luftlandesoldaten sammeln sich zum Vorstoß durch Stacheldrahthindernisse. Im Baum links oben ein Fallschirm

Bruchlandung: ein verunglückter Gleiter

Oberstleutnant Jeff Nicklin, Kdr. 1. Kanad. Fallschirm-Bataillon

Ende des ersten Tages ihre Angriffsziele. Innerhalb von 10 Stunden hatte die 30. Division einen schwierigen Flußangriff abgewickelt und einen Brückenkopf von ca. 2500 Metern Tiefe und 5000 Metern Breite gewonnen. Die 30. Division lag wieder einmal, getreu ihrem Spitznamen »Zugpferd der Westfront«, weit vorn. Links von ihr war die 29. Division noch in die Kämpfe um Jülich verwickelt. Doch an diesem ersten, entscheidenden Tag hatten die vier Angriffsdivisionen aus Bill Simpsons 9. Armee nicht mehr als 100 Gefallene zu beklagen.

Die letzten Verbände, die am ersten Tag der Operation »Grenade« den Fluß überquerten, waren die 104. und 8. Infanterie-Division, beide im VII. Korps von General Courtney Hodges' 1. US-Armee. Korpskommandeur »Lightning Joe« Collins' Aufgabe war es, den exponierten südlichen Flügel der 9. Armee zu schützen. Der Südzipfel der sich über 25 Kilometer hinziehenden Streitmacht von *Grenade* war an seiner offenen Flanke dem intensivsten Feuer der Kampfhandlungen ausgesetzt - am stärksten betroffen war die 8. Division in der rechten Position.

Auch deren Übergang war wie die übrigen in einen dichten, von Nebeltöpfen und Nebelmunition erzeugten Nebelvorhang gehüllt. Hauptmann Frank Hallahan, Kompanieführer beim 104. Regiment, hat in Erinnerung, daß der Nebel einen beunruhigenden Zwischenfall auslöste - der, wie sich zeigte, harmlos war, doch durchaus geeignet, bei den weithin unerfahrenen, nervösen Soldaten, die auf ihren Einsatz warteten, gefährliche Verwirrung auszulösen: »Wir waren Nachzügler auf dem europäischen Kriegsschauplatz und schleppten zunächst noch eine Riesenausrüstung mit uns herum, die reinen Packesel. Im Verlauf der ersten Gefechtssituationen schüttelten wir dann allmählich das eine oder andere ab. Und gerade vor dem Rur-Angriff hatten wir uns zufällig von unseren Gasmasken befreit, um etwas beweglicher zu sein. Als dann der Nebel losging, löste einer von den Männern in den Beobachtungsposten Gasarlarm aus. Eine Minute lang herrschte völlige Konfusion. Unsere Gasmasken waren hinten auf den Lastwagen. Zum Glück stellte sich dann heraus, daß es nur der Nebel war - aber der Schreck saß uns doch in den Gliedern.«

Infanteristen und Pionieren bereiteten hier Überschwemmung und Feindwiderstand noch wesentlich größere Schwierigkeiten als den einige Kilometer weiter nördlich stehenden Divisionen. An ihren Übergangsstellen gegenüber dem völlig zerstörten Düren trafen sie auf eine Strömung von bis zu 18 Kilometern pro Stunde, die viele der Boote zum Kentern brachte und die Männer den 9 °C kalten Fluten auslieferte.

Am härtesten jedoch wurde der Tag für die 8. Division, die lediglich ein Bataillon an sein Angriffsziel bringen konnte. Eine ganze Kompanie von 140 Mann wurde auf einmal in ihren Booten überspült und kenterte. Trotz der Last ihrer schweren Ausrüstung gelangten die Männer jedoch irgendwie zum östlichen Ufer. Mit den ihnen verbliebenen 30 Gewehren stürzten sie sich ins Gefecht.

Im Frontabschnitt des 28. Infanterie-Regiments der 8. Division fielen bei sämtlichen Sturmbooten die Motoren aus, und der Übergang wurde vorwiegend durch Paddeln bewältigt - bei der reißenden Strömung ein schwieriges Unterfangen. Viele der Boote gingen unter. Eine Kompanie, die flußaufwärts in der Nähe einer gesprengten Brücke startete, verlor alle 10 Sturmboote - teils durch genau sitzendes Werferfeuer, teils durch die Strömung.

Auf der Ostseite des Flusses stieg die Böschung bis über 4 Meter an, danach reihte sich ein Minenfeld ans andere, und weiter landeinwärts schloß sich ein System von Schützengräben an, das den Fluß kontrollierte. Major Hugh L. Carrie, Offizier im Operationsstab (S-3) des 415. Infanterie-Regiments (104. Division) beschreibt ein geniales Verfahren zum Unschädlichmachen der Minen: »Elf Männer in der ersten Welle jeder Kompanie trugen Korditnetze*, jedes 45 Zentimeter breit und knapp vier Meter lang. In Gebieten, wo Schützenminen ausgelegt waren, wurden diese Netze über dem Boden entrollt und zur Detonation gebracht und sicherten uns so einen gangbaren Pfad durch das Minenfeld.«

Beide Divisionen hatten Befehl, Düren vom Feind zu säubern. In der vollständig zerstörten Stadt stand nur noch das Bronzedenk-

* Kordit (von frz. corde/engl. cord = Schnur): rauchschwaches Schießpulver in Schnurform, hergestellt durch Auflösen von Schießbaumwolle (Cellulosenitrat) in Aceton oder Nitroglycerin.

mal Bismarcks auf dem Marktplatz. In der umfangreichsten Aktion vom Typ »Bombenteppich« hatten schwere Bomber der britischen und amerikanischen Luftwaffe die Stadt gemeinsam in Trümmer gelegt. »Wir warfen in zwei Stunden 9000 Tonnen ab«, berichtet Generalmajor Elwood R. Quesada von der U.S. Air Force. Graham Miller, ein Kriegsberichterstatter, schilderte das Zerstörungswerk: »Kein Haus, kein Baum, kein Grashalm ist zu sehen. . . . Eine so restlos zerbombte Stadt habe ich in diesem Krieg noch nie zu Gesicht bekommen.« Die Infanterieattacke traf mal auf mehr, mal auf weniger Widerstand; eine Reihe von Gegenangriffen wurde abgewiesen. Das 13. Regiment der 8. Division eroberte zwei stark verteidigte Kasernen und erlitt dabei 134 Ausfälle.

Major Frank J. Flette, S-3 im 414. Infanterie-Regiment, erinnert sich an einen Angriff von Männern seines Regiments auf eine kleine Gruppe deutscher Soldaten, die sich zuoberst auf einer Schlackenhalde verschanzt hatten. »Sie riefen unsern Männern herausfordernd zu, die sollten doch kommen und sie holen. Einer schrie auf englisch: ›The hell with Roosevelt, I'll die for the Fuehrer‹ (Zum Teufel mit Roosevelt, ich sterbe für den Führer). Das tat er dann auch.«

Um Mitternacht hatte die 104. jede feindliche Stellung entlang ihrem Flußabschnitt beseitigt. Im Verlauf dieser 21 Stunden feuerte die Divisions-Artillerie 18 346 Schuß, und die Luftwaffe flog 17 Einsätze mit je acht Maschinen in enger Unterstützung der angreifenden Infanterie. In der Nacht vom 23. zum 24. Februar legten Pioniere der 1. Armee - nicht selten unter intensivem Artillerie- und Werferfeuer - Brücken über die Rur. Um Mitternacht standen zwei Brücken für Kettenfahrzeuge und eine Treadway-Brücke für Radfahrzeuge*. Kurz nach Mitternacht rollten die Hilfswaffen und der Schwerverkehr vorwärts.

Generalmajor Terry Allens 104. Division, die »Timberwolves«, die nur noch 24 Kilometer von Köln trennten, unternahm jetzt einen schwungvoll-aggressiven 53stündigen Non-stop-Vorstoß, der quer durch die USA Schlagzeilen machte. Washingtons *Evening Star*

* Die Treadway-Brücke besitzt - im Ggs. zur Panzerbrücke - Spurrinnen zur seitlichen Führung der Räder. A.d.Ü.

nannte den Vormarsch »eine der spektakulärsten Nachtoperationen des Feldzuges«.

Trotz allen Unbilden, denen die sechs Sturmdivisionen während des *Grenade*-Angriffs ausgesetzt waren, hatten 16 Bataillone um Mitternacht des ersten Angriffstages am östlichen Rur-Ufer Stellung bezogen. Sie kontrollierten 12 Kilometer der nach Norden führenden Hauptverkehrsader. Innerhalb der nächsten 48 Stunden würden weitere 19 Brücken gebaut sein, sieben davon für Panzer. Und wenn für jede Einheit die Unterstützung durch Panzer und schwer Artillerie bereitstand, besaßen die Infanteriekräfte doppelte Kampfstärke.

In den folgenden Tagen griffen drei weitere Infanterie-Divisionen in die Kämpfe ein. Die 83. wurde zeitweilig der 29. Division zur Seite gestellt. Generalmajor John B. Andersons XVI. Korps (bestehend aus der 79. und 35. Infanterie-Division sowie der bald zum Einsatz kommenden 8. Panzer-Division) ging am 25. Februar ins Gefecht. Die 35. Infanterie-Division erlitt in Hilfarth schwere Verluste durch heftiges Feuer aus automatischen Waffen sowie durch Minenteppiche und Sprengfallen. Die wichtige Rur-Brücke jedoch wurde durch den kühnen Handstreich zweier junger Pioniere gerettet. Die beiden schlugen sich durch das feindliche Feuer, durchschnitten die Zünddrähte und entfernten die Sprengladungen, bevor die Deutschen die Brücke in die Luft jagen konnten. Das Korps konnte daraufhin ohne Widerstand an dieser Nordflanke den Fluß überschreiten. Drei Tage nach Angriffsbeginn würde der *Grenade*-Brückenkopf auf ein Gebiet von 30 Kilometer Breite und 15 Kilometer Tiefe erweitert sein.

Ein begeisterter Montgomery konnte melden:

Streng geheim. Persönlich und vertraulich an CIGS von Feldmarschall Montgomery, 23. Febr. 45:
GRENADE. Die Op. wurde heute um 03.30 Uhr erfolgreich in Gang gesetzt, und die 9. Armee hat jetzt 23 Brücken über die Rur, 4 davon für Schwerverkehr. Jülich ist vom Feind gesäubert, und wir besitzen die Nebenstraße, die von dort nördlich nach Rurich führt. Es wurden 700 Gefangene gemacht. Bei unseren Truppen

waren die Verluste im allgemeinen gering. Rechts von mir ist heute morgen das linke Korps der 1. US-Armee zum Angriff übergegangen, und letzten Meldungen zufolge sind 8 Bataillone jenseits des Flusses beiderseits von Düren, wo Gefechte stattfinden.

General Gustav von Zangen, Kommandeur der 15. Armee, bemerkte die ersten Anzeichen eines nördlichen Eindrehens der 84. Division, die den äußeren Ring seiner Verteidigung bei Erkelenz durchbrach. Er baute darauf, daß diese Aktion sich als Sekundärmaßnahme des bei Köln erwarteten Hauptangriffs herausstellen würde. Wenn er sich irrte und die 9. Armee tatsächlich Teil einer gigantischen Zangenbewegung mit der kanadischen Armee im Norden war, dann bedeutete das, darüber war v. Zangen sich klar, die Niederlage seiner 15. Armee. Der gesamte südliche Flügel der Heeresgruppe H würde in ihrem Schraubstock zermalmt werden.

Unterdessen beobachtete auch General Alfred Schlemm mit großer Sorge den Fortgang der *Grenade*-Attacke. Der Kommandeur der Fallschirmjäger hatte sein Armeehauptquartier von Xanten zurück nach Saalhoff bei Rheinberg verlegt. Auch ihn beunruhigte die wachsende Gefahr, daß die Amerikaner v. Zangens 15. Armee vernichteten und sich dann nach Norden wandten, um seine 1. Fallschirmjäger-Armee im Rücken anzugreifen. »Es wird unmöglich sein, am Ostufer des Flusses eine neue Verteidigungslinie aufzubauen«, informierte er Feldmarschall v. Rundstedt besorgt. Am 25. Februar, zwei Tage nach Beginn von *Grenade*, unternahmen 220 deutsche Flugzeuge in Zweier- und Dreierstaffeln einen letzten verzweifelten Versuch, den Brückenkopf zu säubern. Achtzehn wurden abgeschossen.

An diesem Abend informierte v. Rundstedt Hitler, daß mit einem Zusammenbruch der ganzen Westfront zu rechnen sei, wenn kein Rückzug hinter den Rhein stattfinde. Der Appell blieb ohne Antwort. Noch einmal appellierte der bereits in vorgerücktem Alter stehende Oberbefehlshaber West an Hitler, doch wenigstens seine Zustimmung zu einer Frontbegradigung der 15. Armee zu geben.

Lächerlich! erwiderte Hitler voll Zorn und bekräftigte seine Weigerung mit einem persönlich abgezeichneten Brief. Ein Rückzug war nicht einmal in Erwägung zu ziehen. Zum dritten Mal in diesem Krieg stand v. Rundstedts Karriere auf dem Spiel. Der OB West resignierte und zog alle nur eben entbehrlichen Verstärkungen von der kanadischen Front ab und verlegte sie wieder nach Süden. Darunter waren zwei seiner stärksten Panzer-Divisionen - die Panzer-Lehr- und die 15. Panzergrenadier-Division. Von Zangen schickte in der Nacht des 25. Februar seine 338. Infanterie-Division nach Erkelenz in dem - wie sich zeigen sollte - »vergeblichen Versuch«, das Eindrehen der 84. Division nach Norden zu verhindern.

»Erkelenz war das Tor nach Osten«, sagt Emerich zurückblikkend. »Hier trafen wir auf den letzten Panzergraben. Als wir den erobert hatten, brachte die 5. Panzer-Division am darauffolgenden Morgen ihre Fahrzeuge nach vorn und übernahm die Führung.«

Streng geheim. Persönlich und vertraulich an CIGS von Feldmarschall Montgomery, 25. Febr. 45:
GRENADE. Heute guten Fortschritt gemacht. Der Rur-Wasserstand fällt rapide. Wir haben gute Brücken, und die ersten Brigaden der Pz.-Div. rollen seit heute nacht über den Fluß. Von der 9. US-Armee wurden am 23. und 24. Febr. insgesamt 3000 Gefangene gemacht, die Gesamtverluste liegen unter 2000.

Für Bill Simpson und seine Kommandeure war die zeitliche Festsetzung des Angriffsbeginns ein Wagnis gewesen. Ebenso seine Stoßrichtung. Sie hatten Neuland betreten mit dem Einsatz neuer Taktiken für Flußangriffe und mit der Durchführung von Nachtangriffen, waren das Risiko eingegangen, die Infanterie ohne Panzer oder andere Hilfswaffen vorstoßen zu lassen.

Der Preis für das Werk dieses Tages war gering im Vergleich zur Größe der Streitkräfte: Bei ungefähr 375 000 Mann gab es nur 1447 Ausfälle: 158 wurden getötet, 1193 verwundet, 96 als vermißt gemeldet. Und der Lohn war überwältigend: Vor ihnen erstreckte sich die weite, offene Ebene - fester, sicherer Boden, der sie ungehindert bis an den Rhein tragen würde. Der Panzerdurchbruch hatte begonnen.

26. Februar: Der gräßlichste Tag

Drei Tage nachdem die 9. US-Armee das Unternehmen *Grenade* über die Rur gebracht hatte, setzte auch Operation *Blockbuster* zum Vorstoß auf den Rhein an.

Als Major Louis Froggett, kurzsichtiger und sanftmütiger Kompaniechef, und seine lädierten *Rileys* die letzten blindwütigen deutschen Gegenangriffe an der Straße Goch–Kalkar zurückgeschlagen hatten, meinte er, die Schlacht sei vorüber, meinte, dieser schreckliche 26. Februar, für ihn »der gräßlichste Tag des Krieges«, hätte ein Ende. Er sollte sich irren. Die Katastrophen des 26. hatten erst begonnen. Von den ersten Schrecken im Morgengrauen bis zum letzten erbitterten Granatduell unter einem rastlosen Mond ließ an jenem trost- und hoffnungslosen Tag das Gemetzel keinen Augenblick nach. 214 junge Kanadier verloren an diesem einen Tag das Leben. Nur drei andere Kriegstage, alle während der Kämpfe in der Normandie, hatten höhere Verlustzahlen mit sich gebracht. Die letzten Abwehrgefechte der *Rileys* gegen eine Horde verbissen kämpfender Deutscher nach dem schwer errungenen Gewinn der Straße Goch–Kalkar fielen mit den ersten 60 Minuten der Eröffnungssalven von Operation *Blockbuster* zusammen. Die Ziellinie der ausgelaugten *Royal Hamilton Light Infantry* wurde zur Ausgangsstellung der frischen kanadischen Offensive.

In den 19 Tagen seit Beginn von *Veritable* hatten Crerars Divisionen von ihren Ausgangspositionen südlich Nimwegen einen 25–30 Kilometer langen Keil geschlagen und damit die halbe Strecke geschafft. Ziel dieser nächsten Operation – *Blockbuster* – war die Öffnung der letzten Wegstrecke zum Rhein. Für die

Vgl. Karten 3 und 7.

65 000 Mann an der Front wurde es eine Zeit voller Widerwärtigkeiten. In den 13tägigen Kämpfen um dieses Ziel, vom 26. Februar bis zum 10. März, verging kein Augenblick, in dem nicht Nässe, Angst und Kälte sie geplagt oder das Gespenst einer drohenden Niederlage sie verfolgt hätte. Die Operation der Kanadier war alles andere als der rasante Durchbruch von Simpsons Kräften am Rur-Brückenkopf. *Blockbuster* sollte eine beklagenswerte Reprise der eben vergangenen vierzehn Tage und ihrer Gefechte werden, deren Ergebnis einzig den unerhörten Leistungen der Männer vor Ort zu danken war.

Nur der erste Tag - der 26. Februar - wurde den Erwartungen gerecht, die sich an das Unternehmen knüpften. Auf der höheren Kommandoebene waren die Pläne noch sinnvoll und durchschaubar; beim Fußvolk herrschte noch Hoffnung und Zuversicht. Danach legte sich das durch mißlichen Straßenzustand und fehlende Kommunikation herbeigeführte Chaos - ein Verhängnis, das allmählich als »Kriegsnebel« von sich reden machte - schwer auf die müden Schultern, bis die schlecht konzipierte Operation ihr Ende erreichte. Einem Offizier der Panzertruppe erschien dieser »Kriegsnebel« so, als versuchten ein Dutzend Spieler ein Tor zu schießen, und keiner von ihnen hätte auch nur die geringste Ahnung, was die anderen machten. Womit die Ereignisse von *Blockbuster* zutreffend charakterisiert sind.

In einem Nonnenkloster in der Nähe von Kleve hatte General Crerar am 21. Februar die Befehle für die Fortsetzung des Unternehmens *Blockbuster* erteilt. Horrocks' XXX. Korps - zeitweilig ein rein schottischer Verband, mit der 52. *Lowland Division* und den *Scottish Horse* (einem Regiment mit mittlerer Artillerie) in der Hauptkampflinie - sollte die rechte Flanke bilden. Die 15. *Scottish* und 51. *Highland Division* sollten den Angriff im Süden von Goch fortführen, bis sie zur Vorbereitung auf den Rhein-Angriff aus der Front herausgelöst würden. Am 27. Februar sollte die 3. Britische Division die 15. Schottische ablösen. Weiter südlich stieß die 53. Walisische Division nach Weeze vor. Die Gardepanzer-Division stand wie schon seit dem 8. Februar weiterhin als Reserve bereit. Links würde Generalleutnant Simonds' II. Kanadisches Korps von der Straße Goch-

Kalkar aus die Offensive einleiten und nach Südosten bis zum Hochwald und weiter zum Rhein vorstoßen.

Simonds mochte der Operation im Sinne eines frommen Wunsches den Namen *Blockbuster** mitgegeben haben, weil das zusätzliche Gewicht an Mannschaften und Panzern auf einen Panzerdurchbruch hoffen ließ. In der Durchführung jedoch sollte es sich als ebenso gelähmt erweisen wie *Veritable* – durch dieselben miserablen Verhältnisse, bedingt durch dasselbe spätwinterliche Tauwetter: Regen, bis zu 1,80 m tiefe Schlammlöcher in den wenigen verfügbaren Straßen und eine Wolkendecke, die in den kritischen zwei Anfangstagen der Operation jede Luftunterstützung verhinderte (und sie auch in der übrigen Zeit meist nur beschränkt zuließ).

Simonds hatte die 2. und 3. Kanadische Infanterie-Division mit Panzern der 2. Kanadischen Panzer-Brigade verstärkt. Zusätzlich waren seinem Kommando die 43. Division *Wessex* sowie zwei neue Panzer-Divisionen unterstellt: die 4. Kanadische Panzer-Division des reizbaren Generalmajors Chris Vokes und Generalmajor G. P. B. (»Pip«) Roberts' 11. Britische Panzer-Division. Es waren »napoleonische« Dimensionen, wie der britische Historiker Generalmajor Hubert Essame bemerkte, der während der Operation selbst eine *Wessex*-Brigade kommandierte.

Derselbe Autor springt in seinen Metaphern ein ganzes Jahrhundert weiter, wenn er das Fazit von *Blockbuster* beschreibt, das »die verschlammten Felder von Passendale und die von Granaten zerrissenen Hänge bei Bimy heraufbeschwört** – ein Kampf auf Leben und Tod zwischen Kanadiern und Deutschen, den beide Seiten in Angriff und Gegenangriff mit gleicher Tapferkeit führten.« Der Verweis auf Passendale ist nicht unangebracht. Bei der in *Blockbuster* erkämpften Öffnung des 25 Kilometer langen Korridors zum Rhein gab es unter den Kanadiern 3638 blutige Verluste.

Mit der Ausführung einer Kolossalbewegung zur Umgruppierung seiner verschiedenen Divisionen für diesen neuen Angriff

* Blockbuster: riesige, vom Flugzeug abgeworfene Bombe, die einen ganzen (Häuser-)»Block zersprengt«; i. übertr. S. eine mächtige, eindrucksvolle Person oder Sache. A.d.Ü.

** Gemeint sind Schauplätze des Ersten Weltkriegs, an dem sich Kanada an der Seite Englands mit über 600 000 Mann beteiligte. A.d.Ü.

beging Simonds den Fehler, die große Masse seiner Einheiten vier Tage lang zu immobilisieren. Wieder einmal hatte General Schlemm Gelegenheit zu einer Atempause, die er nutzte, um seine Front zu stabilisieren. Nachdem ihn die 46. *Scottish Brigade* und die 7. Kanadische Infanterie-Brigade aus dem Wald bei Moyland und von der Straße Goch–Kalkar verdrängt hatten, war der Kommandeur der Fallschirmjäger auf eine strategische Verteidigungslinie zurückgewichen, die sich an einem hufeisenförmigen Hang zwischen Uedem und Kalkar entlangzog. Seine Korpskommandeure v. Lüttwitz und Meindl waren angewiesen, eine Abwehrlinie zu errichten, deren Eckpfeiler im Süden das befestigte Uedem, nach Norden hin das Nordende des Steilhangs bei Kalkar bilden sollten, mit einer eingegrabenen Stellung bei Keppeln, auf halber Strecke der Straße von Kalkar nach Uedem. Die hintere Verteidigungslinie der Deutschen zog sich nach Osten hin bis Xanten, dem Einfallstor zum Rhein.

Wieder standen die kanadischen Truppen vor einer schier unlösbaren Aufgabe. Wie schon beim Angriffsziel Moylandwald standen sie auch hier beim seitlichen Vorbeimarsch an dem 9 Kilometer langen Höhenzug über offenes Ackerland stets unter genauer Feindbeobachtung. Diese Aufgabe war Generalmajor Spry und seinen »Wasserratten«, der 3. Kanadischen Infanterie-Division, zugedacht.

Ebenso selbstmörderisch mußte ein Frontalangriff auf den Hang erscheinen – eine Aufgabe, für die Generalmajor Bruce Matthews' 2. Kanadische Infanterie-Division gemeinsam mit der 4. Kanadischen Panzer-Division unter Vokes zuständig war.

Die Aktionen sollten mit massivem Artillerieeinsatz eingeleitet werden. Dem Unterstützungsplan waren über 700 Geschütze aus den Artillerieabteilungen von sechs Divisionen und sechs AGRA-Regimentern* zugeteilt. Fünf Salven (1527 Schuß) wurden von der 1. Kanadischen Raketenwerfer-Batterie abgefeuert. Mit Hilfe von künstlichem Mondlicht sollte der Angriff in mehreren Wellen fortschreiten, bis er sein Ziel erreicht hatte – das hieß günstigenfalls innerhalb von 24 Stunden.

* Army Group Royal Artillery – Artillerie der Heeresgruppe

Im Anschluß daran beabsichtigte Simonds seine Panzer-Divisionen in die nächste Phase zu schicken. Wie die Spießruten- oder Gassenläufer des Mittelalters, so würde die 4. Kanadische Panzer-Division ihre »Gasse laufen« - in einem Panzer-Vorstoß etwa 8 Kilometer direkt nach Osten durch einen schmalen, stark verteidigten Korridor hindurch, die »Hochwald-Schneise« zwischen dem von den Deutschen gehaltenen Hochwald und dem Balberger Wald. Man hoffte darauf, daß diese zwei Flanken - die beiden Wälder rechts und links der Schneise - rechtzeitig von der 2. und 3. Kanadischen Infanterie-Division gesäubert wurden. Angesichts der gekonnten Waldkampftaktik, welche die Deutschen bis dahin an den Tag gelegt hatten, war es jedoch vielleicht optimistisch zu erwarten, vor dem Panzerdurchbruch könnten sämtliche Stellungen und Infiltrationspunkte des Feindes so schnell und praktisch simultan beseitigt werden.

Eins der Hauptziele war der Bahndamm der durch die Schneise führenden Eisenbahnlinie Goch–Xanten. Um die heikle Nachschublage zu entschärfen, an der *Veritable* von Anfang an laborierte, hatte Simonds einen wohl einzigartigen Plan entworfen. Er schlug vor, seine Pioniere sollten, sobald die Linie erobert sei, die Geleise herausreißen und statt dessen eine Einbahnstraße Richtung Xanten anlegen.

Einen erhöhten Korridor unter den Mündungsrohren deutscher Geschütze zu durchqueren ist nicht das, was Infanterie und Panzerschützen sich erträumen. Als Lohn jedoch - sollten sie tatsächlich reüssieren - winkte der Zieleinlauf: der letzte 12 Kilometer-Sprint hangabwärts nach Xanten und von dort zum Rhein.

Essame hat sich auf den Planungsstab der 1. Kanadischen Armee eingeschossen, der sich für diesen Kampfschauplatz entschieden hatte statt für eine südliche Umgehung der Schneise: »Warum Crerar es vorzog, seinen Hauptstoß mit dem II. Kanadischen Korps im Norden zu führen, wo der Feind am stärksten war, ist nie befriedigend erklärt worden. Unbekannt geblieben ist auch, ob die Südroute jemals in Erwägung gezogen wurde. Mag sein, daß die Aufstellung des II. Korps im Nordabschnitt die entscheidende Rolle spielte. Bisher waren in der Kämpfen der 1. Kanadischen Armee meist in Großbritannien stationierte Truppen zum Einsatz gekommen; es wäre jedoch wohl boshaft zu unterstellen, daß der Wunsch, den kanadischen Divisionen ihren Anteil am Ruhm zu sichern, Crerars Entscheidung in irgendeiner Weise beeinflußt haben könnte.«

Die Vermutung, daß die Wahl des Gefechtsortes für die Hauptschlacht des Unternehmens *Blockbuster* vom Verlangen nach Ehre und Ruhm bestimmt worden sei, mag allzu rigoros erscheinen. Soviel ist richtig - Simonds boten sich zwei brauchbare (wenn auch unattraktive) Alternativen zur Hochwald-Variante. Er hätte für den Hauptschlag Horrocks das Kommando übergeben können, der im Süden des Waldes eine gute Verbindungsachse erwarten durfte. Und er hätte - angesichts des erfolgreichen *Grenade*-Angriffs vom 23. Februar - in der Erwartung auf Zeit spielen können, daß die deutschen Kräfte anderweitig gebunden und ihre Stellungen geschwächt würden.

Zweifellos war Simonds ehrgeizig - andererseits aber ein viel zu erfahrener Kommandeur, um sich einen Sieg zu verscherzen. Er muß die Dringlichkeit einer Nachschubachse bis zum Rhein tatsächlich als so hoch eingeschätzt haben, daß ihm die gewagte Forcierung des Korridors gerechtfertigt erschien. Offenkundig war er der Überzeugung, sachgemäß geplant zu haben. Auch Montgomery, bedenkt man die enge Beziehung und ständige Verbindung zwischen den beiden, dürfte seine Zuversicht geteilt und den Plan unterstützt haben - möglicherweise über Crerars Kopf hinweg.

Sprys 8. Kanadische Infanterie-Brigade - bestehend aus den Regimentern *The Queen's Own Rifles of Canada, North Shore* und *Régiment de la Chaudière* - erhielt die Aufgabe, die Zugänge zur Höhenstellung Kalkar-Uedem zu öffnen. Das *First Hussars Regiment* leistete Panzerunterstützung. Später am Tage sollte die 9. Brigade zwischen ihnen hindurch auf Uedem vorstoßen.

Erstes Ziel der *Queen's Own Rifles* war eine Streusiedlung aus drei Bauernhöfen, der Weiler Mooshof in der Nähe der Straße Kalkar-Uedem, wo sich starke Stellungen der vorderen Verteidigungslinie der Deutschen befanden. Am 26. Februar um 03.45 Uhr zerbarst die Dunkelheit in den grellen Blitzen Tausender von Granaten und Leuchtspurgeschossen, als sämtliche Rohre des

II. Kanadischen Korps in Aktion traten. In strömendem Regen tasteten die Männer der *Queen's Own Rifles* verschlafen nach ihrer Ausrüstung - es ging ins Gefecht. Zusammen mit dampfendem Kaffee und Broten machte der übliche Schluck Rum die Runde; die vor den Kämpfen stets von neuem auftretende Nervosität, der Krampf im Magen ließen in jedem die Frage wach werden, ob er den nächsten Tag, die nächste Mahlzeit noch erleben würde. Der Becher war schnell geleert.

Die Truppen rückten aus dem Bereitstellungsraum aus, dem weißen Markierungsband folgend, das sie durch die tintenschwarze Nacht in die Ausgangsstellungen führte. Plötzlich erhellten vier riesige Scheinwerferstrahlen, von tiefhängenden Wolken reflektiert, den Nachthimmel; das künstliche Mondlicht machte die Nacht zum Tage. Und mit ihm dämmerte die erste dunkle Ahnung kommenden Desasters auf. »Das ging nach hinten los«, stellt Major H. E. Dalton, stellvertretender Kommandeur der *Queen's Own Rifles*, lakonisch fest. »Und hat mehr geschadet als genutzt. Bei dieser Art Nah- und Häuserkampf brauchte man kein Licht. Von Überraschungselement konnte nicht die Rede sein. Die Deutschen erwarteten uns. Ein paar von den Gefangenen, die wir dann machten, sagten, sie hätten uns schon gesehen, bevor wir auch nur in die Nähe der Ausgangsstellung kamen. Eine Kompanie verlor schon vorher 11 Mann.«

Um 04.30 Uhr war Major Ben Dunkelman mit seinen Männern zum ersten Ziel - Mooshof - unterwegs. Dunkelman war seit Beginn der Invasion die Triebkraft seines Bataillons gewesen. Jetzt führte er eine Kompanie und war seinen Leuten in demselben Maß verbunden wie er den Gegner, die Nazis, haßte. »Ben war einer meiner besten Offiziere«, erinnert sich sein Kommandeur, Oberstleutnant Stephen Lett. »Er wollte nichts anderes als kämpfen. Ich sagte ihm mal: ›Nicht ganz so wild, Ben!‹, da zog er seine Erkennungsmarke heraus und hielt sie mir hin. ›Hier‹, erwiderte er, ›hier steht klar und deutlich ›Jude‹. Was die mit mir machen, wenn sie mich erwischen, das wissen Sie ja.‹ « Dunkelman dachte an die häufig benutzte Taktik des Gegners, sich bei einem Feindangriff auf eine zweite Verteidigungslinie zurückzuziehen und von dort mit vorbereiteter Artillerie auf die feindliche Stellung einzutrommeln. Er schrie seinen Zugführern zu, sie sollten sich verteilen und in sicherer Entfernung der eroberten Stellungen verschanzen. Im herrschenden Wirrwarr und Getöse entging einem Zug, dem 16., die Warnung, und er geriet unter schweren Beschuß. »Die Deutschen hatten uns erwartet«, erzählt der Schütze Norm Selby zurückblickend. »Wir lagen in Granattrichtern. Oben in den Scheunen hatten sie MG 42. Mein Gott, waren das bösartige Waffen.«

»Es war das entsetzlichste Artilleriefeuer, das ich je erlebt hatte«, ergänzt Schütze Don Chittenden aus demselben Zug. »Es lag ungeheuer präzis. ... Es hat die Leute direkt aus den Gräben gefischt. Wir hatten schreckliche Verluste.«

Einer von Chittendens besten Freunden wurde von einem deutschen Scharfschützen an einem Spandau-MG erschossen. »Ich stand da wie angewurzelt und starrte auf Frasers Leiche hinunter. Es war ein Schock, weil er der erste war, mit dem ich mich angefreundet hatte.«

Dunkelmans Kompanie war inzwischen in größter Bedrängnis. Die Deutschen waren in die Stellung des 16. Zuges eingesickert und hatten dessen Führer sowie eine ganze Abteilung von 7 Mann getötet. Dann verschwanden sie in dem Gebäude, aus dem sie gekommen waren, und bedrohten den 17. Zug mit einem heftigen Gegenangriff. Das Feuer der Scharfschützen war so intensiv, daß einem Schützen der Griff einer Trage aus der Hand geschossen wurde, als er versuchte, einen der Schwerverwundeten zu bergen. »Die ganze Umgebung wird allmählich zu einem wilden Tohuwabohu«, schrieb Dunkelman damals. »Wohin man sieht, liegen Verwundete, Tote, Sterbende.«

Unterdessen hatte Hauptfeldwebel Aubrey Cosens versucht, einen der *Hussar*-Panzer nach vorn zu holen. Mit seinen dreiundzwanzig Jahren war Cosens für viele der »grünen« und oft arglosen Soldaten unter Zwanzig, die er befehligte, ein »alter Mann«. Man könnte fast sagen, er hatte seit seiner Knabenzeit auf diesen Augenblick hingelebt. Er stand dem Gegner an Kraft, Ausdauer und Angriffslust in nichts nach. Mut und Entschlossenheit waren ihm schon früh zu eigen. Unterwegs auf Streifzügen durch die Wälder und um die Seen von Temagami im Norden Ontarios erwarb sich der junge Aubrey eine geistige und körperliche Widerstandskraft, eine unerschütterliche Besonnenheit, wie sie nur das Leben in der Einsamkeit der Wildnis hervorbringt. Er stärkte seine Muskeln im Ringkampf und Gewichtheben, den Geist durch Erprobung der Willenskraft. Einzelgänger aus Neigung und eine geborene Führernatur, konnte Cosens wochenlang durch die abgelegenen Wälder streifen und es dennoch genießen, mit den Kumpels in Porquis Junction am Samstag abend beim Bier zu sitzen. Wenn Zoten durch die Luft flogen, ging ein breites, vergnügtes Grinsen über sein Gesicht.

Jetzt war er kampferprobt. Der Krieg und die alltägliche Erfahrung: Töten oder getötet werden - hatten seine Fähigkeiten weiter ausgefeilt. Am 26. Februar konnte er sie gebrauchen. »Ich dachte damals, er ist schon verdammt gut«, erzählt Chittenden zurückblickend. »Er kam angerannt und brüllte mir zu: ›Chit, heb deinen Arsch hier raus, sonst bist du tot.‹ Er packte Frasers Leiche am Kragen und am Schulterriemen und zerrte ihn zur Seite. ›Hier kommt gleich ein Panzer durch‹, sagte er, ›er soll Fraser nicht überrollen.‹ « In diesem Augenblick erschien der Panzer, geführt von Unteroffizier C. R. (»Andy«) Anderson, auf dem Kampfplatz. Unter einem Hagel von Artillerie- und Werfergeschossen rannte Cosens quer über offenes Gelände auf den Panzer zu, dirigierte sein Feuer auf die feindliche Stellung und machte so dem zweiten deutschen Angriff ein Ende. »Aus dem Gebäude heraus wurde wild gefeuert«, sagte Anderson. »Wir schossen 7,5-cm-Granaten hinein.«

»Die Deutschen versuchten ihn mit Leuchtspurgeschossen abzuschießen«, berichtet Chittenden weiter. »Es hagelte nur so auf den Panzer herunter. Aber er blieb mit seiner Sten, wo er war, während der Panzer das Haus zusammenschoß.«

»Cosens fragte, ob wir das Haus mit dem Panzer rammen könnten«, fährt Anderson fort. »Das machten wir, und durch ein Loch in der Mauer drang Cosens in das Gebäude ein.«

Schütze Selby, einer aus der Handvoll Überlebender des 16. Zugs, glaubt, daß Cosens' Vorgehen an diesem Morgen ihnen das Leben rettete: »Wir waren inzwischen noch vier; wir brauchten jemand, der uns führte, der sagte: ›Los, wir gehn.‹ Wir wußten - wenn wir einfach dablieben, würden wir getötet oder gefangengenommen. Vom Panzer aus brüllte uns Cosens aus vollem Hals zu: ›Mir nach!‹ Also liefen wir zu dem Panzer und blieben dann hinter ihm, um ihm Feuerschutz zu geben. Der Panzer bohrte sich in eins der Häuser, daß die Wände wackelten, und feuerte mit seinem Turmgeschütz ins Innere. Cosens sprang ab und stürmte ins Haus hinein, und die Krauts* kamen aus der anderen Tür heraus. Wir trieben sie alle zusammen.«

Cosens allein tötete mehr als zwanzig Deutsche und machte ebenso viele Gefangene. »Als wir das letzte Bauernhaus gesäubert hatten, sagte Cosens: ›Das wärs. Geht in Verteidigungsstellung. Ich suche den Kompanieführer und mache Meldung.‹ Dann lief er los. Er war vielleicht drei Meter von mir weg, da machte es ping, und er stürzte zu Boden. Aus. Wo der Schütze noch herkam, weiß ich wahrhaftig nicht.« Aubrey Cosens wurde in den Kopf getroffen und war augenblicklich tot. Es war 08.30 Uhr geworden – vier Stunden waren vergangen, seit die Männer der *Queen's Own Rifles* über die Ausgangslinie gegangen waren. Vier kurze Stunden, in denen dieser menschliche Dynamo aus den tiefsten Wäldern von Nord-Ontario, dieser »alte Mann« von dreiundzwanzig, mit seinem mutigen Häuflein junger Soldaten den feindlichen Widerstand in Moosdorf gebrochen hatte, wo er am härtesten war. Für seine Gefechtsführung am 26. Februar, den Angriff über sumpfiges niederrheinisches Weideland, wurde dem ruhigen Kanadier posthum Großbritanniens höchste Tapferkeitsauszeichnung, das Victoria-Kreuz, verliehen. Dunkelmann schrieb später: »Der Preis war fürchterlich. Am Ende dieses schauerlichen Tages zählte meine Kompanie noch 36 kampffähige Männer – von 115, die die Ausgangsstellung verlassen hatten. Zusammen mit einem Unteroffizier war ich als einziger Offizier unverwundet geblieben. Ich war erschöpft: körperlich elend und geistig noch elender. . . . Trotz meiner Erschöpfung schlief ich in dieser Nacht nicht gut.«

»Am andern Tag erhielten wir Befehl, den Hochwald zu säubern«, fährt Selby in seinen Erinnerungen fort. »Von der Kompanie war nicht mehr allzuviel übriggeblieben, und Major Dunkelman protestierte. Wir dachten, Herr im Himmel, haben wir noch nicht genug geschafft?«

* Abfällige Bezeichnung für die Deutschen

Am 26. Februar um 08.30 Uhr - in demselben Augenblick, so wollte es der Zufall, als Aubrey Cosens tödlich getroffen wurde - zog das *Régiment de la Chaudière* in die Schlacht. Und 15 Minuten danach rückte das 3. Bataillon der 8. Brigade, das *North Shore Regiment*, aus. Dessen Angriffsziel, der Ort Keppeln, war einer von mehreren Weilern an der Straße Kalkar-Uedem - nicht weiter gefährlich, so dachte man. Der Kommandeur, Oberstleutnant John Rowley, war informiert worden, daß Panzerunterstützung fehlen würde, da alle verfügbaren Panzerkräfte den *Queen's Own Rifles* und dem *Régiment de la Chaudière* zugewiesen waren. Es seien jedoch keine besonderen Schwierigkeiten zu erwarten. »Wir mußten annehmen, daß die deutschen Befestigungen alle in Uedem lagen, 3 Kilometer weiter südlich«, erläutert Major Jim Currie, der eine der Spitzenkompanien führte. »Den Luftaufnahmen und Geheimdienstberichten zufolge schien Keppeln unverteidigt. Vor uns lag ein flacher Geländeabschnitt von ungefähr 500 Metern, etwas mehr vielleicht, der leicht anstieg. Eine schmale, gepflasterte Straße führte direkt ins Zentrum von Keppeln. Und beide Straßenseiten waren weithin offen. Ich nahm die linke Seite; Billy Parker, der Major der 2. Kompanie, war rechts.«

Die ersten 45 Minuten des Vorstoßes brachten sie ohne jede Schwierigkeit hinter sich. Als die ersten Züge die Anhöhe erreichten, sahen sie nichts weiter als das erste Gebäude der Stadt, eine harmlos wirkende Scheune. In den nächsten Augenblicken jedoch zeigte sich ein schlau angelegter Hinterhalt. »Die Jerries ließen uns erst mal ordentlich nahe rankommen, bevor sie loslegten«, sagt Currie. »Wir waren an einen Stützpunkt geraten, der so stark verteidigt wurde, wie wir es noch nie erlebt hatten. Ein großes Geschütz feuerte aus einem Fenster des Backsteinhauses am Dorfrand und schoß unsere Spitzentruppen zusammen. Ich lief über das Feld und sorgte dafür, daß die MG-Schützen sich auf dieses Fenster einschossen.«

Vernichtendes Kreuzfeuer aus versteckt liegenden Schützengräben peitschte über das offene Gelände und riß Parkers und Curries Männer in Stücke. Hinter den Nebengebäuden tauchten feindliche Panzer auf. Zwei hinter der Scheune versteckte »Eighty-eights«* eröffneten das Feuer.

* engl. Militärjargon für die deutsche 8,8-cm-Pak 36

Die *North Shore*-Flammenwerfer traten in Aktion; doch mit Ausnahme eines einzigen wurden alle durch deutsche Minen oder Granaten zerstört. Die letzte verbliebene »Wespe«, geführt von Unteroffizier Horace Boulay, fegte durch den Geschoßhagel und setzte die Scheune in Brand. »Ich hatte während des ganzen Krieges noch nie eine so wilde Schießerei aus Handfeuerwaffen erlebt«, erinnert sich Currie. »Wir gingen zu Boden. Diese verschanzten ›Eighty-eights‹ machten uns völlig bewegungsunfähig.« Die zwei Kompanieführer schlugen sich nach rückwärts zum Bataillonsgefechtsstand durch, um den Kommandeur von der Notsituation in Kenntnis zu setzen. Sie berichteten John Rowley von den hohen Verlusten und baten um Panzerhilfe.

Auf dem gemeinsamen Rückweg zu ihren Kompanien wurde Parker tödlich getroffen. »Mein letzter Streich, Harry«, hatte er am vorausgegangenen Tag zu seinem Freund Leutnant Nutter gesagt. »Ich wollte ihn hochnehmen, aber er lächelte nur«, ruft Nutter sich voll Trauer in Erinnerung.

Es war ein Morgen schlimmer Rückschläge für das Bataillon. Ein höherer Offizier war gefallen und mit ihm viele seiner Männer. Zwei Kompanien waren im gegnerischen Feuer liegen geblieben. Rowley erkannte, daß der Angriff gescheitert war, wenn er es nicht fertigbrachte, daß seine Leute wieder auf die Füße kamen. Das hieß, er brauchte Panzer.

John Rowley, bei seinen Soldaten wegen des langen Stockes, den er für gewöhnlich benutzte, als »Guter Hirte« bekannt, änderte kaltblütig den Angriffsplan. Das 3. Bataillon der *Hussars* erhielt nach seinem aufreibenden Morgeneinsatz in Mooshof den Befehl, Treibstoff- und Munitionsvorräte aufzufüllen und den festliegenden *North Shore*-Kompanien zu Hilfe zu kommen. Ebenso wurden sämtliche Panzerabwehrwaffen der Abteilung mitgeführt. Die Zeit für die erneute Panzer-plus-Infanterie-Attacke legte Rowley auf 14.15 Uhr fest.

»Ich erhielt Befehl, meinen Zug auf die Panzer aufsitzen zu lassen, die meinem Befehl unterstehen sollten, die feindlichen Linien zu durchbrechen und Keppeln zu erobern«, berichtet Nutter. »Wir waren 42 Mann Infanterie. Todesangst wäre für meinen damaligen Zustand nicht das richtige Wort. Ich breitete auf dem

Rücken eines Panzers meine Karte aus und sagte zu meinem Unteroffizier: ›Was sollen wir denn nun eigentlich? Den Krieg gewinnen?‹ «

Nutter hängte sich mit seinem Zug verbissen an die Wände der Panzer, die mit voller Kraft durch den Feuerregen hindurch auf den Feind zurasten. Auf halbem Weg mußten sie von der Straße herunter, um nicht über die Leichen der gefallenen Kameraden aus den zwei Spitzenkompanien zu rollen. Sie hielten weiter auf die deutschen Gräben zu und »feuerten wie wahnsinnig«.

»Zwei deutsche Panzer waren direkt hinter einem Haus jenseits der Gräben eingebuddelt, auf die trommelten unsere Panzer unentwegt los, weil die anderen ihre Geschütze nicht weit genug schwenken konnten, um zurückzuschießen.«

Nutters Zug war unterdessen auf dem Weg in die Stadt. »Ein paar von unseren Panzern fuhren auf Minen auf. Der Rest, darunter auch der, auf dem ich saß, rollten am Stadtrand entlang so schnell wie möglich vorwärts. Hinter der Kirche war ein deutscher Panzer eingegraben, der unsere Panzerspitzen aufs Korn nahm . . . Ich sah, wie meine Leute absprangen, als die Panzer getroffen wurden, und gab meinem Fahrer mit der Sten einen Schlag auf den Kopf, damit er anhielt. Wir sprangen herunter, und ich nahm den Hauptgefreiten [Jack] Tree und vier weitere Männer auf. Mehr waren nicht in Sicht. Nur sechs von unseren vierzehn Panzern waren unzerstört.«

Nachdem sie sich auf diese Weise bis zur Peripherie von Keppeln durchgekämpft hatten, war Nutter mit seiner kleinen Schar tief im Feindgebiet isoliert. Erleichtert sah er eine Reihe *North Shore*-Soldaten die Straße entlangkommen. »Ich gab meinen Männern Befehl, mir zu folgen – wir würden feindliche Schützengräben am Stadtrand angreifen. Wir rannten stadteinwärts, schossen auf jeden Deutschen, den wir sahen, hatten dabei jede Menge Glück, und trieben die Gefangenen mit Fußtritten auf unsere vorrückenden Truppen zu . . . Wir hatten die Hauptstraße von Keppeln unter Beschuß, als unsere Leute endlich eintrafen.«

Bis zum Abend hatten sie Keppeln fest in Besitz. Die Bilanz war erschreckend: 28 Tote, 61 Verwundete, 3 Männer wurden vermißt. Harry Nutters Mini-Armee von 42 Infanteristen war auf 9 Mann reduziert. Ihren Krieg aber hatten sie gewonnen.

Nach der Einnahme der Stadt drückte sich ein *North Shore*-Zugführer auf dem Rückweg vom Kompaniegefechtsstand dekkungsuchend an eine Häuserwand, als er auf Oberstleutnant Rowley stieß. »Ich traf den ›Guten Hirten‹ ... der allein und ohne jede Deckung die Straße entlangspazierte. Im schneidigen Kampfanzug mit Silbergefunkel, Feldstecher um den Hals, an der Seite das Kartenbrett. Er fing an, die Möglichkeiten eines Gegenangriffs zu erörtern, als stände er in einem Bahnhofsgebäude, während ich das Gefühl hatte, die Hauptstraße von Keppeln sei im Moment der gefährlichste Ort der Welt.«

John Rowley wurde für sein selbständiges, ideenreiches Vorgehen bei der Führung der Kämpfe um Keppeln der DSO* verliehen. Feldwebel Boulay, der beim Einsatz der »Wespen« soviel Mut bewiesen hatte, erhielt die »Military Medal«. Der Führer des *Hussar*-Panzers, an dessen Wand sich Nutter während der wilden Fahrt durch die feindlichen Linien so zäh festgeklammert hatte, wurde mit dem wohlverdienten MC (Military Cross) für tapferes Verhalten ausgezeichnet.

Auch Nutter wurde vom *North Shore*-Regiment für das MC vorgeschlagen, aber das für mutige junge Leutnants der Infanterie reservierte Medaillenkontingent schien für diesen Tag erschöpft. Die Empfehlung kam zurück, das Ersuchen wurde abgelehnt. Nutters Vorgehen bei Keppeln, befand man höheren Orts, habe »die Grenzen militärischer Pflichterfüllung nicht überschritten«. Trotz aller gegenteiligen Beteuerungen der Kanadischen Militärhauptverwaltung folgte, so will es häufig scheinen, die Ordensverleihung einem streng mathematischen Verteilerschlüssel. Auf jede Auszeichnung der Fronttruppen (die gewöhnlich auf Monats- oder Quartalsbasis erfolgte) wurde eine proportional entsprechende Anzahl an die Männer in den Brigade-, Divisions- und Korpsstäben sowie an die Unterstützungstruppen vergeben – die *Royal Canadian Artillery*, das *Royal Canadian Corps of Signals* (Fernmeldetruppe), ja sogar an das *Dental Corps* (Zahnmedizinischer Dienst).

Eine ähnliche Ungerührtheit scheinen die Briten an den Tag gelegt zu haben: Von 12 Soldaten der 153. Brigade, die in den

* *Distinguished Services Order* = Orden für herausragende Dienste.

Kämpfen im Reichswald und bei Goch für eine Auszeichnung in Vorschlag kamen, wurde nicht ein einziger berücksichtigt.

Keinen Kilometer entfernt war das *Régiment de la Chaudière* bei Hollen auf ebenso heftige Gegenwehr gestoßen. Der kleine Ort Hollen sollte später am Tage Ausgangsbasis für einen Angriff auf Uedem bilden. Die Lage war kritisch; die *Chaudières* waren bereits zweimal zurückgeworfen worden. Hollen war zu einer »Szene aus dem Inferno« geworden. Am Himmel ballten sich Wolken schwarzen Rauchs aus den platzenden Granaten, von denen die schlimmsten aus Keppeln kamen, wo das *North Shore*-Regiment noch immer niedergehalten wurde. Eine Kompanie der *Chaudières* sah eine weiße Flagge und nahm an, der Feind wolle sich ergeben. Drei deutsche »Panther« nahmen sie unter Feuer, brachten ihnen schwere Verluste bei und zwangen sie zum Rückzug.

Der Kommandeur der *Stormont, Dundas & Glengarry Highlanders*, Oberstleutnant Roger Rowley, war tief besorgt über die Verzögerung. Der SD&G-Angriff auf Uedem mußte zurückgestellt werden, bis Hollen erobert war. Als dann von allen Seiten her Meldungen über starken Feindwiderstand in seinem Gefechtsstand eingingen, wuchsen auch persönliche Besorgnisse. Nur wenige Kilometer entfernt, in Keppeln, war sein Bruder John, der »Gute Hirte«, bemüht, seine *North Shore*-Herde zusammenzuhalten, damit der Angriff nicht kollabierte. »Ich wußte, daß John ganz in der Nähe war. Aber jeder von uns hatte an dem Tag alle Hände voll zu tun, so daß uns gar keine Zeit blieb, allzu ängstlichen brüderlichen Gedanken nachzuhängen. Während eines Angriffs darf man einfach nicht weiter denken als 1000 Meter voraus.«

Roger Rowley allerdings dachte augenblicklich eher 3000 Meter voraus: an die deutsche Stellung in Uedem. »Dies Uedem gefiel mir gar nicht«, erzählt Rowley zurückblickend. »Es war von einem Panzergraben umgeben und stark befestigt. Ich telefonierte mit Rocky [Brigadegeneral John Rockingham, Kommandeur der 9. Brigade]: ›Eigentlich sollte der Angriff bei Tag stattfinden; wegen der Verzögerung wird es jetzt ein Nachtangriff. Ich muß los!‹ «

Auf die bedrängten *Chaudières* senkte sich der Abend herab. Um 19.00 Uhr, zehn Stunden nach Verlassen der Ausgangsstellungen, erreichte das Bataillon sein letztes Operationsziel; »ein langer Tag«, erinnert sich Kompaniechef Hauptmann B. Atkinson. Siebzehn Männer des Regiments waren gefallen, 51 verwundet worden; 244 Deutsche wurden gefangengenommen.

Um 21.00 Uhr löste Rockingham den Angriff seiner 9. Brigade auf Uedem aus. Er teilte die keilförmig angelegte Stadt in zwei Hälften. Die rechte Hälfte übertrug er den SD&G, die linke der *Highland Light Infantry of Canada*. Die *North Nova Scotia Highlanders* würden zwischen beiden Bataillonen hindurch bis zur Eisenbahnlinie Goch–Xanten vorstoßen und dort Ausgangsstellungen für Simonds' geplantes neues Straßenbett gewinnen.

Um die Stadt herum zog sich ein stark verminter Panzergraben. Viele Minen wurden von Pionieren geräumt, doch eine Anzahl der verbliebenen forderte ihre Opfer. »Wir hatten Transporter, die gingen hoch wie Popcorn«, berichtet Major Ray Hodgins, stellvertretender Kommandeur der *Highland Light Infantry*, dessen Schottenmütze gründlich durchgelüftet wurde, als beim Vorrücken auf den Graben eine Kugel an seinem Ohr vorbeipfiff.

Um Mitternacht waren beide Bataillone der 9. Brigade innerhalb der Stadt in wirre Gefechte verwickelt, gegen Morgen jedoch trafen die *North Nova Scotia Highlanders* ein und wehrten die letzten feindlichen Gegenangriffe ab.

Für Oberstleutnant E. P. Thompson, Kommandeur der *Queen's Own Cameron Highlanders of Canada*, überlebte das Februar-Blutbad nicht - nicht einmal eine Stunde davon. Er fiel durch die Kugel eines Scharfschützen, als er sein Bataillon auf der Höhe bei Kalkar in die Schlacht führte. Er war 23, der jüngste Bataillonsführer in der kanadischen Armee. Die Tinte auf der Urkunde zu seinem DSO (für seine Befehlsführung in der Schlacht an der Scheldemündung) war kaum trocken: Der Orden war ihm drei Tage zuvor im vorgeschobenen Gefechtsstand der 2. Kanadischen Infanterie-Division in Bedburg von Montgomery verliehen worden.

Die Grundlage für die Eroberung der Höhe bei Kalkar war durch die Kämpfe im Moylandwald und an der Straße Goch–Kalkar geschaffen worden, die auch die Ausgangsbasis des Angriffs bildete; den Höhepunkt bildete um 03.45 Uhr eine Blitzoperation von zwei motorisierten kanadischen Infanterie-Brigaden - der 5. und 6. -, die von den Panzern der *Sherbrooke Fusiliers, First Hussars* und *Fort Garry Horse* (2. Kanadische Panzer-Brigade) unterstützt wurde. Das *South Saskatchewan Regiment* (unter Oberstleutnant Vern Stott) und *Les Fusiliers Mont-Royal* (unter Oberstleutnant J. A. Dextraze), die mit den *Camerons* zusammen vorrückten, erreichten ihr Angriffsziel ohne nennenswerten Widerstand.

Schlamm und Minen zwangen die *Camerons* zu einem Umweg, so daß ihnen der Schutz des Sperrfeuers verlorenging. Besorgt über die Verzögerung, sah Thompson sich veranlaßt, mit dem Kommandanten des nächsten Panzers zu sprechen. »Statt das Funkgerät zu benutzen«, berichtet sein Fernmeldeoffizier, Hauptmann R. G. Elliot, »kletterte er aus der Luke seines Panzers und ging rüber. Die Deutschen hatten ihre Scharfschützen in einer Kirche, genau dort, wo wir haltgemacht hatten, und da hat es ihn erwischt.« Als Thompson getroffen war, ging ein lähmender Schock durch das Bataillon. Daß der Angriff nicht zum Erliegen kam, war der schnellen Reaktion eines der Kompaniechefs, David Rodgers (soeben erst zum Major befördert), zu verdanken, der augenblicklich eingriff, um die Lage zu retten:

»Im Alleingang«, verzeichnet die Bataillongsgeschichte, »säuberte er zwei Häuser von feindlichen Scharfschützen, die das Vordringen seiner Kompanie behinderten, und nach Übernahme des Bataillonsgefechtsstandes ein drittes, aus dem heraus die Umgebung des Gefechtsstandes beschossen wurde.«

Rodgers' Vorgehen am Morgen des 27. Februar hat bemerkenswerte Ähnlichkeit mit dem von Feldwebel Aubrey Cosens, der fast gleichzeitig und nur einen guten Kilometer entfernt ohne jede Hilfe drei von Deutschen gehaltene Häuser säuberte. Beide Männer wurden für das Victoria-Kreuz vorgeschlagen. Rodgers' Empfehlung, ergänzt durch Augenzeugenberichte und kartographische Darstellungen, wurde von allen Vorgesetzten bis zum Korpskommandeur hinauf unterstützt. Montgomery jedoch nahm seine Feder, strich die Bezeichnung »Victoria-Kreuz« und kritzelte ein: »Genehmigt sofortiger DSO für Tapferkeit«. Auch das VC-Kontingent schien an diesem Tag in einem bedauerlichen Mißverhältnis zu der Zahl tapferer junger Majore zu stehen.

Bei dem Bemühen, sein Bataillon ans operative Ziel zu bringen, erlebte Oberstleutnant Julien Bibeau, Kommandeur des *Régiment de Maisonneuve* der 5. Kanadischen Infanterie-Brigade, laut Schilderung des Regimentstagebuchs »den fragwürdigen Nervenkitzel, aus nächster Nähe von Scharfschützen und MGs beschossen zu werden«.

Im Morgengrauen hatte die Misere ihren Anfang genommen. Beim Überqueren eines offenen Feldes gerieten die ersten Züge der 4. Kompanie etwa 100 Meter vor ihrem Angriffsziel an eine gefährliche Linie deutscher Unterstände und wurden durch feindliches Feuer niedergehalten. Panzer standen nicht zur Verfügung. Der Reservezug, den Leutnant Guy de Merlis kommandierte, schlug sich über eine schmale Straße nach vorn, die dicht an einem Wäldchen entlangführte. De Merlis sah Unterstände, von denen einige, in denen noch Kerzen brannten, offenbar erst wenige Augenblicke zuvor geräumt worden waren:

»In mehreren waren Hitlerbilder als Bombenfallen präpariert - sie dachten wahrscheinlich, wir würden jedes Hitlerbild sofort von der Wand reißen. Ich kam zum ersten Haus am Waldrand. Wie die zwei anderen 15 bis 20 Meter entfernten Züge wurden wir niedergehalten. Es war ein Kampf von Haus zu Haus, praktisch Mann gegen Mann. Einige von unseren Männern waren in Gefangenschaft geraten. Die Verwundeten hatten in einem Haus Unterschlupf gesucht, das noch von den Deutschen besetzt war. Ich hatte einen Träger bei mir. Etwa sechsmal konnte er hinein, um Verwundete zu bergen; dann machten die Deutschen Schluß. Mehrere von unseren Offizieren lagen auf der Straße. Zwölf Mann waren gefallen, zwei erlagen ihren Verwundungen, 79 waren verwundet. Am späteren Nachmittag kam unter Führung von Oberstleutnant Bibeau selbst der Entsatz. Er brachte Flammenwerfer vor. Ich ging mit ihm bis zur Hausecke. Ich weiß noch, wie er das Feuer auf das Haus leitete, und sehe bis heute den Deutschen im Hauseingang vor mir, den die Flammen erfaßt hatten.«

Streng geheim. Persönlich und vertraulich an CIGS von Feldmarschall Montgomery, 26. Febr. 45:
VERITABLE. Das II. Kanad. Korps ist heute morgen zum Angriff vorgegangen und hat plangemäß und gegen sehr heftigen Widerstand die Ziele erobert; auf dem Hügelkamm Kalkar-Uedem fanden sehr schwere Gefechte statt. Unsere Truppen halten jetzt das nördl. Ende dieser Höhe und bewegen sich auf ihr entlang südlich auf Uedem zu. Die Operationen werden die ganze Nacht hindurch fortgesetzt, um dem Gegner keine Zeit zur Erholung zu geben, und gehen auch morgen ohne Unterbrechung weiter ... Wenn wir es schaffen und das Gros der Deutschen westlich des Rheins erledigen oder gefangennehmen können und ihnen den Rückzug abschneiden, haben wir am Ostufer um so weniger, die uns Widerstand leisten. Aber diese Parallelaktion mit zwei großen Armeen ist eine heikle Sache, und ich muß die Kämpfe eisern unter Kontrolle halten, um sicherzustellen, daß sie den gewünschten Verlauf nehmen. Wir planen einen maximalen Tag-und-Nacht-Einsatz der Luftwaffe am Rhein, um dem Feind den Rückzug so weit wie möglich zu erschweren.

Inzwischen war im Südosten zwischen der 3. und 2. Infanterie-Division eine Kampfgruppe aus Vokes' 4. Kanadischer Panzer-Division, bestehend aus: drei Panzer-Regimentern, einem motorisierten Bataillon und zwei Bataillonen der 10. Kanadischen Infanterie-Brigade, zum Angriff übergegangen. Brigadegeneral Robert W. Moncel kommandierte die Gruppe »Tiger«, die für den Angriff in sich noch einmal in fünf Abteilungen gegliedert war. Sie drang erfolgreich bis zum höchsten Punkt der Kalkar-Uedem-Höhe vor.

Am ersten Tag der Operation *Blockbuster* war das komplexe Zusammenspiel der einzelnen Operationen so vieler Einheiten erfolgreich verlaufen. Nur wenige Tage des Zweiten Weltkriegs waren durch ein vergleichbares Maß an persönlichem Mut geprägt. Major Ray Hodgins hält mit Nachdruck fest: »Die Hauptlast lag auf den Haupt- und Obergefreiten, Männern der untersten Führungsebene. Sie hatten die erste Feindberührung. Waren sie einmal in Aktion, gab es nur noch wenig Einflußmöglichkeiten, bis sie sich konsolidiert hatten. Es war *ihr* Kampf. *Sie* zogen uns mit. Man kann gar nicht dankbar genug sein, wenn man gute Leute vorn bei der Truppe hat.«

Die Angriffsziele vom 26. Februar - dem ersten Tag der Operation *Blockbuster* - waren erreicht. Um einen schrecklichen Preis.

Lulu zieht ins Gefecht

Lulu, Allison, Beebe, Caraboo und Rookie sowie eine Vielzahl anglo-amerikanischer Panzer mit ähnlich klangvollen Namen zogen gegen die deutschen Panzer-Regimenter ins Feld und keilten sich einen Weg durch die letzten Bastionen des Westwalls und weiter zum Rhein. Sie waren nicht so wuchtig gebaut wie ihre Gegenspieler, die deutschen »Panther« und »Tiger« und hatten weniger Feuerkraft, konnten aber allein durch den Schneid ihrer Besatzungen und die zahlenmäßige Überlegenheit die gegnerischen Giganten ausmanövrieren und ausschalten.

In den Rheinland-Gefechten kamen zwei Panzertypen verschiedener Ausführung zum Einsatz. Der britische »Churchill«-Panzer, ein 45-Tonner mit breiten Ketten, war das einzige Panzer-Fahrzeug, das bei den Kämpfen im Reichswald eingesetzt werden konnte. Die »Churchill«-Panzer leisteten auch weiter gute Dienste - sowohl in der traditionellen Rolle wie auch als Spielart der »Funnies« mit erweiterter Verwendungsfähigkeit - etwa als Flammenwerfer oder im Brückenbau.

Amerikaner und Kanadier zogen ihren leichteren und manövrierfähigeren 35-Tonner, den »Sherman«-Panzer M4 mit der 75-mm-Kanone, vor. »Firefly«, ein späteres Modell, war mit dem mächtigen britischen 17-Pfünder ausgerüstet.

Jede Schwadron (à vier Züge zu je vier Panzern) hatte mindestens einen Zug »Fireflies« dabei - ein Panzertyp, der häufig für die schnelle Beförderung von Infantrie ins Gefecht benutzt wurde - für die aufgesessenen Männer immer ein wenig komfortabler und nicht ungefährlicher Transport, bei dem sie die »Haut« des Panzers »mit ihren Fingernägeln kerbten«.

Der »Sherman« hatte üblicherweise eine Fünf-Mann-Besatzung (der »Firefly« vier): den Kommandanten und seine Crew aus Fahrer und Beifahrer (die sich die vorderen Sitze teilten), Richt- und Ladekanonier. Die Tätigkeit des Fahrers war die reinste Knochenarbeit (wie eine der Regimentsgeschichten es beschreibt), »er schlägt sich mit zwei Kupplungen und schwergängigen Hebeln herum, wird in dem winzigen Innenraum hin und her geworfen und versucht mit Späherblick durch den Sehschlitz das wenige, was er zu Gesicht bekommt, mit dem unaufhörlichen Instruktionsgeschnatter des Kommandanten in Einklang zu bringen«.

»Nur ein guter Fahrer garantierte Manövrierfähigkeit«, sagt Panzersoldat Arnold (»Tommy«) Boyd. »Wenn ein deutscher ›Panther‹ oder ›Tiger‹ angriff, mußte man sich verdammt schnell verziehen, irgendwo einen sichttoten Raum finden, eine Senke vielleicht, wo sie einen nicht aufs Korn nehmen konnten. Oder man setzte im Zickzack zurück aus der Feuerlinie, hinter eine Mauer oder einen Baum.«

Hinter Fahrer und Beifahrer saßen, Ellbogen an Ellbogen in den schmalen Turm gezwängt, Richt- und Ladekanonier. Das kleine Gefechtsabteil war ringsherum mit Granaten ausgelegt. In dem engen Raum mußte der Ladekanonier sich schnellstens eine Granate schnappen, sie in den Verschluß stoßen und sich bereithalten nachzulegen, sobald der Schuß abgefeuert war. Er war außerdem für die Bedienung des Maschinengewehrs und des Funkgeräts verantwortlich.

Der Richtkanonier hatte neben der offensichtlichen zuweilen auch noch die Aufgabe, »auf dem Boden den alten Kocher in Gang zu halten« (strengstens untersagt) und einen Becher (verbotenen) Tee aufzubrühen. »Der Tee war wunderbar, wenn man festsaß, aber wenn man erwischt wurde, kam man in Teufels Küche«, bringt Brigadegeneral M. J. P. O'Cock vom 2. Bataillon der *Irish Guards* lächelnd in Erinnerung.

Der Kommandant stand - das Periskop ignorierend - für gewöhnlich hinter dem Richtkanonier in der offenen Luke. Er veranschlagte die Gefahr eines Kopfschusses als fairen Einsatz für 30 Sekunden Vorwarnzeit beim Herannahen einer gegnerischen Pak oder der deutschen »Bazooka-boys«*, Kampfgruppen mit Panzer-

* Bazooka: von Infanteristen mitgeführte leichte Raketenwaffe zum Abschuß von panzerbrechenden Raketen auf kurze Entfernung.

fäusten und Panzerschreck. »Ein Panzer mit geschlossenen Luken war wie ein blindes Monster, das einem schnellen, scharfblickenden Gegner auf Gedeih und Verderb ausgeliefert war«, äußerte ein Kommandant.

»Viele Panzerführer wurden durch einen einzigen Kopfschuß getötet«, so Brigadegeneral E. A. C. (Ned) Amy, der damals als Oberstleutnant die *Canadian Grenadier Guards* befehligte. »Das war, besonders bei Kämpfen auf engem Raum oder in geschlossener Ortschaft, eine der drohenden Gefahren.«

Unter noch größerem Druck stand der Führer des Panzerzuges, wie die Geschichte der *Grenadier Guards* festhält: »Er [mußte] den eigenen Panzer führen, das Gelände so gut wie möglich nutzen, in ständiger Berührung mit seiner Infanterie bleiben, die Umgebung auf möglicherweise auftauchende Feinde hin im Auge behalten, seinem Richtkanonier die Ziele angeben, seine übrigen Panzer in Stellung bringen, dem Leiter der Schwadron über Funk Meldung machen und gleichzeitig für alle möglichen unerwarteten Situationen gewappnet sein.« Noch aufreibender wurde die Aufgabe im Wald, wo Bäume den gegnerischen Scharfschützen und Angreifern mit Panzerschreck Schutz boten und gleichzeitig die Schwenkbewegungen der Panzerkanone behinderten.

Kein Panzer der Alliierten besaß die Feuerkraft der deutschen Panzerwaffen. Unteroffizier R. E. Rogge, der sowohl in den kanadischen wie auch in den amerikanischen Streitkräften gedient hatte, bemerkte: »Wenn Panzer gegen Panzer stand, setzten wir ganz geschäftsmäßig nur noch auf die Deutschen, es sei denn, unsere Panzer waren haushoch in der Überzahl. Ein ›Tiger‹ konnte den ganzen Tag hocken bleiben wie ein Block aus Stahl, die Dresche von sich abprallen lassen und dann eine ›88‹ abfeuern und dem lästigen ›Sherman‹, oder was es war, die Quittung geben. Ein Jerry hat mit fünf ›Tigern‹ eine ganze britische Panzer-Division zusammengeschossen. Aber das war natürlich Michael Wittmann, das ›Tiger-As‹, auf dessen Rechnung nachweislich 141 Panzerabschüsse gingen.«

Doch weist Brigadegeneral Robert Moncel, Kommandeur der 4. Kanadischen Panzer-Brigade, darauf hin, daß »die eigentliche Aufgabe der Panzer darin bestand, unters Fußvolk zu fahren und

Chaos und Zerstörung anzurichten - nicht aber feindliche Panzer zu bekämpfen. Dieser Rolle wurden die ›Shermans‹ besser gerecht als die schweren deutschen Panzer; sie waren zuverlässig, schneller, manövrierfähiger, wendiger - und die 7,5-cm-Kanone war für diesen Zweck ideal.« Im Idealfall also sollten sie auf hartem, offenem Gelände in geschlossenen Verbänden eingesetzt werden, um einen Durchbruch zu erzielen und die rückwärtigen Linien des Gegners aufzubrechen - die klassische deutsche Taktik von »Speerpunkt und Aufrollen«.

Im Besitz von zwei großartigen Waffengattungen wie der Infanterie und den Panzern versäumten es die höheren Stäbe der Alliierten dennoch nur allzu häufig, sie durch ein konsequentes Zusammenbinden ihrer sich gegenseitig ergänzenden Fähigkeiten in derart massierten Attacken voll auszunutzen. Die erfolgreichsten Operationen basierten denn auch auf einem solchem Einsatz und einem engen Zusammenwirken dieser beiden überaus wichtigen Waffengattungen.

Vielfach wurde die Rolle der Panzer vom Infanteristen falsch verstanden und mit Mißtrauen bedacht. Der Panzer war ihm ein »Gefängnis auf Rädern«. Die doppelte Furcht, eingeschlossen zu werden und dann in Flammen aufzugehen, brachte die meisten zu der Überzeugung, daß sie auf ihren eigenen zwei Beinen besser dran waren: »Ich hätte die Infanterie in keinem Moment gegen die Panzertruppe getauscht«, schreibt ein Fußsoldat. »Solange nichts passierte, fühlte man sich drinnen vielleicht sicherer, aber wenn es dann passierte, stand kein schöner Tod zu erwarten - in einem verschlossenen lodernden Stahlgehäuse, das sich sehr schnell bis zur Weißglut erhitzte und mit einer höllischen Symphonie von Explosionen füllte, wenn die eigene Munition sich entzündete und den Horror zusätzlich anheizte.«

Die Panzermänner nahmen einen anderen Standpunkt ein: Sie fühlten sich sicherer. Der Panzerstahl schützte sie vor Gewehr- und MG-Feuer, zu einem gewissen Grad auch vor Minen. Die Panzerbesatzungen waren mit ihren Fahrzeugen ›auf du und du‹ - benannten sie nach ihren Freundinnen oder Ehefrauen, hätschelten ihre Motoren und polierten ihre Waffen mit demselben Stolz und hingebungsvollen Eifer, den die Fliegerbesatzungen an ihre Maschinen wandten. So erinnert sich Panzersoldat Al LaRose: »Ich war froh, daß ich in meinem Panzer in Sicherheit war – in einem Schützenminenfeld im Hochwald zum Beispiel. Eine Menge verwundeter Infanteristen lagen überall, und es war schrecklich. Ihre Stimmen drangen noch durch die aufgesetzten Kopfhörer: ›Träger! Träger!‹ Diese vor Schmerzen brüllenden Männer – so was vergißt man nicht.«

Major John Munro, Kommandeur einer Panzerschwadron bei den kanadischen *Grenadier Guards*, glaubt, daß »gute Funkverbindung und die Möglichkeit der Nebelbildung zu unserm Sicherheitsgefühl beitrugen. Gegen die schweren deutschen Geschütze boten die Panzer natürlich nur wenig Schutz, darüber waren wir uns dennoch sehr wohl im klaren.«

Das Stahlgehäuse sorgte für eine gewisse Lebensqualität. Major Ivor Crosthwaite vom 4. Bataillon der *Grenadier Guards*: »Im Gefecht hatten wir es in den Panzern gar nicht schlecht, unendlich viel besser jedenfalls als alle anderen. Wenn wir abends haltmachten, wurden Munition und Treibstoff herangebracht. Wir hatten eigene Rationen und unsere eigenen Kochherde – sogar ein Ofenrohr. Unsere Decken hatten wir bei uns. Jede Nacht nach dem Reinigen der Kanonen und den anderen Wartungsarbeiten gruben wir unter jedem Panzer ein Loch, das groß genug war für vier oder fünf, und dort schliefen wir. Wir fühlten uns sicher; das war wichtig. Und wir schliefen tatsächlich, was vielleicht das allerwichtigste war.«

Im Rheinland allerdings verhinderte der sumpfige Boden häufig, daß die Männer unter den Panzern nächtigen konnten. Die Gefahr, daß die Panzer einsinken und sie erdrücken könnten, war durchaus nicht von der Hand zu weisen.

Beeinträchtigungen fehlten auch im Leben der Panzercrews nicht. Der Lärm, die drangvolle Enge – dem Innenraum eines Chevrolets entsprechend –, in der die fünf Männer beisammen hockten (jeder in seinen schmalen kleinen Pferch gezwängt), der Geruch nach Benzindämpfen und menschlichem Schweiß. Fünf Männer zusammen in eine stickige kleine Zelle gestopft – da war ab und an eine Menge Nachsicht am Platz.

Bei intensivem Beschuß war es Selbstmord, den Panzer zu verlassen. »Wer dann zum Pissen rausging, war ein toter Mann«, sagt ein

Panzersoldat. »Wir benutzten unsere Helme und kippten sie aus dem Turm.« Auch leere Granathülsen taten gute Dienste.

Unverletzlich jedoch war auch das Stahlgehäuse des »Sherman« nicht, das wußten die Besatzungen nur allzugut. Zwar konnte Schmeisser- und Spandau-Feuer seinen Wänden nichts anhaben, aber die Hochgeschwindigkeitsgeschosse der gefürchteten 8,8 durchschnitten die Mantelung, als wäre sie aus Papier, und töteten oder zerrissen jedes Hindernis auf ihrer Bahn durch den Panzer hindurch und wieder hinaus. Oberstleutnant H. A. (»Snuffy«) Smith, Kommandeur der *Canadian Grenadier Guards*, erlebte das am eigenen Leib, als ein solches Geschoß seinen Panzer durchbohrte und ihm ein Bein zerschmetterte.

Bei einigen der »Shermans« waren Reserveketten an die Außenwände geschweißt, die zusätzlichen Schutz gegen feindliches Feuer gewähren sollten; aber auch das genügte nicht. »Sherman-Panzer – Käse!« grinste ein in Gefangenschaft geratener deutscher Bazooka-Soldat verächtlich. Diese »Bazooka-boys« waren überaus gefürchtet: deutsche Infanteristen, die zwischen die Panzer einsickerten, bewaffnet mit der schweren Panzerfaust (dem Panzerschreck, auch »Ofenrohr«) oder dem »Ein-Geschoß-Wunder«, wie die alliierten Truppen die leichtere Bazooka nannten. Diese unglaubliche deutsche Panzerabwehrwaffe mit kurzer Reichweite war so leicht und so billig, daß sie, wenn ihr einziges Geschoß abgefeuert war, weggeworfen werden konnte. Der Schaden, den sie anrichtete, und die Furcht, die sie einflößte, waren erheblich. »Wie die Männer die Bazooka haßten!« berichtet eine Regimentsgeschichte. »Derart bewaffnete feindliche Infanterie konnte behende die Stellung wechseln, so daß sie oft kaum zu lokalisieren war. . . . Die Männer lagen im Hinterhalt am Straßenrand oder an einer Straßensperre und konnten mit einem einzigen Schuß aus ihren Wegwerfwaffen einen Panzer immobilisieren oder zerstören.«

»Man hört immer, wie gefährlich die ›Eighty-eight‹ ist, aber eigentlich nie etwas über die Bazooka«, sagt uns Panzersoldat Alex Graham. »Ich fand immer, das ist die schlimmste. Die 8,8 ging durch den Panzer durch und trat auf der anderen Seite wieder aus. Wenn man im Weg war, konnte man verletzt werden. Die Rakete aber schlug ein Loch und explodierte im Innern. Sie wurde aus so kurzer Entfernung abgefeuert, daß der Panzer keine Möglichkeit hatte, die Kanone zu schwenken und sich zu verteidigen.«

»Wenn der Panzer unter dem Turmring getroffen wurde, dann fing er an zu sieden«, berichtet Tommy Boyd. »Dort lagerten die Munitions- und Benzinvorräte; irgend etwas davon wurde garantiert getroffen.« Viele Panzer gerieten in Brand - »brewed« (siedeten) war der plastische Ausdruck der Truppe - oder wurden von Minen und Granaten zerstört. Einige blieben in verschlammten Fahrspuren stecken, mußten liegen bleiben und wurden später ausgeweidet, um für einen anderen Panzer ein paar Kilometer mehr herauszuschinden.

James Love von den *Sherbrooke Fusiliers* entkam als einziger seiner Mannschaft unverletzt, als sein Panzer bei Kalkar angegriffen wurde. »Die Deutschen hatten dazugelernt. Die 7,5-cm-Panzer ließen sie durch und warteten auf die ›Firefly‹. Als es gerade hell wurde, schlug eine Bazooka-Rakete ein. Der Kommandant, Hauptmann Gary Gould, brachte ungefähr vier Schüsse an, dann wurde er verwundet. Wir mußten aussteigen. Unser Beifahrer wurde getötet, George Harvey riß eine Schmeisser die Hand ab, MacDougall wurde in die Schulter getroffen - nur ich bekam keinen einzigen Kratzer ab.«

Fuhr ein Panzer sich im Schlamm fest, konnten Angst und Panik entstehen. Es passierte Boyd in Kalkar. »Die Deutschen schossen wie wahnsinnig. Wir mühten uns mit den Drahtseilen ab, um uns von einem anderen Panzer herausschleppen zu lassen, und ich dachte: ›Jetzt ist es soweit! Jetzt bin ich dran!‹ Aber wir schafften es. Nach ungefähr 20 Metern blieben beide Panzer stecken. Wir mußten bis zum Morgen dort liegen bleiben - und gaben gute Zielscheiben ab.«

Die entsetzenerregende Vorstellung, in einem Panzer bei lebendigem Leib zu verbrennen, saß, wenn auch unbewußt, in allen fest. »Ronsons« hießen die »Sherman«-Panzer bei der Truppe - denn: »Ronsons brennen jedesmal«. Von demselben schwarzen Humor geprägt ist die deutsche Bezeichnung »Tommy-Kocher«. »Wenn wir Ersatz für ausgefallene Panzer bekamen, war unsere Sorge immer, wir könnten Bezinmotoren statt der neueren Diesel bekommen«, sagt uns Jim Jones, Ladekanonier bei den *Sherbrooke Fusi-*

liers, 3. Schwadron. »Der Diesel ließ wenigstens noch die Chance, daß bei einem Treffer nur ein Schwelbrand entstand; dann hatte man Zeit auszusteigen. Mit dem Benzinmotor ging das Ganze in die Luft.« Zum Verlassen eines brennenden »Sherman« bleiben genau 3 Sekunden, bevor die 340 Liter Treibstoff oder einige der 125 Granaten explodierten. Fünf Männer - oder diejenigen von ihnen, die den Einschlag überlebt hatten - sprangen an die Luken und beteten, daß das Metall sich in der sengenden Hitze nicht verzogen hatte. Auch wenn der Panzer nur lahm geschossen war, konnte man sicher sein, daß das feindliche Geschütz ihn im Visier hatte und der nächste Treffer ihn in Brand setzen würde.

Solche Gedanken suchte jeder Panzersoldat zu verdrängen, doch die Angst fand ihren Weg ins Bewußtsein. Für LaRose kam dieser Augenblick der Angst vor dem Gefecht. »Bevor es losging, war jeder ein Nervenbündel. Wenn man erst mal draußen war, gab es viel zu tun, und man vergaß ganz einfach, Angst zu haben. Aber in den Erholungspausen hatte man Magenkrämpfe, wenn man nur daran dachte, wieder zurückzumüssen.«

General Simonds mochte in der Normandie zwar Mittel und Wege ersonnen haben, die Infanterie zusammen mit den Panzerkräften angreifen zu lassen; eine Formel, die ihre verläßliche Zusammenarbeit garantierte, hatte er nicht gefunden. Der erfolgreichen Verbindung stand eine Reihe von Hindernissen im Wege.

Im Winter und Frühjahr 1945 waren beide Waffengattungen durch Auffrischungen mit unerfahrenem und schlecht ausgebildetem Personal einerseits, durch schlechtes Wetter und katastrophales Gelände andererseits daran gehindert worden, ihrer jeweiligen Rolle gemäß zu agieren. Bequeme Bettgenossen waren sie nicht. Panzersoldaten fürchteten die Dunkelheit; Fußsoldaten benutzten sie häufig, um ihrem Angriff das Überraschungsmoment zu sichern. Viele Infanteristen zeigten wenig Verständnis für die Wehrlosigkeit der Panzer gegen Bazookas und selbstfahrende Geschütze - besonders bei Nacht oder im Nahkampf. Sie glaubten, daß die Panzer auf Beschuß mit panischer Angst reagierten. Infanteristen konnte der Kragen platzen, wenn sie zusahen, wie die Panzer mit Einbruch der Dämmerung vom Kampfplatz verschwanden, um aufzutanken und ihre Munitionsvorräte zu ergänzen. »Wartung« galt ihnen als Euphemismus, der für warme Mahlzeiten, behagliche Nachtruhe und Drückebergerei stand. Mit demselben Ärger quittierten sie das frühmorgendliche Auftauchen der Panzer in einer Wolke von Staub und Lärm, das ihre Stellungen preisgab und feindliches Feuer auslöste.

Major Donald Callander von den *Queen's Own Cameron Highlanders* geriet im Reichswald in einen deutschen Angriff mit Panzerfäusten. »Sie feuerten auf unseren ersten Panzer und trafen ihn. Schaden wurde kaum angerichtet, aber der Panzer zog sich zurück, die übrigen folgten, und wir bekamen sie nicht mehr nach vorn. Von da an war es ein reines Infanteriegefecht.« Major Martin Lindsay hatte Schwierigkeiten, Flammpanzer dazu zu bewegen, über offenes Feld hinweg seiner bedrängten Kompanie in Thomashof zu Hilfe zu kommen; ein einziger erklärte sich schließlich bereit - und kam zu spät, um die Männer noch zu retten.

Infanteristen erwarteten im allgemeinen, daß die Panzer an vorderster Front blieben, um sie vor den Gegenangriffen feindlicher Panzer zu schützen. Doch war, wie Brigadier Moncel beteuert, »der bester Panzerkiller . . . immer noch das in guter Stellung eingegrabene und mutig bediente selbstfahrende Panzerabwehrgeschütz.« Das bewies an der Straße Goch-Kalkar Major Louis Froggett, dessen Zusammenarbeit mit Leutnant David Heaps von der 18. Kanadischen Panzerabwehr-Batterie zur Zerstörung von vier deutschen »Panthern« führte.

Brigadegeneral Sidney Radley-Walters (damals Major und Kommandeur einer Panzerschwadron der *Sherbrooke Fusiliers*), der vor seinem Eintritt in die Panzer-Brigade der Infanterie angehörte, ist nicht der Meinung, daß die Panzer sich gerade dann empfehlen müssen, wenn die Infanterie auf ihre Unterstützung angewiesen ist. »Wenn es heißt, Panzer müssen zur Wartung aus der Infanterie herausgezogen werden, dann ist das doch Stuß. Solange die Mühle nur mit Treibstoff und Munition versorgt war - das waren die zwei einzigen wirklich wichtigen Voraussetzungen. Ich tat mein Bestes, um mich immer möglichst bei der Infanterie zu halten, aus einem ganz einfachen Grund - uns passierte nichts, wenn wir vorrückten, aber den armen Schweinen von der Infanterie flogen die Granaten um die Ohren«, schildert Radley-Walters seine Erfahrungen. »Wenn der Versorgungs-Lkw den Treibstoff bis auf, na ja, ein paar hundert Meter oder so weit heranbrachte, wie er eben kam – dann holten wir meist ein paar Seile und zogen die Diesel-Kanister zur Rückseite der Panzer und füllten dort auf, damit möglichst wenig Staub und Lärm entstand.«

Ganz unbegründet waren die Vorurteile der Fußsoldaten nicht. Panzerführer konnten einen ausgeprägten Selbsterhaltungstrieb entwickeln. Ein Veteran der Schlacht von Dünkirchen, Major Ivor Crosthwaite von den *Grenadier Guards*, war ebenfalls von der Infanterie zur Panzertruppe gewechselt. Seine Einstellung zur Panzergefechtsführung ist hart, aber realistisch. »Wir hatten nur zwei wesentliche Verpflichtungen – die Infanterie zu unterstützen und aufzupassen, daß uns selbst nichts passierte. Nur ein Dummkopf kann etwas anderes behaupten«, erklärt Crosthwaite. »Sooft die Infanterie aufgehalten wurde und nicht vorwärts kam, ließen unsere Zugführer die Panzer Deckung nehmen und der Infanterie den Weg frei schießen. Eigene Verluste verhüteten wir, indem wir uns außer Sicht hielten. Außer wenn wir fuhren oder wenn wir feuerten, traten wir gar nicht in Erscheinung. Wir trieben uns nie im offenen Feld herum, denn dann fuhren die Deutschen ein selbstfahrendes Geschütz auf oder pirschten sich mit einer Panzerfaust an. Aber wir ließen die Infanterie auch nie ohne Schutz. Wir blieben so lange vorn, bis unsere eigene Pak zur wirkungsvollen Abwehr von Gegenattacken vollständig eingegraben war. Und wir zogen uns erst in völliger Dunkelheit zurück und ließen, wenn nötig, über Nacht sogar einen Panzer vorn.«

Aber es gab noch weitere Differenzen zwischen den beiden Waffengattungen. »Die Infanterie-Panzer-Kooperation war lausig!« sagt Oberstleutnant G. P. Wood (damals Zugführer beim 7. Bataillon der *Argyll & Sutherland Highlanders*). »Wie viele Infanterieverbände waren denn in enger Fühlung mit den Panzertruppen ausgebildet? Zusammen wohnen, essen usw. – nur so war der nötige Brückenschlag herzustellen.« Es war also kein Wunder, daß die Effizienz enorm zunahm und der Neid verschwand, wenn die Angehörigen der jeweiligen Truppengattungen nicht nur Einblick ins Handwerk der andern gewannen, sondern auch Speis und Trank miteinander teilten. Das zeigte sich mit blendendem Erfolg am Beispiel der *Guards Armoured Division*, wie Oberstleutnant Roddy Hill, Kommandeur des 5. Bataillons der *Coldstream Guards,* in Erinnerung ruft: »Jede Panzerschwadron arbeitete mit ihrer Infanterie-Kompanie zusammen; sie wurden ein gut geschultes Team – und gute Freunde.«

Wie die Briten benutzte auch Simpsons 9. Armee ein System der Zusammenarbeit von Panzerwaffen und Infanterie, das sich als höchst wirksam erwies. Generalmajor Lunsford E. Oliver, Kommandierender General der 5. Panzer-Division, beschreibt es so: »Im Bereich jedes Kampfverbandes* gab es zwei Kampfgruppen**. Innerhalb jeder Kampfgruppe waren die mit gleichem Buchstaben*** bezeichneten Panzer- und Infanterie-Kompanien zu ›Paaren‹ verbunden. Innerhalb der Kompanien arbeiteten die jeweiligen Züge zusammen, und innerhalb der Züge arbeitete jede Gruppe mit einem bestimmten Panzer. Diese Kompanie-›Paare‹ lebten, arbeiteten, trainierten und kämpften zusammen. Das Ergebnis war, daß Panzer- und Fußsoldaten genau wußten, was der eine vom anderen erwartete, und man geht davon aus, daß auf diese Weise die höchstmögliche Effizienz erreicht wurde.«

Doch wie bei allen Paaren war auch diese Verbindung nicht frei von kleineren Mängeln, macht Hauptmann Ray Latvamaki vom 701. US-Panzer-Battalion klar. Ein Dorn im Auge ist ihm das Ausschlachten der Panzer. »Die Infanterie soll, verdammt noch mal, unsere abgeschossenen Panzer in Ruhe lassen«, schimpfte er. »Fast immer sind die 7,62er verschwunden, und das Funkgerät auch. Nur die Hülle lassen sie übrig.«

Zwar waltete nur in wenigen Verbänden ein Zustand ehelichen Glücks, wie ihn Oliver schildert, doch wurde auch in anderen Panzereinheiten eine vorsichtige Annäherung gepflegt. Die 4. Kanadische Panzer-Division z. B. hatte eine Panzer- und eine Infanterie-

* Engl. Bez.: Combat Command (CC) – Kampfverband in Stärke einer Brigade bei einer US-Panzer-Division.

** Engl. Bez.: Task Force – vgl. ausführlich u. S. 309

*** Die britischen und amerikanischen Streitkräfte bezeichnen die Kompanien mit Buchstaben: A = 1., B = 2., etc. – die Übersetzung folgt der bei den deutschen Streitkräften üblichen Bezeichnung mit Zahlen. A.d.Ü.

Brigade. Die Panzer-Brigade umfaßte drei Regimenter sowie ein Aufklärungsregiment, das als 4. Panzer-Regiment diente, die Infanterie-Brigade drei Infanterie-Bataillone sowie ein motorisiertes Infanterie-Bataillon. In der Kampflinie also, wo reibungslose Zusammenarbeit oft über den Erfolg der Operation und die Lebensdauer der Teilnehmer entschied, hatte die 4. Panzer-Division neun Schwadron-Führer, die mit nur 15 Kompanieführern der Infanterie zusammenzuarbeiten hatten. Probleme tauchten jedoch auf, wenn selbständige Panzer- und Infanterie-Verbände unvorbereitet zusammengewürfelt wurden, wie es bei *Blockbuster* mehrfach der Fall war. Hier versuchte Simonds, Untereinheiten der 2. Kanadischen Panzer-Brigade (*Sherbrooke Fusiliers, Fort Garry Horse* und *First Hussars*) mit Einheiten aus zwei Infanterie-Divisionen zu mischen. Bei dieser besonderen Art von Gefechtstaktik konnte es vorkommen, daß neun Schwadron-Führer sich mit 72 Infanterie-Kompaniechefs bekannt machen und zusammenraufen mußten. Ein Verhältnis, das eine brauchbare Zusammenarbeit häufig ausschloß.

»Schwierigkeiten ergaben sich dann, wenn fremde Panzermannschaften auf fremde Infanteristen trafen und beide erst Stunden (oder auch nur Minuten) vor Verlassen der Ausgangsstellungen zusammengespannt wurden«, bemerkt Ned Amy. Radley-Walters entsinnt sich einer Reihe solcher Schwierigkeiten: »Es haperte mit der Verständigung. Vielfach bekamen wir Anweisung, mit einem bestimmten Bataillon auszurücken - es konnte 3.00 Uhr morgens sein und stockdunkel -, und häufig kannte man die Leute nicht. Dann blieb nichts anderes übrig, als rauszuspringen und mit dem Zugführer, dem Kompaniechef oder dem Bataillonskommandeur zu reden. Wenn wir uns gekannt hätten, wäre es möglich gewesen, gewisse Signale zu vereinbaren: eine MG-Salve mit einigen Leuchtspurgeschossen zur Zielmarkierung oder eine Rauchbombe. Aber dazu muß man sich erst einmal kennenlernen. Wenn Männer zusammen arbeiten und kämpfen und sich zusammen betrinken, dann lernen sie, einander zu achten und zu vertrauen.«

Die Infanteristen waren verwirrt und ratlos, da sie keine Nachrichtenverbindung mit den Panzern der selbständigen Verbände hatten. Die Kommandeure der Feldinfanterie waren nicht ans

Funknetz der Panzerwaffe angeschlossen. Um dem Panzerführer (der vielleicht nur zwanzig unter Granatfeuer stehende Meter entfernt war) Nachrichten zukommen zu lassen, mußten sie zurück an die Brigade funken und das Hauptquartier bitten, die Information über das Panzernetz weiterzuleiten - eine umständliche Methode für die Übertragung wichtiger Informationen.

Die andere Möglichkeit, erinnert sich Hauptmann Robert Hemmingsen, »Canloan«-Zugführer beim 7. Bataillon der *Seaforth Highlanders*, bestand darin, den Kugeln zu trotzen und direkt mit dem Panzerführer zu sprechen - wenn das überhaupt ging: »In der Nähe von Kalkar kamen wir unter ziemlich schweren Beschuß, und ich versuchte, auf die deutschen Stellungen aufmerksam zu machen. Die ›Churchill‹-Panzer hatten Telefon an der Außenwand, schienen es aber nie abzuhören. Am Ende klopfte ich wie ein Verrückter mit dem Gewehrlauf auf den Rücken des Panzers, damit sie mich bemerkten.« Diese Taktik schloß allerdings das ernstzunehmende Risiko ein, erschossen zu werden, wie es Tommy Thompson passierte, als er während des Angriffs auf Kalkar sein »Känguruh« verließ, um sich mit dem Panzerkommandeur zu beraten.

Wenn die Verbindung zwischen den beiden Waffengattungen auch häufig auf wackligen Füßen stand, so waren beide Partner doch unbestreitbar aufeinander angewiesen. Amy zitiert einen Vorfall: Einer seiner Panzer schoß einen feindlichen Panzer ab, der sich direkt auf einen Soldaten zubewegte. »Als der Panzer hochging, sprang der Soldat auf, rannte zu dem ›Sherman‹ hinüber, tätschelte ihn und rief: ›Du dicker gußeiserner Hurensohn - ich könnte dich küssen!‹ «

Ein dramatisches Beispiel für Panzereinsatz zur Unterstützung der Infanterie lieferte ein Panzer der britischen *Grenadier Guards*, als er kühn in ein Schützenminenfeld eindrang, in dem eine Reihe Schwerverwundeter lag. »Mein Panzerkommandant brachte die Minen beim Hineinfahren zur Explosion«, erinnert sich Crosthwaite voller Bewunderung. »Dann kam die ganze Besatzung in den Panzerspuren hinterher. Sie konnten 17 Verwundete bergen, denen die Minen ein Bein oder beide Beine zerfetzt hatten.«

Es kamen aber auch ebenso dramatische Vorfälle mit vertauschten Rollen vor. Oberst John Chaston, damals Major und Kompaniechef beim 2. Bataillon der *Monmouthshires,* schildert eine Situation, bei der Infanterie die Panzer heraushaute: »Wenn ein Panzer auf eine Mine gefahren war, mußte u. U. ein Infanterist eine Gasse für die nachkommenden Panzer erkunden, d. h., er mußte auf dem Bauch vorwärts kriechen und mit dem Bajonett nach den Minen tasten - und dabei verdammt aufpassen, es konnten Schützenminen dabeisein; aufrecht gehen konnte er nicht, wollte er nicht riskieren, erschossen zu werden.«

Infanterie wurde weiterhin benötigt, um gegnerischen Widerstand auszuschalten. Brigade-General Gordon Wotherspoon, der das *South Alberta Regiment* befehligte, erläutert: »Wenn die Panzer Durchschlagskraft erzielen wollten - besonders nachts -, brauchten sie den Schutz der Infanterie, um die Bazookas loszuwerden. Auf die Unterstützung der Infanterie konnten wie uns jederzeit verlassen, wie sie sich auch auf uns, hoffe ich. Wir zogen uns nie aus dem Gefecht zurück, um aufzutanken. Wir schickten unsere Lkws zu ihnen hin, um sie aufzutanken. Ich sehe noch vor mir, wie ein paar von meinen Panzern drauflosfeuerten und ein Lkw von der Etappe mit Munition und Treibstoff heranfuhr. Die Männer kletterten auf die Panzer und luden Munition und Treibstoff ein, während die Deutschen weiterschossen.«

Am 26. Februar standen im Kampf um das Rheinland neben der Infanterie die Panzerverbände dreier Nationen im Einsatz. Ihr Schicksal hing weitgehend davon ab, was beide Partner dieses Bündnisses seit der Normandie gelernt hatten. Aber auch davon, wie die höheren Führungsstäbe über sie verfügten.

Das Todestal

Streng geheim. Persönlich und vertraulich an CIGS von Feldmarschall Montgomery, 27. Febr. 1945:
Die heutigen Gefechte im Hochwald waren sehr heftig, und der Gegner setzt diesem Vorstoß auf Xanten und Wesel starken Widerstand entgegen. Von der Kanad. Armee sind jetzt seit Beginn von *Veritable* insgesamt 15 000 Gefangene eingebracht.

»Ich brauche eine Straße, über die der Schwung des Vorstoßes bis zu seinem Abschluß voll erhalten bleibt«, hatte Generalleutnant Simonds bei Beginn von *Blockbuster* mit Nachdruck gefordert. Simonds bekam seine Straße - um den Preis einer Kette von Enttäuschungen und Fehlschlägen, um den Preis auch von Verlusten, deren Höhe durch den Gewinn der 3 Kilometer langen Schneise kaum gerechtfertigt schien.

Die Eisenbahnlinie Goch-Xanten - von Simonds für seine neue Straße in Aussicht genommen - war auf einem Damm angelegt. Sie lief durch einen schmalen Korridor, die Hochwald-Schneise, die zwei bewaldete Höhenrücken voneinander trennte: den Hochwald und den Balberger Wald. Ihre Breite bewegte sich zwischen gut 200 Metern des »Halses« im Westen und den anderthalb Kilometern der »Schultern« im Osten. Aufklärungstrupps hatten erkundet, daß die Linie frei von Minen und unzerstört war. Es würde also für die Pioniere nicht allzu schwierig sein, die Gleise herauszureißen und das Gleisbett als einbahnige Straße auszubauen.

Die Alternativroute zum Rhein war eine gute Fahrstraße, die vier bis fünf Kilometer südlich am Waldrand entlangführte. Man

Vgl. Karte 8.

hätte sie sich jedoch mit Horrocks' XXX. Korps teilen müssen, und Simonds befürchtete Verstopfungen beim Transport der vielen Nachschubgüter, die für den bevorstehenden Angriff über den Fluß benötigt wurden.

Zwei britischen Divisionen (die zeitweilig Simonds' II. Korps unterstanden) waren in der *Blockbuster*-Offensive besondere Rollen zugewiesen. Die 43. Division *Wessex* übernahm den Schutz der linken Flanke der Kanadier zwischen Moyland und dem Rhein. Die südliche (rechte) Flanke war Generalmajor Pip Roberts' 11. Britischer Panzer-Division anvertraut.

General Crerar erkannte, daß der Hauptangriff von demjenigen der beiden Korps angeführt werden mußte, das den brauchbarsten Verbindungsweg zum Rhein öffnete. Entsprechend hatte er in seiner Weisung an Simonds und Horrocks vom 25. Februar festgehalten, daß »die Führung der Offensive der kanadischen Armee ... dem XXX. Korps übertragen werde«, falls am zweiten Angriffstag der Operation *Blockbuster* (d. h. am 27. Februar) der Panzerdurchstoß des II. Korps nach Osten nicht vollendet war.

Die zwei Korps rückten auf parallelen Routen nach Südosten vor: Simonds links, Horrocks rechts, ungefähr 15 Kilometer weiter südlich. Dazwischen lag das zweite Verteidigungssystem des Westwalls, die sogenannte Schlieffen-Stellung. Beide Befehlshaber wußten, daß diese Abwehrlinie eine Wiederholung all jener Hindernisse bedeutete, mit denen die Truppen sich im Abschnitt des Reichwaldes herumgeschlagen hatten: Panzergräben, zwei- und dreifach gestaffelte Schützengräben und Stacheldrahtsperren - das Ganze im Einsichtsbereich feindlicher Geschützstellungen.

Sowohl Horrocks wie Simonds muß klargewesen sein, daß das vor ihnen liegende Gelände - Tiefland mit aufgeweichtem Boden, von zahllosen kleinen Wasserläufen durchzogen - ihren Panzereinheiten mit großer Wahrscheinlichkeit geradezu monumentalen Widerstand entgegensetzen würde. Und doch waren beide offensichtlich nicht bereit, beim Kampf gegen die gegnerische Verteidigung auf Panzer zu verzichten.

Wie bei Beginn von *Veritable* war es erneut kalt und naß geworden, und die Witterung ließ für die ersten zwei Tage der Operation keinerlei Luftunterstützung zu. Durch den Regen verschlimmerten sich die ohnehin verheerenden Straßenverhältnisse und machten ein Vorwärtskommen der Panzer nahezu unmöglich. In den tiefen Schlammrinnen kam selbst der 6 Meter lange »Sherman« ins Schlingern »wie ein kleines Boot bei streifer Brise im Ärmelkanal«.

Simonds schien die weniger aussichtsreiche Angriffsführung übernommen zu haben. Den Blick unbeirrbar auf die Bahnlinie gerichtet, nahm er die negativen Seiten einer Forcierung der Hochwald-Schneise offenbar auf die leichte Schulter. Und ihrer waren nicht wenige. Vor der Enge lag ein sumpfiges, baumloses Tal unter direkter Feindeinsicht. Ähnlich exponiert war der hohe Bahndamm. Der ganze Geländestreifen - die Schneise selbst sowie auch der Zugang - war zu schmal, um den Panzern Manövrierfähigkeit zu gestatten. Unterführungen würden den deutschen Panzern Gelegenheit zu Störangriffen auf Infanterie und Panzer mit guter Rückzugsmöglichkeit geben. Ein Hügel (Punkt 73), immer ein schwieriges Angriffsziel, war dem Eingang vorgelagert. Die Deutschen hatten reichlich Zeit gehabt, die Schneise schwer zu verminen und ihre Geschütze darauf einzurichten. Die Säuberung der zwei Wälder nördlich und südlich der Schneise konnte zu einem zähen, zeitraubenden Unternehmen werden. Von Lüttwitz hatte das Geschick seiner Truppen im Waldkampf überzeugend unter Beweis gestellt - man brauchte nur an die jüngst durchgeführte sechs Tage dauernde Verteidigung des Moylandwaldes zu denken. Die von Simonds erwartete 24-Stunden-Blitztour würde es kaum werden.

Und sollten die Kanadier diese Hindernisse überwinden, die Hochwald-Schneise erobern und das Bahntrasse in eine Straße verwandeln, dann stellte sich ein weiteres Problem: die »Sherman«-Panzer mit ihrem hohen Profil würden, was die Mannschaften schon bald entdeckten, auf der Böschung sitzen wie »Tontauben in einem Schießstand«.

Und dennoch drängte Simonds angesichts Crerars Drohung, seine Operation zurückzustufen und den Hauptstoß Horrocks zu überlassen, Generalmajor Vokes dazu, mit der 4. Kanadischen Panzer-Division durch die Waldenge nach Osten vorzudringen, die Bahnlinie in Besitz zu nehmen und weiter bis nach Xanten vorzustoßen. Gleichzeitig gab er der 2. und 3. Kanadischen Infanterie-

Division Befehl, die Wälder zu beiden Seiten von feindlichen Stellungen zu säubern.

Sechs Tage und Nächte lang unterstützte die 2. Kanadische Panzer-Brigade zusammen mit der 4. Kanadischen Panzer-Division die Infanterie von drei Divisionen mit Bravour in der Schlacht am Hochwald und in der Todesfalle der Hochwald-Schneise. Die Schwierigkeiten, mit denen diese Divisionen bei der Eroberung des Hochwalds und seines Korridors zu kämpfen hatten, gingen auf den Schlamm und das daraus resultierende Chaos der Straßen- und Fernmeldeverbindungen zurück - ebenso aber auch auf die hochrangigen alliierten Befehlshaber, die ihnen in gravierender Fehleinschätzung der Umstände im Unternehmen *Blockbuster* die falschen Rollen zuwiesen.

Half a league, half a league,
Half a league onward,
All in the valley of Death
Rode the six hundred.
»Forward the Light Brigade!
Charge for the guns!« he said.
Into the valley of Death
Rode the six hundred.*

(Meilenweit, meilenweit,
Meilenweit vorwärts
Und in das Todestal
Ritten sechshundert.
»Vorwärts die Leichte Brigade!
An die Gewehre!« war der Befehl.
Und in das Todestal
Ritten sechshundert.)

* »The Charge of the Light Brigade« (»Der Angriff der Leichten Brigade«), Alfred Lord Tennyson, 1854 - das Gedicht nimmt Bezug auf einen tatsächlichen Vorfall im Verlauf des Krimkriegs (1853-56), bei dem am 25. Oktober 1854 aufgrund eines mißverstandenen Befehls bei Balaklava (nahe Sebastopol) 247 von 637 britischen Offizieren und Soldaten getötet oder verwundet wurden. A.d.Ü.

Generalmajor Vokes hatte die 4. Panzer-Division für die Operation *Blockbuster* in zwei Kampfgruppen eingeteilt - die Kampfgruppe »Tiger« unter Moncel und die Kampfgruppe »Lion« (Löwe) unter Brigadier J. C. Jefferson, die ihrerseits noch einmal in je fünf komplexe Untereinheiten gegliedert wurden.

Die »Tiger« hatten am 1. Tag ihre Angriffsziele auf den Höhen bei Kalkar erreicht. Jetzt war es an den »Lions«, den Eingang zur Schneise zu erzwingen. Die Löwen (das Regiment *Algonquin*, unterstützt von einer Panzereinheit des Regiments *South Alberta*) leiteten den Angriff am 27. Februar, dem 2. Tag, an Punkt 73, der kleinen Anhöhe am westlichen Ende der Schneise, ein. Gleichzeitig erging Befehl an die Panzer desselben Regiments, dem Transporter-Zug des *Algonquin* bei einem Angriff Unterstützung zu leisten, der so willkürlich schien, daß das Regiment protestierte: Diese sehr kleine Angriffsgruppe sollte als »Ablenkungsmanöver« durch eine Eisenbahnunterführung hindurch einen rechten Haken schlagen, tief in feindliches Gebiet hinein.

Die bösen Ahnungen rechtfertigten sich; die Mission war von Anfang an ein Fiasko. »Der Erfolg dieses Spektakels hing vom Ausnutzen der Dunkelheit und dem Überraschungsmoment ab«, hält das *South Alberta*-Kriegstagebuch fest. Weil nicht einmal der festgelegte Bereitstellungsraum vom Feind gesäubert war, verzögerte sich der Angriff um acht Stunden. Die Vorteile der Dunkelheit wie auch der Überraschung waren dahin. Außerdem hatten die 2. und 3. Division auch die Waldgebiete rechts und links der Angriffskolonne noch nicht gesichert, die 2. wurde am Rand des Hochwalds aufgehalten, die 3. durch feindlichen Widerstand an einem raschen Vordringen von Uedem zum Balberger Wald gehindert. Trotz hartnäckigem Einsatz beider Divisionen waren die beiden Flanken erst nach fünf Tagen endgültig erobert. Es hatte nie auch nur die entfernteste Möglichkeit bestanden, daß sie gesäubert werden könnten, um die Flanken der 4. Division zu schützen. Die Schlacht in der Hochwald-Enge wurde von Anfang bis Ende ohne Flankenschutz durchgekämpft.

Es war sehr bald klar, daß die Deutschen vorbereitet waren. Eine beispiellose Konzentration von Artillerie- und Raketenfeuer aus Abwehrstellungen innerhalb und außerhalb des Waldes - selbst von der anderen Rheinseite – trommelte mit größter Wirksamkeit von drei Seiten her auf die Angreifer ein. Das Feuer aus deutschen Geschützstellungen 12 Kilometer nördlich, jenseits des Rheins (an einer U-förmigen Krümmung), kam sogar über die Köpfe der vorrückenden Kanadier herein. Major George Cassidy, Stellvertretender Kommadeur des Regiments *Algonquin* berichtet: »Feuer erwartet man von vorn, oder doch von der Seite her, aber wenn einem die Geschosse von hinten her über die Schulter fliegen, wird man, gelinde gesagt, nervös.«

»Sie hatten irgendwoher eine Menge Geschütze zusammengezogen«, rätselte Major George Hale, Führer einer Panzerschwadron der *Canadian Grenadier Guards.* »Eine Menge von mittleren und schweren Geschützen hatten sie auf der anderen Rheinseite, und wir gaben ein gutes Ziel ab, in bester Reichweite.«

»Wir konnten unser Feuer auf die schmale Schneisenöffnung konzentrieren«, erläuterte uns Generalmajor Guderian erst kürzlich. »Wir hatten damals reichlich Munition und ein paar Sturm-Tiger [Mörser]. Und wir waren durch das Fallschirmjäger-Regiment Nr. 24 und die Heereswaffenschule der 1. Fallschirmjäger-Armee unter Hauptmann von Hütz verstärkt worden. Er hat Uedem verteidigt und in der Gegend von Louisendorf mit uns zusammen gekämpft.«

Ohne auf Erlaubnis aus Berlin zu warten, hatte General Schlemm fünfzig 8,8-cm-Pak an die Hochwaldfront verlegt. Die Nachrichtenabteilung der 1. Kanadischen Armee schätzte, daß der 1. Deutschen Fallschirmjäger-Armee während der ersten Märzwoche 717 Mörser und 1054 andere Geschütze zur Verfügung standen. Von Kriegsgefangenen aus dem 86. Werfer-Regiment war bei Verhören zu erfahren, daß mindestens 54 Werfer von 15-cm- und 24-cm-Raketen beteiligt waren: Das mißtönende Geheul der furchterregenden Nebelwerfer* oder »Moaning Minnies« trug das Seine zur Abrundung des Pandämoniums bei.

Mit eiserner Willenskraft kämpften sich die *Algonquins* und ihre Begleitpanzer Meter um Meter durch das Tal auf den Hügel zu, kamen aber nicht weiter als 500 Meter in die Schneise hinein. Die

* s. Fußnote S. 155

Deutschen gingen mit Panzern zum Gegenangriff über und hatten die Kanadier praktisch umzingelt. Die Verluste häuften sich; bei dem schweren Beschuß konnten die Verwundeten erst nach 24 Stunden vom Schlachtfeld geborgen werden.

Noch schlimmer endete der Ablenkungsangriff. Ohne jede Warnung schlug die Katastrophe ein, als die Kolonne der *South Alberta*-Panzer bei Tagesanbruch in die Unterführung im Bahndamm eindrang. Die Stille des nebelverhangenen Morgens wurde durch einen tödlichen Granathagel zerrissen: Der Gegner lag auf beiden Flanken im Hinterhalt. Kaltblütig nahmen die Deutschen den ersten sowie zwei rückwärtige Panzer aufs Korn. Die getroffenen Fahrzeuge schlingerten und gingen in Flammen auf. Der Rest und die *Algonquin*-Transporter saßen in der Falle. Einer nach dem anderen wurden sie von deutschen Pak abgeschossen. Dann rückte zum letzten, vernichtenden Schlag feindliche Infanterie mit Bazookas an. Von allen Fahrzeugen - neun Panzern und zwölf Transportern - entkam ein einziger Transporter unbeschädigt aus dem Hinterhalt. Die verwirrten Besatzungen, ungefähr 40 Männer, die es fertiggebracht hatten, Tod oder Gefangennahme zu entgehen, gruben sich am Wegrand ein und beobachteten mit Grauen das Werk der Vernichtung.

»Forward the Light Brigade!«
Was there a man dismay'd?
Not tho' the soldier knew
Some one had blunder'd:
Their's not to make reply,
Their's not to reason why,
Their's but to do and die:
Into the valley of Death
Rode the six hundred.

(»Vorwärts, die Leichte Brigade!«
Hier hatte einer geirrt.
Und sie wußten's.
Doch keiner, der zögert, sich wundert.
Kein Mann, der widerspricht -

Fragen gebührt ihnen nicht,
Kämpfen und sterben war ihre Pflicht:
Und in das Todestal
Ritten sechshundert.)

Inzwischen war der 28. Februar: Der Angriffsbeginn von *Blockbuster* lag zwei Tage zurück, und Crerars Ankündigung, den Schwerpunkt der Kämpfe nach rechts, auf Horrocks' Korps, zu verlagern, blieb seltsamerweise uneingelöst. Essame vermutet, daß Montgomerys Verzicht auf die Ersetzung des unglückseligen Schneisenvorstoßes durch eine großangelegte Offensive an einem anderen Frontabschnitt »einen anglo-kanadischen Vertrauensbruch« verhüten sollte. Wahrscheinlicher ist jedoch, daß Simonds, der sich auf die Durchsetzung seiner Pläne versteifte, seinen direkten Draht zu Montgomery benutzte, um Creras Befehl zu umgehen.

Was immer die Gründe waren, der Wahnsinn ging weiter. An diesem letzten Februartag wurde noch eine weitere Kampfgruppe zum Angriff in die Schneise geworfen. Am 28. rückten vor Tagesanbruch die *Argyll & Sutherland Highlanders of Canada* aus, um, begleitet von einer zweiten Schwadron der *South Alberta*-Panzer, die Attacke fortzusetzen. Als es dämmerte, hatten sie sich am östlichen Ausgang eingegraben.

Von Lüttwitz hatte dem Angriff »mit großer Sorge« entgegengesehen. Die 116. Panzer-Division war von hohen Verlusten betroffen worden – darunter fast 500 Mann, die am 26. Februar (überwiegend durch die 8. Kanadische Infanterie-Brigade) gefangengenommen worden waren. Jetzt schob v. Lüttwitz frische Truppen aus der 8. Fallschirmjäger-Division (darunter das kampferprobte 24. Fallschirmjäger-Regiment) neben seine Panzer-Division in die Kampflinie ein.

Um 06.45 Uhr setzte der erste deutsche Gegenangriff das Zeichen für einen Tag, der für die *Argylls* »ein Alptraum von Terror und Blut, von schnellem und langsamem Sterben« werden sollte. Die Geschichte einer Kompanie dieses Bataillons mag als Beispiel stehen für den zähen Widerstand der Kanadier. Die Kompanie (es war die 2., unter Hauptmann L. V. Perry) hatte sich bei Hellwerden in einem Kreis um ihr Angriffsziel, ein Haus am Waldrand am

Ende der Schneise, eingegraben. Die Deutschen trugen mehrere heftige Gegenangriffe vor; die Kompanie wurde abgeschnitten und verlor die Verbindung zum Rest des Bataillons. Nach steigenden Verlusten war Perry schließlich der einzige noch einsatzfähige Offizier. Achtmal hatte er im Verlauf dieses verzweifelten Tages Melder zurück ins Hauptquartier geschickt. Keiner hatte überlebt und die Nachricht überbringen können.

Der Gegner überrannte die Verteidigung an der Vorderseite des Hauses. Ein deutscher Panzerführer zeigte sich im Turm seines Panzers und verlangte in überheblicher Form die Übergabe der kleinen Garnison. Perrys einzig verbliebene Pak gab wütend Bescheid: Der Deutsche wurde tödlich getroffen. Und so liest sich die Geschichte der folgenden Stunde im Tagebuch der *Argylls:* »Hauptmann Perrys flammender Kampfgeist hatte sich seinen Männern mitgeteilt, einer Handvoll von Kämpfern nur noch, die im Gefühl, von aller Welt im Stich gelassen zu sein, ihr Leben so teuer wie möglich zu verkaufen suchten. Die kleine Schar von Männern, die halb von Sinnen waren, hielten ihre Stellung noch nach Beginn der Dunkelheit. Gegen 20.00 Uhr beschloß Hauptmann Perry, der den Tag über ohne jede Verbindung mit anderen kanadischen Einheiten geblieben und in seiner Stellung heftigem Trommelfeuer sowohl eigener als auch feindlicher Geschütze ausgesetzt gewesen war, selbst einen Versuch zu machen, das Hauptquartier zu erreichen.«

Perry übergab das Kommando dem ranghöchsten Unterführer, einem erblindeten, als Unteroffizier eingesetzten Hauptgefreiten, und machte sich auf den Weg zum Bataillonsgefechtsstand. Oberstleutnant Fred Wigle, der versucht hatte, die Kämpfe von einer der Stellungen seiner Spitzenkompanie aus zu leiten, organisierte den Entsatz. Von den hundert Angreifern überlebten nur 20 – fünf von ihnen ernsthaft verwundet.

Das *Lincoln & Welland Regiment* erhielt Auftrag, am Mittag des selben Tages durch die Stellung der *Argylls* hindurch anzugreifen. Der katastrophale Zustand des Bodens verzögerte das Eintreffen der Begleitpanzer. Der Kommandeur, Oberstleutnant Rowan Coleman, erinnert sich: »Alle Panzer waren festgefahren. Sie ließen sich nicht einmal mehr ausgraben.« Als die Männer endlich zum

Angriff übergingen, »gerieten beide Einheiten in einen Feuerorkan zusammengefaßter Artillerie und Granatwerfer, wie wir ihn seit unserer Landung auf dem Kontinent noch nie erlebt hatten.« In Cassidys Schilderung: »Sie hatten uns in der Bewegung erwischt, auf Deckung keine Aussicht. Es gab jede Menge Verluste, und der Angriff erlahmte und blieb liegen.«

Noch phantastischer in seiner Realitätsferne mutet der nächste Angriffsplan für die Gewinnung der Hochwald-Schneise an. Ungeachtet des erschreckenden Ausgangs der beiden Attacken der *Algonquins* und *South Albertas* - die zurückgeschlagen wurden, noch ehe sie auch nur den Ausgang der Schneise erreicht hatten -, und der *Argylls* und *Lincs* - die festgenagelt wurden -, schickte man kaltblütig die *Canadian Grenadier Guards* in den nächsten Angriff. Oberstleutnant Amy, Kommandeur der *Grenadiers,* war »erstaunt«, als er über das ihm gemeinsam mit dem *Lake Superior Regiment* zugewiesene Ziel unterrichtet wurde: Xanten. Ebensogut hätte es der Mond sein können. Da zu diesem Zeitpunkt die Eroberung der Schneise bereits so gut wie unmöglich schien, mußte den Männern an der Front jede Aussicht, dieses Ziel zu erreichen und dann noch einmal zwölf Kilometer weiter bis zum Rhein nach Xanten vorzustoßen, als reine Illusion vorkommen.

»Ich frage mich bis heute«, sinnt Amy, »welche Informationen die höheren Führungsstäbe ihren operativen Entscheidungen während der Hochwald-Gefechte zugrunde legten.« Ein Blick auf die Karte in dieser bitteren Nacht, auf das düstere Massiv von Hochwald und Balberger Wald mit dem schmalen Schneisenkorridor, der sich zwischen beiden hindurchschlängelte, veranlaßte ihn zu einem beklemmend prophetischen Kommentar: »Gerry Chubb, Kommandeur des *British Columbia Regiment*, sagte: ›Bis Xanten kommt ihr nie.‹ ›Keine Angst, Gerry‹ entgegnete ich, ›hier ist Schluß‹ (und ich zeigte auf die Schneise). ›Aber danach bist *du* dran!‹ - ›Scheißspiel!‹ war seine Antwort.«

Vokes hatte entschieden, daß die Zeit reif war, um Simonds' Theorie der Bahnlinien-Straße einem Test zu unterziehen. Frühere, von den *Sherbrooke Fusiliers* unternommene Versuche, den Korridor auf dem Bahndamm zu durchqueren, hatten in einem Desaster geendet. »Es war eine Todesfalle«, berichtet ein Panzersoldat. »Unsere Fahrzeuge zeichneten sich klar gegen den Himmel ab, und die Deutschen schossen von beiden Seiten. Runter konnten wir nicht. Schließlich mußten wir zurücksetzen.«

»Ein Teil der Gleisstrecke führte über einen hohen Damm, von dem man praktisch an keiner Stelle herunterkam«, erinnert sich auch Major John Munro von den *Canadian Grenadier Guards*. »Die Deutschen brauchten nur den, sagen wir, zehnten Panzer abzuschießen. Dann konnten sie sich systematisch nach vorn arbeiten und den Rest erledigen. Es war ein Gebiet, das sich für Bombardierungen anbot; sie waren uns an Feuerkraft haushoch überlegen. Die Gefechte waren heftig. Panzer kreuzten durch die Gegend, und jederzeit konnte eine ›Eighty-eight‹ auftauchen – hinter einer Hecke oder bis zum Turm eingegraben in einer Hügelstellung. Und das Funkgerät spuckte währenddessen pausenlos den Befehl ›Vorwärts!‹ aus.«

Ned Amy, klein, couragiert und durch nichts zu erschüttern, war für viele »das Herz der *Grens*«. Er hatte jetzt, da ihr Kommandeur am Tag zuvor schwere Verwundungen erlitten hatte, auch das Kommando inne. Am nächsten Morgen, auf dem Weg nach vorn in die Ausgangsstellung für den Angriff, überlegte er, was der beste Weg für die Eroberung der Schneise sein könnte. Er schickte seinen Aufklärungstrupp aus, um die Möglichkeit eines Vorstoßes entlang der Gleisstrecke zu prüfen. Der Bericht überzeugte ihn davon, daß die Route aus mehreren Gründen nicht in Frage kam: Die Gleise verliefen in einem Durchstich – großartiges Gelände für feindlichen Hinterhalt – und dann weiter über einen Damm, auf dem die Truppen exponiert sein würden. Außerdem wimmelte die Strecke von Deutschen; die 11. britische Panzer-Division war zum gleichen Zeitpunkt in wütende Gefechte auf der Südseite des Waldes verwickelt.

»Die Gleisstrecke lief genau die Flanke der deutschen Verbände entlang, die den Briten gegenüberstanden«, schildert Amy die Situation. »Ich wies die Vorausgruppe an, eine andere Route ausfindig zu machen. Vokes gefiel meine Entscheidung gegen die Bahnlinie gar nicht, und er scheint mit dem Gedanken gespielt zu haben, mich unter Arrest zu stellen.« Es heißt, Vokes habe in der Hitze des Gefechts gedroht, als nächstes das ganze Regiment unter

Arrest zu stellen. In den folgenden Tagen beruhigte er sich dann einigermaßen und beglückwünschte das Regiment schließlich in einem persönlichen Schreiben zu seinem »phantastischen Einsatz« bei dem Versuch, »dies schwierige Hindernis« zu überwinden.

Während die Wogen dieser Debatte noch hoch gingen, überraschte ein neuer feindlicher Feuerschlag Amys Leute ohne Dekkung und verwundete diesen selbst. Das Trommelfeuer brachte den Angriff restlos zum Erliegen und jeden Gedanken an einen Angriff unter Feindbeschuß entlang Simonds' Bahnlinie ein für allemal zum Schweigen.

Schlamm, Regen, sich ständig verschlechternde Fernmeldeverbindungen, unerwartet starkes feindliches Bombardement - und die abgehobene Entscheidungsfindung im höheren Kommando –, all dies hatte inzwischen zu einem Chaos geführt. »Die Schlacht . . . zerbröselte in mehr oder minder isolierte Einzelgefechte«, hält Cassidy fest. »Der ›Kriegsnebel‹ war undurchdringlich geworden. Eine Zeitlang fühlten sich die *Algonquins* wie . . . die Kinder Israel, die in der Wüste herumirren, auf der Suche nach einem Ort, wo sie sich niederlassen können.«

Zwischen Einheiten und Untereinheiten fehlte inzwischen so gut wie jede Verbindung. Selbst der Kommandeur der 4. Kanadischen Panzer-Brigade, Moncel, blieb über die Vorgänge weitgehend im dunkeln. »Häufig wußte ich nur, was im Umkreis von 50 Metern passierte - es konnten auch 15 sein!«

»Es ging drunter und drüber«, bestätigt Brigadier Gordon Wotherspoon. »Es fehlte ganz eindeutig an Koordination. Wenn eine Einheit ein Ziel erobern sollte und erfolglos blieb, wurden die anderen Truppenteile nicht davon unterrichtet. Das kam x-mal vor.« Nicht selten kamen von den Nachrichtendiensten irreführende Meldungen. Ein Nachrichtenoffizier der 3. Kanadischen Infanterie-Division schreibt diese Tatsache der allgemeinen Stimmung im Frühjahr '45 zu. »Die höheren Stäbe hörten nur das, was sie hören wollten. Der Plan war bereits gemacht; was sie wollten, war eine solide Rückenstärkung durch die Nachrichtenleute. War man anderer Meinung als sie, fand man sich plötzlich in der Etappe wieder und befaßte sich mit Transportproblemen.«

Der taktische Einsatz kanadischer Panzer war unter diesen Bedingungen eine Farce. Er zog nach Kriegsende die scharfe Kritik sowohl kanadischer als auch deutscher Kommandeure auf sich. »Wenn man bis zum Arsch im Schlamm sitzt und nicht von der Straße runter kann, wird der Panzereinsatz eine ziemlich zweifelhafte Angelegenheit«, meint Major Hale. »Für meine Schwadron war das größte Problem gar nicht mal der Gegner, sondern die Sorge, die verdammten Dinger in Bewegung zu halten. Es war einfach nicht das Wetter dafür; unsere Panzer streikten. Ich würde sagen, daß wir den Deutschen personell und materiell weit überlegen waren, aber wir mußten uns bewegen, sie nicht.«

Durch den Kampf hatten die Panzerkräfte der Kanadier hohe Einbußen erlitten. Die *First Hussars* verloren im Lauf der Kampfhandlungen 82 Panzer. Nach der Schlacht auf dem Höhenrücken von Kalkar-Uedem am 26. Februar besaßen die *Grenadier Guards* noch 31 ihrer ursprünglich 66 Panzerfahrzeuge. Am fünften Tag der Offensive (2. März) waren es noch 21.

Das Bergen beschädigter Panzer unter Feindeinsicht und dauerndem Beschuß verlangte ein Höchstmaß an Kühnheit, Schnelligkeit und Geschick. Der 54. Instandsetzungsgruppe Elektrotechnik/Maschinenbau der Kanadischen Pioniere unter Hauptmann P. C. Neil gelang es, eine ganze Reihe dieser Panzer zu bergen. Sie wurden schnell repariert und wieder zum Einsatz gebracht.

Dennoch zeigt sich Major Curtis Greenleaf, stellvertretender Kommandeur der *Grenadier Guards*, empört über die sinnlosen Verluste: »Es fehlte einfach jede Berechtigung dafür, dort noch mehr Panzer einzusetzen; denn die einzige Folge war, daß sie steckenblieben oder abgeschossen wurden. Eine der Grundregeln der Kriegsführung, die wir gelernt haben, besagt, daß man Erfolgen eins draufsetzt, aber nicht Mißerfolgen. Und ganz offensichtlich war doch unser Versuch, die Panzer durch die Schneise vorstoßen zu lassen, ein Mißerfolg.«

Derselben Meinung ist Brigadegeneral Radley-Walters: »Oben auf Divisionsebene hatten sie keine Ahnung, was los war. Und statt nach vorn zu gehen und sich zu informieren, trafen die höheren Stäbe ihre Entscheidungen aufgrund von Lageberichten.«

Oberstleutnant Rowan Coleman, Kommandeur des Regiments

Lincoln & Welland und frisch von den »übersichtlichen« Schlachtfeldern Afrikas und Italiens eingetroffen, »ging fast die Wände hoch«. »Ich dachte nur: ›Mein Gott, so konfus kann man doch gar nicht sein!‹ Ich war wirklich wild vor Ärger und Empörung. Jeder, der damals in meiner Nähe war, wird das bezeugen.«

Niemand zeigte größeres Erstaunen über Simonds' Taktik als die Deutschen. »Sie konzentrierten ihre Attacke während eines Tages nie auf einen einzigen Frontabschnitt«, bemerkte Guderian, Chef des Stabes der 116. Panzer-Division, kritisch. »Sie attackierten hier ein Bataillon . . . da ein Bataillon . . . Wir konnten uns mal hierhin, mal dorthin verschieben. Wir konnten wochenlang die ganze kanadische Front aufhalten. Wenn sie aber an einer einzigen Front angegriffen hätten, dann, glaube ich, hätten wir nicht so lange ausgehalten.«

General Plocher, Kommandierender General der 6. Fallschirmjäger-Armee ist derselben Ansicht. Er fragt sich, warum die Kanadier, statt sich unter so hohem Verlust an Zeit und Personal durch die Wälder zu quälen, ihre Panzer und Artillerie nicht am westlichen und östlichen Waldrand konzentrierten und den Wald einfach umgingen. Statt auf den zweifelhaften Erfolg einer Frontalattacke auf das Waldhindernis zu setzen, hätte Simonds das kritische Terrain durch einen Umweg von nur wenigen Kilometern links liegenlassen und dabei auch noch die deutsche Verteidigung aufrollen können. Einen Wald zu verteidigen, das wußte er sehr gut, war sehr viel weniger anstrengend, als in ihn hinein (oder aus ihm heraus) anzugreifen.

Oder er hätte seinen Angriff, wie Crerar es skizziert hatte, drei Kilometer weiter südlich führen und den Großteil seiner Divisionen Horrocks' Kommando unterstellen können.

Veritable war drei Tage nach Angriffsbeginn ins Stocken geraten. Dieselbe Gefahr drohte der Operation *Blockbuster* an deren viertem Tag. Alle fünf Divisionen verloren an Stoßkraft. Anstrengungen der 4. Panzer-Division, durch die Hochwald-Schneise zu stoßen, waren abgeblockt worden. Die kanadische Infanterie hatte ihre Flanken nicht gesichert. Nördlich des Hochwalds hatte die Division *Wessex* Kalkar zwar ohne Widerstand genommen, jedoch nicht viel weiter vordringen können. Südlich der Schneise war Sprys 8. Kanadische Infanterie-Brigade (unterstützt von den *First Hussars*) immer noch bemüht, sowohl den Kanadiern als auch der 11. britischen Panzer-Division auf die Sprünge zu helfen, indem sie die Höhen des Balberger Waldes oberhalb des eigenen Aufmarsches von deutschen Stellungen säuberte. Ein Bericht der Nachrichtenabteilung der 1. Kanadischen Armee faßt die Situation wie folgt zusammen: »Nach drei Tagen hatten sich die anfänglichen Fortschritte, die einen schnellen Erfolg zu versprechen schienen, verlangsamt ... Dem Feind war es nun gelungen, seine Front zu stabilisieren ... in harten Kämpfen hatte er die Bodenverluste auf ein Minimum beschränken können.«

Auch Horrocks' XXX. Korps kam nicht sehr zügig voran. Seine vier Divisionen kämpften gegen dieselbe Schreckensallianz aus entschlossenem Feindwiderstand, trostlosen Bodenverhältnissen und reduzierter Luftunterstützung, die auch das Vorrücken des II. Kanadischen Korps hemmte. Erschöpfung war zu einer bedrohlichen und allgegenwärtigen Erscheinung geworden. Sie zehrte an der Kampfkraft der *Blockbuster*-Streitmacht und lähmte den Vorstoß über die ganze Breite der Front. Ein Bericht des Kanadischen Oberkommandos hält fest: »Der nahe Kontakt mit dem Feind ließ kaum Schlaf zu, und die dauernde Nervenbelastung durch zahllose Schützenminen, die immer wieder Verluste verursachten, verstärkt durch mangelhafte Ernährung, ließ den Angriffsschwung bald erlahmen.«

»Nach drei Wochen konnten wir uns zum ersten Mal waschen und zum ersten Mal richtig schlafen«, erzählt ein Offizier aus der 53. *Welsh Division*. »Ich hatte während dieser Zeit pro Tag durchschnittlich zweieinhalb Stunden Schlaf bekommen. Die Männer waren phantastisch. Dabei war ihre Erschöpfung so groß, daß sie manchmal mitten im Gespräch einschliefen.«

Daß die Kämpfe zum großen Teil auf bewaldetem Gelände stattfanden, verschärfte die Probleme. Scharfschützen saßen in Baumwipfeln, und die Luftkrepierer aus dem Hagel feindlicher Mörser- und Geschützgranaten verursachten unzählige Verluste.

Die Erschöpfung ergriff jedermann ohne Ansehen des Dienstrangs. Vom einfachen Soldaten und Frontneuling bis zum erfahrenen höheren Offizier - alle hatten unter denselben entsetzlichen Verhältnissen zu leiden. Wie die Männer, die sie kommandierten, mußten auch die Offiziere feindliches Trommelfeuer durchstehen, sich vor den Kugeln der Scharfschützen ducken, sich zu den vorderen Einheiten durchrobben, im Stehen schlafen und zusehen, wie ihre Freunde tot oder schwer verwundet vom Kampfplatz getragen wurden.

»Das Zeitelement kann im Waldkampf nicht nach Normalmaß beurteilt werden«, hält ein Bericht der 3. Kanadischen Infanterie-Division fest. »Zeit und Entfernung muß man mit vier multiplizieren.«

In der Etappe dachte in diesen Tagen größter Anspannung niemand an mitfühlendes Multiplizieren. Von den kommandierenden Offizieren - den Männern, die »Herz und Kopf« der Bataillone, Brigaden und Divisonen waren - erwartete man, daß sie die Operationsziele trotz aller widrigen Gegebenheiten auf den Schlachtfeldern erreichten. Zu der allgemeinen Belastung kam die frustrierende Erfahrung, daß die festgesetzten Termine nicht eingehalten werden konnten. Man merkte, daß Unmögliches etwas länger dauerte. »Wir hatten über einen Monat lang ohne Unterbrechung gekämpft«, erinnert sich Oberstleutnant Stephen Lett, der die *Queen's Own Rifles* kommandierte. »Wir waren inzwischen ziemlich angeschlagen.«

Die Operationen im Rheinland bestätigten erneut die Erfahrung, daß jede Belastbarkeit ihre Grenzen hat. Die Briten suchten dem Problem dadurch beizukommen, daß sie den höheren Offizieren durch häufige zeitweise Rotation im Kommando eine Atempause verschafften. Es war die große Zeit der stellvertretenden Kommandeure. Die Kanadier gaben ihren Kommandeuren während Gefechtszeiten keinen Urlaub - es sein denn, sie wurden »ohne Rückfahrkarte« nach England »weggelobt«. Wie in der Normandie rollten Köpfe, wenn die Schlacht ins Stocken geriet. Denkwürdiges Beispiel dafür ist Simonds' Entscheidung, einen seiner gewitztesten Kommandeure, Generalmajor Dan Spry, zu ersetzen, als die Operationen in der Hochwald-Schneise sich festliefen.

Auch Lebensretter und Lebensspender blieben von den Gefahren der Kampfhandlungen nicht verschont. Die Verwundeten, die unter großem persönlichem Risiko von den Feldgeistlichen und Sanitätern vom Kampfplatz geborgen wurden, brachte man zunächst zum Regiments-Lazarettposten. Diejenigen, die sofortige Hilfe brauchten (außer den Schwerverwundeten, die - zur Spezialbehandlung und ggf. Evakuierung - in größter Eile in die sogenannten *Clearing Stations* gefahren wurden), brachten Sanitätskraftwagen zu den Feldlazarett- und Transfusions-Einheiten. Über 20 000 Verwundete wurden im Lauf der Operation *Veritable* von DUKWs* durch die überschwemmten Polder nach Nimwegen evakuiert - davon allein 500 pro Tag während der ersten Woche der Hochwald-Gefechte.

Die medizinischen Vorwärts-Einheiten rückten in enger Verbindung mit der kämpfenden Truppe vor. Während der Hochwald-Gefechte waren sie in der Nähe von Bedburg untergebracht, »in gefährlicher Nähe zu den Kampfhandlungen«, wie die Geschichte des *Royal Canadian Army Medical Corps* (RCAMC)** vermerkt. Die Folge waren - manchmal tödliche - Verwundungen bei den Sanitätsoffizieren.

Der schlammverkrustete Keller eines Schulhauses bei Bedburg, der für die Aufnahme einer Lazaretteinheit eingerichtet worden war, wurde das Ziel deutscher Mörser, als in der Nähe Scheinwerfer zur Erzeugung künstlichen Mondlichts installiert wurden. »Der Gegner versuchte, die Lichtquellen zu treffen, aber die Fehlschüsse kriegten wir ab«, berichtet Hauptmann Fred Sparling vom 12. Feldverbandsplatz/RCAMC. »Wir verloren zwei Mann und mußten uns tummeln, um den Operationsraum wieder gebrauchsfähig zu machen.« Obwohl diese MASH-Einheiten*** unter den krudesten Bedingungen arbeiteten, haben sie mit ihrer schnellen Behandlung dazu beigetragen, die Zahl der Todesfälle einzudämmen.

* DUKW (Typenbezeichnung) oder »DUCK« (Ente): dreiachsiges, allradgetriebenes Amphibienfahrzeug, 2½ to, mit Schiffsschraube und wasserdichtem Rumpf.

** Sanitätskorps der Königlichen Kanadischen Armee.

*** MASH: Mobile Army Surgical Hospital (Mobiles Heeres-Feldlazarett)

Trotz vereinter Anstrengungen von Panzern und Infanterie, durch den Flaschenhals der Schneise zu brechen, blieb diese noch weitere zwei Tage in deutscher Hand. Gerade das erfolgreiche Vordringen der 9. US-Armee von Süden her ließ es Schlemm ironischerweise dringlich erscheinen, seinen Brückenkopf gegen die anglo-kanadische Attacke im Norden zu verteidigen. Er mußte seinen Divisionen einen Fluchtweg über den Rhein offenhalten, der über die Brücken bei Wesel führen sollte. Seine größte Sorge war, die 1. Kanadische Armee könnte vom Frontalangriff auf den Hochwald abgehen und sich statt dessen zu einer Attacke um die Flanken herum zusammenziehen.

Das *Lake Superior Regiment* - die motorisierte Infanterie der 4. Kanadischen Panzer-Division - hatte den schwachen Griff der *Argylls* und *Lincs* um den Ostrand der Schneise verstärkt. Nur wenig entfernt, doch immer noch flüchtiges Ziel, öffnete sich vor ihrem Blick am Ausgang des Korridors die Weite der Rheinebene. Panzerkommandeure wie John Munro attestieren dem Regiment »jede Menge Mut«: »Die *Lake Sups* waren eine effiziente, schlagkräftige Truppe erfahrener Infanteristen. Sie hatten schwere Gleitkettenfahrzeuge - ihre Transporter sahen aus wie Schlachtschiffe - und führten außerdem jede verfügbare Waffe mit sich. Sie waren überdimensioniert und personell überbesetzt und riesig zäh - es war phantastisch, mit ihnen zu kämpfen.«

Am 2. März hatte das Regiment - wie alle übrigen Truppen der 4. Division - vier harte Kampftage mit wenig Schlaf hinter sich. Die letzte warme Mahlzeit lag 48 Stunden zurück. Ungeachtet dessen hatten die unermüdlichen Planungsstäbe von Division und Korps für diesen Tag einen neuen Angriff vorgesehen. Laut Plan sollten die erschöpften *Lake Superiors*, mit einer Schwadron *Grenadier Guards* als Verstärkung, auf »Känguruhs« 1000 Meter weit über das Ende der Schneise hinaus bis an einen kleinen Bach, die Hohe Ley, in Richtung Xanten vorstoßen. Dann sollte eine Kompanie *Algonquins* mit den Panzern der *Governor General's Foot Guards* zwischen ihnen hindurch über topfebenes Terrain weitere 1000 Meter bis zu einem Wald vordringen. Ein Schlüsselelement des Plans - und das sollte schlimme Folgen haben - war der Flankenschutz. Die 3. Kanadische Infanterie-Division, der die Aufgabe zufiel, bis

Mitternacht vor dem Angriffstag das Höhengelände jenseits der Bahnlinie zu gewinnen, war aufgehalten worden und noch nicht einmal zum Angriff übergegangen. Die rechte Flanke der Angriffsstreitmacht war ohne jeden Schutz.

Kühnster Aspekt dieses überaus kühnen Schlachtplans war jedoch die Absicht, den Angriff im Schutz der Dunkelheit durchzuführen. Mehrere Einheiten von Infanteristen und Fahrzeugen in sekundengenau abgestimmter Zusammenarbeit durch den Sumpf der Hochwald-Schneise zu bringen hatte sich bereits als kaum lösbare Aufgabe erwiesen. Wie vorauszusehen, forderte der Schlamm seinen Tribut; die Truppentransporter verspäteten sich, und die Attacke kam erst bei Tagesanbruch in Gang. Was folgte, war ein einziges Verhängnis. Die *Lake Sups* eroberten eine Gruppe Bauernhäuser an ihrem Operationsziel, wurden aber in der zunehmenden Helligkeit durch intensives feindliches Feuer aus Panzern und Pak niedergehalten. Alle vorderen Begleitpanzer der Grenadiere waren entweder festgefahren oder zerstört. Ermutigt durch die Vernichtung der Panzer, gingen die deutschen Fallschirmjäger zum Angriff auf die *Lake Superiors* über.

»Es waren erbitterte Nahkämpfe«, berichtet die Regimentsgeschichte. »Deutsche und Kanadier kämpften, riefen und brüllten ... Die *Lake Sups* leisteten verbissen Widerstand.«

Inzwischen führte Hauptmann Johnny Jewell mit den einzig verfügbaren vier Panzern der *Governor General's Foot Guards* zwei Züge der *Algonquin*-Kompanie bis zu einem Punkt unmittelbar hinter den *Lake Sups*. Hier wurden auch sie durch Beschuß aus Handfeuerwaffen und die tödlichen »Eighty-eights« aufgehalten. (Der dritte Zug folgte zu Fuß und landete mitten in den Kämpfen der *Lake Sups*.) »In den Wirren des Kriegsnebels«, berichtet der kanadische Militärhistoriker Oberst C. P. Stacey, »wurde irrtümlich gemeldet, die Kompanie habe den Wald erreicht, und angespornt durch wiederholtes dringliches Verlangen des Brigade-Hauptquartiers, bemühten sich die übrigen *Algonquin*-Kompanien verzweifelt, zum Entsatz nach vorn zu kommen.«

Die Spitzenkompanie der Entsatzkräfte wurde durch feindliches Feuer selbst schwer getroffen und in zersplitterten Gruppen niedergehalten. Bewegung war unmöglich, die Verluste hoch. Bald wurde eine dritte Kompanie durch den tödlichen Feuerschwall zu Boden gezwungen.

Dann baten die *Governor General's Foot Guards*, die sich beim Auflösen der Morgennebel direktem feindlichem Beschuß ausgesetzt sahen, um Erlaubnis, sich in den Schutz der Schneise zurückzuziehen und die Infanterie aus größerer Reichweite zu unterstützen. »Verlangen stattgegeben, falls Infanteriekommandeur einverstanden«, kam die Antwort vom Brigade-Gefechtsstand, wo man offentsichtlich nicht bemerkt hatte, daß die Spitzenkompanie der Infanterie abgeschnitten und ihr Funkgerät außer Betrieb war.

Kurz nach 07.45 Uhr zogen sich die Panzer zurück. In diesem Augenblick richtete sich der Kriegsnebel - der Zusammenbruch jeder Nachrichtenverbindung zwischen Panzern und Infanterie - aufs grausamste gegen die kämpfende Truppe. Die Deutschen hatten erkannt, daß die *Algonquins* jetzt ohne Panzer und praktisch schutzlos waren, und zogen sich zum Nahangriff um sie zusammen. »Ob Hauptmann Jewell dem Rückzug zugestimmt hat, ist nicht bekannt«, berichtet Major Cassidy, »doch ist es wenig wahrscheinlich, wenn man seine spätere dringende Meldung berücksichtigt.«

Um 08.30 Uhr befahl Jewell zweien seiner Männer, sich irgendwie nach hinten durchzuschlagen und Hilfe anzufordern, insbesondere schwere Geschütze und Panzer. Kurz darauf fiel er, die Stellung wurde überrannt. Von den 37 *Algonquins* in der kleinen Gruppe gerieten 32 in Gefangenschaft. Weitere 50 des Bataillons wurden verwundet oder getötet.

Die Schlacht an der Hochwald-Schneise hatte ihr Ende gefunden - ein düsteres Ende. Als die 5. Kanadische Infanterie-Brigade den kläglichen Rest der Überlebenden am Morgen des 4. März entsetzte, hatten die Deutschen sich zurückgezogen. Die *Lake Superiors* ließen 36 ihrer Männer tot oder verwundet auf dem Schlachtfeld. Weitere 16 hatte der Gegner gefangengenommen. In den leidvollen 24 Stunden hatte die Division 268 Soldaten verloren. (Guderian gab an, daß 14 kanadische Panzer zerstört und 66 Gefangene eingebracht wurden: »Die Hohe Ley erreichten die *Guards* nicht.«)

Es war die letzte Begegnung der 116. Panzer-Division mit den Kanadiern. In der Nacht vom 3. zum 4. März kam Nachricht von

General Schlemm, der die Division nach Süden beorderte, wo sie bei Wesel eine neue Verteidigungslinie aufbauen sollte.

Die Schlacht an der Schneise war für die Division ein »erschütterndes Erlebnis«, heißt es im Tagebuch der *Lake Superiors.* Am Morgen nach der Schlacht begab sich ein Ehrengeleit des Regiments zu einer Beisetzungsfeier aufs Kampfgelände. Aus der Stellung, in der die Gefallenen gefunden wurden, ließ sich das Kampfgeschehen teilweise rekonstruieren: »Es war ein Denkmal unvergeßlichen Mutes ... der Gfr. Yanchuk, G., ... lag wenige Meter von einer feindlichen Stellung entfernt auf dem Rücken, in der Hand eine Granate - beim Angriff gefallen. Neben ihm saß ... der Gfr. Middlemiss, W. R. ... in natürlicher Haltung in einem Granattrichter. Er war neben Yanchuk gewesen, als Schüsse aus einer Handfeuerwaffe ihn in den Unterleib trafen. Er kroch in den Granattrichter, setzte sich und starb. Ein unbekannter Kanadier hatte die feindliche Stellung erreicht. Seine verkohlte Leiche hielt einen Deutschen umklammert: Er war verbrannt, als ein Heuhaufen neben dem Graben Feuer fing, in dem Mann gegen Mann gekämpft wurde. Wenige Meter entfernt lag Uffz. Lehman, T. M., getroffen beim Heranführen seines Zuges. Vor den Stellungen der *Lake Sup.* wurden vier Männer des Rgts. *Algonquin* gefunden, die durch Mörser oder Artillerie umgekommen waren. Der Offizier unter ihnen hatte lange genug gelebt, um einen seiner Männer einen Notverband anzulegen, und war gestorben, während er zum nächsten hinüberkroch.

Cannon to right of them
Cannon to left of them
Cannon in front of them
Volley'd and and thunder'd.
Storm'd at with shot and shell,
While horse and hero fell,
They that had fought so well
Came through the jaws of Death,
Back from the mouth of Hell,
All that was left of them,
Left oft six hundred.

(Feuer zur rechten Hand,
Feuer zur linken Hand,
Feuer im Rücken
tobte und krachte,
brachte mit Kugel und Schrot
Roß und Helden den Tod,
Und von dem Aufgebot
Kam aus der Hölle Nacht
Kam aus des Todes Not -
Kam was geblieben war
Von den sechshundert.)

Die Schlacht an der Hochwald-Schneise ist nur mit der Schlacht im Hürtgenwald zu vergleichen: die falschen Truppen zur falschen Zeit am falschen Ort ... eine Schlacht, die nie hätte stattfinden dürfen.

Auf ihrem Zug durch die Höllennacht waren die heldenhaften Panzer - Lulu, Allison, Beebe und die übrigen - »als Kampfmaschinen auf einen Grad relativer Wirkungslosigkeit« reduziert worden. »Sie taugten nur noch zur Stärkung der Moral«, beurteilt das Kriegstagebuch der *Lake Superiors* ihren Einsatz resigniert. Ein hochrangiger Kommandeur hat die Schlacht bitter als »Angriff der Leichten Brigade« bezeichnet. Wer wollte da noch leugnen, daß die Hochwald-Schneise in der Tat ein »Todestal« war.

Der hartnäckige Kanadier

Mut ist etwas Eigenartiges; jeder von uns hat seine mehr oder minder große Portion Mut, und die Menschen reagieren verschieden auf verschiedenartige Belastungen und Gefahren. Wenn es überhaupt etwas gibt, das die Träger des Victoria-Kreuzes verbindet ... ist es ein hohes Maß an Hartnäckigkeit – die Weigerung, sich geschlagen zu geben oder sich beeindrucken zu lassen.

Brigadier Sir John Smyth, Baronet
Träger des *Victoria Cross* und des *Military Cross*

Am westlichen Saum des Hochwaldes verkörperte ein Mann den Geist, in dem schließlich der Wald erobert und der Weg zum Rhein geöffnet wurde: Fred Tilston.

Major Frederick Albert Tilstons fünfjähriges beharrliches Bemühen, an die Front zu gelangen, war nicht viel weniger intensiv als der Kampf, den er am Morgen des 1. März, einem Dienstag, ausfocht, um dort zu bleiben. In Windsor, Ontario, hatte es angefangen, 1940, kurz nach der Kriegserklärung, als der unbeirrbare Kanadier vergeblich an die Türen der diversen Rekrutierungsstellen seiner Provinz pochte. Es wollte scheinen, als fänden zu diesem Zeitpunkt stockenden Kriegsgeschehens tatsächlich keinerlei Aushebungen statt. Und dann war der umgängliche, freundliche 34jährige Absolvent der Universität von Toronto und Pharmazeutischen Fachhochschule Ontario vielleicht auch nicht gerade der Heißsporn, wie ihn die Armee sich wünschte. Zunächst einmal war er zu alt.

Vgl. Karte 9.

Schließlich konnte Tilston dann doch, nachdem er »sein Alter nach rückwärts korrigiert hatte«, seinen Beruf als Verkaufsleiter für pharmazeutische Produkte an den Nagel hängen und als Leutnant ins *Essex Scottish Regiment* eintreten.

Das nächste Handicap war seine Gesundheit. Während der Ausbildung in England wurde er verletzt, und später, während der Kämpfe bei Falaise in der Normandie, fuhr sein Jeep bei einem Nachteinsatz auf eine Mine. Ergebnis der Explosion waren oberflächliche Verbrennungen, Granatsplitter in einem Auge (die später zum Verlust des Auges führten) - und ein weiterer Aufenthalt in einem englischen Krankenhaus. Wieder nahm Tilston den Kampf auf, überwand die Rückschläge und schloß sich erneut seiner Einheit an, wo er sich, jetzt als Hauptmann, doch immer noch auf dem Abstellgleis - als Bataillonsadjutant Verwaltungsaufgaben wahrnehmend - wiederfand.

Ein Adjutant hatte eine Reihe nicht unwichtiger Aufgaben und trug als rechte Hand des Kommandeurs die Verantwortung für viele administrative Belange, von denen der reibungslose Ablauf der Operations- und Einsatzpläne abhing. Weil diese störungsfreie Regie des Bataillonsbetriebs wichtig war, blieben die Adjutanten meist vom Fronteinsatz ausgenommen. Es war eine Aufgabe, die Tilston wenig behagte. »Fred lag dem Kommandeur dauernd in den Ohren, er möchte ihm eine Kompanie übergeben«, erinnert sich Dr. Clifford Richardson, Sanitätsoffizier in Tilstons Regiment. »Er wollte unbedingt etwas erleben. Er hatte sonst das Gefühl, um etwas betrogen zu werden, weil er als Adjutant in der Etappe bleiben mußte.«

Im Januar 45, unmittelbar vor Beginn der Operation *Veritable*, trug seine Hartnäckigkeit endlich Früchte: Er wurde stellvertretender Chef der 3. Kompanie. Zu seiner Empörung war er in der nächsten größeren Aktion des Bataillons - den Kämpfen an der Straße Goch-Kalkar - erneut hinter den Linien (allerdings hatte Tilston, nachdem der Kommandeur während der Schlacht die Verbindung zu seinem Bataillon verloren hatte, als ranghöchster Offizier für 12 Stunden das Kommando.)

Als die Kompanie hohe Verluste erlitt und auch der Kompaniechef verwundet wurde, kam seine Stunde. Am 22. Februar erhielt

Tilston, nun im Rang eines Majors, den Befehl über die 3. Kompanie. Am 1. März, nachdem die schwer mitgenommene Kompanie in fieberhafter Eile aufgefüllt worden war, führte er seine Männer zum ersten Mal ins Gefecht. Bereits beim Aufbruch wurde ihm klar, daß die Kompanie nicht kampftüchtig war. »Zwei Drittel der hundert Mann meiner Kompanie waren neu. Nach Goch-Kalkar wurden wir zur personellen und materiellen Auffrischung für vier, fünf Tage aus dem Gefecht gezogen. Die Ersatzlage war verheerend; es gab einfach nicht ausreichend gut geschultes Personal. Einige der neuen Männer kamen aus anderen Truppenteilen, die aufgelöst worden waren. Kanadische Wehrpflichtige, die sich ursprünglich nur für den Militärdienst in Kanada gemeldet hatten, waren soeben erst an die Front geschickt worden. Sie waren gut ausgebildet, während die »Umgeschulten« nur eine infanteristische Grundausbildung erhalten hatten. Allen aber fehlte die Kampferfahrung. Von meinen drei Offizieren waren zwei völlige Frontneulinge. Bereits nach einer Woche erlitten beide Verletzungen.«

In der Nacht vom 28. Februar auf den 1. März rückte das *Essex Scottish Regiment* zu einem Angriff auf den Westwallabschnitt am Rand des Hochwaldes vor. Ein Spähtrupp hatte größeres Feindaufkommen in etwa 200 Meter Entfernung gemeldet sowie Drahtverhaue und ein kompliziertes Grabensystem im Schutz von Granatwerfern und Maschinengewehren.

»Gegen Mitternacht«, berichtet Tilston, »wies der Oberst uns an, uns für die Nacht einzugraben, und wir taten unser Bestes, was nicht viel heißt, wenn man graben muß, wo der Grundwasserspiegel 30 Zentimeter unter der Erdoberfläche liegt. Wir hatten vielleicht eineinhalb Stunden geschlafen, als Major Paul Cropp und ich zum Bataillonsgefechtsstand gerufen wurden. Wir erhielten Befehl, mit zwei Kompanien vor Tagesanbruch zum Angriff überzugehen: meine 3. Kompanie links, Cropps 4. Kompanie rechts. Meine Kompanie hatte hervorragende Deckung. Direkt an der Ausgangsstellung ein stattlicher Bauernhof mit einem hübschen Wäldchen. Es kam kein Störfeuer; man schien uns nicht zu bemerken. Ursprünglich war der Angriffsbeginn auf 5.30 Uhr festgesetzt, dann wäre es noch dunkel gewesen. Zum Glück gab es einige

Verzögerungen. Schließlich hieß es: 7.30 Uhr, das bedeutete beginnende Helligkeit. Wir hatten ein großartiges Sperrfeuer von 72 Geschützen. Unglücklicherweise waren zwei Geschütze schlecht gerichtet, und die zwei vorderen Züge kriegten es ab. Natürlich rannten die Männer auseinander, und es entstand beträchtliche Verwirrung. Es gab ein paar ernsthafte Verletzungen, aber die Sanitäter taten, was sie konnten. Als das Sperrfeuer losging, brachen wir durch die Hecke, die Teil unserer Deckung war, und rückten vor. Aus der Panzerunterstützung, die eigentlich vorgesehen war, wurde nichts wegen des nassen, weichen Bodens.«

Aus der Begründung der Nominierung für das Victoria-Kreuz:
Maj. Tilston führte über ca. 500 Meter offenes, flaches Gelände unter heftigem Feindbeschuß seine Kompanie persönlich in den Kampf, in gefährlicher Nähe zu unseren eigenen detonierenden Granaten, um den Schutz des Sperrfeuers maximal zu nutzen. Trotz einer Kopfwunde führte er seine Männer unter orientierenden und ermunternden Zurufen durch ein 3 Meter tiefes Drahthindernis weiter vorwärts bis an die feindlichen Gräben.

»Auf halber Strecke war etwa 25 Zentimeter über der Erde Stolperdraht gelegt, die Maschen gerade so weit, daß man den Fuß durchstecken konnte. Wir hatten Glück gehabt, daß die Angriffszeit verschoben worden war. Bei Angriffsbeginn *vor* der Dämmerung hätte es wahrscheinlich ein heilloses Durcheinander gegeben. Wir wären in den Drähten hängengeblieben. Jetzt konnten wir sie sehen, die Männer brauchten nur draufzutreten, und auf diese Weise überwanden wir sie.«

Cropp erinnert sich an Tilstons Eifer: »Es war Freddies erster Angriff als Kompanieführer. Er kam zu mir und fragte mich: ›Wo genau geht ein Zugführer beim Angriff?‹ Daran kann man sehen, wieviel Ahnung er hatte! Ich sagte, er könne sich direkt hinter den zwei vordersten Zügen halten, weil wir ja hinter dem Sperrfeuer vorgingen; dann hätte er die beste Kontrolle. Natürlich ging er dann allen voran ganz vorn. Er war so versessen darauf loszulegen, daß er als erster in die deutschen Linien stürmte.«

Aus der Begründung der Nominierung für das Victoria-Kreuz:
Als der linke Zug unter schwerem Beschuß aus einer feindlichen Maschinengewehrstellung geriet, stürzte sich [Tilston] persönlich nach vorn und brachte das MG mit einer Handgranate zum Schweigen; er erreichte als erster die feindliche Stellung und brachte den ersten Gefangenen ein.

Tilston ruft sich den Moment in Erinnerung: »Der Draht war zusätzlich durch eine MG-Stellung gedeckt, und der Zug - Charlie Gatton führte ihn, ein tüchtiger, erfahrener Offizier - wurde von MG-Feuer aufgehalten. Da gab es ganz eindeutig nur eins - die Stellung loswerden. Ich ging also und warf ein paar 36er-Granaten hinein. Die Wirkung dieser Splittergranaten, wenn sie auf so engem Raum explodieren, ist verheerend. Danach hatten wir keine Scherereien mehr. Der Führer eines der vordersten Züge wurde verwundet. Ich weiß noch, wie ich zu ihm hinüberging und sah, daß sich dieser kleine deutsche Sanitäter um ihn kümmerte, dessen Stellung wir überrannt hatten.«

Bis hierher hatte Tilstons Entschlossenheit, sein Operationsziel zu erreichen, eine Reihe von Schwierigkeiten überwinden können: eine unerfahrene Kampftruppe, starke feindliche Verteidigungslinien, Versagen eigener Geschütze und fehlende Panzerunterstützung. Doch jetzt wurde die Situation noch kritischer. Als sie sich dem Wald näherten, spürte er plötzlich einen brennenden Schmerz am Kopf und bemerkte, daß sein Ohr blutete.

»Dann wurde ich von einem Schrapnell getroffen, ein ordentliches Stück, das mir eine zehn Zentimeter lange Wunde an der Hüfte beibrachte und mich zu Boden warf. Während ich da lag, spürte ich etwas Feuchtes. Ich tastete - und fluchte: ›Verdammt, meine Wasserflasche!‹ - nur daß die voll Rum gewesen war. Das Schrapnell war genau durchgegangen.«

Zweifach verwundet lud Tilston sein Gewehr nach, rappelte sich auf und kehrte ins Gefecht zurück. Vorn mußte er feststellen, daß sein erster Zug nur noch aus acht Mann bestand: »Das war meine größte Sorge - der Verlust so vieler Männer. Wenn man sieht, daß in einem Zug von ursprünglich über 25 Mann nur noch acht übriggeblieben sind, ist das ziemlich deprimierend. Jedenfalls war es sinnlos, sie so weit vorn zu isolieren, und wir zogen uns ein Stück weit - nicht etwa ganz - zurück. Wir waren jetzt in einer langgezogenen Linie entlang den feindlichen Gräben am Waldrand verteilt. Die Deutschen landeten inzwischen verschiedene Gegenstöße, begleitet von starkem Maschinengewehr- und präzisem Granatwerferfeuer.«

Aus der Begründung der Nominierung für das Victorira-Kreuz:
Ein umfangreiches System von Erdunterständen und Gräben war in beträchtlicher Stärke bemannt, und es folgten verbissene Kämpfe Mann gegen Mann ... Zwei deutsche Kompaniegefechtsstände wurden überrannt und den fanatisierten Verteidigern hohe Verluste zugefügt.
Der Gegner griff, unterstützt von einem Feuerschwall aus Maschinengewehren und Granatwerfern, von der offenen Flanke her wiederholt an. Maj. Tilston verließ die Deckung, ging von einem Zug zum anderen und organisierte schnell die Verteidigung und das Feuer auf den vorstoßenden Feind. Der gegnerische Angriff kam so nah an die Stellungen heran, daß Handgranaten in die von seinen Truppen besetzten Gräben geworfen wurden.

Unter dem Druck der Gegenattacken stiegen die Verluste alarmierend. »An Waffen war kein Mangel«, berichtet Tilston weiter, »aber uns fehlten Männer und Munition. Der Bataillonsgefechtsstand erkundigte sich, ob wir Verstärkung brauchten, und ich sagte nur, mit mehr Leuten würden wir sicher sehr viel weiter kommen. Aber wir bekamen sie nicht. Als wir sahen, daß wir die Verwundeten nicht evakuieren konnten, brachten wir sie in einem der eroberten Kompaniegefechtsstände in Sicherheit. Wir hatten denjenigen besetzt, der der Hauptstraße am nächsten lag. Er war ziemlich geräumig - etwa drei Meter im Quadrat - und mit Holzbrettern ausgekleidet, hatte einen Erdunterstand und war mit einem Tisch und ein paar Stühlen gar nicht ungemütlich.«

Dann erfuhr Tilston, daß der Panzerwagen, der die Reservemunition heranbringen sollte, lahmgelegt worden war. »Wir waren knapp an Munition, und jetzt sollten wir keinen Nachschub bekommen. Es blieb uns nur eins übrig - und es ist traurig, das sagen zu müssen -, aber wir mußten unseren Toten die Munition abnehmen. Keine schöne Vorstellung, daß diese Jungs, mit denen wir gelebt, gelacht und gefachsimpelt hatten - daß die jetzt nur noch ihrer Munition wegen wichtig waren. Darauf beschloß ich, zur 4. Kompanie rüberzugehen und dort nach Munition zu fragen.«

Tilston gelang es, durch das von Granaten zerrissene Gelände, über das die Kugeln hinwegpfiffen, Cropps 4. Kompanie in ihren Stellungen, hundert Meter oder so, rechts zu erreichen. Er kam mit einem Kasten Munition und ein paar 36er-Granaten zurück. Dann teilte das Schicksal den nächsten Schlag aus: Es begann zu regnen. »Unsere Brens wurden naß und klemmten. Wir waren so ziemlich am Ende. Junge, Junge, in dem Moment wußten wir, was das heißt: das Herz in der Hose haben. Aber, was glauben Sie, machen unsere Unteroffiziere? Setzen unsere Verwundeten im Unterstand ans Gewehrreinigen! Zu diesem Zeitpunkt ungefähr 15 Mann. Sie hatten den Tisch zum Arbeiten und benutzten alles, was greifbar war. Das kleine Stück Flanell, das zu unserer Standardausrüstung gehörte, reichte natürlich nicht lange. Die Jungs nahmen alles - Hemd, Unterwäsche -, aber Gott sei Dank versorgten sie uns mit funktionierenden Gewehren. Wenn eins klemmte, lag das nächste schon bereit, und das blockierte wanderte in die Reparatur und kam wieder zurück.«

Ein anderer feindlicher Posten machte neue Schwierigkeiten. »Charlie Gatton hatte einen Einfall. Er sagte: ›Wie wär's mit einem Panzerschreck?‹ Und mit der Bombe hatte sich das Problem dann auch erledigt. - Inzwischen war es etwa ein Uhr geworden. Ich zählte die Männer. Wir waren noch 27 - von ursprünglich hundert. Die Lage hatte sich beruhigt, und Major Alf Hodges kam mit seiner 2. Kompanie nach vorn.«

Hodges erinnert sich noch an die Begegnung: »Ich hatte, bevor ich Freds Stellung erreichte, ungefähr die Hälfte meiner Kompanie verloren, weil die Deutschen noch immer ihre rechte Flanke hielten. Als wir zum Wald kamen, sah ich Fred Tilston. Ich hatte unterwegs meine drei Funker verloren - alle durch Schüsse verwundet. Fred hatte noch einen Funker, ich lieh mir also sein Funkgerät. Fred pflaumte mich an: ›Geht ruhig weiter, Alf! Mehr als Karabiner und Maschinengewehre haben sie nicht!‹ – das ist inzwischen zu einer stehenden Wendung geworden. Kurz nachdem ich weg war, landete eine von diesen Mörserbomben oder Raketen genau vor ihm. Mein Oberfeldwebel war es, der ihn dann auflas.«

»Fred war noch nicht lange unterwegs, da beschloß ich, nochmals zur 4. Kompanie hinüberzugehen und weitere Munition zu holen«, erzählt Tilston. »In der Mitte zwischen uns und der Vierten war ein riesiger Bombenkrater. Ich ging gerade durch, da explodierte knapp zwei Meter vor mir eine Granate oder Mörserbombe. Ich wußte im selben Moment – jetzt ist's aus. Ich machte es mir so bequem wie möglich, löste meine Gurte und gab mir eine Morphinspritze. Ich glaube, ich war zeitweilig bewußtlos, denn nicht allzu lange danach waren die Sanitäter da, und ich hörte jemand rufen: ›He! Hier ist noch einer!‹ Und das war ich.«

Aus der Begründung der Nominierung für das Victoria-Kreuz:
[Tilston] machte mindestens sechs dieser gefährlichen Gänge und überquerte dabei jedesmal eine Straße, die von verschiedenen feindlichen Maschinengewehrposten in günstiger Stellung intensiv beschossen wurde. Auf dem letzten Gang wurde er zum drittenmal verwundet – ins Bein getroffen. Er wurde in einem Granattrichter am Straßenrand gefunden. Obwohl er schwer verwundet und kaum bei Bewußtsein war, ließ er erst dann medizinische Hilfe zu, als er vollständige Anweisungen für den Verteidigungsplan erteilt hatte – unter Hinweis darauf, daß die Stellung unbedingt zu halten sei – und dem letzten ihm verbliebenen Offizier das Kommando übergeben hatte.

Tilstons Freund, Major Ken McIntyre, Führer der 1. Kompanie, hatte die Ereignisse dieses Morgens durch sein Fernglas beobachtet: »Es war ziemlich dunstig, aber doch schon so hell, daß ich den Angriff beobachten konnte. Ich sah auch, wie er diese Touren machte, für die er dann das Victoria-Kreuz bekam. Die Bombe hatte ihm ein Bein abgerissen, das andere sah schlimm aus. Ich war im Begriff, zu ihm hinüberzugehen, als ich sah, daß die Sanitäter kamen. Sie brachten ihn nach hinten zum Regimentslazarettposten, und einer von ihnen zog ihm ein bißchen übereilt eine Decke über den Kopf. Der Feldgeistliche - wir hatten damals einen ganz phantastischen - hatte den Eindruck, daß sich unter der Decke etwas bewegte. Gott sei Dank - denn Fred lebte noch. Knapp. Er wurde nach England geflogen. Man versuchte, das zweite Bein zu retten; aber die große Zahl von Schrapnellverletzungen zwang die Chirurgen dann doch noch zur Amputation. - Es war eine blutige Schlacht«, faßt McIntyre zusammen. »Anschließend rückte meine Kompanie in den Hochwald ein. Fred hatte mit seiner großartigen Truppe die Sache schon so weitgehend entschärft, daß wir kaum noch auf größere Schwierigkeiten stießen.«

> *Aus der Begründung der Nominierung für das Victoria-Kreuz:*
> Durch seine gelassene Furchtlosigkeit, sein beherztes Vorgehen unter völliger Mißachtung der eigenen Sicherheit feuerte er seine Männer mit eiserner Entschlossenheit an, und ihr unbeugsames Vorgehen setzte das Regiment in die Lage, sein Ziel zu erreichen.

Freddie Tilston hatte sich, hartnäckig bis zum Ende, von niemandem herumstoßen lassen. Er hatte es geschafft, an die Front zu kommen, und hatte - für einen entscheidenden Tag - die deutsche Armee in Schach gehalten.

Der Durchbruch

Der Schlamm hatte – im Verein mit einer unrealistischen Gefechtsstrategie, die einem potentiell wirksamen Zusammengehen von Panzerkräften und Infanterie den Boden entzog – den britischen und kanadischen Vorstoß im Rahmen der Operation *Blockbuster* zum Erliegen gebracht.

Achtzig Kilometer weiter südlich jedoch, wo die Topographie günstig war und Schlamm keine Rolle spielte, wurde entlang der Front der 9. US-Armee ein Stück dynamischer Kriegskunst exerziert. Hier waren Panzer und Infanterie zu einer schlagkräftigen Streitmacht zusammengefaßt, die stark genug war, die deutsche Verteidigungslinie zu durchstoßen.

Am Abend des 26. Februar, des vierten Tages der Operation *Grenade*, berief General Bolling, kommandierender General der 84. Infanterie-Division, in seinem vorgeschobenen Gefechtsstand eine Stabsbesprechung ein. Mit trüben Augen nach vier Nächten mit zwei bis drei Stunden Schlaf kamen die erschöpften Offiziere einer nach dem anderen herein. »Der Stab konnte sich nur mit Mühe wach halten«, notierte Leutnant Clifton MacLachlan, 2. Offizier im Operationsstab des 334. Infanterie-Regiments.

General Simpsons Auftrag »Unbeirrt vorwärts zum Ziel!« setzte seine Kommandeure an der Front unter Druck. Sie waren angewiesen, nicht nur sich bietende Gelegenheiten zu nutzen, sondern selbst welche zu schaffen. Was Bolling jetzt vorschlug, wurde allen Forderungen restlos gerecht. Es war, schlicht gesagt, ein Heuler. Der Plan war darauf angelegt, die offensichtliche Verwirrung des Feindes auszunutzen – eine Folge des Nordschwenks der 9. Armee, der die Deutschen, wie vorgesehen, völlig unvorbereitet ge-

Vgl. Karte 5.

troffen hatte. Simpsons monumentale Drehung hatte die starke amerikanische Streitmacht auf eine nordöstliche Diagonale durch die Kölner Bucht gebracht. Zwar hatte sich deren Marschstrecke dadurch verdoppelt, doch ließ sich dieser Nachteil durchaus verschmerzen - in der offenen Ebene mit ihrem guten Straßennetz wurden die Panzer zu Kilometerfressern. Montgomerys großer Panzerdurchbruch, der im Augenblick buchstäblich im Schlamm der Hochwaldfront festsaß, wurde im Rahmen von *Grenade* endlich Wirklichkeit. Wenn die 9. US-Armee auf die 1. Kanadische Armee stieß, würde Montgomerys Falle zuschnappen.

Als Resultat von Bollings Konferenz wurde, wie formell im Korpsbefehl Nr. 15 vom 26. Februar, 18.00 Uhr, niedergelegt ist, die *Task Force Church* aufgestellt, eine motorisierte Kolonne von Panzerfahrzeugen, die sich »wie ein geölter Blitz« durch die deutschen Linien bewegen konnte. Ihr Kommandeur war der temperamentvolle stellvertretende Divisionskommandeur Brigadegeneral John Church: »Ein verdammt feiner Soldat . . . absolut furchtlos«, erinnert sich sein Stabschef, Generalleutnant Lewis W. Truman.

Die *Task Force* (Kampfgruppe) war eine der Art nach einmalige Verbindung aller Waffengattungen, eine Armee en miniature: Infanterie, Panzer, Artillerie, Pioniere, Aufklärung, Flak und Jagdpanzereinheiten sowie ein Sanitätstrupp - das Ganze in enger Zusammenarbeit mit der taktischen Luftwaffe, die zur Unterstützung des Erdkampfes eingesetzt wurde. Das Ergebnis: ein Verband, »stark genug, um jeden möglichen Widerstand zu zerschmettern, schnell genug, in einem Minimum an Zeit ein Maximum an Kilometern zurückzulegen, so autark, daß er sich allein über Wasser halten konnte, falls der Rest der Division aufgehalten wurde, und so flexibel, daß er angreifen und verteidigen, fahren und marschieren, durchstoßen oder -schlüpfen konnte«.

Die Infanterie stellte das 334. Regiment, das auch den Divisionsangriff über die Rur angeführt und die feindliche Abwehr bis nach Baal durchstoßen hatte. Jetzt sollte es, mit den Worten seines Kommandeurs, »ran was das Zeug hält«, bis die *Task Force,* wie festgelegt, am 28. Februar um 18.00 Uhr, nach zwei Tagen also, aufgelöst würde.

Diese Infanteristen, Artilleristen, Panzersoldaten und Pioniere kannten das Risiko, das mit einem tiefen Eindringen in die deutschen Linien verbunden war. Sie waren mit ungeschützten Flanken bei jedem Angriff äußerst verwundbar und jederzeit in Gefahr, abgeriegelt und niedergemetzelt zu werden. Viele der noch angeschlagenen Offiziere begegneten Bollings Entwurf zunächst mit Zweifel. »Ohne entsprechende nachrichtendienstliche Erkenntnisse schien die *Task Force Church* ein tollkühnes Unternehmen«, sagt MacLachlan zurückblickend. »Wir hatten keinerlei Kenntnis von ähnlichen Durchbrüchen.«

Doch die Dynamik dieses Durchburch-Konzepts brachte die Männer dazu, Ermüdung und Ängste bald abzuschütteln. Sie hatten die Schrecken der Abnützungsschlacht im Hürtgenwald durchgestanden, als das Gefühl äußerster Erschöpfung eine neue Dimension erreichte. Damals waren ganze Kompanien und Bataillone aufgerieben worden. In jenen endlos scheinenden Wochen vergeblicher, zermürbender Strapazen wäre manchem der Tod mitunter fast willkommener gewesen als das fortwährende Elend in den gottverlassenen Wäldern.

Zu lange schon, über Monate hin, hatten maximale Bemühungen minimale Ergebnisse gebracht. Jetzt sollte die Wende eintreten. Ziele wurden nach Kilometern statt wie noch jüngst nach Metern bestimmt. »Im November kämpften wir uns den Weg zur Rur, wie es manchmal schien, mit den nackten Fäusten frei«, bemerkt Oberstleutnant Glover Johns. »Jetzt haben wir alles, was wir brauchen: Panzer, Jagdpanzer, Artillerie – und soviel wir brauchen.«

Am 27. Februar um 06.50 Uhr – vier Tage nach Beginn von *Grenade* – verließ *Task Force Church* ihre Ausgangsstellungen. Infanteristen der führenden Kompanie klammerten sich an Rumpf und Turm der Panzer fest, als sich die drei Kompanien des 771. Panzerbataillons an den Anfang der Kolonne setzten – eines kilometerlangen Schlangenmonsters, dessen Schwanz sich im grauen, dunstigen Zwielicht des frühen Morgens verlor. Ein Berichterstatter von *Time* schilderte das beeindruckende Spektakel einer Panzerkolonne in Aktion:

»Von oben, aus einer ›Piper Cub‹ heraus betrachtet, war der Zug der Panzer ein Bild reinster militärischer Ästhetik: zuerst eine lange

Reihe dröhnender Panzer, die wie plumpe, dunkle Käfer über die grünen Kohlfelder Deutschlands krochen - endlos viele Panzer einer hinter dem andern. Dann folgte in gemessenem Abstand die zweite große Staffel noch breiterer Panzer, die gruppenweise aus ihren braunen, schlammigen Fahrschneisen ausschwenkten, um einen hartnäckigen Stützpunkt zu umzingeln und unter Beschuß zu nehmen. Ihnen schloß sich eine kilometerlange Kette Lastwagen voller Soldaten an, die in perfekt ausgeführten Manövern noch etwa vorhandene zähe Nester ausräumten. Aus den Flanken scherten Jagdpanzer aus, unternahmen querfeldein wilde Ausfälle gegen den Feind und schnitten Verbindungen ab - alles in verblüffender Geschwindigkeit.«

In den ersten 90 Minuten legte die *Task Force* 8 Kilometer zurück - für die Männer nach dem Schneckentempo der ersten vier Tage von *Grenade* ein begeisterndes Ergebnis. Sie ließen ein Dorf nach dem andern in der breiten Ebene hinter sich und drangen tief hinter die feindlichen Linien vor. »Es war einfach eine rasante Jagd von einem Ort zum nächsten«, berichtet Oberstleutnant Jack Childers, Kommandeur des 771. Panzer-Bataillons. »Und zum ersten Mal hatten wir auch Gelegenheit, panzergerecht anzugreifen: nämlich im geschlossenen Verband. Es war eine großartige Infanterie-plus-Panzer-Aktion.«

Die Panzer feuerten auf alles, was sich bewegte. Nichtsahnende deutsche Soldaten wurden beim Frühstück, einige gar im Schlaf überrascht, ohne viel Umstände entwaffnet und unbewacht und zu Fuß nach hinten zu den Gefangenensammelstellen geschickt. »Kriegsgefangene interessierten uns nicht«, vermerkt die Regimentsgeschichte. »Für sie war keine Zeit.«

Die *Task Force* hatte Auftrag, vorwärtszustürmen, Widerstand wo möglich zu umgehen und sich durch nichts und niemand aufhalten zu lassen - nicht einmal durch die eigenen Verwundeten. Feindliche Widerstandsnester blieben den nachfolgenden Infanterie-Regimentern, dem 333. und 335., überlassen. Das rückwärtige Gelände blieb mithin für die nächsten sechs bis acht Stunden »warm«.

»Alles rollte auf Rädern«, erzählte Oberleutnant Rober Truitt vom 333. Infanterie-Regiment. »Wenn wir auf Widerstandsnester stießen, setzten wir ein Bataillon zum Säubern ab. Wie die Panzer versuchten wir allerdings eher, sie zu umgehen, als sie frontal anzugreifen.«

»Unsere Flanken waren weit offen, aber das kümmerte uns nicht«, hält der Gefechtsbericht der 84. Infanterie-Division fest. »Die Panzer an der Spitze waren sehr aggressiv. An einem Punkt hatten die Deutschen die Straße mit zwei Pferdegespannen blokkiert, und die Panzer fuhren sie einfach über den Haufen.« Straßensperren waren anfangs das Haupthindernis. In Abständen waren Fuhrwerke, Karren und mächtige Baumstämme aufgetürmt. Fahrzeuge, die an den Sperren hängenblieben, wurden von elektrisch ferngesteuerten deutschen Bazookas beschossen. Pioniere und Räumpanzer, die neben der Infanterie vorrückten, hatten sie bald gesäubert.

Alle riß die Erkenntnis mit: Es klappt! Das ist der Durchbruch! Es schien zu schön, um wahr zu sein. Und dröhnend rollten sie weiter, manchmal mit einer Geschwindigkeit von 60 km/h und mehr, während sich hinter ihnen, hie und da Feuer speiend, die Kolonne dahinschlängelte. Streckenweise waren sie so schnell, daß die Deutschen kaum Zeit hatten, ihre Geschütze zu bemannen. »Wir eroberten brandneue ›Eighty-eights‹ «, berichtet Leutnant Beckwith, Offizier im Operationsstab der 84. Division. »Ich sah eine, die noch keinen einzigen Schuß abgefeuert hatte und gerade erst einzementiert worden war. Acht oder zehn Stück, glaube ich, haben wir erobert.«

Am späteren Nachmittag brachte organisierter Widerstand in der Ortschaft Steeg die Kolonne ins Stocken, während Infanteristen den Stützpunkt angriffen. Generalmajor Church beschloß, in seinem Jeep nach vorn zu fahren und die Ursache des Aufenthalts ausfindig zu machen.

Plötzlich begann ein Deutscher aus einem drei Meter entfernten Graben auf Church und seine Stabsoffiziere zu schießen. Als sie vorbeirasten, eröffneten weitere acht Gewehre das Feuer. »General Church zog seine Pistole und schoß zurück«, berichtet Leutnant Beckwith, der mit im Jeep saß. »Wir rasten einfach weiter und hängten sie schließlich ab.« Nach kurzer Zeit nahm die nächste Gruppe von 15 bis 20 Deutschen sie unter Beschuß. Church befürchtete einen noch gefährlicheren Hinterhalt und beschloß umzudrehen. Auf der Rückfahrt gerieten sie von beiden Straßenrändern unter Beschuß. Der Wagen wurde getroffen, der Kommandeur und sein Fahrer, der Gefreite Kyser Crockett, wurden beide verwundet.

»Mein Arm ist ab!« brüllte Crockett und sank schlaff im Fahrersitz des schleudernden Fahrzeugs zurück.

»Halten Sie den Fuß auf dem Gas!« befahl Church.

»Leutnant Norman Dobie, der Adjutant des Generals, lehnte sich vom Rücksitz nach vorn und übernahm das Steuer«, fuhr Beckwith fort. »Der General hatte währenddessen weitergeschossen und drei Krauts erwischt. Ihre Kugeln schlugen in den Jeep ein, und Metallsplitter trafen den General unter der Augenbraue und um die Knie herum, aber der schlimmste steckte im Knöchel.«

Crockett erlitt einen komplizierten Unterarmbruch. Church ließ sich verbinden und fuhr zu seinem Gefechtsstand zurück. »Zwanzig Minuten später fluchte er uns an, warum es nicht vorwärts ginge«, sagt sein Operationsoffizier grinsend.

Am Ende ihres ersten Einsatztages war die *Task Force Church* 14 Kilometer weit vorgestoßen, hatte 54 kleinere und größere Ortschaften überrannt und eine beträchtliche Anzahl deutscher Waffen erobert oder zerstört. Schätzungsweise 50 Deutsche wurden verwundet und 100 getötet - eine Umkehrung des üblichen Verhältnisses bei den Verlusten. Das 334. Infanterie-Regiment hatte an diesem einen Tag fast ebenso viele Gefangene eingebracht, nämlich 1249, wie in den fünf Wochen anhaltender Gefechte am Westwall oder in der vierwöchigen Ardennenschlacht. Die Armee-Zeitung *Stars and Stripes* schrieb voll überschwenglichem Stolz, das Infanterie-Regiment der 84. Division habe »sogar die Panzer hinter sich gelassen«.

»Um genau zu sein«, replizierte die Divisionsgeschichte bissig, »haben die *Panzer* der 84. alle übrigen Panzer hinter sich gelassen.«

Streng geheim. Persönlich und vertraulich an CIGS von Feldmarschall Montgomery, 28. Februar 45:

GRENADE. Auf diesem Abschnitt sind heute gute Fortschritte erzielt worden. Auf dem Gebiet des XIX. Korps hat die 2. Pz-Div. die Gegend von Glehn erreicht und hat Anweisung, nach

Norden auf Krefeld vorzurücken. Ihr folgt die 83. Div. in Richtung Neuss, währen die 29. Div. für München-Gladbach zuständig ist und die 30. Div. an der Erft entlang den Schutz der rechten Flanke übernimmt. Auf dem Gebiet des XIII. Korps hält die 102. Div. den westl. Ausgang von München-Gladbach in Schach, und die 84. Div. steht im Gebiet Waldniel-Merveck und die 5. Pz.-Div. rückt auf Viersen vor und wird weiter nach Krefeld beordert. Ich habe heute die vorderen Linien der 9. Armee besucht. Die Armee hat mit sehr geringen Verlusten einen großen Sieg errungen, und die Kampfmoral ist entsprechend hoch.

Am 28. Februar, 5 Tage nach Beginn von *Grenade*, überschritt die *Task Force Church* die Nahtstelle zwischen dem zerbröckelnden Frontabschnitt von General Gustav v. Zangens 15. Armee und der Verteidigungszone von General Schlemms 1. Fallschirmjäger-Armee.

Mit dem Einschieben der standfesten, schlachterprobten Fallschirmjäger- und Panzer-Divisionen, die eiligst aus der britisch-kanadischen Front ein Stück weiter nördlich herausgelöst wurden, verhärtete sich der deutsche Widerstand augenblicklich. Schlemms Divisionen schlugen sich eindeutig besser als von Zangens Armee und zeigten, anders als die bisherigen Verteidiger, keinerlei Neigung, sich zu ergeben. In der kleinen Ortschaft Berg traten 125 Mann der 7. Kompanie, 2. Bataillon, 334. Regiment zu einer Schlacht an, die als eine der blutigsten des ganzen Feldzuges in die Erinnerung einging. Ihnen gegenüber standen Teile der 8. Fallschirmjäger-Division, von Kampftruppen beschrieben als »fanatische Fallschirmjäger, die wüteten wie die Irren und noch weiterkämpften, wenn sie schon im Sterben lagen«. Nur zwei von 50 Mann ließen sich lebend gefangennehmen. »Die Jerries hatten eine perfekte Hinterhang-Verteidigung«, berichteten Männer der Kompanie kurz nach dem Gefecht. »Die 7. Kompanie arbeitete sich so dicht heran, daß die Deutschen keine Mörser benutzen konnten, wenn sie ihre eigenen Leute nicht gefährden wollten. Aber ihre Maschinengewehre hielten uns nieder. Wir konnten sie nur erwischen, wenn wir aufstanden und Blitzschüsse auf die Helme hinter dem Hügelkamm abgaben, auf ungefähr 25 Meter Distanz. Die Gruppe war etwa 50 Mann stark und mußte bis auf den letzten Mann vernichtet werden. Wir mußten sie mit Granaten, Bajonetten und im Einzelkampf herausklauben, und nur zwei wurden gefangengenommen.«

Die Kompanie stürmte weiter zum Angriff auf Eicker. Stabsunteroffizier Artis Britton, Gruppenführer, arbeitete sich bis auf wenige Meter an eine MG-Stellung vor, stürmte sie allein und warf eine Handgranate hinein. Die 7. Kompanie erhielt für ihr Vorgehen eine Ehrenvolle Erwähnung des Präsidenten. Sie verlor 40 Mann: jeden Zugführer, Zugunterführer und die meisten Gruppenführer. Aber sie wich nicht zurück.

Die Aktion ist kennzeichnend für den verbissenen Widerstand, den diese deutschen Eliteeinheiten zu leisten imstande waren. Alle Bataillone der 84. Division bekamen ihn zu spüren. Aus dem euphorischen Sturmschritt des vergangenen Tages war ein tödlich lahmes Kriechen geworden, das die Männer in 12 Stunden kaum drei Kilometer vorwärts brachte. Die 11. Kompanie, 2. Bataillon des 33. Infanterie-Regiments, zu Fuß auf einer Säuberungsaktion, stieß auf denselben harten Widerstand. In weniger als sechs Stunden verlor sie jeden vierten ihrer zum Gefecht angetretenen Männer - das heißt die Kampfstärke eines vollen Zuges. Seit dem Rur-Übergang hatte die Kompanie vierzig Kilometer Fußmarsch hinter sich, und die Männer waren schon vor Kampfbeginn wund und ausgelaugt. Die deutschen Fallschirmjäger warteten, ohne sich zu rühren, bis die Männer über offenes Feld nahe herangekommen waren, und beschossen sie aus dem Hinterhalt mit tödlichem Maschinengewehrfeuer. »Fontänen spritzten in Zickzackmustern auf, wenn einander kreuzende Feuergarben in den Schlamm des Schlachtfelds einschlugen«, so die Schilderung von Hauptmann H. P. Leinbaugh.

Die versprochenen amerikanischen Panzer, die mit den MG-Posten fertig werden konnten, waren steckengeblieben und zeigten sich nicht - dafür zeigten sich die der Deutschen, mit wild spuckenden »Eighty-eights«. Die Kompanie focht mit grimmiger Entschlossenheit, aber die Deutschen waren gut verschanzt, und viele Amerikaner wurden getroffen, weil sie ohne Deckung waren. »Wir waren alle festgenagelt«, erinnert sich Stabsunteroffizier George Pope. »Das Land war topfeben. Kein Grashalm, unter dem man sich hätte verstecken können. Ich höre mich brüllen: ›Schießt doch, ihr verdammten Kerle!‹ Es ging wirklich hart auf hart.« Später fanden die Männer Periskope, die die Deutschen in ihren Stellungen benutzten, und »Rülpskanonen«* mit gebogenem Lauf, die um die Ecke schießen konnten.

Mit Einbruch der Dunkelheit am letzten Februartag stand die Auflösung der *Task Force Church* unmittelbar bevor. John Church ging kurz mit sich zu Rate. »Die Krauts würden doch nie annehmen, daß wir sie bei Nacht angreifen; sie wissen, die amerikanische Armee macht keine Nachtangriffe. Das ist ein guter Grund, es jetzt zu tun«, sagte er zu Childers. Der Kommandeur des 771. Panzer-Bataillons stimmte zu. Das Vorgehen war unorthodox, doch hatte ein nächtlicher Panzerangriff seinen großen Vorteil: »Wir sehen den Feind zwar nicht, aber er sieht uns auch nicht.« Der Auflösungsbefehl wurde mündlich geändert und der Einsatz der *Task Force Church* verlängert. Eine Stunde vor Mitternacht starteten die drei Bataillone des 334. Infanterie-Regiments und ihre Panzer in Richtung auf Boisheim, einen strategisch wichtigen Straßenknotenpunkt, der den amerikanischen Vormarsch blockierte. Die Stadt lag noch in tiefem Schlaf. Ein Kind von einem Bauernhof zeigte ihnen den Weg zu den Pak, die den Ort verteidigten. Selbst sie waren unbemannt.

»Der Angriff kam als vollständige Überraschung«, berichtet Beckwith. »Außer den Panzern waren alle zu Fuß. Wir säuberten den Ort im Durchmarsch. Wir mußten die Krauts aufwecken und aus den Betten befördern, bevor wir sie mitnehmen konnten. Einige der Gefangenen hatten ihre Mädchen bei sich, die sich weigerten zu gehen.« Die Reste der deutschen Garnison in Boisheim waren inzwischen alarmiert, und wir mußten sie hinter Barrikaden in Häusern und Geschäften aufstöbern. Leutnant Kenneth MacInnis, der vor einer versperrten Tür stand, schlug mit dem Karabiner ein Seitenfenster ein. Ein Deutscher hob die Pistole. MacInnis erschoß ihn, sprang ins Zimmer und nahm die übrigen gefangen. »Auf dem Weg [nach Boisheim] hinein«, notierte der kühne MacInnis, »stießen ein paar von den Jungs auf einen Bäcker, der gerade die ersten

* US-Army-Slang: Maschinenpistolen

Laibe aus dem Ofen holte. Alle nahmen sich ein frisches Brot und trieben irgendwo Marmelade auf. ... Einige durchkämmten die Häuser mit dem Gewehr in der einen und dem Marmeladenbrot in der anderen Hand. Dann fand sich noch ein Fäßchen Bier, das sich der Zug zu Gemüte führte, bevor er sich zu einer kurzen Ruhe niederließ.«

> *Streng geheim. Persönlich und vertraulich an CIGS von Feldmarschall Montgomery, 1. März 45:*
> GRENADE. Heute sind geradezu sensationelle Ergebnisse erzielt worden. Unsere Truppen stehen jetzt am Rand von Neuss, und unsere Frontlinie verläuft von dort nordwestlich ... bis Venlo. Der Feind scheint in diesem Bereich die Kontrolle über die Kämpfe verloren zu haben, und seine Befehlsorganisation scheint zusammengebrochen zu sein. Wir haben feststehende rückwärtige Einheiten erobert, die keinerlei Überblick über die Lage hatten, und eine vollständige Panzerkolonne, die sich von Neuss westwärts nach München-Gladbach bewegte und sehr erstaunt war über die Gefangennahme.... Alle Gefechtsstände rücken nach vorn, die Verbindungen werden schwierig wegen der größeren Distanzen, so daß auch ich mich bald in Bewegung setzen werde – ins alte Wohnwagen-Domizil an der Front.

Am 1. März, 06.00 Uhr, hatte die 9. Armee die halbe Distanz zwischen Rur und Rhein zurückgelegt. In ihrem bisherigen 30-Kilometer-Vorstoß waren Kampfkommando-Einheiten aus sechs Infanterie- und drei Panzer-Divisionen über die harten, trockenen Straßen der Kölner Buch Richtung Rhein gestürmt. Nicht weniger als 1394 Panzer kamen in diesem Durchbruch zum Einsatz. Kilometerlange Panzerschlangen rasselten durch die Nacht. Die 84. Division hatte 2876 Gefangene gemacht, die drei Divisionen des gesamten XIII. Korps (84. und 102. Infanterie- und 5. Panzerdivision) 6444, und die 9. Armee gab eine Zahl von über 11 000 POWs* an.

Jetzt drehte das XIII. Korps wieder scharf gen Osten, sein Ziel war das 30 Kilometer entfernte Uerdingen und – jenseits der Stadt

* Prisoners of War = Kriegsgefangene

– die letzte Verteidigungslinie des Feindes, der Rhein. Südlich des XIII. Korps wurden in Generalmajor Raymond McLains XIX. Korps (29. und 30. Infanterie-Division und 2. Panzer-Division, verstärkt durch die 83. Infanterie-Division) Kampfkommando-Einheiten aus Infanterie- und Panzerkräften gebildet, die auf einer Linie nordöstlich von Jülich in Richtung auf Neuss und Oberkassel am Rhein vorpreschten.

In kraftvollem, wochenlangem Ringen hatte die 29. Division einen Korridor von 6 Kilometer Breite und knapp 30 Kilometer Länge gebahnt. Von den etwa 40 Orten in seinem Bereich wurde als letzte und größte München-Gladbach erreicht, ein Textilzentrum mit über 300 000 Einwohnern.

Nicht alles war eitel Glanz und Abenteuer. Für viele GIs ging es auf die harte Tour zum Rhein, nämlich per Fußmarsch. Die einzige Möglichkeit, im Flachland der Rheinebene vorzurücken, war ein »stetiges, gemessenes Schrittempo«, wie Major Theodore Franke vom 3. Bataillon, 306. Regiment, berichtet. »Der Laufschritt, wie er in der Rekrutenausbildung beigebracht wird, ermüdet die Männer und läßt im freien, flachen Gelände keine Verteidigung zu. Das Bataillon verlor während des Vorstoßes zwei Kompaniechefs.«

»Sie sahen uns schon kommen, wenn wir noch kilometerweit entfernt waren«, teilt Hauptgefreiter Dan Callahan, Pionier bei der 104. Division, Frankes Meinung. »Es war ganz schön schwierig.«

In eines der härtesten Gefechte wurde das 116. Infanterie-Regiment im Dörfchen Stetternich an der Landstraße Jülich-Köln verwickelt. Es war eine der weniger bedeutenden Kampfhandlungen – nur ein Bataillon war beteiligt –, die in den Gefechtsberichten nicht viel Raum einnimmt, wo sie als *piece of cake* (Kinderspiel) bezeichnet wird.

Für Oberleutnant Norvan Nathan war es mehr – eine bittere Erfahrung, die Spuren hinterließ: »Wir waren angewiesen, Marschfeuer zu benutzen, das heißt, wir feuerten beim Vorangehen aus der Hüfte heraus auf das Ziel. Wir hatten noch nie davon gehört. Man erklärte uns, wie es funktioniert, daß es den Feind unten hält. Aber uns kam es irgendwie seltsam vor, unlogisch, denn unser größtes Problem auf der anderen Rur-Seite bestand darin, daß das Land flach wie eine Tischplatte war. Ungefähr 137 Mann waren in meiner Kompanie, gute Leute - alle sehr erfahren. Fast jeder war schon mindestens einmal verwundet gewesen und zurückgekommen; ich selbst war zweimal verwundet. Als wir aus dem Wald hervorbrachen, mußten wir ein großes freies Feld überqueren, das kilometerlang zu sein schien. Es war von einer Menge deutscher Schützengräben durchzogen. Dann kamen wir unter feindlichen Gewehr- und MG-Beschuß. Wir hatten schreckliche Verluste. Rechts und links fielen sie einfach nur so. Wir hatten Anweisung, nicht anzuhalten, niemand aufzuheben und mitzuschleppen. Ich wurde von einer Kugel in den Hals getroffen. Sie trat am Rückgrat aus. Ich sprang in einen Bombentrichter und kroch durch einen Schützengraben in den Wald zurück. Wer übriggeblieben war, marschierte mit dem Kompaniechef weiter. Dann blieben sie unter Feindfeuer liegen und verbrachten den größten Teil des Tages auf dem topfebenen Feld, bis die Panzer vorbeikamen. Es war ein Tag großer Verluste für uns, 31 oder 32 allein aus meiner Kompanie. Das war die Aktion, die immer als ›Kinderspiel‹ beschrieben wird.«

So überwältigend die Kraft der Panzer sein mochte - auch eine Handvoll Infanterie konnte ein starker Gegner sein. In der Ortschaft Titz wiesen vier GIs mit ihrem Unteroffizier einen Gegenangriff von sechs deutschen Panzern ab. Die Männer übernahmen die Taktik der Deutschen und schossen erst im letzten Moment. »Die Panzer waren bereits so nah, daß man draufspucken konnte, als die Männer ihre Bazookas, Gewehrgranaten und Handfeuerwaffen losbellen ließen«, berichtete die Zeitung der 29. Division (*29 - Let's Go*). »Der erste Panzer wurde abgeschossen, zwei weitere wurden lahmgelegt und die letzten drei zum Rückzug gezwungen.«

Während des Vorstoßes durch die Rheinebene meldeten sich nach den Monaten bitterer Kälte die ersten Vorboten frühlingshafter Wärme und nach dem Wüten des Krieges die ersten Anzeichen intakten zivilen Lebens - ganze Städte, die unzerstört und bewohnt waren, Häuser, die noch standen, Bier in den Kneipen, frisches, warmes Brot in Bäckerläden, Straßenbahnen in Betrieb, Licht, das durch Spitzengardinen aus den Fenstern fiel.

Beim Anblick von streunenden Katzen und Hunden auf den

Straßen wurde den Männern mit schmerzlicher Bitterkeit bewußt, daß nicht einmal Haustiere die Verwüstungen der Städte in der Kampfzone überlebt hatten.

Nachdem er in einer Reihe von Städten auf feindlichen Widerstand gestoßen war, war Oberfeldwebel Harry Jenkins erstaunt, als er am zweiten Tag in ein Dorf geriet, in dem völlige Ruhe herrschte. »Es war 13.00 Uhr, und die Einwohner waren beim Mittagessen.«

Der Besitzer eines stattlichen Schlosses bei Putz bot den vorrükkenden Truppen des 117. Infanterie-Regiments an, ein Schwein am Spieß zu braten (wobei er laufend abfällige Bemerkungen über Hitler machte). In Krefeld, wo noch ein Drittel der Vorkriegsbevölkerung (100 000) lebte, funktionierten die Telefone. Militärpolizei traf einen Bürger der Stadt dabei an, wie er einen deutschen Offizier hinter den feindlichen Linien ungeniert über die Verteilung amerikanischer Truppen in der Stadt unterrichtete.

In einer soeben eroberten Stadt warfen ein Feldwebel und ein Hauptgefreiter des 11. Feldartillerie-Bataillons eine Granate in den Keller eines Hauses und stiegen dann auf der Suche nach feindlichen Soldaten oder Fallen vorsichtig die Treppen hinunter. Doch sie fanden nur ein fünf Wochen altes Baby. »Außer einem lecken Heizkörper war alles in Ordnung«, ist in der Regimentsgeschichte vermerkt, »also wickelten sie das Kind in eine Decke und gingen mit ihm die Straße entlang, bis sie die völlig aufgelöste Mutter, eine Polin, fanden.«

»Die Zivilisten hatten eine Todesangst«, berichtete Leutnant Beckwith. »Sie sahen, daß die Soldaten die Hände über den Kopf hielten, und machten es ihnen nach. Sie kamen von überall.«

»*Nicht schießen! Nicht schießen!*« schrien viele, die in einer an Hysterie grenzenden Erregung annahmen, daß ein Exekutionskommando auf sie warte. »Einige hatten steinerne Mienen, andere Tränen in den Augen«, vermerkt Leutnant MacLachlan. »Ich schlief in einem Straßengraben ein . . . und wurde geweckt, als eine Frau mit einem Baby im Arm über mich stolperte, die Schutz vor MG-Feuer suchte.« Mit Erstaunen sah MacLachlan Menschen, die aus ihren Häusern getrieben wurden, wo noch die Töpfe auf dem Feuer standen; alte Männer, die in Karren gezogen wurden, verwundete Deutsche, die am Straßenrand lagen.«

Männer der 102. Division berichteten von Zivilisten, die die Straßen säumten, weiße Flaggen schwenkten und sangen. Die Frauen riefen immer wieder: »*Gott sei Dank!*« Man entdeckte, daß viele von ihnen Verschleppte waren - ausländische Arbeiter aus Polen, Rußland und Frankreich, die als Zwangsarbeiter nach Deutschland gebracht worden waren - und die Amerikaner als ihre Befreier betrachteten. In Lintfort wurden in einer unter der Erde angelegten Fabrik 660 Zwangsarbeiter entdeckt. Diese Zivilisten zu überprüfen war fast unmöglich - oft verstopften sie regelrecht die Straßen, um nicht in die Kämpfe hineingezogen zu werden. Zur allgemeinen Konfusion trug auch bei, daß deutsche Soldaten, die ihre Uniform gegen Zivilkleidung vertauscht hatten, um der Gefangennahme zu entgehen, sich unter die normale Bevölkerung und die Verschleppten mischten.

Der Mangel an Lebensmitteln stellte die Einheiten der Militärregierung, die für die Koordinierung der Zivilbevölkerung verantwortlich waren, umgehend vor erste Probleme. Insgesamt wurden während des Vorstoßes der 9. Armee zum Rhein 35 000 Verschleppte ausfindig gemacht. Tausende wurden evakuiert. Man brachte die Zivilisten in Sammelstellen in großen Gebäuden unter und organisierte die Lebensmittelversorgung. Abteilungen für ärztliche Versorgung trafen Vorsorge gegen den Ausbruch von Typhus-, Diphtherie- und Scharlachepidemien. Kranke und Verletzte erhielten Behandlung durch die medizinischen Dienststellen der Armee, und die Toten wurden von Beerdigungskommandos begraben. In Erkelenz wurde ein Offizier dazu eingespannt, einem Baby auf die Welt zu helfen.

Am 15. März waren in diesem Abschnitt mehr als 40 Abteilungen der Militärregierung an der Arbeit und nahmen sich der enormen Probleme in den Bereichen Hygiene, Transport, Wohnung und Rücksiedlung an. Lautsprecherwagen fuhren durch die Straßen und gaben der Bevölkerung jede neue Anweisung bekannt. Für Zivilisten wurde zunächst eine Ausgangssperre verhängt; erlaubt war eine Stunde Ausgang pro Tag, um einzukaufen oder Geschäften nachzugehen - eine zeitliche Beschränkung, die allmählich gelockert wurde. Es war eine dynamische Woche, und die Nachrichtenmedien waren vollzählig präsent, um die bedeutenderen Ereignisse festzuhalten. Allein im Gefolge der 29. Infanterie-Division befanden sich 34 akkreditierte Berichterstatter.

Nach vier Tagen und Nächten wilder Kämpfe zur Sicherung der Südflanke von Simpsons Vorstoß kehrte General Joe Collins' VII. Korps am 27. Februar unter das Kommando der 1. Armee zurück. In seiner Funktion, die offene rechte Flanke der 9. Armee zu stützen, hatte es die Drehung nach Norden nicht mitgemacht, sondern war, um seiner Aufgabe nachzukommen, von Düren aus 20 Kilometer weit östlich bis hinter Elsdorf gezogen. Dabei war es in einige der heftigsten Abwehraktionen verwickelt worden. Bereits die Trümmer von Düren hielten die zwei Infanterie-Divisionen, die 8. und 104., fast zwei Tage lang auf. Die deutsche 10. Panzergrenadier-Division lieferte im Hambacher Wald, an dem nicht fertiggestellten Autobahnteilstück Aachen–Köln, ein hartes Gefecht. Am 26. Februar konnte Collins dann endlich seine Panzerkräfte zum Einsatz bringen. Nach zähen Kämpfen hatten die sechs Kampfgruppen der 3. Panzer-Division den Ort Elsdorf gesichert und machten sich daran, Brückenköpfe über die Erft zu errichten.

Damit verblieb dem nördlichen Korps - dem XVI. unter General John B. Anderson - die Aufgabe, etwa 60 Kilometer nach Nordwesten vorzustoßen und bei Venlo der 1. Kanadischen und der 2. Britischen Armee die Hände zu reichen. Diese vereinte Streitmacht würde dann Schulter an Schulter ostwärts zum Rhein vorgehen und damit Montgomerys Zange schließen.

Am 1. März führte Oberst B. A. Byrne, Kommandeur der *Task Force Byrne* (320. Infanterie-Regiment der 35. Infanterie-Division, durch Panzer des 784. Panzer-Bataillons und weitere Unterstützungstruppen zum Kampfkommando verstärkt) einen »35-Kilometer-Stoß nach Norden und rollte die Verteidigungslinien des Westwalls von rückwärts her auf«. Gegen Abend befreite die Kampfgruppe die jubelnde holländische Bevölkerung Venlos, einer Bezirkshauptstadt an der Maas, unmittelbar jenseits der deutschen Grenze. Am folgenden Tag stürmte sie weitere 23 Kilometer vorwärts, bis sie bei Sevelen auf hartnäckigen Widerstand traf. Mit einem Angriff um Mitternacht drang die Gruppe in die Stadt ein und saß in der Falle, als die Deutschen eine Brücke sprengten und ihre Vorauseinheiten abriegelten. Der Bericht der Nachrichtenagentur Associated Press erschien in der *New York Times* unter der Schlagzeile: »Negro Tank Outfit Repeats Bastogne« (Neger-Panzer in einem zweiten Bastogne)*. Die unerfahrenen Soldaten des 784. Panzer-Bataillons töteten 53 Deutsche und verwundeten 207 »in wilden Straßenkämpfen, bei denen sie den deutschen Fallschirmjägereinheiten während der 18 Stunden bis zum Entsatz schwer mitspielten«. Für die Schwarzen des 784. Bataillons war das Gefecht ein ganz besonderer Akt der Rechtfertigung. Die Einheit war 1942 gegen starke Einwände der Panzerkräfte eingestellt worden, die der Meinung waren, schwarze Soldaten fänden am besten Verwendung »als Chauffeure, Pförtner, Heizer, Köche und Musiker«.

Als sich die 9. Armee dem Rhein näherte, versteiften sich die sporadischen Abwehraktionen zu einem Widerstand von bisher unerreichter Heftigkeit. Bei den Truppen machte sich Ermüdung bemerkbar. Die größte Schwierigkeit aber bildete der Nachschub für die schnell vorrückenden Einheiten: Die Halbkettenfahrzeuge blieben im Dreck stecken. Die 5. Panzer-Division notierte, daß ihrem Kampfkommando die Munition auszugehen drohte, die Lkws aber auf den verstopften Straßen drei Stunden brauchten, um neue heranzubringen - eine Fahrt von normalerweise nur wenigen Minuten. Eine Flotte von 14 Tankfahrzeugen und 13 Munitions-Lkws mit Nachschub für das 36. Panzer-Bataillon rollte eines Tages kurz nach Anbruch der Dunkelheit in die Stadt Lintfort und entdeckte, daß der Ort noch nicht von Scharfschützen gesäubert war. Eine einzige Brandgranate genügte, um bei den Fahrern solcher Transporte Alpträume auszulösen. Es bedeutete ein hohes Risiko, den Männern an der Front Kraftstoff und Munition zu bringen und, zumeist in der Dunkelheit und bei einem kurzen Halt, zu betanken und die Vorräte aufzufüllen. »Da braucht man schon Nerven, wenn man eine Ladung Benzin oder Munition durch die Gegend bugsiert und weiß, die Krauts haben einen auf dem Korn.«

* Im französischen Bastogne waren amerikanische Einheiten während der Ardennen-Offensive 10 Tage eingeschlossen und leisteten gegen die hier massierten deutschen Angriffstruppen hartnäckigen Widerstand.

Hauptmann Clinton Basler hat einen Fall in Erinnerung. »Eine böse Falle! Keine Deckung, die Laster im Gänsemarsch einer hinter dem andern, ein tagheller Vollmond und wir mit unseren 70 Tonnen Munition und 40 000 Litern Benzin. Und dann ging es los. ›Heulende Minnas'‹ und leichte Artillerie. Ich weiß noch, wie ich dachte, hoffentlich kein beobachtetes [= bewußt gezieltes] Feuer, und das war es anscheinend auch nicht, weil kein Schuß traf. Die meisten von uns hatten seit ungefähr 60 Stunden nicht geschlafen, und wir waren einfach zu müde, um Angst zu haben. Trotzdem war mein Bauch hart und kalt, und der Hunger war mir auch vergangen.«

Fieberhafte Tätigkeit vom ersten bis zum letzten Tag bedeutete der Vorstoß zum Rhein für die Instandsetzungszüge. Sie waren pausenlos auf Trab, reparierten, bargen Fahrzeuge und sorgten für die Zuführung von Ersatzteilen. Bei dem allseits herrschenden Druck, die Nachschublinien auf die schnell vorrückende Front abzustimmen, stand motorisierter Transport hoch im Kurs. Unterstützende Truppen aller Waffengattungen leisteten großen, hie und da auch unorthodoxen Beistand. Das 110. Feldartillerie-Bataillon vermerkte, daß schwarze Soldaten, die zum Transport von Extra-Munition eingesetzt waren, sich angewöhnt hatten, die Kästen hinauf bis an die Geschütze zu hieven und sie dann erst zu öffnen. Bald bereiteten sie die Munition auch gleich zum Feuern vor und reihten sich schließlich in die Bedienungsmannschaft ein - eine willkommene Hilfe für die eigentlichen Mannschaften, die, unter ständiger Vorwärtsbewegung feuernd, täglich bis zu 20 Stunden im Einsatz waren.

Sanitäter waren an den kämpfenden Kolonnen entlang unermüdlich nach vorn und zurück unterwegs und dabei dem Feuer oft nicht weniger ausgesetzt als die Männer, die sie versorgten. Die Kampflinie verschob sich so schnell nach vorn, daß in aller Eile auf Feldern oder Straßen am Rande des Gefechtfelds Lazarettposten errichtet werden mußten. Die Front von heute war morgen schon Etappe.

In einer Stadt wurde beim Häusernahkampf ein Keller voll deutschen Propagandamaterials entdeckt: Flugblätter warnten die Amerikaner, daß die Verteidigungsanlagen des Rurtals »undurchdringlich« seien. In nicht einmal zwei Wochen war die 9. Armee ungefähr 85 Kilometer weit durch das »undurchdringliche« Tal vorgestoßen. Die vereinten Streitkräfte der USA, Großbritanniens und Kanadas drangen auf ganzer Front zum Rhein vor und waren von einer Überwindung dieses mächtigen Wasserhindernisses dennoch weit entfernt. Die Jagd auf die Brücken war eröffnet.

Die neun Brücken des General Schlemm

Anfang März 1945 waren die Alliierten zunehmend darum bemüht, eine unbeschädigte Brücke an die Ruhrgebietsfront in die Hand zu bekommen. Ein Mann hinderte sie daran: General der Fallschirmtruppen Alfred Schlemm, Befehlshaber der 1. Fallschirmjäger-Armee. In seinem Abschnitt lagen neun Rheinbrükken, neun der größten Brücken Deutschlands. Schlemm persönlich war die Verantwortung für sie übertragen worden. Sobald sie für die deutschen Truppen nicht mehr von Nutzen waren, sollten sie gesprengt werden. Eine einzige Brücke, die erobert wurde - und Schlemm hatte sein Leben verspielt. So lautete Hitlers Anordnung. Seinen Stabsoffizieren berichtete Schlemm mit Bitterkeit, daß Sondergerichte zur sofortigen Verurteilung des Verantwortlichen bereit stünden, falls eine Brücke den Feinden unzerstört in die Hände fiel. Jedes Pflichtversäumnis werde mit dem Tod bestraft.

Die Exekution erwartete allerdings auch denjenigen Kommandeur, der die Brücken zu früh sprengte. Denn jede Brücke mußte bis zum letztmöglichen Augenblick für den ununterbrochenen Strom von Verstärkung und Nachschub zur Verfügung stehen. Er war also, sinnierte Schlemm sarkastisch, so oder so zum Scheitern - und zum Tod - verurteilt. Mit neunfachem Risiko eines Mißlingens war seine Lebenserwartung vermutlich gering.

Der Chef der Fallschirmjäger gab jede Brücke in die Verantwortung eines Offiziers, dem er eine ausreichende Zahl Soldaten und Pioniere unterstellte, um eine erfolgreiche Sprengung zu garantieren. Sie hatten Befehl, bis zum letzten Mann zu kämpfen. »Sie stehen in direkter Funkverbindung mit mir«, wies er sie an. »Ich

Vgl. Karten 3 und 9.

behalte mir die Verantwortung vor, die Sprengung jeder Brücke persönlich anzuordnen.«

Vom 2. auf den 3. März, in einer mondlosen Nacht, bewegte sich eine Handvoll Männer behutsam über die im Dunkel liegenden Streben einer Brücke. Unter ihnen, in den trüben Fluten des Rheins, spiegelte sich das Feuerwerk der Artillerieduelle über ihren Köpfen.

Die über drei Bögen gespannte Adolf-Hitler-Brücke in Uerdingen war ebenso monströs wie der Ruf des Mannes, nach dem sie benannt war. Sie streckte sich über eine Länge von 500 Metern und war mit 20 Metern breit genug für eine Panzerkolonne in Angriffsformation. Auf sie hatten es die Amerikaner abgesehen. Doch die Deutschen waren gleichermaßen entschlossen, sie zu sprengen, bevor sie erobert werden konnte.

Mehr als 15 Stunden lang hatte das 92. Gepanzerte Feldartillerie-Bataillon der Amerikaner die Brücke ununterbrochen mit Feuer belegt, um den Feind von der Sprengung abzuhalten. Die Deutschen erwiderten das Feuer mit gleicher Heftigkeit. Im Lauf des Tages hatte die 2. Panzer-Division zusammen mit zwei Infanterie-Bataillonen einen Angriff auf das Bauwerk unternommen, der jedoch abgewiesen worden war. Jetzt lag ein 4 Meter tiefer Trichter als eindrucksvolle Panzersperre vor seinem westlichen Zugang, der nur Infanterie Durchlaß bot, die aber durch schweren Beschuß niedergehalten wurde.

Hauptmann George Youngblood vom 17. Gepanzerten Pionier-Bataillon erhielt den Auftrag, eine kleine Gruppe Freiwilliger über die Brücke zu führen und diese auf Sprengladungen zu untersuchen. Es war eine heikle Mission: »Wir näherten uns der Brücke von Süden her, gingen unter der Rampe durch und dann an der Nordseite etwa 30 Schritt aufwärts. Ich ließ 3 Mann am Westende zurück, um uns den Rücken von Krauts freizuhalten. Die restlichen 6 wurden gleichmäßig auf beide Seiten der Brücke verteilt. Ein Mann ging voraus. Wir untersuchten jede Stütze, jedes Gelenk, Aufhängungselement und andere kritische Punkte im Überbau der Brücke, durchschnitten jeden Draht, der uns in die Finger fiel. Wir fanden keine Dynamitladungen, aber einen kleinen Holzkasten mit einer Sprengkapsel, die nicht angeschlossen war.«

Nach zweieinhalb Stunden gefährlicher Arbeit kehrte die Patrouille zurück - befriedigt, daß die Drähte durchschnitten waren. Ihre Anstrengungen wurden allerdings zunichte gemacht, als deutsche Pioniere die Drähte kurz darauf kontrollierten. In der Annahme, die Kabel seien von der Artillerie zerstört worden, arbeiteten sie fieberhaft an ihrer Instandsetzung. Um 07.30 Uhr hörten die Amerikaner eine Serie gewaltiger Explosionen, und die große Brükke versank donnernd im Fluß.

Noch verstohlener ging der nächste Versuch vonstatten, den Deutschen eine Brücke zu entreißen. Eine *Task Force* der 83. Infanterie-Division, die Teile des 736. Panzer-Bataillons, des 643. Panzerjäger-Bataillons und des 330. Infanterie-Regiments umfaßte, unternahm ihn am selben Tag in Düsseldorf-Oberkassel. Ihre Panzer wurden so hergerichtet, daß sie wie deutsche »Panther« aussahen; Infanterie folgte zu Fuß. Und so stieß man kühn durch die feindlichen Linien, bis nach etwa 20 Kilometern die Randbezirke von Oberkassel erreicht waren. Deutsch sprechende amerikanische Soldaten auf den vorderen Fahrzeugen lenkten erfolgreich jeden Verdacht ab, bis ein gegnerischer Soldat, der die Kolonne auf einem Fahrrad passierte, Alarm schlug. Die Panzer stürmten die Brücke, kamen jedoch zu spät. Als die vordersten Panzer den westlichen Zugang erreicht hatten, ließen die Deutschen die Brücke in die Luft gehen.

In einer ganzen Serie solcher Notmaßnahmen in letzter Sekunde hatte Schlemm bereits die Sprengung von sieben Brücken befohlen, um einen erfolgreichen Handstreich der Amerikaner zu verhindern. »An der Adolf-Hitler-Brücke in Uerdingen wurden die Sprengleitungen durch Artillerie zerstört«, faßte Schlemm für seinen Stab zusammen. »In Rheinhausen richtete die erste Sprengung nur geringen Schaden an, und unter starkem feindlichem MG-Feuer mußte eine zweite durchgeführt werden. Im Homberg verbot ein Oberst der 15. Armee dem Brückenkommandanten, meinen Sprengungsbefehl auszuführen, weil er noch mehr Fahrzeuge vom Westufer herüberbringen wollte.«

Am 3. März war die 1. Fallschirmjäger-Armee fast vollständig eingekreist, und ihren 50 000 Soldaten drohte die Abriegelung. Die 1. Kanadische Armee stieß jetzt mit zwei Korps auf Wesel am Rhein vor.

Das II. Kanadische Korps übte mit zwei Panzer-Divisionen - der 4. Kanadischen und der 11. Britischen - und drei Infanterie-Divisionen - der 43. *Wessex* sowie der 2. und 3. Kanadischen - von links her steten Druck aus. Die 43. *Wessex* war an den überfluteten Rheinufern entlang südöstlich fast bis Marienbaum vorgestoßen und damit bis auf 6 Kilometer an Xanten herangerückt. Die Kanadier hatten endlich den Hochwald und Balberger Wald hinter sich gelassen. Auf der rechten Seite der Kanadier stand die 11. Panzer-Division nach heftigen Kämpfen anderthalb Kilometer vor Sonsbeck.

Die Truppen von Horrocks' XXX. Korps waren zur Rechten des II. Korps von ihrer Linie zwischen Goch und der Maas fächerförmig nach Süden und Osten gestoßen. Die 1. Kommando-Brigade, bestehend aus der 52. *Lowland Division* (Ersatz für die 51. *Highland*), der 3. Britischen Infanterie-Division (Ersatz für die 15. Schottische) und der 53. *Welsh Division*, hatte Auftrag, Ortschaften wie Weeze, Kervenheim, Kevelaer und Winnekendonk von feindlichen Stellungen zu säubern. An der Nahtstelle von *Veritable* und *Grenade* erreichten sie dann den Anschluß an Simpsons 9. Armee.

Für die Jocks war in Goch nicht, wie erwartet, der letzte Schuß gefallen. Die *Highlanders* wurden gebraucht, um das Gebiet südwestlich von Goch bis zur Kendel zu öffnen - direkt auf General Eugen Meindls neugebildete Kampflinie zu, die von stark bewaffneten und unterstützten Einheiten des II. Fallschirmjäger-Korps gebildet wurde. Weiler mit Namen Böckelt, Blumenthalshop, Siebengewalt und Boyenhof wurden in den kommenden Tagen zu hart erkämpften Eroberungen.

Meindl hatte seine Stellungen auf einer Anhöhe und einem Waldstreifen, der sich östlich von Goch bis zur Niers zog. Auftrag des 6. Bataillons der *King's Own Scottish Borderers* (15. Schott. Div.) war es gewesen, ihn aus dieser beherrschenden Stellung zu vertreiben. Im Wald, um das vom Zerfall bedrohte, historische Schloß Kalbeck, hatte die 15. Schottische Division mit Panzerunterstützung durch das 5. Bataillon der *Coldstream Guards* weitere fünf Tage im Gefecht gestanden. Beide Divisionen wurden am 25. und 26. Februar zum Training für den Rheinübergang zurückgezogen.

Trotz schwierigster Bodenverhältnisse kämpfte das XXX. Korps sich weiter vor. Die 1. Kommando-Brigade, mit der Säuberung des Maas-Tals beauftragt, war nach Süden bis Wells a. d. Maas vorgerückt. Die 2. Britische Armee nahm hier unmittelbar anschließend den Bau einer Brücke in Angriff.

Die 53. *Welsh Division* hatte in Goch die letzten feindlichen Widerstandsnester ausgehoben und dann Anweisung erhalten, das ca. 6 Kilometer südlich von Goch gelegene Weeze einzunehmen. Am 1. März, dem Tag des hl. David, ihres Schutzpatrons, zogen die Waliser mit ihrem Wappenzeichen, dem Lauch, der stolz aus den Tarnnetzen der Helme ragte, in die Schlacht. »Operation Lauch« hielt die Truppe in eine Woche lang anhaltende Kämpfe verwickelt, die zu den schlimmsten gehörten, welche die Division bisher durchgefochten hatte.

In einem Gefecht des 2. Bataillons der *Monmouthshires* gegen die 7. Fallschirmjäger-Division erreichten nur 40 Mann einer Kompanie von 120 das Angriffsziel. Acht Gegenangriffe wurden abgewiesen. Eine Schwadron der 13./18. *Hussars* verlor an einem einzigen Tag durch Pak und Minen 14 ihrer 18 Panzer. Das Bataillon hatte in drei Kampftagen 118 Verluste. Der *Daily Herald* berichtete: »Es war ihr Tag heute, und die Waliser kämpften verbissen. . . . Einige fanden Lauch, steckten ihn an, gingen ins Gefecht und fielen.«

Auf ihrem Zug nach Norden hatten die amerikanischen Truppen eine 45 Kilometer lange Front aufgebaut mit sicherem Besitz des westlichen Rheinufers von Düsseldorf bis Krefeld. Am Stadtrand von Geldern, einer von Bomben zerstörten Kleinstadt mit 7000 Einwohnern zwischen Maas und Rhein, fand eine historische Begegnung statt, bei der das Scharnier des alliierten Zangenangriffs einklinkte. Amerikaner und Waliser trafen aufeinander - mit einen Knall.

Am 3. März um 14.35 Uhr rückte Oberstleutnant Dan E. Craig mit seiner Einheit und Panzerunterstützung (1. Bataillon/134. US-Infanterie-Regiment mit Panzern der 784. Panzer-Bataillons) auf einen Bach am Rand von Geldern vor. »Zum Gewehrfeuer gesellte sich Feuer aus MGs, Granat- und Raketenwerfern von jenseits des Baches, und die Einheit wurde zu Boden gezwungen«, beschrieb Hauptmann Donald G. Rubottom, Offizier im Operationsstab des Bataillons (S-3), die Lage. Um 15.30 Uhr näherte sich in der Ferne eine nicht identifizierte Kolonne. Die amerikanischen Panzer gingen in Stellung. Ein VB-Offizier beim 134. schrie: »Warten! Vielleicht sind es Verbündete!«

Im 1. Bataillon *East Lancashire Regiment* der 53. *Welsh Division*, unterstützt vom 4./7. Bataillon der *Dragoon Guards* - und einen leicht nervösen Kriegsberichterstatter von *Associated Press* im Schlepptau - kramte man hastig nach einem trotz dreiwöchiger Schlammschlachten annähernd weiß gebliebenen Stoffetzen. »Als wir das Flüßchen erreichten, sahen wir die Amerikaner«, berichtet Oberstleutnant Frank Brook. »Sie erkannten nicht, daß wir Briten waren, und eröffneten das Feuer. Erst als einer von unseren Offizieren mit einer weißen Flagge vorging, wurde der Irrtum richtiggestellt, und wir konnten unsere Truppen zusammenführen.« Während über ihre Köpfe noch die deutschen Kugeln zischten, trafen die Briten auf Major John E. Davis (Craig war Augenblicke zuvor verwundet worden). Die lang erwartete Vereinigung der 1. Kanadischen mit der 9. US-Armee war erreicht. Am 4. März griffen kurz vor Morgengrauen die Waliser durch die Stellungen der Amerikaner hindurch an und konnten Geldern ohne Widerstand einnehmen. Die Straße Geldern–Wesel war damit überschritten. Noch am selben Tag informierte Meindl, Kommandeur des II. Fallschirmjäger-Korps, seinen Armeechef, daß die Stadt verloren war. »Um 01.00 Uhr hörte ich durch mein geöffnetes Fenster das Geräusch feindlicher Maschinengewehre aus südlicher Richtung«, teilte Meindl Schlemm mit. »Ich nahm mit der 190. Infanterie-Division in Geldern Verbindung auf. Bei Tagesanbruch zogen wir unseren Gefechtsstand zurück. Alle Geheimpapiere wurden verbrannt.«

Am 5. März lieferte ein Sonderkurier des OB West der deutschen Wehrmacht, Generalfeldmarschalls Gerd von Rundstedt, eine Botschaft im vorgeschobenen Gefechtsstand der 1. Fallschirmjäger-Armee ab. Ungläubig überflog Schlemm den Inhalt.

»Halten!« murrte er. »Ich soll immer noch das Westufer halten! Aber wie kann man von mir erwarten, daß ich das östliche Rheinufer halte, wenn meine Armee zuvor im Westen vollständig aufgerieben worden ist?«

Schlemm wurde mit allem Nachdruck darauf hingewiesen, daß die Kohleversorgung der Kriegshäfen in der Nordsee davon abhing, daß der Fluß zwischen Orsoy und Wesel für den Schlepperverkehr offenblieb. Das Westufer des Rheins war »um jeden Preis« zu halten.

Schlemms unwilliges Befremden war erklärlich. Drei Tage zuvor hatte er den Oberbefehlshaber der Heeresgruppe H, Generaloberst Johannes Blaskowitz, davon in Kenntnis gesetzt, daß die Rheinschiffahrt inzwischen praktisch in Händen der Amerikaner sei. Durch das ständige Vorrücken der britischen und kanadischen Streitkräfte in seiner Nordflanke sowie der 9. US-Armee im Süden war sein Brückenkopf zusammengeschrumpft. Die Verteidigungslinie seiner Armee war inzwischen mit den sich lichtenden Truppen kaum mehr zu besetzen. So gab Schlemm seinem Stab gegenüber der großen Besorgnis Ausdruck, die Amerikaner könnten sich nach Norden wenden und ihn im Rücken angreifen. »Wenn sie schnell vorgehen und ihre gewaltigen Panzerkräfte kühn und ohne zu zögern am Rhein entlang bis nach Wesel werfen, ist das linke Rheinufer verloren und meiner Armee der Rückzug über den Rhein abgeschnitten.« Es bliebe keine Zeit mehr, die restlichen Brücken vollständig zu zerstören und am Ostufer eine neue Abwehr aufzubauen.

Schlemms vorgeschobener Gefechtsstand war zweimal verlegt worden: das erste Mal aus dem schwer bombardierten Xanten in ein Dorf in der Nähe von Rheinberg und schließlich auf die andere Rheinseite in die Umgebung von Wesel. Bei einer im späteren Tagesverlauf abgehaltenen Stabsbesprechung zog der Fallschirmjäger-General auf der Karte einen 24 Kilometer langen Halbkreis, um seine neue Verteidigungslinie zu markieren: den Brückenkopf bei Wesel. Die Bleistiftlinie umschloß ein Landstück, das sich in eine U-förmige Windung des Flusses bei Wesel schmiegte. Die Linie begann im Norden bei der alten Römerstadt Xanten, zog sich entlang der Bönninghardt, dem letzten Höhenzug vor der Rheinebene, und kehrte bei Rheinberg an der amerikanischen Frontlinie zum Fluß zurück.

»Alles hängt davon ab, daß wir Wesel halten«, erklärte Schlemm grimmig. »Die zwei Brücken und unbehinderter Fährverkehr über den Rhein sind unsere einzigen Verbindungslinien - und die einzige Möglichkeit, die Reste der Fallschirmjäger-Armee zu retten. Nördlicher Eckpfeiler unseres neuen Brückenkopfes ist Xanten. General v. Lüttwitz' XLVII. Panzer-Korps mit der 6. Fallschirmjäger-Division, der 116. Panzer-Division und der 180. Infanterie-Division wird die Linie Xanten–Sonsbeck gegen Kanadier und Briten verteidigen«, ordnete er an. »Ich brauche dorthin frische Verstärkung, umfangreiche Munitionsvorräte und Panzerkräfte.« Den mittleren Abschnitt des Brückenkopfes wies Schlemm General Meindl zu. »Die Bönninghardt ist von allergrößter Wichtigkeit. Von dieser Höhe aus können wir uns gegen beliebige Angriffe aus westlicher Richtung verteidigen. Wenn wir sie verlieren, haben die Briten ihrerseits den vollständigen Überblick über unseren gesamten Brückenkopf. [Meindls] II. Fallschirmjäger-Korps hält die Linie Sonsbeck–Issum westlich des Höhenzuges. Ihm unterstellt sind die 7. und 8. Fallschirmjäger- sowie die 84. und 190. Infanterie-Division. Das LXIII. Infanterie-Korps ist von starken amerikanischen Panzerkräften bis Rheinberg zurückgedrängt worden. General Abraham wird mit der 2. Fallschirmjäger-Division, der Panzer-Lehr-Division und der 15. Panzergrenadier-Division die Amerikaner auf der Linie Issum–Orsoy zurückhalten.«

Trotz Hitlers Befehl, daß kein einziger Mann und kein einziges Stück Material ohne seine ausdrückliche Genehmigung über den Rhein zurückzunehmen sei, war es Schlemm gelungen, den Oberbefehlshaber der Heeresgruppe H, Generaloberst Blaskowitz, zu einigen Zugeständnissen zu bewegen. Schlemm hatte Bedenken, daß überzählige Fahrzeuge, Waffen, Vorräte und Verwaltungsstäbe den engen Brückenkopf soweit verstopften, daß Truppenbewegungen und Kampfhandlungen in hoffnungslose Verwirrung geraten könnten. Am 2. März hatte er die Erlaubnis erhalten, diese überflüssigen Einheiten auf das Ostufer zurückzuziehen. An allen Fähren und Brücken war Sonderpersonal zur geordneten Abwicklung der Rückführungsaktion eingesetzt. Um der Beobachtung durch die britische und amerikanische taktische Luftwaffe zu entgehen, wurden die 50 000 Fahrzeuge und ihre Versorgungsvorräte in aller Stille bei Nacht auf die andere Flußseite gebracht. Dort fanden sie alsbald Verwendung beim Aufbau der Verteidigung des Ostufers.

Schlemm stellte fest, daß seine riesigen Artilleriereserven trotz gezielter Vernichtungsschläge der alliierten Artillerie im großen und ganzen intakt geblieben waren. Ohne Hitlers Erlaubnis einzuholen, hatte der Kommandeur der Fallschirmjäger 50 Batterien - sowohl als Pak wie als Flak einsetzbarer - 8,8-cm-Geschütze an das Ostufer verlegt. Dort wurden sie, mit ausreichender Munition versehen, sofort wieder in Stellung gebracht und auf alliierte Stellungen am anderen Rheinufer gerichtet. Dem General der Infanterie Erich Straube gab er Befehl, sich über den Rhein abzusetzen und am Ostufer eine Abwehrfront vorzubereiten. Das LXXXVI. Korps des »Uhrmachers« war von britischen Truppen über die Linie Goch-Geldern zurückgedrängt worden. Nach einem Monat fortwährender Kämpfe war es dort nicht länger von Nutzen.

Schlemms Glückssträhne riß nicht ab. Trotz ungünstigem Flugwetter unternahm die R.A.F. am selben Tag einen Großangriff auf die beiden Brücken von Wesel. 48 Maschinen warfen 183 Tausend-Pfund-Bomben auf die Straßenbrücke ab, 41 weitere Bomber entluden 164 Bomben auf die Eisenbahnbrücke. »Die Angriffe blieben ohne Erfolg«, konnte Schlemm seinen erleichterten Stabsoffizieren berichten. »Die Brücken wurden nicht getroffen; unsere Fahrzeugkolonnen sind unbeschädigt ans hiesige Ufer gelangt.«

Der Mangel an Realitätssinn im deutschen Oberkommando hatte Schlemm verblüfft; er selbst gab sich keinen Illusionen darüber hin, den alliierten Vorstoß unbegrenzt aufhalten zu können. Seine Hoffnung ging dahin, dem Gegner größtmögliche Verluste zuzufügen und einen unbeugsamen deutschen Widerstandswillen zu demonstrieren, um dadurch günstigere Ausgangsbedingungen für Friedensverhandlungen zu schaffen. Seine elf Divisionen waren auf die Hälfte, in manchen Fällen auf ein Viertel ihrer Sollstärke zusammengeschmolzen. Doch Schlemm rechnete damit, bei gut überlegtem Einsatz der Truppen immerhin noch eine Zeitlang aushalten zu können. Der Vorteil, das wußte er, lag auf seiner - des Verteidigers - Seite.

In aller Eile befestigte der Kommandeur der Fallschirmtruppen seine neue Linie. Er befahl, sämtliche Infanteriewaffen in festen Stellungen einzugraben und auf erkannte oder erwartete Zielbereiche zu richten. Auch seine eigenen Soldaten sollten sicher verschanzt und vor schwerem feindlichem Artilleriebeschuß geschützt sein. Spähtrupps wurden ausgeschickt, um feindliche Stellungen zu erkunden und operative Absichten der Gegenseite auszuspähen. Gefangene wurden vernommen. Dann brachte Schlemm seine panzerbrechenden Waffen so in Stellung, daß jede mögliche Stoßrichtung eines Panzerkeils belegt werden konnte.

Die Artilleriewaffen waren mit Munition gut versorgt - allerdings mußte über jeden Schuß Munition Rechenschaft abgelegt werden. Die fünfzig 8,8-cm-Kanonen, die er unter Hitlers wachsamem Blick weggezaubert hatte, wurden an die Front verlegt. Seine Unterstützungswaffen - Granat- und Raketenwerfer - schossen sich auf jedes mögliche Ziel ein, so daß die VB-Offiziere für jedes Planquadrat, zu dem der Feind vorstieß, Feuer anfordern konnten. Seine geschrumpften Panzerkräfte ergänzte der General, indem er auf dem ganzen Abschnitt, in der Tiefe gestaffelt, selbstfahrende Flak-Geschütze auffahren ließ. Seine Pioniere legten unermüdlich Panzergräben und Minenfelder an, sprengten Trichter in Straßen und Bäche und bereiteten die Zerstörung von Brücken vor - Verzögerungs- und Rückzugstaktiken, die der General im Rußland- und Italienfeldzug entwickelt und ausgefeilt hatte.

Über die Taktiken der Alliierten äußerte sich Schlemm mit unverhohlener Geringschätzung - sie hätten die Deutschen »nie überrascht«: »Aus Art und Standort der Artilleriewaffen und aus den Bereitstellungspositionen der Panzer konnten wir darauf schließen, wo und wann der Angriff stattfinden würde. Das gab uns Zeit für Gegenmaßnahmen. Nur selten war die Ausnutzung günstiger Gegebenheiten zu beobachten, schnelle Verfolgung des zurückweichenden Gegners, Überraschungsangriffe der Infanterie bei Nacht oder in der Dämmerung ohne Unterstützung von Artillerie und Panzern.« Diese Strategie der Alliierten erlaubte es den Deutschen, entlang der Kampflinie relativ schwache Vorposten aufzustellen und eine starke zweite Linie bereitzuhalten, auf die man zurückweichen konnte. Eine bewegliche Eingreifreserve wie die 116. Panzer-Division stand als »Feuerwehr« für jeden Gefahrenpunkt bereit. Dank dieser Taktik war es den Deutschen möglich gewesen, eine stabile Abwehr aufrechtzuerhalten und häufig aus fast geschlossenen Umzingelungen auszubrechen, zurückzuweichen und den Widerstand neu zu organisieren.

Das zusammengefaßte Artilleriefeuer der Alliierten (von Schlemm als »sehr eindrucksvolle technische Leistung« bezeichnet) erreichte zeitweise eine solche Intensität, daß Schlemm sich fragte, wie die deutschen Soldaten so etwas durchstehen konnten. »Zwei Eigenschaften sind nötig, um ein solches ›Höllenfeuer‹ auszuhalten: Kraft und Zähigkeit. Tiefe, schmale Fuchslöcher für ein oder zwei Männer müssen gegraben werden. Die Männer müssen Nerven von Stahl haben.« Doch war er außer sich vor Wut, als er erfuhr, daß 250 Mann des Panzer-Lehr-Regiments nach einem verbissenen Panzer-Infanterie-Gefecht mit dem 1. Bataillon der *Lincolnshires* und dem 3. der *Scotts Guards* kapituliert hatten. Die Deutschen hatten dem Feind erst einen fanatischen Nahkampf geliefert und dann plötzlich aufgegeben. Später stellten die Briten das ganze Ausmaß an Kampfkraft der Stellung fest: vier 8,8-cm- und mindestens zwei selbstfahrende Geschütze, sechs 5-cm-Pak in fester Stellung und »eine ganze Ladung Spandaus und Infanteriewaffen aller Art«. (Der junge *Scots Guards*-Leutnant, der an diesem Schlag gegen die Deutschen großen Anteil hatte, Robert Runcie, ist heute Erzbischof von Canterbury.)

Die Kampfmoral der deutschen Truppen blieb - von seltenen Ausnahmen wie der erwähnten abgesehen - hoch. Oberst Hugh Rose vom 7./9. Bataillon der *Royal Scots* hat sie als »unglaublich tapfer« in Erinnerung. »Vier Jungen, die vor einem Bauernhof über ihren Spandaus lagen, hielten das Bataillon links von mir eine ganze Zeitlang auf - vier Jungen gegen ein ganzes Bataillon von Männern!«

Furcht war ein wirksamer Antrieb zur Aufrechterhaltung einer hartnäckigen Abwehr. Zwei junge Fallschirmjäger, die am 2. März in Gefangenschaft gerieten, gaben bei der Vernehmung im Gefangenenlager des II. Kanadischen Korps zu, sie seien als Elitetruppen ermahnt worden, sich nicht gefangennehmen zu lassen. Jeder, der Anzeichen machte, sich zu ergeben, sollte befehlsgemäß von den Kameraden erschossen werden. Bestätigung dafür ist ein erbeutetes Dokument, das neben dem Datum vom 5. März Blaskowitz' Unterschrift trägt: »Soldaten ... die sich von ihrer Einheit entfernen ... werden summarisch abgeurteilt und erschossen. Zu diesem Zweck schafft das HQ. der Fallschirmjäger-Armee so viele bewegliche Kriegsgerichte wie möglich, die im besonderen an Brücken- und Fährenanlegestellen stationiert werden.«

Mit grimmiger Wucht trieben Amerikaner, Briten und Kanadier ihre Keile in Schlemms neue Verteidigungslinie. Jeder Stoß war von einem Punkt des Halbkreises auf die Nabe - Wesel - gerichtet.

Von Süden her rückte das XVI. US-Korps in schnellem Tempo auf Rheinberg vor. Das II. Kanadische Korps im Norden war auf dem Marsch nach Xanten. Und im Westen durchbrach Horrocks' XXX. Korps die Schlieffen-Stellung, um den Ort Bönninghardt zu erreichen. Von Geldern und Weeze aus kämpfte sich die 53. *Welsh Division* vier Kilometer weiter auf Issum zu und war jetzt gerade noch neun Kilometer vom Rhein entfernt. Beim Weitermarsch trafen sie auf unnachgiebigen Widerstand des 21. deutschen Fallschirmjäger-Regiments. In der Nacht vom 4. auf den 5. März verließ der 30jährige Kommandeur des 7. Bataillons der *Royal Welsh Fusiliers*, der ruhige, unerschütterliche Oberstleutnant G. F. T. B. Dickson, ohne Begleitung seinen Gefechtsstand, um eine seiner Vorauskompanien von der Verzögerung beim nächsten Angriff zu unterrichten. Auf dem Rückweg wurde Dickson tödlich verwundet.

Es war die letzte Aktion des Bataillons im Rahmen von *Veritable*; dem Schwesterbataillon, dem 4./RWF, stand ein größeres Treffen noch bevor. Die 53. Division hatte im Verlauf der Operation *Veritable* länger als jede andere britische Einheit in der Hauptkampflinie gestanden. Sie hatte in diesem Monat 60 Kilometer Fußmarsch hinter sich gebracht, 1 000 000 Schuß allein an MG-Munition verbraucht, 12 Brücken gebaut, 1040 Drei-Tonnen-Ladungen Schotter für Straßenreparaturen verarbeitet, unter Verwendung von 14 000 l Farbe 75 000 Wegweiser errichtet - und 5000 l Rum getrunken.

Die 4. Kanadische Panzer-Division, die sich kaum von ihrer fünftägigen Leidenszeit im Hochwald erholt hatte, warf sich unter mörderischem Gewehrfeuer und unaufhörlichem Artillerie- und

Granatwerferbeschuß erneut in die Schlacht, um die Dörfer Veen (eine »Festung en miniature«) und Winnenthal zu erobern. Vier Tage lang hielt das Sturmbataillon der 6. deutschen Fallschirmjäger-Division sie auf und brachte ihr schwerste Verluste bei.

Eine ganze Kompanie *Argylls* wurde abgeschnitten; nur eine Handvoll Überlebender konnte sich durchkämpfen. An ihre Stelle traten die *Algonquins* und das *Lincoln & Welland Regiment*, unterstützt von den Panzern des *South Alberta-* und das *British Columbia*-Regiments. An Oberstleutnant Gerry Chubb, Kommandeur des B.C., erfüllte sich Ned Amys Prophezeiung in der Hochwald-Schneise - er, Chubb, werde schließlich den Angriff auf Xanten führen, und es werde ein »Scheißspiel«: Allein die Infanterie-Verluste beliefen sich auf 311 Mann.

Unmittelbar zu Beginn der Operation hatte Horrocks Generalmajor Alan Adairs *Guards Armoured Division* (die 5. *Guards Armoured Brigade* und die 32. *Guards Infantry Brigade*) - seine Durchbruchs-Streitmacht - in Bereitschaft gehalten; sie hätten, so die eigentliche Absicht, nach wenigen Tagen aus ihrem Flaschenhals ausbrechen und eine Brücke in Wesel einnehmen sollen. Krater und Schlamm hatten dem Plan einen Dämpfer versetzt. Jetzt kam die ganze Division, fast einen ganzen Monat später, endlich zum Zuge (die Infanterie allerdings hatte bereits zur Unterstützung der 51. *Highland Division* im Gefecht gestanden).

In Hamb, unmittelbar westlich der Bönninghardt gelegen, stellte ein Offizier des 3. Bataillons der *Irish Guards* (32. *Guards Infantry Brigade*) Schlemms Verteidigungstheorien auf die Probe. Die »Partie im irischen Wäldchen« am 5. März war Leutnant R. H. S. O'Gradys erste Schlacht, und es ging wild zu. Der junge Ire war frisch von der Schule zur Armee gestoßen, »ein Neuling voll Eifer und Tatendrang, wie er andere von meinen Landsleuten, die sich auskannten, nicht mehr so ungebrochen beseelte«.

Die »Micks« hatten den Auftrag, Hamb zu besetzen. Dort angekommen, fanden sie das Dorf verlassen vor. Der Kommandeur, Oberstleutnant Giles Vandeleur, war kriegserfahren genug, um sich auszurechnen, daß die irische Gruppe unter direkten, vernichtenden Beschuß geriet, wenn die beherrschende Höhenstellung oberhalb von Hamb nicht gesäubert wurde. O'Grady, der einen Infanteriezug befehligte, und Leutnant Neil Whitfield, Zugführer beim 2. Bataillon der *Irish Guards* (5. *Guards Armoured Brigade*) als sein »Spießgeselle«, erhielten Befehl, vor Tagesanbruch zur Eroberung der Anhöhe auszurücken.

Als die Männer bei Anbruch des Tages ein offenes Feld erreicht hatten, wurden sie plötzlich rundherum von Handfeuerwaffen und selbstfahrenden Geschützen unter heftigen Beschuß genommen. Sieben Panzer wurden abgeschossen. Die Deutschen hatten sich offensichtlich auf den Angriff eingestellt und lagen im Hinterhalt. »Wir wurden niedergehalten und hatten mindestens die Hälfte des Zuges verloren«, berichtet O'Grady. »Ungefähr acht Mann waren übrig, viel mehr jedenfalls nicht, die übrigen lagen tot oder schwer verwundet auf dem Feld. Wir hatten nur einen Gedanken - aus diesem Feld heraus- und die 800 Meter zum Angriffsziel hinaufzukommen. Wir kamen an und fanden die Deutschen in Bunkern. Ich warf ein paar Handgranaten, meine Garden griffen mit Brens an, und wir nahmen sie gefangen.« Dann saß die kleine Kampfgruppe für 24 Stunden unter Granatwerfer- und Gewehrfeuer fest. Die restlichen Panzer gaben ihnen, bis zum Turm eingegraben, Feuerschutz, und am nächsten Morgen hatte sich die Lage beruhigt.

Siebzig Mann hatte die O'Grady-Whitfield-Operation gekostet, aber auf Schlemms strategisch bedeutendem 8-Kilometer-Höhenstreifen war eine Ausgangsstellung gewonnen. Sie wurde in den folgenden Tagen in erbittertem Ringen durch andere Regimenter der *Guards Armoured Division*, das 4. Bataillon der *Grenadiers* und das 5. der *Coldstream Guards*, erweitert. Der letzte deutsche Stützpunkt, das Dorf Bönninghardt, fiel, und 200 Soldaten aus Meindls 8. Fallschirmjäger-Division gingen in Gefangenschaft.

Mit kalten, grauen Tagen, Märzwind und Schneeregen nahm der Winter seinen Abschied. Am Sonntag, dem 4. März drangen zögernd blasse Sonnenstrahlen durch eine Wolkendecke, die, so wollte es den todmüden, zerschlagenen Männern scheinen, für alle Ewigkeit auf ihnen zu lasten schien. Major A. M. H. Gregory-Hood vom 2. Bataillon der *Grenadier Guards*, der in seinem »Sherman« über einen Waldweg rollte, stieß unversehens auf eine Lichtung, und plötzlich fiel sein Blick auf etwas, das so sehr England war und so voll Frieden, daß der Krieg einen Augenblick lang weit entfernt schien: In einer feuchten Senke dieses gottverlassenen Waldstücks sah Gregory-Hood ein Polster goldgelber Narzissen.

An eben diesem Sonntag spielten die vereinigten Trommeln und Pfeifen der 15. und 51. Division vor einer Gruppe illustrer Persönlichkeiten das Signal des Rückzugs: Premierminister Churchill, Feldmarschall Montgomery, Feldmarschall Sir Alan Brooke und den Generalen Crerar und Horrocks.

Die wunderlichen Klagetöne der »Flowers of the Forest« verklangen auf einem Paradeviereck, über das kalter böiger Wind und Regen peitschten. Feierlich standen viertausend Mann im Bann der beschwörenden Wehklage, und Bilder aus den 24 Tagen in unwirtlichen Wäldern und sumpfigen Ebenen zogen an ihnen vorüber, die viele von ihnen lieber vergessen wollten. Die zwei Divisions-Kommandeure wandten sich mit einer Ansprache an die Soldaten. Seine Hünengestalt auf den allseits bekannten Schäferstock gestützt, erklärte Generalmajor »Tiny« Barber: »Meine Bewunderung und Achtung gilt den großen Taten all derer, die hier vor mir stehen.« Und er stellte jedem Offizier und Mann der 15. Schottischen Division einen 48-Stunden-Urlaubsschein nach Brüssel in Aussicht. Generalmajor Rennie pries die kämpferische Leistung der *Highlanders* als »eine der großartigsten der Einundfünfzigsten«.

»Das Ende ist in Sicht«, versicherte er seinen Jocks. Es waren seltsam gewichtige Worte; Thomas Rennie hatte eine Vorahnung.

Im Verlauf des Tages besichtigte Montgomery – in der grünen Jacke der Scharfschützen – mit dem Premierminister die Front; sie besuchten die Hauptquartiere der Generale Simpson und Crerar und aßen mit General Simonds zu Mittag.

Als der Zug den Westwall erreichte, vollzog Churchill nach dem Vorbild der Jocks die historische Geste der Verachtung für den Gegner – ein Moment, auf den er fünf lange Kriegsjahre hindurch genüßlich gewartet hatte und der wie folgt geschildert wurde: »Der Premierminister verließ seinen Wagen und schritt feierlich auf die

Linie der ›Drachenzähne‹* zu. Er öffnete seinen Hosenschlitz und wandte sich an die versammelten Offiziere. ›Meine Herren‹, sagte er mit tönender Stimme, ›ich möchte Sie bitten, sich mir anzuschließen. Urinieren wir gemeinsam auf den großen deutschen Westwall.‹ In Richtung der Fotografen, die ihre Kameras zückten, hob er abwehrend den Zeigefinger und rief: ›Das ist eine der Operationen dieses großen Krieges, die nicht im Bild wiedergegeben werden dürfen.‹ «

Brooke stand unmittelbar neben dem Premier. »Nie werde ich das kindliche Grinsen äußerster Befriedigung vergessen, mit dem er auf den kritischen Augenblick hinunterblickte.« Doch war der koboldhafte Premier mit seinen Narreteien für diesen Tag noch nicht am Ende. Als der Fahrzeugkolonne der VIPs Meldefahrer entgegengerast kamen, tippten die Zuschauer auf eine hochwichtige Nachricht des Kabinetts. Nur eine Handvoll von ihnen sah, wie der PM den Arm aus dem Fenster seines Rolls Royce streckte, ein Kästchen entgegennahm, es öffnete und mit dem Anflug eines Lächelns seinen fehlenden Zahnersatz einsetzte.

Am 5. März erreichte General Simpson im Hauptquartier der 9. Armee eine Nachricht mit wesentlich mehr Biß. Simpson hatte mittags um 12.30 eine Stabsbesprechung mit seinen Pionieren abgehalten. Thema: ein geplanter sofortiger Überraschungsangriff über den Rhein durch McLains XIX. Korps. In Simpsons persönlichem Tagebuch ist die Stellungnahme der Pioniere festgehalten: »Der Übergang wurde bei nur geringem Widerstand durchaus für möglich gehalten.«

Um 13.30 Uhr wurde das dramatische Anliegen Feldmarschall Montgomery unterbreitet und war in weniger als einer Stunde beantwortet. Der von Simpson vorgeschlagene Übergang lag an »taktisch ungeeigneter Stelle«. Darüber hinaus stand nicht genügend Brückenbaumaterial für zwei Überquerungen zur Verfügung – der »Hauptübergang«, Montgomerys Operation *Plunder*, war für den 23. März festgesetzt. Kurz – der Feldmarschall sagte nein.

Simpsons Ansinnen war eine kuriose Umkehrung seines Urteils vom Vormonat, als die anschwellenden Wassermassen ihn veran-

* Keilförmige, in Reihen angelegte Panzerhindernisse aus Beton.

laßt hatten, den Sturm über die Rur abzublasen. Damals war es Simpson gewesen, der fürchtete, seine Sturmspitzen könnten von Verstärkung und Nachschub abgeschnitten und vernichtet werden. Jetzt war es bei der Auseinandersetzung um einen weiteren Flußangriff Montgomery, der dasselbe Argument ins Feld führte: ein vorzeitiger Übergang, sagte er, sei das Risiko hoher amerikanischer Verluste nicht wert.

Wären sie in der Lage gewesen, General Schlemms Gedanken zu erraten - keiner von beiden hätte gezögert, seine Truppen aufs Spiel zu setzen. Noch hatten die Deutschen weder Mittel noch Gelegenheit gehabt, am Ostufer eine ernstzunehmende Abwehr aufzubauen. An jenem Tag hätte man vermutlich sogar ganz bequem »hinüberhopsen« können. Allerdings läßt sich fragen, wie lange der Brückenkopf zu halten gewesen wäre.

»Ich komme rüber - wenn man mich nur läßt«, hatte Oberst Glen Anderson, Kommandeur der Kampfkommando-Reserve der 5. Panzer-Division, gedrängt und damit dem Gefühl bitterer Ohnmacht Ausdruck verliehen, das viele amerikanische Truppenführer in diesen gespannten Märztagen beseelte, als sie sich dem Rhein näherten.

Der Historiker Chester Wilmot ist der Ansicht, daß Montys Beharren auf einer »geordneten Schlacht« mit einer Menge logistischer Unterstützung für jede Operationsbewegung zu diesem Zeitpunkt des Krieges, als die Gegenseite sich bereits weitgehend in Auflösung befand, unrealistisch war. »[Monty] schien nicht zu erkennen, daß amerikanische ›Schludrigkeit‹ und Improvisation, so gefährlich sie einem starken Feind gegenüber auch waren, sich im jetzigen Moment bezahlt machen könnten.« Zwei Wochen später würde Schlemms Abwehr errichtet und der Vorstoß über den Rhein eine ganz andere Sache sein - die einen weit höheren Preis forderte.

Am 5. März ging über Rheinberg blutrot die Sonne auf. Rot würde an diesem Tag auch die Farbe des Schlachtfeldes sein.

Auf einem Hügel, der das Flachland in der Umgebung der Stadt überblickte, beobachtete Schlemm vom Gefechtsstand von Generalmajor Siegfried v. Waldenburgs 116. Panzer-Division aus, wie die Schlacht hin und her wogte. Der Angriff auf Rheinberg durch die amerikanische 8. Panzer-Division kam nicht unerwartet, und der Kommandeur der Fallschirmjäger hatte seinem Feind einen heißen Empfang bereitet. In der Nacht des 3. März war v. Waldenburg instruiert worden, die 116. im Schutz der Dunkelheit von der kanadischen Front abzuziehen. Ohne Zeit für eine Pause wurde die Division »Windhund« in eine neue Linie bei Rheinberg verlegt, wo die südlichen Verteidigungsstellungen für die Weseler Brücken verankert waren.

Die Division war seit dem 10. Februar ununterbrochen gegen die 1. Kanadische Armee im Einsatz gewesen. Ausfälle bei Panzern und Infanterie hatten ihre Kampfkraft gemindert, Kraftstoff und Munition waren knapp geworden. Trotzdem war es unmöglich, ihr Gelegenheit zur Erholung und Neuausrüstung zu geben. »Starke Feindbewegungen . . . ließen uns den amerikanischen Angriff für den 5. März erwarten«, vermerkt die Geschichte der 116. »Die Division bildete zwei Kampfgruppen. Im Südosten von Rheinberg befand sich noch eine schwache Kampfgruppe der Panzer-Lehr-Division.«

Die Truppen, die im Hinterhalt lagen, bedurften keiner großen Übermacht, um den Angreifern verheerenden Schaden zuzufügen. Sie waren eingegraben und bis an die Zähne mit automatischen Waffen und Panzerfäusten ausgerüstet. Ineinander übergreifende Verteidigungsstellungen mit 8,8-cm-Pak, verstärkt durch 2-cm-Flak, waren dicht nebeneinander um die Stadt herum aufgestellt. Außerdem hatten sich 15-cm-Geschütze der schweren Artillerie auf jeden markanten Punkt der weiteren Umgebung eingeschossen.

Seltsamerweise besaß der Kampfverband B* der 8. US-Armee keine solchen Erkenntnisse über seinen Gegner. Sein Kommandeur, Oberst Edward Kimball, hatte Befehl, auf Rheinberg und Umgebung vorzurücken und dann weiter vorzustoßen, um die 11 Kilometer nördlich gelegenen Brücken von Wesel zu erobern. Ahnungslos, daß Schlemm seine Panzer-»Feuerwehr« in die Linie eingeschoben hatte, meldete die amerikanische Aufklärung, daß

* Combat Command B (CCB)

Rheinberg von 300 desorganisierten und demoralisierten Soldaten verteidigt werde, die von ein paar Selbstfahrgeschützen und Pak unterstützt würden. Keinerlei vorhergehende Luft- oder Bodenaufklärung war angeordnet worden; kein vorbereitendes Artilleriesperrfeuer war vorgesehen.

Die Aufgabe war zwei Kampfgruppen anvertraut worden, die keinerlei wirkliche Kampferfahrung besaßen: Die eine, *Task Force Roseborough*, im wesentlichen Infanterie umfassend, sollte die Stadt einnehmen, die andere, *Task Force Van Houten*, bestand vor allem aus Panzereinheiten des 36. Panzer-Bataillons und sollte die Brücken stürmen. Deren Kommandeur, Major John Van Houten, war auf keinerlei Widerstand eingestellt. »Wir dachten, es würde ein Spaziergang«, erinnert er sich.

Oberstleutnant Morgan G. Roseborough, 49. Panzergrenadier-Bataillon, führte den Vorstoß an. In der Verwirrung hatten Roseboroughs Panzergrenadiere am Anfang einmal den Weg verfehlt und auf diese Weise die Verbindung zu Van Houtens Truppe verloren. »Wir brausten ohne größeren Widerstand vorwärts, als wir plötzlich ohne Karten und ohne Aufklärung dastanden.«

Die Panzer erhielten Befehl, allein vorzugehen. »Unsere Panzer rollten mit voller Wucht mitten in eine vorbereitete Stellung, die die Deutschen zur Verteidigung der Weseler Brücken eingerichtet hatten«, berichtet Roseborough. »Sie hatten eine Reihe ihrer als Pak und Flak verwendbaren 88er um die Stadt herum aufgestellt und machten mit uns, was sie wollten, bis wir uns wieder fangen konnten.«

Der 5. März wurde ein Tag grimmiger Befriedigung für die deutschen Kommandeure auf dem Hügelkamm - und ein Tag vernichtender Schläge für die Amerikaner. Von 08.00 Uhr bis in die Dämmerung und noch während der Abendstunden saßen Schlemm und v. Waldenburg wie angewachsen mit Kopfhörern über ihren Funkgeräten. Durch Abhören des feindlichen Funkverkehrs konnten sie das Vorrücken der amerikanischen Panzer nach Rheinberg verfolgen. Das Geschnatter kam aus den »Shermans«. »Die US-Panzer funkten häufig und immer unverschlüsselt«, notierte Schlemm. Vor seinem inneren Auge »näherte sich ein geschlossener Keil von mehreren hundert Panzern der deutschen Stellung«, vermerkt er in seinem Kriegstagebuch. Diese provozierende Panzerkonzentration weckte trübsinnige Gedanken: »Hätte ich nur Munition von größerem Kaliber oder ein paar Jägereinheiten der Luftwaffe.«

Schweigend kauerten die Deutschen in ihren Gräben, die Bazookas schußbereit, und warteten, bis die Panzer nichtsahnend in ihre Mitte gerumpelt waren. Dann knisterte es in Schlemms Ohrmuscheln - er hörte das wütende Tosen von lodernd brennenden Panzern und die Schreie der Sterbenden und Verwundeten. »Ohne Begleitinfanterie, um die deutschen Infanteriewaffen oder Panzerabwehrkanonen zum Schweigen zu bringen, ohne Feuerunterstützung aus der Luft oder durch Artillerie, um sie niederzuhalten, waren die Panzer . . . leichte Beute«, hielt der Kampfverband B in seinem Bericht fest.

»Wir verloren an diesem Tag in 5 Minuten 50 Panzer«, erinnert sich Major Henry Rothenberg aus dem 8. Panzeraufklärungs-Bataillon. »Sie warteten, bis wir zwischen dem Fluß und der Anhöhe waren, und dann brach plötzlich die Hölle los. Die Panzer waren völlig unbeweglich - sie brauchten nur noch abgeschossen zu werden.« Die Seitenstreifen waren mit Minen gepflastert; »Eighty-eights« und natürlich die gefürchteten »Bazooka-boys« hatten leichtes Spiel. Hauptmann Kemble (»Cowboy«) Tucker, der eine Panzerkolonne führte, erlebte zweimal den Abschuß seines jeweiligen Panzers. Jedesmal stieg er unter Beschuß in den nächsten um.

»Den ganzen Tag baten die Offiziere der Panzerabteilung und -kompanien vergeblich um Infanterieunterstützung«, vermerkt der CCB-Bericht. - »Wir saßen dort und schwitzten«, legt Feldwebel Vernon McLean rückblickend dar. »Was sollten wir anders machen? Wir waren eingeschlossen. Zurück konnten wir nicht.«

Tucker sammelte die Besatzungen anderer demolierter, brennender Panzer und führte den Kampf zu Fuß weiter. Nur mit Maschinenpistolen bewaffnet, versuchten er und seine Männer, die Gegend von deutschen Panzerfaustnestern zu säubern. Tödlich getroffen, rief er, während er fiel, seinen Männern noch Mut zu.

Hauptmann David B. Kelly, der eine andere Kolonne in die blutige Schlacht führte, stürmte im Alleingang den Marktplatz von Rheinberg, umrundete die Kirche und nahm ein Bazooka-Nest unter Feuer. Dann zwang ihn heftiger Beschuß zum Rückzug. Er sammelte die ihm verbliebenen intakten Panzer zur Erwiderung des Feuers; und mit Hilfe von Grenadieren des 3. Bataillons/137. Infanterie-Regiment, das gegen Abend herangekommen war, vertrieb die Handvoll Männer den Gegner aus der Stadt.

In ihrem ersten größeren Gefecht waren die Panzerkräfte des 36. Panzer-Bataillons fast vollständig aufgerieben worden. Von 54 Panzern waren 41 zerstört. Die Verluste dieses und des unterstützenden 49. Panzergrenadier-Bataillons beliefen sich insgesamt auf 343 Mann: 92 gefallen, 220 verwundet, 31 vermißt. Am Abend sammelten sich die Überlebenden des Infernos erschöpft in der vom Kampf gezeichneten Stadt.

Auf seinem Aussichtspunkt über der Stadt hielt Schlemm weiterhin Wache; er befürchtete einen erneuten Angriff. Als seine Verteidigungslinie bei Rheinberg ins Wanken kam, hatte er den Vorstoß einer weiteren Panzerkolonne erwartet, die vorpreschen und seine Armee bei Wesel abriegeln würde. Aber noch in der Niederlage blieb Schlemm der Sieger. Seine Soldaten hatten unter den amerikanischen Angreifern Verwüstung angerichtet und einen Vorstoß zum Erliegen gebracht, der hätte gefährlich werden können.

So unglaublich es war - Schlemms letzte zwei Brücken standen noch unversehrt.

Am 8. März erhielt Generalleutnant Guy Simonds' II. Kanadisches Korps für den letzten, endgültigen Vorstoß zum Rhein die operative Kontrolle über sämtliche Kräfte Montgomerys - die Divisionen des XXX. Korps und des XVI. US-Korps waren zeitweilig seinem Kommando unterstellt.

Montgomery erklärte dem Chef des britischen Generalstabes die Maßnahme:

> Der Feind leistet im Brückenkopf Xanten–Wesel verzweifelten Widerstand. Morgen übernimmt das II. Kan. Korps das Kommando im Brückenkopf, und ich glaube, daß wir weiterkommen, wenn in dieser Schlacht ein einziger Mann die Verantwortung hat. Von Süden her sind die Amerikaner im Anmarsch und sind jetzt bis auf ca. 2 Kilometer an die Straßenkreuzung südwestlich von Wesel herangerückt.

Der Beutel* wird langsam eingedrückt, aber es geht zäh vorwärts, und viele der Fallschirmjäger weigern sich aufzugeben, selbst wenn sie keine Munition mehr haben und Widerstand bedeutet, daß sie erschossen werden, wie es heute einige Male vorgekommen ist. Zwei Tage gutes Flugwetter würden uns weiterbringen, aber die Jagdbomber können seit Tagen nicht zum Einsatz kommen.

Die so dringlich benötigten »Typhoons« zeigten sich nur kurz. In der ersten Märzwoche verhinderten schwere Ausfälle im Geschwader 84 der R.A.F. und anhaltendes schlechtes Wetter eine enge Luftunterstützung.

Dennoch war Schlemms Brückenkopf inzwischen auf ein Fleckchen Land von nicht mehr als 12 Kilometer Breite zusammengeschmolzen, das auf beiden Seiten vom Rhein eingeschlossen wurde. Das Schlupfloch war an seinem Hals die Stadt Wesel. Die Schlüsselstädte Xanten, Alpen und Ossenberg bildeten die Eckpfeiler seiner letzten Verteidigungslinie. Am 8. März um 05.30 Uhr kündigte schweres Sperrfeuer der Artillerie den Angriff auf Xanten an, den zwei Brigaden von verschiedenen Seiten her vortrugen: die 4. Kanadische Infanterie-Brigade und die 129. Infanterie-Brigade der 43. Division *Wessex*. Achtundneunzig Prozent der historischen Stadt, Heimat des Sagenhelden Siegfried, wurden zerstört - in wütender Gegenwehr versuchten die Deutschen ihren letzten Stützpunkt am westlichen Rheinufer zu behaupten. Die *Royal Hamilton Light Infantry* verlor 134 Mann - zwei Kompanieführer fielen, ein dritter, der unerschütterliche Major Froggett, geriet in deutsche Gefangenschaft. Die *Essex Scottish* hatten 108 Mann an Verlusten zu beklagen. Die deutschen Fallschirmjäger hatten mit solcher Unnachgiebigkeit gekämpft, daß Brigadier Joe Vandeleur, Kommandeur der 129. Brigade, salutierte, als die überlebenden Deutschen nach Beendigung der Kämpfe zur Gefangenensammelstelle geführt wurden.

Schlemm zog die Stäbe der 116. Panzer-Division und seiner

* engl. *pocket: Wesel Pocket* lautete die englische Bezeichnung für den Brückenkopf von Wesel, das letzte Widerstandsnest der Armeegruppe H auf westrheinischer Seite.

eigenen Fallschirmjäger-Armee in dieser Nacht über den Rhein zurück und unterstellte alle verbleibenden Kampfeinheiten dem Befehl von General Meindl. Dessen Bericht sah düster aus. Schlemm überflog die Liste und sah im Geiste, wie sich die weißen Brauen seines Korpskommandeurs beunruhigt hochzogen: »Gravierender Mangel an Munition für Werfer und Artillerie ... ausbleibender Nachschub ... zusammengefaßtes Feuer von feindlicher Artillerie auf Brückenkopf, Gegner gewinnt die Anhöhe und damit Einsicht in die Stellungen bis zum Rhein ... die einzige Verkehrsmöglichkeit innerhalb des Brückenkopfes auf Motorrad mit Seitenwagen während der Feuerpausen ... Telefonverbindungen abgebrochen ... Flammenwerferpanzer demoralisieren die Infanterie, die sich dieser Waffe gegenüber wehrlos fühlt. ...«

Meindl wies Schlemm darauf hin, daß sich seine Männer bis 9. März, 17.00 Uhr absetzen müßten, sonst seien sie verloren. Und Schlemm - »brillant, impulsiv« und mit dem festen Willen, seine Armee zu retten - beschloß, sich Hitler zu widersetzen.

»Wir *müssen* uns zurückziehen«, drängte er seinen Chef Blaskowitz. »Es war reines Glück, daß die Weseler Brücke bisher trotz aller Treffer unzerstört geblieben ist. Ist die Brücke erst einmal zerstört, haben meine Männer, die auf der anderen Rheinseite abgeschnitten sind, keinen Fluchtweg mehr. Wenn diese Kräfte verloren sind, gibt es in diesem Gebiet keine erfahrenen Truppen mehr, die einen alliierten Rheinübergang verhindern könnten. Ich sehe keinen Grund, warum die letzten Reste der 1. Fallschirmjäger-Armee westlich des Rheins geopfert werden sollten«, erklärte er.

Dann spielte Schlemm eine letzte Trumpfkarte gegen Hitler aus: »Wenn das Oberkommando in Berlin mir nicht glaubt, sollen sie einen Abgesandten nach Wesel schicken. Dann werden sie die Lage selbst sehen.«

Das war ein geschickter Schachzug. Über v. Rundstedts dringliche Rückzugsaufforderungen hatte Hitler sich mokiert. Er traute den offiziellen Meldungen nicht. »Sie sollen uns nur Sand in die Augen streuen. Alles wird gut begründet, und später finden wir heraus, daß gar nichts passiert ist«, beklagte er sich. »Wir müssen ein paar Offiziere hinschicken - selbst wenn sie nur noch einen

Arm oder ein Bein haben, gute Leute, die sich dort umsehen, so daß wir ein klares Bild bekommen.«

Ein eigensinniger 29jähriger schottischer Major und ein ehrgeiziger 42jähriger kanadischer Korpskommandeur waren auf merkwürdige Weise daran beteiligt, dem Führer zu seinem »klaren Bild« zu verhelfen - und das Ende des deutschen Widerstandes am Westufer des Rhein zu beschleunigen.

Letzter Schlüssel zum Besitz der Weseler Brücken war das Dorf Alpen. Die Ortschaft lag an der Hauptstraße, die den steilen Osthang der Bönninghardt hinab und weiter bis zum Rhein führte. Bis zum Fluß fehlten knapp 5 Kilometer; Alpen war der letzte deutsche Stützpunkt. Simonds ließ dem Kommandeur der 52. *Lowland Division*, Generalmajor Sir Edmond Hakewell-Smith, einen dringenden Befehl zuleiten: »Alpen einnehmen!« Hakewell-Smith leitete den sofortigen Angriff seiner 156. Brigade ein.

Über den Abschnitt lag wenig Nachrichtenmaterial vor, und für Erkundungen blieb keine Zeit. Weil anderthalb Kilometer südwestlich in Bönninghardt noch die *Guards Armoured Division* kämpfte, mußte der *Lowland*-Angriff außerdem um zwei Stunden verschoben werden.

Dann meldete BBC in den Neun-Uhr-Abendnachrichten, Alpen sei soeben von Truppen der 9. Armee erobert worden. Die Meldung war falsch, aber die Artillerieunterstützung für die Operation der *Lowland Division* wurde aufgehoben, um die amerikanischen Einheiten, die jenseits der Straße nach Alpen heranrückten, nicht zu gefährden. Das britische Kartenmaterial erwies sich als unzuverlässig; bei den übergedruckten Verteidigungsanlagen fehlte der Hinweis auf einen 15 Meter tiefen Abhang am Fuß der Bönninghardthöhe - ein effektives Panzerhindernis. Überstützt, wie es für Simonds typisch war, wurde der Angriff ohne Artillerie- und Panzerunterstützung und trotz der Proteste des Brigadekommandeurs ausgelöst.

Der Plan sah einen flankierenden Stoßangriff durch zwei Bataillone der 156. Brigade vor: das 7. der *Cameronians* und das 4./7. der *Royal Scots Fusiliers*. Das 6. Bataillon der *Cameronians* sollte die Flanken sichern. Major Jack Holland, Chef einer Kompanie des 6. Bataillons, war angewiesen, während der Nacht vorzurücken, um bei Angriffsbeginn mit Tagesanbruch in der Lage zu sein, deutsche Gefangene beim Rückmarsch in Empfang zu nehmen. »Bis jenseits der Bahnlinie vorrücken und eingraben, bevor es hell wird«, war der Befehl. »Die Hauptstraße rechts darf nicht überschritten werden, in diesem Abschnitt gehen die Amerikaner vor.«

Am 8. März kurz vor Mitternacht rückte Holland aus. Er mußte über das erhöhte Gleisgelände angreifen und wurde unterwegs in verschiedene Scharmützel mit deutschen Spähtrupps verwickelt, hatte sein Angriffsziel aber um 06.00 Uhr morgens erreicht. Was Holland beunruhigte, war der allmählich aufkeimende Verdacht, gefährlich weit hinter den deutschen Linien zu sein. Mit umgehängten Gewehren kam ihnen ein feindlicher Verstärkungstrupp entgegen; Holland nahm ihnen die Gewehre ab, bunkerte die Gefangenen in einen Keller und ließ einen der Jocks auf der Falltür Platz nehmen. Aus der Dunkelheit kamen Panzergeräusche - wahrscheinlich zur Wartung zurückgeblieben, dachte er.

»Die Deutschen ließen sich offenbar nicht träumen, daß sich jemand so weit hinter ihren Stellungen befinden könnte. Die Brigade hatte noch nicht angegriffen. Keine andere von unseren Kompanien war über die Bahnlinie hinaus. Wir waren allein«, legt Holland dar. »Bis zum Eingraben vor Tagesanbruch hatten wir nur eine Dreiviertelstunde - und in dieser Zeit kann eine Kompanie sich nicht gründlich eingraben. Wenn mir Zeit zum Erkunden geblieben wäre, hätte ich gesagt: ›Zum Teufel mit den Amerikanern‹ und wäre auf die andere Straßenseite gegangen. Sie lag gut einen Meter höher als das Gelände, auf dem wir waren. Um Schutz zu haben, hätten wir uns auf beiden Seiten eingraben müssen.«

Dann kamen auf der anderen Seite der Straße zwei Soldaten angerannt. Holland konnte sie nicht identifizieren. »Ich rief meinen Männern zu: ›Nicht schießen! Nicht schießen! Vielleicht sind es Amerikaner!‹ Die zwei blieben plötzlich stehen; vor Verblüffung fiel ihnen das Kinn herunter: Es waren deutsche Fallschirmjäger. An der Form unserer Helme hatten sie uns ebenso schnell erkannt. Wir töteten sie. Dann kamen die Panzer angerasselt: Panther. Sie zerschossen unsere Verteidigungsanlagen. Ich hüllte uns in Nebel, und sie beschossen uns mit Mörsergranaten. Ich traf sie zweimal mit einer PIAT, dann schossen sie beide PIATs ab. Ich funkte zum

Bataillonsgefechtsstand und bat um Panzerunterstützung, aber die Panzer kamen nicht durch. Ich hatte meinen Feuerbeobachter bei mir und verlangte Artilleriedeckung, die wollten sie nicht geben: sie sagten, ich hätte Feuer auf meine eigene Stellung gefordert. Ich sagte: ›Na, und - ich sitze in einem Fuchsloch und die Deutschen nicht. Ihnen schadet es also mehr als mir!‹ Dann zerschossen die Deutschen uns das Funkgerät. Eine Stunde herrschte Funkstille.

Während dieser Zeit sah ich, wie auf der Straße ein deutscher Stabswagen auf uns zukam und uns offensichtlich nicht bemerkte. Es war ein unwiderstehliches Ziel, und unsere Brens ratterten los. Der Wagen kam direkt vor uns zum Stehen, und weil die Straße höher lag, konnte ich zwischen Straße und Chassis hindurch sehen, wie auf der anderen Seite jemand herausschlüpfte. Ich schoß, aber der Mann entkam.

Dann kamen weitere Fallschirmjäger die Straße herunter. Und gegen zehn Uhr blickte ich in den Lauf einer Schmeisser.« In den Scharmützeln wurden 27 Mann getötet oder verwundet. Die übrigen 60 gerieten in Gefangenschaft.

Erst eine ganze Zeit später - nachdem er festgenommen und über Schlemms Weseler Brücke geführt worden war (»aber nie mit den Händen über dem Kopf«), nach einem 80-Kilometer-Geländemarsch quer durch Deutschland, der Gefangenschaft im Offizierslager Braunschweig und der anschließenden Befreiung nach der deutschen Kapitulation und nach Gesprächen mit Historikern und Überlebenden -, erst dann ging Jack Holland allmählich auf, wer diese Offiziere im Wagen des Generalstabs gewesen sein konnten: Holland nimmt an, daß es die Beobachter waren, die Hitler an die Front geschickt hatte, um ein klares Bild für ihn zu gewinnen. Und die Offiziere, vermutet er, hätten nicht erkannt, daß sie es mit einer hinter den feindlichen Linien isolierten, vereinzelten Kompanie zu tun hatten, sondern an einen größeren Angriff geglaubt. Aus den Vernehmungen deutscher Wehrmachtsangehöriger war Holland bekannt, daß die Offiziere Hitler dann meldeten, Alpen sei eingenommen, und die Brücken in Wesel könnten jeden Augenblick überrannt werden. Der unüberlegte Plan, Alpen zu stürmen, der zur Vernichtung seiner Kompanie führte, habe, so schließt Holland, doch noch sein Gutes gehabt: nämlich sicherzustellen, daß

Schlemm Hitlers Zustimmung erhielt, seine Armee eine Nacht später über den Rhein zurückzuziehen.

Der von Meindl festgesetzte Termin rückte schnell näher. Am 9. März um 17.00 Uhr war sein Ultimatum noch nicht beantwortet. Der Korpskommandeur hatte für den Rückzug einen genauen Zeitplan aufgestellt. Er hatte mit seinen Pionieren die Verkehrskontrollen an Fähren und Brücken besprochen. Zwei Verbindungsoffiziere aus jeder Division waren auf Motorrädern ins Hauptquartier des Stabes gefahren worden und warteten jetzt, ungeduldig auf und ab gehend, seit drei Stunden darauf, daß der Befehl ausgelöst werden konnte.

»Endlich kam gegen 19.00 die Zustimmung«, heißt es in Meindls Bericht. »Um 19.05 Uhr [begaben sich] die Offiziere in besonderer Mission auf verschiedenen Wegen zu den jeweiligen Artillerie- und Kampfgruppen der Division; sie hatten Anweisung, den Vollzug der Weitergabe des Befehls persönlich zu melden. Bereits um 20.00 Uhr waren die ersten Einheiten - aus den Stellungen in der näheren Umgebung der Brücke - unterwegs.« Die ganze Nacht und noch am folgenden Morgen flossen Zehntausende deutscher Soldaten und Fahrzeuge ostwärts über den Rhein, unter ihnen auch die Reste der 116. Panzer-Division: »Erschöpft und geschwächt, übermüdet und von Zukunftssorgen gequält«, hatte die Division während des Feldzugs annähernd 3000 Mann verloren.

Der Morgen des 10. März hüllte sich in Dunst und trüben Nieselregen, was den zurückflutenden Männern nur recht war, denn die Rückzugsaktion konnte ohne Furcht vor Luftangriffen der Alliierten ihren Fortgang nehmen. Meindl hatte seine Spuren verwischt: »Nachhut-Einheiten hatten Befehl erhalten, weitere 24 Stunden auszuharren, um den Gegner in dem Glauben zu lassen, daß die alten Stellungen noch besetzt seien.« Als letzter Offizier seiner Division trat Oberstleutnant Guderian 2 Kilometer südlich der Brücke in einem Sturmboot den Rückzug an.

Um 7.00 Uhr stand Alfred Schlemm im Sprühregen an der Straßenbrücke von Wesel und sah zu, wie die letzte seiner zurückfließenden Einheiten den Weg ans Ostufer nahm. Seine Verteidigungsstreitmacht war von der einen verstärkten Infanterie-Division, über die er am 8. Februar verfügte, im Verlauf des Rheinland-Feldzugs auf einen Höchststand von 11 Divisionen angewachsen. Jetzt hatte der Gegner sein Ziel erreicht; die Operationen *Veritable* und *Grenade* waren abgeschlossen. Aber auch die 1. Fallschirmjäger-Armee hatte ihr Ziel erreicht - sie hatte der vorwärts brandenden Invasion 31 Tage lang Einhalt geboten.

Sie hatte den Briten und Kanadiern der 1. Kanadischen Armee während der einmonatigen Gefechte 15 634 Mann Verluste beigebracht, der 9. US-Armee in 17 Kampftagen 7300. Für die Wehrmacht war der Preis wahrhaft vernichtend gewesen: Über 50 000 Deutsche waren gefangen, weitere 40 000, so schätzt man, gefallen oder schwer verwundet.

Wofür dieser Preis, fragte sich Schlemm, den 113 000 junge Männer auf beiden Seiten mit Leib und Leben gezahlt hatten - nur weil Hitler starrsinnig darauf beharrte, die Schlacht um das Rheinland zu schlagen, statt am Ostufer des Rheins eine Abwehrfront zu errichten.

Einen letzten Befehl hatte Schlemm noch zu erteilen - um 07.00 Uhr hob er müde die Hand und gab seinem Funkoffizier das Zeichen - die letzten zwei Brücken des Generals wurden gesprengt.

Operation »Plunder«

Während General Schlemm die alliierten Angriffsversuche auf seine Brücken abwehrte, wurde einer der aussichtslosesten Rheinübergänge überhaupt zum Schauplatz eines spektakulären Unternehmens.

In Fortsetzung ihres rasanten Vormarsches, der an der Rur mit *Grenade* begonnen hatte, war Hodges' 1. US-Armee unterdessen auf einem Hügelkamm angelangt, der den Blick auf das am Rheinufer gelegene Remagen freigab. Überrascht spähten die Männer durch den Regenschleier auf das grandiose Bild in der Tiefe, wo die mächtigen, dunklen Fluten des Rheins mit reißender Kraft zwischen steil aufragenden vulkanischen Felsen hindurchströmten – überspannt von der Ludendorff-Eisenbahnbrücke mit einem Gewimmel fliehender Truppen, General v. Zangens 15. Armee. Unglaublich – aber die Brücke stand noch.

Der Kommandeur des Kampfverbandes (Combat Command) B der 9. Panzer-Division war heiser vor Erregung. »Schnappt euch die Brücke!« brüllte General Bill Hoge durchs Funkgerät. Ein Zug Infanterie jagte den Hügel hinunter auf die Stadt zu, ermutigt durch weiße Fahnen, die aus den Fenstern hingen. »Um 16.00 Uhr wird die Brücke gesprengt!« keuchte ein deutscher Gefangener. Ein Blick auf die Uhr – noch 45 Minuten.

Die Männer rasten zum Brückenaufgang. Eine heftige Explosion schleuderte eine Kaskade von Staub und Geröll durch die Luft. Das war die Brücke, dachten sie. Als der Staub sich gelegt hatte, bemerkten sie jedoch, daß die Deutschen nur einen Trichter gesprengt hatten, als Panzerhindernis. Es war immer noch Zeit, hinüberzukommen und weitere Sabotageakte zu verhindern.

Vgl. Karten 1 und 11.

Die Infanteristen zögerten. Es war zehn Minuten vor vier. Wenn es nun eine Falle war, dachten sie unruhig, und die Deutschen nur darauf warteten, daß sie die Brücke betraten, bevor sie die Sprengung auslösten? Es würde für alle den Tod bedeuten.

In diesem Augenblick hörten sie eine zweite Explosion. Dreihundert Meter entfernt, am Ostufer, hatte der deutsche Kommandant der Ludendorff-Brücke in ratloser Verzweiflung mit angesehen, wie sich die amerikanischen Truppen der Brücke näherten. Er war zwischen zwei Ängsten gefangen: der Angst, die Brücke an den Feind zu verlieren, und der Angst, vor Hitlers Kriegsgericht zu kommen, weil er die Brücke ohne das Plazet der höheren Kommandostelle gesprengt hatte. Endlich erteilte v. Zangens Stabsoffizier den Befehl. Der Kommandant gab seinen Leuten ein Warnzeichen und drehte den Schlüssel, um die 60 Sprengladungen unter den Brückenpfeilern zur Detonation zu bringen. Doch nichts passierte. Amerikanische Artillerie hatte offensichtlich den Stromkreis unterbrochen.

»Gehen Sie raus und zünden Sie die manuellen Sprengladungen«, fuhr er einen seiner Unteroffiziere an. Der Unteroffizier stürzte los. Sekunden später kam endlich die Explosion. Die Amerikaner sahen hilflos zu, wie die Brücke bebte und sich in einer großen Pyramide von Staub und Rauch in die Luft zu heben schien. Diesmal ist sie hochgegangen, dachten sie. Doch zu ihrem Erstaunen tauchte die Brücke erneut ohne wesentliche Beschädigungen aus den Staubwolken auf.

»Los! Wir gehn!« brüllte Kompaniechef Leutnant Karl Timmerman und jagte über die Brücke. Seine Männer folgten ihm nervös, duckten sich unter Feuerstößen aus Handwaffen und Maschinengewehren aus den steinernen Zwillingstürmen am anderen Brückenende und wagten nicht, in die wirbelnden Fluten 25 Meter unter ihnen zu blicken, in die sie jeden Moment hinabstürzen konnten.

Das Wagnis hatte sich gelohnt. Der Widerstand war schnell überwunden, und um 16.00 Uhr hatten sie die Brücke in sicherem Besitz. Vierundzwanzig Stunden später hatten sich 8000 Amerikaner in die Enge des Brückenkopfes gezwängt; nach drei Tagen hatte sich die Zahl mehr als verdoppelt, und sechs schwere Ponton- und

Treadway-Brücken ersetzten die beschädigte, doch immer noch intakte Ludendorff-Brücke.

Die Amerikaner hatten die mächtigste Wasserbarriere Europas überwunden - und die letzte Verteidigungslinie von Hitlers Armeen im Westen. Es war eine eindrucksvolle Demonstration der besonderen Fähigkeit amerikanischer Militärs, unerwartete Gelegenheiten beim Schopf zu fassen und auszunutzen.

»Das paßt einfach nicht ins Konzept«, war die bestürzende Reaktion von Eisenhowers stellvertretendem Generalstabschef, als er die Meldung bekam. Niemand mochte zwar der 9. Armee den Mut und die Entschlossenheit absprechen, die sie bei dieser Gelegenheit bewiesen hatte, doch die Tatsache, daß sie offen und verfügbar war, schien das einzig Gute, was sich von der Ludendorff-Brücke sagen ließ. Für einen massierten Panzerdurchbruch, wie ihn die Alliierten benötigten, war die Lage Remagens - 135 Kilometer südlich von Wesel, dem Tor zum Ruhrgebiet - denkbar ungeeignet. Es würde schon schwierig sein, die Stellung kräftemäßig zu festigen - sie auszudehnen, eine übermenschliche Anstrengung.

Den östlichen Brückenzugang beherrschten hohe, nackte Felsklippen, günstige Punkte für die Aufstellung deutscher Fla-Kanonen. (Die Felsen erhielten von den eintreffenden Verstärkungstruppen, die unter ihren tödlichen Feuerteppich gerieten, denn auch bald den Namen »Flak Hill«.) Ein vierhundert Meter langer Tunnel durch die Felshügel führte in den Westerwald. Die Straßen auf beiden Flußseiten waren nicht die besten. Elf Kilometer weiter öffnete sich zwar das Schlupfloch der Autobahn Dortmund-Frankfurt; doch wie der Hürtgenwald, der Reichswald und der Hochwald gezeigt hatten, konnte die Durchquerung eines Waldgeländes mit Panzern zu einer zeitraubenden und verlustreichen Strapaze werden.

Eisenhower, dessen Begeisterung über die Möglichkeiten des Brückenkopfes sich in Grenzen hielt, zögerte denn auch, Operation *Plunder,* seinen langgeplanten Rhein-Angriff bei Wesel, der vierzehn Tage später stattfinden sollte, durch den Abzug von Kräften und Material nach Süden zu schwächen. Er wies Bradley an, nicht mehr als vier Divisionen zum Ausbau des Brückenkopfes bei Remagen einzusetzen und nicht mehr als einen Kilometer pro Tag vorzustoßen.

Montgomery hingegen erkannte augenblicklich die Vorteile des amerikanischen Brückenkopfes als taktische Ablenkung vom Hauptübergang im Norden.

> *Streng geheim. Persönlich und vertraulich an CIGS von Feldmarschall Montgomery, 8. März 45:*
> Eine ganze Infanterie-Division hat den Rhein bei Remagen überschritten, und eine Ponton-Brücke ist errichtet. Dieser Stützpunkt soll zu einem Brückenkopf von Bonn bis Andernach ausgedehnt und von vier Divisionen gehalten werden. Eisenhower konsultierte mich heute morgen telefonisch in dieser Sache, und ich sagte, ich hielte es für einen ausgezeichneten Schachzug, der für den Gegner eine unliebsame Bedrohung darstellen und ohne Zweifel Feindkräfte binden würde, was meine Angelegenheit im Norden entlaste.

Für die heroischen Truppen, die sich der Ludendorff-Brücke bemächtigt hatten, mußte es eine herbe Enttäuschung sein, daß man ihre Leistung so wenig schätzte, doch es minderte ihren Enthusiasmus nicht. Die Deutschen schlugen inzwischen mit verzweifelten Mitteln zurück, zu denen Taucher mit Sprengladungen, schwimmende Bomben, Düsenjägerangriffe und V2-Raketen gehörten - das erste und einzige Mal, daß Hitler den Einsatz eines seiner V-Geschosse als taktische Waffen zuließ. Selbst als die kumulative Wirkung dieser Teufeleien 10 Tage später endlich zum Einsturz der Brücke führte, wuchs und gedieh der Brückenkopf - unterdessen verstärkt und mit Ersatzbrücken versehen - prächtig weiter.

Es hätte die Amerikaner mit Genugtuung erfüllt, zu erfahren, welch dramatische Wirkung die Eroberung der Ludendorff-Brücke auf das Oberkommando der deutschen Wehrmacht ausübte. Hitler war außer sich. Obwohl 120 000 seiner besten Kämpfer während des letzten Vorstoßes der Alliierten in Gefangenschaft geraten waren, weigerte er sich noch immer anzuerkennen, daß er selbst es gewesen war, der durch sein Beharren auf der Verteidigung der linksrheinischen Gebiete die alliierte Bedrohung verschärft hatte. Die zweischneidige Warnung, seine Brückenkommandanten vors

Kriegsgericht zu bringen, hatte lediglich zu einer Demoralisierung seiner Offiziere - und dem Verlust einer strategisch wichtigen Brücke an den Feind - geführt.

Hitler benutzte die Erstürmung der Ludendorff-Brücke als Vorwand, den Oberbefehlshaber seiner Armeen im Westen, v. Rundstedt, zu entlassen, dessen wiederholtes Drängen auf eine Rücknahme der Front auf das rechte Rheinufer ihn nur gereizt hatte. Zum dritten Mal in diesem Krieg wurde der 69jährige gefeuert. Diesmal zog er sich in sein Heim in Bayern zurück und hängte die Uniform aufatmend an den Nagel.

Hitler ging noch weiter darin, seine Militärs zu demoralisieren: Er leitete Kriegsgerichtsverfahren gegen die »Feiglinge und Verräter« von Remagen ein, die die Brücke nicht rechtzeitig gesprengt hatten. Am 18. März wurden vier deutsche Offiziere der Remagen-Affäre - von denen einer zum fraglichen Zeitpunkt nicht einmal dagewesen war - in einem summarischen Kriegsgerichtsverfahren zum Tode verurteilt und hingerichtet.

»Der ›Remagenschreck‹, wie er genannt wurde, saß vielen Verantwortlichen bis zum Kriegsende in den Gliedern«, schrieb Albert Speer, Hitlers brillanter Architekt und seit 1942 »Reichsminister für Rüstung und Kriegsproduktion«, von den Hinrichtungen*.

Am 19. März setzte Hitler auch seine Politik der »verbrannten Erde« in Kraft. Er erließ den Befehl, alle lebensnotwendigen Güter und Versorgungsbetriebe und -anlagen zu zerstören und dem vordringenden Feind eine »Wüste« zurückzulassen. Der *Völkische Beobachter* war Sprachrohr dieser Propaganda: »Kein deutscher Halm soll den Feind nähren, kein deutscher Mund ihnen Auskunft geben, keine deutsche Hand ihnen Hilfe bieten. Jeden Steg soll er zerstört, jede Straße gesperrt vorfinden - nichts als Tod, Vernichtung und Haß wird ihm entgegentreten.**

* in ›Erinnerungen‹, Frankfurt-Berlin 1969, S. 450

** Der Artikel im *Völkischen Beobachter* erschien bereits am 7. Sept. 44 - seit der Invasion und dem militärischen Zusammenbruch in Frankreich waren Diskussionen über Art und Ausmaß solcher Maßnahmen in Gang. Neben der harten Richtung Hitlers und anderer Vertreter des OKW wurde u. a. von Kreisen um Speer für stark eingeschränkte, reparable »Lähmungen« statt der Zerstörungen plädiert. Nach Hitlers rigorosem Befehl vom 19. März setzte sich Speer weiterhin für Milderungen ein, und nach seiner, wie Speer selbst berichtet, harten

Die Liste war lang: Starkstromleitungen, Gas- und Wasserleitungen, Lebensmittelvorräte, Industrieanlagen, Kunstdenkmäler, Kirchen, sogar Verwaltungsakten - alles sollte vernichtet werden. Desgleichen sollten Bauernhöfe dem Erdboden gleichgemacht, Vieh getötet, Straßen aufgerissen, Brücken gesprengt werden.

Wenn der Krieg verloren sei, ließ Hitler seine schockierten Minister wissen, sei auch das deutsche Volk am Ende. Auf das, was das Volk zu seinem Weiterleben benötige, brauche man keine Rücksicht zu nehmen. Nur Speers besonnenem Eingreifen war es zu danken, daß der Erlaß nicht in der von Hitler verordneten Form ausgeführt wurde.*

Am 11. März traf v. Rundstedts Nachfolger, Generalfeldmarschall Albrecht Kesselring (auch der »lächelnde Albert« genannt), im Hauptquartier der 1. Fallschirmjäger-Armee in der Nähe von Wesel mit Blaskowitz, dem Oberbefehlshaber der Heeresgruppe H, und Schlemm zusammen. Obwohl der endgültige Rückzug vom Westufer erst zwei Tage zuvor beendet worden war, hatte man bereits fieberhaft mit der Wiedererrichtung der Verteidigungslinie begonnen, und die Armeekommandeure gaben sich optimistisch.

Schlemm, der wiederum die Verteidigung der zurückgezogenen deutschen Front leiten würde, versicherte, »der 1. FS-Armee sei es gelungen, alle Versorgungselemente geordnet zurückzuziehen, fast ihre gesamte Artillerie zu retten und genug Soldaten zurückzuziehen, um den Aufbau einer neuen Abwehrfront am Ostufer zu sichern«. Die 50 aus Wesel abgezogenen Artillerie-Batterien sollten für die Verteidigung am östlichen Ufer höchste Bedeutung gewinnen.

Der gewitzte Chef der Fallschirmjägertruppen erwartete einen Offensivstoß über den Rhein und vermutete Emmerich und Rees als Ausgangspunkte. Überdies rechnete er mit dem Versuch einer alliierten Luftlandeoperation. Schlemm trug dieser Bedrohung Rech-

brieflichen Kritik an Hitlers Befehl wird dieser durch den wesentlich gemäßigteren Erlaß vom 30. März ersetzt. Vgl. Speer a.a.O. S. 409 ff. sowie Kap. 29 u. 30 – zu den Dokumenten vgl. Kriegstagebuch des Oberkommandos der Wehrmacht (Hrsg. P. E. Schramm), Frankfurt 1961, Bd. IV/II, S. 1580 ff.

* Er wurde schließlich in der weitgehend revidierten Form der »Ausführungsbestimmungen« vom 30. März durchgeführt.

nung und verstärkte in den wahrscheinlichen Absprunggebieten bei Wesel seine Flugabwehr. Insgesamt 814 schwere und leichte Flak verliehen der Verteidigungslinie Rückenstärkung. Bauernhäuser wurden zu Betonfestungen, harmlose Hütten zu Abwehrstellungen mit Rundum-Gräben und sandsackbewehrten Fenstern. Besonders ausgebildete bewegliche Luftlandeabwehrkräfte hielten alle in Frage kommenden Absprung- und Landungsstellen unter Beobachtung. Die Kanoniere schliefen in voller Ausrüstung auf ihren Posten.

General Straubes LXXXVI. Korps erhielt von Schlemm den Befehl zur Verteidigung Wesels. Der »Uhrmacher« stationierte die 84. Infanterie-Division (die noch immer vom Verteidiger Kleves, General Fiebig, befehligt wurde) am Nordrand des Diersfordter Forstes, von dessen Höhen man Wesel überblickte. General Eugen Meindls II. Fallschirmjäger-Korps hatte die Verantwortung für den Abschnitt rechts von Straube - von Emmerich bis zu einem Punkt gegenüber von Xanten. Meindl richtete in Bocholt das Hauptquartier für seine drei Divisionen - die 6., 7. und 8. Fallschirmjäger-Division - ein. Das Korps umfaßte 10 000 bis 12 000 Kampfsoldaten. Das schwächste Korps der 1. Fallschirmjäger-Armee, General Erich Abrahams LXIII. Korps, sicherte den Abschnitt südlich von Wesel. Seine Schlüsseltruppen - die 116. Panzer-Division und die 15. Panzergranadier-Division aus v. Lüttwitz' XLVII. Panzer-Korps - hielt Schlemm für den Moment in Reserve.

Zur Ergänzung der regulären Divisionen der 1. Fallschirmjäger-Armee waren in aller Eile acht Volkssturm-Bataillone an die Front geworfen worden. Diese hastig aufgestellte Einheit - schätzungsweise 3500 Mann stark - umfaßte Zivilschutzgruppen, 16jährige Jungen und müde 60jährige. Trotz der schlechten Qualität dieser Gruppe, die er achselzuckend abtat (»ohne Kampfwert«), vertraute Schlemm auf die Fähigkeit seiner Armee, die Angreifer abzuwehren, »wenn sie nur acht bis zehn Tage hätte, um aufzufrischen, Stellungen vorzubereiten, Nachschub heranzubringen und auszuruhen«.

Die Ernennung von Kesselring war Hitlers letzter Versuch, die Invasion der Alliierten aufzuhalten. »Meine Befehle sind kategorisch«, erklärte der Feldmarschall: »Durchhalten!«

Schlemm sollte seine zusätzlichen Tage bekommen - 12 wurden es. Die Alliierten bereiteten einen massiven Schlag über den Rhein vor, an dem drei Nationen, drei Armeen und eine Million Mann beteiligt sein würden. Der Angriff mit dem Decknamen *Plunder* war nicht vor dem 23. März zu koordinieren und auf den Weg zu bringen. Montgomery, Oberbefehlshaber der 21. Heeresgruppe, gab die Befehle aus: Vereinte amerikanische und britische Kräfte sollten zwischen Rheinberg und Rees einen Brückenkopf gewinnen.

Der ursprüngliche Plan hatte vorgesehen, daß ein einziges Korps der 9. Armee für den Rheinangriff dem Kommando von Generalleutnant Sir Miles Dempseys 2. Britischer Armee unterstellt würde. Mit dieser Anweisung, die es der 9. Armee verwehrte, bei ihrem eigenen Übergang die Führungsrolle zu spielen, hatte Montgomery endlich erreicht, daß dem bisher unerschütterlichen General Simpson der Kragen platzte: Er legte Protest ein, daß die 9. Armee von diesem historischen Übergang ausgeschlossen sein sollte. Und auch die Kanadier mochten nicht zurückstehen.

Montgomery gab sogleich klein bei. In einem revidierten Plan sollten (unter dem Oberbefehl der 21. Heeresgruppe) sowohl die 9. US-Armee als auch die 2. Britische Armee in die Offensive gehen; auch eine kanadische Brigade sollte beteiligt sein. Die vereinigte Streitmacht - Durchbruchseinheiten inbegriffen - würde 12 amerikanische, 8 britische und 4 kanadische Divisionen umfassen, zusätzlich zu zwei Luftlande-Divisionen und einer Kommando-Brigade. (Den eigentlichen Sturmangriff von *Plunder* würden je zwei amerikanische und britische Divisionen, die Kommandos, die Luftlande- sowie die kanadische Brigade vortragen.)

Montgomery nahm das Risiko in Kauf, daß der Feind Zeit zu weiterer Verschanzung erhielt. Er selber war auf diesen Zeitvorteil ebenso dringend angewiesen. Sein Ziel war ein Panzerausbruch massierter alliierter Kräfte bis tief ins Herz des nationalsozialistischen Deutschland. Er beabsichtigte, Ausbildung und Logistik auf einen Stand zu bringen, der seinen Brückenkopf gegen Stillstand oder gar Rücknahme absicherte. Die Deutschen hatten es fertiggebracht, das Tempo von Operation *Veritable* zu drosseln und *Grenade* abzuwürgen. Montgomery wollte sicherstellen, daß die Deutschen nicht noch in letzter Minute genügend Kräfte mobilisierten, um den Stoß von *Plunder* aufzufangen.

Mochte der weniger geduldige amerikanische Partner auch auf einen beschleunigten Angriff über den Rhein drängen - Montgomery ließ sich nicht unter Druck setzen. Selbst der Triumph von Remagen im Süden überzeugte ihn nicht davon, daß eine Großoffensive gegen den weitaus härter verteidigten Ruhr-Abschnitt ohne gründliche Vorbereitung erfolgreich sein könnte. Simpson schien zuzustimmen. Am 21. März notierte er nach einer Besprechung im Stab der 21. Heeresgruppe in seinem persönlichen Tagebuch: *»Widerstand:* Der Feldmarschall rechnet damit, daß er im Süden - Bereich der 9. Armee - leicht, in Richtung der nördlichen Flanke zunehmend härter werde. Der Übergang der 9. Armee läge in einer Zone, die nur von einer einzigen deutschen Division gehalten werde, der der 2. Britischen in einem Gebiet, das drei deutsche Fallsch.Jg.-Div. hielten - harte Burschen.«

Hinter den unterschiedlichen Ansichten über den besten Ort und Zeitpunkt für die Invasion ins rechtsrheinische Deutschland standen eher praktische Erwägungen als Prestigegründe. Tagtäglich flossen neu ausgebildete amerikanische Truppen nach Europa ein, während die Briten praktisch keine Reserven mehr besaßen. Montgomery war sich der Konsequenzen bewußt: Bei einem überstürzten Angriff stand der Erfolg des Unternehmens auf dem Spiel - ebenso aber auch das Leben schlecht vorbereiteter Soldaten an der Front.

»Unsere Leute waren in dieser Phase des Feldzugs nicht gut genug ausgebildet, um sich in einem übereilten, improvisierten Übergang gegen die professionellen deutschen Truppen durchzusetzen«, erklärt Generalmajor John Graham. »Wir konnten den Mangel an Unterführern nicht mehr ausgleichen. Nach vier Kriegsjahren waren die erfahrenen Hauptgefreiten und Unteroffiziere verschwunden, gefallen, und uns blieben nur noch Männer, die, der Erfahrung nach allenfalls Gefreite, frisch befördert worden waren. (Es muß ja absurd erscheinen, daß ich mit 21 bereits Major war!) Ich glaube, ein Kommandeur, der nicht um die allergründlichste Vorbereitung besorgt gewesen wäre, bevor er sie in die Schlacht schickte, hätte sehr unklug gehandelt.«

Plunder war äußerst komplex: Aus der Operation gingen im Rahmen des Gesamtplans fünf verschiedene Einzeloperationen hervor: *Flashpoint, Turnscrew, Torchlight, Widgeon* und *Varsity*.

Der Angriff konzentrierte sich um den Straßen- und Eisenbahnknotenpunkt Wesel. Simpsons 9. Armee – wie bei *Grenade* zusammengesetzt aus Gillems XIII., Andersons XVI. und McLains XIX. Korps –, hatte die Aufgabe, den Rhein auf einem 18-Kilometer-Abschnitt südlich von Wesel zu überschreiten. Als Sturmdivisionen wurden die 79. und das verläßliche »Zugpferd« der 9. Armee, die 30. Division, eingesetzt. Der Angriff – Deckname *Flashpoint* – sollte in den frühen Morgenstunden des 24. März von zwei Punkten bei Rheinberg aus vorgetragen werden. Die Attacke galt als weniger risikoreich als die vorhergehende Rur-Überschreitung. »Ein breiter Flußlauf mit mäßiger Strömung und idealen Plätzen zum Einschiffen und Anlanden, wo eine Menge von Sturmbooten eingesetzt werden konnten, war einem schmalen Fluß mit starker Strömung vorzuziehen«, hörte Simpson von seinem Planungsstab. Auf der anderen Rheinseite konnten die schlechten Straßen im amerikanischen Abschnitt und zwei Bahndämme Probleme für die Panzertruppen schaffen. Simpson sah vor, ein Korps durch den britischen Abschnitt zu schleusen, wenn dieser gesäubert war.

Die 2. Britische Armee würde den Fluß auf einer 19-Kilometer-Front überqueren, die sich von Wesel nordwärts bis Rees erstreckte. (Nahtstelle zwischen den Armeen war die Lippe.) Den Befehl über dieses Unternehmen erhielt Generalleutnant Sir Miles Dempsey – wie Crerar ein Planungs- und Koordinationskünstler. Die Jocks sollten die Angriffsspitze übernehmen. Dempsey plante eine Attacke mit zwei Korps – Horrocks' XXX. links, bei Rees, und Generalleutnant Sir Neil Ritchies XII. Korps in rechter Stellung bei Xanten – dies waren die Operationen *Turnscrew* und *Torchlight*.

Turnscrew, der Vorstoß der 51. *Highland Division* bei Rees, sollte am 23. um 21.00 Uhr die Invasion ins Rollen bringen. Kanadas *Highland*-Brigade, die 9. Kanadische Infanterie-Brigade, war ihr für diese Operation unterstellt. Der Sturmspitze folgten die 43. Division *Wessex*, die britische 3. Division sowie die Panzertruppen (Gardepanzer-Division, 6. Gardepanzer- und 8. Panzer-Brigade), die im Durchstoß den Brückenkopf erweitern sollten.

Die Eroberung Wesels erforderte besondere Taktiken und spezialisierte Streitkräfte. Eine Stunde nach Angriffsbeginn durch die 51. Division sollte die 1. Kommando-Brigade hinter Wesel einen stillen Flußübergang durchführen und - nach einer Unterbrechung an der Feuerlinie, während die R.A.F. einen schweren Luftangriff flog - die Stadt einnehmen. Das war Operation *Widgeon.*

Unterdessen würde die 15. Schottische Division am 24. März um 02.00 Uhr auf halbem Weg zwischen Rees und Wesel, nämlich von Xanten aus, angreifen. General Barbers Sturmbrigaden für diese Operation *Torchlight* waren die 44. und die 227. Die 11. Panzer-Division würde zum Durchbruch nach vorn stoßen, wenn eine Brücke für den Schwerverkehr erstellt war.

Am ausgefallensten jedoch war die letzte Phase in dieser bunten Reihe bizarr benannter Operationen: *Varsity.* Dreizehn Stunden nach Angriffsbeginn durch Infanterie und Kommandotruppen am 23. März sollten etwa 14 000 Mann Luftlandetruppen über dem Höhengelände nördlich von Wesel abspringen oder mit Segelflugzeugen landen. Ihre Hauptaufgaben waren es, zunächst Schlemms den Rhein beherrschende Geschützstellungen unschädlich zu machen und sodann den Brückenkopf mit größtmöglicher Schnelligkeit zu erweitern, damit die 2. Britische Armee und die 9. US-Armee sich zusammenschließen und ins industrielle Herz Deutschlands vordringen konnten. Unter Generalmajor Matthew Ridgways 18. Luftlande-Korps übernahmen zwei Divisionen - die 6. Britische und 17. US-Luftlande-Division - dieses wichtige Angriffsziel. Um eine Wiederholung des Blutbads von Arnheim und des Chaos der Normandie zu vermeiden, sollte der Schlag bei Tag und direkt auf die feindlichen Stellungen erfolgen, mit Unterstützung von Artillerie und Bodentruppen, die schon in nächster Nähe bereitstanden.

Die Zahl der Fahrzeuge und Vorräte zur Versorgung von 1 250 000 Mann für eine Flußüberschreitung erreichte atemberaubende Höhen. Am Tag X waren für die zwei Armeen über 250 000 t an Nachschubgütern am Westufer massiert. Allein die Briten hatten 60 000 t Munition und 30 000 t Pioniermaterial angehäuft. General Simonds' hart erkämpfte und umstrittene Einbahn-Straßen- und Eisenbahnverbindung durch die Hochwaldschneise leistete gute Dienste.

Jede Scheune, jeder Schuppen und Hinterhof am Flußufer war mit Gütern vollgestopft und zur Täuschung des Gegners getarnt (der annehmen sollte, daß der Angriff weiter nördlich, von Emmerich aus, oder im Süden bei Homberg erfolgen würde). Die Geheimhaltung stellte die Planungsstäbe vor erhebliche Schwierigkeiten, weil das Flußufer unter Beobachtung - und im direkten Schußbereich - vom Ostufer her lag. Das Ausladen mußte hinter den Hochwasserdeichen stattfinden, die den Fluß beiderseits säumten und bis zu 6 Meter Höhe und 20 Meter Breite erreichten. Diese Deiche boten zwar Schutz, bildeten aber mit ihren steilen Wänden gleichzeitig Sperren für die »Buffalos« und amphibische »Duplex Drive«-Panzer (DDs), die bei der Operation eine wesentliche Rolle spielten. Diese mächtigen neuen Schwimmpanzer waren bei der Landung in der Normandie zum ersten Mal - und mit Erfolg - eingesetzt worden. Es waren im Prinzip »Shermans« mit aufblasbaren Schläuchen, die bei Gewässerüberquerungen ihren schwimmenden Einsatz ermöglichten. Bei der Truppe hießen sie Donald Ducks.

Sappeure wurden ausgeschickt, um in der Nacht vor Beginn der Invasion eine Bresche in die Deiche auf der Westseite zu schlagen und eine Zufahrt herzurichten. Die alliierten Truppenmassierungen wurden in einen kontinuierlichen Nebelvorhang gehüllt - mit 100 Kilometern Länge der längste in der Kriegsgeschichte. Britische Soldaten verglichen ihn mit dem Nebel von London, und er wurde nur zweimal unterbrochen, um den Kommandeuren der Sturmtruppen ein kurzes Erkunden der Übergangsstellen zu erlauben (das allerdings, wie einer der Offiziere sich erinnert, dank plötzlich wechselnder Windrichtung mehr »ein trübes Blinzeln« war). Verläßlichere Aufklärung boten die Luftfotos und Nachbildungen aus Schaumgummimasse oder ähnlichem, die verblüffend präzise - »bis auf den letzten Telegrafenmast« - hergestellt wurden.

»Jeder einzelne bis hinunter zum letzten Mann meines Bataillons hatte wenigstens 20 Minuten Zeit, sich das phantastische Modell von Bislich, unserm Angriffsziel, anzusehen«, berichtet Brigadegeneral Charles Richardson, Kommandeur des 6. Bataillons, *King's Own Scottish Borderers,* 15. Schottische Division. »Und jeder wußte genau, welche fünf Häuser er zu besetzen hatte.«

Über 5000 Geschütze waren zusammengezogen worden - 3411 hatten die Briten, 2070 die Amerikaner zur Verfügung. Um eine optimale Reichweite zu erlangen, wurden sie 48 Stunden vor Angriffsbeginn bei Nacht in aller Stille so weit wie möglich nach vorn gebracht. Die Bedienungen kamen so nahe an die Kampflinie heran, daß bei einigen von ihnen der chemische Nebel krankhafte Beschwerden auslöste.

Eile war von allergrößter Wichtigkeit. Um die Luftlandetruppen nicht der Gefahr von Verletzungen auszusetzen, war man - wenn auch zögernd - übereingekommen, daß das Sperrfeuer der Artillerie, während die Truppen absprangen bzw. landeten, vollständig aussetzen sollte. Die Kommandeure sahen sich deshalb unter dem zusätzlichen Druck, vor diesem Zeitpunkt besonders viel Boden zu gewinnen.

Es blieben ihnen genau 12 Stunden, um die Männer aus vier Divisionen vor Ende der Feuerunterstützung über den Fluß und auf sichere Brückenköpfe zu bringen. Erstes Ziel war es, bei Tagesanbruch die Sturmbrigaden »auf Jeep- und Transporterbasis« ans Ostufer zu befördern. Danach sollten zur baldigen Unterstützung der Infanterie in kürzestmöglicher Zeit die Amphibienpanzer folgen.

Letztes Ziel war die Errichtung von Brücken. Der erste Angreifer über den Rhein - Julius Caesar - hatte um 55 v. Chr. zehn Tage gebraucht, um den Bau einer Brücke zu vollenden, über die er den Fluß überschreiten konnte. Die Pioniere der 9. Armee taten sich da leichter; ihre ca. 400 Meter lange Brücke stand 9 Stunden nach Angriffsbeginn. In Voraussicht dieser wichtigen Aufgabe hatte sich eine Kompanie des 17. US-Pionier-Bataillons seit dem 9. März intensiv darauf vorbereitet.

In jeder Division kamen etwa 9000 Sappeure oder Pioniere zum Einsatz. An jeder Übergangsstelle würden sich zur Angriffsstunde dreitausend von ihnen mit tausend Lkw-Ladungen Ausrüstung zum Brückenbau sammeln. Die *Royal Engineers* waren verantwortlich für die Zuführung nicht nur des Brückenbaumaterials, sondern auch aller Sturmboote, Flöße, Schleppkähne, Fahrzeuglandungsboote (LCVs), Pontons, Anker und Winden. Auch Marineeinheiten beider Länder waren an *Plunder* beteiligt, stellten den Angriffstruppen

Fahrzeug- und Truppen-Landungsboote (LCVPs) sowie Panzerlandungsboote (LCMs) zur Verfügung.

Die Kontrolle der gesamten Truppen- und Fahrzeugbewegungen aus den Bereitstellungsräumen zum Ufer machte die Aufstellung besonderer Uferüberwachungseinheiten erforderlich, in denen Hunderte von Offizieren und Männern eingesetzt waren. Die Fahrzeuge, die innerhalb von 48 Stunden über den Fluß setzen sollten, wurden fortlaufend numeriert. Und jede Einheit und jedes Fahrzeug wurde dann vor dem Angriff der Reihe nach und zeitlich genau koordiniert aufgerufen.

Das Wetter war warm und sonnig geworden. Während sie darauf warteten, daß *Plunder* anlief, genossen die Soldaten von drei Armeen ein paar Tage Ferien vom Krieg.

Erdstände in sicherer Entfernung von feindlichen Granaten gewannen seltsamen Reiz. »Der Unterstand, den ich übernahm, war innen mit sehr schönem Holz ausgekleidet«, schrieb ein Offizier der 3. Kanadischen Infanterie-Division. »Diese deutschen Offiziere hatten ihre Unterkünfte wahrhaftig optimal ausgestattet. Das Dach war Stahl, mit Balken unterlegt und mit einer kompakten, 1,50 hohen Erdschicht bedeckt ... fast in jedem stand nobles Mobiliar herum, Polstergruppen, schöne Spiegel, die an Bäumen aufgehängt waren, Klaviere, Uhren, riesige Messingbetten ...«

Das *Toronto Scottish Regiment* delektierte sich an einigen auserlesenen Mahlzeiten. »Es war unglaublich und absolut phantastisch«, erinnert sich Major William Whiteside von den kanadischen *Argyll & Sutherland Highlanders.* »Gegen den Regen war ein Zelt aufgerichtet, und drinnen standen ein Eßzimmertisch, bequeme Stühle und ein Sofa. Der Hauptgefreite, der das Essen servierte, trug eine weiße Pijacke, auf dem Tisch lag ein weißes Leinentischtuch. Zugführer gingen ein und aus, triefend vor Nässe, und da saß der Kompaniechef und labte sich an einem Nachtessen mit Wein.«

An Nahrungsmitteln war kein Mangel. Auf Feldern und Bauernhöfen standen sie reichlich zur Verfügung, wenn es auch offiziell verboten war, Gebrauch davon zu machen. Major Joe Corcoran z. B., der eine Kompanie des 7. Bataillons der *Argylls* führte, erhielt einen Anruf seines Kommandeurs. »Wenn Sie aus Ihrem Fenster blicken, sehen Sie ein Schwein, das an einem Strick auf Ihr Kompaniegelände geführt wird. Kümmern Sie sich bitte darum, daß es freigelassen wird, wenn es bei Ihnen ankommt.« Corcoran, der schon den ganzen Morgen auf das Schwein gewartet hatte, fügte sich widerwillig. Und mit ihm mußten noch ein paar andere Jocks, die sehnsüchtig ein paar fette Junghühner oder ein rundliches Schwein im Auge hatten, Enthaltung üben.

Männer des 5. Bataillons der *King's Own Scottish Borderers* wurden angewiesen, alles Vieh zusammenzutreiben, das dann nach Holland und Belgien zurückgebracht werden sollte. »Jede Kompanie hatte bei künstlichem Nebel ihr eigenes Rodeo«, berichtet die Bataillonsgeschichte.

Der Nachrichtendienst von SHAEF allerdings warnte die Einheiten vor dem Genuß bestimmter deutscher Nahrungsmittel: »Informationen, die kürzlich von gefangenen deutschen Saboteuren eingingen, weisen darauf hin, daß die Deutschen eine Vergiftung von Nescafé, Zucker, deutschen Zigaretten und deutscher Schokolade entweder planen oder bereits in Angriff genommen haben. Besonders erwähnt wurde die deutsche Schokoladenmarke Sarotti.«

Am 12. März notierte der Chef des britischen Generalstabs, Feldmarschall Sir Alan Brooke, als kleinen Scherz in sein Tagebuch: »12. 3. 45!! Schade, daß dieses Datum sich erst in 100 Jahren wiederholt! Es sieht so hübsch aus!«

Am selben Tag begann intensives Training für den Angriff. Die Männer wurden gedrillt bis zum Umfallen. »Am Anfang konnte die Durchschnittsbesatzung von 14 Mann die Boote kaum den steilen Abhang hinaufschleppen«, kommentierte ein Gefechtsbericht der 79. US-Infanterie-Division. »Es wurde geübt, und die Schwierigkeiten waren behoben.«

Die Truppen beider Armeen führten Tag- und Nachtübungen im Bootstraining durch. Leutnant Hubert Campbell von 5. Bataillon der *Black Watch* erinnert sich an die Verwirrung bei einer Nachtübung. »Wir kannten die ›Buffalos‹ nicht und hatten wenig Praxis in der Dunkelheit. In dem Nebel drehten wir uns und landeten stromabwärts am selben Ufer, von dem wir losgefahren waren.«

Da nicht genügend »Buffalos« für sämtliche Angriffstruppen zur

Verfügung standen, überließ man sie den britischen Vorausabteilungen, und den Reservebataillonen wurden Sturmboote zugewiesen. Diese Sturmboote gaben Anlaß zu einiger Besorgnis. Sie wurden mit »Evinrude«-Außenbordmotoren angetrieben, von denen man wußte, daß sie schwer anzuwerfen und nicht sehr zuverlässig waren. Die Schotten legten einen Miniaturhafen an, in dem die Motoren vor Angriffsbeginn gestartet werden und warmlaufen konnten. Noch besser machten es die Amerikaner: »Wir wickelten jeden Motor in chemische Heizkissen, die wir von unsern Sanis bekamen«, erläutert Generalmajor Carrol Dunn, dazumal Bataillonskommandeur des 105. US-Pionier-Bataillons. Der Kommandeur der 1. Kommando-Brigade, Brigadegeneral Derek Mills-Roberts trug seine Kritik gleich an die obersten Stellen. Die Sturmboote seien »unzuverlässige, hochtourige Monstrositäten«, beklagte er sich bei General Dempsey. Selbst nachdem seine Mechaniker sämtliche Motoren zerlegt und untersucht und es an »Mühe, Sorgfalt und Flüchen« nicht hätten fehlen lassen, seien sie noch unbrauchbar gewesen. Dempsey erschien zu einem Probelauf. Zu Mills-Roberts' stillem Entzücken endete die Fahrt des Armeekommandeurs in einem hilflos treibenden Boot in Strommitte.

Panzersoldaten vom 44. *Royal Tank Regiment* entdeckten, daß sie beim Übergang als DD-Regiment die Schwimmpanzer bemannen sollten, obwohl noch »keiner von uns jemals einen DD gesehen, geschweige denn einen gefahren hatte«. Sie verbrachten dann zehn Tage intensiven Trainings damit, ihre Bedienung zu Wasser und auf dem Land zu erlernen.

So lange, bis die Brücken errichtet waren, hatten Fähren alle Transporte zu übernehmen. Fahrzeuge, im voraus mit dem wichtigsten Nachschub für die Angriffsbrigaden beladen, standen bereit, die auf Anforderung übergesetzt werden konnten. Ebenso war Vorsorge für die Evakuierung von Verwundeten und Gefangenen zu treffen. Mit bemerkenswerter Findigkeit hielt die Brückenbaukolonne vorgeschnittene Materialteile bereit und übte sich darin, sie schnell zusammenzusetzen und aufzubauen.

Es herrschte strengste Geheimhaltung. Zu dem umfassenden Täuschungsplan gehörte auch, daß alle Schulterklappen und die Erkennungszeichen der Einheiten an den Fahrzeugen der Angriffsdivisionen zu entfernen waren. Besondere Täuschungseinheiten übernahmen diese Kennzeichen und errichteten weiter südlich falsche Gefechtsstände mit Scheininstallationen, um den Gegner irrezuführen. Einheiten aus anderen Korps hatten jede auffällige Bewegung von Material oder Mannschaften zu kopieren, die nicht getarnt werden konnte. Die Patrouillengänge wurden intensiviert, um den Gegner von der Entdeckung der Lager für Munitionsvorräte und Brückenbaumaterial abzuhalten. Der Nachrichtendienst der 9. Armee nennt eine letzte und außergewöhnliche Vorsichtsmaßnahme: »Nur besonders ausgewählte Männer, die bei einer Gefangennahme keine Aussagen machen würden, kamen für Erkundungsgänge jenseits des Flusses in Betracht.«

Die 52. *Lowland Division* hielt den Frontabschnitt der 15. *Scottish Division* am westlichen Ufer besetzt. (Die 3. Britische Infanterie-Division übernahm die Ausgangsstellung der 51. *Highlanders.*) Die Truppenmassierungen wurden so verstohlen durchgeführt, daß sogar der Kommandeur des 7./9. Bataillons der *Royal Scots* (52. *Lowland Division*), Oberstleutnant Hugh Rose, verblüfft war, als er alte Freunde aus dem Schwesterbataillon, dem 8. der *Royal Scots,* zur Aufklärung vor dem Gefecht in der Kampflinie auftauchen sah. (Es war nichts Ungewöhnliches, daß Bataillone desselben Regiments auf verschiedene Brigaden verteilt waren und oft nicht einmal im selben Feldzug oder gar Land kämpften.)

Einer der Offiziere des 8./*Royal Scots,* Hauptmann Bill Fargus, fragte die *Lowlanders* amüsiert: »Wie sieht's denn hier unten aus?« – »Sie sagten: ›Entsetzlich langweilig! Hier passiert absolut gar nichts!‹ Sie hatten keine Ahnung, daß sich ein paar Kilometer hinter ihnen ungefähr drei Divisionen zusammendrängten und in sechs Stunden eins der stärksten Sperrfeuer aller Kriegszeiten losgehen würde.«

Zu den Aufgaben von Hauptmann John McVie, Fernmeldeoffizier beim 7./9. Bataillon *Royal Scots,* gehörte die Ortung deutscher Geschützstellungen jenseits des Rheins durch Beobachtung ihrer Mündungsfeuer. Manchmal mußte dafür zu extremen Maßnahmen gegriffen werden. »Es kam vor, daß der Transporterzug die Motoren aufheulen ließ und die Männer schrien und brüllten, um ein bißchen deutsches Geschützfeuer zum Orten zu Gesicht zu bekommen.«

Zur Versorgung des umfangreichen Fernmeldesystems der Uferüberwachung wurden kilometerweise Kabel im weichen Schlamm des Hochwasserbetts verlegt. Die Jocks benutzten »Wiesel«, um im Schlamm vorwärts zu kommen. Einmal requirierten die Amerikaner für diese Zwecke einen Traktor und Pflug. Sofort nach Angriffsbeginn sollten Verbindungen zum anderen Ufer hergestellt werden.

Eine der wichtigsten Vorbereitungen für *Plunder* war der Bombardierungsplan der alliierten Luftstreitkräfte. Im Lauf des vorangegangenen Monats hatten alliierte Maschinen bei Feindflügen 31 635 t Bomben auf das Straßen- und Eisenbahnnetz des Ruhrgebiets abgeworfen. In den letzten drei Tagen vor *Plunder* konzentrierten sich die Bomber auf deutsche Flugplätze und Kasernen.

Am 22. März saß General Alfred Schlemm in seinem vorgeschobenen Gefechtsstand noch spät in der Nacht über den Plänen für die Zusammenziehung seiner Verteidigungskräfte gegen die erwartete alliierte Offensive über den Rhein. Als das vertraute Heulen des Fliegeralarms einsetzte, blickte er von dem Stapel administrativer Anweisungen auf seinem Schreibtisch auf. Schon wieder ein Luftangriff, dachte er müde. Dann wankte das Gebäude unter einem Volltreffer.

Schlemm wurde schwer verletzt aus den Trümmern geborgen. Er führte das Kommando noch zwei weitere Tage, bis er zusammenbrach und mit einem Schädelbruch in ein Lazarettkrankenhaus eingeliefert wurde. Für den reputierten Kommandeur der Fallschirmtruppen war der Krieg damit zu Ende. Er hatte mit dem eigenen Führer fast ebensooft im Konflikt gestanden wie mit dem Feind. Trotz Hitlers erratischen und unrealistischen Befehlen war es Schlemm gelungen, dem wachsenden Druck der alliierten Rheinland-Operationen mit einer brillanten Abwehrleistung zu begegnen und einen geordneten Rückzug durchzuführen. Seine Nachfolge übernahm General Günther Blumentritt.

Im Hauptquartier der 51. Division hielt Generalmajor Thomas Rennie am 22. März eine Einsatzbesprechung ab. Major Thomas Landale Rollo vom 7. Bataillon der *Black Watch* hat in Erinnerung, wie eng der Kontakt zwischen Rennie und seinen Kommandeuren mit der Zeit geworden war. »Wir waren inzwischen soweit, daß ein großer Teil der Planung ganz automatisch ablief. General Rennie brauchte kaum noch etwas zu sagen. Er nickte z. B. unserm Brigade-Kommandeur zu: ›Jim, du machst da was, und Soundso, du machst hier was.‹«

Der Kommandierende General der *Highland Division* stand den kommenden Aktionen mit seltsam unbehaglichen Gefühlen gegenüber, erinnerte sich General Horrocks später: »Ich bin überzeugt, Rennie ging mit bösen Ahnungen in diese Schlacht... Ich hatte ihn noch nie so unruhig erlebt wie vor dieser Rhein-Operation. Alles daran war ihm zuwider, und ich verstand nicht warum. Ich glaube, er war wie so viele Hochland-Schotten ein ›Spökenkieker‹.«

Wenige Kilometer weiter südlich ging General Eisenhower mit aufmunternden Wünschen zum Gelingen der Mission unter den nervös wartenden GIs einher. General-Major Gerhardt, Kommandierender General der 29. Infanterie-Division (einer der Divisionen der 9. Armee aus der zweiten Welle), sah, daß einer seiner Männer eine Strickmütze der Marine trug. »Ich winkte ihn zu mir und sprach mit ihm; wir hatten ein strenges Uniformreglement, das jedem Soldaten vorschrieb, jederzeit den Helm zu tragen. Ich fragte ihn also, was die Mütze solle. Er blickte mir in die Augen und erwiderte: ›Herr General, was ich auf dem Kopf habe, kann Ihnen doch egal sein. Wir gehen jetzt über den Fluß und nehmen die Stadt für Sie ein.‹ Ohne darauf einzugehen, wünschte ich ihm alles Gute und ließ ihn wegtreten. Der Mann kam bei der Offensive ums Leben.«

Feldmarschall Montgomery, der es haßte, wenn man ihm bei der Arbeit über die Schulter sah, war eifrig damit beschäftigt, selbst für eine solche Gelegenheit zu sorgen. Ein Brief von Alan Brooke mit dem dringenden Ansinnen, Churchill zur Beobachtung der Rhein-Offensive einzuladen, ließ ihm keine Wahl.

»Was also den Premierminister angeht - nehmen Sie die Sache nicht auf die leichte Schulter. Er ist der Ansicht, Sie hätten ihn bereits vor ›Overlord‹* zurückgehalten ... und versucht, ihn in der

* Deckname für das Landungsunternehmen der britischen und amerikanischen Streitkräfte im Juni 1944 in der Normandie.

Normandie zurückzuhalten... Ich kann Ihnen nur versichern, daß er fest entschlossen ist, bei der Rhein-Überquerung dabeizusein. Er spricht davon, in einem Panzer an die Front zu fahren!... Das beste wäre, einen einigermaßen sicheren Beobachtungsplatz für ihn zu finden (aber nicht zu weit hinten, sonst ist der Teufel los).«

Die 1600 Mann der 1. Kommando-Brigade hatten ihr Handwerk in Achnacarry gelernt, auf den kahlen Hängen des Ben Nevis in Schottland.

»Mein Oberfeldwebel sagte immer: ›Die Ausbildung in Achnacarry ist viel schlimmer als jede Schlacht‹«, erinnert sich Hauptmann J. A. Clovis, der im Armeekommando Nr. 6 kämpfte, wo er später Ausbildungsoffizier wurde. »Und das glaube ich ihm aufs Wort. Die Kommandos waren handverlesen, Freiwillige aus verschiedenen Waffengattungen. Ich glaube, sie waren hundert Prozent besser als alle anderen. Sie machten alles. Wenn man sagte: ›Klettert diese Mauer rauf bis zum Dach‹, dann machten sie das. Nichts ist unmöglich, wenn man mal in dieser Verfassung ist, und sie waren trainiert worden wie Roboter. Man fing an mit Straßenmärschen - 20, 30 Kilometer -, dann ging es auf den Ben Nevis, wo man mit einer Decke pro Mann biwakierte. Geübt wurde nur mit echter Munition. Keine Platzpatronen. Dann hatten wir auch Karate; nur hieß es damals nicht so, sondern ›Kampf ohne Waffen‹. Wir hatten Wettkämpfe im Verprügeln - 30 Mann wurden in einen Boxring gesteckt, und wer am Ende noch stand, war der Sieger. Wir waren alle ausgebildete Fallschirmspringer. In Brighton trainierten wir mit Mills-Roberts tagelang Absprünge. Wenn es nicht klappte, sprang man wieder und wieder und zum x-ten Mal. Man war naß bis auf die Haut. Und am nächsten Morgen hatte man mit blitzender Montur anzutreten.«

Eine Minute vor 22.00 Uhr - die ersten »Buffalos« rumpelten mit ihrer Ladung Grünmützen des *Royal Marine*-Kommandos Nr. 46 schwerfällig über den Deich. Um 22.00 Uhr jagten sie mit heulendem Motor über die Kiesel des Flußufers ins trübe Wasser. Operation *Widgeon* war angelaufen.

Dünner Mondschein drang durch die Schwaden des beißenden

chemischen Nebels, der das Schlachtfeld einhüllte. Er wurde verschluckt von den zuckenden Strahlen des künstlichen Mondlichts und den grellen Blitzen von Leuchtspurgeschossen und Mündungsfeuern. Die Gestalten der Männer, die sich ängstlich in das schwankende Gefährt duckten, warfen gespenstische Schatten.

In einem einzigen rasenden Brüllen entlud sich das Stakkatofeuer aus 5000 Rohren. Schrill kreischend wie Güterzüge, die durch die Nacht rasen, explodierten Geschosse über dem östlichen Ufer. Das Feuer schien wie ein Teppich auf dem anderen Ufer zu liegen, und es war kaum vorstellbar, daß dort noch irgend etwas lebendig sein konnte.

Die »Buffalos«, die mit nur 30 cm Freibord im Wasser lagen, hielten Kurs gegen die starke Strömung. In nur dreieinhalb Minuten hatten sie den hier knapp dreihundert Meter breiten Strom überquert und arbeiteten sich das graue Ufer auf der feindlichen Flußseite hinauf. Ein »Buffalo« wurde von einer Phosphorgranate getroffen, die Flammen schossen 5 Meter hoch in die Luft. Ein paar Männer kamen verletzt und brennend herausgetaumelt. Neun Tote blieben zurück. Auf unerschrockenes Vorrücken gedrillt, rollte das Kommando an dem Blutbad vorbei und überrannte in schneller Folge die deutschen Gräben und Geschützstellungen in den dahinterliegenden Häusern.

Mills-Roberts, der die 1. Kommando-Brigade befehligte, setzte mit der ersten Welle über. Er hatte dieses wenig Vertrauen einflößende sumpfige Flutgelände mit Absicht als Landeplatz gewählt. Wesel mit seinen 24 000 Einwohnern war stark verteidigt, ein Frontalangriff ausgeschlossen. Er plante deshalb, sich seitlich heranzupirschen und die deutschen Verteidiger zu überraschen. Mit etwas Glück konnte die ganze Brigade mit ihren 1600 Mann innerhalb von 45 Minuten gelandet und am Stadtrand aufmarschiert sein, noch bevor die feindliche Artillerie sich klargemacht hatte, was vorging.

Danach setzte das Armeekommando Nr. 6 über. Es hatte Befehl, durch den Brückenkopf zu marschieren und die restlichen drei Kommandos – die *Royal Marine*-Kommandos Nr. 46 und 45 und das Armeekommando Nr. 3 – nach Wesel zu führen. Aber Kommando Nr. 6 hatte die Sturmboote erwischt, die an diesem Tag den

Höhepunkt an Unberechenbarkeit erreichten. Eins geriet, wie sich der Kommandeur, Oberstleutnant A. D. Lewis, erinnert, in ernsthafte Schwierigkeiten: »Ein Boot war überladen. Nach dem Ablegen tauchte es geradewegs unter Wasser. Viele der Männer hatten noch ihre Rucksäcke auf dem Rücken (statt sie, wie vorgeschrieben, an Bord sofort loszuschnallen), und ein paar ertranken, weil das Gewicht sie nach unten zog. In diesem Boot war auch mein Stellvertreter, der seinen Rucksack zum Glück abgenommen hatte und sich retten konnte. Er benutzte häufig ein Monokel, und so kam der *Daily Mirror* zu der Schlagzeile: ›Major durchschwimmt Rhein mit Monokel‹.«

Viele Boote wurden getroffen, und auch unter den Pionieren, die die Boote zu Wasser ließen, gab es Opfer. Regiments-Oberfeldwebel Woodcock wurden drei Boote unter den Händen weggeschossen, ehe er den Übergang endlich zuwege brachte.

Ungeachtet aller Hindernisse war Kommando 6 eine Viertelstunde nach Beginn des Sturmangriffs über den Fluß, und »Buffalos« brachten die letzten zwei Kommandos ohne weitere Zwischenfälle hinüber. Es war 22.30 Uhr - nicht mehr als eine halbe Stunde war verstrichen.

Die Brigade legte einen kurzen Halt ein. Über ihren Köpfen sahen sie die führende »Pathfinder« der R.A.F. im Tiefflug zur Zielmarkierung ihre grellroten Leuchtraketen über Wesel abwerfen. Ihr folgten zweihundertfünfzig »Lancaster«. Ein Schulbeispiel für exaktes Bombardement, fielen 1100 Tonnen hochexplosiver Sprengladungen auf die Stadt, während nur einen knappen Kilometer weit entfernt die wartenden Kommandos kauerten. »Fünfzehn Minuten hörte man nichts als das Geheul der herabfallenden Bomben und das grauenhafte Krachen der Detonationen . . . nur knapp 1000 Meter entfernt«, hält die Kommando-Geschichte fest. »Die ganze Stadt sah aus, als hätte man sie hochgehoben und wieder fallen gelassen«, gibt Leutnant David Ward seine Erinnerung wieder. »Sie war ein einziges Feuermeer.«

Zum Tragen der Ausrüstung waren teilweise deutsche Kriegsgefangene eingesetzt worden. Mills-Roberts hörte, wie zwei Kommando-Soldaten die Leistung der Gefangenen verglichen, während sie auf die Stadt zutrotteten. »›Meiner ist schön kräftig, macht sich prima‹, sagte ein Soldat zu seinem Kumpel. ›Mein Kleiner hier macht sich auch nicht schlecht‹, stimmte der andere knurrig zu.«

Mills-Roberts hatte eine Methode nächtlichen Vorrückens und Einsickerns entwickelt, die schon in der Normandie erfolgreich zur Anwendung gekommen war: Die ganze Brigade bewegte sich in Einerreihe vorwärts und folgte der Spur des weißen Markierungsbandes, das vom Spitzenkommando gelegt wurde. »5000 Meter Band zu legen war eine Sache für sich«, sagt Oberstleutnant Lewis zurückblickend. »Das Band lief über eine Rolle. Der Mann an der Spitze unserer Einerreihe trug die Rolle auf dem Rücken. Der Soldat hinter ihm zog das Band ab und stampfte es in die Erde. Siebzig Mann waren dafür eingespannt, teils als Band-Truppe, teils als Schutz der Band-Truppe. Was uns als Angriffsspitze am meisten zu schaffen machte, war die doppelte Beanspruchung - mit dem Feindwiderstand fertig zu werden und gleichzeitig mit Karte und Kompaß die Richtung zu halten und das Band zu legen. Zum Glück hielt sich der Widerstand in Grenzen. Die Deutschen waren wie betäubt. Der Luftangriff hatte ihnen jeden Kampfgeist ausgetrieben. Ich weiß noch, wie ich in einen Keller ging, um meinen Gefechtsstand einzurichten, und dort 17 deutsche Soldaten fand, die sämtlich in ihren Kojen lagen. Kontrolle und Befehlsführung waren in dieser Phase zusammengebrochen. Es gab nur noch Einzelkämpfer.«

Die Kommandos erreichten Wesel um Mitternacht. Kampfpatrouillen fächerten über die Stadt aus, und überall entwickelten sich Einzelgefechte. Die aus dem 13. Jahrhundert stammende Hansestadt lag in Trümmern. »Straßen ließen sich kaum mehr als solche erkennen«, erinnert sich Mills-Roberts. »Von vielen Gebäuden war nichts geblieben als Schutthügel. Wohin man sah - riesige Bombentrichter, in die Wasser aus dem Leitungsnetz und Abwässer flossen, während daneben ausströmendes Gas loderte.«

Bei Tagesanbruch waren 400 Gefangene gemacht worden. Das *Royal Marine*-Kommando Nr. 45 hatte sich in einer großen Fabrikhalle eingerichtet (»in der Tausende von Waschbecken lagerten!« wie Ward sich erinnert). Die Männer seines Fernmeldetrupps der Brigade »schwangen sich mehrere hundert Fuß über dem Wasser unter heftigem Feindfeuer von Träger zu Träger« und legten eine Telefonleitung über den Fluß.

Zufällig trennte nur ein kleiner Garten Lewis' Gefechtsstand von dem des Garnisonskommandanten, Generalmajor Friedrich-Wilhelm Deutsch, Kommandierender General der 16. Flak-Division. Eine Patrouille des 6. Kommandos entdeckte unter Führung von Woodcock den General und seinen Stab in ihrem Erdbunker. »Deutsch wurde sehr aggressiv, ausgesprochen gefährlich«, erinnert sich Lewis. »Wir mußten ihn erschießen.« Im Gefechtsstand wurde eine Karte gefunden, in der sämtliche deutsche Flak-Stellungen angegeben waren - eine unschätzbare Hilfe zur Ausschaltung der Stellungen vor dem Luftlandeunternehmen. Umgehend wurden die Einzelheiten via Funknetz der *Royal Artillery* zurückgemeldet.

Am späteren Morgen setzten die Gegenangriffe ein. »Gegen 09.45«, schätzt Ward, »wurde es ein bißchen rauh. Unsere Luftlandetruppen sollten um 10.00 Uhr einfliegen, und für unsere Artillerie galt ab 9.50 Uhr Feuerpause. Wir durften nicht einmal mehr einen 5-cm-Mörser abfeuern. Und in dem Moment griffen die Deutschen an.«

»Um 13.30 Uhr kam dann die lang erwartete Artillerieunterstützung«, sagt Mills-Roberts. »Das brachte den Wendepunkt der Schlacht, und ich hatte das Gefühl, jetzt gehört Wesel uns.«

Der Sturmangriff lief an allen Fronten »wie am Schnürchen«. »Die Feuerkraft war überwältigend«, berichtet Oberstleutnant Harold Hassenfelt, Operationsoffizier im Stab der 30. US-Infanterie-Division. »Die deutschen Gefangenen waren so betäubt, daß sie nur noch vor sich hin brabbelten.«

Unteroffizier William L. McBride vom 311. US-Feldartillerie-Bataillon nahm sich eine Sekunde Zeit, um »300 000« auf eine Granate zu kritzeln und damit das dreihunderttausendste Geschoß zu markieren, das die US-Artillerie im Zeitraum von einer Stunde verschossen hatte. Vierzigtausend Mann waren dazu eingesetzt. In der Vorbereitungsphase feuerten Mörser 1000 Schuß ans andere Ufer, um Minen zu detonieren.

Für die Amerikaner war Operation *Flashpoint* ein Triumph der

Organisation und der Zusammenarbeit von Infanterie, Artillerie – die ihr Sperrfeuer beim Eintreffen der Infanteristen am feindlichen Ufer mit minuziöser Präzision abbrach –, Marine – die die Boote geführt – und Pionieren, die Verladung und Landung geleitet hatten. Nichts war dem Zufall überlassen geblieben. Beide Divisionen (die 30. und die 79.) hatten das jenseitige Gelände durch Spähtrupps erkunden lassen. Den Truppen der ersten Angriffswelle wiesen Leuchtspurgeschosse den Weg, die über die Köpfe der Männer hinweg abgefeuert wurden. Es folgten rote, grüne und blaue Leuchtfeuer und Leuchtbomben zur Kennzeichnung der genauen Landungsstellen jeder Kompanie.

»Wir hatten Anweisung, erst dann zu landen, wenn vor uns zwei weiße Phosphorbomben niedergegangen waren«, erzählt Oberleutnant Whitney Refvem, der eine der Sturmkompanien des 117. Infanterie-Regiments führte. »Sie waren das Signal für die Aufhebung des Sperrfeuers. Es kam kaum zu Gefechten. Das hatte die Artillerie für uns erledigt. Das Feuer war zeitlich so perfekt geplant, daß es genau vor uns aufhörte, während wir vorrückten. Wir kletterten aus den Booten; die ersten Züge rannten vom Wasser zum Damm hinüber und trafen dabei auf Stolperdrähte, durch die Leuchtsignale in allen Farben gezündet wurden – das Signal für feindliches Mörserfeuer, das allerdings zum größten Teil hinter uns niederging. Am Deich nahmen wir einen deutschen Soldaten gefangen und ließen uns von ihm durch die Minenfelder führen. Wir erreichten die Stadt, ohne auf Minen zu stoßen, und [machten] im Vorrücken weitere Gefangene.«

Nur die Boote verweigerten die Zusammenarbeit. Die Sturmbataillone benutzten 54 Sturmboote mit 25-PS-Motoren und 30 doppelte Faltboote mit 22-PS-Motoren. Ein paar gingen durch Beschuß, Strömung und Übergewicht verloren. Bei anderen versagte der Motor, und sie wurden stromabwärts getrieben. »Bei der Überfahrt sank mein Boot, und der Oberst fischte mich aus dem Wasser«, erinnerte sich Hauptmann John Potts, Stabsoffizier (S-3) im 315. Regiment, 79. Division. »›Rheinüberquerung: Oberst als Retter des Stabes‹ – macht sich das nicht gut als Schlagzeile?« setzte er trocken hinzu.

Beide amerikanischen Divisionen hatten in der Dämmerung des

24. Februar das Ostufer des Rheins erreicht und rollten ohne jede Mühe die deutsche Uferverteidigung auf. »Unsere Sturmkompanien stießen so schnell vor, daß sie Feindstellungen überrannten, ohne sie überhaupt zu bemerken«, erklärt Potts. »Unsere nachrükkende Reserve-Kompanie wurde auf einen unterirdischen Bunker aufmerksam, in dem sich eine ganze Menge Zivilisten aufhielten. Bei näherem Zusehen entdeckte man außerdem 15 deutsche Soldaten, unter ihnen mehrere VB-Offiziere.«

Der zweistündige Rheinübergang hatte weniger Ausfälle gefordert als jede andere amerikanische Operation vergleichbaren Umfangs: insgesamt 31, worin ein paar Fälle von Unterkühlung nach Bootsunfällen enthalten sind.

Den absoluten Rekord im Brückenbau unter Gefechtsbedingungen stellte die 2. US-Panzer-Division auf. Als der Angriff begann, machten sich die Divisions-Pioniere ans Werk. Unter Feindbeschuß konstruierten sie zwei Flöße, um Fahrzeuge über den Rhein zu setzen. Anschließend wurde die von langer Hand geplante, 351 Meter lange Treadway-Brücke errichtet, die am Nachmittag dem Verkehr übergeben werden konnte. Drei Stunden später wurde sie von einem Floß, das einen Panzer an Bord hatte, gerammt und zerstört. Unbeirrt machten sich die Pioniere erneut an die Arbeit und hatten die Brücke bis zum frühen Morgen des 25., 02.00 Uhr, wieder instand gesetzt.

Über Funk sprach Generalmajor I. O. Inglis, Chef der *Royal Engineers,* 21. Heeresgruppe, Brigadegeneral Richard U. Nicholas vom Pionierkorps der 9. US-Armee seine Glückwünsche aus: »Erfolgreiche Operation mit Booten und Fähren sowie Bau von sechs Brücken in zwei Tagen, wodurch Festsetzung von 5 Divisionen nach 4 Tagen ermöglicht - muß Erstaunen in aller Welt erregt haben.«

»Der Widerstand war so schwach, daß Mannschaften und Offiziere sich voll Optimismus der Hoffnung hingaben, der Feldzug, den sie jetzt noch führten, könnte der letzte dieses Krieges in Europa sein«, schrieb Clinton B. Conger, Korrespondent von *United Press,* der mit den Sturmtruppen der 79. Division den Rhein überquerte.

Im Norden führte die 51. *Highland Division,* die das Unternehmen *Turnscrew* auf den Weg brachte, einen ebenfalls schnellen, doch verlustreicheren Rheinangriff durch. Ziel der Division war die Errichtung eines Brückenkopfes in Rees. Hier schwankte die Flußbreite zwischen 275 und über 400 Metern. Alte Rheinarme hatten eine Reihe von Inseln gebildet, die den Vormarsch der Sturmtruppen behinderten.

Die Dudelsackklänge begleiteten die *Cameron Highlanders* ins Aufstellungsgelände. General Rennie ging von Gruppe zu Gruppe und richtete aufmunternde Worte an seine Soldaten. Dieser Rheinübergang von epischen Ausmaßen würde in die Geschichte eingehen, versicherte er ihnen voll Stolz. Major Rollo jedoch hatte nicht die Absicht, diese Geschichte dem Zufall zu überlassen. »Ich hatte Auftrag überzusetzen und als Uferkommandant zu fungieren, also war ich bei der ersten Welle. Ich hatte unsern Funker bei mir - wir setzen in einem DUKW über. Ich sagte zu ihm: ›In dem Moment, wo das DUKW am andern Ufer aufsetzt, geht die Meldung raus, daß das 7. Bataillon der *Black Watch* als erstes drüben war‹, und so geschah es. Drei Minuten nachdem wir ausgelaufen waren, ging die Meldung zurück ans Bataillon, dann an die Brigade, an Division und Korps: Wir waren die ersten!«

Die Sturmbataillone der 51. Division überquerten den Strom in »Buffalos«. »Schön bequem«, war der Kommentar eines Schotten, der an die Faltboote vorausgegangener Angriffe dachte. Als der erste »Buffalo« zu Wasser ging, lief die »gut geölte schottische Prachtmaschine« an (wie ein Jock sich bewundernd ausdrückte). Ins erste Boot drängten sich die ›Entlausungsgruppen‹ der Pioniere, die das feindliche Ufer von Minen säubern würden, und mit ihnen Fernmelder, die Unterwasserkabel abrollen ließen, um die Verbindung zum andern Ufer herzustellen. Die Offiziere der Uferüberwachung verlasen die Nummern, mit denen die Bataillone zum Durchmarsch aufgerufen wurden. Sanitätseinheiten wurden bereitgestellt.

Die nachfolgenden Bataillone waren gezwungen, an Bord der verachteten Sturmboote zu gehen. Eine halbe Stunde vor dem Start zeigte es sich, daß nur ein Dutzend der ursprünglich verfügbaren 30 Boote funktionstüchtig waren. Da jedes Boot nur 10 Mann faßte, verzögerte sich der Übergang der Infanteristen um ganze zwei Stunden. Von den Pionieren, die sie übersetzten, fanden fünfzig den Tod durch Ertrinken oder feindliche Geschosse.

Die Aufstellung wurde angeführt von Geschützbedienungen der 545. *Mountain Battery* (Bergartillerie), die eine Sonderausbildung für den Rheinangriff erhalten hatten. Ihre 9,4-cm-Haubitzen, die einzigen Geschütze, die mit den »Buffalos« befördert werden konnten, und die unerschrockenen Mannschaften, die sie in der folgenden Schlacht treppauf und treppab und über Trümmerhaufen expedierten, waren Schottlands Helden an jenem Tag. Es war ein zweites Goch: brutaler Nahkampf, Straßenkämpfe und die Säuberung von Haus zu Haus - diesmal in einer Reihe von Orten, die sich in Flußnähe zusammendrängten: Rees, Speldrop und Bienen.

Um jedes einzelne Haus wurde gekämpft. Es war Pech für die *Highlanders,* daß v. Lüttwitz - ungeachtet seiner vehementen Proteste - den Befehl erhalten hatte, sein Korps auseinanderzureißen: die 116. Panzer-Division »Windhund« zur Bekämpfung des amerikanischen Ruhr-Vorstoßes zu entsenden und die 15. Panzergrenadier-Division zur Abwehr der Jocks in den Verteidigungsstellungen am Rhein einzusetzen.

In Speldrop verwickelten die Profis der 15. Panzergrenadier-Division die *Black Watch* in einen Gegenangriff mit »Eighty-eights« und selbstfahrenden Geschützen. Ein Zug geriet in einen Hinterhalt. Die *Highland Light Infantry of Canada,* die zeitweilig der 51. Division unterstellt war und infolgedessen als erstes kanadisches Bataillon den Rhein überquert hatte, wurde zum Entsatz geschickt. Die folgenden Gefechte, die sich - mit anschließender Unterstützung der kanadischen *North Nova Scotia Highlanders* - über den ganzen nächsten Tag und noch bis in die Nacht hineinzogen, sind allen *Highland*-Truppen als die härtesten des ganzen Krieges in Erinnerung.

Die 15. *Scottish Division* traf bei ihrer Operation *(Torchlight)* auf geringeren Widerstand. Ausgangspunkt ihres Angriffs über den Rhein war Xanten, 9 Kilometer stromaufwärts. Auch hier sorgten die Sturmboote für Probleme. Oberstleutnant Richardson vom 6. Bataillon der *King's Own Scottish Borderers* legte nach Abschluß der Operation einen geharnischten Bericht vor. »Ich empfehle dringend, die Sturmboote nicht weiter zu benutzen. Eine ganze Reihe von meinen Leuten mußten ihre Gewehrkolben oder ihre Hände zum Paddeln benutzen und landeten Hunderte Meter stromabwärts.« Zum Glück zeichnete sich Richardsons Angriffsziel, Bislich, durch einen markanten Punkt in Form eines auffallenden weißen Hauses aus. Seine Männer hatten also keine Schwierigkeiten, ihren Weg dorthin zu finden und ihr Ziel einzunehmen. »Ungefähr in Strommitte gab der Motor den Geist auf, und der Bootsführer konnte ihn nicht wieder in Gang bringen«, berichtete ein Soldat der Sturmtruppen aus einem anderen Bataillon. »Wir fluchten und brüllten ihn an, was natürlich nichts half. Allmählich hatte uns auch die Angst gepackt, die Strömung war stark, und wir trieben stromabwärts. ... Es war ein Glück, daß ein DUKW-Fahrer, der beide Augen weit offen hatte, unsere Lage erkannte und uns zu Hilfe kam.« Schließlich landete das Boot, während Kugeln über die Köpfe der Männer hinwegzischten. Als erster war zum Erstaunen des jungen Schützen ein Fotograf draußen. »Er machte seine Aufnahmen, die auf der Titelseite der nächsten Ausgabe von *War Illustrated* erschienen, sehr zum Erstaunen meiner Eltern. ... Ich bewunderte seinen Mut – diese ganzen Risiken, und nur für ein paar Fotos.«

(Auch die übrigen Spitzeneinheiten der 9. Armee beim Rheinübergang hatten ihre Bilddienst-Abteilungen. Während der ersten vier Tage wurden 79 Funkbilder von London nach New York geschickt, die die Titelseiten der New Yorker Zeitungen zierten. Im Presselager der 9. Armee waren 39 akkreditierte Korrespondenten. Sie produzierten, Radioreportagen eingeschlossen, 226 Berichte mit insgesamt 74 510 Wörtern.)

Klar und strahlend dämmerte ein neuer Tag herauf. Vier Divisionen schottischer Infanteristen waren sicher über den Rhein gesetzt und hatten – mit Ausnahme der 154. Brigade – ihre ersten Angriffsziele schnell erobert. In den meisten Abschnitten waren nur geringfügige Verluste zu verzeichnen, und die Stimmung bei der Truppe hob sich. Am Flußufer bot sich den Männern ein Bild, das »eher an die Henley-Regatta« als an Krieg denken ließ: »Am Ufer herrschte ein Gedränge von Männern und Fahrzeugen«, vermerkt die Geschichte der 44. Brigade. »Sturmboote, Fähren und ›Buffalos‹ waren mit Lasten unterwegs und setzten unaufhörlich neues Material am Ostufer ab; wie seltsame Segeltuchkästen tauchten die Schwimmpanzer ins Wasser und schwammen träge hinüber, erschienen am Ufer, schüttelten sich, ließen Luft ab und hatten sich wieder in ›Sherman‹-Panzer verwandelt.«

Im Gefechtsstand des 7. Bataillons der *Black Watch* gratulierte General Rennie, der zusammen mit seinen Männern übergesetzt war, den »Erstüberquerern«. Als er wieder in seinem Jeep Platz genommen hatte und losfuhr, ging eine Ladung Mörsergranaten herunter, und sein Fahrzeug erhielt einen Volltreffer. »Alles in Ordnung, Sir?« fragte sein Adjutant. Es kam keine Antwort. Rennie war tot. Nach 45 Tagen fast unablässiger Kampfhandlungen - und nach mehr als fünf Kriegsjahren - verlor dieser beherzte Schotte das Leben, als er seine Division zum letzten Angriffsziel des Rheinland-Feldzugs führte.

»Der General ist tot.« Die Nachricht von der Tragödie erreichte die Bataillonskommandeure. »Noch nichts bekanntgeben«, wurden sie angewiesen. »Erst muß die Sache hier erledigt sein.«

Die Schlacht tobte weiter, doch der Sieg hatte seinen Glanz verloren.

Streng geheim. Persönlich und vertraulich an CIGS von Feldmarschall Montgomery, 24. März 45:

Op. Plunder lief gestern nacht erfolgreich an, und heute bei Tagesanbruch hatte die 2. Armee 5 Infanterie-Brigaden über den Rhein gebracht, das XVI. US-Kops 13 Bataillone. Die Kommando-Brigade ist vollständig in Wesel und säubert die Stadt. Bei Tagesanbruch waren 1200 Gefangene eingebracht. Der Widerstand war während der Nacht unerheblich, hat sich aber gegen Morgen versteift, und mehrere Gegenangriffe wurden vorgetragen.

Um 10.00 Uhr vormittags verstummten die Geschütze. Der Moment für Operation *Varsity,* den Angriff des XVIII. Luftlande-Korps, war gekommen. Alle Augen richteten sich nach Westen, als die mächtige Himmelsflotte am Horizont auftauchte.

Geflügelte Brigaden

Die Armada füllte den Luftraum, Schwärme in eindrucksvoll schönen und erschreckenden Formationen kreisender Riesenvögel. Der Himmel, kurz zuvor noch von sanftem Blau, verdunkelte sich. Zehntausend Flugzeuge tauchten in den dichten Rauchvorhang. Viele kehrten nicht zurück.

Die Schaffung und Gliederung dieser enormen Kolonne war eine Herkulesarbeit gewesen. Am 9. Februar - einen Tag nach Beginn von *Veritable* und einen Tag vor der Verschiebung von *Grenade* - hatte Generalmajor Matthew Ridgway im Hauptquartier des XVIII. Luftlande-Korps bei Paris von seinem Auftrag erfahren. Mit einer Frist von knapp sechs Wochen für die Planungsarbeiten sollte er einen Luftlandeangriff über den Rhein vorbereiten und durchführen. Es ging, so lautete die Weisung an den altgedienten Chef der Fallschirmtruppen, beim Entwurf von *Varsity* darum, die deutschen Geschützstellungen am Ostufer des Rheins auszuschalten oder zu zerstören.

Montgomery war überzeugt, daß der Durchstoß der vereinigten alliierten Streitkräfte durch die deutsche Abwehrlinie am Rhein und der anschließende Ausbruch ins Ruhrgebiet die Voraussetzung für eine baldestmögliche Beendigung des Krieges sei. Die feindliche Artillerie war stark genug, um einen Angriff der Bodentruppen zu verzögern oder gar zu gefährden. Eine rasche Vertiefung des Brückenkopfes war geboten, so daß Panzer zum Einsatz gebracht werden konnten.

Nur mit einem Brückenkopf Fuß zu fassen würde nicht genügen. Der Gegner konnte den Angriff für kostbare Tage und Wochen auffangen, wie er es schon in der Normandie getan hatte. Ohne

Vgl. Karte 12.

eine schnelle und tiefe Ausdehnung des Brückenkopfes, den nur ein Luftlande-Angriff sicherstellen konnte, konnte den Bodentruppen hier ähnliches blühen.

Ridgway wußte, daß der Feind eine Höhe am Rand des Diersfordter Forstes kontrollierte, etwa 6 Kilometer vom Ostufer des Rheins entfernt. Von dieser Höhe, die den Blick über die Rheinebene bis in die Flußniederungen freigab, konnten die feindlichen Artilleriebeobachter Feuer auf jede Angriffstruppe anfordern, die versuchte, den Rhein zu überqueren. Und aus den dichten, schattigen Wäldern heraus hatten gut eingegrabene und getarnte feindliche Geschütze und Infanterie die Möglichkeit, den Eindringlingen erhebliche Verluste zuzufügen und sie an einem Vordringen ins Innere des Landes zu hindern. Es war dafür zu sorgen, daß die Hinhalte-Taktik, die den alliierten Vorstoß durchs Rheinland bisher erschwert hatte, sich nicht wiederholte.

Zusammen mit seinem Stellvertreter, Generalleutnant Sir Richard Gale, entwickelte Ridgway einen verwegenen Plan. In einem einzigen, massierten Schlag bei Tage sollten über 14 000 Fallschirmjäger gleichzeitig angreifen - buchstäblich über den schußbereiten Kanonen gutgeschulter deutscher Luftlande-Abwehrtruppen.

Die 6. Britische und die 17. Amerikanische Luftlande-Division, zwei Einheiten aus General Lewis Breretons 1. Alliierter Luftlande-Armee, würden zu dieser größten Luftflotte der Geschichte zusammengezogen. Zehntausend Flugzeuge - Aufklärer, Bomber, Jäger, Fallschirmtruppentransporter, Schleppflugzeuge und Gleiter - würden sich im Luftraum über dem Rhein drängen. In kaum zwei Stunden sollte diese gigantische Streitmacht Truppen, Panzer, Transportfahrzeuge, Treibstoff, Munition und schweres Ausrüstungsmaterial auf einer Fläche von acht Kilometer Breite und zehn Kilometer Länge absetzen.

Ridgway zog seine Lehre aus den Schlachten der Normandie und bei Arnheim: Es war wichtig, daß die Kräfte geschlossen zusammenblieben und sich in größtmöglicher Nähe zum Feind wie auch zur unterstützenden alliierten Infanterie und Artillerie hielten. In der Normandie waren die Fallschirmtruppen bei Nacht gelandet und 75 % der Männer über längere Zeit vermißt gewesen. In Arnheim waren die Truppen in einzelnen Gruppen und ein gutes

Stück hinter den feindlichen Linien abgesprungen. Im Durcheinander der Landung waren sie voneinander und auch von ihrem Nachschub getrennt worden und hatten außerdem noch einen ermüdenden 15-Kilometer-Marsch vor sich, ehe sie auf den Feind trafen bzw. Verbindung zur Bodentruppe herstellen konnten. Darüber hinaus waren die den Gleitflugzeugen bestimmten Landezonen so weit vom Absprungsgebiet der Fallschirmtruppen entfernt, daß diese kaum Gelegenheit hatten, unterstützend einzugreifen. Die Folge war das Blutbad, das feindliche Artillerie und Granatwerfer unter der eingeschlossenen Luftlande-Division anrichteten, als es Infanterie und Panzern nicht gelang, zum Entsatz durchzustoßen.

Bereit, aus den Erfahrungen der Vergangenheit zu lernen, war Ridgway bestrebt, den anglo-amerikanischen Fallschirm- und Gleitertruppen die besten Überlebenschancen zu sichern und dabei gleichzeitig einen schnellen und durchschlagenden Sieg zu erringen. Mit seinem Entwurf betrat er Neuland. Durch einen Angriff aus der Luft, frontal und bei Tage vorgetragen, ließ sich feindliche Abwehr wirkungsvoll ausschalten. Doch die Gefährlichkeit des Einsatzes dieser Schwärme von Männern auf so eng begrenztem Gebiet beunruhigte ihn zutiefst. Sie würden die Vorteile des Überraschungsmoments nicht nützen können, die frühere Nachtangriffe von Luftlandetruppen gekennzeichnet hatten. Und weder Absprungzonen der Fallschirmspringer noch Landezonen der Gleiter lagen in sicherer Entfernung von feindlichen Stützpunkten.

Als Ausgleich für die Gefahr, die der Direktangriff vor den Läufen der deutschen Flugabwehr mit sich brachte, setzte Ridgway auf die vereinten Anstrengungen der amerikanischen und britischen Bomber, die deutsche Flugabwehr auszuschalten. In den drei Tagen vor dem Angriff flog die R.A.F. (Geschwader 83 und 84) 1500 Einsätze mit »Spitfires«, »Hurricanes« und »Typhoons« über feindlichem Gebiet; alle erkannten Stützpunkte des Gegners, Flugfelder, Brücken und Nachschublinien wurden bombardiert: Es fielen etwa 10 000 Tonnen Bomben, und die »Typhoons« feuerten ihre tödlichen Raketen ab. Über 2500 schwere Bomber der 9. und 15. *U.S. Air Force* griffen weitere Gebiete an, die die Landungen bedrohten.

Um bei der Beteiligung so vieler verschiedener Luftwaffeneinheiten Konfusionen zu vermeiden, erhielt Oberst Paul Davoud, ein Kanadier, der das Geschwader 83 befehligte, das Oberkommando. »Ich hatte beim Rheinübergang die vollständige operative Kontrolle über 600 Jäger und Jagdbomber«, bringt er in Erinnerung.

Die größte Sicherheitsgarantie der Luftlandetruppen lag jedoch in der dramatischen Umkehrung der traditionellen Rollen: Statt als Speerspitze des Überfalls zu wirken, der die Bodentruppen Stunden oder vielleicht sogar Tage später folgten, würden die Luftlandetruppen erst dann eingreifen, wenn Kommandos und Infanterie den Fluß bereits überquert hatten. Weiterhin würden die Absprungzonen innerhalb der Reichweite der alliierten Artillerie liegen, die zunächst durch Sperrfeuer vor dem Absprung, sodann durch Zerstörung von feindlichen Widerstandsnestern Unterstützung leisten würde. Ridgway hoffte, die deutsche Bodenverteidigung damit zum Schweigen zu bringen.

»Erblinden« würde sie außerdem. Eine dichte, 100 Kilometer lange Nebelwand entlang des Flusses würde die Bewegungen von Truppen und Fahrzeugen sowie die Aufstellung der Geschütze feindlicher Beobachtung entziehen.

Insgesamt 889 Flugzeuge der britischen und amerikanischen Taktischen Luftstreitkräfte sollten die große Luftkarawane beim Anflug zum Rhein eskortieren, weitere 2153 Maschinen vom R.A.F.-Jägerkommando und der 9. *U.S. Air Force* beim Überfliegen des Rheins Deckung geben und den Luftraum im Umkreis von 80 Kilometern abzuschirmen. Es konnte keiner deutschen Maschine, nicht einmal den neuen Düsenjägern vom Typ Messerschmitt 262, gelingen, diesen Schutzschild zu durchstoßen und von oben her anzugreifen. Koordination und zeitliche Planung dieser umfangreichen Operation hatte Ridgways Stab in Frankreich vier Wochen lang beschäftigt. Jetzt war es an der Zeit, den Plan vom Papier zu lösen und den Männern unauslöschlich einzuprägen, denen die letzte Verantwortung für sein Gelingen oblag.

In den ersten Märztagen wurden Generalmajor William E. (»Bud«) Miley, Kommandeur der 17. US-Luftlande-Division, und sein britischer Kollege, Generalmajor Eric Bols, kurz vorher zum Kommandeur der 6. Britischen Luftlande-Division ernannt, mit allen Details der Operation bekannt gemacht. Und am 6. März wurden im Hauptquartier der Luftlandetruppen auf dem stürmischen Salisbury-Plateau in Südengland Kommandeure und Stäbe der für den Einsatz vorgesehenen sechs britischen Fallschirmjäger-Bataillone und drei Gleiter-Bataillone eingewiesen. Anhand eines groß angelegten Modells der Angriffszone mit detailgenauen Karten und vergrößerten Luftfotos der Absprunggebiete als Hintergrund wurden den staunenden Kommandeuren die Ziele des Absprungs und der darauf beruhende revolutionäre Angriffsplan vorgeführt. Ein Tagangriff und Absprünge direkt auf feindliche Geschützstellungen - mit bestürztem Schweigen und sichtlich befremdet reagierten die erfahrenen militärischen Führer zunächst auf das komplexe Unternehmen. Doch als ihnen die volle Bedeutung des Konzepts aufging, erkannten sie die Vorteile einer bei Tageslicht überblickbaren Absprungzone, der möglichen Identifizierung von markanten Punkten und vor allem der am Tage weitaus wirksameren massiven Unterstützung durch Boden- und Luftwaffen und zusätzliche Entlastung durch die Infanterie. Alles das wog die - wenn auch noch so ernsthafte - Bedrohung auf, den in Bereitschaft stehenden deutschen Geschützen beim Absprung ein gut sichtbares Ziel zu bieten.

Es war ein Konzept von atemberaubender Kühnheit: zwei Divisionen in Neunerformation, Flügelspitze an Flügelspitze, fünf Kilometer tief im Luftraum gestaffelt. Über 14 000 Mann würden mitsamt Ausrüstung abspringen oder von Gleitern abgesetzt werden - alles in einer knappen Stunde. Angriffsspitze waren die Fallschirmjäger - die der 6. Britischen Luftlande-Division hatten Befehl, die Landezonen vom Feind zu säubern, ehe die plumpen Gleiter zu ihrem schwankenden Landeanflug ansetzten. Die Truppen der 17. US-Luftlande-Division allerdings würden die Säuberung ihrer Landezonen selbst vornehmen. Dann sollten Fallschirm- und Gleitertruppen gemeinsam kritische Stützpunkte und Brücken in einem Gebiet acht bis fünfzehn Kilometer östlich des Rheins angreifen und sie halten, bis sich Bodentruppen vom Rhein her bis zu ihnen durchkämpfen und sie entsetzen konnten.

Unter dem Eindruck der Detailgenauigkeit des Unternehmens und der Zuversicht der befehlshabenden Offiziere zerstreuten sich die Zweifel der Kommandeure. Es konnte klappen, stimmten sie zu - und, bei Gott, sie würden dafür sorgen, daß es klappte!

Die Luftbilder zeigten ein hufeisenförmiges Areal, dessen Grenze im Westen und Süden ein Rheinknie und im Osten die Issel und der Isselkanal bildeten. Dieses im wesentlichen bewaldete Gebiet war mit kleinen Feldern durchsetzt, und diese Lichtungen, so hoffte man, würden trotz ihrer beschränkten Ausdehnung den Gleitertruppen und Fallschirmjägern genügend Landefläche bieten. Eingelagert in dieses 8×10-Kilometer-Geviert waren jedoch verschiedene größere Hindernisse. Den 40 Meter hohen Schnepfen-Berg kontrollierte der Feind im Diersfordter Wald. Mehrere der für Absprünge bestimmten Wiesen wurden von kleineren Wäldchen gesäumt. In einigen Fällen war die Spannweite der einfliegenden Truppentransportflugzeuge größer als die Breite der Absprungzone. Die Gefahr, daß Männer in den Bäumen landen könnten, schien fast unvermeidlich.

Die Issel und ihr Verbindungskanal bildeten eine Linie, die vom Dorf Hamminkeln aus 7 km südöstlich und dann weitere 3 km in südwestlicher Richtung nach Wesel führte. Diese Wasserbarrieren gehörten zu den wichtigsten taktischen Zielen. Sie bildeten außerdem gefährliche Hürden für die landenden Fallschirmtruppen und Gleiter. Solange die Issel-Brücken nicht eingenommen waren, blieb der gesamte Infanterie- und Panzerdurchbruch blockiert. Das 194. US-Gleiter-Infanterie-Regiment unter Oberst James Pierce erhielt den Auftrag, drei der Brücken anzugreifen und zu halten, was nicht leicht sein würde. Mit dem Tauwetter des beginnenden Frühlings waren die Wasser der Issel bei starker Strömung auf eine Breite von bis zu 20 Metern angeschwollen. Die 6. Britische Luftlande-Brigade, befehligt von Brigadegeneral Hugh Bellamy, würde in Hamminkeln besonders für den Brückenüberfall trainierte Sturmtruppen absetzen, die Befehl hatten, den Ort zu erobern und die Brücken unzerstört in Besitz zu nehmen.

Und schließlich würden noch drei weitere Gefahrenstellen den Invasoren bei ihrer Attacke zu schaffen machen: die Sandaufschüttung einer unvollendeten Autobahn, die am Fluß entlang lief, eine Eisenbahnlinie und eine Hochspannungsleitung auf 30 Meter hohen Pylonen.

Der Absprung der vier britischen und amerikanischen Fallschirm-Sturmtruppeneinheiten inklusive Waffen und Munition, mit Unterstützungskräften von Funkern, Pionieren, Artillerie-VBs, Mörser-, MG- und Flak-Einheiten, Ärzten und sogar Geistlichen sollte nicht länger als 10 Minuten dauern. Als erstes hatten sie die feindlichen Fla-Geschütze auszuschalten, die die Landezonen der hereinkommenden Gleitflugzeuge beherrschten, um den Lastenseglern mit ihrer kostbaren Fracht an Ausrüstung, Waffen, Fahrzeugen und Truppen eine ungefährdete Landung zu sichern.

Die alliierten Planer der Luftlande-Operation waren überzeugt, die Aufstellung der deutschen Truppen zu kennen - wie aber verhielt es sich mit ihren Geschützen? Feindliches Flugabwehrfeuer galt als die schwerwiegendste Bedrohung für ein Gelingen des Angriffs.

Intensive fotografische Luftaufklärung setzte ein. Ein Anti-Flak-Komitee des Geschwaders 83 zeichnete die Stellungen dieser gefährlichen Geschütze in Flak-Karten ein. Entsprechend wurden dann bis zum letzten Moment vor dem Einflug der Fallschirmtruppen Jäger- und Bomberangriffe geflogen. Die Deutschen allerdings konterten mit ständigem Stellungswechsel und Einbau von neuen Geschützstellungen in die Verteidigungslinie. Der alliierte Planungsstab hatte dann seine liebe Mühe, diese Ergänzungen auf der Kartenmaske der deutschen Stellungen nachzutragen (wobei die von den Kommandos in General Deutschs Weseler HQ erbeutete Karte wertvolle Dienste leistete) - und sogar über Funk bis zur letzten Minute noch an die Kanoniere weiterzugeben -, aber vollständig wurden die feindlichen Batterien nie erfaßt, wie sie im übrigen auch niemals nur im entferntesten zum Schweigen gebracht wurden. In einem *after action report** ist festgehalten: »Am 17. März wurde die Zahl der Flak ... auf 153 leichte und 103 schwere geschätzt. Keine acht Tage später, unmittelbar vor Beginn von Operation *Plunder,* waren die Zahlen auf 712 leichte und 114 schwere gestiegen.« Die Geschützstellungen waren so zahlreich,

* Gefechtsbericht aufgrund von Befragungen, die amerikanische Historiker nach den einzelnen Gefechten bei den Fronttruppen und Kommandeuren durchführten.

daß die amerikanische und britische Artillerie nicht viel mehr tun konnte, als mit breit gestreutem Feuer dafür zu sorgen, daß wenigstens alle Ziele, wenn auch nur oberflächlich, belegt wurden. Ein Feuerplan, der zusammengefaßtes Feuer auf einzelne Ziele vorsah, war unmöglich. Überdies lagen einige feindliche Batterien außerhalb des Feuerbereichs der meisten Geschütze.

Schlüsselelement des Anti-Flak-Schutzes war ein dreißigminütiges Trommelfeuer auf die gefährlichen Flugabwehrkanonen, das dem Absprung der Fallschirmer unmittelbar vorangehen sollte. Die genaue zeitliche Planung des Einflugs war daher entscheidend.

Mit der Selbstgefälligkeit, die sie schon während *Veritable* oft genug ausgezeichnet hatte, ging die alliierte Aufklärung davon aus, daß der Feind, der sich nach den bitteren Rheinland-Schlachten über den Rhein abgesetzt hatte, eine weithin zerschlagene Streitmacht sei, mit hohen Verlusten an Waffen und Fahrzeugen und einer gesunkenen Kampfmoral. »Die psychische Verfassung des Gegners gestattete es, gewisse Risiken einzugehen«, wiegelt Generalmajor Bols, Kommandierender General der 6. Britischen LL-Division, ab.

In den feindlichen Aufstellungen waren jedoch Teile von General Schlemms 1. Fallschirmjäger-Armee identifiziert worden. Insbesondere schloß die Schlachtordnung Meindls 2. Fallschirmjäger-Korps mit Erdmanns nach wie vor kampfkräftiger 7. Fallschirmjäger-Division und Plochers 6. sowie Wadehns 8. Fallschirmjäger-Division ein – Kräfte, welche dem Vorstoß der Schotten und Waliser von Goch nach Weeze so vehement Widerstand geleistet hatten. Diese Einheiten waren seit ihrem Rückzug über den Rhein personal- und materialmäßig aufgefrischt worden. Es war also ein gefährlicher Optimismus anzunehmen, daß der unbezähmbare Widerstandsgeist der deutschen Fallschirmer nunmehr zu Ende sein könnte. Schließlich waren sie erst nach 31tägigen schweren Gefechten über den Rhein zurückgedrängt worden.

In einer nach dem Krieg durchgeführten Vernehmung bestätigte Generalleutnant Gustav Höhne, Kommandeur der 2. Fallschirmjäger-Division: »Die Kampfmoral war noch recht hoch, und das traf besonders auf die Fallschirmjäger-Divisionen zu.« Allerdings gab er an, daß Materialausfälle und Fehlbestände in der Ausrüstung der Heeresgruppe H erhebliche Schwierigkeiten bereiteten. »Einmal kam es vor, daß für 50 000 Mann in der Heeresgruppe H keine Waffen vorhanden waren.«

Die Bedeutung der Tatsache, daß in den kommenden Auseinandersetzungen Fallschirmtruppen gegen Fallschirmtruppen stehen würden, hat nirgends Erwähnung gefunden. Doch war damit zu rechnen, daß die deutschen Elite-Springer, jetzt im Infanterie-Einsatz, sich in besonderem Maße auf die Kampftaktiken der Springer- und Gleitertruppen einstellen würden. Sie kannten die Tricks; nur wenige Monate zuvor, in den Ardennen, waren sie selbst in gleicher Mission unterwegs gewesen. Sie wußten, daß gerade die schwankenden Gleiter-Ungetüme den Verteidigern ein prächtiges, unwiderstehliches - und praktisch narrensicheres - Ziel boten. Ein deutscher Offizier, Major Sepp Krafft, hatte eine eingehende Untersuchung der Kugel- und Granatlöcher - und sogar der Blutflekken - vorgenommen, die an zerstörten Gleitern der Alliierten in Arnheim festzustellen waren. »Die Lastensegler sind zwischen Ausklinken und Landung am verwundbarsten«, hob er hervor und wies seine Artillerieeinheiten an, ihr Feuer auf die Gleiter zu konzentrieren, da sie »größere und langsamere Ziele« seien. Sein Rat wurde sorgsam befolgt. Seine Geschützbedienungen mußten voll angekleidet auf ihren Posten nächtigen, um für den Angriff bereit zu sein. Die Segler hatten nicht den Hauch einer Chance.

Während die Deutschen sich gegen die zu erwartenden Schläge rüsteten, mühten sich die Kampftruppen der Alliierten in Frankreich und England ab, alle Einzelheiten des Unternehmens in den Griff zu bekommen. In den Lagern wurden auf allen Ebenen intensivste Instruktionen erteilt. Von jedem der Männer wurde verlangt, vor den Kameraden seine Ziele und die Landmarken seines RV (*rendezvous* = Treff-, Sammelpunkt) aufzuzählen.

»Es ist nicht gerade angenehm, quasi mit der Heugabel ins Unbekannte gestoßen zu werden«, bemerkt Brigadier Bellamy, Kommandeur der 6. Luftlande-Brigade, »wenn man nicht genau weiß, was man eigentlich vorhat.«

Aber diese Männer wußten genau, was sie wollten. Zum dritten Mal im Verlauf des Krieges kamen die Truppen der britischen

6. Luftlande-Division, bestehend aus acht britischen und einem kanadischen Bataillon, zum Einsatz. Während der Invasion und der anschließenden dreimonatigen Kämpfe in der Normandie und in den Ardennen hatten sie erlebt, wie die Hälfte von ihnen getötet oder verwundet wurde. Jetzt waren sie in alter Kampfkraft angetreten, gut trainiert und fit. Die Stimmung war noch nie besser gewesen.

Generalmajor Mileys 17. Luftlande-Division sah der Zukunft weniger getrost entgegen. Operation Varsity sollte ihr erster Luftlandeangriff sein. Nach der deutschen Gegenoffensive in den Ardennen, an der sie als Infanteristen teilgenommen hatten, waren »Bud« Mileys »Golden Talons« durch schwere Verluste drastisch dezimiert. »Die Aufgabe, vor die wir mit derart kurzfristiger Vorbereitungszeit gestellt wurden, war ohne jeden Zweifel gewaltig«, stellt Miley fest. »Die Division hatte den härtesten Feldzug hinter sich, den die amerikanische Armee jemals geführt hatte. Die Ausfälle waren so hoch, daß einige Infanterie-Kompanien nicht einmal mehr 40 Mann zählten und andere alle Offiziere verloren hatten. Der Division insgesamt fehlten zur Sollstärke 4000 Offiziere und Mannschaften.«

Beim Umzug ins Divisionshauptquartier in Chalons-sur-Marne während der zweiten Februarwoche stellte sich heraus, daß die Unterkünfte noch nicht fertiggestellt und außerdem nach der Schneeschmelze halb im Schlamm versunken waren. Miley gab der Division vier Tage zum Einrichten von neuen Quartieren, Aufstellen von Zelten, Straßeninstandsetzen, Bau von Küchen und Latrinen.

Eine ähnliche Entdeckung machten die Truppentransporteinheiten vom 9. *Troop Carrier Command:* Nur ein Dutzend ramponierter, von Bombentrichtern aufgerissener Flugplätze standen ihnen für die Operation zur Verfügung. Über 3000 alliierte Pioniere und 750 französische Bauarbeiter machten sich fieberhaft daran, die Startbahnen in gebrauchsfähigen Zustand zu versetzen.

Die 17. Luftlande-Division stand vor der dringlichen Aufgabe, neue Verstärkungen auszubilden, die zum Teil mit Gleitflugzeugen und Kampfabsprüngen noch keine Erfahrung hatten. Von den drei für *Varsity* vorgesehenen Regimentskampfgruppen der Division (513. und 507. Fallschirm-Infanterie-Regiment sowie 194. Gleiter-Infanterie-Regiment) hatte nur das 507. unter Oberst Edson Raff (»Raff's Ruffians« - »Raffs Rauhbeine«) vor der Ardennenschlacht Kampferfahrung gesammelt. Raff hatte mit seinen Männern Kampfaufträge in Nordafrika und später in der Normandie ausgeführt. Viele Fallschirmspringer vom 513. jedoch waren blutjung und unbedarft. »Sie hätten uns wahrscheinlich eine Bande von Halbstarken genannt«, meint Hauptmann Albert Wing, Kompaniechef im 513., zurückblikkend. »Wir hatten einen Jungen dabei, der war, wie ich später herausfand, erst 15, als er bei uns einrückte; ungefähr ein Dutzend waren 16, ein paar Dutzend 18. 15 und 16 war illegal, 17 mit Einwilligung der Eltern war OK. Und noch was - die meisten waren noch kleiner als ich mit meinen 1,78 und wogen zwischen 65 und 68 Kilo. Wir waren im allgemeinen ziemlich schwer beladen, und ich weiß noch, daß wir uns Sorgen machten, ob die kleinen Burschen soviel Gewicht tragen konnten.« (Jeder Soldat trug seine Gewehrtasche mit Gewehren, Munition, Radiobatterien, Sprengstoff und anderem wichtigen Kampfmaterial. Das Gewicht, 90 Kilo und mehr, machte es notwendig, daß der Beutel im kritischen Moment kurz vor der Landung an einem 4 Meter langen Seil abgelassen wurde, um die Fallgeschwindigkeit des Springers zu drosseln.) Der Kommandeur des 2. Bataillons/513. Regiment, Oberstleutnant Allen C. Miller, maß sogar nur 1,63. Der Helm saß ihm über den Augenbrauen, und seine Springerstiefel reichten bis fast an die Knie; bei den GIs, die mit ihm die Ardennenschlacht durchgestanden hatten, trug er den Spitznamen »Helm und Stiefel«.

Nicht genug damit, daß die amerikanische Division blutjunge, grüne Soldaten auf die Operation *Varsity* vorzubereiten hatte, wurden außerdem zum ersten Mal zwei neue Waffen verwendet: die rückstoßfreien 57- und 75-mm-Gewehre, beide zum Abschießen deutscher Panzer einsetzbar. Und Miley hatte überdies erfahren, daß eins seiner Regimenter, Oberst James Coutts' 513., aus den neuen C-46 abspringen würde, einer Maschine, die vorher noch nie Kampfeinsätze geflogen war. Größer und schneller als die C-47 und mit je einer Tür auf beiden Seiten statt nur auf einer, um die Absprünge zu erleichtern, würde das neue Flugzeug für die Springer einiges Experimentieren beim Absprung mit sich bringen.

Die Piloten des Gleiter-Regiments würden die Waco CG-4A,

kompakte Segler aus Stahl und Stoff, fliegen, die 15 Mann oder einen Jeep fassen konnten. Während die Piloten als erprobte Kämpfer Erfahrungen aus drei Operationen mitbrachten, waren viele der Kopiloten »Jungfrauen« - Männer mit rudimentärer Ausbildung, die noch nie Gleiter im Gefecht geflogen hatten.

Inmitten all dieser strapaziösen Vorbereitungen wurde beschlossen, die 17. Luftlande-Division vollständig zu reorganisieren. »Die Division sollte wieder wie früher statt eines Fallschirm- und zwei Gleiter-Regimenter zwei Fallschirm- und ein Gleiter-Regiment haben«, erläutert Oberst Carl A. Peterson, damals Major und Stabsoffizier (S-3) des 194. Gleiter-Infanterie-Regiments. »Das Gleiter-Regiment - das 193. ging im 194. auf - gewann fast doppelte Stärke. Zweck der Übung war, der Division mehr Standvermögen und mehr Feuerkraft zu geben, sie zu einer stärkeren Einheit zu machen.«

Neue Truppen ... neue Waffen ... neue Flugzeuge ... neue Mannschaft ... neue Organisation: Die Einbeziehung so vieler unerprobter Elemente ohne die Zeit, sie ausreichend einschätzen und integrieren zu können, bedeutete für die ohnehin problembefrachtete Operation eine zusätzliche Belastung.

Auch an den Steuerknüppeln britischer Gleiter saßen »Jungfrauen«. Nachdem das Gleiterpiloten-Regiment in Arnheim durch Ausfälle halbiert worden war, erhielt sein dynamischer Kommandeur, Brigadier George Chatterton, die Aufgabe, ein - wie er bei sich selbst dachte - unmögliches Kunststück zu vollbringen. »Ich sollte eine Gleitertruppe auf die Beine stellen, die groß genug wäre, bei Bedarf 2000 Segler zu fliegen. Aber womit? Ich hatte eine Verlustliste mit über 500 Namen und keine Verstärkungen. Also war eindeutig schnellste Improvisation gefragt.«

Soviel war klar: Männer konnten nicht innerhalb weniger Monate zu Piloten, zu Gleiterpiloten und gleichzeitig auch noch zu Kampfsoldaten ausgebildet werden. Chatterton versuchte also eine Quelle bereits geschulter Piloten anzuzapfen: die R.A.F. mit ihrer ungenutzten Reserve von 46 000 Mann fliegendem Personal.

Oberleutnant John Love gehört zu der Handvoll R.A.F.-Piloten, die gleich zu Beginn auf den Appell reagierten. Als er zum Training am Segler antrat, stellte er amüsiert fest, daß viele seiner R.A.F.-Kameraden, die den Gleiter-Freiwilligen als armen Irren bespöttelt hatten, selbst der Überredungskunst von Werbern erlegen waren und sich anschickten, auf die »Kisten mit Flügeln« (oder »fliegenden Särge«, wie sie pietätslos genannt wurden) umzusteigen.

Das militärische Training blieb elementar: zwei Wochen an Handfeuerwaffen, ein noch kürzerer Angriffskurs und ein paar Stunden Flugtraining im Gleiter. Den einundzwanzigjährigen Feldwebel Bill McFayden verstimmte diese flüchtige Unterweisung so gründlich, daß er den Kommentar abgab: »Wenn ich beim Landen auf einen ein Meter achtzig großen deutschen Soldaten mit Bajonett träfe, hätte ich keine Chance. Beim Eintritt in die R.A.F. hatte ich nicht damit gerechnet, am Boden kämpfen zu müssen, und der Crash-Kurs hat mir nicht viel genützt.« Und doch erwies sich der Mix von Heer und Luftwaffe als erstaunlich erfolgreich - so erfolgreich, daß die Verstärkungen aus der R.A.F. im Banne der »Gleiter«-Mentalität mit Vorliebe (und illegalerweise) zu ihren blauen Uniformen die braunen Baretts trugen, wenn sie zum Training kamen.

Love wurde der 3. Schwadron zugewiesen. »Wir hatten das Gefühl, daß wir beim Transfer das große Los gezogen hatten und ruhig die Nase hoch tragen durften, weil wir ›Hamilcars‹ flogen und nicht die ›Horsas Mark II‹.« Kein Wunder. Die »Horsa« war ein Luftfahrzeug von plumper Häßlichkeit, ganz aus Holz gebaut, gut 20 m lang und 6 m hoch; der Innenraum wurde gern mit einem Abteil der Londoner U-Bahn verglichen. Sie wog 7 Tonnen und konnte zwei Vierteltonner oder 28 voll ausgerüstete Soldaten aufnehmen. Die neuere und technisch raffiniertere 16 Tonnen schwere »Hamilcar« mit einer Flügelspanne von 33,5 Metern war die Königin aller Gleiter. Der »Wal auf Flügeln«, wie sie genannt wurde, bot in seiner knollig gewölbten Stirn (dem Ausfahrluk für seine Fahrzeugfracht) und in seinem wie ein Schiffsbauch ausladenden Inneren Raum für einen »Tetrarch« - einen eigens für diesen Zweck entworfenen leichten, doch schnellen Panzer. Beide Maschinen hatten aufklappbare Nasen, so daß Fahrzeuge und Fracht sogar unter Gefechtsbedingungen schnell entladen werden konnten. Insgesamt 392 »Horsas« und 48 »Hamilcars« wurden der

Operation unter dem Kommando von Oberstleutnant Iain Murray, früher bei den Gardegrenadieren, zugeteilt.

Geschick und Mut waren nötig, um diese Flugzeuge zu steuern, und außerdem – so die Randbemerkung eines Kommando-Mitglieds, der zusah, wie die Gleiter niedergingen – ein entschiedenes Desinteresse am eigenen Überleben: »Es war selbstmörderisch«, erklärt Oberstleutnant David Ward. »Man stieg in eine Sperrholzschachtel. Dann schwankte man an einem Stück Seil hinter diesem Flugzeug – einer ›Dakota‹ – her. Angekommen, wohin man wollte, betätigte man den Ausklinkmechanismus, und die Schachtel bewegte sich auf den Erdboden zu. Falls dort unten irgend jemand mit einem Gewehr stand und schoß, war man absolut hilflos. Man konnte nicht wegtauchen ... noch ausweichen ... es ging einfach geradeaus weiter. Eine ganze Menge zerschellten am Boden. Es ist erstaunlich, wie gut man mit einem Gleiter eine Bruchlandung bauen und noch aussteigen konnte ... solange man keinen Jeep mit Geschütz bei sich hatte. Wenn man aber anhielt, fuhren Jeep und Geschütz garantiert einfach weiter, aus dem Flugzeug heraus, und zockelten in aller Seelenruhe mitten aufs Gefechtsfeld. Im ›Hamilcar‹ war es schlimmer; der faßte einen leichten Panzer, etwa vier Tonnen schwer. Die Panzer waren ihr Gewicht in Gold wert, wenn man sie einmal unten hatte. Das Problem war nur die Landung. Pilot und Gleiter-Mannschaft saßen im Oberdeck; Panzer oder Truppentransporter und ihre Fahrer waren unten. Eigentlich sollte man den Motor starten, sobald der Pilot das Schleppseil ausklinkte, und in dem Augenblick, wo der Gleiter den Boden berührte, durch die aufklappbare Nase ins Freie dampfen – oder katapultiert werden. Aber jemand, der in diesen Panzern saß, während der Segler zu Boden ging, mußte schon ein ziemlich ungewöhnlicher Typ sein.«

Oberst Todd Sweeney, damals Kompaniechef beim 2. Bataillon der *Oxfordshire & Buckinghamshire Light Infantry,* bemerkte, daß trotz häufiger Abstürze der Gleiter die Männer meist ohne ernsthafte Verletzungen davonkamen. »Das Holz- und Papiergerüst ergab einen ziemlich starren Rumpf. Die Gleiter konnten am Boden aufschlagen und zerbrechen; meist fielen die Räder ab, und sie landeten auf den Kufen. Wenn man festgeschnallt war, passierte zumeist nicht viel.«

Wenn jedoch ein Gleiter, der Mörserbomben und Treibstoff transportierte, in Brand geriet, hatten Mannschaft und Passagiere wenig Überlebenschancen.

Die Mannschaften der Gleiter waren nicht mit Fallschirmen ausgerüstet. »Wir dachten, im Gleiter kämen wir ebensogut runter wie in einem Fallschirm«, erklärt Major Peterson. »Was die Sicherheit anging, war nicht viel gewonnen; im Notfall kann ein Gleiter sich ziemlich schnell ausklinken und runterkommen.«

Die Gleitersoldaten neigten zu der Ansicht, sie seien zu Gefechtsbeginn wirksamer als die Fallschirmspringer. Mit Segler konnten 10 Sekunden nach der Landung 15 Mann in kompletter Ausrüstung im Zielgebiet stehen. »Die Fallschirmer verloren viel Zeit damit, ihr Zeug zusammenzusuchen«, hebt Peterson hervor. Und tatsächlich - wenn der Springer unter seiner Seidenkappe herabschwebte, während um ihn herum die Kugeln zischten, und er dann versuchte, auf klumpigem Ackerboden zu landen, die Gurte loszuwerden, die Waffen einzusammeln und sich seiner Einheit anzuschließen, dann war er zunächst einmal nicht handlungsfähig und zudem äußerst verwundbar. In den ersten chaotischen Augenblicken nach der Landung standen selbst den höheren Offizieren nur die Männer zur Verfügung, die zufällig in der Nähe waren. Die Offiziere trainierten ebenso hart wie ihre Leute, sprangen mit ihnen ab und landeten mit ihnen unter denselben gefährlichen Bedingungen. Bis sie ihren Gefechtsstand eingerichtet hatten, waren sie - Leutnant wie General - nichts weiter als schlichte Soldaten und Einzelkämpfer. Jeder war völlig auf sich selbst angewiesen. Fallschirmspringer wurden einem intensiven Training unterzogen, das auf diese Notwendigkeit von Können und Initiative abgestellt war. Es gab nur zwei Bewertungskriterien: hervorragend oder untauglich. Bevor er endlich auserlesen wurde, ins Bataillon der Fallschirmspringer einzutreten, wurde der Rekrut sämtlichen Situationen ausgesetzt, die im Kampfabsprung vorkommen. Dann wurde er auf die perfekte Beherrschung dieser Fähigkeiten gedrillt. Es wurde nicht nur erwartet, daß er die Technik beherrschte - und die lähmende Furcht vor einem Sprung in 400 Meter Tiefe aus einer schnell fliegenden Maschine heraus –, er hatte sich auch nach der Landung als erstklassiger Infanterist zu erweisen. Er wurde in Kommando-Taktiken ausgebildet und war ein hervorragender Schütze. Mit einiger Berechtigung durften sich die Fallschirmspringer als die Elite der Streitkräfte betrachten. Der einzelne wußte jedoch auch, daß er ersetzbar war. Anders als andere Einheiten zu Kriegszeiten, deren Reihen sich durch Verluste gelichtet hatten, stand den Fallschirmspringern eine umfangreiche Rekrutenreserve zur Verfügung, jeder einzelne in gespannter Erwartung, zum Frontdienst versetzt zu werden. Größere Disziplinarvergehen wurden summarisch behandelt: Der Delinquent wurde in seine frühere Einheit zurückversetzt.

Ebenso hart war das Bodentraining für die Gleiter-Truppen. Dem Gefahrenmoment wurde durch eine Soldzulage Rechnung getragen. »Wir bekamen pro Tag einen Shilling mehr dafür, daß wir bereit waren, in den Dingern zu fliegen«, erinnert sich Oberst Sweeney.

In einem überfüllten Kino der kleinen französischen Stadt Châteaudun bewachte Militärpolizei die Ein- und Ausgänge. Rastlos drängten sich die Männer, die für den Transport eines Großteils der Angriffskräfte ins Gefechtsfeld verantwortlich waren, in den Saal, um ihre Instruktionen entgegenzunehmen.

Das 9. US-Truppentransport-Kommando unter dem Befehl von Generalmajor Paul Williams würde die Fallschirmtruppen der britischen und amerikanischen Division in 1397 C-46 und C-47 zum Absprung fliegen. Es würde ebenfalls die Schleppflugzeuge fliegen, welche die 906 amerikanischen Lastensegler ins Gefecht zogen.

»Die Knaben mit ihren Baseballmützen und Zigarren boten einen abenteuerlich verlotterten Anblick, aber sie waren ungeheuer gut«, berichtet Major Richard Hilborn. »Eine richtig internationale Truppe waren wir – ein kanadisches Bataillon in einer britischen Division innerhalb eines amerikanischen Korps; geflogen wurden wir von amerikanischen Piloten.«

Die Maschinen zu fliegen, welche die Lastensegler schleppten, war gerade in der Operation *Varsity* eine heikle Sache. Die Zahl der

Gleiter überstieg die der Schleppflugzeuge bei weitem, was eine Reihe von gefährlichen Doppelschlepps erforderte. Die Bremswirkung, die jedes der klobigen Monster ausübte, brachte das Schleppflugzeug fast zum Stillstand, bevor es abheben konnte. In der Luft schwankten die schwer beladenen Segler, von den Windströmungen hin und hergerüttelt, bizarr am Ende der Schleppseile. Manchmal verwickelten sich die Leinen; oder - daran dachte man besser nicht - sie stießen während des Flugs zusammen und stürzten ab, mitsamt den beförderten Passagieren.

Die amerikanischen Piloten der Schleppflugzeuge wie die der Fallschirmspringer-Transporter studierten eingehend die Identifikationszeichen, Signale und markanten Punkte der Lande- und Absprungstellen ihrer »Passagiere«. Für wenige kurze Stunden hing das Leben von 20 bis 30 Fremden - Briten oder Amerikanern - uneingeschränkt von der Fähigkeit eines einzigen Mannes ab, sie sicher an ihren Bestimmungsort zu bringen. Jeder Pilot lebte mit der beklemmenden Gewißheit, daß er im Verlauf des Fluges mit größter Wahrscheinlichkeit unter schweres Feindfeuer geraten würde. Der Schutz seines eigenen Lebens hatte zurückzustehen hinter dem Ziel seiner Mission: trotz aller Risiken unbeirrt auf Kurs zu bleiben und seinen Gleitern eine sichere Lande-, seinen Fallschirmern eine sichere Absprungbasis zu verschaffen. In dieser Phase, dem langsamen, stetigen Anflug in einer Höhe von 250 bis 350 Metern, boten die Maschinen der gegnerischen Flak die besten Ziele.

Dem Training folgte die Einweisung. »Wir wurden alle hinter Stacheldraht gesperrt«, berichtet Hauptmann Albert Wing. »In Sandkästen von 2×3 Metern, die den größten Teil eines Zeltes einnahmen, wurden echte Geländemodelle hergestellt. An Tafeln vor den Zelten waren Luftbilder aufgereiht. Zeit hatten wir genug. Wir holten kleinere Einheiten herein und wiesen sie sozusagen direkt an Ort und Stelle ein. Es waren eine ganze Reihe Südstaatler dabei, deshalb nannten wir die Wälder ›Lee‹ und ›Jackson‹ usw. Dann fragten wir: ›Wie heißt dies?‹ und ›Wie heißt das?‹. Das wiederholten wir unzählige Male, und als wir dann tatsächlich im Gelände waren, kam es uns fast bekannt vor. Diese endlose Einpaukerei war ziemlich monoton und ermüdend, aber sie zahlte sich aus.«

Die Geheimhaltung war so streng, daß nicht einmal die Männer wußten, wo der Angriff stattfinden sollte. Wing lächelte: »Alle hatten ihre Vermutungen. Vor dem Rückzug in das abgeriegelte Camp war ein einziges Mal Flußabsprung geprobt worden - aber eigentlich war uns allen klar, daß es nur der Rhein sein konnte.« Vier Tage vor dem Beginn des Unternehmens wurden 26 Flugplätze in England und Frankreich hermetisch abgeriegelt. Die Männer wurden, zum Teil im Schutz der Dunkelheit, in stacheldrahtumzäunte Durchgangslager verbracht. Bewaffnete Militärpolizei patrouillierte die Kasernen, und überall, wo Einsatzbesprechungen stattfanden, waren Posten aufgestellt. Offiziere, die das Lager in dienstlicher Mission verließen, hatten alle Regimentskennzeichen von ihren Uniformen zu entfernen. Der Post- und Telefonverkehr aus dem Lager heraus wurde eingeschränkt. Zeitungsberichte, die zuweilen Unsicherheit verbreiteten, waren die einzigen Nachrichten, die hereinkamen. David Hunter, ein junger schottischer Leutnant, entsinnt sich einiger Aufregung bei Männern der 5. Britischen Fallschirmjäger-Brigade: »Wir hatten keinen Kontakt mit der Außenwelt, bekamen aber die Zeitungen und lasen eine Schlagzeile, aus der hervorging, daß die Deutschen Luftlandungen in der Nähe von Wesel erwarteten - und dorthin gingen wir ja! Wir konnten uns nur damit trösten, daß der Feind, da es sich nicht gerade um einen der üblichen Fallschirmangriffe handelte, die Landetruppen vergessen würde, wenn er den Rheinübergang der Infanteristen sah. So daß uns, hofften wir, doch ein Überraschungseffekt zu Hilfe käme.«

Hunter und seine Einheit waren nicht die einzigen, die direkt aus dem Mund des Feindes erfuhren, daß die Luftlandung erwartet wurde. Radio Berlin, Goebbels' gut funktionierende Propagandamaschine, informierte die amerikanischen Landetruppen in Frankreich, daß die Deutschen mit einer groß angelegten Luftlandeoffensive bei Wesel rechneten: »Wir sind vorbereitet«, kündigte Sprecher Günther Weber grimmig an.

Eine Information, die weit mehr Beunruhigung auslöste, war der britischen BBC zu entnehmen, wo Eisenhower gegen einen aufgefangenen Befehl des deutschen Oberkommandos protestierte. Ein Befehl, der besagte, daß Angehörige von alliierten Luftlandetruppen, die auf feindlichem Territorium aufgegriffen wurden, hinzurichten seien.

Die 6. Luftlande-Division, der britische Arm des Unternehmens, sollte im belgischen Luftraum auf die amerikanische 17. Luftlande-Division treffen und sich mit ihr zur Invasionsflotte formieren. Wie die amerikanische bestand auch die 6. britische Division aus drei Brigaden (in den USA als Regimenter bezeichnet). Die 3. und 5. Brigade wurden von altgedienten Fallschirmkommandeuren geführt, den Brigadiers James Hill und Nigel Poett. Die 6. Luftlande-Brigade, Komplement des Amerikanischen Gleiter-Infanterie-Regiments, hatte in Brigadier Hugh Bellamy einen neuen Befehlshaber.

Hills 3. Brigade sollte als erste landen, am Nordwestrand des Diersfordter Forstes, die feindlichen Geschützstellungen im Wald sowie in den nahe gelegenen Höfen und Dörfern säubern und den Schnepfen-Berg erobern. Brigadier Poett sollte mit seiner 5. Brigade nordöstlich von Hamminkeln landen und ein entscheidendes Straßenstück sichern, um eine Nachschublinie des Gegners durch dieses Gebiet zu unterbrechen. Und Bellamy schließlich sollte mit seinen drei LL-Bataillonen (2./*Oxfordshire & Buckinghamshire Light Infantry,* 1./*Royal Ulster Rifles,* 12./*Devonshire Regiment*) folgen und Hamminkeln sowie die Issel-Brücken einnehmen.

»Wir rechneten damit, daß die Deutschen versuchen würden, uns auszuheben und aufzureiben und damit die Mission wie uns selbst zunichte zu machen«, bemerkte Poett, »denn unmittelbar nach der Landung waren sie ja uneingeschränkt im Vorteil. Sie saßen unsichtbar in ihren Stellungen, während wir über ihnen herumrannten und unsere Sammelstellen suchten. Das Unternehmen war so geplant, daß es durch Ausfälle nicht gefährdet werden konnte. Jeder einzelne, ob Brigadekommandeur oder Kompaniekoch, hatte einen Ersatzmann, der augenblicklich seine Stelle einnehmen würde.«

Als Hill den ursprünglichen Angriffsplan studierte, kamen ihm Bedenken. Die Absprungstelle für seine Männer lag in einiger Entfernung nördlich vom Zielgebiet. Hill jedoch war auf eine Technik für Massenabsprünge eingeschworen, welche die Männer unmittelbar über ihren Zielen absetzte. Den Feind frontal anzugreifen, bevor noch eine Abwehr organisiert war, brachte den Vorteil mit sich, daß die Soldaten den Kampf dort beginnen konnten, wo sie landeten. Das Ziel war schneller und mit weniger Verlusten am Boden erobert. Es blieben allerdings zwei erhebliche Risiken: Wenn die Männer über einer feindlichen Stellung niedergingen, war die Gefahr größer, daß sie in der Luft getroffen wurden. Und zweitens konnte der Pilot das genaue Ziel verfehlen und sie außerhalb ihrer Absprungzone absetzen.

Kühn zog James Hill eine messerscharfe Grenze zwischen Erfolg und Katastrophe und setzte auf sein Vertrauen in Geschick und Erfahrung der amerikanischen Piloten. Noch heute macht er sich Gedanken über das riskante Spiel: »2200 Kampfsoldaten, die innerhalb von 6 Minuten auf relativ begrenztem Gebiet abspringen ... Ein winziger Irrtum auf seiten des amerikanischen Obersten, der den Massenverband führte, in dem unsere Brigade ins Gefecht flog, konnte verheerende Folgen nach sich ziehen.«

»Der Brigadier bezeichnete ein etwa 700 × 900 Meter großes Gebiet auf der Karte und erkundigte sich beim Transportgeschwader, ob sich dort eine ganze Brigade absetzen ließe«, berichtet Oberstleutnant Fraser Eadie, damals Major und stellvertretender Kommandeur des 1. Kanadischen Fallschirmjäger-Bataillons. »Sie waren einverstanden, und er ließ die Landezone ändern, so daß wir genau über den Zielen ankamen. Man kommt sich schon sehr nackt vor, wenn man erst mal versuchen muß, zum eigentlichen Ort des Kampfes zu gelangen.«

Hill wußte, daß es Verluste geben würde, auch wenn seine Rechnung aufging. »Man kann nicht mitten in einem Verband deutscher Fallschirmer landen, ohne daß ein paar Männer in der Luft getroffen werden.«

Als nächstes nahm sich Hill die Pläne im Hinblick auf die unterschiedlichen Fähigkeiten seiner drei Bataillone und ihrer Kommandeure zur Erreichung der jeweiligen Ziele vor.

»Bataillone«, reflektiert der Brigadekommandeur, »gleichen Kindern, sie sind sehr menschlich und ganz unterschiedlich ... Ich sah ziemlich schnell, was für jedes Bataillon die richtige Aufgabe war.«

Oberstleutnant George Hewetson, ein kräftiger, untersetzter Ringer und Schullehrer aus dem Norden, der das 8. Bataillon führte, hatte seinen Leuten den gleichen Grad zielbewußter Unerschrockenheit und Hartnäckigkeit vermittelt, den er selbst an den Tag legte. »Er war jemand, der geradewegs aufs Ziel losging, festgenagelt wurde und sich dann durchhaute«, erinnert sich einer der Offiziere. Hewetson, entschied Hill, würde den Absprung der 3. Fallschirmjäger-Brigade an der Nordwestecke des Diersfordter Forstes anführen, mit dem Ziel, die Absprungstelle - dazu gehörte auch der Stützpunkt im dichten Bislicher Wald - vom Feind zu säubern, bevor die folgenden Bataillone dort heruntergingen.

Das 9. Bataillon unter Oberstleutnant Napier Crookendens umsichtiger Führung war die Einheit der »Künstler«. Seine besondere Begabung lag in der Durchführung präziser, peinlich genau koordinierter Aktionen. Hill wies ihnen die schwierige Aufgabe zu, den Kamm des Schnepfen-Bergs zu sichern, welcher die britischen und amerikanischen Stellungen beherrschte. Dort würde Crookenden Verbindung zur 17. Luftlande-Division aufnehmen.

Das dritte Bataillon in Hills Brigade bestand einzig aus Kanadiern. Es sollte die Südwestecke des Waldes zwischen den Stellungen des 8. und 9. Bataillons säubern und halten. »Es war meine erste und dringliche Aufgabe, den Nordrand der Absprungzone von Deutschen zu säubern, weil dort die Straße durchlief«, erläutert Hill. »Wir wußten mit Sicherheit, daß dort von Deutschen besetzte Häuser standen; es war der am stärksten besetzte Stützpunkt des Absprunggebiets. Wenn er nicht zerstört wurde, war die Absprungzone nicht zu halten. Ich übergab diese Aufgabe ohne jedes Zögern meinem kanadischen Bataillon, das seiner ganzen Art nach dafür gemacht schien.«

Infolge politischer Konstellationen war das 1. Kanadische Fallschirmjäger-Bataillon der Waisenknabe innerhalb der kanadischen Streitkräfte, hervorgegangen aus einer politischen Zweckheirat. Der Kriegsausschuß des kanadischen Kabinetts hatte General A. G. L. McNaughton, Kommandeur der kanadischen Übersee-Streitkräfte, 1942 ermächtigt, kanadische Truppen für großangelegte Offensiven »in Kombination« mit britischen Truppen einzusetzen. Angeblich war durch dieses Mandat ihre Verwendung auf örtlich und zeitlich begrenzte Kommandounternehmen beschränkt, im Gegensatz zu Expeditionsunternehmen wie Invasionen und Besatzungen. Es war eine heikle Angelegenheit für ein Land, das seine noch wenig gefestigte Unabhängigkeit um jeden Preis zu schützen entschlossen war.

Uneingeschränkt jedoch war den Briten das 1. Kanadische Fallschirmjäger-Bataillon unterstellt, und es war an drei Feldzügen beteiligt - von denen keiner ein reines »Kommandounternehmen« war. Es ist nur verständlich, wenn sich die kanadischen Freiwilligen angesichts der ihnen vom eigenen Land entgegengebrachten Gleichgültigkeit als Waisen empfanden.

»Wir nannten uns das vergessene Bataillon«, erzählt Eadie, »und niemand fühlte sich wohl dabei. Nur die wenigsten Kanadier wußten überhaupt, daß ein Fallschirmjäger-Bataillon existierte. Mit der kanadischen Armee hatten wir nie auch nur das geringste zu tun. Wir waren der 6. britischen Luftlande-Division teilunterstellt - ›teil-‹ war dabei das entscheidende Wort, es sicherte den Kanadiern die Ausübung größerer Disziplinarmaßnahmen wie Kriegsgericht u. ä. In allen andern Belangen aber unterstanden wir britischem Kommando. Von Kanada kamen lediglich Sold und Kampfanzug. Sogar die restliche Bekleidung, Unterwäsche, Socken etc., bezogen wir von den Briten. Sie behandelten uns, als gehörten wir zur Familie.«

Die Tatsache, daß diese Kanadier im eigenen Land keinerlei Beachtung fanden, stellt ihrer Regierung ein schlechtes Zeugnis aus. Dennoch verdankten die Freiwilligen seltsamerweise gerade diesem Umstand den besonderen, fulminanten Kampfgeist, der Hill ins Auge gefallen war. Es hatte einer delikaten, von Perioden der Ratlosigkeit gestempelten Anlaufzeit bedurft, ehe es dem Brigadekommandeur gelang, diese »Canucks«, wie er sie nannte, zu verstehen. »Brigadier Hill liebte die Kanadier«, berichtet Eadie weiter. »Aber während der Kämpfe in der Normandie sagte er eines Tages zu mir: ›Ich verstehe einfach nicht, warum ihr Canucks mit Hut und Zigarre‹ - die Burschen hatten Melonen auf - ›ins Gefecht gehen müßt. Einer ist dabei, der trägt einen bunten Pullover!‹ Der Junge hatte einen Hockey-Sweater an mit der Aufschrift ›Flin

Flon‹ und einer ›5‹ auf dem Rücken. Ich sagte: ›Wenn es ihnen das Kämpfen erleichtert, Sir, sollte man sie lassen.‹ «

Kommandeur des Bataillons war Oberstleutnant Jeff Nicklin – eins neunzig groß, wie aus dem Ei gepellt und jeder Zoll der Kraftathlet, der vor dem Krieg von 1935 bis 1940 als Flügelmann bei den *Winnipeg Blue Bombers* und im Nationalteam gespielt hatte. Nicklin war, wie ein britischer Fallschirmspringer sich erinnert, »ein richtiger John-Wayne-Typ«. Kurz nach Kriegsausbruch meldete sich Nicklin zu den *Royal Winnipeg Rifles* und später freiwillig zu den Fallschirmtruppen. Wie für so viele der »Zivil-Soldaten« war auch für ihn die Verwandlung zum qualifizierten Kommandeur kriegführender Truppen nur mit einem enormen Aufwand an Mühe und Selbstdisziplin zu leisten. Inzwischen hatte der Zweiunddreißigjährige einen Namen als zäher und standfester Truppenführer, der Erfolge vorweisen konnte. Bei den Offizieren seiner Einheit stand er deshalb im Ruf einer gewissen Unnahbarkeit. »Ein durch und durch anständiger Kerl«, schildert ihn Hill, »ungeheuer stolz auf Kanada und ungeheuer stolz auf seine Fallschirmspringer. Er hielt auf eiserne Disziplin und war von puritanischer Geradlinigkeit, mit wenig Verständnis für andersgeartete Kameraden.«

»Er war ein hervorragender Truppenführer und hatte Mumm«, meint Nicklins Stellvertreter Eadie, »an der MPi genauso zäh wie früher am Ball.« »Er hat ein verdammt gutes Regiment aufgebaut«, ergänzt Hauptgefreiter Dennis Flynn, »und er flickt uns wieder zusammen.« Die Canucks wieder zusammenzuflicken war eine traumatische Strapaze gewesen – und zwar für alle Grade, wie Hill aufs peinsamste gewärtig ist. Am 8. September 1944 war Nicklin, soeben zum Regimentskommandeur befördert, zum Empfang des aus der Normandie zurückkehrenden Bataillons im Hafen von Southampton eingetroffen. Von den Verletzungen, die er sich im Juli zugezogen hatte, als er in der Normandie in eine Sprengfalle trat, war er vollständig erholt. Was er an diesem Tag im Hafen von Southampton erblickte, entsetzte ihn. Die Fallschirmtruppe hatte harte Zeiten hinter sich. Über zwei Drittel von ihnen, darunter 24 ihrer 27 Offiziere, waren Opfer der Kämpfe geworden, die Hälfte davon bei der Landung an der französischen Küste am ersten Tag von ›Overlord‹.

Die Überlebenden hatten drei Monate lang ohne Verstärkung gekämpft. Unter der Führung ihres vorherigen Kommandeurs, Oberstleutnant Bradbrooke, waren sie außerdem unzufrieden und aufsässig geworden. Das sprang ins Auge: Die Einheit bestand aus ramponierten, vernachlässigten Überresten ohne jede Disziplin. Den stellvertretenden Kommandeur des Bataillons fuhr Nicklin an: »Was ist mit diesen Männern los? Die müssen wir treten, damit sie wieder funktionieren. Sie sollen Urlaub machen - dann fangen wir an.« Die nächsten Wochen wurden hart - sowohl für die Männer des 1. Kanadischen Fallschirmjäger-Bataillons wie auch für seine Offiziere. Nicklin war fest entschlossen, seine Männer kampftüchtig zu machen, und griff hart durch. Intensive Trainingsübungen im Straßenkampf, Handhabung der Waffen und andere Kampftaktiken waren mit täglichen Langstreckenläufen und ausgedehnten Marschübungen verbunden. Auf Einhaltung eines Kleidungs- und Verhaltensreglements wurde strengstens geachtet.

Die Stimmung im Lager wurde brenzlig. »Wir hatten die alten Hasen dabei, die gerade aus Frankreich kamen«, beschreibt Eadie die Situation, »dann hatten wir aber auch den neu eingetroffenen Ersatz, ein komplettes Halb-Bataillon, die meisten noch halbe Kinder, nicht mal 21. Niemand verstand, warum Nick eigentlich so stur war. Es fiel ihm schwer, einigen der Jungs ein bißchen Verständnis entgegenzubringen, weil ihm vieles nicht paßte, was sie taten - wenn sie ausgingen, zum Beispiel, Zoff machten und dann im Bau landeten. Er mochte das nicht und verstand nicht, daß Soldaten so etwas lustig fanden.«

»Ich glaube, daß zweierlei eine Rolle spielte«, überlegt Unteroffizier Ron Anderson. »Wir fühlten uns wirklich als verlorenes Bataillon - an eine britische Division und Brigade angeschlossen, auf britische Rationen gesetzt -, die Truppe schien ganz einfach frustriert. Und dann kam natürlich dazu - das soll aber keine Kritik an Jeff Nicklin sein -, er war absolut versessen auf körperliche Kondition. Wecken um 5 Uhr morgens war keine Seltenheit. Viele der jüngeren Offiziere wurden wild, weil er sie zum Morgenlauf selbst aus den Kojen zerrte. Seine Spezialität waren 15-Kilometer-Läufe mit Gepäck in zwei Stunden. Beim Einlaufen nahm er am Tor selbst die Namen auf, und wer es nicht schaffte, kam ›zurück zu seiner früheren Einheit‹. Die Männer wurden langsam rebellisch.«

Am 24. Oktober 44 brach der Aufstand aus: Die Männer traten in einen Hungerstreik. »Nick sagte, ich sollte nachfragen, was die Truppen zu Mittag bekommen hätten, und ich entdeckte, daß sie gar nichts gegessen hatten«, berichtet Eadie weiter. »Es waren nur die Gefreiten und Hauptgefreiten, und sie arbeiteten weiter und machten alles, was sie zu tun hatten. Brigadier Hill war ziemlich erregt und sagte zu Nick: ›Ich komme rüber und rede mit ihnen. Und sehen Sie zu, daß keine Offiziere oder Unteroffiziere in der Exerzierhalle sind.‹ «

»Ich sagte ihnen sehr deutlich, was ich von ihrem Hungerstreik hielt«, berichtet Hill weiter. »Und was ich von ihnen erwartete: daß sie baldmöglichst in Bestform seien, um mit mir dies Unternehmen [*Varsity*] in Angriff zu nehmen. ›Wenn hier jemand der Ansicht ist, das ließe sich erreichen, indem er weitermacht wie bisher, dann irrt er sich‹, ließ ich sie wissen, ›und es ist eine Kleinigkeit, ihn zu ersetzen. Jetzt überlegen Sie sich, was Sie wollen.‹ Und damit ging ich. An diesem Abend kamen alle zum Essen. Der Spuk war vorbei. Es war ihnen klargeworden, daß sie ein Ziel hatten, das sie erreichen mußten, und sie machten sich an die Arbeit.

Am darauf folgenden Montag kamen sechs Mannschaftsdienstgrade vom Bataillon ins Brigade-Hauptquartier, um sich bei mir zu entschuldigen - eine Geste, die mich sehr beeindruckte und viel dazu beitrug, daß mein enges Verhältnis zu den Kanadiern erhalten blieb.«

Sie markierte auch einen Wendepunkt für das 1. Kanadische Fallschirmjäger-Bataillon. Nicklins harte Diziplin und Hills väterliches Verständnis machten es zu einer der kampfstärksten Einheiten von Operation *Varsity*. »Es wurde den Leuten eingebleut, daß sie völlig auf sich selbst angewiesen waren, wenn sie mitten in einer Operation wie *Varsity* steckten. Um sie herum würde das Chaos herrschen. Um mit den Dingen fertig zu werden, die ihnen passieren konnten - allein und vielleicht verwundet mitten in einem Wald zu landen und dann so schnell wie möglich ihre Stellungen zu finden -, dazu brauchten sie vor allem körperliche Fitneß und Disziplin«, erklärt Eadie.

Am 23. März, dem Vorabend von Operation *Varsity,* suchte der Brigadier jedes seiner drei Bataillone auf und richtete wie der Trainer vor dem Spiel die üblichen ermunternden, optimistischen Worte an seine Mannschaft. Als er jedoch ins Lager der Kanadier kam, bemerkte Hill in den Augen einiger seiner Canuck-Waisen ein verwegenes Funkeln. Hill kannte seine kanadischen Draufgänger. Es war ihm klar, daß sie unter dem Zwang standen, sich zu beweisen, und daß sie auf Kampf aus waren.

»Ich möchte, daß allen Kanadiern eins ganz klar ist: Ich will keine Spielchen in der Absprungzone«, verkündete Hill. »Sie wissen inzwischen alle, daß die Landegebiete von feindlichen Handfeuerwaffen, Flak und 8,8-cm-Geschützen eingekreist sind. Diese Geschützstellungen sind Aufgabe von Oberstleutnant Hewetsons Bataillon. *Ihre* Hauptaufgabe, das möchte ich unmißverständlich klarmachen, sind die Ihnen übertragenen Ziele. Sämtliche übrigen Ziele haben Sie nicht zu kümmern. Überlassen Sie den anderen ihre Kämpfe!«

In diesen letzten Stunden des 23. März fielen auf deutsche Fallschirmjägerstellungen entlang des Rheins erbarmungslos Tausende Tonnen Bomben aus den Geschützen der 9. US-Armee und der 2. Britischen Armee. Hunderte Kilometer entfernt tummelten sich unter dem Sternenhimmel Englands und Frankreichs die Gleiter- und Fallschirmtruppen, die bald mitten in die Auseinandersetzungen hineinkatapultiert würden. Einige nahmen die frühe Sperrstunde ernst und krochen unter die rauhen Decken ihrer Feldbetten. Viele zogen die nächtliche Stille der unruhigen Gesellschaft ihrer Barackengenossen vor. Andere lasen unkonzentriert in einem Buch oder saßen im ruhigen, nachdenklichen Gespräch, bei einem Drink in der Messe vielleicht, mit Kameraden zusammen. Die Piloten der Gleiter waren unterwegs zum Flugfeld. Hunderte von Maschinen säumten die Start- und Landebahn; die Schleppflugzeuge standen hintereinandergereiht auf der Runway, dahinter die Gleiter mit eingehängtem Schleppseil, die Flügelspitzen im randvollen Feld mit geometrischer Präzision raumsparend zur Deckung gebracht. Fast zwanghaft überprüfte jeder Gleiterpilot ein letztes Mal die Beladung seiner Maschine. Eine plötzliche Bewegung der Fracht, und der Segler würde unaufhaltsam zu Boden gerissen.

Es war der Augenblick für den traditionellen Abschiedsbrief - an Ehefrauen, Freundinnen und Familie, der am nächsten Tag nach dem Absprung (zensiert) auf den Weg gehen würde. Ein Hauptgefreiter - von einem zumindest weiß man es - ließ sich von seinem Schicksal derart mitreißen, daß er nicht weniger als 11 Abschiedsbriefe schrieb - an 11 verschiedene Mädchen, deren jedes er seiner innigen Hingabe versicherte.

In der stillgelegten Pilzzüchterei, die sein Büro beherbergte, ordnete Jeff Nicklin die Papiere auf seinem Schreibtisch und überlegte mit Befriedigung, daß die Arbeit sich nach all der Schinderei denn doch gelohnt hatte. Die Männer waren gerüstet. Bevor er das Licht löschte, schrieb er einen fröhlichen Geburtstagsgruß an seinen Sohn, Jeff jr., den er noch nie gesehen hatte und der in 12 Tagen ein Jahr alt werden würde.

Jeden der Männer bewegte die - wenn auch immer wieder brüsk verdrängte - Frage nach den Chancen seines Überlebens. Traditionsgemäß neigten die Fallschirmjäger eher zu faulen Witzen als zum Makabren. »He, Padre!« wandte sich einer auf dem Weg zum Flugfeld an den Geistlichen. »Geben Sie uns Ihre Uhr! Wo Sie jetzt hingehen, werden Sie sie ja kaum brauchen.« Oder man hielt einem absprungbereiten Springer den Haken einer Reißleine vor die Nase: »Mensch! Nicht eingehakt!«

Wenn man genug Witze riß über den Tod, ließ er sich vielleicht vertreiben . . . für dieses eine Mal jedenfalls.

Jetzt hilft nur noch beten

Über Belgien trafen sie zusammen. Zwei Divisionen von mehr als 14 000 Amerikanern und Briten, von 26 Flugplätzen in zwei Ländern gestartet, verbanden sich in perfekter Harmonie zu einer einzigen gewaltigen Luftarmada.

Von Anfang bis Ende gemessen, hätte sich die Kolonne über zwei Stunden und achtzehn Minuten erstreckt: 1795 Truppentransporter und 1050 Schlepper, die 1305 Gleiter zogen, flogen in unterschiedlicher Höhe, mit unterschiedlicher Geschwindigkeit und füllten den Luftraum. Oberst Todd Sweeney, damals Kompaniechef beim 2. Bataillon der *Oxfordshire & Buckinghamshire Light Infantry,* beobachtete die eindrucksvolle Prozession von seinem Gleitflugzeug aus. „Es war ein wunderbarer Frühlingstag, klar und frisch. Am Himmel, wohin man auch sah, nichts als Gleiter, Gleiter, Gleiter. Darüber, noch einmal neun- oder zwölfhundert Meter höher, flogen aufblitzend die Jäger und schossen herunter. Als wir uns dem Rhein näherten, zogen unter uns die Flugzeuge der Fallschirmtruppen mit ihrer khakibraunen Tarnbedeckung vorbei, die schneller waren als wir. Wir konnten das Band des Flusses erkennen und die winzige Bootsschlange der Schottischen Division, die ihn überquerte. Über dem Ostufer des Rheins hing eine mächtige Rauchwolke, in der sich die von der Bombardierung Wesels erzeugten Staubschleier mit der Nebelwand mischten. Es sah aus wie eine riesige Feldküche, in der alte Gummireifen verbrannt wurden. Und weil es ein windstiller Tag war, lag diese Wolke aus chemischem Nebel und Sprengstaub ungefähr 300 Meter über dem Erdboden, und alles, was über und unter ihr lag, war wundervoll klar. Dann sahen wir das Flakfeuer - Feuer aus Geschützen, die, so hatte man uns versichert, von der R.A.F. und der Artillerie ausgeschaltet sein würden.«

Kurz vor 10.00 Uhr am 24. März warteten über eine Million Soldaten der Bodentruppen auf das Erscheinen der Luftflotte. Ein Teil von ihnen rekelte sich auf Sonnenhängen am Westufer, andere hockten mit geschwärzten Gesichtern in den Trümmern von Wesel oder in Gräben auf dem noch gefährdeten Brückenkopf am Ostufer. Es herrschte eine unnatürlich scheinende Stille. Nach 12 Stunden unablässigem Artillerdiedonner waren die 5000 Geschütze der Alliierten in Erwartung der Landungen abrupt verstummt. Die Stille zog sich ominös in die Länge; doch dann vernahmen die gespannten Zuschauer das willkommene Gedröhn der nahenden Flugzeuge.

Ein Hügelkamm hinter Xanten gewährte einer zelebren Gruppe gute Sicht auf das Schauspiel. »Da sind sie!« Premierminister Winston Churchill ließ einen erregten Ausruf hören. Neben ihm wandten sich Feldmarschall Sir Alan Brooke, Oberbefehlshaber General Eisenhower, General Simpson und Feldmarschall Sir Bernard Montgomery an die Verantwortlichen für die Inszenierung und gratulierten den Generalen Lewis Brereton und Matthew Ridgway.

Unter Hurrageschrei überflogen die ersten amerikanischen und britischen Lufttransporter in geschlossener Formation den Rhein und tauchten in die dunkle Wolke aus Staub, Geschützrauch und künstlichem Nebel. Während der nächsten zehn Minuten erfolgte der Absprung von über 8000 britischen und amerikanischen Fallschirmjägern. Wenige Minuten darauf sahen die Zuschauer die 2355 Gleiter und ihre Schleppmaschinen der 6. Britischen Luftlande-Brigade und des 194. US-Gleiter-Infanterie-Regiments über den Rhein und in Richtung der ihnen zugewiesenen Landezonen fliegen.

Es war ein historischer Augenblick: der längste Gleiter-Schleppzug in der Geschichte; der erste mit Doppelschlepp; und der erste Gefechtseinsatz von Gleitern auf Landegebieten, die nicht zuvor von Fallschirmtruppen gesichert worden waren. War erst einmal Bilanz gezogen über die ungeheuerlichen Verluste an Menschenleben, sollte es auch die letzte Gleiterschlacht gewesen sein, die je unternommen wurde.

Es gab während dieses Krieges sicherlich andere halbstündige Zeitspannen, in denen erfolgreich ähnliche dramatische Angriffe durchgeführt – oder ähnlich große Truppenkontingente vernichtet wurden. Keine jedoch lief in so greller Deutlichkeit als Spektakel vor einem Millionenpublikum sonnenbadender Zeugen ab.

Als die Flugzeuge mit Kurs Richtung Heimat wieder erschienen, wurden aus Churchills knabenhafter Begeisterung Unruhe und Bestürzung. Er sah »im Gefühl kommenden Unheils, wie die Flugzeuge - paarweise oder in Dreiergruppen - in Schräglage, rauchend oder sogar brennend zurückkamen.« Mit demselben Entsetzen beobachteten die Zuschauer schreckgebannt, wie 16 Maschinen in die Tiefe stürzten und in Flammen aufgingen.

Brigadegeneral James Hill, Kommandeur der 3. Britischen Fallschirmjäger-Brigade faßt das grauenvolle Ergebnis in kürzester Form zusammen: »Ungefähr 50 Flugzeuge und 10 Gleiter wurden inmitten des Sonnenscheins und der großen Staubwolken von dem vorangegangenen Bombardement des Flußufers vom Himmel geschossen und ungefähr 115 Flugzeuge und 300 Gleiter von Bodenfeuer bestrichen.« In diesen Minuten zeigte sich mit alarmierender Deutlichkeit, welche Risiken man mit einem Tagangriff direkt über feindlichen Geschützstellungen eingegangen war: Die 4150 alliierten Maschinen flogen im Schußbereich der Rohre gut verschanzter und vorbereiteter Feindkräfte. Jetzt wurde sichtbar, daß die deutschen Fla-Kanonen trotz des Anti-Flak-Programms der R.A.F. noch weitgehend intakt und auf die Invasion vorbereitet waren.

In den folgenden 30 Minuten fanden sich die Truppen Gefahren ausgesetzt, die alle Befürchtungen weit übertrafen: Flak, die rauchverdunkelte Umgebung, der allgemeine Wirrwarr und die unerwartet feuergefährdeten Flugzeuge.

Alle, die dieses dreißigminütige Chaos überlebten, kämpften brillant und mit äußerster Kraft gegen diese Hindernisse. Die Deutschen waren aus ihren Stützpunkten vertrieben, noch ehe der Tag zu Ende ging. Doch was für ein Tag!

Gerade diejenigen Maßnahmen, die als Schutz der Invasionstruppen geplant waren, wirkten sich verhängnisvoll für sie aus. Bei der Planung hatte man nachdrücklich darauf bestanden, daß das Sperrfeuer 10 Minuten vor Eintreffen der Luftflotte abzubrechen sei; als Sicherheitsspielraum gedacht, erwies sich diese Frist dann faktisch als fatal. Die von den Zuschauern mit Unbehagen empfundene Stille und die plötzlichen Gegenstöße, denen sich die in

Wesel kämpfenden Kommandos ausgesetzt sahen, waren Hinweise auf die bevorstehende Katastrophe.

Die Armada traf neun Minuten zu früh ein. Damit verkürzte sich das auf dreißig Minuten angesetzte Trommelfeuer auf die gegnerischen Batteriestellungen, das Unternehmen zur Ausschaltung der tödlichen Fla-Kanonen, durch die vorzeitige Ankunft der Fallschirmspringer gezwungenermaßen auf 21 Minuten. Diese Reduzierung verringerte die Wirkung des Feuerplans so entscheidend, daß der Neutralisierungseffekt sich zum Zeitpunkt der Landungen verbraucht hatte, außer dort, wo die Stellungen durch Volltreffer oder Nahkrepierer tatsächlich zerstört worden waren.

Auch die von Nebelwand, Sperrfeuer und Bombardierung verursachte dichte Dunstschicht erwies sich eher als Hindernis denn als Schutz. Sie wurde zwar ihrem Zweck insofern gerecht, als sie die Truppen am Westufer vor direkter Einsicht schützte, doch blendete der Rauch viele der Gleiter-Piloten; sie verloren die Orientierung und verfehlten ihre genauen Ziele. Außerdem verbarg sie den angreifenden Jagdfliegern feindliche Stellungen. »Die Gleiter wurden über dem Rhein in einer Höhe von 1500, 1800 oder 2100 Metern abgehängt«, berichtet Sweeney. »Als sie unterhalb der Rauchwolke waren, noch auf der Suche nach dem Landeplatz, hatten die Flakschützen der deutschen Armee den Tag ihres Lebens, und unsere Brigade erlitt so ungefähr 40 bis 50 Prozent Verluste noch in der Luft.«

Die Wirkung des Feindfeuers war unerwartet heftig. Man hatte den Männern bei den Einsatzbesprechungen versichert, die Batterien seien ausgeschaltet. Das Flakfeuer war aber »sehr viel stärker, als man uns in Aussicht gestellt hatte«, bestätigt Oberstleutnant Crookenden, Kommandeur des 9. Bataillons der britischen 3. Fallschirmjäger-Brigade. Am meisten Glück hatten die Fallschirmjäger, die als erste absprangen. Der Feind hatte sich noch nicht ganz von der Wirkung des Bombardements erholt, und das Flakfeuer war noch wesentlich schwächer, als es die nachfolgenden Bataillone erleben sollten. Als 10 Minuten später die letzten Gruppen absprangen, war das Feuer »so dicht geworden, daß man darauf gehen konnte«, wie einer der amerikanischen Gleiter-Soldaten es anschaulich beschreibt. »Das trieb die Flugzeuge natürlich weiter nach oben.«

Oberstleutnant Hewetson, Kommandeur des 8. Bataillons, war einer der »Glücklicheren«. Seine Einheit war die erste aus Brigadier Hills 3. Brigade, die absprang. Über den Trümmern von Goch hörte Hewetson das Signal »Noch fünf Minuten«. Er blickte auf die Uhr: 09.46. Aber der Absprung der 3. Brigade war doch für 10.00 Uhr angesetzt! Was war schiefgelaufen? Würden sie neben dem Ziel landen? Auf der falschen Rheinseite? Er sah nach draußen und erkannte zu seiner Erleichterung immerhin das Silberband des Stroms. »Um 09.51 überquerten wir den Rhein«, notierte er.

Hewetson ruft das »übliche flaue Gefühl« in Erinnerung, das jedem Absprung vorausgeht. Die unruhige Luftströmung, die bei vielen Fallschirmern leichte Übelkeit hervorgerufen hatte, verstärkte die Nervosität. Dann plötzlich - »Rotlicht . . . Grünlicht . . . raus . . . Fallschirm öffnet sich . . . Boden ziemlich hart . . . Seufzer der Erleichterung!« Hewetson war auf sicherem Grund - wenn auch unerklärlicherweise früher als vorgesehen. Der stämmige Nordengländer befreite sich von seinem Fallschirm, blieb dann einen Augenblick stehen und starrte auf das unglaubliche Bild: »Tausende von Fallschirmen glitten langsam der Erde zu und landeten . . . Männer schälten sich mit fieberhafter Eile aus den Gurten und öffneten Ausrüstungstaschen und redeten mit jedermann in Hörweite über den Sprung . . . Beruhigend die blauen und gelben Rauchwolken, die nahe gelegene Sammelstellen markierten. Es war eine unbeschreiblich chaotische Szene, doch brachen die Männer sehr schnell zur Sammelstelle auf, und innerhalb von 35 Minuten hatten sich 85 Prozent der Brigade gemeldet.«

Das Gefühl des Springers, der mit beiden Beinen wieder auf festem Boden steht, nennt Hauptmann Nick Archdale »eine Art Nimbus, ein fast euphorisch gesteigertes Sicherheitsgefühl bei einer geglückten Landung . . . und das war es auch, was die Fallschirmjäger zu derart leistungsfähigen Soldaten machte.« Gänzlich andere Gefühle beherrschten die Männer in den Seglern, die in diesem Augenblick durch die Dunsthülle glitten und nach ihren Landestellen Ausschau hielten. Nervös machte sich ein Reporter von *Associated Press* auf das Schlimmste gefaßt, als der Pilot seines Gleiters das Seil ausklinkte und durch den dichten Rauch abwärts tauchte. Ringsum blitzte Flakfeuer. Der Feldwebel neben ihm war blaß geworden: »Jetzt hilft nur noch Beten«, sagte er.

Die zwei britischen Fallschirm-Brigaden (die 3. und 5.) waren fast auf den Meter genau an ihre Absprungstellen befördert worden. Die amerikanischen Regimenter - Oberst Raffs 507. und Oberst Coutts' 513. - hatten dagegen weniger Glück gehabt. Ihr Truppentransporter, das neue Kommando-Flugzeug vom Typ C-46, das bisher noch nie in Fallschirmoperationen Verwendung gefunden hatte, erwies sich als weiterer Fehlschlag in diesem komplexen Unternehmen. Die Maschinen beförderten drei Viertel der amerikanischen Fallschirmkräfte - außer den 2071 Männern von Coutts' Kampfeinheit die Hälfte des 507. Regiments. Die C-46 waren größer und schneller als die C-47 und hatten den Vorteil, 33 Männer (statt wie die C-47 nur 18) aufnehmen zu können. Zwei Türen ermöglichten einen schnellen Ausstieg. Die gravierende Schwäche der Maschinen zeigte sich allerdings erst in der Luft über dem Rhein: ein feindlicher Treffer, und sie gingen in Flammen auf. »Egal, wo dieses Flugzeug getroffen wurde, irgend etwas brannte immer«, versicherte ein Pilot. »Es war eine empfindliche Maschine, sehr feuergefährlich.«

Anders als die C-47 hatten die C-46 keine selbstdichtenden Tanks. Wurden die weiträumigen Maschinen getroffen, rann der Treibstoff in den Rumpf. Beim Anflug auf die Absprunghöhe von 150 Metern gerieten sie in den Feuerhagel der Flak und gingen in Flammen auf. Über drei Viertel der 71 C-46 kamen auf diese Weise ernsthaft zu Schaden. 19 davon schafften die Rückkehr nicht mehr - mit der Mannschaft und einem großen Teil der Fallschirmtruppen an Bord, stürzten sie brennend ab. Einige der Springer konnten sich durch die Doppeltüren retten. Die Flugzeugbesatzung aber harrte unbeirrt an der Steuerung aus, um die Maschine für den Absprung ruhig zu halten. Viele Piloten gingen mit ihren Maschinen zugrunde.

Aus einem brennenden Flugzeug zu springen war ein gräßliches Erlebnis. »Als wir getroffen wurden«, erinnert sich Hauptmann Albert Wing, Kompanieführer beim 513., »ging mir der verrückte Gedanke durch den Kopf: ›Wer bewirft denn da unsere Maschine mit Kies?‹ Es klang genau so. Einem Jungen wurde der kleine Finger fast völlig abgetrennt. Wir kamen ein bißchen ins Flattern, was man jetzt machen sollte, und schließlich schnitten wir den Finger ganz ab, wickelten ihn in ein Taschentuch und steckten ihn in seine Tasche. Dann sprang er mit uns ab. Er hatte - wie wir alle - das Gefühl, unten sei es weniger gefährlich.«

Auf die Männer vom 513. warteten noch größere Schwierigkeiten. Die Hochleistungsmotoren der C-46 erreichten den Rhein schneller, als geplant war. Diese Zeitdifferenz führte neben den irritierenden Rauchschwaden sowie der Unerfahrenheit der Piloten dazu, daß das Regiment seine Absprungstelle verpaßte und bis zu 5 Kilometer nördlich von ihrem Ziel im Landegebiet der Briten niederging.

Oberst Coutts war über dem Rhein, als plötzlich der Backbordmotor brannte. »Ich sah auf meine Uhr«, berichtet er, »und fragte mich, ob die Mühle es schaffen würde. Unser Pilot hielt uns trotz Flak und Flammen gut drei Minuten lang genau auf Kurs. Ich hörte jetzt über dem Dröhnen der vielen Motoren das scharfe Knallen von Gewehrfeuer. Es konnte nicht mehr weit sein. Im nächsten Moment kam das grüne Signal, und wir sprangen aus der brennenden Maschine.«

Unten angekommen, sah sich Coutts nach markanten Punkten um. »Ich hielt nach den Geländemerkmalen Ausschau, die ich mir eingeprägt hatte, fand sie aber nicht. Ich bemerkte mehr und mehr britische Fallschirmspringer in ihren roten Baretts. Und sah britische »Horsa«-Gleiter landen. Die Briten oder wir hatten die falsche Absprungstelle erwischt. Mit Hilfe eines Dolmetschers erfuhren wir von einer völlig verängstigten deutschen Familie, daß wir uns nordwestlich und nicht südwestlich von Hamminkeln befanden. Die Briten waren am richtigen Ort, wir nicht. Wie sich herausstellte, war das 513. in der Landezone der 6. Britischen Luftlande-Brigade gerade rechtzeitig aufgetaucht, um den Verbündeten beim Zerschlagen deutscher Batterien zu helfen, die darauf warteten, die hereinkommenden britischen Segler zu dezimieren. »Wenn das 513. nicht zufällig falsch abgesprungen wäre, hätten wir wesentlich höhere Verluste gehabt«, stellt ein höherer Offizier der 6. Luftlande-Division dankbar fest.

Die Maschine von Oberleutnant Allen Miller, Kommandeur des 2. Bataillons, der Angriffsspitze des 513., war eine der ersten, die Feuer fing. Er berichtet: »Meine Maschine wurde in einer Höhe von 120 Metern von Handfeuerwaffen getroffen. Der linke Flügel brannte aus, und als er den Rumpf nicht länger tragen konnte, wurde die Maschine nach links gerissen. Ich brüllte: ›Los, raus!‹ und sprang – aber zu spät für einen Teil meines Stabes und für die Crew.«

Miller landete in einem Schweinestall. Am Boden herrschte ein Chaos verworrener Nahkampfgefechte. »Die Deutschen waren fest eingegraben und wir sehr exponiert. Im Fortgang dieser heftigen Kampfhandlungen gingen ringsherum Gleiter der 6. Luftlande-Division nieder. Erst in diesem Augenblick wurde mir klar, daß wir nach links in die Landezone der 6. eingeschwenkt waren. Vor meinen Augen landete auf dem Feld direkt vor uns ein großer britischer »Horsa«-Gleiter, und ein Panzerkampfwagen kam herausgerollt, im MG-Turm ein Soldat der 6. Luftlande-Division. Er wurde sofort vom Gegner beschossen und erwiderte das Feuer. Der Panzerwagen fing Feuer. Ich sah noch, wie der Schütze, in Flammen gehüllt, unerschrocken weiter sein Maschinengewehr abschoß.«

Siebenundzwanzig Prozent von Millers Flugtransportern waren abgeschossen worden. Er hatte schwere Verluste zu verzeichnen, seine Einheit wurde zersprengt und sowohl von ihrer Sammelstelle als auch von ihrer Kampfgruppen-Artillerie getrennt (die an der richtigen Absprungstelle niedergegangen war.)

Dennoch schlugen sich die Männer in kleinen Gruppen durch, griffen vorrückend ein Nest des Gegners nach dem anderen an und ließen alle zerstört zurück. Gegen Abend hatte die Einheit sechs feindliche 8,8-cm-Geschütze vernichtet und 1252 Gefangene gemacht. Das 2. Bataillon erhielt für seine herausragenden Leistungen eine ›Lobende Erwähnung‹.

Inzwischen gerieten der Kommandeur und der S-3 des 1. Bataillons, die ebenfalls auf dem Weg zur Sammelstelle waren, in Gefangenschaft und wurden drei Stunden festgehalten, ehe sie die Deutschen, die sie gefangen hatten, überreden konnten zu kapitulieren.

Oberst Raff und nahezu 700 seiner »Ruffians« vom 507. US.-

Fallschirm-Infanterie-Regiment waren ebenfalls etwa drei Kilometer abseits gelandet und kämpften sich nach rückwärts zu ihren Zielen durch. Eine Reihe von Raffs Fallschirmjägern kam unter intensiven Beschuß aus einer Maschinengewehrstellung, bis diese von George Peters, einem Melder, im Alleingang gestürmt und zerstört wurde. Zweimal wurde Peters getroffen, als er die 70 Meter direkt auf das MG zulief. Zweimal raffte er sich auf und rannte weiter, bis er nahe genug war, um seine Granaten auf die deutsche Stellung zu werfen. Er erlag seinen Verletzungen, als die Batterie in die Luft ging. Peters erhielt posthum die Ehrenmedaille des Kongresses verliehen - eine von vieren, die jungen Amerikanern an diesem Tag zugesprochen wurden.

Raff sammelte das Bataillon und steuerte die südlich gelegene Sammelstelle an. Unterwegs traf er auf sein letztes Bataillon, das plangemäß gelandet war, und trug mittags einen Angriff auf seine Ziele, Dorf und Schloß Diersfordt, vor. Im Moment seines Eintreffens verließen zwei deutsche Panzer das Schloß in Richtung der Absprungstellen der Fallschirmtruppen. Mittels einer Gammon-Bombe konnte das amerikanische Panzerjäger-Team den ersten zur Aufgabe veranlassen; der zweite wurde mit dem neuen rückstoßfreien 57-mm-Gewehr in Brand geschossen. »Das Schloß wurde vom 3. Bataillon systematisch Raum für Raum erobert«, berichtet die Kampfgruppe des 507. »Nach einer Stunde war das Schloß in unserem Besitz, und der letzte Widerstand, eine große Gruppe von Offizieren, die sich in einem isolierten Turm verschanzt hatten, wurde am Abend gebrochen. Der Stützpunkt brachte 500 Gefangene . . . darunter zwei Obersten, zwei Panzer V wurden zerstört und zwei erbeutet.«

Um 13.00 Uhr, nach Eroberung ihrer Angriffsziele, hatte das 507. Berührung mit Vorauspatrouillen der 15. Schottischen Division. Sechs Stunden später erreichten die amerikanischen Fallschirmspringer dann ihr endgültiges Ziel - den Anschluß an die britischen Luftlandetruppen.

Während sich die Amerikaner den Weg zurück in ihre Landegebiete erkämpften, waren die britischen und kanadischen Fallschirmtruppen geradewegs auf zähem Widerstand gelandet. Brigadier Hills

Vertrauen auf die amerikanischen Piloten war berechtigt gewesen; seine 2200 Kämpfer der 3. Fallschirmjäger-Brigade waren, genau wie verlangt, auf »dieses ideale kleine Plätzchen hier, ungefähr 700 × 900 m«, direkt über dem Feind befördert worden.

Niemand jedoch hatte erwartet, daß dieser Feind zu einer derartigen Feuerkraft imstande sein würde. Wie Unteroffizier Ron Anderson angab, wurde die Absprungstelle intensiv bestrichen: Sie »war alles andere als neutralisiert«. Das Feld war ein tödliches Niemandsland: auf der einen Seite die Briten und Kanadier, auf der anderen deutsche MG- und Scharfschützen, die herüberfeuerten, was das Zeug hielt, und als drittes die Fallschirmspringer und dann die Gleiter, die mitten hinein gesegelt kamen. Das grüne Gras war mit Toten und Verwundeten bedeckt.

Die Brigade kam in Bedrängnis. Hewetsons 8. Bataillon hatte es nicht geschafft, die Absprungstelle zu säubern, bevor die Kanadier (und direkt nach ihnen das britische 9. Bataillon und die Gleiter mit Ausrüstung für die Brigade) landeten. Vierzig im Bislicher Wald gut eingeschanzte Deutsche belegten sie mit einem Feuerhagel.

Leutnant Bob Firlotte kommandierte den Verteidigungszug der 3. Brigade. »Wir waren sofort nach der Landung direkt auf der Absprungstelle in Kämpfe verwickelt. Sieben von den 30 Mann meines Zuges wurden verletzt, einer tödlich. Es sah schlimm aus.«

»Die Deutschen beherrschten die Situation«, berichtet Hill. »Mir wurde klar, daß ein Fiasko drohte. Ich suchte Major James Kippen und sagte ihm: ›Schnappen Sie sich ein paar von Ihren Leuten und treiben Sie die Deutschen aus diesem Wald raus!‹ « Mit einem seiner Zugführer trug Kippen einen Angriff vor, der abgewiesen wurde. Beide Männer fielen. Der nächste Zug versuchte es mit Granaten aus einer anderen Richtung und konnte in den vom Feind gehaltenen Wald einsickern. Endlich wurde der Stützpunkt in erbitterten Nahkämpfen von den Briten erobert. Sie fanden Gräben, die voll waren von deutschen Verwundeten und Toten. In den Bäumen hingen mehrere britische Fallschirmjäger, die man aus der Luft geholt oder erschossen hatte, wenn sie auf einem Ast festsaßen.

Dann war Hewetson selbst in Bedrängnis: »Ich stand am Waldrand . . . Plötzlich krachte ein Gleiter durch die Bäume, und ich fand mich unter dem Rad eines Jeeps wieder. Ich konnte unter dem Wrack hervorkriechen; der Gleiter, einer von den Sanitäter-›Horsas‹ des 9. Fallschirm-Bataillons, war nur noch ein Schrotthaufen, die Besatzung tot, ebenso mein Nachrichtenoffizier und zwei Unteroffiziere.«

»Hewetson kam aus den Trümmern herausgekrochen«, berichtet Eadie weiter, »fuchsteufelswild und stocksteif, man sah, daß ihm jeder Knochen weh tat, und er brüllte sein berühmtes ›Wollt ihr was, ihr verdammten Scheißhurensöhne!‹ über den ganzen Wald hinweg, so daß jeder wußte, jetzt war er *wirklich* wütend.«

Die deutschen Fallschirmjäger »kämpften wie die Tiger«. Trotz Brigadier Hills Warnung hatten ein paar Kanadier an dem todbringenden Waldstück haltgemacht, um ihren Kameraden beizustehen. Leutnant Jack Brunette, 2. Kompanie, fiel »im Kampf für die Ziele anderer«. Auch viele andere aus seinem Zug fanden den Tod. Der Kompaniechef, Hauptmann Sam McGowan, wurde von einer Kugel getroffen, die seinen Helm von vorn nach hinten durchschlug.

Nicht aufgetaucht war Oberstleutnant Jeff Nicklin. Nicklin und Eadie, sein Freund und Stellvertreter, die vier Minuten nach dem 8. Bataillon mit ihren Reihen von nebeneinanderfliegenden Maschinen aus abspringen sollten, hatten ausgemacht, gleichzeitig zu springen. »Wir hatten es am letzten Abend ausgeknobelt«, sagt Eadie. »Wenn wir die Straße nach Emmerich sahen, wollten wir mit einem schnellen eins, zwei . . . und raus abspringen. Unser Ziel war, ca. 50 Meter vor einem Wäldchen in der Nähe des Bislicher Waldes zu landen. Ich kam bis auf 30 Meter heran. Auf dem Weg nach unten gingen drei Schüsse ziemlich dicht vorbei; ungefähr fünf Deutsche, die in dem Wäldchen eingegraben waren, beschossen mich.«

Eadie rollte sich schnell in eine Ackerfurche und schnitt sich aus den Gurten. »Dann ließ ich ein paar Garben aus meiner Maschinenpistole los und rannte im Schweinsgalopp auf mein Ziel zu.«

Als Nicklin sich nicht zeigte, übernahm Eadie tief beunruhigt eilends das Kommando. Bedrückt ging die Hiobsbotschaft von Mund zu Mund: »Der Oberst ist vermißt.«

Unterdessen landete Unteroffizier Anderson von der 2. Kompanie mit seinem Zug in einer eng begrenzten Absprungstelle am Waldrand. Erleichtert stellten die Kanadier fest, daß ihre Orientierungspunkte tatsächlich zu sehen waren: »Wir kannten alles vom Sandkasten und von den Fotografien her: Da ist der Baum, da der Schuppen, das Bauernhaus - mit drei Türen, und die Fenster genau da, wo ich sie erwartet hatte.«

Als Brigadier Nigel Poetts 5. Fallschirm-Brigade ihr Landegebiet erreicht hatte - acht Minuten nach Hill und etwa 3 Kilometer weiter landeinwärts -, hatte sich das Überraschungsmoment verbraucht. »Wir wurden bereits erwartet«, erinnert sich Poett. »Da oben flog uns eine Menge Flak um die Ohren. Die amerikanischen Piloten hielten die Maschinen völlig ruhig. Wenn ein Flugzeug getroffen wurde, flog der Pilot weiter, ließ seine Fallschirmer aussteigen, und erst dann sprang er selber ab oder machte sich auf den Rückweg.«

Hauptmann Nick Archdale, Zugführer im 7. Bataillon, sah, wie sein Flugzeug beim Anflug zur Absprungstelle getroffen wurde. »Der Pilot war phantastisch. Er tat sein Bestes, uns mit der brennenden, halb außer Kontrolle geratenen Maschine an den richtigen Ort zu bringen. Und ich landete nur wenige Meter von meinem Landeplatz entfernt, der Rest der Kompanie ganz in der Nähe.«

Als Leutnant David Hunter und sein Zug den schweren Feindbeschuß ihrer »Dakota« aus Handfeuerwaffen und Fla-Kanonen erlebten, fanden sie den bereits im Übergangslager gehegten Verdacht bestätigt, daß die Deutschen auf die Invasion vorbereitet waren. Hunter sprang ab und war froh, aus der schlingernden Maschine entronnen zu sein, deren Bewegungen ihm Übelkeit verursacht hatten. Er bemerkte, daß er viel zu hoch abgesetzt worden war, auf etwa 300 Meter statt der vorgesehenen 150 - eine beträchtliche Höhe, dachte er unbehaglich, eine leichte Beute der deutschen MGs!

Poett hatte - genau wie die Planungsgruppe - nicht bedacht, daß der dichte Rauch, der das Zielgelände so vollständig einnebelte, das Sammeln verzögern würde. Viele Kompanien verloren im Durcheinander der Versuche, sich zu sammeln und die zugewiesenen Treffpunkte zu erreichen, eine ganze Stunde. »Den weitaus größten Teil unserer Ausfälle mußten wir am Boden hinnehmen«, bemerkt Poett, »während der Zeit, die wir brauchten, die feindlichen Stellungen auszuheben und zu säubern.« Die 5. Brigade verlor bei der Landung 300 Mann, fast alle während dieser ersten Phase.

Um 10.30 Uhr, während die Fallschirmtruppen noch mit der Säuberung der Landezonen für die Gleiter beschäftigt waren, erschienen die ersten Waco CG-4A aus Oberst James Pierces 194. Gleiter-Infanterie. Die Vorreiter der 1300 Maschinen zählenden Flotte tauchten alsbald in eine schwarze Hölle feindlichen Flakfeuers ein. Auf die Gleiter konzentrierte sich die volle Wucht der jetzt erwachten gegnerischen Flugabwehrgeschütze. »Schießt zuerst auf die Gleiter«, hatte Major Krafft seine deutschen Flak-Bedienungen angewiesen. »Da trifft praktisch jeder Schuß.« Der Rat fand Beachtung.

Beim Landen tauchten die Gleiter zunächst scharf nach unten, um die Geschwindigkeit zu halten, fingen dann ab und schwebten aus, um endlich aufzusetzen und auszurollen. Die britischen Gleiter-Piloten waren darauf trainiert, ihre Schleppseile bei 750 oder sogar 1000 Metern auszuklinken, also ein gutes Stück über dem dichten Rauchband, das in 300 Metern Höhe über dem Boden hing. Durch ihren langen Abstieg waren sie daher für die Flak angreifbarer als die amerikanischen Segler, die bei 150 Metern ausklinkten. Doch waren die Maschinen, welche die amerikanischen, niedrig fliegenden Gleiter zogen, der Flak stärker ausgesetzt als die britischen Schleppflugzeuge, denn ihre Piloten konnten keine Ausweichmanöver durchführen. Sie hatten das Rütteln beim Einschlag der Geschosse, die Flammenhitze und das durch den Boden spritzende Gewehrfeuer zu ignorieren und die Steuerung auszubalancieren. Fast die Hälfte der Schleppflugzeuge erhielt Treffer. Die feindliche Flak holte 12 aus der Luft; weitere 140 wurden beschädigt, blieben jedoch flugfähig.

»Die Piloten der Lufttransporter erfüllten ihre Aufgabe großartig«, berichtet Generalmajor James Gavin, dessen Beobachtungsflugzeug über der angreifenden Truppe schwebte. »Wir sahen eine erstaunlich große Zahl Piloten, die nach Absetzen ihrer Truppen eine brennende Maschine zurückflogen. Die Besatzung, mit der ich flog, zählte einmal 23 brennende Flugzeuge, die gleichzeitig in Sicht waren. Aber die neu hereinkommenden Piloten setzten ihren Flug fort, ohne sich durch das grausige Schauspiel beirren zu lassen.«

Die Piloten der britischen Gleiter drückten ihre Maschinen steil nach unten und hielten durch Rauchschwaden Ausschau nach vertrauten Geländemarkierungen der Absprungzonen, während sie wedelnd und schlenkernd dem tief gehaltenen Feuer der deutschen Verteidigungsartillerie auszuweichen suchten. Deutlich gegen den Dunst abgesetzt, boten sie der feindlichen Flak hervorragende Ziele. Ihre Bäuche wurden gnadenlos aufgerissen. Einige stießen beim Landeversuch zusammen. Das Knattern und Pfeifen der Kugeln, die aufwärts schossen, mischte sich mit dem Kreischen der herabstürzenden Gleiter. Die zerbrechlichen Sperrholzgerüste der »Horsas« und »Hamilcars« knickten wie Streichhölzer.

In der Folge erwies sich auch ein weiteres tragendes Element der Operation als brüchig. »Wir hatten bei *Varsity* gleich einen doppelten Fehler gemacht: Wir ließen nicht nur die Infanteristen direkt auf den Zielen landen, sondern auch die Hilfstruppen und ihre Fahrzeuge«, berichtet Oberst Sweeney. »Wir führten drei Mörser-Züge, zwei Flak-Züge und einen oder zwei MG-Züge mit. Wenn sie getroffen wurden, brachte das Feuer die Mörserbomben zur Explosion.«

Innerhalb von 10 Minuten hatte Sweeneys Einheit, das 2. Bataillon der *Oxfordshire & Buckinghamshire,* die Hälfte seiner Kampfkraft eingebüßt. »110 unserer Männer wurden bei diesem Landeunternehmen getötet und eine Menge verwundet, verantwortlich dafür war Flakbeschuß«, sagt Sweeney. »Von 600 Männern in Sturmeinheiten waren am Ende des Tages 300 nicht mehr kampffähig. Das schlimmste war allerdings die im Verhältnis zu den Verwundeten hohe Zahl der Gefallenen.« Hätte man diesen Einflug in eine zweite Welle verlegt und vorher den Feindwiderstand unterdrückt, wäre das Blutbad vermeidbar gewesen.

Von den 416 an diesem Angriff beteiligten britischen Gleitflugzeugen erlitten 300 zum Teil schwere Schäden. 32 wurden vollständig zerstört, ihre Besatzungen und Passagiere getötet. 38 Prozent der britischen R.A.F.-Gleiterpiloten - 100 Mann - fielen diesen Minuten der Hölle zum Opfer.

Auch die stoffbespannten amerikanischen Wacos des 194. Gleiter-Infanterie-Regiments, die mit 190 Stundenkilometern der Erde entgegenbrausten, wurden von starken Verlusten getroffen. Ihre dünnen Spanten bogen sich und brachen knackend entzwei; es klang wie »Popcornkerne in einer Papiertüte«. Die Piloten trugen Flak-Anzüge*, die Passagiere jedoch waren dem pausenlos von unten eindringenden tödlichen Artillerie- und MG-Feuer schutzlos ausgeliefert, ebenso wie plötzlich ausbrechenden Bränden an Bord, wenn Treibstoffkanister explodierten.

Leutnant F. Tipton Randolph, Gleiterpilot bei der 80. Staffel, US-Truppentransportgeschwader 436, sah sich einer weiteren unvermuteten Situation gegenüber: »Außer dem üblichen Flak-Zeug benutzten die Deutschen auch Phosphorgranaten, die eine ganze Reihe von Gleitern in Brand setzten; wenn sie z. B. im Flügel einschlugen, steckten sie dort und begannen im Holz zu schwelen. Beim Bau der Holme und Spanten hatte man sich nicht immer besondere Mühe gegeben, die Sägespäne herauszukehren. Diese kamen dann, vom brennenden Phosphor entzündet, wie Leuchtkäfer auf uns zugeschwirrt. Bei vier Gleitern in unserer Staffel brannte die Bespannung völlig weg, bis auf einen kleinen Rest um die Nase herum.«

Neunzig Prozent der 435 Wacos des 194. landeten zwar wie vorgesehen, doch wurden 293 mehr oder weniger beschädigt. Die meisten machten Bruchlandungen, indem sie über das Landefeld hinausbrausten und gegen Zäune, Bäume oder Leitungsmasten krachten. Sieben wurden auf dem Feld, wo sie zu Boden gingen, durch vier »Eighty-eights« zerstört.

Mit dem Moment, in dem sie aufsetzten, stürzten sich die drei Gleiter-Infanterie-Bataillone in wilde Kämpfe gegen die tödlichen Artilleriestellungen und schalteten sie aus. Diese Gewaltaktionen verhinderten, daß noch mehr Gleiter mit ihren Passagieren abgeschossen wurden.

Über 300 Mann aus den Gleitertruppen wurden an diesem Tag

* Wattierte Weste mit eingearbeiteten, sich überlappenden Stahlplatten.

verwundet, 105 getötet. Die Mehrzahl der Verluste fiel in die ersten Minuten nach der Landung. »Wirksamste Methode des Gegners war es, die ganze Truppenladung niederzumähen, wenn sie aus dem Gleiter herausbrach«, erinnert sich Oberst Carl Peterson. »Ich sah, wie zwei ganze Gleiterladungen auf diese Weise umkamen.«

Als wirksamste Waffe der Gleiter-Truppen erwiesen sich die Gleiter selbst. Gerade die Tatsache, daß die Flugzeuge statt nach einem erkennbaren Plan kunterbunt durcheinander an allen Ecken und Enden niedergingen, brachte den Feind aus dem Konzept. Wenn er ein Flugzeug anvisierte, tauchte hinter diesem bereits das nächste auf. »Unsere Gleiter kamen aus allen Richtungen«, sagte Peterson. »Allein schon ihre Gegenwart wirkte als Offensivwaffe.«

Die Verwirrung erreichte ihren Höhepunkt, als zehn Minuten nach den Landungen der Kommandeur und gesamte Stab des deutschen 1052. Infanterie-Regiments in Gefangenschaft gerieten. »Bei den Deutschen brach daraufhin das völlige Chaos aus«, bemerkt Peterson. – »Während der ersten halben Stunde wurden im Landegebiet einhundertfünfzig Einzelgefechte gleichzeitig durchgeführt«, hielt das 194. Gleiter-Infanterie-Regiment fest. »Trotz der organisierten Abwehr und nicht nachlassendem Scharfschützenfeuer . . . wurden alle Angriffsziele der ersten Phase, auch die Übergänge über Issel und Isselkanal, in den ersten zwei Stunden nach der Landung erobert.« 42 deutsche Geschütze, 5 selbstfahrende Geschütze und 10 Panzer wurden erbeutet oder zerstört, und 1150 Deutsche gingen in Gefangenschaft.

Die Truppen der 6. Britischen Luftlande-Division hatten zwei operative Ziele: Als erstes sollte vom 12. Bataillon des *Devonshire*-Regiments das Dorf Hamminkeln eingenommen werden. Als zweites kamen die Brücken über die Issel und den Isselkanal. An diesem Auftrag waren die amerikanischen Gleiter-Truppen sowie auf Brückenüberfälle trainierte »Handstreich«-Truppen des 2. Bataillons der *Oxfordshire & Buckinghamshire Light Infantry* und der *Royal Ulster Rifles* beteiligt. Nach heftigen Kämpfen mit Teilen der Kampfgruppe Karst – dem aus Fallschirmjägern und Waffen-SS gebildeten deutschen Sonderverband zur Luftlande-Abwehr –

eroberte das 12./*Devonshire* in nicht einmal drei Stunden Hamminkeln und nahm etwa 500 Gefangene.

Die »Handstreich«-Truppen waren kampferfahrene Freiwillige mit Sonderausbildung und Sonderbefehlen. Ihre Gleiterpiloten brachten acht Gleiter zu genau festgelegten Landepunkten an zwei strategisch wichtigen Brücken über die Issel, drei »Horsas« auf der Ost-, fünf auf der Westseite. Es war der erste Versuch einer Luftlande-Division, mit einem Gleiter eine taktische Landung am Angriffsziel durchzuführen. Das Flugzeug landete (oder bruchlandete) nur Meter vom Ziel entfernt - eine glänzende Leistung angesichts des heftigen Widerstandes und schwer erkennbarer Ziele. Die Brückentrupps setzten zum Sturm auf die Brücken an. Nach kurzen heftigen Gefechten konnten sie sich trotz schwerer Verluste bis gegen Mittag auf ihren Zielen konsolidieren.

Das 2./*Oxf. & Bucks.* war am späten Abend starken Gegenangriffen ausgesetzt, als Deutsche ins Dorf einsickerten, unbesetzte Häuser anzündeten und eine Reihe von Verlusten verursachten. Die Briten trieben sie über den Fluß zurück und sprengten eine der Brücken, um weitere Übergriffe zu verhindern.

Um 12.30 Uhr, zweieinhalb Stunden nach Angriffsbeginn, befanden sich alle Luftlandeeinheiten auf festem Boden und die meisten auch an ihren Angriffszielen. Außerdem hatten die Gleiter 109 Tonnen Munition, 695 Fahrzeuge und 113 Geschütze sicher zur Erde befördert. Doch die feindliche Flak war noch immer nicht zum Schweigen gebracht.

Um 13.00 Uhr fiel ein riesiger Schatten über die kämpfenden Truppen, und der Himmel erzitterte unter dem ohrenbetäubenden Dröhnen von tausend Motoren. Es war die versprochene Nachversorgung. Eine Flotte von 240 viermotorigen »Liberator«-Bombern der 8. *U.S. Air Force* warf aus 90 Metern Höhe 582 Tonnen Munition, Treibstoff und Lebensmittel ab. Selbst diese Mammut-Maschinen waren nicht immun gegen Flakfeuer. 15 wurden abgeschossen, als sie zum Rückflug abdrehten, weitere 104 beschädigt. Ein Mann stürzte in die Tiefe, als er Nachschubkisten aus dem Frachtraum stieß.

Den Rest des Tages hindurch brachen in jedem Abschnitt immer wieder heftige und wirre Einzelgefechte aus. Brigadier Poett, der den nördlichsten Sektor der Luftlandeangriffszone hielt, hatte Gegenangriffe erwartet, und sie kamen. Leutnant William (Pat) Patterson, ein kanadischer Offizier, der einen Zug des 7. Bataillons kommandierte, hielt 22 Stunden lang zahllosen feindlichen Angriffen stand.

Die alliierten Luftstreitkräfte flogen 7700 Einsätze und verloren dabei 56 Maschinen. Bomber und Jäger der 8. *U. S. Air Force,* des 9. Taktischen Luft-Kommandos (USAAF) und der R.A.F. griffen Flugfelder und Verschiebebahnhöfe an und suchten den Himmel nach feindlichen Flugzeugen ab, von denen 53 zerstört wurden, darunter auch einige Düsenjäger.

Die taktischen Luftkräfte waren unschätzbar als Direktunterstützung der Bodentruppen. Vier Staffeln »Typhoons« vom R.A.F.-Geschwader 123 führten 97 Einsätze durch und zerstörten viele feindliche Geschützbatterien ohne Verluste unter den Piloten oder eigenen Bodentruppen. »Es fiel auf«, berichtet Geschwader-Kommodore J. R. Baldwin trocken, »daß nach einem Sturzflug das (feindliche) Feuer meist augenblicklich abbrach.«

Den kämpfenden Soldaten stand eine weitere Hilfstruppe zur Seite – eine Truppe, die an Stelle von Patronengurten Flaschen mit Blutplasma ins Gefecht brachte.

Hauptgefreiter James Topham hatte den Auftrag, bei der Bergung der Verwundeten aus der Landezone des 1. Kanadischen Fallschirm-Bataillons zu helfen. Topham, ein blonder Riese, war bekannt für sein zurückhaltendes, umgängliches Wesen. Seine ausgezeichnete körperliche Verfassung, die er der Arbeit in den rauhen Minen Nordkanadas verdankte, hatte ihn zum idealen Kandidaten für das harte Trainingsprogramm gemacht, das Major Pat Costigan seinen Sanitätern angedeihen ließ. Etwa zur gleichen Zeit, als Jeff Nicklin seinen Truppen disziplinarische Zwangsdiät verabreichte, suchte sich Costigan, der Sanitätsoffizier des Bataillons, die größten und stärksten Männer, die zu finden waren, für eine besondere »Infanterie-plus-Sanitäter«-Ausbildung zusammen. In diesem Kurs lernten die Männer das Nötigste für die Behandlung von Verwundeten im Feld: einfachste Inzisionen, das

Nähen von Wunden, Injektionen setzen. Topham sprang mit der 3. Kompanie ab und begann sofort mit der Bergung von Verwundeten.

Als Topham sah, wie zwei Männer vom 224. Fallschirmjäger-Feldambulanz-Bataillon, die aufs Gefechtsfeld gingen, um einen Verwundeten zu bergen, von feindlichen Schüssen getroffen wurden, rannte er an den tödlich Verwundeten vorbei auf den Mann zu, der noch immer im Kampfgelände lag. Schüsse peitschten auf, während er den verletzten Soldaten versorgte; eine Kugel ritzte ihm die Wange, eine andere durchschlug seine Nase. »Toppy weigerte sich, zur Behandlung zurückzugehen«, erzählt Oberstleutnant Eadie. »Er ging wieder und wieder raus und machte weiter, bis er den letzten Verwundeten vom Kampfplatz herunter hatte. Erst dann war er endlich bereit, sich zu setzen, Vernunft anzunehmen und sich selbst behandeln zu lassen. Aber auch jetzt wehrte er sich noch gegen eine Evakuierung.«

Auf dem Rückweg vom Lazarettposten stieß Topham auf einen Mannschaftswagen mit aufmontiertem Bren-MG, der soeben einen Volltreffer erhalten hatte. Zur gleichen Zeit kam Hauptgefreiter Dawson Einarson vom Vickers-MG-Zug mit einer Ladung Munitionsgurte vom Bataillonsgefechtsstand zurück: »Ich sah, wie ein Mann auf das Fahrzeug sprang und die Besatzung buchstäblich herausholte - Fahrer, Beifahrer und die Leute dahinter, sie hochhob und nach unten reichte. Ich dachte, der Mann müßte übergeschnappt sein, auf dem Fahrzeug herumzuspringen, das unter ihm knisterte und knallte und brannte. Nach einer Weile sah ich mich um - er sprang gerade herunter. Und dann explodierte das Fahrzeug. Der Mann war George Topham.« Für den an diesem Morgen bewiesenen Heldenmut wurde Topham mit dem Victoria-Kreuz ausgezeichnet - dem ersten für die 6. Britische Luftlande-Division und dem dritten, das im Rheinlandfeldzug einem Kanadier zugesprochen wurde.

Im amerikanischen Sektor beförderte in einer der letzten Gleiter-Serien eine Gruppe von 50 Maschinen medizinisches Personal und Versorgungsmaterial. Sechzehn Sanitäter fielen noch in der Landezone. Nach einer Stunde konnte die Gruppe der Feldchirurgen auf einem Truppenverbandsplatz am Rand der Gefechtszone mit der Behandlung der Verwundeten beginnen, die später größtenteils mit Booten evakuiert wurden.

Sanitätseinheiten, die den Gleiter-Bataillonen angeschlossen waren, versorgten Hunderte von Schwerverwundeten an der Front. »Die Verwundeten waren überaus geduldig und guten Mutes«, vermerkt die Regimentsgeschichte. »Sie wußten genau, daß keine Möglichkeit bestand, sie zu evakuieren, bevor die Bodentruppen Verbindung mit uns aufgenommen hatten, aber sie hielten durch.«

Einige, wie Hauptgefreiter Dennis Flynn, erhielten erste Hilfe vom Feind. Am frühen Nachmittag des Angriffstages führte Flynn eine von den Patrouillen, die das Einsickern des Gegners verhindern sollten. Plötzlich riß ihm eine Kugel den Schenkel auf und trennte einen schartigen, 8 cm langen Splitter vom Oberschenkelknochen. Flynns Rückschau: »Ich rief nach einem Träger, und ein deutscher Kriegsgefangener, ein Sanitäter, kam und versorgte mich. Er verband meine Wunde und gab mir mein Morphin, das ich bei mir trug. Dann rief er unsere Leute herbei, die eine sehr einfache Trage bastelten, auf der sie mich zurücktrugen. Auf der Straße wurden wir von Granatwerfern beschossen. Dieser Deutsche warf sich über mich, um mich zu schützen. Er brachte mich zum Feldlazarett der 224. Feldambulanz, und das war das letzte, was ich von ihm sah; wahrscheinlich hat er mir das Leben gerettet.«

Bei der Planung von *Varsity* war berechnet worden, daß es bei einer Landung auf verteidigtem Gebiet 36 bis 48 Stunden dauern konnte, bis die Einheiten von Bodentruppen entsetzt waren. Das Personal des britischen 224. Fallschirmjäger-Feldambulanz-Bataillons, das der 3. Fallschirmjäger-Brigade angeschlossen war, hatte beim Absprung genügend Notfallmaterial bei sich, um die Verwundeten über diesen Zeitraum hinweg behandeln zu können. Mit ihren sterilisierten Instrumenten, Narkosemitteln und Antibiotika konnten sich die Chirurgen der Einheit, wenn nötig, in einem Wald installieren.

Eine Kirche und das danebenliegende Pfarrhaus wurden, wie die Geschichte der Einheit beschreibt, zum Verbandsplatz umfunktioniert: »Was in den Räumen störte, wurde aus dem Fenster geworfen: Kohleneimer und Geschirr, Töpfe mit Essensresten – alles flog nach draußen auf die Haufen von zerbrochenem Hausrat und

Glasscherben. Der Pfarrer selbst strich unter seinem schwarzen Birett bekümmert durch das Haus. ... Um halb drei lag der erste Patient auf dem Operationstisch.«

Innerhalb der nächsten 45 Stunden führte jeder der beiden Chirurgen, Major H. Daintree-Johnson und Major N. A. Miller, im Haus des Pfarrers 14 größere Operationen aus - alle an Männern, die einen Rücktransport über den Rhein nicht überlebt hätten. »Von den 23 Operationsfällen«, heißt es in der Geschichte, »wiesen 15 mehrfache Verletzungen auf, die zu zwei Dritteln von Gewehrschüssen und der Rest von Granaten und Mörserbomben stammten.«

Mit den Truppen der 3. Fallschirmjäger-Brigade waren vier Militärgeistliche abgesprungen. Zwei fanden während des Absprungs den Tod: Hauptmann e. h. Kenny, ein römisch-katholischer Pater, wurde aus den Baumwipfeln heruntergeschossen. Die Hostien, die er bei sich getragen hatte, konnte der kanadische Kaplan, Hauptmann e. h. Douglas Candy, retten; sie wurden dem römisch-katholischen Kaplan einer anderen Brigade übergeben. (Als einziger Geistlicher der Luftlandetruppen überstand Hauptmann Candy den ganzen Feldzug in Nordwesteuropa ohne Verwundung.)

Streng geheim. Persönlich und vertraulich an CIGS von Feldmarschall Montgomery, 24. März 45:

Inzwischen läßt sich sagen, daß die Gefechte des ersten Tages von *Plunder* sehr erfolgreich verlaufen sind. Sechs Div., die zwei LL-Div. eingeschlossen, sind über den Rhein. Wir haben 5500 Gefangene gemacht. Unsere Verluste betragen ca. 1200. Zufriedenstellender Fortschritt beim Brückenbau, außer am linken Flügel bei Rees.

Das XVI. Korps der 9. Armee hat die 79. und 30. Div. am Ostufer, und eine Brücke für Schwerverkehr steht bereits. Im Abschnitt des XXX. Korps hatte die 51. Div. äußerst heftige Gefechte gegen eine Fallschirmjäger-Div. Ein guter, ca. 3600 m tiefer Brückenkopf ist gewonnen, doch ist die Stadt Rees selbst noch nicht vollständig erobert, was Fähr- und Floßverkehr und Brückenbauvorbereitungen ganz allgemein behindert hat. ... Rees wird heute abend von 2 Bataillonen angegriffen, und ich habe die feste Hoffnung, daß es noch vor Tagesanbruch vom Feind gesäubert ist.

In sechs Stunden war alles vorüber. Die meisten Angriffsziele waren gesichert, und die Bodentruppen hatten sich landeinwärts durchgekämpft und festen Anschluß an die Luftlandetruppen gefunden. Das 507. Fallschirm-Infanterie-Regiment vereinigte sich mit den britischen Kommandos; die Truppen der 17. US-Luftlande-Division stießen auf die 15. Schottische Division.

Zum Umfallen erschöpft, aber euphorisch mischten sich amerikanische und britische Luftlandetruppen, tauschten die Rationen und ließen Whiskey-Flaschen kreisen, während sie die Ereignisse des Tages durchhechelten.

In der Nacht und den ganzen nächsten Tag hindurch wurden die Verwundeten über den Rhein gesetzt. Dem Treck nach Westen schlossen sich Gleiterpiloten an, die resignierte deutsche Soldaten zu Gefangenensammelstellen brachten. Ein großes handgeschriebenes Schild erwartete sie: »Rhein-Hotel – Spezialität Gleiterpiloten«.

Die Schleppflugzeuge hatten nach getaner Arbeit schnellstmöglich den Rückflug angetreten. Oberfeldwebel Malcolm Guthrie erinnert sich an »den tollsten Tiefflug, den ich wohl jemals unternommen habe. Jeder flog für sich. Die Drosselklappe weit offen, die Nase nach unten, wedelten wir uns durch. . . . Eins weiß ich noch – wir waren über Dänemark mit der Küste in Sicht und zogen hoch, um einer Baumreihe auszuweichen. Dahinter tauchte der Kapitän sofort wieder ab. Ich schätze, wir waren nicht höher als 8 oder 10 Meter, und dann kam eine Kuhherde, der Bauer saß auf einem Schemel und war beim Melken. Ich sehe noch, wie die Kuh kräftig austrat und der Bauer in hohem Bogen davonflog.«

Ein kanadischer Fernmeldeoffizier, Hauptmann Dean Steadman, der bei den irischen Gleitertruppen der *Royal Ulster Rifles* diente, amüsierte sich über einen improvisierten Zeitvertreib, der sich plötzlich auf dem noch heißen Schlachtfeld entspann: »Unsere verrückten amerikanischen Vettern hopsten auf Ackergäulen herum – auf ihre hinreißend wilde Art hatten sie ein Polospiel auf die Beine gestellt.«

Auf ihre hinreißend wilde Art waren die Soldaten der 6. Britischen und 17. US-Luftlande-Division durch die feindlichen Geschützlinien gestoßen und hatten sie endgültig zum Schweigen gebracht - unter katastrophalen Verlusten. Der Tag war die Hölle gewesen - doch dafür hatten die Bodentruppen jetzt freie Bahn, durch die Rheinverteidigungen hindurch nach Westen, in Deutschlands Mitte, vorzustoßen.

An einem milden Palmsonntag, 48 Stunden nach der Landung, stand Todd Sweeney am Straßenrand und sah gebannt zu, wie die Panzer Stunde um Stunde auf ihrem Weg nach Deutschland hinein an ihm vorbeirollten. »Das Unternehmen hat unseren Bataillonen einen hohen Preis abverlangt«, hält Sweeney fest. »Aber es dürfte ebenso viele, wenn nicht mehr Leben bei den Panzerbesatzungen und bei der Infanterie gerettet haben, die sich selbst hätten durchkämpfen müssen, wenn wir die Stützpunkte nicht zuvor genommen hätten.«

Vor kurzem schrieb Generalleutnant Sir Napier Crookenden: »Der vielleicht wichtigste Gewinn war die Zerstörung von 90 deutschen 15,5-cm- bis hinunter zu 7,6-cm-Geschützen, einer großen Zahl von 2-cm-Kanonen auf den verschiedensten Lafetten und Hunderten von Maschinengewehren.«

Doch Oberst Charles MacDonald, offizieller amerikanischer Militärhistoriker, stellt in Frage, ob Unternehmen *Varsity* »notwendig, ja auch nur gerechtfertigt« gewesen sei. Seiner Ansicht nach hat die Operation den britischen Bodentruppen zwar geholfen, bei den Amerikanern aber unverhältnismäßig hohe Verluste verursacht. Auch General Bradley zog später den Nutzen des Unternehmens in Zweifel, denn die feindliche Abwehr am Ostufer des Rheins sei »desorganisiert und einfallslos« gewesen.

»Es ermöglichte uns einen fliegenden Start«, widerspricht der amerikanische Gleiter-Veteran Carl Peterson. »Hätten die Bodentruppen diese Stellungen einnehmen müssen, wären die Verluste sehr viel höher und die Kampfhandlungen von längerer Dauer gewesen.«

Die Niederlage schon vor Augen, war es den Deutschen noch gelungen, ihre Artillerie aus den Ardennen zurückzuziehen und sie gegen die vordringenden Alliierten im Rheinland wieder einzusetzen. Sie zogen sie erneut über den Rhein zurück und brachten sie am Ostufer gegen eine Invasion in Stellung. Eines stellte der Angriff aus der Luft jedenfalls sicher: Diese Geschütze würden nie mehr abgefeuert werden.

36 Stunden nach der Landung wurde Jeff Nicklin von einer Patrouille des 1. Kanadischen Fallschirmjäger-Bataillons gefunden. Der Glanz seiner Stiefel war makellos, die Bügelfalte noch messerscharf. Sie schnitten ihn aus dem Geäst des Baumes, in dem der von Kugeln durchsiebte Körper hängengeblieben war, und begruben ihn im winterlich kahlen westfälischen Boden. Nicklin hatte seinem Bataillon den Kampfgeist zurückgegeben, sein Aufblühen aber nicht mehr erlebt. Außer ihm hatten elfhundert Fallschirmspringer, Soldaten der Gleitertruppen und Flugzeugbesatzungen den Tod gefunden - die meisten ehrenhaft und jammervoll wie Nicklin. Weitere 1800 wurden verwundet, eine Anzahl davon schwer - auf diesem kleinen Streifen Land von 8000 mal 10 000 Metern, auf dem ein »einfallsloser« Gegner das Strafmaß setzte.

Eine Million Männer der 2. Britischen Armee, der 9. US-Armee und 1. Kanadischen Armee hatten sechs quälend lange Wochen gebraucht, um sich von ihren Ausgangsstellungen 40 Kilometer weit bis ans Rheinufer durchzuschlagen. Weitere 12 Stunden benötigten Boden- und Luftlandetruppen für die erfolgreiche Überquerung des Flusses.

Grenade, Veritable und *Blockbuster* hatten sie bis an den Fluß, *Plunder* ans andere Ufer gebracht. *Varsity* sicherte ihnen den Brükkenkopf und den anschließenden Durchbruch.

Epilog

Der Krieg der Soldaten näherte sich seinem Ende. Der Krieg der Generale ging weiter.

Zweihundertdreißig Kilometer südlich von Wesel lag die kleine Stadt Oppenheim, seit je berühmt für ihren Wein, den die sonnigen Rebhügel brüteten. In der Nacht des 22. März, 24 Stunden vor dem angesetzten Beginn von Operation *Varsity*, »schmuggelte« Generalleutnant George Patton ein Regiment der 5. US-Infanterie-Division bei Oppenheim über den Rhein; er verhalf der Stadt zu weiterer Berühmtheit und der amerikanischen Armee zu einem neuen Brückenkopf. Patton führte seinen Handstreich als beruhigte Attacke ohne Artillerie und Luftunterstützung durch und erlitt nicht mehr als 20 Mann Verluste. Genau wie im Fall Remagen war die Örtlichkeit für einen Angriff so unwahrscheinlich und wenig aussichtsreich, daß die Deutschen überrascht werden konnten. Am nächsten Tag hatte die ganze Division den Fluß überquert, und eine Panzer-Division machte sich bereit nachzustoßen.

Patton hatte seinen langersehnten Durchbruch. Jetzt endlich konnte er so zahlreiche Kräfte in einer weitreichenden Kampagne einsetzen, daß »Amerikaner, nicht Briten, am Ball waren«.

»Warten Sie mit der Ankündigung bis morgen«, meinte sein Stellvertreter. Und in dem Moment, als Montgomerys Verbände zu ihrem Angriff über den Rhein ansetzten, rief Patton seinen Chef an.

»Brad«, rief er erregt, »lassen Sie um Himmels willen sofort bekanntmachen, daß wir drüben sind! Die Welt soll wissen, daß die 3. Armee es geschafft hat - bevor Monty rübergeht.«

»[Patton] wollte einen schnellen, spektakulären Übergang ... der Schlagzeilen machen würde wie die Eroberung der Brücke von Remagen durch die 1. Armee«, mutmaßt Militärhistoriker Charles

MacDonald. »Vor allem aber wollte er ihn, um einem gewissen britischen Feldmarschall zuvorzukommen.«

Die Alliierten hatten jetzt drei Brückenköpfe über den Rhein. Obwohl sich mit Remagen und Oppenheim der Druck auf einen bereits geschwächten Gegner verstärken ließ, ist Eisenhower selbst der Meinung, daß der Brückenkopf Wesel den Weg zur Eroberung des Ruhrgebiets freimachte. »Mit der Operation vom 24. März war Deutschlands Schicksal besiegelt«, hielt er fest.

Bei den Amerikanern war die »Lähmung« der Herbst- und Wintermonate einer neuen kraftvollen Welle von Optimismus und Tatendrang gewichen. Sieben Armeen der Alliierten schwärmten zu einem fulminanten sechswöchigen, 300-Kilometer-Panzervorstoß quer durch Deutschland aus, der am 8. Mai zur deutschen Kapitulation führte.

Auf dem linken Flügel bewegte sich die 21. Heeresgruppe - Dempseys 2. Britische Armee und Crerars 1. Kanadische Armee, endlich in einer massiven Panzer-Blitzaktion - auf die nörlichen Sektoren von Holland und Deutschland zu. Die 2. Britische Armee erreichte Hamburg und die Elbe am 19. April. Das kanadische I. Korps befreite Amsterdam, während das II. den Zug nach Norden - Groningen, Emden und Oldenburg - fortsetzte.

Vorübergehend Montgomerys Streitkräften unterstellt, kämpften die britischen und amerikanischen Divisionen aus Ridgways XVIII. Luftlande-Korps als Bodentruppe weiter und ließen sich, als Angriffsspitze des Keils zur Ostsee, dankbar von den rollenden Ungetümen der Panzer-Divisionen transportieren. Sie trafen bei Wismar auf die russische Armee.

»Alles lief wie am Schnürchen«, schildert es Oberst Carl Peterson, »es war fast so, als bewegte man Schachfiguren übers Brett. Im ›Bocksprung‹*, Regiment vorbei an Regiment, Bataillon an Bataillon, ging es weiter und weiter.«

Simpsons 9. Armee kehrte unter das Kommando von General Bradleys 12. US-Heeresgruppe zurück und führte in Verbindung

* engl. *leapfrogging:* während eine Einheit in Kampfhandlungen verwickelt wird, rücken die anderen weiter vor, ohne sich aufhalten zu lassen.

mit Hodges' 1. Armee die Umzingelung des Ruhrgebietes durch. Am 19. April waren 325 000 Deutsche, die im Ruhrkessel festsaßen, von den Alliierten gefangengenommen worden. Dann stießen die zwei Armeen parallel zueinander weiter nach Mitteldeutschland vor, wo sie am 25. April an der Elbe mit den Russen zusammentrafen.

Rechts stieß Pattons 3. Armee nach Pilsen in der Tschechoslowakei und bis ins österreichische Linz vor. Unterwegs legte Patton, eigenwillig und ungestüm bis zuletzt, einen kecken und höchst kostspieligen Umweg von 100 Kilometern ein, um seinen Schwiegersohn aus einem deutschen Gefangenenlager zu befreien. Von dem 307 Mann starken Stoßtrupp kehrten nur 15 zurück.

Die 6. US-Heeresgruppe (7. US-Armee und französische 1. Armee der *Forces Françaises Libres*) unter General Jacob Devers rückte durch Süddeutschland vor und eroberte Nürnberg und Stuttgart.

Im Verlauf des April machten die Alliierten über 1 650 000 Gefangene. Am 8. Mai trat die am Vortag unterzeichnete Kapitulation in Kraft.

Den 30 Kilometer breiten Streifen bis zum Rhein zu erobern hatte ebensoviel Zeit beansprucht wie die Durchquerung der anschließenden 300 Kilometer bis in die Mitte des nationalsozialistischen Deutschland und sehr viel mehr Opfer gefordert. Die Verlustlisten des Rheinfeldzugs nennen 9284 Amerikaner und 17 685 Briten und Kanadier. Die Verantwortung für viele dieser Verluste tragen die Planungsstrategen der drei Nationen.

Daß die Ausfälle der Briten und Kanadier doppelt so hoch waren wie die der Amerikaner, ist auf das Planungs- und Führungsdefizit der Schlacht im Hürtgenwald sowie auf Bradleys versäumte Eroberung der Rurtalsperren zurückzuführen. Eine Unterlassung, die der deutschen Verteidigung den 15tägigen Aufschub und damit die Möglichkeit verschaffte, ohne Rücksicht auf ihre Südflanke sämtliche Kräfte auf den Angriff der 1. Kanadischen Armee zu konzentrieren.

Eisenhowers Unschlüssigkeit verzögerte den Beginn von Operation *Veritable* um die entscheidenden paar Wochen, welche die

Wende vom Winter zum Frühjahr, die Auflösung festen Bodens in grundlosen Schlamm bedeuteten. Montgomery, der eigensinnig an einem verfehlten Plan festhielt, trieb die Unvernunft weiter. Die daraus folgende, sich qualvoll dahinschleppende Durchquerung des Rheinlands führte zu schweren Verlusten - die weiter anstiegen, weil höhere Kommandostellen frontfremde Entscheidungen trafen. Im Hürtgenwald wie in der Hochwald-Schneise forderte der »Kriegsnebel« einen erschreckenden Preis.

Halsstarrige Kurzsichtigkeit kennzeichnet das Verhalten der alliierten Luftstreitkräfte, die sich weigerten, mit konzentrierten Schlägen die Rurdämme bzw. Rheinbrücken zu zerstören, was General Schlemm den Rückzug fast der gesamten Artillerie ermöglichte - derselben Geschütze, die unter den Luftlandetruppen so verheerende Verluste verursachten.

Der Rhein wurde dem Wetter, der gegnerischen Abwehr und - das vor allem - alliierter Ranküne und Mißgunst zum Trotz erobert. Er wurde erobert, weil Offiziere und Mannschaften unzweckmäßigen Plänen in unbeirrtem, mutigem und brillantem Kampf zur Durchsetzung verhalfen.

Die Männer an der Front hatten gelernt, vereint zu kämpfen. Der Angriff, in dem Amerikaner, Briten und Kanadier gemeinsam ins Gefecht gingen, war historisch einmalig und militärisch erfolgreich. Das so oft mißbrauchte Wort »Alliierte« - hier hatte es seine Berechtigung.

Iren und Waliser standen mit Humor und Optimismus an der Seite der Engländer, Amerikaner und Kanadier. Panzer und Infanterie fanden schließlich zu einer fruchtbaren Partnerschaft.

Die 117 000 Männer beider Seiten, die auf dem schleppenden Zug ans Ufer des Rheins ihr Leben, ihre Gliedmaßen oder auch ihre Freiheit verloren, haben eine Spur hinterlassen - nicht nur in Metern gewonnenen Bodens und siegreichen Schlachten, sondern in dem Gefühl für Anstand und Rechtlichkeit, an dem sie von Anfang bis Ende der trüben Ereignisse unbeirrt festhielten.

Die Kämpfer an der Front fanden einen gemeinsamen Nenner - Menschlichkeit. Im Moylandwald kamen deutsche Soldaten über die vom Gefecht verwüsteten Hänge, um kanadischen Verwundeten frische Milch zu bringen; an der Straße Goch-Kalkar reichten sich zwei verwundete Gegner die Hand und wurden Freunde; Wilma Kuhler aus Deutschland schrieb einem jungen Gefreiten in Wales und dankte ihm für das Begräbnis ihres Mannes.

»Kriege«, schrieb sie, »sind keine Lösung.«

KARTE 1

NIEDERLANDE
Amsterdam
Abk.:
BR./BRIT. = britisch
BGD. = Brigade
Dt. = deutsch
Fs.Jg. = Fallschirmjäger
KAN. = Kanadisch
K.I.D. = Kanadische Infanterie-Division
Arnheim
Nijmegen
Kleve
Wesel
MAAS
1. KAN. ARMEE
RUHR
2. BRIT. ARMEE
Venlo
Antwerpen
Roermond
21. HEERESGRUPPE
KDO. = Kommando
Pz. = Panzer
Rgt. = Regiment
RUR = Royal Ulster Rifles
Köln
Brüssel
9. US ARMEE
Aachen
BELGIEN
DEUTSCHLAND
Namur
1. US ARMEE
Remagen
ARDENNEN
EIFEL
12. HEERESGRUPPE
RHEIN
Frankfurt
3. US ARMEE
Oppenheim
SAAR
Luxemburg
6. HEERESGRUPPE
Metz
7. US ARMEE
FRANKREICH
1. FRANZ ARMEE
VOGESEN
SCHWARZWALD
WESTFRONT 8. FEBR. 45
ALLIIERTE FRONT
WESTWALL
0 25 50 75
MEILEN 1 Meile = 1,609 km
SCHWEIZ

KARTE 2

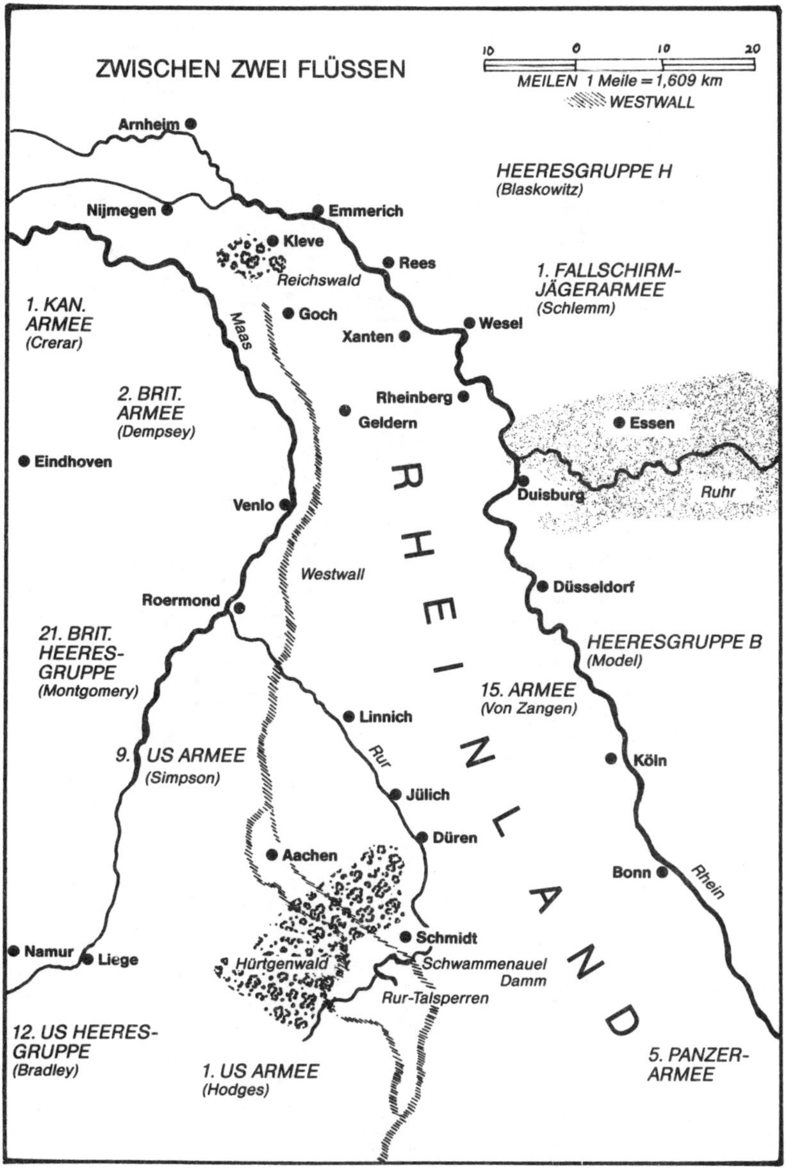
ZWISCHEN ZWEI FLÜSSEN
10 0 10 20
MEILEN 1 Meile = 1,609 km
WESTWALL
Arnheim
Nijmegen
Emmerich
Kleve
Reichswald
Rees
Goch
Xanten
Wesel
Maas
HEERESGRUPPE H
(Blaskowitz)
1. FALLSCHIRM-
JÄGERARMEE
(Schlemm)
1. KAN.
ARMEE
(Crerar)
2. BRIT.
ARMEE
(Dempsey)
Rheinberg
Geldern
Essen
Eindhoven
Duisburg
Ruhr
Venlo
RHEINLAND
Westwall
Düsseldorf
Roermond
21. BRIT.
HEERES-
GRUPPE
(Montgomery)
HEERESGRUPPE B
(Model)
15. ARMEE
(Von Zangen)
Linnich
9. US ARMEE
(Simpson)
Rur
Köln
Jülich
Düren
Aachen
Bonn
Rhein
Schmidt
Namur
Liege
Hürtgenwald
Schwammenauel
Damm
Rur-Talsperren
12. US HEERES-
GRUPPE
(Bradley)
1. US ARMEE
(Hodges)
5. PANZER-
ARMEE

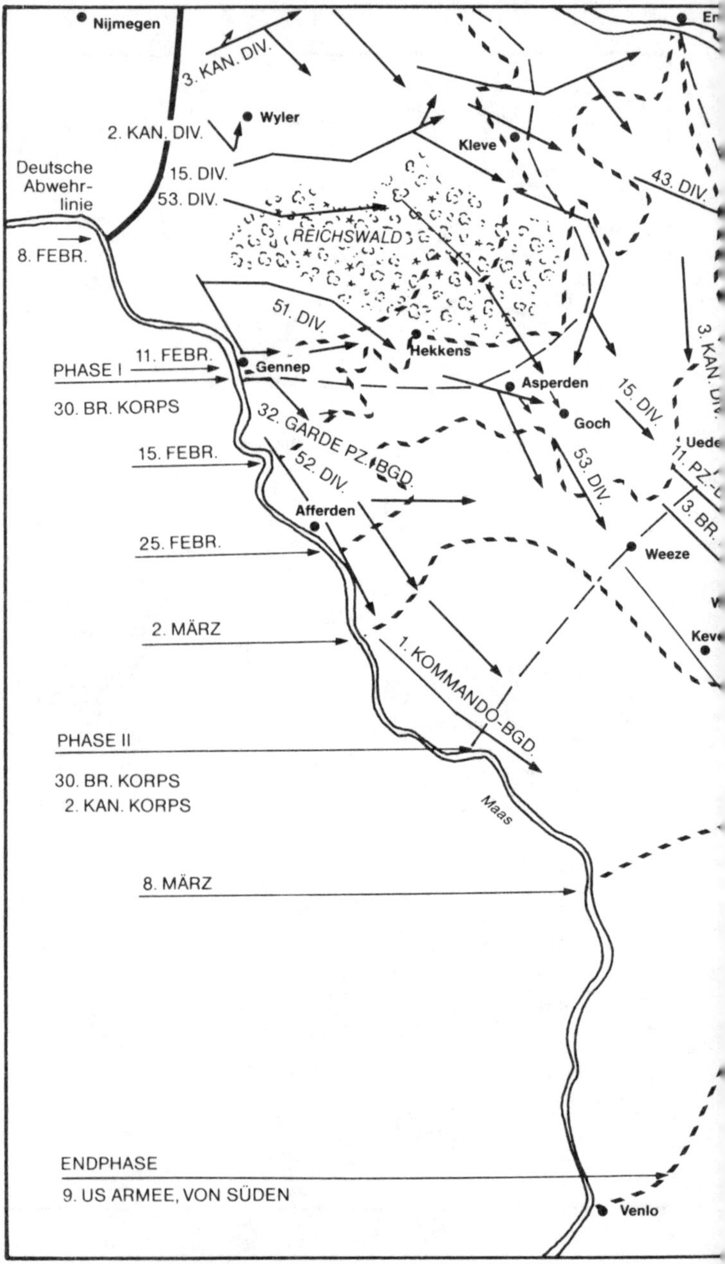

Nijmegen
3. KAN. DIV.
Wyler
2. KAN. DIV.
Deutsche Abwehr-linie
15. DIV.
53. DIV.
Kleve
43. DIV.
REICHSWALD
8. FEBR.
51. DIV.
Hekkens
3. KAN. DIV.
PHASE I
11. FEBR.
Gennep
Asperden
15. DIV.
30. BR. KORPS
32. GARDE PZ.-BGD.
Goch
Uede
15. FEBR.
52. DIV.
53. DIV.
11. PZ.-D
3. BR.
Afferden
Weeze
25. FEBR.
2. MÄRZ
Kev
1. KOMMANDO-BGD.
PHASE II
30. BR. KORPS
2. KAN. KORPS
Maas
8. MÄRZ
ENDPHASE
9. US ARMEE, VON SÜDEN
Venlo

KARTE 3

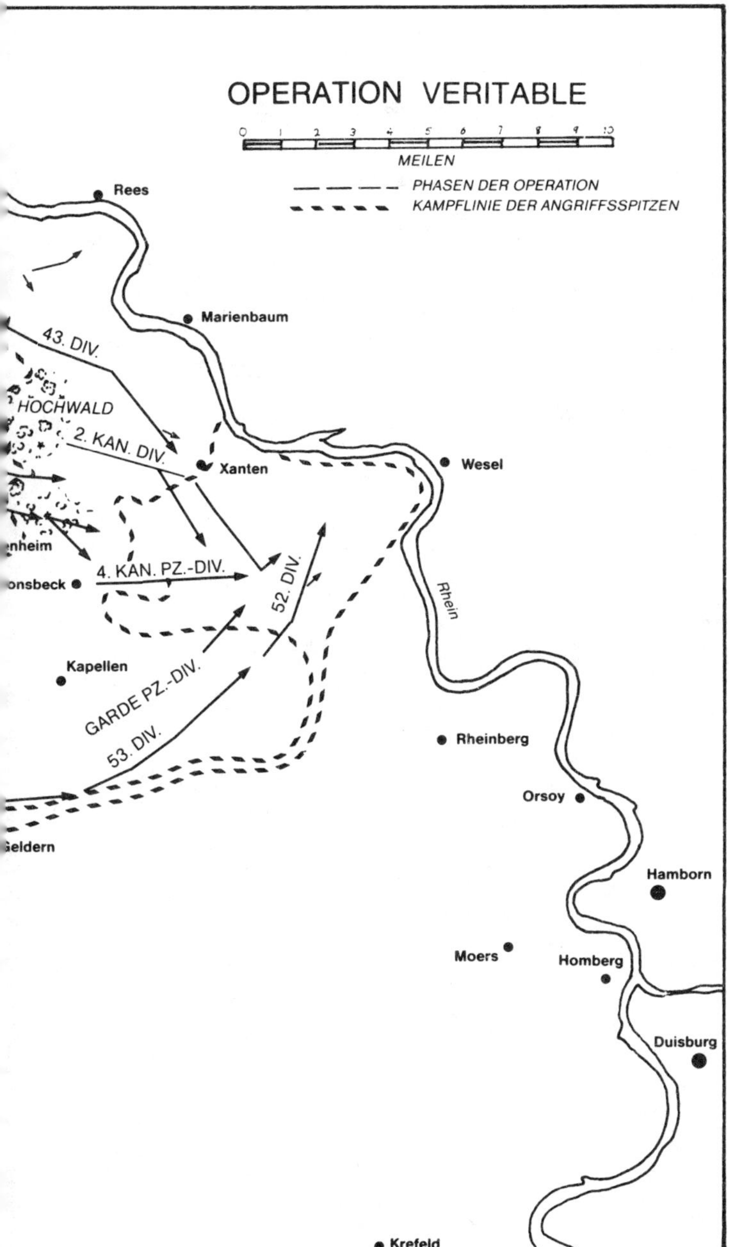
OPERATION VERITABLE
0
1
2
3
4
5
6
7
8
9
10
MEILEN
PHASEN DER OPERATION
KAMPFLINIE DER ANGRIFFSSPITZEN
Rees
Marienbaum
43. DIV.
HOCHWALD
2. KAN. DIV.
Xanten
Wesel
4. KAN. PZ.-DIV.
52. DIV.
Rhein
Kapellen
GARDE PZ.-DIV.
53. DIV.
Rheinberg
Orsoy
Hamborn
Moers
Homberg
Duisburg
Krefeld

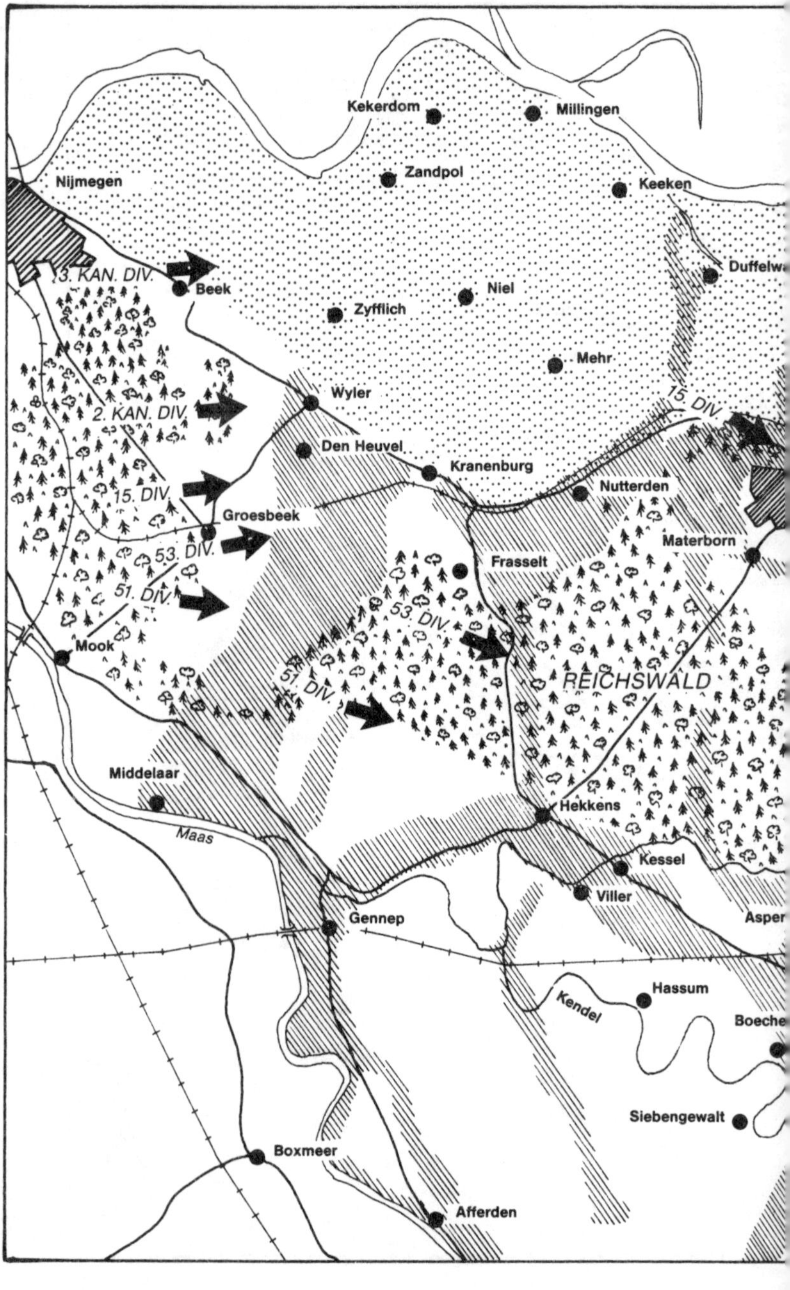
Kekerdom
Millingen
Zandpol
Nijmegen
Keeken
3. KAN. DIV.
Beek
Duffelw
Niel
Zyfflich
Mehr
Wyler
2. KAN. DIV.
15. DIV.
Den Heuvel
Kranenburg
Nutterden
15. DIV.
Groesbeek
Materborn
53. DIV.
Frasselt
51. DIV.
53. DIV.
Mook
REICHSWALD
51. DIV.
Middelaar
Hekkens
Maas
Kessel
Viller
Asper
Gennep
Hassum
Kendel
Boeche
Siebengewalt
Boxmeer
Afferden

KARTE 4

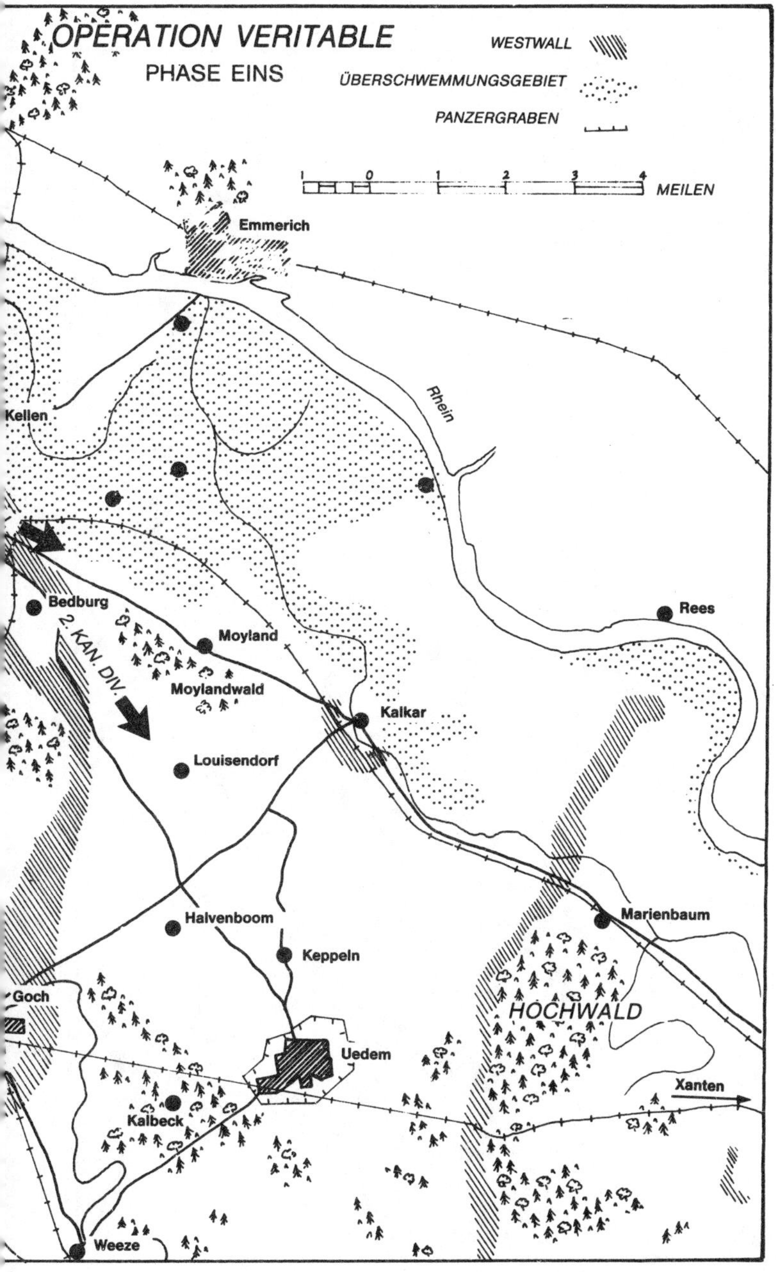
OPERATION VERITABLE
PHASE EINS
WESTWALL
ÜBERSCHWEMMUNGSGEBIET
PANZERGRABEN
1 0 1 2 3 4 MEILEN
Emmerich
Rhein
Kellen
Rees
Bedburg
2. KAN. DIV.
Moyland
Moylandwald
Kalkar
Louisendorf
Halvenboom
Marienbaum
Keppeln
Goch
HOCHWALD
Uedem
Xanten
Kalbeck
Weeze

KARTE 5

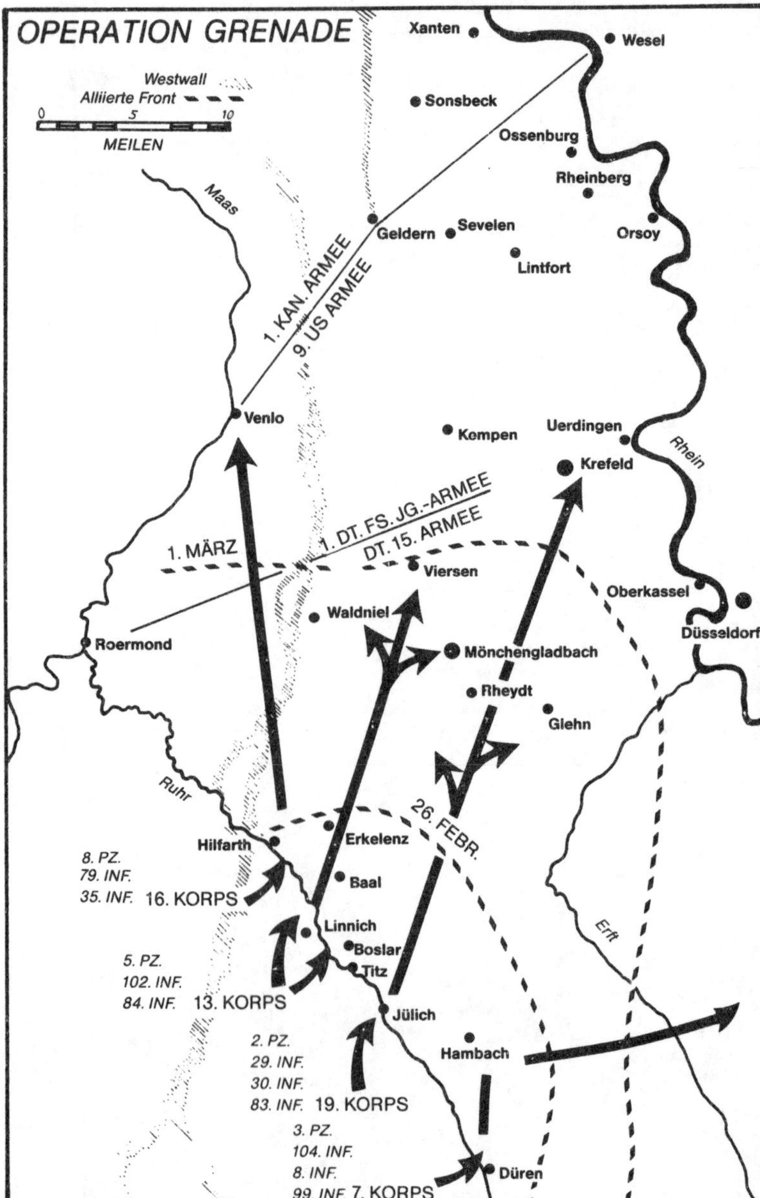
OPERATION GRENADE
Westwall
Alliierte Front
0 5 10
MEILEN
Xanten
Wesel
Sonsbeck
Ossenburg
Rheinberg
Maas
Geldern
Sevelen
Orsoy
Lintfort
1. KAN. ARMEE
9. US ARMEE
Venlo
Kempen
Uerdingen
Krefeld
Rhein
1. DT. FS. JG.-ARMEE
DT. 15. ARMEE
1. MÄRZ
Viersen
Oberkassel
Düsseldorf
Waldniel
Roermond
Mönchengladbach
Rheydt
Glehn
Ruhr
26. FEBR.
Erkelenz
Hilfarth
8. PZ.
79. INF.
35. INF. 16. KORPS
Baal
Linnich
Boslar
Titz
Erft
5. PZ.
102. INF.
84. INF. 13. KORPS
Jülich
2. PZ.
29. INF.
30. INF.
83. INF. 19. KORPS
Hambach
3. PZ.
104. INF.
8. INF.
99. INF. 7. KORPS
Düren

KARTE 6

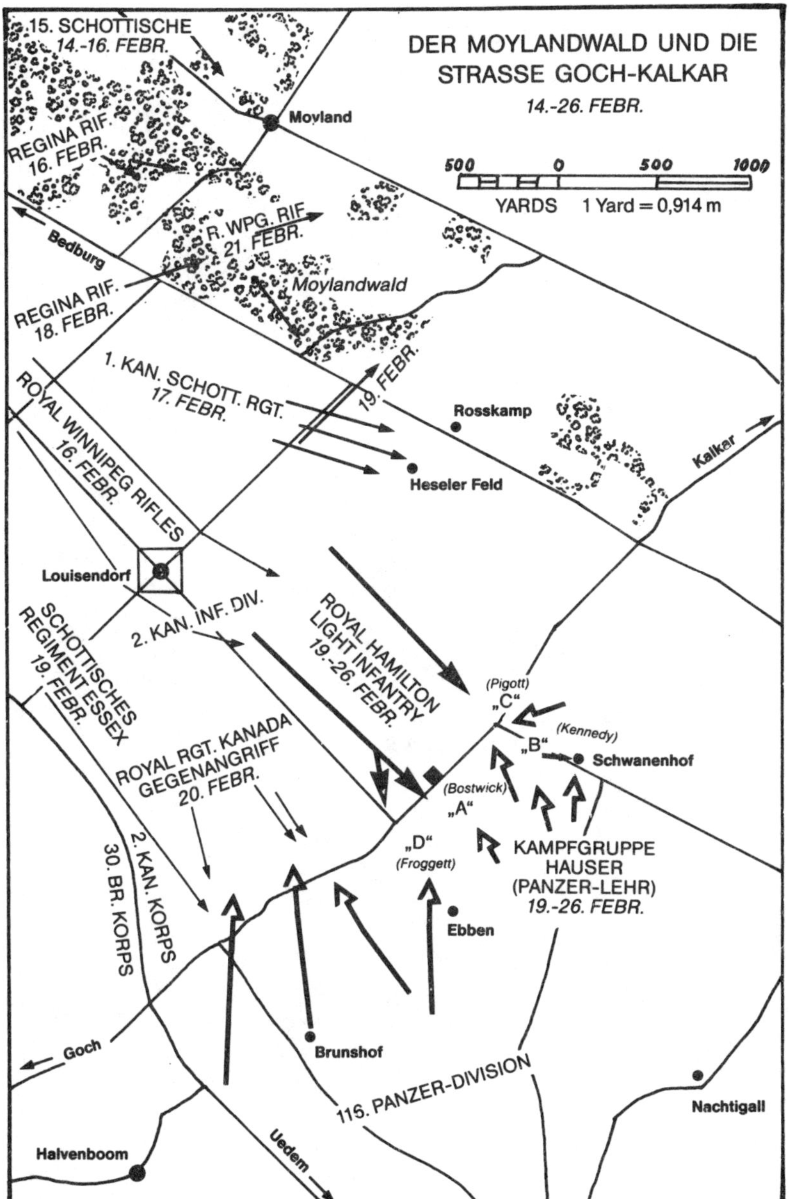

DER MOYLANDWALD UND DIE STRASSE GOCH-KALKAR
14.-26. FEBR.
500 0 500 1000
YARDS 1 Yard = 0,914 m
15. SCHOTTISCHE
14.-16. FEBR.
Moyland
REGINA RIF.
16. FEBR.
R. WPG. RIF.
21. FEBR.
Bedburg
Moylandwald
REGINA RIF.
18. FEBR.
1. KAN. SCHOTT. RGT.
17. FEBR.
19. FEBR.
Rosskamp
Heseler Feld
Kalkar
ROYAL WINNIPEG RIFLES
16. FEBR.
Louisendorf
2. KAN. INF. DIV.
ROYAL HAMILTON LIGHT INFANTRY
19.-26. FEBR.
SCHOTTISCHES REGIMENT ESSEX
19. FEBR.
(Pigott)
„C“
(Kennedy)
„B“
Schwanenhof
ROYAL RGT. KANADA
GEGENANGRIFF
20. FEBR.
(Bostwick)
„A“
„D“
(Froggett)
KAMPFGRUPPE
HAUSER
(PANZER-LEHR)
19.-26. FEBR.
Ebben
30. BR. KORPS
2. KAN. KORPS
Goch
Brunshof
116. PANZER-DIVISION
Nachtigall
Halvenboom
Uedem

KARTE 7

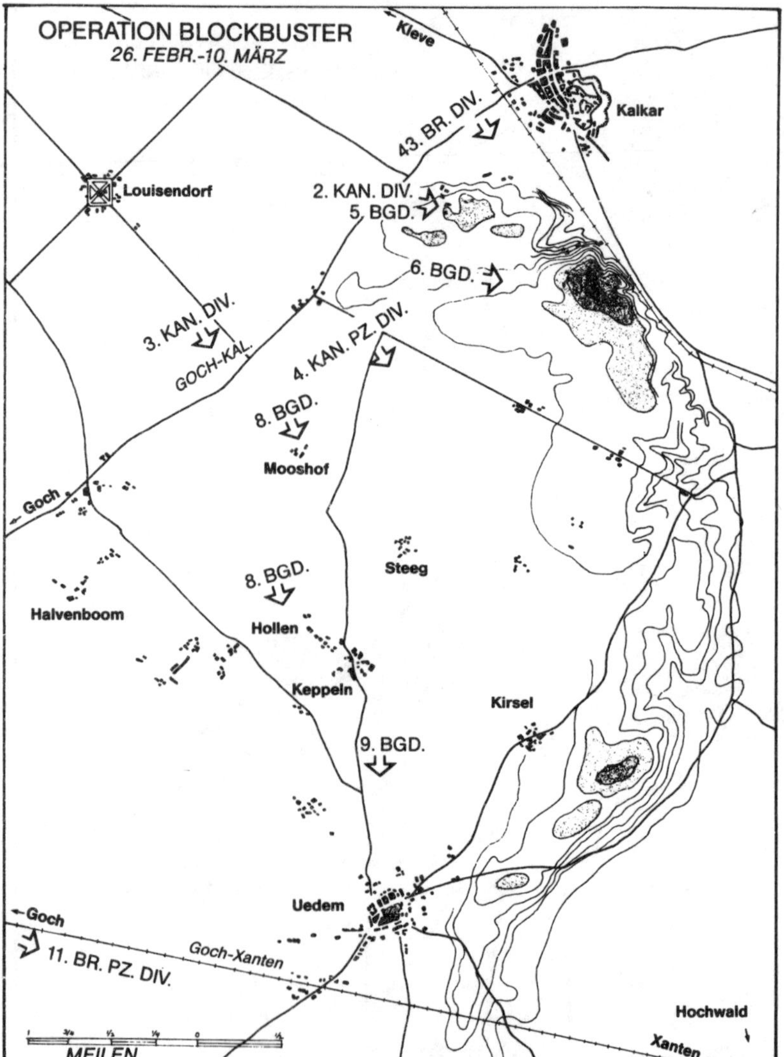
OPERATION BLOCKBUSTER
26. FEBR.-10. MÄRZ
Kleve
Kalkar
43. BR. DIV.
Louisendorf
2. KAN. DIV.
5. BGD.
6. BGD.
3. KAN. DIV.
GOCH-KAL.
4. KAN. PZ. DIV.
8. BGD.
Mooshof
Goch
Steeg
8. BGD.
Halvenboom
Hollen
Keppeln
Kirsel
9. BGD.
Uedem
Goch
Goch-Xanten
11. BR. PZ. DIV.
Hochwald
Xanten
MEILEN

KARTE 8

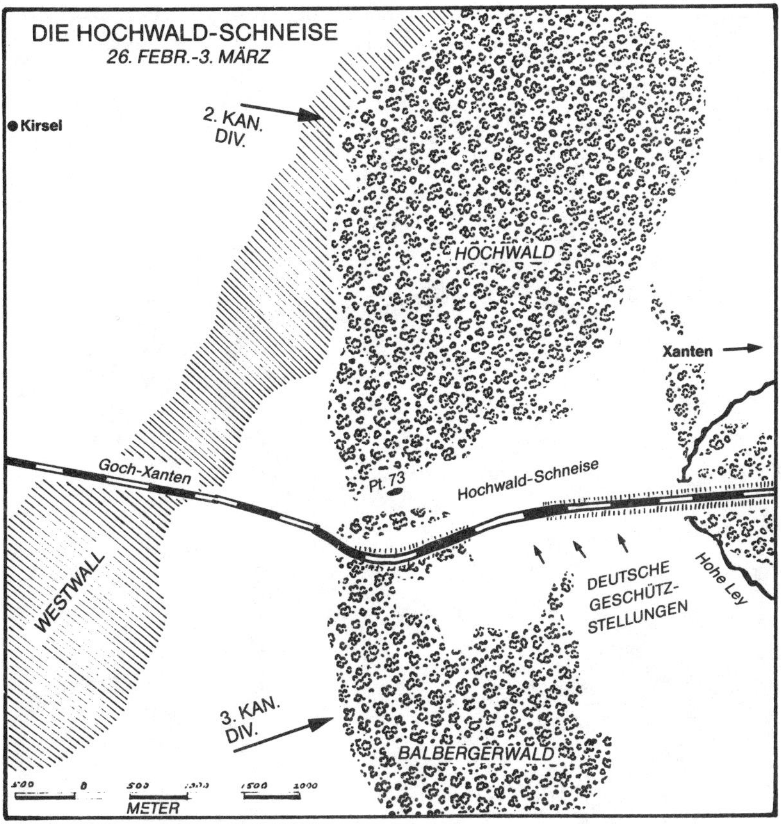
DIE HOCHWALD-SCHNEISE
26. FEBR.-3. MÄRZ
Kirsel
2. KAN. DIV.
HOCHWALD
Xanten
Goch-Xanten
Pt. 73
Hochwald-Schneise
WESTWALL
DEUTSCHE GESCHÜTZ-STELLUNGEN
Hohe Ley
3. KAN. DIV.
BALBERGERWALD
METER

KARTE 9

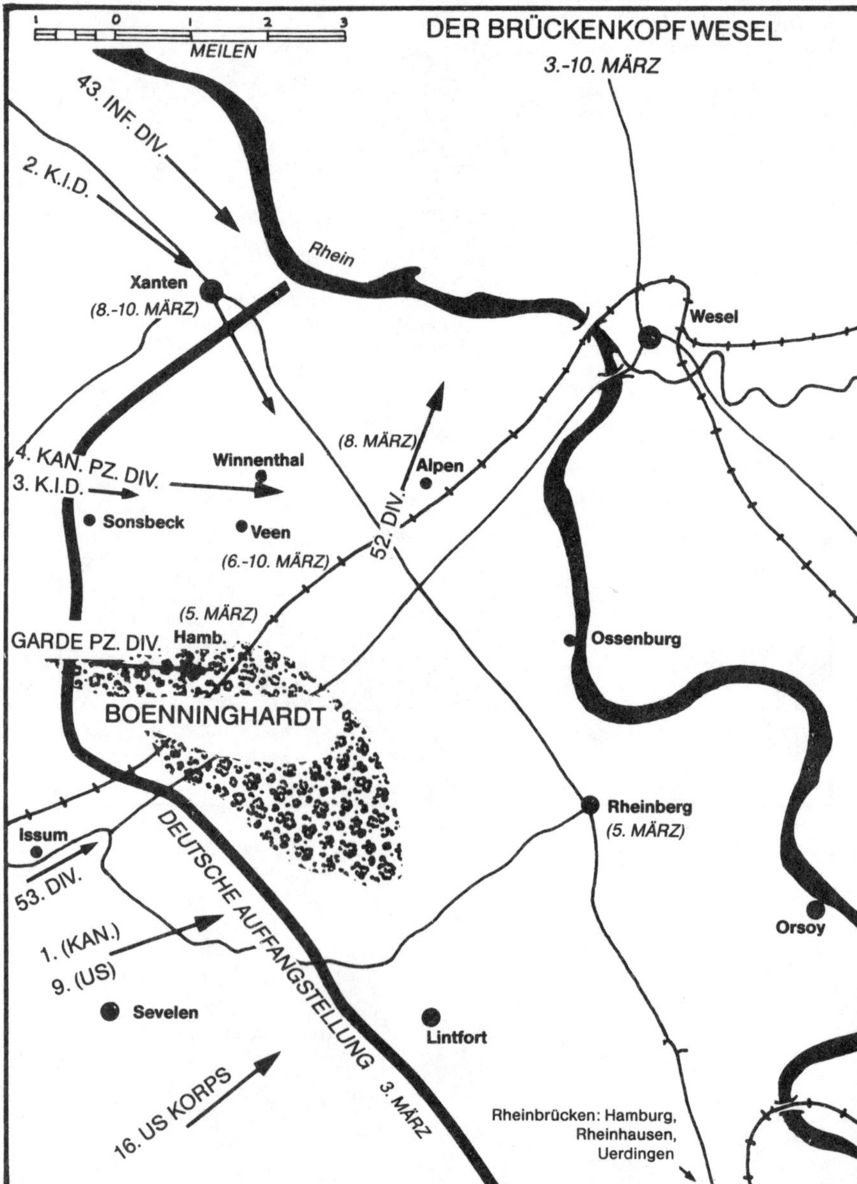
DER BRÜCKENKOPF WESEL
3.-10. MÄRZ
1 0 1 2 3
MEILEN
43. INF. DIV.
2. K.I.D.
Rhein
Xanten
(8.-10. MÄRZ)
Wesel
(8. MÄRZ)
4. KAN. PZ. DIV.
3. K.I.D.
Winnenthal
Alpen
Sonsbeck
Veen
(6.-10. MÄRZ)
52. DIV.
(5. MÄRZ)
GARDE PZ. DIV.
Hamb.
Ossenburg
BOENNINGHARDT
Rheinberg
(5. MÄRZ)
Issum
53. DIV.
DEUTSCHE AUFFANGSTELLUNG
1. (KAN.)
9. (US)
Orsoy
Sevelen
Lintfort
16. US KORPS
3. MÄRZ
Rheinbrücken: Hamburg,
Rheinhausen,
Uerdingen

KARTE 10

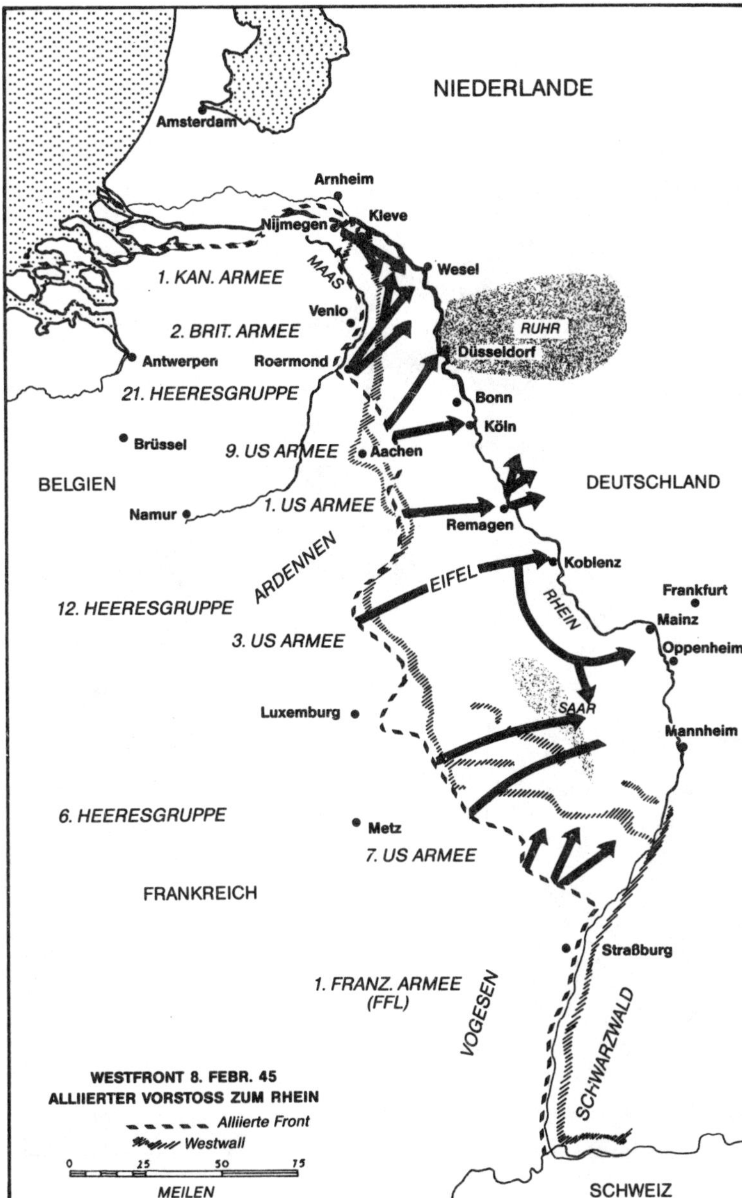
NIEDERLANDE
Amsterdam
Arnheim
Kleve
Nijmegen
Wesel
MAAS
1. KAN. ARMEE
Venlo
RUHR
2. BRIT. ARMEE
Düsseldorf
Antwerpen
Roermond
21. HEERESGRUPPE
Bonn
Köln
Brüssel
9. US ARMEE
Aachen
BELGIEN
DEUTSCHLAND
Namur
1. US ARMEE
Remagen
ARDENNEN
Koblenz
EIFEL
Frankfurt
RHEIN
12. HEERESGRUPPE
Mainz
3. US ARMEE
Oppenheim
SAAR
Luxemburg
Mannheim
6. HEERESGRUPPE
Metz
7. US ARMEE
FRANKREICH
Straßburg
1. FRANZ. ARMEE
(FFL)
VOGESEN
SCHWARZWALD
WESTFRONT 8. FEBR. 45
ALLIIERTER VORSTOSS ZUM RHEIN
Alliierte Front
Westwall
0
25
50
75
MEILEN
SCHWEIZ

KARTE 11

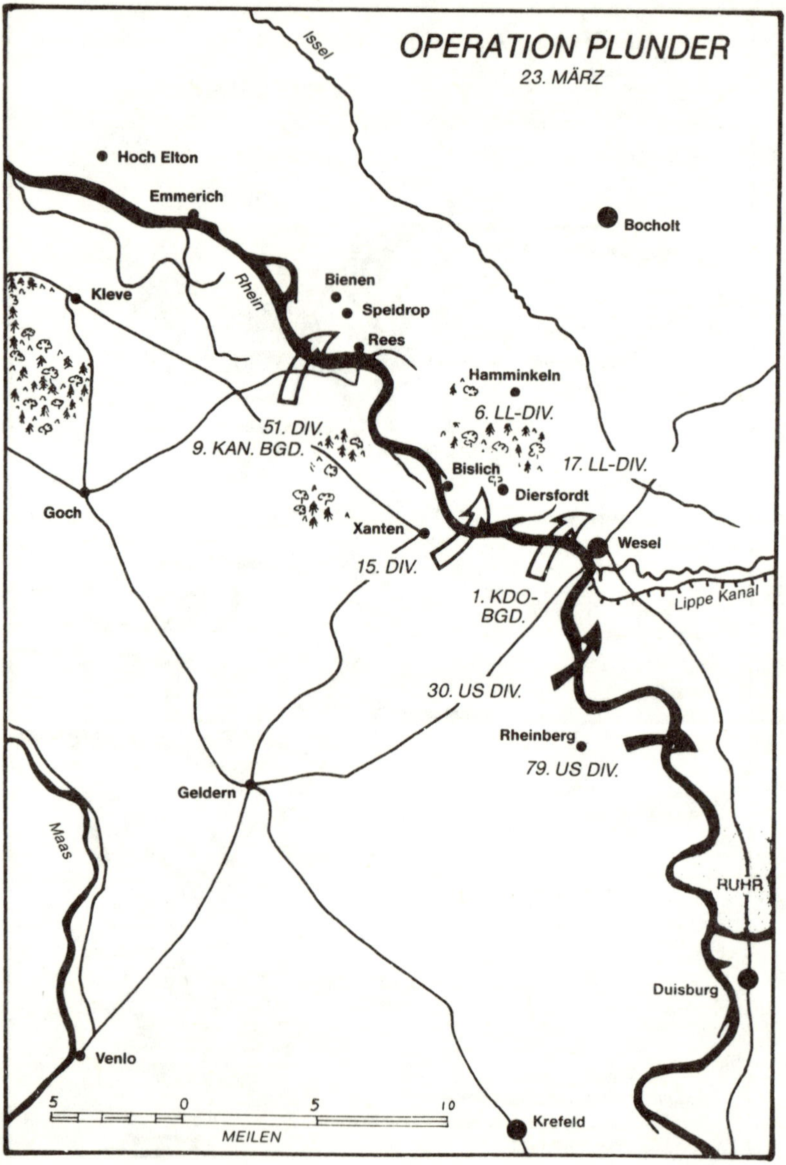
OPERATION PLUNDER
23. MÄRZ
Issel
Hoch Elton
Emmerich
Bocholt
Rhein
Bienen
Kleve
Speldrop
Rees
Hamminkeln
6. LL-DIV.
51. DIV.
9. KAN. BGD.
17. LL-DIV.
Bislich
Diersfordt
Goch
Xanten
Wesel
15. DIV.
1. KDO-
BGD.
Lippe Kanal
30. US DIV.
Rheinberg
79. US DIV.
Geldern
Maas
RUHR
Duisburg
Venlo
5
0
5
10
MEILEN
Krefeld

KARTE 12

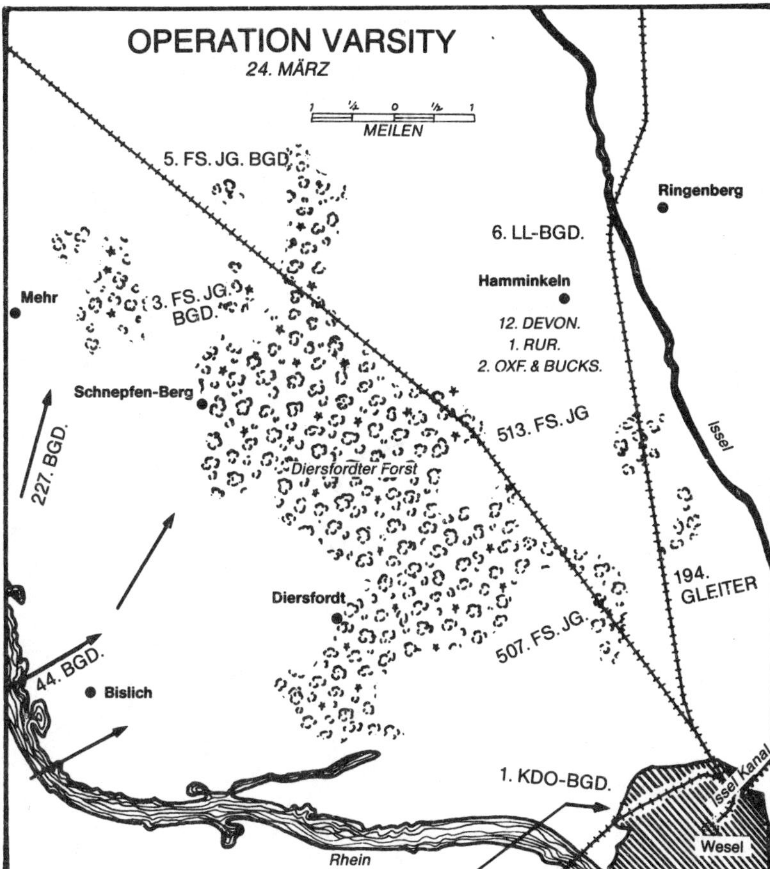
OPERATION VARSITY
24. MÄRZ
1 ½ 0 ½ 1
MEILEN
5. FS. JG. BGD.
6. LL-BGD.
Ringenberg
Hamminkeln
Mehr
3. FS. JG. BGD.
12. DEVON.
1. RUR.
2. OXF. & BUCKS.
Schnepfen-Berg
513. FS. JG
Issel
227. BGD.
Diersfordter Forst
194. GLEITER
Diersfordt
507. FS. JG.
44. BGD.
Bislich
1. KDO-BGD.
Issel Kanal
Wesel
Rhein

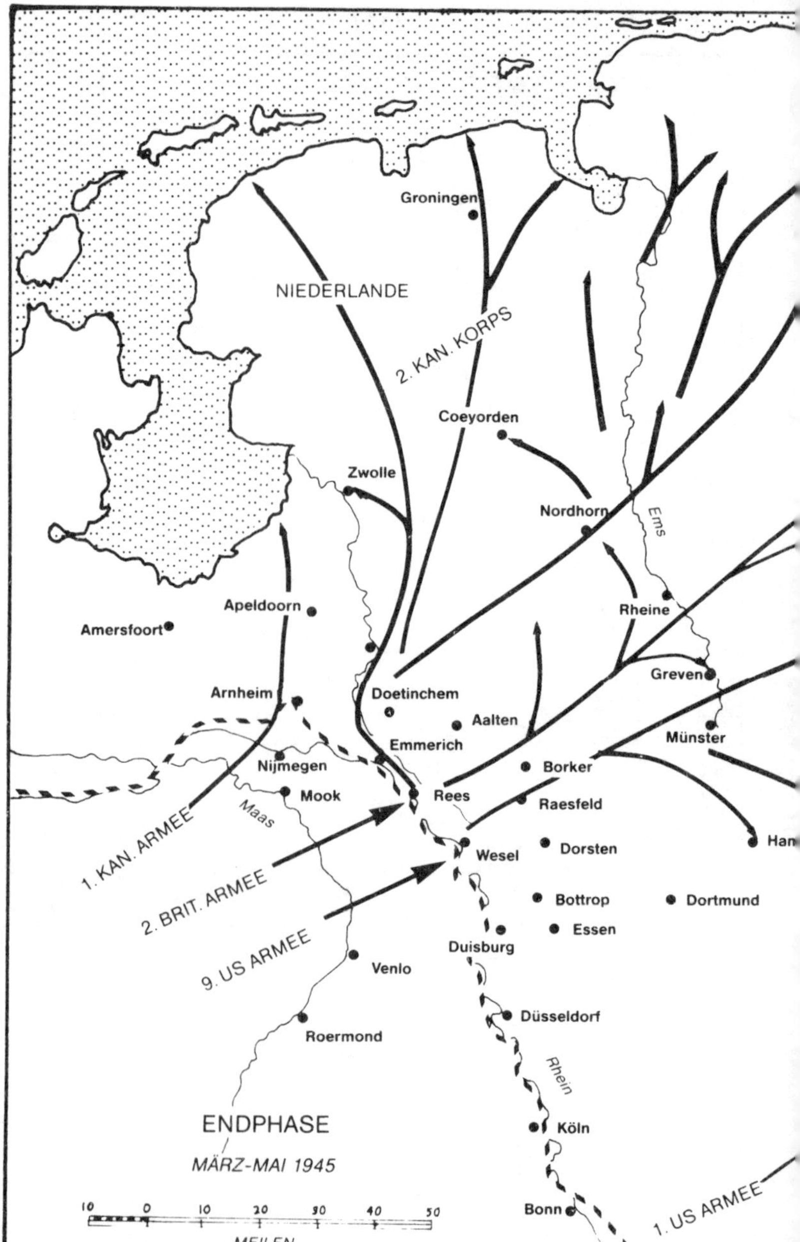
NIEDERLANDE
2. KAN. KORPS
Groningen
Coeyorden
Zwolle
Nordhorn
Ems
Rheine
Apeldoorn
Amersfoort
Greven
Arnheim
Doetinchem
Aalten
Emmerich
Münster
Nijmegen
Borker
Mook
Rees
Raesfeld
Maas
Wesel
Dorsten
1. KAN. ARMEE
2. BRIT. ARMEE
Bottrop
Dortmund
Essen
Duisburg
9. US ARMEE
Venlo
Düsseldorf
Roermond
Rhein
ENDPHASE
MÄRZ-MAI 1945
Köln
Bonn
1. US ARMEE
10 0 10 20 30 40 50
MEILEN

KARTE 13

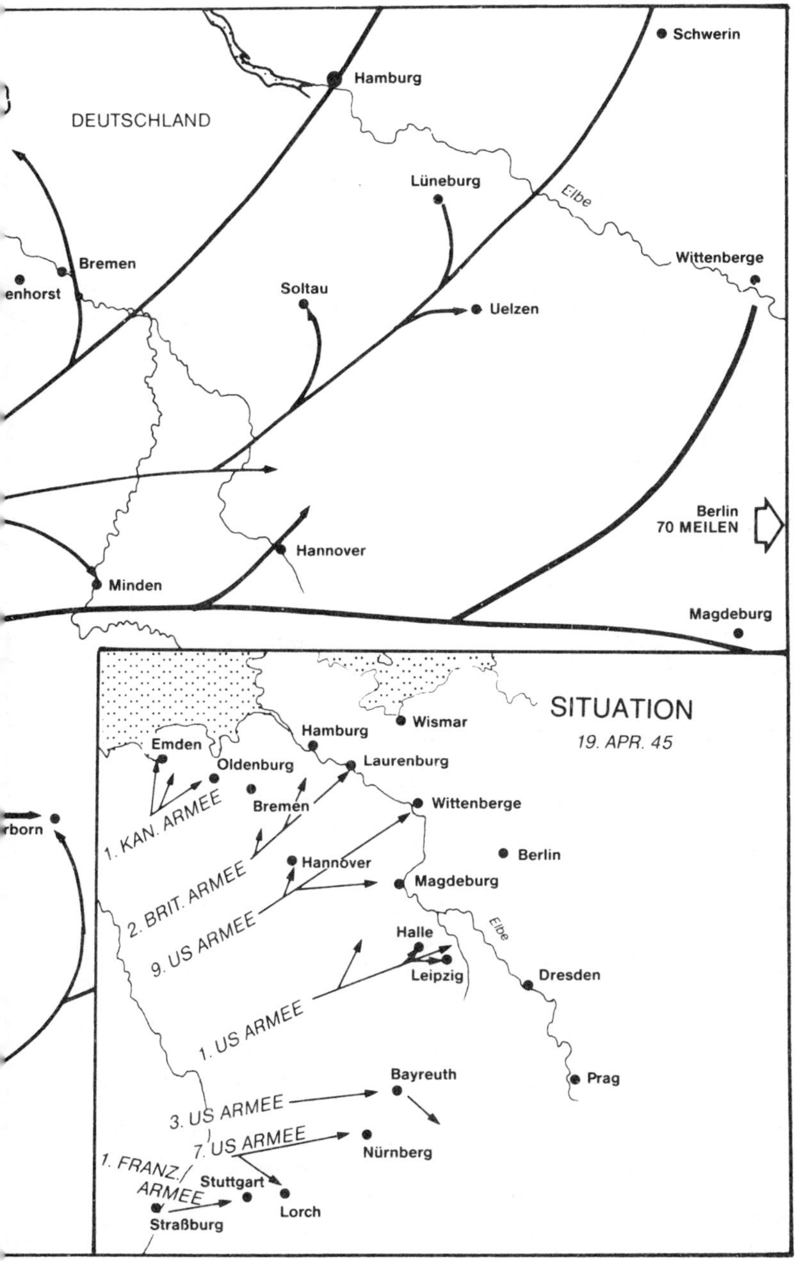

Schwerin
Hamburg
DEUTSCHLAND
Lüneburg
Elbe
Bremen
enhorst
Soltau
Uelzen
Wittenberge
Berlin
70 MEILEN
Hannover
Minden
Magdeburg
SITUATION
19. APR. 45
Wismar
Hamburg
Emden
Oldenburg
Laurenburg
Bremen
Wittenberge
1. KAN. ARMEE
rborn
Hannover
Berlin
2. BRIT. ARMEE
Magdeburg
9. US ARMEE
Halle
Elbe
Leipzig
Dresden
1. US ARMEE
Bayreuth
Prag
3. US ARMEE
7. US ARMEE
Nürnberg
1. FRANZ./ ARMEE
Stuttgart
Lorch
Straßburg

Anmerkungen zu den Quellen

D. und S. Whitaker haben für ihr Buch ausführliche Quellenstudien betrieben. Von besonderer Bedeutung war dabei das Material aus Militärarchiven sowie Dokumente aus Privatsammlungen. Anschließend geben wir, den »Notizen zu den Quellen« der Whitakers folgend, einen Überblick über die wichtigsten von den Autoren benutzten Dokumente aus den Archiven in vier Ländern - Großbritannien, Kanada, den USA und der Bundesrepublik Deutschland. Der deutsche Leser wird interessiert feststellen, mit welcher systematischen Genauigkeit und methodischen Vielfalt die Militärhistoriker und Geschichtswissenschaftler in den Ländern der Alliierten von Anfang an um eine Dokumentation der Kriegshandlungen bemüht waren.

In GROSSBRITANNIEN konsultierten die Whitakers vor allem die einschlägigen Dokumente aus vier großen Archiven:

Kriegsmuseum (Imperial War Museum), London:

Hier lagern die Aufzeichnungen von Feldmarschall Montgomery (Material ab 1948 ist noch nicht zur Einsicht freigegeben):
- The Papers of FM Viscount Montgomery of Alamein;
- die Funkschreiben an CIGS;
- Notes on the Campaign in North-West Europe (Aufzeichnungen über den Feldzug in Nordwesteuropa). (Dies von M. fast täglich geführte persönliche Tagebuch ist von besonderem Interesse; die Einblicknahme ist erst seit 1986 gestattet.)

Außerdem besitzt das Kriegsmuseum die
- De Guingand Papers (Aufzeichnungen von Sir Francis de Guingand, von August 1942 bis Kriegsende Montgomerys Stabschef)

sowie eine umfangreiche Sammlung von Dokumenten, Tagebüchern, Briefen und Gefechtsberichten, die von Veteranen oder ihren Familien dem Archiv überlassen wurden.

In der Bücherabteilung findet sich eine große Anzahl von militärgeschichtlichen Werken.

Liddell Hart Zentrum für Militärarchive (Liddell Hart Centre for Military Archives)*, King's College, London:

- Dokumente von Liddell Hart, Chester Wilmot und Feldmarschall Viscount Alanbrooke;
- Vernehmungsprotokolle (Special Interrogation Report) der deutschen Generale Schlemm, v. Lüttwitz, Meindl und Fiebig sowie des Feldmarschalls Gerd v. Rundstedt.

Kriegsakademie, Camberley:

Hier sind von besonderem Interesse die
- *Battlefield Tours* (Schlachtfeld-Exkursionen): Vor-Ort-Studien bestimmter Schlachten einige Jahre nach den Kampfhandlungen. Teilnehmer an den betr. Schlachten begeben sich aufs Gefechtsfeld, wo sie während mehrerer Tage die einzelnen Phasen im Detail und von verschiedenen Seiten (Infanterie, Artillerie, Panzer, Nachschub, Pioniere etc.) sowie vom Gesichtspunkt der verschiedenen Kommandostufen (Armee, Division bis hinunter zum Zug) rekonstruieren.
  An diesen Demonstrationen nehmen Absolventen der Kriegsakademie teil und fertigen Protokolle an.
  Die Exkursionen werden im Abstand von mehreren Jahren wiederholt, und mit dem Wechsel der beteiligten Veteranen erschließen sich neue Informationen.

Nationalarchiv (Public Records Office), Kew (Richmond), Surrey:

- Battlefield Tours: Die britische Armee am Rhein (zu den Operationen *Veritable, Plunder, Varsity*);
- Gefechtsschilderungen (Combat Narratives);
- Historical Narratives - vgl. Kanada, Nationalarchiv: Schlachtschilderungen);
- Berichte über Operationen und Gefechte sowie Tagebücher aller am Rheinland-Feldzug beteiligten britischen Divisionen und Bataillone;
- Wochenberichte der Nachrichtenabteilung;
- Vernehmungen deutscher Generale (Interrogation of German Generals).

Weitere Dokumente stammen aus den Museen einzelner Regimenter sowie aus Privatsammlungen (unveröffentlichte Berichte über einzelne Operationen und Gefechte von Teilnehmern).

* Sir Basil Henry Liddell Hart (1895-1970) - namhafter britischer Historiker und Militärstratege.

KANADA

Kanadisches Nationalarchiv, Ottawa:

Während des 2. Weltkriegs war Oberst Charles P. Stacey, Militärhistoriker im Dienst der kanadischen Regierung, im Londoner Hauptquartier der kanadischen Streitkräfte stationiert. Unter seiner Leitung übernahm eine Gruppe von Historikern die Aufgabe, nach Ablauf von Gefechten die beteiligten Mannschaften und Offiziere in der Kampfzone selbst zu befragen. Diese Aufzeichnungen sind als

- *Battle Narratives* (Schlachtschilderungen), Berichte der Historical Officers im Kanadischen Militärhauptquartier, katalogisiert.

Jede kanadische Einheit an der Front hatte außerdem ein

- Kriegstagebuch zu führen, das neben der genauen Chronik der Ereignisse auch Gefechtsberichte einschließt;
- Crerar Papers - die Aufzeichnungen von General Crerar;
- Protokolle der Vernehmung (Special Interrogation Report) des deutschen Generals Erich Straube.

Kanadisches Militärinstitut (Royal Canadian Military Institute), Toronto:

- Regimentsgeschichten (kanadische und britische).

Auch in Kanada wurden den Autoren Aufzeichnungen aus Privatbesitz zur Verfügung gestellt.

VEREINIGTE STAATEN

Nationalarchiv, Washington:

Das NA besitzt eine umfassende Chronik der militärischen Aktionen des 2. Weltkriegs. Im Anschluß an jeden Angriff führten Historiker unter den beteiligten Soldaten am Ort des Geschehens eingehende Befragungen durch, im allgemeinen innerhalb von 48 Stunden - die

- *After Action Reports* (Gefechtsberichte nach Ablauf) Material im Umfang von 2440 cbm - ein gutes Drittel davon zum Kriegsschauplatz Europa;
- Mission Reports (Einsatzberichte) aller amerikanischen Einheiten im Rheinland-Feldzug;
- Vernehmungsprotokoll General Meindl;
- »Die 84. Infanterie-Division in den Kämpfen vom Reichswald nach Wesel« von Generalmajor Heinz Fiebig, geschr. im April 1948;
- »Die 116. Panzer-Division: 4. bis 10. Mai 1945: Operationen im Brückenkopf Wesel« von Generalleutnant Gustav Höhne;

- »Geschichte der Panzer-Lehr-Division 15./25. Febr. 45« von Major a. D. Helmut Hudel;
- »Die 1. Fallschirmjäger-Armee: Bericht des Kommandeurs«, geschrieben von General Alfred Schlemm im Kriegsgefangenenlager 11 in Wales.

Die Autoren weisen darauf hin, daß sie die Werke der beiden offiziellen Militärhistoriker ihrer Länder, Oberst C. P. Stacey (Kanada) und Oberst Charles B. MacDonald (USA), in allen Kapiteln des Buchs ausführlich benutzt haben, ohne daß in jedem Fall ausdrücklich auf die Quelle verwiesen wird.

BUNDESREPUBLIK DEUTSCHLAND

Im Bundesarchiv-Militärarchiv sowie im Militärgeschichtlichen Forschungsamt, beide Freiburg, stellte man den Autoren biographisches Material (Generäle v. Waldenburg, Fiebig, Schlemm, Guderian, v. Lüttwitz) zur Verfügung.

Archiv des Landkreises Kleve (ohne Angabe besonderer Dokumente)

Bibliographie

Allen, Ralph, *Ordeal by Fire,* Bd. 5, Toronto 1961.

Ambrose, Stephen E., *The Supreme Commander,* Garden City, N. Y., 1970.

Armstrong, Ann, *Unconditional Surrender: The Impact of the Casablanca Policy upon World War II,* New Brunswick, N. J., 1961.

Blair, Clay, *Ridgway's Paratroopers,* Garden City, N. Y. 1985.

Blumenson, Martin, *The Patton Papers 1940–1945,* Boston 1974.

Bradley, Omar N., *A Soldier's Story.* New York 1951.

Bradley, Omar N. und Blair, Clay, *A General's Life: An Autobiography by General of the Army Omar N. Bradley.* New York 1983.

Brett-Smith, Richard, *Hitler's Generals,* London 1976.

British Broadcasting Corporation, *War Report: A Record of Dispatches Broadcast by the BBC's War Correspondents with the Allied Expeditionary Force, 6 June, 1944 - 5 May, 1945.* London 1946.

Bryant, Arthur, *Sieg im Westen 1942–1946. Aus den Kriegstagebüchern des Feldmarschalls Lord Alanbrooke, Chef des Empire Generalstabes,* Düsseldorf 1960.

Burns, E. L. M., *Manpower in the Canadian Army 1939–45,* Toronto 1956.

Chatterton, George, *The Wings of Pegasus: The Story of the Glider Pilot Regiment,* London 1962.

Cooper, Matthew, *The German Army 1933–1945,* London 1978.

Crookenden, Napier, *Airborne at War,* London 1978.

– *Drop Zone Normandy: The Story of the American and British Airborne Assault on D-Day 1944,* London 1976.

Dank, Milton, *The Glider Gang: An Eyewitness History of World War II Glider Combat,* New York 1977.

De Guingand, Francis, *Operation Victory,* London 1947.

Devlin, Gerard M., *Paratrooper: The Saga of U. S. Army and Marine Parachute and Glider Combat Troops During World War II,* New York 1979.

Douglas, William A. B. und Greenhous, B., *Out of the Shadows: Canada in the Second World War,* Toronto 1977.

Dunkelman, Ben, *Dual Allegiance,* Toronto 1976.

Eis, Egon, *The Forts of Folly: The History of an Illusion,* London 1959.

Eisenhower, Dwight D., *Kreuzzug in Europa,* Amsterdam 1948.

Eisenhower, John, *The Bitter Woods,* Toronto 1969.

Ellis, John, *Sharp End of War: The Fighting Man in World War II,* Newton Abbot, Devon, 1980.
Ellis, F., *History of the Second World War. Bd. 2: Victory in the West,* London 1962.
Essame, Hubert, *Battle for Germany,* New York 1969.
- *The 43rd Wessex Division at War 1944–1945,* London 1952.
Farago, Ladislas, *Patton: Ordeal and Triumph,* New York 1964.
Feis, Herbert, *Churchill, Roosevelt, Stalin: The War They Waged and the Peace They Sought,* London 1957.
Garliński, Józef, *Hitler's Last Weapons,* Toronto 1978.
Gavin, James M., *On to Berlin: Battles of an Airborne Commander 1943–1946,* New York 1978.
Gilbert, Felix G., *Hitler Directs His War,* London 1950.
Granatstein, Jack L., *Canada's War: The Politics of the Mackenzie King Government, 1939–1945,* Toronto 1975.
Haas, Wilhelm, *Niederrheinisches Land im Krieg,* Kleve 1964.
Hamilton, Nigel, *Monty: The Field Marshal, 1944–1976,* London 1986.
- *Monty: The Making of a General,* New York 1981.
Hart, Basil Henry Liddell, *Geschichte des Zweiten Weltkrieges,* Düsseldorf 1972.
- *Die Strategie einer Diktatur. Aufstieg und Fall deutscher Generale,* Zürich 1949.
Horrocks, Brian, *A Full Life,* London 1960.
Horrocks, Brian, Eversley Belfield und Hubert Essame, *Corps Commander,* Toronto 1977.
How, Douglas (Hrsg.), *The Canadians at War,* Montreal 1969.
Hutchison, Bruce, *The Incredible Canadian,* Toronto 1952.
Irving, David, *Hitler's War,* New York 1977.
- *The War Between the Generals,* New York 1981.
Jacobsen, Hans A. und Jürgen Rohwer (Hrsg.), *Entscheidungsschlachten des Zweiten Weltkriegs,* Frankfurt/M 1960.
Jewell, Brian, *Over the Rhine: The Last Days of War in Europe,* Tunbridge Wells 1985.
Kee, Robert, *The World We Fought For,* London 1985.
Kelly, Arthur, *There's a Goddamn Bullet for Everyone,* Paris, Ont., 1979.
Kesselring, Albert, *Soldat bis zum letzten Tag,* Bonn 1953.
Kirkconnell, Watson, *Canada, Europe and Hitler,* London 1939.
Lang, Derek, *Return to St. Valéry,* London 1974.
Leasor, James, *War at the Top,* London 1959.
Leinbaugh, Harold P., und Campbell, John D., *The Men of Company K,* New York 1985.
Lewin, Ronald, *Entschied Ultra den Krieg? Die alliierte Funkaufklärung im 2. Weltkrieg,* Bonn 1981.

Lewin, Ronald (Hrsg.), *The War on Land: The British Army in World War II,* New York 1970.
Lindsay, Martin, *So Few Got Through: The Personal Diary of Lt- Col Martin Lindsay,* London 1946.
Lloyd, Alan, *The Gliders,* London 1982.
Lyon, Peter, *Eisenhower: Portrait of a Hero,* Toronto 1974.
MacDonald, Charles B., *The Battle of the Huertgen Forest,* New York 1984.
- *The Last Offensive: The History of the U. S. Army in World War II,* Bd. 3, Washington 1973.
- *The Mighty Endeavor: The American War in Europe,* New York 1986.
- *The Siegfried Line Campaign,* Washington 1963.
- *A Time for Trumpets: The Untold Story of the Battle of the Bulge.* New York 1985.
Malone, Richard, *Missing from the Record,* Toronto 1946.
McKee, Alexander, *The Race for the Rhine Bridges,* London 1971.
Mellenthin, Friedrich Wilhelm von, *German Generals of World War II: As I Saw Them,* Norman, Oklahoma, 1977.
Montgomery, Bernard, *Von der Normandie zur Ostsee,* Hamburg 1949.
- *Memoiren,* München [1960?].
Moorehead, Alan, *Eclipse,* London 1967.
Mrazek, James, *The Glider War,* London 1975.
Munro, Ross, *Gauntlet to Overlord: The Story of the Canadian Army,* Toronto 1945.
Nicholson, G. W. L., *The Gunners of Canada: The History of the Royal Canadian Artillery,* Bd. II, Toronto 1967–72.
- *Seventy Years of Service: A History of a Royal Canadian Army Medical Corps,* Ottawa 1977.
North, John, *Northwest Europe 1944–1945: The Achievement of 21st Army Group,* London 1953.
Patton, George, *War As I Knew It,* Boston 1947.
Pearce, Donald, *Journal of a War,* Toronto 1965.
Perrett, Peter, *Through Mud and Blood: Infantry/Tank Operations in World War II,* London 1975.
Powley, A. E., *Broadcast from the Front: Canadian Radio Overseas in the Second World War,* Toronto 1975.
Shulman, Milton, *Defeat in the West,* London 1947.
Sixsmith, Eric K. G., *Eisenhower as Military Commander,* London 1973.
Smyth, John, *Great Stories of the Victoria Cross,* London 1977.
Snyder, Louis L., *The Great Moments of World War II,* New York 1962.
Speer, Albert, *Erinnerungen,* Berlin–Frankfurt/M 1969.
Stacey, C. P., *Arms, Men and Governments: The War Policies of Canada, 1939–1945,* Ottawa 1970.
- *The Canadian Army 1939–1945: An Official Historical Summary,* Ottawa 1948.

- *A Date With History: Memoirs of a Canadian Historian,* Toronto 1983.
- *The Victory Campaign: The Operations in Northwest Europe, 1944–45* (Official History of the Canadian Army in the Second World War, Bd. III), Ottawa 1960.

Strong, Kenneth, *Intelligence at the Top,* New York 1968.

Swettenham, John (Hrsg.), *Valiant Men: Canada's Victoria Cross and George Cross Winners,* Toronto 1973.

Thompson, Reginald W., *Die Schlacht um das Rheinland,* Frauenfeld 1966.

Toland, John, *Das Finale,* Bergisch Gladbach 1978.

Trevor-Roper, Hugh R., *Hitler's War Directives, 1939–1945,* London 1964.

Urquhart, R. E., *Arnhem,* London 1958.

Warlimont, Walter, *Im Hauptquartier der deutschen Wehrmacht,* Frankfurt 1962.

Warner, Philip, *Horrocks: The General Who Led from the Front,* London 1984.

Weighley, Russell, *Eisenhower's Lieutenants,* London 1981.

Wilmot, Chester, *Der Kampf um Europa,* Frankfurt/M–Berlin 1960.

Winterbotham, Frederick W., *Aktion Ultra,* Berlin, Frankfurt/M 1976.

Verzeichnis der Abkürzungen

AGRA	Army Group Royal Artillery	Artillerie der Heeresgruppe
AVRE	Armoured Vehicle Royal Engineers	Panzerfahrzeug der Pioniertruppen
BAR	Browning Automatic Rifle	Browning-Schnellfeuer-gewehr
Btl.	Batallion	Bataillon
CC	Combat Command	Kampfkommando in Brigadestärke bei einer US-Panzerdivision
CIB	Canadian Infantry Brigade	Kanadische Infanterie-Brigade
CIGS	Chief of the Imperial General Staff	Chef des britischen Generalstabs
CRE	Commander Royal Engineers	Kommandeur der Pioniertruppen
DD	Duplex Drive Tank (»Donald Duck«)	Amphibienpanzer
Div.	Division	Division
DSO	Distinguished Service Order	brit. Kriegsauszeichnung für Offiziere
DUKW	(Codebezeichnung)	Amphibischer 2 ½-Tonner-Lkw
Fla	-	Flugzeugabwehr
Flak	-	Flugzeugabwehrkanone
HQ	Headquarters	Hauptquartier
LCM	Landing Craft Medium	Panzerlandungsboot
LCV	Landing Craft Vehicle	Fahrzeuglandungsboot

LCVP	Landing Craft Vehicle and Personnel	Fahrzeug- und Truppenlandungsboot
LL	-	Luftlande-
LVT	Landing Vehicle Tracked	Landungs-Kettenfahrzeug
MC	Military Cross	Militärverdienstkreuz
OKW	-	Oberkommando der Wehrmacht
Pak	-	Panzerabwehrkanone
PIAT	Projector Infantry Anti-Tank	brit.-kanad. Panzerabwehrwaffe der Infanterie
PM	Prime Minister	Premierminister
Pz.	-	Panzer
R.A.F.	Royal Air Force	brit. Luftwaffe
R.C.A.F.	Royal Canadian Air Force	kanad. Luftwaffe
SHAEF	Supreme Headquarters Allied Expeditionary Force	Oberstes Hauptquartier der alliierten Streitkräfte (in Europa)
UK	United Kingdom	Vereinigtes Königreich (von Großbritannien und Nordirland)
VB	-	vorgeschobener (Artillerie-, Feuer-)Beobachter
VC	Victoria Cross	höchste brit. Tapferkeitsauszeichnung
VO	-	Verbindungsoffizier

Personenregister